顾炎武研究文献集成

清代卷

丛书主编：昆山市顾炎武研究会

本卷点校：项　旋

北京师范大学历史学院双一流学科建设经费资助出版

古吴轩出版社

图书在版编目（CIP）数据

顾炎武研究文献集成. 清代卷 / 项旋点校. -- 苏州 : 古吴轩出版社，2021.11
ISBN 978-7-5546-1834-9

Ⅰ.①顾… Ⅱ.①项… Ⅲ.①顾炎武（1613-1682）- 人物研究 - 文集 Ⅳ.①B249.15-53

中国版本图书馆CIP数据核字(2021)第215510号

责任编辑：胡敏韬
装帧设计：韩桂丽
责任校对：李　倩　羊丹萍
责任照排：吴　静

书　　名：顾炎武研究文献集成（清代卷）
点　　校：项　旋
出版发行：古吴轩出版社
地址：苏州市八达街118号苏州新闻大厦30F　　邮编：215123
电话：0512-65233679　　传真：0512-65220750
出 版 人：尹剑峰
印　　刷：苏州市越洋印刷有限公司
开　　本：700×1000　1/16
印　　张：42.75
字　　数：847千字
版　　次：2021年11月第1版　第1次印刷
书　　号：ISBN 978-7-5546-1834-9
定　　价：168.00元

昆 山 市 顾 炎 武 研 究 会

昆山市一中顾炎武课程基地

联合出品

本卷点校

项　旋

总　序

顾炎武是我国十七世纪杰出的思想家、学问家，与黄宗羲、王夫之并称清初“三大儒”。他一生秉持中华学人数千年来“以天下为己任”的强烈社会责任意识，大声疾呼“天下兴亡，匹夫有责”，以“博学于文，行己有耻”的为人为学之道，开启一代朴学先河，为后世的中华学人留下了诸多宝贵的精神遗产，值得我们世世代代缅怀和纪念。整理清代、民国两个时期的顾炎武研究文献，旨在为学术界尤其是致力于顾炎武研究的学者提供准确、客观、完整的资料，便于大家查找，从而弘扬顾炎武精神，推动顾炎武研究的进一步深入。

《顾炎武研究文献集成》分为清代卷、民国卷两辑，所涉内容时间跨度长，从清初至1949年，举凡顾氏的家世、交游、社会活动、身后情况，以及相关学者对其学术、思想的研究，均在搜集之列。所涉及的文献包括顾炎武的年谱、传记、友人唱和诗文以及清代、民国年间与顾炎武有关的诗文、笔记、方志、新闻报道、论文、专著等。全书规模甚大，几近两百万字。民国卷以时间为经进行编排，清代卷则侧重于归类整理。两卷虽各成一体，但殊途同归。

丛书由江苏省昆山市顾炎武研究会主编。苏州昆山是顾炎武的故乡，研究会成立的宗旨就是以收集整理顾炎武有关资料、研究与宣传顾炎武爱国主义思想为己任。研究会自成立以来，已收集了一批清代版本的顾炎武原著，编辑出版过若干研究顾炎武的著作，如《旷世大儒：顾炎武》《顾炎武》《顾炎武传记》《诗咏顾炎武》等，还精心整理出版了被珍藏300多年的顾炎武名著《天下郡国利病书》。尽管已具备多方面的编纂优势，然而本次推出这样一套规模较大的文献集成类丛书，对研究会以及相关单位来说，仍可谓是巨大的挑战。从清初到1949年，关于顾炎武的研究论著数不胜数，但大都散落四方，搜讨不易，缺乏统一的整理、归类、存档，此为其一。其二，若干稀见资料流失海外，亟待寻觅。其三，民国时期报刊、书籍浩瀚杂博，加之版本需考订、辨疑等，更增加了丛书编纂工作的难度。不得不说，昆山市顾炎武研究会能想到做这样一件艰难但极具意义的事，是难能可贵的，而来自北京师范大学的林辉锋教授和项旋老师于繁忙的教学之余，不辞辛劳，甘于奉献，分别担负起民国卷和清代卷的编校工作，为丛书付出了多年的心力。文献集成是一项艰苦、繁难的事业，为了顾炎武研究的进一步开展，林、项二位先生和他们所率的学术团队愿意进行这项事业，承担这份责任，让人为之感动并心生敬意。

2019年7月，顾炎武思想学术研讨会在昆山举办，我有幸参与此次盛会。当时，昆山市顾炎武研究会的陈建林会长即跟我谈过本书的情况。今天，欣悉全书编纂蒇事，行将问世，谨书上述文字奉附骥尾，以志祝贺。

中华数千年的学术传承一再告诉我们，每一次成功的学术总结和整理，都会为其后的学术拓展和深化奠定根基。在我们即将迈入二十一世纪第三个十年门槛之际，《顾炎武研究文献集成》的成功出版，必将把新时代的顾炎武研究推进到一个崭新的天地。谨致最良好的祝愿。

陈祖武

二〇一九年十二月二日

凡　例

1.本编主要搜集清代有关顾炎武的家世生平、交游出处、社会活动、身后情况、酬赠诗文、序跋提要、著作版本、方志档案以及时人、后人对顾炎武所作的评论、关于其学术思想的研究。其中篇幅长者数万字，短者数百字，均在搜集之列。

2.本编所搜罗之文献，包括碑传、墓志、诗文、序跋、提要、笔记、诗话、档案、方志、年表等。凡研究顾炎武诗文的注解笺释类著作，因其注释篇幅较大，则不予全录，而只录其凡例、序跋、解评、按语、附录等具评鉴色彩的部分。

3.本编统一采用横排简体及现代标点编排，文中标点符号按现代汉语标点符号用法规范径改，不再另作说明。

4.部分资料篇幅较长，只节录与顾炎武直接相关的部分，在标题后标注“节录”。

5.为保存原貌起见，所收资料均按原文照录。底本原文中的避讳字，如“宏光”等避讳语一仍其旧。底本原文如有缺字，用□符号表示。原文底本漫漶不清，难以辨识之字，也用□符号表示。

6.本编按《通用规范汉字表》并参考《现代汉语词典》（第7版）对异体字与繁体字径直改过，但对于简化后会引起混淆的人名及原文中针对古文字进行比较、论述的部分，酌情保留了异体字、繁体字。

7.对明显的笔误、排印错误等径直改过，脱漏字以［］标识。

8.部分资料原文段落过长，为了方便读者阅读，进行重新分段，亦不另作说明。

9.本编收录的每篇资料末尾均标注资料出处及所在卷次、版本。

10.本编收录的资料一般按作者生年先后、时代先后之次序排列，作者生卒年不详、佚名者放在最后。档案官书部分则参考档案的先后顺序。

11.笔记诗话收录的部分资料底本原或有篇名，或无篇名，为避免错乱，标题统一改为书名。出处为同书但卷次不统一者，分别在各条目之末注明卷次。

12.本编收录的资料以清人作品为限，清末民初人物出版于民国期间的作品不予收录。

目　录

诗集资料

文集资料

序跋提要

笔记诗话

日记年表

档案官书

方志资料

域外资料

年谱诗谱

顾亭林先生年谱

吴映奎重辑、车持谦增纂

先生抚子衍生原本　同里后学吴映奎重辑　上元后学车持谦增纂

明万历四十一年癸丑，先生一岁，五月二十八日生。

先生初名绛，更名继绅，字忠清，又尝称名曰圭年。康熙中题吴县李灌溪侍御诗署名曰圭年。谦案：歙孝廉程易畴瑶田云：尝见万年少自跋所作《秋江别思图》，送先生由淮阴渡江归唐市，谓顾子名圭年，自云“余再转注而得此名”云云。盖先生虽尝改名圭年，特偶一用之，故人亦罕称之也。鼎革后名炎武，字宁人，号亭林。案：华亭东南三十五里有顾亭林湖，其南有顾亭林，陈顾野王尝居此，修《舆地志》，因以为名。其地今为宝云寺。野王本梁朝人，陈受禅后，宣帝除为黄门侍郎。先生身遭世变，著书终老，或取野王之初志，而不为野王之末节，故名号以自寓耶？亦自署蒋山佣。谦案：蒋山即钟山，后更名神烈山，先生尝侨居山下故也。昆山县之千墩人。谦案：《昆新合志》：千墩在城东南三十六里泖川乡。曾祖章志，官南京兵部右侍郎。谦案：章志字行之，号观海，嘉靖癸丑进士，起家行人，先生辑有《船政疏》一卷。详见《昆新合志》。祖绍芾，国学生。谦案：绍芾字德甫，号蠡源，以诸生入太学。天才俊逸，工诗古文，奇奥秀拔，在太白、长吉间。尤善书法，为董香光称许。详见《昆新合志》。本生祖绍芳，官左春坊左赞善。谦案：绍芳字实甫，号学海。万历丁丑进士。选庶吉士，移疾归，起补检讨，父丧服除，进经筵日讲官，迁左春坊左赞善，管理制诰。复移疾归，不两年卒，年四十七。著《宝庵集》十二卷，详见《昆新合志》。父同吉。谦案：同吉字仲逢，《昆新合志》谓其早卒无子，产颇饶。本生父同应，两中副榜，未仕。谦案：同应字仲从，号宾瑶，少工诗文，两中副榜。性卓荦，尤敲风义，以父绍芳宫赞恩荫国子生。卒，年四十三。同吉未娶而夭，聘妻王氏矢志不更字人，归执妇道，嗣祖怜之。先生既生，即抱抚为之后。谦案：贞孝王硕人，太仆寺卿宇孙女，诸生述女。守贞，归执妇道，视姑眠食，外屏居一室，虽至戚遣女奴候视，皆谢绝，曰“吾义不见门以外人”。后姑病，贞孝服勤，昼夜不懈。及病剧，贞孝潜断一指煮药中，姑饮之而瘥。已而执贞孝手慰劳之，贞孝缩手不前，迫视始知其故，姑为感泣。贞孝年二十八，先生始生，遂抚为子。事载《明史》本传，并先生《余集》所撰《先妣王硕人行状》。

四十二年甲寅，二岁。

四十三年乙卯，三岁。

先生患痘，颇危，及脱痂，左目为眇。谦案：全谢山太史《鲒琦亭集》载先生墓表，谓先生“双瞳子，中白而边黑，见者异之”，不言其眇也。又先生《与李湘北书》有“齿豁目盲，已在废人之数”云云，亦不过形其老而目昏，非必实眇也。或有云翳，未可知。第原《谱》系衍生所作，当无讹误，故仍之。秋，本生父宾瑶公中式副榜。

四十四年丙辰，四岁。

四十五年丁巳，五岁。

四十六年戊午，六岁。

春，白气亘天，自东而北。嗣母王硕人于闺中授先生《大学》。冬十一月，先生祖母蠡源公配李硕人卒。

四十七年己未，七岁。

先生就塾。

四十八年庚申，八月以后为泰昌元年，八岁。

秋七月，神宗崩，光宗立。甫一月，崩，熹宗立。时朝议欲以明年为泰昌元年，左光斗请以七月以前为万历四十八年，八月以后为泰昌元年，从之。先生同母弟子严纾生。谦案：《昆新合志》：纾字子严，同应第三子。少负经济才，明亡后绝意仕进，隐居千墩旧庐，居丧哭过哀，目遂盲。秉性耿介，兄炎武讲学秦、晋间，屡征不赴，纾寓书益相砥砺。甥徐乾学兄弟势望方隆，纾独养高自重。华阴王宏撰称其“暗修于不见不闻之地，不愧隐君子”。

天启元年辛酉,九岁。

先生读《周易》。

二年壬戌,十岁。

大父蠡源公命先生读古兵家《孙子》《吴子》诸书及《左传》《国语》《国策》《史记》。谦案:自戊午迄辛酉,此数年内,居庸关外抚顺、辽阳先后失守,河东七十余城皆陷。今年正月,广宁又陷,总兵刘渠、祁秉忠死之,经略熊廷弼、巡抚王化贞遁走,入关所属四十余城皆出降。中原如四川、贵州土司奢崇明、安邦彦等均相继煽动巨野妖贼。徐鸿儒又聚党数千攻陷郓城及邹、峄、滕等县,人心思乱,几成鼎沸。倾厦之源,实肇于此。蠡源公以兵家言教先生,盖欲为救时之要务,非以空言无补、泛取声名为事。而先生一生实学,可以见之,施行者亦自兹启之也。

三年癸亥,十一岁。

大父蠡源公以《资治通鉴》授先生读。

四年甲子,十二岁。

先生习科举文字。

五年乙丑,十三岁。

时有纳谷寄学之例,大父蠡源公以先生天姿颖异,合早取科名,遂为先生应例。谦案:明时寄学,亦经提学考取岁试后准作附生。

六年丙寅,十四岁。

提学御史麻城周邦基取入本学廿二名,庠名继绅。原《谱》:先生入学在十三岁。谦案:先生《余集》自撰寇公墓志,谓“天启六年,寇公为苏州知府,某年十四,以童子见公,被一言之奖”云云,则是先生入学当是十四岁。《昆新合志》亦谓先生年十四为诸生。先生读《通鉴》毕,读《书》《诗》《春秋》。谦案:先生髫龄时即值天下多故,大父令读古兵家言,故习科举业,最后而五经。亦游庠后始毕也。详见先生《余集》所撰《三朝纪事阙文》。本生父宾瑶公卒,先生居降服忧。

七年丁卯，十五岁。

崇祯元年戊辰，十六岁。

先生应岁试，提学御史惠安陈保泰未发落即告病去，只取赏卷蔡复襄以下十二人，先生未与。

二年己巳，十七岁。

三年庚午，十八岁。

夏六月，先生应科试，提学御史上虞李懋芳拔先生卷，列一等二十名。

四年辛未，十九岁。

春二月，先生应岁试，李提学连任，拔先生卷一等十一名，始更名绛。元配太仓王硕人来归。

五年壬申，二十岁。

春三月，先生应岁试，提学御史邻水甘学润拔先生卷，列一等十四名。

六年癸酉，二十一岁。

春正月，先生应科试，甘提学连任，先生名列三等。秋，先生同怀兄遐篆缃中式顺天乡试举人。谦案：《昆新合志》：缃天才俊逸，世传其《两京赋》埒平子，《时务策》比长沙，年未四十卒。

七年甲戌，二十二岁。

八年乙亥，二十三岁。

夏六月，先生应岁试，提学御史上虞倪元珙置先生卷二等。

九年丙子，二十四岁。

夏六月，先生应科试，倪提学连任，置先生卷二等。先生胪举母氏贞孝事状，请于当事巡按御史王一鹗为达于朝，得旨建坊旌表。谦案：贞孝受旌当在九年，见先生康熙十八年《与史馆诸公书》，县志亦同。原《谱》列入十年，殆未之考，今正之。

十年丁丑，二十五岁。

十一年戊寅，二十六岁。

春二月，先生应岁试，提学御史潍亓炜置先生卷三等。冬十二月，亓提学科试，仍置先生三等。

十二年己卯，二十七岁。

秋七月，提学御史城固张凤翮覆试科举，先生取遗才二等。

十三年庚辰，二十八岁。

夏四月，邑中修葺文庙，先生与叶秀才、谦案：《昆新合志》：叶名奕荃，字元晖，一字水修，国华长子，事继母陈以孝称。由诸生入太学，工诗、古文、词。师事刘宗周、徐石麒、陈龙正，讲求性命之学，尤究心邑政利弊。性刚直好义，不能容人过。乙酉夏，以父榷杭州关，遇国变，奕荃戴星往省。时揭竿四起，还至嘉善，为乱民所戕。觅其尸不得，以衣冠葬之。归秀才谦案：《昆新合志》：归名庄，字元恭，昌世子，为诸生。博涉群书，落纸数千言不止。性嗜酒，携酒应院试，且饮且书，日未晡，成七艺，分隶、篆、真、草书五经文字，御史亓炜怪而黜之，惜其才，旋复焉。顺治乙酉六月，县丞阎茂才摄令事，下剃发令，士民不从，噪于县，縶茂才，庄白众杀之，遂婴城守。事定后，新令究前事，庄亡命，剃发僧装，称普明头陀，隐居乡僻，后乃庐金潼里先墓侧。生平最善顾炎武，以博雅独行相推许，而俱不谐于俗，里中有“归奇顾怪”之目。诗、古文、墨竹无不工，尤善书，壮岁所作行草，直逼两晋，以酒至者长笺短幅，挥洒不倦。往来江、淮、浙水间，辄奉先像以行，遇令节讳日，采藻束刍以祭。晚年校正曾祖震川文集，付梓传世，卒年六十一。又案：元恭所著有《县弓集》三十卷，并《恒轩诗集》及《万古愁传奇》。重新两庑木主而正之。先生《书孔庙两庑位次考后》云：予居苏之昆山。崇祯初，先师庙东西两庑坏，予时为博士弟子，一日过之，见神位在瓦砾中，与同学二三生拾取，命工修完奉之东斋，告于邑之长官。越二年，始复其故，因考《史记》《家语》及今代阙里之书，多有不同，以《大明会典》为定，而友人归生庄作《两庑位次考》一通，受而藏之。几五十年来，关中得郃阳宁生泫《丁祭考义》，亦崇祯中作，大略相同。然两庑位东西相对，以次列及门弟子，毕而后及左氏、公羊、穀梁三子暨汉以下诸儒，此旧制也。嘉靖九年，采诸臣之议，有黜者，有改祀者，于是东庑之弟子三十三，而西庑二十九，左邱明跻秦非之上，伏胜跻颜哙之上，孔安国跻穀梁赤之上，而自此以下，时代先后大率倒误。当日东西之位，仍如旧次，虽有阙者，而不复更移，盖亦知二郑、贾、服诸儒传经之功不可没，而有待于异日之重议，此秉礼者之微意也。予恐后之人不知而欲循时代以正东西之次，又悲夫亡友之遗墨犹存，而不获共论此也，乃书其末，以俟后人。归生名庄，更名祚明，工草隶，为东吴高士。冬十二月，先生应岁试，张提学连任，置先生卷二等。

十四年辛巳，二十九岁。

春二月，蠡源公卒，先生承制居忧。冬十月，葬蠡源公及公元配周硕人、继配李硕人于鸣字圩少司马公祖茔之穆位。是年大旱。

十五年壬午，三十岁。

先生同怀弟子叟缵。谦案：《昆新合志》：子叟，明诸生，殉乙酉之难。生子洪善，谦案：洪善字达夫，号柏亭，康熙丙辰进士，官中书，年未四十卒。嗣先生同怀兄遐篆为后。

十六年癸未，三十一岁。

夏，先生释承制之服，循例入成均。按：例贡自万历间始。子叟生次子洪泰。

十七年甲申十月朔为国朝顺治元年，三十二岁。

春三月十九日，闯贼李自成陷京师，明庄烈帝崩于宫中万寿山巾帽局。谦案：陈济生《再生纪略》谓在山之红阁，御元色镶边白绵绸半臂。红阁盖建以复内操者。夏四月二十九日，李贼西走。五月三日，王师入，睿亲王摄政。恭案：世祖章皇帝时甫七龄，驻跸盛京，九月入关，十月朔御极，定鼎京师。是月初一日，明总督凤阳马士英等迎立嗣福王由崧于南都，北都既陷，福王常洵已死流寇，至是嗣福王由崧弃藩走淮南。凤督马士英物色得之，要诸臣共往迎立。四月抵仪真，以五月朔日监国，十五日即皇帝位。《明史·史可法传》：十七年四月朔，闯贼犯阙，誓师勤王，北都既陷，缟衣发丧。会南都议立君，尚书张慎言及吕大器、姜日广等曰："福王由崧，神宗孙也，伦次当立，而有七不可：贪、淫、酗酒、不孝、虐下、不读书、干预有司也。潞王常涝，神宗侄也，质明当立。"移牒可法，可法亦以为然。马士英潜与阮大铖计议，主立福王，咨可法，可法以七不可告之，而士英已与总兵黄得功、刘良佐、刘泽清、高杰发兵送福王至仪真，于是可法等迎王。谦案：墙东先生《识小录》云：福王之立，实定策于淮南。是时马相方为淮抚，危迫之际，得一天潢，岂容更有异议，史相遂不能违，然而非其志也。即位之后，马居中，史出督，大事已去。史尽力支梧，殁于扬州。先是累疏哀号请兵饷，马漠然不应，方以为长江天堑，不能飞渡，其上游左良玉兵请除君侧者，尽以其担付之，阮大铖亦以为无奈我何也。顺治乙酉五月初九，大兵渡江，一技不施，但有一走，而江南又歌亡国恨矣。仍称崇祯十七年，以明年乙酉为宏光元年。夏四月，先生侍贞孝王硕人，率家人等迁居常熟之唐市。谦案：《常昭合志》：唐市旧名尤泾，在双凤乡，去县东南三十里，又东南则昆山界。冬十月，归千墩，被劫。十二月，复迁常熟之语濂泾新居。谦案：《常昭合志》：语濂泾，黄泾东北入尤泾。昆山令杨永言，永言字岑立，昆明人，崇祯癸未进士。昆城破后，走陈墓，诇事弥月，知不可为，复入黄浦，依吴帅。吴败，同张企、石翀之、祝发珠泾万寿庵中，释名懒云。旋入中峰，后入金华，归滇卒。《胜朝殉节录》称其殉乙酉之难，追谥忠节，殆未深考。应南都诏，列荐先生名于朝，旋诏用先生为兵部司务。

按：先生编年诗起是年，有《大行哀诗》一首、《感事诗》六首。

二年乙酉，三十三岁。

是时南都宏光元年也。春，先生膺杨永言之荐，至京口。夏四月，同从叔父穆庵公谦案：《昆新合志》：穆庵名兰服，字国馨，绍芳从子，以诸生入太学，才名著一时，明亡后弃儒业，永历称号南中，遣使授冠带招之，辞疾不赴，遁迹田野，究心医理以济人。先生《余集》有《从叔父穆庵府君行状》。赴南京，寓朝天宫，因拜先兵部侍郎公祠。曾为奉天府尹。谦案：《诗集》误编《拜祠诗》入辛卯年，详后八年辛卯注中。将诣阙，未旬日，而王师已于五月初九日渡江。初十夜，宏光帝出走。十五日，王师入南都，明遂亡。先生回至苏州。按：先生撰《吴同初行状》有云"出赴杨公之辟，未旬日，而南都陷，余从军于苏，归而昆山起义”云云。六月，归语濂泾。按：先生《余集》有云“吴中诸县并起义兵自守，而余以母在，独屏居水乡不出，自六月至于闰月，无夜不与陈君露坐水边树下，仰视月食，遥闻火炮”云云。是昆邑守城事，先生一不与谋，故后得免于难。闰六月十五日，昆城士民闭城拒守。先是，五月初七日以后，居民闻王师已入南都，纷纷移遁四乡，而张浦、菉葭、安亭诸村镇，奸民乘机劫掠。县令杨永言以二十二日尽放狱囚，至月杪，郡中大吏及守令皆先期遁。六月初七日，豫亲王方驻金陵，遣刑部侍郎李延龄、巡抚土国宝统兵莅苏。新郡守王镆发安民榜，至昆并取图籍，永言弃印潜逃于泗桥陈宏勋家。水利县丞阎茂才偕邑绅耆老，于初八日赴胥门纳款。十二日，院遣郡人周荃来昆安抚。十八日，以茂才知县事。闰六月十一日，剃发令下。十三日，茂才出示剃发，且亲持名刺谒搢绅，城中大哗，焚县治，杀茂才。十五日，贡生陈大任等议推旧狼山总兵王佐才为主帅。十七日，杨永言及陈宏勋亦以募兵数百人入城，永言遂为监纪，仍知县事。偕城中绅士聚粮移檄，为久守计。七月初二日，王师东下。越二日，县西真义村兵出迎战，败绩。初五日黎明，王师渡濠。十六日丙申，月食既，星流竟夕。见《日知录》“星陨如雨”注，而系以甲申年闰六月。按：甲申无闰，当是记忆偶误耳。郑鸿逵等拥故明唐王聿键至闽，黄道周、张肯堂等奉聿键称监国。谦案：聿键监国未久，拥立者艳推戴功，定议称号于福州，建元隆武。秋七月初六日巳刻，王师下昆山城。越二日，王师复下常熟。贞孝王硕人于二十四日闻变，即绝食，至三十日乃终，遗命先生勿更出仕。唐王遥授先生兵部职方司。冬十二月十九日，权厝贞孝于少司马公茔之东偏。

是年诗有《京口即事诗》二首、《京阙篇》一首、《金陵杂诗》四首、《千里》一首、各诗皆五月以前作。《秋山》二首、《表哀诗》一首、《奉先妣槁葬诗》一首。

三年丙戌，三十四岁。

春，唐王命晋江旧辅黄道周举兵至徽州，王师败之，道周不屈，死。谦案：《明史列传》：道周字幼平，漳浦人。天启二年进士，改庶吉士，授编修。崇祯二年进右中允，因三疏救故相钱龙锡降调，濒行上疏，语刺大学士周延儒、温体仁，帝益不怿，斥为民。九年，用荐诏复故官，旋进右谕德，疏辞，因言己有三罪、四耻、七不如，其一则谓文章意气不如钱谦益、郑鄤。鄤方被杖，母大诟，帝得疏，责以颠倒是非。道周疏辨，复营护鄤，帝怒，严旨切责，而刑部主事张若麟复劾之。于是贬道周六秩，为江西按察使照磨。久之，江西巡抚解学龙荐所部官，推奖道周备至，大学士魏照乘恶道周甚，拟旨责学龙滥荐，帝遂发怒，立削二人籍，逮下刑部狱，并杖八十，戍广西。周延儒再相，欲参用，公议与蒋德璟、吴甡共称，乃复故官，请假许之。福王监国，用道周吏部左侍郎，入朝拜礼部尚书，遣祭告禹陵，甫竣事，南都亡。唐王聿键以道周为武英殿大学士，与郑芝龙不合，乃请自往江西图恢复。以七月启行，所至响应，得义旅九千余人，由广信出衢州。十二月进至婺源，遇大清兵，战败被执，至江宁，临行过东华门，曰："此与高皇帝陵寝近，可死矣。"监刑者从之。乾隆中，《钦定胜朝殉节诸臣录》曰："黄道周硕学清操，孤忠亮节，克全儒行，无愧贞臣。谥曰忠端。"夏五月，先生祖庶母黄氏卒。冬十月十二日，命家人赵和等迁居。原《谱》未详迁居何地。将往闽中应职方之召，念母丧未葬，不果行。十一月，王师下建宁、延平等府，唐王走汀州被执。作《吴同初行状》。同初，名其沆，嘉定学诸生，殉乙酉守城之难。

是年诗有《延平使至》一首、《海上》四首、《不去》三首、《老鹤万里心》一首。

四年丁亥，三十五岁。

秋至海上。冬十月十日，命家人赵和迎祖庶母黄氏柩，葬于少司马公域外之西偏。二十日亥时，葬贞孝王硕人于仲逢公同吉之兆。案：少司马葬时，用岁丁亥、月辛亥、日丁亥、时辛亥，贞孝之葬，干支悉与少司马同。二十一日，具吊奠礼。十二月二十一日，移家于语濂泾先生庐墓。为王时沐作墓志铭。时沐，歙人，其子名玑。寓吴，与先生善。志云："王生以状请铭，不肖以母未葬，弗敢作也。又一年卜葬，葬有日，生复来请，始铭之。"故知铭为是年作。哀执友松江陈太仆子龙、同邑顾推官咸正、吴县杨主事廷枢及推官二子天遴、天逵先后死难，各以诗吊之。子龙字卧子，青浦人。崇祯丁丑进士，兵科给事中，受鲁王部院职衔，与松江提督吴胜兆通谋。是夏，胜兆反，事泄，逮子龙，并逮藏匿子龙之嘉定侯岐曾，及同邑顾天遴、天逵。子龙乘间赴水死，岐曾等同被杀于松江。咸正，字端木，天启甲子举人，咸安府推官。丙戌四月，自关中归，知弟钱唐令咸建、举人咸受先已殉节，闻唐王立于闽，草密疏附寄舟山黄斌卿，属其转达，为逻卒所获，以告提督吴胜兆，胜兆秘之。及是年六月，胜兆反，密疏遂发，逮至金陵，为内院洪承畴所杀，后二子之死，仅一月。廷枢字维斗，南兵部尚书庄简公成孙，端孝先生大渫子。举崇祯庚午南京解元，福王时荐授兵部主事兼监察御史。马、阮当国，抑不能用，罢归。至是年四月，遁居山坞，当事搜索得之，廷枢绝食五日不死，作《绝命词》十二首，裂衣帛血书之，终以不屈被杀于芦墟村中，年五十有三。

是年诗有《赠顾推官咸正》一首、《大汉行》《义士行》《秦皇行》各一首，《墟里》一首、《塞下曲》二首、《海上行》一首、《哭杨主事廷枢》一首、《推官二子被执欲为之经营而未得也而二子死矣》一首、《淄川行》一首、为孙之獬作也，之獬淄川人，天启壬戌进士，媚逆阉得官侍讲，名在逆案中。入国朝为礼部侍郎，顺治二年六月升兵部尚书，总督军务，招抚江西，后乞归里中。是年九月，土贼丁可泽勾引叛贼谢迁等陷淄川，擒之獬，支解死。结语"取汝一头谢元元"，当由之獬婴众怒耳。《哭顾推官》一首、《哭陈太仆子龙》一首、《奉先妣葬于先曾祖兵部侍郎公墓之左》一首、《墓后结庐三楹作》一首、《精卫》一首、《吴兴行赠归高士祚明》一首。祚明即元恭，时往湖州觅兄德清教谕，继登胥。

五年戊子，三十六岁。

秋至湖上。冬抵京江。是年语濂泾家中被盗劫。

是年诗有《越鸟巢南枝》一首、《江介多悲风》一首、《拟唐人五言八韵》凡六首、《常熟县耿侯橘水利书》一首、谦案：《常昭合志》：耿橘，字兰阳，献县进士。万历三十二年以调繁至，讲求水利，东浚横浦、横泾、李墓、盐铁塘，北浚福山塘，西浚奚浦、三丈浦，凡土田高低，宜蓄宜泄，尺寸不遗。而其开浚之法，区画周至，约束严明，具载所著《水利全书》。其立说以水利用湖不用江，尤不易之论。邑人陆化淳、瞿汝稷序之。《偶来》一首、《浯溪碑歌》一首、《薛开封案》一首、谦案：略见《人心录》，薛名案，乱后归释，谓去冠，故去"宀"，去发，故去"丿"，因姓米氏，自号米堆山。《将远行作》一首、《京口》一首。案：是年春，金声桓称兵江西，僭号隆武，攻陷郡邑。故明贵溪王朱常彪攻沅州被获。夏，故明郧西王朱常潮破建宁被获，故明荣王朱由桢及子朱嵩寗辰州苗洞，为恭顺王孔有德所获。又获奉国将军朱运铨于兴化土司，随破永宁，剿擒故明贵溪王朱常标，又于贵州、广西擒获南威王朱寅卫并子朱载功、永明王朱由榔、辅国将军朱华宗室等四十一人。凤阳巡抚陈之龙奏擒获伪总督黄毓祺，并搜出反诗一卷，供称江北窝党薛继周等，江南王觉生、钱谦益、许见元等。奉旨黄毓祺著正法，其薛继周、王觉生等著严饬访拿。五月，逆狍拥立延长王朱识鎊，旋被擒。八月，海寇郑彩等据长乐、连江等县，陈泰克复之，尽驱出海。九月，湖广贼李锦浑名一只虎作乱，郑亲王讨平之。十一月，伪惠国公李成栋据南雄，勾连土贼犯赣州，官兵破之，成栋败走。十二月，大同总兵姜瓖闭城畔，英亲王讨之。是岁四方多故，附纪兵事大略，庶知先生所处之时云。

六年己丑，三十七岁。

春登灵岩山。秋至吴江，过八尺。纳妾韩氏。是年清封墓树。

是年诗有《石射堋山》一首，即灵岩也。见《吴郡志》。《春半》一首，中有云："洪州七月围，粮尽力亦殚。"指江西金声桓事。声桓以去年戊子七月据南昌，是年正月为官兵所破，声桓中二矢，投水死，仍磔尸示众。《怀人》一首、《八尺》一首、《桃花溪歌赠陈处士梅》自注：常熟人。谦案：《归元恭文钞·陈君墓表》云："君讳某，字鼎和，苏州常熟之唐市人。先世于宋末自衢州迁于虞山，高祖号望虞，始居唐市。大父讳于尧，父讳应选，母某氏。君少孤，又失爱于大父，家法严，时时长跪，或与杖，恬然受之。弱冠补学官弟子，试高等，为增广生，陈侍御、许太史辈皆视为畏友。诸君先后登第去，君遂以诸生老。君素孝友，敦族谊，葬其祖时，费悉出自君，不以委诸父；同姓之贫无养、死无槥者，皆取给于君。而凌侮者时有，君终其身，忍诟不与较，君子以为难。既遭世变，君语子孙宜自守，毋急功名，杜门埽迹，安以待尽。卒之日，索衣冠，家人以时装进，掷去，取故巾服服之。又语芳绩云：'吾母四十余年苦节而不得旌，所恨独此耳。'君为人长厚，有信义，里中人皆从而辨曲直，有鼠牙雀角之讼，往往以君一言而解。权量必平，有斗稍大，取而毁之。平时日手一编，精于考索。晚年尤好医书，尝取古方制药以施人。鼎革之初，群盗出没，君避之他所。有盗入其村，方肆劫掠，至君之门，曰'此积善之家也'，去之。盖长者之称素著闻云。"一首、《瞿公子元錩将往桂林不得达而归赠之以诗》一首。元錩，常熟人。礼部侍郎，谥文懿。景淳曾孙，湖广参议汝说孙。父式耜，字起田，万历丙辰进士，由永丰知县历户科给事。甲申八月仕福王，为应天府丞、右佥都御史，代方震孺。夏巡抚广西，明年抵梧州，而南都陷。乃与丁魁楚等立永明王由榔于梧州，式耜为文渊阁大学士，留守桂林。顺治元年，王师破桂林，与总督张同敞俱被难。元錩欲往省其父，以道梗，不得达。

七年庚寅，三十八岁。

春正月五日，韩氏生子林元，命名诒穀。谦案：昆山张皋亭元赓著《张氏卮言》，谓先生无子，盖天阉也。殊诞。游金坛，登顾龙山，观明太祖御制词石刻。顾龙山在县南五里。山脉自茅山回龙顾祖，故名。元末丁酉十一月，明祖东征时驻跸此山，题诗云："望东南隐隐神坛，独跨征车，信步登山。烟寺迂迂，云林郁郁，风竹珊珊。尘不染浮生九寰。客中有僧舍三间。他日偷闲，花鸟娱情，山水相看。"再至镇江，登北固楼。往嘉兴。谦案：《鲒埼亭集》：有怨家倾陷先生，乃变衣冠，作商贾，游京口，又游禾中，观《流转》诗中云云可见。

是年诗有《金坛县南五里有顾龙山高皇帝题词一阕》一首、《重至京口》一首、《榜人曲》二首、《流转》一首、《秀州》一首。

八年辛卯，三十九岁。

至金陵，初谒孝陵。谦案：明孝陵在钟山阳独龙阜旧灵谷寺基，与马皇后合葬，懿文太子祔于左，沿山周围四十五里。嘉靖十年更名钟山为神烈山。国朝定鼎，设立守陵监二员，陵户四十名，拨给司香田地。乾隆十六年裁守陵司香太监，留陵户。灵谷寺，梁天监十三年为宝志公建塔于钟山玩珠峰前，名开善精舍，后为开善寺。宋改名太平兴国寺，后名蒋山寺。明初改寺于旧基之东五里，而旧基遂为孝陵。秋八月十四日，至淮安，与山阳王起田略、徐州万年少寿祺定交，抵清江浦。谦案：清江浦在山阳县西北三十里。

是年诗有《恭谒孝陵五排二十韵》一首、《拜先曾王父木主于朝天宫后祠中》一首、自注：先公尝为应天府尹。谦案：先生《余集·从叔父穆庵府君行状》中有"南渡初元，相与赴南京，寓朝天宫，即先兵部侍郎之祠，而共拜焉"云云，所谓南渡初元，盖指宏光元年，实国朝顺治二年也。编先生诗者未见《余集》，乃列入今年，前已据《余集》改正，入于顺治二年三十三岁下。《诗集》行世已久，姑仍其旧，特注明于此。《赠万举人寿祺》一首、寿祺，字年少，后更字若，崇祯庚午举人，工诗文书画，又工写美人，他如琴棋刀剑、百工技艺，细而女红刺绣，粗而革工缝纫，无不通晓。风流豪宕，倾动一时。沧桑后罢公车，僧冠僧服，自名明志道人、沙门慧寿。避邳、徐之乱，移家公路浦，痛饮食肉如故。著有《隰西堂集》。《淮东》一首、案：此诗为故明东平侯刘泽清作也。泽清为福王时四镇之一，开府淮东，颇事声色，府第雄壮。顺治二年五月，福王遁走。大兵于四月十八日薄扬州，二十五日城陷。五月，大兵败泽清副将高佑于宿迁，至清河，又败泽清总兵马化豹等于淮、黄、清三河口，追入淮安界，至清江，泽清与漕帅田仰遁走。七月，泽清率所部纳降，至京，仍予世职。又三年戊子秋，泽清阴与曹县叛寇通，许以内应，遂作乱，陷曹县。十月，英亲王讨平之，诘其由，知出泽清，乃族诛之。诗中有云：“地下逢黄侯，举手相揶揄。我为天朝将，尔作燕山俘。”谓靖国公黄得功也。得功先于乙酉六月王师据江口时迎战，中流矢死。《赠人》一首。

九年壬辰，四十岁。

入郡，奠姊婿陈皇士之父文庄公祠。文庄，字明卿，号芝台，长洲人。天启壬戌探花，累官南京国子监祭酒，福王时赠詹事，谥文庄。生卒事行，详刘念台宗周、黄石斋道周两先生所撰《文庄公家传》。宏光元年，子济生、济桢奉诏建祠于卧龙街关庙之右。康熙十九年，移建虎邱，侍读汪钝翁琬撰文立碑。济生，字皇士，以荫历官至太仆寺丞。至吴县之横山，展拜远祖陈黄门侍郎顾野王墓。在横山东五里越来溪上。卢襄《石湖志》云：墓上有一巨石横卧，可二丈许，石上古松如盖，湖上望见之，即知为野王墓也。先生时尚如故。遇路舍人泽溥于虎邱。舍人时携家奉母寄居洞庭东山。为常熟杨子常彝作《杨氏祠堂记》。谦案：杨彝，字子常。汪琬《杨顾两先生传》云：万历之季，士之为文者，喜倡新说，畔违传注。彝与太仓顾梦麟力明先儒之说，天下翕然从风，称“杨顾学”。以岁贡为松江训导，作兴人材甚广。居五载，擢知都昌县，以道阻弗克赴任。明亡，遂不出。晚岁目盲，犹令人读书其侧，为诸生讲说无少倦。年七十九卒。自唐市仍返千墩。夏六月十九日，先生同怀弟子严得子洪慎。谦案：《昆新合志》：洪慎字汝嘉，试成均，得州倅，以亲老辞归。从父炎武卒于晋，走三千里，扶榇葬祖茔。承遗命以子宏佐为炎武殇子诒毂后。性爱客，就所居西偏，疏泉垒石，与故人啸咏以终。从叔穆庵得子岩。谦案：《昆新合志》：岩，字大云，好学工诗。少游太学，尝作《落花诗》百首，传诵辇下。至清江渡河，抵王家营。是岁先生有世仆陆恩，叛投里中叶氏。叶名方恒，字嵋初，太常少卿重华第三子。崇祯壬午举人，国朝顺治戊戌进士，官山东济宁道佥事。

是年诗有《同族兄存愉拜黄门公墓》一首、《赠路舍人泽溥》一首、泽溥曲周人，父振飞，字见白，天启乙丑进士，泾阳知县，崇祯中历御史巡按福建，再按苏松，屡迁至佥都御史，总督漕运，巡抚淮扬。北都陷，福王立于南京，河南副使吕弼周为闯贼节度使，来代振飞。癸未进士泾阳武愫为贼防御使，招抚徐沛。振飞击擒二人，竿弼周于法场，命军士人射三矢，乃解磔之。缚愫徇诸市，鞭八十，槛车献诸南朝，伏诛。故诗中云“擒魁献行朝，逆党皆战悸”。又云“天子呼恩官，干戈对王使”，盖唐王聿键曾以罪锢守陵，中官虐之，振飞上疏概宽罪宗，得释。乙酉，南京破，聿键自立于福州，趣召振飞，制书有“朕有守困恩官路振飞”云云。既至，拜太子太保、吏部尚书，兼文渊阁大学士，官一子职方员外郎，又录守淮功，荫锦衣世千户。顺治三年，王师攻克仙霞关，聿键走汀州，振飞追赴不及。汀州破，走居海岛。明年，将赴永明王召，自经于邵武山寺，粤中赐谥文贞。《清江浦》二首、《丈夫》一首、《王家营》一首、《传闻》三首。是岁永明王在肇庆，李定国攻陷广西，王遣使诏定国入卫。盖王为其下孙可望所制，间关奔窜故也。

十年癸巳，四十一岁。

春，至金陵。二月，谒孝陵，并谒太祖御容于灵谷寺。谦案：明太祖帝后御容，今摄山优昙庵中亦有摹本，不知即孝陵中藏本否。冬十月，再谒孝陵，并作图。诒縠殇，时方四龄，先生更娶戴氏。谦案：《归元恭集·戏赠先生纳姬》诗云：“同心初绾在秦淮，孤寄清江音问乖。虽异九秋婕妤怨，已如一月太常斋。占熊从此欢无既，弋雁何妨老自偕。不待王郎去迎接，西风今送入君怀。”元恭自注谓“宁人于金陵纳姬，置之清江浦，至是姬得南归”云云。今则不辨所纳何氏，以时事案之，或是戴也。

是年诗有《路舍人家见东武四先历》一首、舍人父振飞在闽时，特请制新历。《再谒孝陵》一首、《恭谒高皇帝御容于灵谷寺》一首、《赠朱监纪四辅》自注宝应人。一首、《监纪示游粤诗》一首、《赠邬处士继思》一首、《昔有》一首、《杨明府永言昔在昆山倡义不克为僧于华亭及吴帅谓提督吴胜兆举事去而之兰溪今复来吴下感旧有赠》一首、《送归高士即归元恭之淮上》一首、《赠刘教谕永锡》一首、自注大名人。案：永锡，字钦尔，号剩庵，魏县人，崇祯丙子举人。癸未谒选长洲教谕，日与诸生讲道德，明忠孝。邑令遂宁李实廉知其贫，欲烦以吏事，谢不应。已署上海令事，与妻子日食蔬粥，居三月还长洲。乙酉之变，率妻栗氏及僮仆二十余人隐居相城，大吏遣人说之，永锡拔剑欲自裁，乃止。谓其妻曰：“彼再至，我与若立自决矣。”皆裂尺帛握之。会海上兵起，乃罢。永锡有女，许字未嫁，乱后恐贻父母忧，绝粒而死。其母哭之，亦成疾而死。后大水乏食，家僮相继死，埋骨道旁。永锡遣子临与妇归魏。临既归，思其父不置，假贷得百金，欲驰以献父，星夜南下，马惊堕地，被伤死。初，永锡长八九尺，容貌甚伟，至是毁形骨立，见者哀之。久之成疾，渐剧，一夕大呼“烈皇帝”者三，遂卒。时甲午秋也。同时有齐丈人者，抚其丧，葬于阊门外半塘，以妻女祔之。《郝将军太极滇人也天启中守霑益余于叙功疏识其姓名今为医客于吴之上津桥言及旧事感而有赠》一首、《孝陵图》一首、《自序》云：“重光单阏二月己巳，来谒孝陵。值大雨，稽首门外而去。又二载，昭阳大荒落二月辛丑，再谒。十月戊子，又谒，乃得趋入殿门，徘徊瞻视，鞠躬而登殿上。中官奉帝、后神牌二，其后盖小屋数楹，皆黄瓦，非昔制矣。升甬道，恭视明楼宝城，出门，周览故斋宫祠署遗址。牧骑充斥，不便携笔砚。同行者，故陵卫百户束带玉稍为指示，退而作图。念山陵一代典故，以革除之事，《实录》《会典》并无纪述。当先朝时，又为禁地，非陵官不得入焉。其官于陵者，非中贵则武弁，又不能通谙国制，以故其传鲜矣。今既不尽知，知亦不能尽图，而其录于图者且不尽有，恐天下之人同此心而不获至者多也，故写而传之。”《十庙》一首。自注：鸡鸣山下有帝王功臣庙，后人但谓之十庙。谦案：洪武二年，立十庙于鸡鸣山，又增功臣庙，祀徐达以下二十一人，为十一，后又增四庙，今已半就圮废。

十一年甲午，四十二岁。

春游金山。侨居金陵钟山之阳。游真州，抵太平、芜湖。秋，游燕子矶，留宿僧院，至冬始还。先生第三甥徐公肃元文举乡荐。元文号立斋，乾学弟，顺治己亥状元，官文华殿大学士，著有《含经堂集》。详载《昆新合志》。谦案：三徐甥仕履，本与先生无与，所以历历载入者，以见先生当时并非无家可归。且三甥既贵，累书奉迎先生，愿以别墅居之，且为买田以养，亦非漠然于先生者。特以先生赋性严介，掉首故乡，几若为将浼之避。迨后三甥声望日隆，原一乃迭遭弹劾，先生固已先有所见矣。是年，先生同怀兄遐篆卒。

是年诗有《金山诗》一首、《侨居神烈山下》一首、《古隐士》二首、《真州》一首、《太平》一首、《蟂矶》一首、蟂矶在芜湖。《江上》一首、《久留燕子矶院中有感而作》一首、《范文正祠》一首、《钱生肃润之父出示所辑方书》一首。肃润，字楚日，无锡人，著有《南忠录》诸书。

十二年乙未，四十三岁。

春自金陵还昆山。二月初五日午刻，江南地震。夏五月十三日，擒叛奴陆恩，数其罪，沉诸水。叛党复投叶氏，讼之官，移狱松江。谦案：《归元恭集·与叶嵋初书》：弟到郡时，知宁人兄窘于事势，将有不测，舆论亦多以兄为已甚，故弟语稍激切。然论其究竟，爱宁人亦所以爱兄也。已而昆老辈委曲相劝，兄因动恻隐之心，要于兄之自为计亦大便，而弟辈则群而诵兄之高义。昨在西郊，文初、子佩诸君及二三远方友人问及弟，公言于众曰：此事误在顾而叶能不终讼，可谓仁人君子。人皆服兄为有量。及归寓，忽闻有变局，为之大惊。兄尝谓宁人城府深密，机械满腹，兄前已诺和议，而忽出最难之题目，迫之以必不能从之事，是名虽曰和，实欲战也，兄岂亦有城府机械耶？昆老极和平之人，亦以兄为太甚，今将去矣，弟亦即日同国馨去矣。但思兄若不肯就和，即和而必欲云云。宁人计无复之，必自经沟渎无疑也。陆恩，人奴也，尚不可杀，而迫其主以取偿。宁人非寻常无闻之人，又事无死法，而一旦迫之致死，于兄便乎？不便乎？宁人无亲子弟，料死后必无与申冤者，即有，兄自当有以待之，固知杀宁人万万无害，独不畏清议乎？宁人腹笥之富、文笔之妙，非弟一人之私言，即灌老诸公，皆击节称赏，四方之士，见其诗古文者，往往咨嗟爱慕，兄能杀宁人之身，能并其生平之著述而灭之乎？使天下后世读其诗古文者，以为如此文人而杀之者乃叶嵋初也，此名美乎？不美乎？自古文人之受祸者，如子兰杀屈原，姚贾杀韩非，后世读《离骚》及三公子之书，无不唾骂子兰、姚贾。陈同甫为小人构陷入狱，每读其传，为之发指眦裂。以兄平日自待之高明，何苦而为此事耶？想兄之意，以为宁人即死于牢狱，死于桎梏，不得谓嵋初杀之。吾谁欺？当世士大夫有口，亦可畏也。凡此之言，皆所谓爱宁人，即所以爱兄也。云云。核其语意，松江之狱，所由来欤？六月八日，地又震。

是年诗有《元旦陵下作》一首、《常熟归生晟陈生芳绩书来以诗答之》一首、《赠路光禄太平》一首、《自序》云：“先是，有仆陆恩服事余家三世矣，见门祚日微，叛而投里豪，余持之急，乃欲陷余重案。余闻，急擒之，数其罪，沉诸水。其婿复投豪，讼之郡，行千金求杀余。余既待讯，法当囚系，乃不之狱曹，而絷诸豪奴之家。同人不平，为代诉之兵备使者，移狱松江府，以杀奴论。豪计不行，而余有戒心，乃浩然有山东之行矣。”谦案：全谢山太史《鲒埼亭集》载先生《神道表》云：“狱日急，有为先生求救于某公者，某欲先生自称门下而后许之。其人知先生必不可，而惧失某公之援也，乃自书一刺与之。先生闻之，急索刺还，不得，列揭于通衢以自白。某公亦笑曰：‘宁人之卞也！’”《酬王生仍》一首、《永夜》一首、《酬陈生芳绩》一首、《赠路舍人》一首、《赠钱行人邦寅》一首。自注：丹徒人。

十三年丙申，四十四岁。

春，作《方月斯诗序》。谦案：月斯，佚其名，谷城人，明辅臣岳贡之子。甲申后卖卜吴门。《夏节愍完淳集》载有《赠方谷城遗孤流落郡中诗》。先生序谓“与方子订交自单阏之岁，今且六年矣。余客钟山而方子亦侨居云间，不数数见。顷冬春之际，余以仇家之讼至云间，逆旅中困不自聊，而方子时时相过慰藉，与余周旋两月，因出其诗草示余读之”云云。以时事考之，当在是岁无疑。狱解，由松江回昆。三月，先生本生母何硕人卒。夏闰五月，至金陵钟山旧居。自狱解后，叶氏遣刺客伺所往，至是追及于江宁之太平门外，击之，伤首，遇救得免。是月十日，诣孝陵。冬，在钟山度岁。

是年诗有《松江别张处士悫王处士炜暨诸友人》一首、诗中有云：“异郡情犹彻，同人道不孤。”盖先生方系松江狱时，郡人多爱重先生而通问者。《赠潘节士柽章》一首、字力田，吴江人。《闰五月十日恭谒孝陵》一首、《王处士自松江来拜陵毕遂往芜湖》一首、《桃叶歌》一首、《黄侍中祠》一首、自注：在南京三山门外栅洪桥。谦案：侍中名观，字伯澜，一字尚宾，贵池人。洪武二十四年殿试第一，历官右侍中。燕师南下，观募兵上游，闻城破，自沉于江。永乐入城，以其夫人翁氏及二女给象奴，夫人携二女及家属十人赴栅洪桥下死。后人即其葬地，祀以祠，今已无迹可寻，城中金陵闸之祠，盖续建也。《王征君潢具舟城西同楚二沙门小坐栅洪桥下》一首、谦案：潢字元倬，上元人。父之藩慷慨好义，潢能色养。崇祯丙子举于乡。先是，户部郎中倪笃之荐于朝，以贤良征，不就。念世乱亲老，赋《南陔诗》以见志。著有《南陔集》。见《江宁府志》及《上元县志》。《摄山》一首、在府东北，山多药草，可以摄生，故名。《南史·明僧绍传》：僧绍明经有儒术，宋元嘉中再举秀才，魏克淮南，渡江，闻沙门释僧远夙德，往候定林寺。齐高帝欲见之，遁还摄山，建栖霞寺居之。《贯仓部必选说易》一首、《旅中》一首、《酬王处士九日见怀之作》一首、《送张山人应鼎还江阴》一首、《陈生芳绩两尊人先后即世适皆以三月十九日追恸之作词旨哀恻依韵奉和》二首。

十四年丁酉，四十五岁。

元旦，谒孝陵。后自金陵返昆山，旋往山东。同人为饯别，归元恭为之序。《送顾宁人北游序》：“余与宁人之交二十五年矣，其他同学相与，或二十年，或十余年，盖未尝有经岁之别也。今于宁人之北行也，而不能无感慨焉。宁人故世家，崇祯之末，祖父蠡源先生暨兄孝廉捐馆，一时丧荒，赋徭猬集，以遗田八百亩典叶公子，券价仅当田之半，仍靳不与。阅二载，宁人请求无虑百次，乃少畀之，至十之六而逢国变。公子者素倚其父与伯父之势，凌夺里中，其产逼邻宁人，见顾氏势衰，本蓄意吞之。而宁人自母亡后，绝迹居山中不出。同人不平，代为之请，公子意弗善也。适宁人之仆陆恩得罪于主，公子钩致之，令诬宁人不轨，将兴大狱，以除顾氏。事泄，宁人率亲友掩其仆，执而棰之死。其同谋者惧，奔告公子。公子挺身出，与宁人讼，执宁人囚诸奴家，胁令自裁。同人走叩宪副行提，始出宁人。比刑官以狱上，宁人杀无罪奴，拟城旦。宪副与公子年家，然心知是狱冤，又知郡之官吏上下大小无非公子人者，乃移狱云间守，坐宁人杀有罪奴，拟杖而已。公子忿怒，遣刺客戕宁人。宁人走金陵，刺客及之太平门外，击之，伤首，坠驴，会救得免。而叛奴之党受公子指，纠数十人，乘间劫宁人家，尽其累世之传以去。宁人度与公子讼，力不胜，则浩然有远行，而同人之知宁人者，携樽榼送之。酒半，作而言曰：'宁人之出也，其将为伍员之奔吴乎？范雎之入秦乎？吾辈所以望宁人者不在此。夫宣尼大圣，犹且遭魋畏匡；文王至仁，不殄厥愠。宁人之学有本而树立有素，使穷年读书山中，天下谁复知宁人者？今且登陟名山大川，历聘列国，以广其志而大其声施，焉知今日困厄，非宁人行道于天下之发轫乎？若曰怨仇是寻，非贤人之志；别离是念，非良友之情。'于是同人咸曰：'善，请歌以壮其行。'而归子为之序。"至莱州，与掖县赵士完、任唐臣等定交。士完，字汝彦，崇祯壬午举人，故御史允昌季子。遭乱后弃家，而南羁栖废寺。弟士冕官镇江太守，物色得之，强之归。士完故莱之巨族，从兄士喆入复社，有名。同怀兄士元、士亮、士宽，弟士冕，并以才称。唐臣，字子良，贡生。弟虞臣亦以学问著。案：《集》中《莱州任氏族谱序》有云："余往来山东十余年。"又云"顷至东莱，主赵士完、任唐臣。入其门，而堂轩几榻无改于其旧"云云。知先生初抵莱，即与赵、任诸人往还。惟《谱序》之作，当在戊申与谢长吉结讼以后。作《汝州知州钱君行状》、钱名祚徵，掖县人，崇祯十四年，流贼破汝，抗节不屈，被炮烙死。先生在莱时，公子大受恸父节未表于朝，乃乞先生状其事。大受，字伯衡，岁贡生，官博兴训导，以诗名。从唐臣假吴才老《韵补正》，读而校之。过即墨，游劳山。为黄朗生作《劳山图志序》。至济南，与处士徐东痴、东痴，初名元善，字长公，慕嵇叔夜之为人，更名夜，字东痴，号嵇庵，济南新城人，明诸生，为云南布政准曾孙。少读书外祖王季木家，束发能诗。年二十九遭难，母死，遂弃诸生，南游江、浙，西游宛、邓，归遂不出。举博学鸿词，以老病辞。为文章原本经史，年且七十，当路无知之者。王渔洋尚书尝索其稿，但逊谢而已。后往江西，渡浔阳，稿尽没于水。渔洋为摭拾遗诗二百余首付梓，曰

《阮亭选徐诗》。张稷若定交。张名尔岐，自撰墓志云：字稷若，号蒿庵，济阳诸生。“喜论著，有《易经说略》《书经说略》，学者多传录之。其《仪礼郑注句读》鲜爱者，过昆山顾宁人炎武，录一本藏山西祁县所立书堂，长山刘友生孔怀取一本藏其家。《夏小正传注》一卷、《弟子职注》一卷、《老子说略》二卷、《蒿庵集》三卷、《蒿庵闲说》三卷、《济阳县志》九卷、《吴氏仪礼考注订误》一卷，俱藏家塾。”按：刘果庵孔怀《蒿庵集序》云：癸丑八月，余有事济上，始识先生于紫薇署中。时吴门顾宁人在座，先生谓之曰：“壬寅于阳邱读君《古易序》，非为此君乎？”宁人颔之，因以所著《蒿庵集》见遗。又先生与汪钝庵书云：“济阳张君稷若，所作《仪礼郑注句读》一书，根本先儒，立言简当，使朱子见之，当不仅谢监狱之称许也。”又与钝庵论师道书云：“独精三《礼》，卓然经师，吾不如张稷若。”处士殁，先生吊之云：“从此山东问三《礼》，康成家法更谁传？”推重可谓至矣。《日知录》于“丧礼”“停丧”二条内备载稷若之说。为张稷若作《仪礼郑注句读序》。

是年诗有《元旦》一首、《莱州》一首、《安平君祠》一首、自注：在即墨，今废。《不其山》一首、在即墨。自注：汉不其县有康成书院，今废。《劳山歌》一首、《张饶州允抡山中弹琴》一首、《淮北大雨》一首、《济南》一首、《赋得秋柳》一首、《酬徐处士元善即东痴昔年新城之陷其母死焉故有此作》一首。

十五年戊戌，四十六岁。

春，至泰安，登泰山。旋赴兖州，至曲阜，谒圣庙。往邹县，谒周公庙，谒孟庙。过邹平，游张氏万斛园。故明兵部尚书张延登所居。抵章邱，访张隐君元明。名光启，章邱人，世居白云湖上。少为名诸生，梅长公、朱未孩二公称许之。崇祯庚辰，年四十，遂弃举子业，辟一园曰省园，以种树艺花自乐。乱后足不履城市，年八十余卒。有《张仲集》诗若干篇，王渔洋为删存百余篇传之。至长山，主刘隐君果庵家。隐君名孔怀，号果庵，长山人。精于考核，先生主其家，与之辨晰疑义。所著有《四书字征》《五经字征》《诗经辨韵》《范文正公流寓长山考》等书。复至济南，再赴莱州之潍县，入都。随至蓟州，历遵化州之玉田，入永平府，登孤竹山，谒夷齐庙。先生从子尔策熊登武科进士。谦案：《昆新合志》：熊，字非熊，性耽文史，不乐仕进。尝辑其先世自上海迁昆宗谱，简核有体，为从父炎武所称。北平孙承泽序。

是年诗有《登岱》一首、《谒夫子庙》一首、《七十二弟子》一首、《谒周公庙》一首、《谒孟子庙》一首、《邹平张公子万斛园上小集》一首、《张隐君元明于园中置一小石龛曰仙隐祠征诗纪之》一首、《济南》一首、《自笑》一首、《酬归祚明戴笠王仍潘柽章潘字力田。谦案：《发潜录》及《遂初堂集》：力田为诸生，凯字仲和，私谥贞靖之子，简讨名耒之兄。四子韭溪草堂联句见怀二十韵》一首、《潍县》一首、《衡王府》一首、《督亢》一首、《京师作》一首、《蓟州》一首、《玉田道中》一首、《永平》一首、《谒夷齐庙》一首。

十六年己亥，四十七岁。

出山海关，返至永平之昌黎县，作《曳梯郎君祠记》。先生《曳梯郎君祠记》略云：方兵之入遵化，薄京师，下永平而攻昌黎也，俘掠人民以万计。是时昌黎知县左应选与其士民婴城固守，而敌攻东门甚急。是人者为敌畀云梯至城下，登者数人将上矣，乃曳而覆之，其帅磔诸城下。积六日不拔，引兵退，城得以全。事闻，天子立擢昌黎知县为山东按察司佥事，丞以下迁职有差。又四年，武陵杨公嗣昌以巡抚至，始具疏上请，邑之士大夫皆蒙褒叙，民兵死者三十六人，立祠祀之。而杨公曰："是曳梯者，虽不知何人，亦百夫之特。"乃请旨封为曳梯郎君，为之立祠。著《营平二州史事》六卷，有序。营州在今临榆县北七百里，平州在今永平府东二百里临榆县地。先生在永平，适《永平府志》成，求先生作序，因著此书，作序应之。至昌平州天寿山，谒十三陵。昌平州在京师西北六十里，故永安城也。正德八年升州，州东北十八里有黄土山。永乐五年七月，皇后徐氏崩，上命礼部尚书赵羾以明地理者廖均卿等往择地，得吉于是山中峰之下，车驾临视，封其山为天寿，是为长陵。自后列帝因之，皆兆于长陵左右，十三陵盖成祖永乐长陵、仁宗洪熙献陵、宣宗宣德景陵、英宗正统裕陵、宪宗成化茂陵、孝宗宏治泰陵、武宗正德康陵、世宗嘉靖永陵、穆宗隆庆昭陵、神宗万历定陵、光宗泰昌庆陵、熹宗天启德陵，凡十二陵。昭陵东鹿马山有田贵妃墓，崇祯之季妃薨，上遣工部左侍郎陈必谦等营建。未毕而都城失守，闯贼以帝后梓宫至昌平，士民率钱募夫，葬之田妃墓内，移妃于右，帝居中，后居左，以妃椁为帝椁，斩蓬翟而封之，规制狭小。谦案：方望溪先生外集载明故兵部郎中刘公墓志中述刘公之子易言公于甲申城陷时蹡踊东华门，亲见崇祯帝短衣裋裆，周后继以小床，载至，鼻有伤痕，易棺再敛，借灰掩纸而已。至国朝顺治十六年三月，奉旨立碑建亭于前，大学士金之俊撰拟碑文，是为思陵，合称十三陵。又案：谭吉璁《肃松录》：思陵愍皇帝冢高四尺，缭以短墙，左松八株，右松七株。又惠栋《精华录训纂注》：顺治十六年十一月壬申，上驻跸昌平州，道经崇祯帝陵，凄然泣下，酹酒于陵前。癸酉，上阅明帝诸陵，甲戌，遣内大臣索尼祭明崇祯帝陵文曰：惟帝亶聪，御极孜孜，以康阜兆民为念。十七年来劼毖无斁，不意流寇猖獗，国遂以倾，身殉社稷。倘使遭际景运，可称懿辟，独是缵承衰绪，适丁劫厄，虽励精图治，而倾厦莫支。朕念及此，恒用深恻，前巡幸畿辅，偶过昌平，睇望陵寝，益为悽然，特具牲帛酒品，用昭礼祭，尚飨！先是，是年三月立崇祯帝碑，明年冬十月，命立殉难太监王承恩碑，文又考景帝陵在京师西直门外三十余里，沙河之南，地名金山，门内有碑亭，世宗、神宗皆常展谒。谦案：《长安客话》：景皇帝陵在金山口，距西山不十里，陵前坎陷，树多白杨及椿，皆合三四人抱，高可二十丈。又《毛僧开诗话》：西山有景皇帝坟，倾圮不堪，人呼废坟。今上见之惨然，为置守陵尉，与诸陵等。出居庸关，仍返山东，抵长清，至天津。甥徐公肃是年登进士一甲一名。

是年诗有《寄弟纾及友人江南》三首、《山海关》一首、《望夫石》一首、《昌黎》一首、在永平府东南。《三屯营》一首、《恭谒天寿山十三陵》一首、《王太监墓》一首、在思陵之下，即王承恩也。谦案：《明史》载随崇祯殉难者为太监王之心，仁庙因明时内监有入国朝犹在者，皆及见之，谓非王之心，乃王承恩之讹。再命熊赐履复行详察，的系王承恩，即遵旨更正益服，章皇帝恩予立碑，当时固确有所据也。碑立于顺治十七年冬十月。《刘谏议祠》一首、自注：在昌平旧县，今废。案：谏议名蕡，字去华，昌平人。举贤良方正，对策指斥宦官，遂不第。令狐楚在兴元，牛僧儒在襄阳，皆辟为从事，待如师友，授秘书郎，为宦官所嫉，诬以罪，贬柳州司户参军，卒。昭宗时赠右谏议大夫，元时以昌平驿官宫祺奏请，始为之立祠。《元史》泰定二年置谏议书院于昌平县，祀刘蕡者，此也。祠本在旧县，去今州治西八里。《居庸关》二首、《重登灵岩》一首、自注：在长清县东南九十里。《秋雨》一首、《与江南诸子别》一首、《天津》一首、《旧沧州》一首。在天津。

十七年庚子，四十八岁。

春二月，至昌平，谒天寿山十三陵，入都。夏六月，仍至山东。秋，回至钟山，谒孝陵。先生长甥徐原一乾学登京兆荐。乾学，号健庵，康熙庚戌探花，官至刑部尚书。与弟秉义、元文并以文章有声，世号“三徐”。著有《读礼通考》《憺园集》《传是楼书目》。详载《昆新合志》。

是年诗有《再谒天寿山陵》一首、《送王文学丽正归新安》一首、自注：生旧在金侍郎声幕府。案：金正希声于顺治乙酉募乡勇起义徽州，十月，大兵破之，殉难绩溪。谦案：《明史稿列传》：金声，字正希，休宁人。崇祯元年进士，授庶吉士。明年十一月大清兵逼都城，声具疏言："臣所知申甫有将才，愿仗天子威灵为国家捍强敌。"帝纳声言，超擢副总兵，改声御史，参其军。亡何，甫连败阵亡，遂屡疏乞归乡。郡多盗，声团练义勇为捍御。十六年冬，廷臣交荐，即命召用，未赴而京师陷。福王立，超擢声左佥都御史，不起。大兵破南京，声以闰六月悬高皇帝像，率士民拜哭，纠集义勇保绩溪、黄山，分兵扼六岭，遣使通表。唐王授声右都御史兼兵部右侍郎，总督诸道军，拔旌德、宁国诸县。九月，徽故御史黄澍降于大清，王师间道袭破之。声被执至江宁，语门人江天一曰："子有老母，不可死。"对曰："天一同公起兵，可不同公殉义乎？"遂偕死。《答徐甥乾学》一首、《白下》一首、《重谒孝陵》一首、《赠林处士古度》一首、字茂之，一字那子，福清人，时年已八十一。乱后侨寓金陵，所著有《茂之诗选》。《赠黄职方师正》一首。自注：建阳人。案：职方生平无考，玩诗意当是在唐王时授职，既败而遁于金陵者。

十八年辛丑，四十九岁。

回吴门，至杭州，抵绍兴，谒禹陵，《一统志》：禹王陵在会稽山禹王庙侧。谦案：《皇览》云禹冢在山阴县会稽山上。山本名苗山，在县南，去县七里。又《绍兴府志》：嘉靖中，知府南大吉立石刻"大禹陵"三字，覆以亭。吊宋六陵。谦案：元至元十五年戊寅十二月十二日，西僧杨琏真伽利宋殡宫金玉，奏发宋诸陵在绍兴者及大臣冢墓凡一百一所，又欲裒诸陵骨杂牛马枯骼为镇南浮图。会稽人唐珏字玉潜，独恸奋，乃贷家具行，贷得百金，为酒食，阴召诸恶少，泣曰："尔辈皆宋人，吾不忍陵骨之暴露，欲以他骨易之。已造石函六，刻纪年一字为号，自思陵以下随号收殡。"众如珏言，夜往取遗骸，葬兰亭山，即晋王羲之修禊处。后又移宋故宫，冬青树植其上以为识，闻者悲之。《辍耕录》所载唐义士瘗陵骨事大略相同，别有《梦中诗四首》之一云："一抔自筑珠邱土，双匣亲传竺国经。只有春风知此意，年年杜宇泣冬青。"又《浙江通志》：宋攒宫诸陵俱在会稽，宝山今名攒宫山，元至元中，西僧杨琏真伽奏发诸陵，宋遗民山阴唐珏潜易以伪骨，取真者瘗之山阴天章寺前，六陵各为一函，独理宗颅为饮器，杨髡发冢时，又有太学生林德阳——故为丐者，背一篓，手持竹夹，遇物夹之投篓中。又铸小银牌置腰间，贿西僧，求得高、孝两帝骨，僧左右之，果得骨归，葬东嘉。与唐珏事略异，今并存之。明洪武二年，诏下北平返理宗颅归旧陵。冬青穴在府城西南三十里天章寺前，宋唐、林二义士埋宋陵骸骨处也。六陵各为穴，上植冬青树六株云。据此则唐所瘗者仅三陵，为光宗、宁宗、度宗，林所瘗者二陵，为高宗、孝宗，至理宗骨则明初始归自北平而瘗之也。六陵者按《山陵考》，淳熙十四年高宗崩，攒会稽上陵，曰永思。绍熙五年六月孝宗崩，攒永思陵西上陵，曰永阜。庆元六年八月光宗崩，攒会稽上陵，曰永崇。嘉定十七年闰八月，宁宗崩，诏迁泰陵寺而以其基定卜上陵，曰永茂。景定五年十月，理宗崩，攒会稽上陵曰永穆。咸淳十二年七月，度宗崩，上陵，曰永绍。杨琏真伽今御批《通鉴辑览》译作嘉木杨喇勒智，此外尚有王孙英，号才翁，会稽人；郑朴翁，字宗仁，平阳人。俱见《通志》。又有罗陵使名铣，皆前后埋骨者，而唐、林为尤著。鄞万季野斯同著《癸辛杂识》一篇，最为明晰。为余姚吕待诏裁之章成作《吕氏千字文序》。谦案：《余姚县志》：章成字裁之，号秋崖，大学士本曾孙，与陈函煇、张明弼、杨体元为意气交。函煇从事绍兴，荐章成为翰林待诏，章成曰："悍将骄兵日事寇钞，越城中颠踬狼狈，救死不遑，岂复可为之日耶？"卒辞不赴。函煇死，章成走哭于台州，意有所触，则惘惘独行，欲得异人而友之，访戴易于邓尉，遇顾炎武于昌平山，慷慨赋诗，历吴、齐、燕、粤，无所遇乃归。名其藏书之室曰"蓼园"，曰："予集于蓼，孰谓荼苦者？"病中自毁其著述，曰："此无用之虚谈也。"所存有《浴日楼集》八卷、《秋崖词》。据志载，章成识先生于昌平山，先生自己亥、庚子、壬寅、甲辰、己酉、丁巳先后凡六至昌平，此作序时已再至。当是与章成相遇后，或遇于去年，或即今年，不可考矣。先生《吕氏千字文序》谓崇祯之元有仁和卓人月者，取周兴嗣《千字文》而更次之，以纪先帝初元之政，一时咸称其巧。吕君以为事止一年，未备也，于是再取而更次之，而明代二百七十年之事乃略具云云。秋，回苏州，即往金陵，过六合。作《顾与治诗序》。谦案：与治，字梦游，江宁贡生，河南副使璟之曾孙，当选官，弃去。又案：《今世说》：梦游性严介，任侠，恤死友，与莆田宋比玉善。宋殁，梦游走闽哭之，伐石表墓。南州苏武子工古文，早夭，梦游刻之行世。北平于司直好结客，游秦淮，死，无恤者，梦游含殓理丧。费考功罢官，贫甚，分宅与居，殁，葬顾氏茔旁，岁时祭之，其稿佚失，求得之行世。又周旋释剩公难，几株及。剩公圆寂，搜其《辽左杂咏》存之。其高致类如此。又《有学集》：余初识与治，见其威仪庠序，笔墨妍雅。晚年屡陷坎坷，困于蒺藜，卒无子，穷老以死云云。先是，庚子九月，与治卒于江宁，施愚山欲搜刻其遗诗，因与方尔止就曹石仓所刊本，及与治外孙梁尔砺所钞本，又假沈子迁所藏本，重加芟订，厘为八卷，愚山与子迁合资刻之。今考先生之序，与刻入与治集中者，大相参差，疑是先生作序时不知愚山所选尚未脱稿，沈本亦尚未合并，故有愚山刻之未成之说。逮壬寅刻既竣，而先生之序已先就，不复更作，遂改易以登之木刻。先生集者固不悉，别有改本，仍以原文付梓，未可知也。此过六合作《顾诗序》一则，原《谱》未载，谦以先生序并施、方、沈三家所作《顾诗序》合参之，当在此年，故为补入。闰七月，赴山东，因辑《山东考古录》。冬十二月庚申望立春日，《山东考古录》书成。

是年诗有《杭州》二首、指潞王监国时事。《禹陵》一首、《宋六陵》一首、谦案：先生丙辰岁与黄太冲书：是年曾至武林，并未渡江，而原《谱》乃谓“抵绍兴，谒禹陵”云云，未知何据。然先生实有谒禹陵、洎宋六陵诸诗，又似亲履其地者，不敢强解，阙疑可也。《颜神山中见橘》一首。山在益都。

康熙元年壬寅，五十岁。

春正月，由山东入都。三月，至昌平，十九日，谒思陵，有《谒攒宫文》。案：《日知录》：宋南渡，会稽诸陵皆曰攒宫，实陵而名不以陵。《春秋》之法，君弑贼不讨不书葬，实葬而名未葬。今之言陵者，名也，未葬者，实也。实未葬而名葬，臣子之义所未敢出也，故不曰陵而曰攒宫。出古北口往蓟州，仍至昌平。夏五月二十八日为先生诞辰，有致馈者，作书辞之。至真定之新乐，《日知录》“木刀沟”条自注：余过新乐，林君华皖见示所修县志云云。抵曲阳，谒北岳恒山，至井陉。秋七月，《天下郡国利病书》成，自为序。序云：崇祯已卯，秋闱被摈，退而读书。感四国之多虞，耻经生之寡术，于是历览二十一史以及天下郡县志书，一代名公文集间及章奏文册之类，有得即录，共成四十余帖。一为舆地之记，一为利病之书。比遭兵火，多有散佚，亦或增补。而其书本不曾先定义例，又多往代之言，地势民风与今不合，年老善忘，不能一一刊正，姑以初稿存之箧中，以待后之君子斟酌去取云尔。冬十月，至山西，往大同之浑源州，作《北岳辨》，度汾河，之平阳府。

是年诗有《三月十九日有事攒宫时闻缅国之报》一首、案：是年二月，吴三桂、爱星阿同奏奉命征缅，于顺治十八年十一月会师木邦。伪晋王李定国奔景线，伪巩昌王白文选遁据锡波江，官军造筏，将渡，文选复奔茶山，总兵马宁等追及于孟养，文选降，三桂趋缅城。十二月初一日，大军至缅城，缅囚执永明王朱由榔献军前，杀伪华亭侯王惟恭等一百余人。《古北口》一首、今顺天密云县东。《五十初度时在昌平》一首、《日知录》“生日”条下自注：余昔年流寓蓟门，生日有致馈者，答以书。《北岳庙》一首、自注：时岳祀移浑源州。《井陉》一首、《一雁》一首、

《尧庙》一首。案：帝尧陵在山东曹州东北六十里故雷泽城，历代致祭。开宝诏书则谓帝尧之祠在郓州，今东平州东北三十里芦泉山之阳，后代因之。山西《临汾县志》：尧陵在城东七十里，有庙，有金泰和二年碑记。先生于《日知录》“帝王陵”条详载诸说，颇以《临汾志》为疑。是时先生经游其地，故有此作。

二年癸卯，五十一岁。

春正月，自平阳登霍山，谦案：诗有“春雪覆松杉”，故知当在正月也。游女娲庙。在赵城县东八里。至太原，访傅处士青主。傅，名山，字青主，初字青竹，号啬庐，别号公之它，阳曲人。崇祯中袁临侯继咸督学江西，为巡按御史张孙振诬劾被逮，山职纳橐饘，伏阙上书，白其冤。马君常世奇作《义士传》，比之裴瑜、魏劭。乱后为道士装，以医为业。工诗文，书画入逸品。康熙己未，召试博学鸿词，不应，授中书舍人，复不就。著有《霜红龛诗钞》，其子眉，字寿髦，一字竹岭，亦善画工诗，集名《我诗集》。同邑张君合其父子之作刻之，戴梃栻撰《晋四家诗》，山父子居其二。青主生时，母梦老比邱而生，生复不啼，一瞽僧至门，曰：“既来，何必不啼？”乃啼。六岁食黄精，不乐谷食，强之乃食。读十三经、诸子史如宿通者。谦案：寿髦之子名莲苏，字长芳，逮事乃祖，亦有祖风，青主晚年著《霜红龛家训》十八条课之。又阮葵生《茶余客话》云：古晋阳城中有傅先生卖药处，立牌书“卫生堂药饵”五字，先生笔也。青主善医而不耐俗，病家多不能致。然素喜看花，病者于有花木寺观中，令善先生者诱致之，闻病者呻吟，僧为言羁旅无力延医耳，先生即为治，剧无不应手而愈。又潘耒《遂初堂集》：出太原郡城，东行可七八里，有寺曰永祚，双塔巍然，捎云碍日见之，四十里外，浮浮若旌幢焉，其下为松庄，傅隐君先生所居也。至代州，游五台山，作《五台山记》，与富平李子德因笃订交。李，字天生，更字孔德，又字子德，陕西富平籍，山西洪洞人。邃于经学，为先生所推重，著有《寿祺堂集》。康熙己未，试鸿博，授简讨，以母老辞，不许，表三上，乃许。同时授官者，子德与萧山毛奇龄、秀水朱彝尊、无锡严绳孙三人，当时号“四布衣”。在汾州闻执友吴江吴赤溟、名炎，诸生。潘力田二子遭湖州庄氏私史之难，遥祭于旅舍。谦案：先生《书吴潘二子事》略谓湖州庄氏名廷鑨，目双盲，不甚通晓古今。以史迁有“左邱失明，乃著《国语》”之说，奋欲著书。其居邻故阁辅朱公国桢家，朱公尝取国事及公卿志状疏草，命胥抄录，凡数十帙，未成书而卒。廷鑨得之，招致宾客，日夜编纂为《明书》，书冗杂不足道也。廷鑨死，无子，家资可万金。其父曰：“吾三子皆已析产，独仲子无后，吾哀其志，当先为刻书，而再置嗣。”

遂梓行之。慕吴、潘盛名，引以为重，列诸参阅姓名中。书凡百余帙，颇有违碍语。庄氏既富，浙人得其书，恒恐吓之，得所欲以去。归安令吴之荣者，以赃系狱，遇赦得出。吏教之买此书，以挟庄氏。庄氏欲应之，或曰："踵此而来，尽子之财不足以给，不如以一讼绝之。"遂谢之荣。之荣告诸大吏，大吏右庄氏。之荣入京师，摘其违碍语密以闻于朝，因遣官至杭，执廷鑨之父及其兄廷钺又弟侄等，并列名于书者十八人，皆论死。其刻书鬻书，并知府、推官之不发觉者，亦坐之。发廷鑨之墓，焚其尸，籍没其财产。杀凡七十余人，而吴、潘二子与其难。"方庄生作书时，属客延予，予薄其人不学，竟去，以是不列名，获免于难"云云。《鲒埼亭集》谓浙中史祸先生幸而得脱，即谓此事。潘力田与吴赤溟同草创《明史》，以《实录》为纲领，凡志乘、文集、墓铭、家传有关史事者，以类相从，稽其异同，核其虚实，为《国史考异》一书，颇有称许之者。所著又有《松陵文献》若干卷。**由汾州历蒲州，入潼关，游西岳太华，过访华阴王山史。**山史，名宏撰，字无异，华阴人。明诸生。康熙戊午，征举鸿博，未就。耆学好古，收藏法书、名画、金石最富。所居在华下，有读易庐。撰《易象图述》及《山志》《砥斋集》。汪尧峰称其文议论驰骋今古，悉有据依，非苟作者。朱竹垞赠诗题其《独鹤亭》二首，内有自注云："携来京师有营邱画人物树石一轴，五字不损，兰亭一卷尤可宝也。"又序其《砥斋集》，盛许其所撰前明督师孙传庭传，谓得太史公法。先生集中《广师》一篇内所谓"好学不倦，笃于朋友，吾不如王山史"者也。**至西安，冬十月朔，过访李处士中孚于盩厔，遂订交。**案：李征君中孚，《年谱》云：癸卯十月朔，东吴顾宁人来访。宁人博物宏通，学如郑樵，从容盘恒，上下古今，靡不辨定。既而叹曰："尧舜之知而不遍物，急先务也。吾人当务之急，原自有在，若舍而不务，惟骛精神于上下古今之间，正昔人所谓'抛却自家无尽藏，沿门托钵效贫儿'也。"宁人为之怃然。征君名容，字仲孚，号二曲，陕西盩厔人。少孤，立学经明行修，事寡母彭尤以孝著，后流寓富平之军寨。康熙戊午征举鸿博，不赴，当事强迫之，舁至近郊，操刀欲自戕，始得谢病归。所著有《二曲集》。**往骊山，访明宗室存杠等，作《朱子斗诗序》。**按：《序》：子斗，名谊泹，永兴王府奉国中尉，当天启时，开科举之途，而子斗久以诗文为关中士人领袖，其次子存柘彦衡乃得为诸生，中副榜，贼陷西安，存柘义不屈，投井死，长子存杠伯常扶其父逃之村墅，得免。子斗没后，八年而余至关中访七子之后，其六子皆衰落不振，而伯常年已六十有二，独其家遗书尚存，而为人亦温恭葸慎，以求全于世，惟恐人目之为故王孙者，反不若庶姓之人，犹得盱衡扼腕，言天下之事于朋友之前，而无所忌惮，时势则然，亦繇国家向日裁抑太过，无有强宗大豪如南阳诸刘得以挠新莽之威，而保先人之祚者也。余悲夫！以子斗之贤，使其立朝，必能为天子正纪纲、补阙失；其在封疆，必能秉一节，遏寇虣，乃终老不用历变故以卒，而仅以其诗著，故序而传之七子者，惟燿伯明、惟焟叔融、怀垩土简、怀丑长生、怀雝季凤、谊澌伯闻，与子斗为七，皆号能诗。而又有谊罘明远、存梸春夫二中尉者，贼至时同不屈死，明远中崇祯九年举人，此皆秦宗之有学行者。出关，至太原。

是年诗有《元旦》一首、《霍山》一首、《书女娲庙》一首、《晋王府》一首、《赠傅处士山》一首、《酬傅处士次韵》二首、《陆贡生来复自注：武进人述昔年代许舍人曦草疏攻郑鄤事》一首、《咏史》一首、《李克用墓》一首、自注：在代州西八里。案：李克用即晋王，墓在代州柏林寺东。《五台山》一首、《酬李处士因笃》一首、《雨中送申公子涵光》一首、涵光，字和孟，一字凫盟，直隶永年人。节愍公佳允长子，有文章志行，以诗名。河朔间同学有出为大官者，申独隐居，人称聪山先生，与鸡泽殷伯岩岳、永年张覆舆盖、曲周刘津逮逢源、邯郸赵秋水湛并齐名，著有文集四卷、《聪山诗》八卷及《荆南小隐》等书。《酬史庶常可程》一首、案：可程，字赤豹，号蘧庵，大兴籍，河南祥符人。崇祯癸未进士，阁部可法同祖弟。父仁斋刺沁州黄平时寓绛州。可程当京师陷时降贼，贼败南归，可法请置之理，福王以可法故，令养母。可程遂居南京，后流寓宜兴，阅四十年而卒。见《明史》。《汾州祭吴炎潘柽章二节士》一首、《寄潘节士之弟耒》一首、谦案：耒，字次耕，号稼堂，晚自号止止居士，吴江诸生。名凯，字仲和，私谥贞靖之次子，康熙己未以布衣试鸿博，授简讨。早岁以神童称，试以历日首尾，不脱一字，受业于先生，又得王锡阐及兄柽章之传，凡诗、古文、历算、声音之学，罔不穷极根源。于声韵反切尤有神悟，审五方之音而能得其会通，著《类音》八卷，增芟三十六字母为五十母，统有字无字之音，分平上去入为二十四类，皆得天然之音。有《遂初堂集》。尝出资为先生刻《九经误字》一卷、《石经考》一卷、《金石文字记》六卷、《吴才老韵补正》二卷、《昌平山水记》二卷、《谲觚十事》一卷、《顾氏谱略》二卷、《文集》六卷、《诗集》五卷，又同闽中汪晦庵合刻先生《日知录》三十二卷。《王官谷》一首、《蒲州西门外铁牛唐时所造以系浮桥者今河西徙十余里矣》一首、《潼关》一首、《华山》一首、《骊山行》一首、《长安》一首、《乾陵》唐中宗[①]一首、《将去关中别中尉存杠于慈恩寺塔下》一首。

---

①当作“唐高宗”。

三年甲辰，五十二岁。

春正月五日，至蒲州之荣河，游后土祠。适汾州，自大同至西口，入都。秋七月，至昌平，谒十三陵，奠思陵。有《谒攒宫文》。至河南之辉县，访孙处士夏峰先生。夏峰先生名奇逢，字启东，号钟元，保定府容城县人。嘉靖辛酉举人，河东运判臣之孙，年十七，举万历庚子顺天乡荐。尝参高阳孙承宗督师关门军事，与桐城左忠毅光斗、嘉善魏忠节大中、长洲周忠介顺昌相善。天启末，三公忤逆阉，相继逮系，征士拮据，调护供橐馇，遣弟奇彦同鹿监军善继子，驰书孙督师求援。督师因上疏以边事请陛见，都门喧传兴兵至阙，逆阉闻之，绕御床泣，督师方抵通州，降旨勒回，诸公遂不免。崇祯丙子，容城被围，征士设方略拒守，城赖以全。事闻，特诏褒嘉，寇氛渐逼，移家五峰。顺治初，复移家辉县之夏峰，学者因称夏峰先生。生平读书谭道，务为圣贤之学，一时负笈从游者无问远近，尝至千百人。两朝征聘凡十一次，辄坚谢不出。康熙十四年九月卒，年九十二。十月十六日葬夏峰东原，河南学使檄行郡邑，祀之百泉书院。道光六年奉旨从祀孔子庙庭。至山东，度岁于泰安州。

是年诗有《后土祠》一首、自序云："汉孝武所立后土祠，在今荣河县北十里，地名郯上，或曰脽上。史所云'幸河东，祠后土'者，盖屡书焉。其后宣、元、成三帝，及唐、宋二宗，皆尝亲幸。以及国朝，虽不亲祀典，而历代相传宫殿之巍峨、像设之庄静、香火之骈阗，未尝废也。岁阏逢执徐王正五日，予至其下，庙祝云：距此十五年，为黄河所啮，神宇圮焉，乃徙像于东南二里坡下，今所谓行宫者。而古柏千章尽伐之，以充改造之用，庙未成而木尽矣。是日大雪，令祝引导，策马从之。逶迤而登，则坊门墀庑宛然。东有大宁宫，亦存遗址，惟正殿及秋风、洗妆二楼皆已荡然，为断崖绝壑，而王文正旦之碑，犹卧雪中，不能洗而读也。怆然有感，乃作是诗。"《龙门》一首、《自大同之西口》四首、《孟秋朔旦有事于攒宫》一首、《赠孙征君奇逢》一首。

四年乙巳，五十三岁。

由泰安之德州，至济南，置田地屋宇于章邱之大桑家庄。先是，章邱人谢长吉世泰负先生资若干，至是以田产偿焉。谦案：《明诗综诗话》谓先生"兵后尽鬻其产，寄居章邱，别治田舍，久而为土人攘夺"者，此也。至曲阜，再谒孔林，游阙里。

是年诗有《酬程工部先贞》一首、先贞，字正夫，德州人，明工部侍郎绍孙，建昌通判泰子，以祖荫历官工部员外郎。《山左诗钞》小传云：分其才具，足了十人。年甫及强，遂长揖归。洵辋川之上客、花溪之好友也。谦案：《济南府志》：工部告病归家，居二十年，以扶风教、崇简朴相勖勉。里中节义之事，搜采成帙。年六十有七，预制一棺，题曰“休息庵”。所著有《燕山游稿》《还山春事》《十五臣诗》《葸庵诗草》《窥园百一诗集》《百二诗集》共十数卷。王渔洋《池北偶谈》：程工部自作一棺，题曰“休息庵”，作铭刻其上，酒酣便自偃卧。有诗云：“板屋萧然密四周，愚人息矣圣人休。百年恍惚真疑梦，万事纷纭已到头。广柳何时催去驾，《猗兰》此夕咏闲愁。相烦雅客来欣赏，莫待遥怜土一邱。”

五年丙午，五十四岁。

至广平，之曲周，往太原，时秀水朱竹垞彝尊游晋，过访先生，因与订交。谦案：彝尊，秀水人，文恪公曾孙，字锡鬯，号竹垞，又号醧舫，晚称小长芦钓鱼师。以布衣试鸿博，授简讨。诗、古文、词并擅。盛名诗与王新城并称“朱王”，词与陈迦陵并称“朱陈”。尤肆力于经学，金石碑版亦多所考证。善八分书。所著有《经义考》《五代史补注》《瀛州道古录》《禾录》《日下旧闻》《明诗综》《词综》《曝书亭集》。考《竹垞年谱》，是年竹垞始游晋馆，于左布政王公幕中。八月至蒙山访碑，而先生赠竹垞诗中有“秋风吹雁鹜，霜浮白堕春”各句，盖即于是秋晤竹垞也。南海屈翁山《曝书亭集》注：屈五少为番禺诸生，名绍隆。谦案：屈，字介子，一字翁山，又字骚余；为僧，名今种，字灵一。著有《九歌草堂集》《翁山诗外》《渔洋诗话》。南海耆旧屈翁山、梁药亭、陈允孝齐名，号“三君”。又昔刘公㦷寄书曰：闻有铁帆者住木兰院，岂“新寒衣衲重”铁帆耶？然“新寒衣衲重”乃释灵一诗句，非铁帆也。灵一后加冠巾，即翁山。《池北偶谈》：屈介子适秦陇，与秦中名士李因笃辈为友。作《华岳百韵》，固原守将某见而慕其才，以甥女妻之。翁山爱玩，少室赋诗云：“同栖红翠三花树，对写丹青五岳图。”自固原携妻至代州、上谷，再游京师，下吴汇，自金陵归粤。妻随病死。亦自关中相晤先生，俱有诗赠之。出雁门，谦案：雁门关在代州西北三十里，古雁门县西北之三十五里，一名西陉关，唐时建关山顶，开元时废，明初移关今所，又忻州亦有雁门关，在静乐县南。适应州，重过大同，访李处士因笃于代州守陈上年署。上年，字祺公，直隶清苑人，顺治己丑进士。康熙丁未由代州守迁山西布政司参议。见《曝书亭集》。与李处士辈二十余人匄资垦荒于雁门之北。案：先生《与潘次耕书》有云：“近稍贷资本，于雁门之北、五台之东应募垦荒，辟草莱，披荆棘，而立室庐。”又云：“彼地有水而不能用，当事遣人到南方，求能造水车、水碾、水磨之人，与夫能出资以耕者。”又云“北方开山之利，过于垦荒，畜牧之获，饶于耕耨”云云。抵京师，复往山东，游泰山，谒天庆宫，作《圣慈天庆宫记》。《略》云：宫在泰山西南麓，为宋大中祥符间天书观，后废为碧霞元君之宫，前殿奉元君。万历中，尊孝定皇太后为九莲菩萨，乃复构一殿于后奉之，更名圣慈天庆宫，按察使左佩弦撰碑时十七年三月也。冬十月，注吴才老《韵补正》成，并弁以序。至兖州守署度岁。

是年诗有《寄刘处士大来》一首、处士无考，玩诗中云云，盖山左人，而尝客代州守幕者。《朱处士彝尊过余于太原东郊赠之》一首、《屈山人自关中至》一首、《重过代州赠李处士因笃在陈君上年署中》一首、《出雁门关屈赵自注：赵生之兄为雁门参将二生相送至此有赋》二首、《应州》二首、《重至大同》一首、《得伯常中尉书却寄并示朱烈王太和谦案：诗中烈为中尉之子，太和为中尉之甥。二门人》一首。明宗室名俊晰，《日知录》“九族”一条自注“余丁未岁在大同，遇代州中尉俊晰，年近五十，考其世次，于孝宗为昆季”云云。案：先生游代州在丙午年，丁未则未尝至代，编年《诗集》系此诗于丙午，原自符合，或《日知录》误刻作丁未耳。

六年丁未，五十五岁。

南旋至淮安，主山阳王起田。起田名略，山阳人，家清江浦之南。先生始刻自著《音学五书》并作序。序云：《记》曰：“声成文谓之音。”夫有文斯有音，比音而为诗，诗成然后被之乐，此皆出于天而非人之所能为也。三代之时，其文皆本于六书，其人皆出于族党庠序，其性皆驯化于中和，而发之为音无不协于正。然而《周礼·大行人》之职：“九岁属瞽史，谕书名，听声音。”所以一道德而同风俗者又不敢略也。是以《诗》三百五篇，上自《商颂》，下逮陈灵，以十五国之远，千数百年之久，而其音未尝有异。帝舜之歌，皋陶之赓，箕子之陈，文王、周公之系无弗同者。故三百五篇，古人之音书也。魏晋以下，去古日远，词赋日繁，而后名之曰韵；至宋周颙、梁沈约而四声之谱作。然自秦、汉之文，其音已渐戾于古，至东京益甚。而休文作谱，乃不能上据《淮南》，旁摭骚子，以成不刊之典，而仅按班、张以下诸人之赋，曹、刘以下诸人之诗所用之音，撰为定本。于是今音行而古音亡，为音学之一变。下及唐代，以诗赋取士，其韵亦以陆法言《切韵》为准，虽有独用、同用之注，而其分部未尝改也。至宋景祐之际，微有更易。理宗末年，平水刘渊始并二百六韵为一百七。元黄公绍作《韵会》因之，以迄于今。于是宋韵行而唐韵亡，为音学之再变。世日远而传日讹，此道之亡，盖二千有余岁矣。炎武潜心有年，既得《广韵》之书，乃始发悟于中而旁通其说。于是据唐人以正宋人之失，据古经以正沈氏唐人之失，而三代以上之音部分秩如，至赜而不可乱。乃列古今音之变，而究其所以不同，为《音论》二卷；考正三代以上之音，注三百五篇，为《诗本音》十卷；注《易》，为《易音》三卷；辨沈氏部分之误，而一一以古音定之，为《唐韵正》二十卷；综古音为十部，为《古音表》二卷。自是而六经之文乃可读。其他诸子之书，离合有之，而不甚远也。天之未丧斯文，必有圣人复起，举今日之音而还之淳古者。子曰："吾自卫反鲁，然后乐正，《雅》《颂》各得其所。"实有望于后之作者焉。属张力臣弨考说定讹。力臣，山阳诸生，号亟斋，以卖书画为生，尤精六书之学。贫而嗜古，多集金石文字，嗣以聋废，仍不懈于考证。有《昭陵六骏图赞》《焦山瘗鹤铭考》传于世。先生《音学五书》为力臣手写，梓于淮上。去山东，抵广平之曲周，拜路文贞公振飞祠。入都，从孙思仁得《春秋纂例》《春秋权衡》《汉上易传》等书，清苑陈祺公资以薪水纸笔，传写以归。详见《钞书自序》。又云"念先祖之见背已二十有七年"，知当在是年无疑。往山东，主德州程工部先贞、李刑部紫澜二家。李名涛，号述斋，芮城令李瞻霖浃弟。康熙乙卯解元、丙辰进士，改庶吉士，授编修，特简知临安府，擢浙江盐法道。仁庙南巡，御书忠爱二字赐之。升广西布政使，母病乞养归。后终刑部侍郎，假归卒。作《程正夫诗序》。

是年诗有《淮上别王生略》一首、《赠萧文学企昭》一首、自注：汉阳人。诗中"晚得逢萧君，探赜穷鲁汲。车中服子慎，一见语便恰"。又云"方尔得良朋，岂料归与急"。盖亦有志学古之士，惜未详其生平出处。《曲周拜路文贞公墓》一首、《德州过程工部》一首、《过苏禄国王墓》一首。自序："永乐十九年九月，苏禄国东王来朝，归次德州，病卒。诏遣官赐祭，命有司营坟，葬以王礼，上亲为文，树于墓道，留其傔从十人守墓，其后子孙依而居焉。余过之，出祝版一通，乃嘉靖年者，宛然如故，其字体今人亦不能及矣。"谦案：苏禄国在东洋海中，地近浡泥、阇婆，自古荒服之地，不通中国。相传其国分东、西、峒三王，而以东王为尊。明永乐十五年，三王并率其妻子来朝贡，因并封为国王。居二十七日，三王辞归，其东王次德州，卒于馆，遂留葬，乃遣使封其长子为苏禄国王。十八年，西王遣使入贡。十九年，东王母遣使贡大珠一，重七两有奇。二十二年，复入贡。自后不复至。本朝雍正五年始通贡。乾隆十九年，请三年一贡，奉旨五年后一贡，由福建巡抚代题，自厦门入境，达京师。

七年戊申，五十六岁。

春，在都中，闻莱州黄培诗狱牵连，先生即星驰赴鞫，三月，下济南府狱。夏六月十七日戌时，地连震数次，自北而南，声如雷鸣，城墙颠扑，文庙亦毁，同时被震者济南、兖州、东昌等郡共五十九处，沂州、郯城死伤尤甚。秋，先生从子尔策来省于济南，后随先生入都。冬十月，狱解，先生得释。

案：衍生原《谱》云：是狱为谢长吉主唆。长吉即乙巳岁坑资不偿，而以大桑家庄房产作抵者。是秋九月，先生与长吉对簿，始得开释。谦案：《归元恭文钞》与先生书云："戊申春夏之交，闻兄以山左荐绅相仇之事连及，时适有海陵之行，无从问得确耗。秋间还，从令甥处知兄遂不免犴狱，私心忧之。未几而得所寄书及六诗，读之，深叹兄之善处忧患。张元节之亡命，虽幸免祸，君子讥之。兄乃自诣狱，不惟举动光明，揆之事理，亦自宜尔。盖两姓交恶，而委罪于兄，兄身出则事白，事白则身全。兄之慷慨就狱，乃精于脱祸者也。但不知出狱之后，复栖迟何所？弟前书中戏诘三窟，后察之亦不甚确，惟济上一窟是实，而闻又为人所卖。趯趯毚兔，幸脱于罗，将仍依此窟？抑复别寻窟乎？一笑。六诗已和，得奉览，其中'迂怪不悛'及'江南乐土'等语，初非因此事而发，盖别有为。兄前书自言精于音韵之学，著书已成，弟未及见。但友人颇传兄论音韵，必宗上古，谓孔子未免有误，此语大骇人听。因此度兄学益博则僻益甚，将不独音韵为然，其他议论，倘或类此，不亦迂怪之甚者乎？郤子语迂，单子知其不免，况又加之以怪乎？此平生故人所以切切忧之，愿兄抑贤智之过，以就中庸也。向读所寄山陵诗，忠义感激，使人泣下。顾兄之去坟墓十余年矣，初因避仇，势非得已，岁月既久，怨仇已释，且今年仇家已尽室赴任，更无所虑。柳子厚窜南方，惟以不得上邱墓为恨，谓其祖先曾不若马医夏畦之鬼，犹得享岁时之祭。彼以得罪不能归，兄今欲归，其孰御之，独无邱墓之思乎？此又平生故人所悬悬于怀者也。和诗不免局于短篇，未能尽达所怀，故复及之。令子定已长成，曾再索三索否？弟则屡抱山简之痛，方深伯道之悲也。年来笔耕，仅能糊口，虽不闭户，亦难远游。惟去岁为先太仆遗集事，与季侍御相商，一渡长江耳。诗、古文以乏人缮写，不能远寄，刻文一首呈览。立斋太史北上，草此附候，便羽幸惠德音。"

是年诗有《赴东》六首、自序云："莱人姜元衡讦告其主诗狱，牵连二三十人，又以吴郡陈济生《忠节录》二卷首官，指为予所辑，书中有名者三百余人。予在燕京闻之，亟驰投到，颂系半年，竟得开释，因有此作。"案：康熙六年四月，江南奸民沈天甫、吕中、夏麟奇撰逆诗二卷，诡称黄尊素等一百七十人作，陈济生编辑，故明大学士吴甡等六人为之序。沈天甫使夏麟奇诣吴甡之子中书元莱所索诈财物，元莱察其书非父手迹，控于巡城御史以闻，下所司鞫讯。奉旨沈天甫等所控茫无凭据，编诗之陈济生久经物故，带诗之施明又经遁逃，显系奸徒挟诈，沈天甫等三人著俱处斩，因是被诬者悉不问。《三冈志略》载麟奇为松郡明经，不知何苦而为此也。《子德李子闻余在难特走燕中告急诸友人复驰至济南省视于其行也作诗赠之》一首。

八年己酉，五十七岁。

春，在都，寓七圣庵，旋往山东，复入都，寓文昌阁。三月，与富平李子德谒十三陵，有《谒攒宫文》。回都门，移寓甥徐公肃邸舍。出都，过顺德，历邯郸，至山东，与谢长吉对簿，案始结。返至大名，过保定。秋，先生次甥徐彦和秉义登京兆荐。秉义号果亭，昆山人，乾学弟，元文兄。康熙癸丑第三人及第，官至吏部侍郎。著有《耘圃培林堂代言集》，详载《昆新合志》。先生执友王起田卒，为撰文志其墓。《略》云：往至淮上，临河不渡，与其地之贤人长者相结，而王君起田最与余善。余在太原，而余友潘力田死于杭，系累其妻子以北。少弟耒年十八，孑身走燕都，介余一苍头以见王君。君曰："我固闻之。宁人、力田，贤士也，不幸以非命终。宁人之友之弟，犹之吾弟也。"迎而舍之。比其归，则曰："家破矣，吾女年且笄，将婿子。"间二年，耒遂就昏。是年六月，起田卒，年五十七。案：耒以是秋入都乞先生志其墓。友人王思龄殁。思龄里居出处无考。原《谱》所载，故仍之。冬十一月，至京，主申叔旆，《汪尧峰文钞·广西提学佥事申君墓志铭》：君名穟，字叔旆，吴县人。明大学士谥文定名时行曾孙，广西参政用嘉孙。顺治庚子本省解元，辛丑进士，由内阁中书改礼部祠祭司主事，调仪制司，进郎中。康熙二十五年出为广西提学佥事。内艰归，未一年卒，年五十一。案：佥事配徐氏，为先生女甥。又主谢方山。未考。

是年诗有《楼桑庙》一首、诗有"昭烈南面尊，其旁两侯配"之句，盖汉先主庙也。《三月十二日有事于攒宫同李处士因笃》一首、《赠李贡士嘉》一首、自注：故城人，时年八十。《邯郸》一首、《邢州》一首、《自大名至保定子德已先一月西行》一首、《亡友潘节士之弟耒远来授学兼有投诗答之》一首。

九年庚戌，五十八岁。

甥徐原一殿试第二人及第。夏四月，往山东之德州。六月，程工部、李刑部延先生于家讲《易》，至九月初讲毕，即以是月入都，与秀水朱竹垞、嘉定陆翼王元辅等谦案：元辅号鞠隐，经学湛深，为黄陶庵弟子，学术志行，不愧师门。著有《鞠隐集》，以布衣召试鸿博不入格报罢。同在北平孙退谷侍郎家，谦案：退谷名承泽，晚自称退翁，直隶大兴人，字耳伯，号北海，明崇祯辛未进士，官刑科都给事中。国朝授吏科都给事中，洊至兵部侍郎，加宫保都察院左都御史。性豪好客，家多藏书，精于鉴别书画碑版，所著有《九州山水考》《诗经朱传翼》《春秋程传补》《五经翼》《尚书集解》《畿辅人物志》《四朝人物略》《元朝典故编年考》《天府广记》《春明梦余录》《益智录》《学典》《藤阴札记》《学约续编》《明辨录》《典志纪略》《樗林三笔》《溯洄集》《庚子销夏记》《闲者轩帖考》《研山斋集》等书。详定所藏古碑刻。谦案：《曝书亭集·跋李龙眠九歌图卷》："康熙庚戌九月九日，偕昆山顾炎武宁人、嘉定陆元辅翼王、永平申涵光凫孟、嘉兴谭吉璁舟石，观于宛平孙氏研山斋。"是年，竹垞又有《同纪处士映钟杜太史镇谭舍人兄吉璁集孙侍郎研山斋四律》，其第三首末句云："齐东回首望，最忆虎头痴。"自注：谓顾子炎武。盖在先生评定碑刻之后同返山东，竹垞复有宴集而忆及之也。初刻《日知录》八卷。程工部有《赠顾征君亭林序》。序云：东吴顾征君亭林先生，今之大儒，于书无所不读，习熟国家典制，以至人情物理，淹贯会通，折衷而守之，卓乎为经济之学者也，而失意于时，君子惜之。以故北游上国，历燕、赵之墟，上太行，渡黄河，出塞入关，极秦、晋之鄙，折而留滞于齐、鲁间，皆得周览其名山大川，将以拟太史公之故事。乃每过吾州辄见访，如侨札之欢，皋梁之托也。为余谈说经史，不惮娓娓，或留信宿，或浃月经时，然后乃去。因见其著述之富，汗牛充栋，要皆崇正黜邪，一轨于圣贤之微旨，抽关启钥，尽见其全。其辨详以核，其论典以要，其思平实以远，其义纯粹以精，本于经而不泥于昔闻，原于史而不拘于成说，多前贤所未明，一旦自我发之者。自汉、唐以来，诸贤林立，观其意思，略与郑康成、王文中辈相彷佛，皆能深造理窟，力追大雅，以斯文为己任者也。以视今之作者，不啻奏黄钟大吕于秋虫响答之前，其巨细不侔矣。假使先生得时而驾，为当代柱石，功业所至，不过封侯而止，其于闲先王之道以津逮将来，为天下后世之利，且孰得而孰失乎？今年结夏于此，与二三同人讲《易》，复得发其《日知录》一书观之，多考古论世之学，而其大指在于明经术、扶王道，为之三叹服膺，劝其出以惠学者。此自亭林支峰蔓壑，余老病荒忽，书数语其后，附以不朽。必欲东观大海，尽十洲三岛之奇，则有先生所著之全书在，非一朝一夕所得而卒业者矣。余不佞，倘加《豫》之五爻，疾而不死，请得读书养气十年之后，文思少进，为先生细论之。康熙九年八月。适广平。之曲周，过路安卿名泽浓,文贞子也。历河南至山西,复回山东度岁。

是年诗有《述古诗》三首、《德州讲易毕奉柬诸君》一首、《挽殷公子岳》一首。岳字伯岩,一字宗山,鸡泽人,有《留耕草堂诗集》。申和孟序之。常携童游嵩山,有遗世之想。

十年辛亥,五十九岁。

从子达夫、汝嘉来省先生于都门。去山东,未几仍入都,主甥徐原一。夏,熊阁学青岳谦案:熊,名赐履,字敬修,湖北孝感人。顺治戊戌进士,官东阁大学士,谥文端。设酌招先生,欲以纂修《明史》荐,先生面辞之。案:戊午《答潘次耕书》有云"辛亥之夏,孝感特简相招,欲吾佐之修史。吾答以果有此命,非死则逃。原一在座与闻,都人士亦颇有传之者。耿耿此心,终始不变"云云。出都,历忻州之静乐、平定州之盂县,至太原,冬十月,交城令赵恒夫谦案:恒夫号吉士,名天羽,安徽休宁人,入籍钱唐。顺治辛卯举人,由知县内升户科给事中,降补国子监学正。著有《续表忠记》《音韵正讹》《寄园寄所寄万青阁全集》。是时方任交城令,故先生与游。邀往,与华亭陆集生、谦案:《松江诗钞》:集生,名庆臻,金山卫籍。文定曾孙。明崇祯壬午举人,顺治八年拣选推官,不赴。尝游秦、晋间,晚始归里,著《茅庵诗稿》。贫甚,不克葬,其亲尝泣曰:"得墓田一笏,营葬足矣。"故又号笏田。上海蔡竹涛谦案:竹涛,名湘,竹垞、阮亭均与之倡和,后客死交城。剪烛赋诗。

是年诗有《寄张文学弨时淮上有筑堤之役》一首、案:是年奏于淮扬界筑翟家坝,至十八年七月蒇功、山阳、宝应、高邮、江都四州县河西诸湖涸出者,招民田之。按诗中文字六朝余句,自注:得所寄《瘗鹤铭辨》。《双雁》一首、《夏日》二首、《秋风行》一首、《静乐》一首、《太原寄王高士锡阐》一首、锡阐,字寅旭,一字昭冥,号余不,亦号晓庵,又号天同一生,吴江人。与张考夫讲濂洛之学,尤精历象,创新法,候日月食,较密于前人。著有《大历统》《西历启蒙》《丁未历稿》《推步交朔》《测日小记》《三辰晷志》《圜解》《晓庵新法》《历说》《历策》《左右旋问答》诸书。梅文鼎最所服膺,称其学在薛凤祚上。《盂县北有藏山云是程婴公孙杵臼藏赵孤处》一首。案:山在盂县北五十里,旁有圣水。宋元丰四年五月,吴处厚以帝缺嗣,请立程婴、公孙杵臼庙,优加封爵,从之。诏立庙于绛州,封婴成信侯,杵臼忠智侯。

十一年壬子，六十岁。

由山西至京，主甥徐公肃、从兄平庵孝宏，甥徐孚若履忱来省。平庵，一字萍庵，以贡选泰顺县训导，即武孝廉尔策之父。孚若亦昆山人，太仆卿应聘曾孙，司寇乾学从兄，先生甥也。嗜学，攻诗词，乱后依先生于唐市寓庐。夏五月，至济南。秋八月，入都，仍主公肃，闻从子达夫乡荐捷音。冬十月，往德州，由河南至山西，度岁于忻州之静乐。衷和、敏德来执贽。原《谱》所载未详其人。寓书潘次耕，议抚吴江族子衍生为子。谦案：此书今集中并《余集》俱不载。《与李武曾书》。书云："弟夏五出都，仲秋复入，年来踪迹大抵在此。将读退谷先生之藏书，如好音见惠，亦复易达。顷者《日知录》已刻成样本，特寄上一部，天末万山中冀览此如觌面也。率尔不宣。"谦案：此书据先生手书墨迹补入。武曾，原名法远，又名兆潢，复名良年，字武曾。嘉兴诸生，荐举鸿博，诗文与竹垞齐名，称"朱李"。又擅名尺牍，与曹倦圃齐名，称"曹李"。与兄绳远字斯年、弟符原名符远称"三李"。著有《秋锦山房集》，又尺牍行世。

在京度岁。

是年诗有《读李处士容襄城纪事有赠》一首、自注云：处士之父可，从崇祯十五年以壮士隶督师汪公乔年麾下，以五千人剿贼，贼至襄城，死之。处士年十六，贫甚，与其母彭氏并日而食，力学有闻。越二十九年，始得走襄城，为汪公及其父设祭招魂以归，余与处士交，为之作诗。《寄杨高士瑀》一首、谦案：瑀，字雪城，毗陵人，陶云中丞子。著有《飞楼集》一百二十卷，与恽逊庵日初讲学东林书院。年七十余卒。子道升字文言，亦有集。逊庵即南田之父也。《齐祭器行》一首、自注：重光大渊献，临淄发地，得古祭器数十事，监司攫而有之。《题李先生矩亭》一首、自序："德州东二十五里矩亭，故乡举思伯李君诚明读书处。天启中，权奄柄国，闻君通阴阳象纬之学，遣使征之，辞疾不赴，洁志以终。其子源修是亭，以表遣躅，余为之诗。"案：吴县惠太史周惕《李君墓表》：君讳源，字江余，一字星来，德州人。祖大华举于乡，官武强令，生二子，长曰诚明，万历甲午举人，次曰诚明，郡诸生。君诚明子也，诚明无子，以君为之子。举顺治丙戌进士，授河津令，有能称，罢归。为人和易恬退，好读书，至老不倦。于古今河渠、漕屯、兵农诸事，讨论尤精云云。《济南府志》称源归里后，筑退庵，因以自号，植花竹，购图书。昆山顾处士炎武闻源谈《易》，叹曰："今之管辂也。"《瓠》一首、《土门旅宿》一首。自注：在获鹿县西南十里。谦案：即史所称井陉邑。广武君去井陉之道，车不得力轨，骈不得并列。"即此。又《地里通释》：

陉山在真定府井陉县东南八十里，四面高平，中下如井，故名之。一名土门，即大行八陉之第五里也。

十二年癸丑，六十一岁。

春正月，由山西之山东；二月，抵都，主公肃，次甥彦和殿试及第第三人。夏四月，之德州，订州志。《居易录》云山东通志修于癸丑，当事既视为具文，秉笔者又卤莽灭裂，不谙掌故，人物一门，竟将曹县李襄敏秉、单县李襄毅纮、沂州王恭简景三巨公姓名事实削去，不存一字，其余可概见矣。时方伯施泰瞻天裔主其事，聘吴郡顾炎武亭林在局，而不一是正，可惜也。案：先生是年仅订《德州志》，未尝预修《通志》，故集中无一语及意。当时虽延先生，先生固未尝与也。返章邱桑家庄。秋八月，游济南。冬十月，自章邱至德州，哭程工部先贞。又闻从叔国馨及归元恭讣，设祭于桑家庄，为叔作传。谦案：先生与国馨最契洽，有行状，详《余集》中。入都，得滇南报。是岁，朝议撤三藩兵卫。七月，平西王吴三桂与平南王尚可喜、靖南王耿精忠先后疏请撤藩，得旨嘉奖，命会议官兵家口作何安插。八月，遣礼部左侍郎折尔肯、傅达礼往云南，户部尚书梁清标往广东，吏部侍郎陈一炳往福建，经理各藩撤兵启行事宜。十一月，云南巡抚朱国治督促启行甚急，三桂怒，举兵杀国治，遂以所部反，折尔肯、傅达礼被留。至明年正月，三桂称帝于衡州，建宫殿，改元昭武，铸钱曰“利用”。四月，遣还折尔肯二人。三桂子额驸应熊及应熊子世霖，先以三桂反下狱，至是伏诛。十七年八月，三桂兵屡败，以忧愤骤死于长沙，逆党奉其孙世璠，僭号洪化，奔还云南。二十二年十一月，王师围云南，世璠自杀，戮其尸，传首京师，云南平。《寄潘次耕书令族子衍生北上》、谦案：此书今集中并《余集》俱不载。《答李武曾书》。书云：“黔中数千里，所刻之书并十行之牍，乃不久而达，又得手报至方山所，而寄我于楼烦、雁门之间。若频阳至近，天生至密，而远客三楚，此时犹未见弟之成书也。人事之不齐，有如此者，可为喟然一叹！此书中有二条舛误，未得高明驳正，辄乃自行简举，容改后再呈。且续录又得六卷，未必来者之不胜于今日也。交城县刻弟所正之《七经误字》，附上一纸。比客维扬，颇能摄疾。远承注问，并谢。”附李来书云：“客春黔阳一缄奉候，想入记室。自后驱车关塞，不觉逾年。朔气愁人，每忆江乡景物，恨不能奋飞与先生共话莺黄柳碧间也。迩来道体何似？肺病想不复作，甚念之。弟新正入都，为诸公所留，遂下司勋之榻。屈指邗江系缆，又在来春，为耿耿耳。所携台札，一一致到，阮亭匆匆属笔。前贻锡鬯物，面致久矣。君馆于东抚君，甚善也。好风南来，时赐远音，以慰翘切。”谦案：李武曾

《秋锦山房集序》：辛亥春，从曹澹余侍郎入黔中。朱竹垞《江湖载酒集》亦有《寄武曾在贵竹金缕曲》词，中有“上巳浮杯匆匆别”句，则武曾之往贵州，似是辛亥三月。兹寄先生书，首云“客春黔阳一札”，以时考之，所谓客春，当指到黔之次年壬子，而此书之发，盖在癸丑岁。若谓是先一年辛亥之春，其时方由京赴黔，尚在道中，未必即寄书也。谦得两先生手翰，故于今年补录先生《答武曾书》，并以李书附之。第以是年朱、李两家踪迹，就《竹垞年谱》证之，与李书中所云多所不符，而原《谱》于先生今年亦未有扬州养疴之事。其中不知如何舛迕，未敢臆断，惟以名贤墨迹确凿可据，未忍弃捐，存之以俟续考焉。在京度岁。

是年诗有《赠钱编修秉镫》一首、秉镫，字幼光，桐城人，后更名澄之，字饮光。洪光时客嘉善钱吏部仲驭家，马、阮方兴大狱，属宗生朱统鏆以拥戴疏藩谋危社稷一疏，逮捕诸清流，饮光名亦在捕中。时方居嘉定县幕，令闻报，欲献之为功，姜行人如须垓以计脱之，乃变姓名逸去。南都失守，饮光走粤东，妻孥尽死于震泽，乃为僧装，释名西顽，七年后始返故里。编修盖唐藩遥授者。谦案：饮光尝问《易》于漳浦黄氏，撰《田间易学》。后更兼求义理大旨，以朱子为宗，又撰《田间诗学》，以《小序》首句为主，所采诸儒论说，自《注疏》《集传》外，凡二十家，持论精核，于名物、训诂、山川、地理，言之尤详。诗得香山、剑南之神髓，有《藏山阁稿》《田间集》。《先妣忌日》一首、《自章邱回至德州则程工部逝已三日矣》一首、《有叹》一首、《哭归高士》四首。

十三年甲寅，六十二岁。

春正月，出京，由易州之山西。夏四月，至德州，回济南，度岁于章邱之桑家庄。

是年诗有《广昌道中》二首、在易州西百八十里。《寄问傅处士土堂堂山中》一首、《与胡处士庭谦案：庭，字季子，汾阳人，青主弟子。访北齐碑》一首、《咏史》二首、《路光禄书来叙江东同好诸友一时徂谢感叹成篇》一首、《过矩亭拜李先生墓下》一首、诗中“同时程中丞，一疏亦惊众。玺玉安足陈，亟进名臣用”，句下自注：中丞名绍，德州左卫人，巡抚河南时，漳河旁得玉玺，上疏言秦玺不足珍，国家以贤为宝。荐党籍诸臣十余人，不纳，遂谢病归。《潘生次耕南归寄示》一首、《子房》一首、《刈禾长白山下》一首、长白山在章邱、长山二县之交，刈禾处即桑家庄之产业也。《岁暮》一首。

十四年乙卯，六十三岁。

赴济阳，访张稷若。往德州，送程工部葬。从子洪善来省于章邱。秋八月，自山东历河南，抵山西，寓太原祁县戴枫仲家。枫仲名廷栻，祁县人。家多藏书及法书、名画，著有《半可集》。与傅青主、王阮亭友善。渔洋有《戴氏鼎》《多父敦》二诗，皆为枫仲作也。谦案：《竹南漫录》：枫仲博学好古，所居丹枫阁上，图书鼎彝罗列左右，人方之倪迂清閟。冬十月六日，张帝臣无考。及张又南过访。又南名云翼，西安咸宁人，靖逆侯、赠少师兼太子太师、赐谥襄庄、甘肃提督勇之长子，以父荫官大理寺卿。是年春，平凉王辅臣反。三月，辅臣函大将军符札招勇，勇斩其使，命其长子云翼赴京首奏，勇得晋侯爵。闰五月，大破贼于巩昌，收复宁州等卫之陷贼者，乱遂平。勇字非熊，以偏裨受知英亲王，隶陕督孟乔芳麾下，屡立战功，平湖南暨滇、黔诸省。生平喜与贤士大夫延接，同里若李中孚、王山史、李子德诸人，咸与之为忘分交。谦案：先生著《左传杜解补正》三卷，为又南捐资所刊，迹其为人，盖亦有父风者。纳妾于静乐。先生辛亥在太原遇傅青主，诊先生脉云："尚可得子。"至是因纳妾。《与李中孚书》。案：《李征君年谱》：乙卯冬，顾宁人书来，宁人自癸卯盩厔别后，虽足迹遍天下，而音问时寄，至是闻征君流寓富平，寄书略云："先生龙德而隐，确乎不拔，真吾道所倚为长城，同人所望为山斗者也。今讲学之士，其笃信而深造者推先生，异日九畴之访、丹书之受，必有可以赞后王而启来学者。侧闻卜筑平阳，管幼安复见于兹。弟将策蹇渭上，一叙渴悰也。"

是年诗有《兄子洪善北来言及近年吴中有开淞江之役书此示之》一首、按康熙十年二月，江苏巡抚马祜奏浚刘家河五千一百八十丈。十二月，委苏松常道参议韩佐周及苏、松二府同知、通判、师佐王永熙、周祚昌等董浚吴淞江一万四百九十一丈，各于海口置闸。其经费则奏准留苏、松、常三府漕折银九万两，浙省杭、嘉、湖三府漕折银五万两充费同，藩司慕天颜檄行所属督理。是年九月，昆山知县董正位申详开浚瓦浦，凡三十六里，是月兴工，至十二年五月讫工。邑诸生朱青以岁旱请于巡抚浚注浦，自刁家桥东出吴淞，民赖其利，改注浦曰朱浦。此诗中有"那闻父老复愁兵，秦关楚塞方酣战"句，按甲寅正月，吴三桂既反，四方起兵从逆者，为靖南王耿精忠、平南王尚之孝、广西将军孙延龄、陕西提督王辅臣、潮州总兵刘进忠、四川提督郑蛟龄、云南总兵马宝、四川总兵谭洪、襄阳总兵杨来嘉等。是月，逆藩耿精忠将黎化中与逆藩吴三桂之众合兵犯连州，官军击败之。将军阿密达等率师讨叛将王辅臣于兰州。兴安兵变，杀平凉王怀忠。二月，广元、朝天诸关已克复者，复为三桂所踞。朝命贝勒董额等速定平凉、秦州，分兵以通栈道。贼陷兰州，巡抚花善奔凉州。西宁总兵王进宝大破王辅臣之众于新城，进围兰州，复泾州及龙泉县。贝勒董额败王辅臣之众于陇州。三月，叛将杨来嘉犯南漳，总兵刘成龙败之。王辅臣陷定边城，花马池、定边卫相继陷贼。四月，王进宝败辅臣之众于兰州，复万年、安仁等县。是月，平凉贼众合援秦州，官兵迎击，败之。王进宝复临洮府，孙思克复靖远卫。五月，陕西官兵复宁州。游击李思膺叛杀韩城令，犯郃阳，官兵击走之。叛将杨来嘉、洪福陷谷城。闰五月，三桂将犯荆州，朝命顺承郡王驰援荆州。七月，杨来嘉复犯南漳，都统宜理布等大败之。八月，诸军会攻王辅臣于平凉，复败之。贝子傅喇塔败耿精忠之众于半山岭，复黄岩。九月，江西官兵复靖安县。十月，陕西官兵为王辅臣所败，副将秦必图死之。十二月，贝勒察几败三桂之众于兴山县，叛贼马雄等攻陷高、雷、廉、潮诸州县。是月，宁夏兵变，提督殉之，王进宝等败王辅臣于西河。是岁以吴、耿二逆之故，天下骚然，所在多不靖云。《闰五月十日》二首、结句“更忆王符老，飘沦恨不同”自注：王征君潢，昔日同诣孝陵行香，今已七十七矣。《过张贡士尔岐》一首、《送程工部葬》一首、《路舍人客居太湖东山三十年寄此代柬》一首、舍人事见前。《孙征君以孟冬葬于夏峰时侨寓太原不获执绋适吴中有传示同社姓名者感触之意遂见乎辞》一首。征君事见前。案诗中有云：“会葬近千人，来观马鬣封。”知征君当日所感乎者远矣。

十五年丙辰，六十四岁。

春正月，自山西之山东。二月，入都，主原一邸寓。三月，往山东，从子达夫成进士。夏五月，入都。二十八日，先生诞辰，原一具酒称祝。秋，至蓟州，仍入都。冬十一月二十四日，先生第五妹徐太夫人原一、彦和、公肃母也。讣到，二十七日成服，越二日祭奠。命抚子衍生北上，并寓书湖州沈度汪、谦案：度汪，名涵，一字心斋，浙江归安人。康熙丙辰二甲第二名进士，官至阁学。《一统志》称其提督福建学政时，试士公明，虽勋贵请托，弗许，所拔皆名宿。以朱子分年读书之法课士，士习为之丕变。秩满去，闽人创清茗书院祀之。沈允斌。未考。昆季，欲附其家眷舟至京。谦案：原书今不载集中，《余集》亦不见。从子洪慎得子于昆，命名曰世枢，字之曰荣绪，后更名宏佐，字复吕。《昆新合志》：宏佐年十三，补松江府庠生，长洲何焯跋其文，勉以绳武。年未二十，病瘵卒。谦案：先生《与李霖瞻书》：犹子衍生稍知礼法，不好嬉戏，竟立以为子，而昆山从弟子严连得二孙，又令荆妻抱其一以为殇儿之后云云。所抱者，即洪慎之子宏佐，本先生立为殇子诒穀之后，先生之治命也。而衍生之立以为子，亦先生初意，且相随五六年，并为之授室，以至于视含饭恩义，亦非泛常可比。乃先生殁后，衍生遂不传，而稽其家谱，立为先生后者别名洪瑞，谱又不详洪瑞之所出，岂先生既殁，家人乃斥退衍生，复为立洪瑞耶？抑洪瑞者即衍生之改名耶？均不可考矣。《与黄太冲宗羲书》。书云："辛丑之岁，一至武林，便思东渡娥江，谒先生之杖履，而逡巡未果。及至北方十有五载，流览山川，周行边塞，粗得古人之陈迹，而离群索居，几同伧父，年逾六十，迄无所成，如何如何！伏念炎武自中年以前，不过从诸文士之后，注虫鱼，吟风月而已。积以岁月，穷探古今，然后知后海先河，为山覆篑，而于圣贤六经之指、国家治乱之原、生民根本之计，渐有所窥，恨未得就正有道。顷过蓟门，见贵门人陈、万二君，具谂起居无恙。因出大著《待访录》读之再三，于是知天下之未尝无人，百王之敝可以复起，而三代之盛可以徐还也。天下之事，有其识者未必遭其时，而当其时者或无其识。古之君子所以著书，待后有王者起，得而师之。然而《易》'穷则变，变则通，通则久'。圣人复起，不易吾言，可预信于今日也。炎武以管见为《日知录》一书，窃自幸其中所论，同于先生者十之六七，但鄙著恒自改窜，未刻，其已刻八卷及《钱粮论》二篇，乃数年前笔也，先附呈大教。傥辱收诸同志之末，赐以抨弹，不厌往复，以开末学之愚，以贻后人，以幸万世，曷任祷切！"谦案：此书不载集中，原《谱》亦未载其事，兹从黄太冲所著《思旧录》中补入。惟太冲望重一时，后先生十三岁方卒。先生亦深景仰，何以踪迹当时疏阔乃尔。太冲，号梨洲，为忠端长子。崇祯即位，时年十九，草疏入京讼冤，袖铁椎，椎许显纯，拔崔应元之须，归祭父，游刘蕺山之门。蕺山死节后，随孙嘉绩、熊汝霖诸军于江上，事鲁监国，授官职方，改监察御史，累擢左副都御史，从亡有年，归乃奉母以老。康熙间荐举博学鸿词，以病行催不到，荐修《明史》，并力辞。诏取所著之书关史事者宣付史馆，学本六经，旁罗百氏，俱能得其本末。尤精天文之学，学者称梨洲先生著述最夥，《思旧录》其一种也。是岁，初刻《日知录自序》。序云："炎武所著《日知录》，因友人多欲钞写，患不能给，遂于上章阉茂之岁刻此八卷。历此六七年，老而益进，始悔向日学之不博，见之不卓。其中疏漏，往往而有，而其书已行于世，不可掩。渐次增改，得二十余卷。欲更刻之，而犹未敢自以为定。故先以旧本质之同志。盖天下之理无穷，而君子之志于道也，不成章不达。故昔日之得，不足以为矜，后日之成，不容以自限。若其所欲明学术正人心，拨乱世，以兴太平之事，则有不尽于是刻者。须绝笔之后，藏之名山，以待抚世宰物者之求。其无以是刻之陋而弃之，则幸甚。”按今所传《日知录》三十二卷为门人潘次耕所刻，首载先生自序云：“愚自少读书，有所得，辄记之。其有不合时，复改定，或古人先我而有者，则遂削之。积三十余年乃成一编。取子夏之言，名曰《日知录》，以正后之君子。”潘次耕重刻《日知录》序：“有通儒之学，有俗儒之学。学者将以明体达用也，综贯百家，上下千载，考其得失之故，而断之于心，笔之于书，朝章国典、民风、土俗，元元本本，无不洞悉。其术足以匡时，其言足以救世，是谓通儒之学。若夫雕琢词章，缀辑故实，或高谈而不根，或剿说而无当，浅深不同，同为俗学而已矣。自宋迄元，人尚实学，若郑渔仲、王伯厚、魏鹤山、马贵与之流，著述具在，皆博极古今，通达治体，曷尝有空疏无本之学哉！明代人才辈出，而学问远不如古。自其少时，鼓箧读书，规模次第，已大失古人之意。名成年长，虽欲学而无及。间有豪隽之士，不安于固陋，而思崭然自见者，又或采其华而弃其实，识其小而遗其大。若唐荆川、杨用修、王弇州、郑端简号称博通者，可屈指数，然其去古人有间矣。昆山顾宁人先生，生长世族，少负绝异之资。潜心古学，九经诸史，略能背诵，尤留心当世之故，实录奏报，手自钞节，经史要务，一一讲求。当明末年，奋欲有所自树，而迄不得试，穷约以老。然忧天闵人之志，未尝少衰。事关民生国命者，必穷源溯本，讨论其所以然。足迹半天下，所至交其贤豪长者，考其山川风俗，疾苦利病，如指诸掌。精力绝人，无他嗜好，自少至老，未尝一日废书。出必载书数簏自随，旅居少休，披寻搜讨，曾无倦色。有一疑义，反复参考，必归于至当。有一独见，援古证今，必畅其说而后止。当代文人才士甚多，然语学问，必敛衽推顾先生。凡制度典礼有不能明者，必质诸先生；坠文轶事有不知者，必征诸先生。先生手画口诵，探源竟委，人人各得其意以去。天下无贤不肖，皆知先生为通儒也。先生著书不一种，此《日知录》则其稽古有得，随时札记，久而类次成书者。凡经义、史学、官方、吏治、财赋、典礼、舆地、艺文之属，一一疏通其源流，考正其谬误。至于叹礼教之衰迟，伤风俗之颓败，则古称先，规切时弊，尤为深切著明。学博而识精，理到而辞达，是书也，意惟宋元名儒能为之，明三百年来，殆未有也。耒少从先生游，尝手授是书。先生没，复从其家求得手稿，校勘再三，缮写成帙，与先王之甥刑部尚书徐公健庵、大学士徐公立斋谋刻之而未果。二公继没，耒念是书不可以无传，携至闽中，年友汪悔斋，赠以买山之资，举畀建阳丞葛受箕，鸠工刻之以行世。呜呼！先生非一代之人，此书非一世之书也。魏司马朗复井田之议，至易代而后行；元虞集京中水利之策，至异世而见用。立言不为一时，《录》中固已言之矣。异日有整顿名物之责者，读是书而憬然觉悟，采用其说，见诸施行，于世道人心，实非小补。如第以考据之精详，文辞之博辨，叹服而称述焉，则非先生所以著此书之意也。康熙乙亥仲秋，门人潘末拜述。”是序深得先生立言之指,故全录之。《与吴江戴耘野笠书》。中云“一别廿载”,盖先生以四十五岁北游至是,适二十年,又云今将卜居太华以卒余龄,百家之说,粗有窥于古人一卷之文思,有裨于后代。又云“昔年有纂录《南都时事》一本,可付既足持来”。案:既足以明年春至山东,知此书为是冬所寄。在京度岁。

是年诗有《汉三君诗》一首、《楚僧元瑛谈湖南三十年来事作四绝句》四首、第二首“铁石心肝老孝廉”自注:先兄同年长沙陶君汝鼐。第三首“督师公子竟头陀”自注:武陵杨公子山松。《赋得檐下雀》一首、诗中“虽依檐下宿,无异深林里”,盖居徐氏寓邸时也。《蓟州送子德归关中》一首、《李生符自南中归槜李三年矣追维壮游兼示旧作》一首。

十六年丁巳,六十五岁。

春正月,话别原一、彦和、公肃诸甥于天宁寺。二月,至昌平,谒十三陵,作《谒攒宫文》。夏四月,出都。十三日,至德州,见抚子衍生及衍生之师李既足云需于张简可家,先三日,衍生及师李既足附沈度汪家眷舟至德州,将入都,先生预留书张简可家止之,至是相见,行父子礼。谦案:张简可未考。旋过访李霖瞻浃、李星来。霖瞻号陶庵,德州人。顺治丙戌进士,延庆知州,芮城知县。潘次耕《陶庵诗序》:先生雅慕靖节为人,筑一室曰陶庵,日哦其中。王渔洋《陶庵诗选》:“古诗原本于陶而杂采诸家之美,此其能自名一家而可传于世无疑也。”是月二十一日,自德州至郑家口。二十四日,抵曲州,主路安卿家,祀先于寓。五月七日,移寓曲周之增福庙,主僧名晏如,时当涂令贺宣三应旌亦寓庙中。延既足暂留督课衍生,先生即去山西,道经汾州之介休、霍州之灵石,过介子推祠。冬入陕,西至富平,访李中孚于富平东南军寨之北,遂寓居其地。《李征君年谱》:宁人自山右来访,密迩征君,时至卧室盘桓,语必达旦。案:《征君年谱》系此则于丙辰冬,考衍生原《谱》,丙辰年未尝入秦,其至富平实系丁巳冬,当时衍生已随侍往来,应无误记。《李谱》或偶讹耳。十一月,游太华,访华阴王山史。复至山西,度岁于太原之祁县。是岁,从子洪慎举次子,先生名之曰世棠,字思召。谦案:《昆新合志》:世棠以诸生入太学,喜搜罗先世手泽,以长子炯诗为宏佐后。构遗清堂,贮从祖炎武遗书,俾世守焉。即寄书从弟子严,欲立世枢为殇子诒穀后,并属达夫致词。谦案:寄子严书,今集中不载。嫁妾于李又泉。先生《规友人纳妾书》云:于静乐买一妾,立嗣议定,即出而嫁之。李又泉无考。《答曾庭闻书》。庭闻名畹，初名传灯，江西宁都举人。著有《金石堂集》。弟名传灿，字青藜，皆雄骏自命，负文武大略。书云：南徐一别二十六年，足下高论，王霸屈迹泥途，读严武、隗嚣之句，未尝不为之三叹。弟白首穷经，使天假之年，不过一伏生而已，何敢望骐骥之后尘，而希千里之步？然以用世之才如君者，而犹沦落不偶，况硁鄙如弟，率彼旷野，死于道途，固其宜也。奚足辱君子勤勤之问乎？宣尼有言：“自南宫敬叔之乘我车也，而道加行。”今之人情则异乎是。即有敬叔之流，不问杏坛之字。然一生所著之书，颇有足以启后王而垂来学者。《日知录》三十卷已行其八，而尚未惬意；《音学五书》四十卷，今方付之剞劂。其梨枣之工，悉出于先人之所遗，故国之余泽，而未尝取诸人也。“君子之道，或出或处”，君年未老，努力加餐。

是年诗有《二月十日有事于攒宫》一首、“华阴有王生，伏哭神床下。”“王生”下自注宏撰。当时与山史同奠攒宫，故云。《赠献陵司香贯太监宗》一首、《陵下人言上年冬祭时有声自宝城出至祾恩殿食顷止人皆异之》一首、《过郭林宗墓》一首、《介休》一首、《灵石县东北三十五里神林晋介之推祠》一首、《霍北道中怀关西诸君》一首、《河上作》一首。中有“去年方斗争，掘濠守朝那。车骑如星流，衣装兼橐驼。狼弧动箭镞，参伐扬旂麾。嗟此河上军，来往何时罢”等句，案：朝那在今甘肃平凉府，丙辰年叛将王辅臣方踞陕西之龙驹寨，断商雒南路，知县卢瑛死之，旋复引川寇犯通渭。是年六月辅臣又为大将军图海所败，朝命招抚，乃率众降，特赦其罪，假靖寇将军立功赎罪，而贼党吴之茂寇甘肃之秦州。十二月，朝命建威将军吴丹略地华、商，副都统佟舒浑败贼于峻岭川，复山阳县。时干戈未已，故云。《雨中至华山》一首，《宿王山史家》一首、《过李子德》四首、《皂帽》一首、《采芝》一首、《寄李生云霑时寓曲周僧舍课子衍生》一首。

十七年戊午，六十六岁。

春，由太原入关中。至富平，富平令郭九芝名传芳，大同人。郊迎二十里外。闰三月，遣李子德家人至曲周，接衍生及李既足于增福庙，期会于富平之军寨李中孚家。夏四月朔，郭九芝邀同至县，寓南庵，旋移寓朱公子长源树滋家。长源，故宣府巡抚都御史之冯子，长斋绣佛，以终其身。先生《关中杂诗》次章自注云：时寓朱文学树滋斋中，藏书甚富。与既足次弟故友遗诗。时朝议以纂修

《明史》，特开博学鸿词科，征举海内名儒，官为资送，以是年冬齐集都门候试。先生同邑叶讱庵方蔼阁学谦案：方蔼，字子吉，号讱庵，昆山人，顺治己亥探花，官至礼部侍郎，加尚书衔，谥文敏。著有《读书斋偶存录》。及长洲韩慕庐菼侍讲，谦案：菼，字元少，又字葭人，号慕庐，长洲人，康熙癸丑会状，官至礼部尚书，谥文懿，著有《有怀堂集》。欲以先生名荐用，已而知先生志不可屈，遂止。先生以荐举方殷，亦绝迹不至京中。《答潘次耕书》书云：北山南史一联语简情至，读而悲之。既已不可谏矣，处此之时，惟退惟拙，可以免患。吾行年已迈，阅世颇深，谨以此二字为赠。子德书来云："顷闻将特聘先生，外有两人。"此语未审虚实。"君子之道，或出或处"，鄙人情事与他人不同。先妣以三吴奇节，蒙恩旌表，一闻国难，不食而终，临没丁宁，有无仕异朝之训。辛亥之夏，孝感特柬相招，欲吾佐之修史，我答以"果有此命，非死则逃"。原一在坐与闻，都人士亦颇有传之者，耿耿此心，终始不变！幸以此语白之知交。前札中劝我无入都门及定卜华下，甚感此意。回环中腑，何日忘之！《与李湘北书》书云：关中布衣李君因笃顷承大疏荐扬，既征好士之忱，尤羡拔尤之鉴。但此君母老且病，独子无依，一奉鹤书，相看哽咽，虽趋朝之义已迫于戴星，而问寝之私倍悬于爱日。况年逾七十，久困扶床，路隔三千，难通啮指，一旦祷北辰而不验，回西景以无期，则瓶罍之耻奚偿，风木之悲何及！昔者令伯奏其愚诚，晋朝听许；元直指其方寸，汉主遣行。求贤虽有国之经，教孝实人伦之本。是用溯风即路，沥血叩阍。伏惟执事宏锡类之仁，悯向隅之泣，俯赐吹嘘，仰邀俞允，俾得归供菽水，入侍刀圭，则自此一日之斑衣，即终身之结草矣。若炎武者，黄冠蒯屦，久从方外之踪，齿豁目盲，已在废人之数，而以生平昆弟之交，理难坐视，辄敢通书辇下，布其区区。谦案：湘北名天馥，江南合肥籍，河南永城人。顺治戊戌进士，官至武英殿大学士，谥文定，著有《容斋集》。《与李星来书》书云：今春荐剡，几遍词坛，虽龙性之难驯，亦鱼潜之孔炤。乃申屠之迹，竟得超然，叔夜之书，安于不作，此则晚年福事。关中三友：山史辞病，不获而行；天生母病，涕泣言别；中孚至以死自誓而后得免，视老夫为天际之冥鸿矣。此中山水绝佳，同志之侣多欲相留避世。愚谓与汉羌烽火但隔一山，彼谓三十年来在在筑堡，一县之境，多至千余，人自为守，敌难遍攻，此他省之所无，即天下有变而秦独完矣。未知然否？《答李紫澜书》书云：常叹有名不如无名，有位不如无位。前读大教，谬相推许，而不知弟此来关右，不干当事，不立坛宇，不招门徒。西方之人或以为迂，或以为是。而同志之李君中孚，遂为上官逼迫，舁至近郊，至卧操白刃，誓欲自裁。关中诸君有以巨游故事言之当事，得为谢疾放归。然后国家无杀士之名，草泽有容身之地，真所谓威武不屈。然而名之为累，一至于斯，可以废然返矣！或曰："君子疾没世而名不称。"何欤？曰：君子所求者，没世之名，今人所求者，当世之名。没则已焉，其所求者，正君子之所疾也，而何俗士之难寤欤？城郭沟池以为固，甲兵以为防，米粟刍茭以为守，三代以来，王者之所不废。自宋太祖惩五季之乱，一举而尽撤之，于是风尘乍起，而天下无完邑矣。我不能守，贼亦不能据，而椎埋攻剽之徒乃尽保于山中。于是四皓之商颜，刘、阮之天姥，凡昔日兵革之所不经，高真之所托迹者，无不为戎薮盗区。故避世之难，未有甚于今日。推原其故，而艺祖、韩王有不得辞其咎者矣。读书论世而不及此，岂得为"开拓万古之心胸"者乎？冬，张廷尉云翼承父命以聘来迎往兰州，坚辞之。张靖逆时方提督兰州。《与友人辞往教书》书云：羁旅之人，疾病颠连，而托迹于所知，虽主人相爱，时有蔬莱之供，而饔飧一切自给，在我无怍，于彼为厚，此人事之常也。若欲往三四十里之外，而赴张生之请，则事体迥然不同。必如执事所云：有实心向学之士，多则数人，少则三四人，立为课程，两日三日一会，质疑问难，冀得造就成材，以续斯文之统，即不能尽依白鹿之规，而其遗意须存一二，恐其未必办此，则徒餔啜也，岂君子之所为哉！一身去就，系四方观瞻，不可不慎！广文孙君与弟有旧，同张兄来此，剧论半日，当亦知弟为硁硁踽踽之人矣。案：是书似非为迎往而作，以俱辞聘故连类而及。潼商道何狷庵戴仁来访，兼聘，未往。何戴仁未详考。过同州府之华阴，达华州，止吏目王二华署。名尔谦，常熟人。《答李子德书》书云：老弟虽上令伯之章，以我度之，未必见听。昔朱子谓陆放翁能太高，迹太近，恐为有力者所牵挽，不得全其志节，正老弟今日之谓矣。但与时消息，自今以往，别有机权，公事之余，尤望学《易》。吾弟行年四十九矣，何必待之明岁哉？更希余光下被，俾暮年迂叟得自遂于天空海阔之间，尤为知己之爱也。《与友人书》书云：顷者东方友人书来，谓弟盍亦听人一荐而不出，其名愈高。嗟乎！此所谓钓名者也。今夫妇人之失所天也，从一而终，之死靡慝，其心岂欲见知于人哉？然而义桓之里，称于国人，怀清之台，表于天子，何为其莫之知也？若曰：必待人之强委禽焉而力拒之，然后可以明节，则吾未之闻矣。

是年诗有《春雨》一首、中有云"朝来阅征书，处士多章显"。又云"幸得比申屠，超然竟独免"。又云"未敢慕巢由，徒夸一身善。穷经待后王，到死终黾勉"。盖一以自幸，一以自信云。《寄同时二三处士被荐者》一首、项联云"金兰情不二，猿鹤意相亲"，亦各行其是之意。《井中心史歌》一首、自叙云：崇祯十一年冬，苏州府城中承天寺以久旱浚井，得一函。其外曰《大宋铁函经》，锢之再重，中有书一卷，名曰《心史》，称"大宋孤臣郑思肖百拜封"。思肖，号所南，宋之遗民，有闻于志乘者。其藏书之日为德祐九年。宋已亡矣，而犹日夜望陈丞相、张少保统兵外来，以复土宇，至于痛哭流涕而祷之天地，盟之大神，谓“气化转移，必有一日”。于是郡中之人见者，无不稽首惊诧；而巡抚都院张公国维刻之以传，又为所南立祠堂，藏其函祠中。未几而遭国难，一如德祐末年之事。呜呼悲矣！其书传至北方者少，而变故之后，又多讳而不出。不见此书者，三十余年，而今睹之富平朱氏。昔此书初出，太仓守钱君肃乐赋诗二章，昆山归生恭和之八章。及浙东之陷，张君走归东阳，赴池中死；钱君遁之海外，卒于琅琦山；归生更名祚明，为人尤慷慨激烈，亦终穷饿以没。独余不才，浮沉于世，悲年运之日往，值禁网之逾密，而见贤思齐，独立不惧，故作此歌以发挥其事云尔。《夏日》一首、时秦陇苦旱。《梓潼篇赠李中孚》一首、自注：《后汉书·独行传》：李业字巨游，广汉梓潼人也。元始中举明经，除为郎。去官，杜门不应州郡之命。王莽以业为酒士，病不之官，遂隐藏山谷，绝匿名迹，终莽之世。及公孙述僭号，闻业贤，征之，欲以为博士，业固疾不起。数年，述羞不致之，乃使其大鸿胪尹融持毒酒奉诏命以劫业，若起，则受公侯之位；不起，赐之以药。融譬旨劝之，业乃叹曰：“危国不入，乱国不居。亲于其身为不善者，义所不从。君子见危授命，何乃诱以高位重饵哉？”融见业辞志不屈，复曰：“宜呼室家计之。”业曰：“丈夫断之于心久矣，何妻子之为！”遂饮毒而死。述闻，大惊，又耻有杀贤之名，乃遣使吊祠，赙赠百匹。业子翚逃，辞不受。蜀平，光武下诏表其闾。益部纪载其高节，图画形像。中孚以死拒名，故以巨游为比。《和王山史寄来燕中对菊诗》一首、《关中杂诗》五首、第三章云：“谷口耕畬少，金门待诏多。时情尊笔札，吾道失弦歌。”第四章云：“徂谢良朋尽，凋伤节士空。”盖寄慨深矣。《过朝邑王处士建常》一首。建常字仲复，邠州长武人，居河渭之间。早弃帖括，以著述自娱，有《律吕图说》二卷。盖本诸朱蔡，参之以李文利、王子鱼、邢云路诸书而折衷以自得之义。

十八年己未，六十七岁。

春正月，往延安，抵同官县，拜寇公墓。旋携衍生寓华阴王山史所构新居。先是，山史以朱子于淳熙乙巳奉祠华州云台观，欲为表章，创建祠堂兼营书院以居，先生至是迁入山史家。案：先生《关中杂诗》第五首自注云：“山史新构小斋，将延余住。”又是年《与从子书》云：“新正已移至华下，祠堂书院之事虽皆秦人为之，然吾亦须自买堡中书室一所，水田四五十亩，为饔飧之计。秦人慕经学、重处士、持清议，实与他省不同。华阴绾毂关河之口，一旦有警，入山守险，不过十里之遥。若志在四方，则一出关门，亦有建瓴之势。”原《谱》是年二月携衍生往华阴，主王山史家，而先生《与从子书》则谓“新正已移至华下”。所称书院疑即山史所构新居，俟更考正。三月出关，游嵩、少。夏四月，至曲周，旋由河南至山西。马右实嗣光挈甘肃道，欲挈姊氏赴任，时右实已患疾，止之，告病不听。嗣光无考。长洲毛锦衔今凤来受业。今凤无考。奠王式吾及平阳王九如。二人俱无考。冬十一月，回华阴。十二月二十七日，张廷尉又南夜半造访。同邑叶讱庵阁学充《明史》总裁官，欲招先生入史局，先生致书辞之。书云：去冬韩元少书来，曾欲与执事荐及鄙人，已而中止；顷闻史局中复有物色及之者，无论昏耄之资不能黾勉从事，而执事同里人也，一生怀抱，敢不直陈之左右。先妣未嫁过门，养姑抱嗣，为吴中第一奇节，蒙朝廷旌表。国亡绝粒，以女子而蹈首阳之烈。临终遗命，有无仕异代之言，载于志状。故人人可出而炎武必不可出矣。记曰：将贻父母令名必果，将贻父母羞辱必不果。七十老翁何所求，正欠一死，若必相逼，则以身殉之矣。一死而先妣之大节愈彰于天下，使不类之子得附以成名，此亦人生难得之遭逢也。谨此奉闻。《与潘次耕书》书云：大家续孟坚之作，颇有同心；巨源告延祖之言，实为邪说。展读来札，为之怆然！吾昔年所蓄史事之书，并为令兄取去。令兄亡后，书既无存，吾亦不谈此事。久居北方，后生晚辈益无晓习前朝之掌故者。令兄之亡十七年矣，以六十有七之人，而十七年不谈旧事，十七年不见旧书，衰老遗忘，少年所闻，十不记其一二。又当年牛、李、洛、蜀之事，殊难置喙。退而修经典之业，假年学《易》，庶无大过，不敢以草野之人，追论朝廷之政也。然亦有一得之愚，欲告诸良友者。自庚申至戊辰邸报皆曾寓目，与后来刻本记载之书殊不相同。今之修史者，大段当以邸报为主，两造异同之论，一切存之，无轻删抹，而微其论断之辞，以待后人之自定，斯得之矣。割补《两朝从信录》尚在吾弟处，看完仍付来，此不过邸报之二三也。《与公肃甥书》时公肃服阕，召充明史馆监修官。书云：修史之难，当局者自知之矣。求藏书于四方，意非不美，而四方州县以此为苦，宪檄一到，即报无书。所以然者，正缘借端派取解费，时事人情，大抵如此。窃意此番纂述，止可以邸报为本，粗具草稿，以待后人，如刘昫之《旧唐书》可也。忆昔时邸报至崇祯十一年方有活板，自此以前，并是写本。而中秘所收，乃出涿州之献，岂无意为增损者乎？访问士大夫家，有当时旧钞，以俸薪别购一部，择其大关目处略一对勘，便可知矣。吾自少时，先王父朝夕与一二执友谈论，趋庭拱听，颇识根源，但年老未免遗忘，而手泽亦多散轶，史稿之成，犹可辨其泾渭。今日作书，正是刘昫之比，而诸公多引洪武初修《元史》

故事，不知诸史之中，《元史》最劣，以其旬月而就，故舛谬特多。如列传八卷速不台，九卷雪不台，一人作两传；十八卷完者都，二十卷完者拔都，一人作两传。几不知数马足，何暇问其骊黄牝牡耶？然此汉人作蒙古人传，今日汉人作汉人传，定不至此。惟是奏章是非同异之论，两造并存，而自外所闻，别用传疑之例，庶乎得之。虽万世公论，却是家庭私语，不可告人以滋好事之腾口也。《与史馆诸君书》书云：视草北门，䌷书东观，一代文献，属之巨公，幸甚幸甚。列女之传，旧史不遗，伏念先妣王氏未嫁守节，断指疗姑，立后训子，及家世名讳并载张元长先生传中。崇祯九年巡按御史王公一鹗具题，奉旨旌表。乙酉之夏，先妣时年六十，避兵于尝熟县之语濂泾。谓不孝曰："我虽妇人，身受国恩，义不可辱。"及闻两京皆破，绝粒不食，以七月三十日卒于寓室之内寝。遗命炎武读书隐居，无仕二姓。迄今三十五年，每一念及，不知涕之沾襟也。当日间关戎马，越大祥之后，乃得合葬于先考文学之兆。今将树一石坊于墓上，籍旌门之典，为表墓之荣。而适当修史之时，又得诸公以卓识宏才膺笔削之任，共姬之葬，特志于《春秋》；漆室之言，独传于中垒，不无望于阐幽之笔也。炎武年近七旬，旦暮入地，自度无可以扬名显亲，敢沥陈哀恳，冀采数语存之简编，则没世之荣施，即千载之风教矣。《答汤荆岘书》书云：两函并至，深感注存。足下有子产博物之能，子政多闻之敏，而下问及于愚耄，不知臣精销亡，少时所闻，十不记其二三矣。闻之前辈老先生曰：《太祖实录》凡三修：一修于建文之时，则其书已焚，不存于世矣；再修于永乐之初，则昔时大梁宗政西亭曾有其书，而汴水滔天之后，遂不可问；今史宬所存，及士大夫家讳实录之名，而改为《圣政记》者，皆三修之本也。然而再修、三修所不同者，大抵为靖难一事。如弃大宁而并建立之制，及一切边事书之甚略，是也。至于颍、宋二公若果不以令终，则初修必已讳之矣。闻之先人曰：《实录》中附传于卒之下者，正也；不系卒而别见者，变也。当日史臣之微意也。王元美先生作信国公诗曰："所以恩泽终，颍、宋乃反是。"盖谓二公之不得其死，而不可谓之诛。且以汉事言之：武帝之于刘屈氂，谓之诛，可也；成帝之于翟方进，谓之诛，不可也。是史臣之所以微之也。今观卒后恩典之有无隆杀，则举一隅而三可反矣。至于即主位之月日，当如来谕，以《实录》为正耳。自万历以还，是非之涂，樊然淆乱，姑以目所尝见之书，其刻本则如《辛亥京察记事》《辽事实录》《清流摘镜》《傃庵野钞》《同时尚论录》《悫书》；钞本则如刘若愚《酌中志》、史惇《恸余杂记》之类皆不可阙，而遽数之不能终也。搜罗之博，裁断之精，是在大君子而已。案：荆岘，名斌，字孔伯，又号潜庵，河南睢州人，顺治壬辰进士，由翰林任潼关道副使。迁岭北参政，谢病归。康熙己未荐举鸿博，授侍讲，累官工部尚书，卒谥文正。道光三年崇祀两庑。此盖文正谢病里居时，先生曾以书通问。既开局修明史，文正分编《明太祖本纪》四卷、列传十余卷，以书来询先生，答之如此。谦录《汤子遗书》内载答先生书一通，云：前岁山史自关中见访，询及交游名贤，即曰吴郡顾先生品高学博，国家典制、郡邑掌故、天文历象、河漕兵农之属，无不洞悉原委。坐而言，起而可见诸行事，真当今第一有用儒者也。后晤甫草元礼，往往言与山史同。斌私心倾向，冀或旦暮遇之，屏居邱园，过从稀简，又足迹久不及四方，度无从奉教左右。一旦承先生手翰远及，若以斌为可与言者，感愧何如。"吾道之衰久矣"得大力阐明，岂非斯人之幸？承谕近日言学者溺于空虚无当，最中今日流弊。窃谓孔门七十子，称颜子最为好学，孔子所与终日言而不违者，今《论语》所载不过"问仁""问为邦"而已。言仁以视听言动合礼为目；为邦以虞夏商周制度为准，喟然一叹亦以博文约礼为夫子之善诱。则圣贤之学非空虚无当也，明矣。至曰"一贯"，曰"无言"，总见圣贤全体大用、内外合一，动静无非妙道，亦非空虚之说所可假借。阳明良知实从万死一生得此把柄，当时确有实用，今人不求所以致知之方，而虚作一番光景玩弄，故流弊无穷。斌妄谓今日无真紫阳，亦未必有真阳明也。大刻精确有裨，世道敬服，惜不能得《日知录》尽读之，何时面聆台教，闻所未闻乎？据此书与《答荆岘书》，语多不合。盖先生先有通问之书，故文正答之云云。今文集中不载，无从考正也。《为吴江朱处士明德作广宋遗民录序》录云：朱君与仆同郡人，相去不过百余里，而未尝一面。今朱君年六十二，仆又过之五龄，一在寒江草野之滨，一在绝塞重关之外，皆患乎无朋。君采辑旧闻，得程克勤所为《宋遗民录》，而广之至四百余人。以书来问序于余，殆所谓一方不得其人，而求之数千里之外者也。案：明德，字不远，隐居烂溪之滨，少治经义有声。别著《勾吴外史编》，记鼎革时事甚悉。《与人书二十二》书云：井叔于崇福宫故址建祠筑垣，以事宋提举崇福宫十有四公，可谓合礼。今介石复建一堂于此祠之前，而迁二程、朱子之位于中，奉之以为一院之主。其尊师重学之意，非不甚至，但其中若韩公、吕公、司马公、刘公，皆与二程同时，而官品多在二程之上，以朱子视之，则皆前辈也。杨龟山先生又朱子师之师也。同一祠，秩非有所分别也，而俨然独处于前堂，使诸公并世而生，必不安于其位也。夫鬼神之情，人之情也。子曰："未能事人，焉能事鬼。"窃谓宜仍井叔之旧，而别建一祠以奉程、朱，庶乎得之。按崇福宫在河南登封县城北嵩阳书院之旁。国初县令黄州叶井叔封以书院地邻崇福宫，考宋臣之带崇福宫衔者，皆祀之，凡十四人。韩公维，吕公诲，司马公光，程公颢、颐，刘公安世，范公纯仁，杨公时，李公纲，李公邴，朱公熹，倪公思，王公居安，崔公与之也。康熙十八年，邑人大名兵备副使耿逸庵介家居讲学，以程朱为道统，所宗不当与诸贤列，复捐资建堂三楹，迁主崇祀。是时县令为长洲张壎先生，此书疑张于未竟工时以书相质，故先生答之如此。其明年竣工，睢州汤文正斌为作《嵩阳书院记》叙其颠末。按井叔名封，号慕庐，浙之嘉兴人，本姓王，父继与叶，遂蒙其姓。徙居楚之武昌，顺治丁亥进士，康熙中授延平推官，改知登封，举鸿博，报罢入为兵马指挥。

是年诗有《寄子严弟纾》一首、中有云："不幸丧厥明，犹能保天和。今年已六十，与吾亦肩差。里人推祭酒，品行无讥诃。"又云："顷报得两孙，青葱满庭柯。"盖子严有学行，以盲废，时年正六十，兼举次孙。《寄次耕时被荐在燕中》一首、起数语云："昨接尺素书，言近在吴兴。洗耳苕水滨，扣舷歌采菱。何图志不遂，策蹇还就征。"结云："嗟我性难驯，穷老弥刚棱。孤迹似冥鸿，心尚防弋缯。或有金马客，问余可共登？为言顾彦先，惟办刀与绳。"以次耕强被征召，虑复强己也。《次耕书来言时贵有求观余所著书者答示》一首、《云台观寻希夷先生遗迹》一首、《硖石驿东二十里有西鸦路繇赵保白杨树二百五十里至临汝以讥察之严筑垣封闭过此有题》一首、《雒阳》一首、《三月十九日行次嵩山会善寺》一首、《少林寺》一首、《嵩山》一首、《测景台》一首、自注：在登封县东南三十里，故告城县。谦案：潘耒《游中岳记》："告城镇即古之阳城也。周公卜洛，立表测景，以此为地中，今有测景台存焉。台高五丈，纵广三丈，形体正方，而缺其北面十之二三。以悬壶滴漏当缺处，铺平石一行于地，其长视台之高广，可二尺许，刻水道其上，以承壶漏，视水所至以定时，俗谓之量天尺。规制古朴，思理精微，非周公不能作。台南一石，高丈许，上立一表，其长八尺，是谓土圭。此唐仪凤中所立，见杜氏《通典》。"《卓太傅祠》一首、自注：在密县东三十五里大騩镇。案：《后汉书·卓茂传》：光武诏曰：前密令卓茂束身自修，执节纯固，今以茂为太傅，封褒德侯，食邑二千户，赐几杖车马，衣一袭，絮五百斤。又《朱祐传》：永平中图画二十八将于南宫云台，其外又有王常、李通、窦融、卓茂，凡三十二人。密县属开封。《梁园》一首、《海上》一首、《五岳》一首、《赠张力臣》一首、时力臣北游。《子德自燕中西归省吾于汾州天宁寺》一首、《寄次耕》三首、《岁暮西还时李生云霑方读盐铁论》一首。

十九年庚申，六十八岁。

元旦作联语云："六十年前二圣升遐之岁，三千里外孤忠未死之人。"

以明神宗、光宗俱崩于万历庚申也。正月，至富平。二月，先生仲姊讣至，间二日成服设祭。三月，著《音学五书后序》。序云：余纂辑此书三十余年，所过山川亭障，无日不以自随，凡五易稿而手书者三矣。然久客荒壤，于古人之书多所未见，日西方莫，遂以付之梓人。故已登版而刊改者犹至数四，又得张君弨为之考《说文》，采《玉篇》，仿《字样》，酌时宜而手书之；二子叶增、叶箕分书小字；鸠工淮上，不远数千里累书往复，必归于是。而其工费则又取诸鬻产之直，而秋毫不借于人，其著书之难而成之之不易如此。然此书为三百篇而作也，先之以音论，何也？曰：审音学之源流也。《易》文不具，何也？曰：不皆音也。《唐韵正》之考音详矣，而不附于经，何也？曰：文繁也。已正其音而犹遵元第，何也？曰：述也。《古音表》之别为书，何也？曰：自作也。盖尝四顾踌躇，几欲分之，几欲合之，久之然后胪而为五矣。呜呼！许叔重《说文》始一终亥，而更之以韵，使古人条贯不可复见，陆德明《经典释文》割裂删削，附注于九经之下，而其元本遂亡。成之难而毁之甚易，又今日之通患也。《孟子》曰："流水之为物也，不盈科不行。"《记》曰："不陵节而施之谓孙。"若乃观其会通，究其条理，而无轻变改其书，则在乎后之君子。李君因笃每与余言诗，有独得者，今颇取之，而以答书附之于末。上章涒滩病月之望，炎武又书。山西鹾使曾章山寅致馈。寅无考。夏四月，华阴王无异即山史诸母卒，议服及葬祭之礼。《答王山史书》书云：仲复之言，自是寻常之见。虽然，何辱之有？《小星》《江汜》，圣人列之《召南》，而纪叔姬笔于《春秋》矣。或谓古人媵者皆侄娣，与今人不同。诚然。然《记》曰："父母有婢子，甚爱之，虽父母没，没身敬之不衰。"夫爱且然，而况五十余年之节行乎？使乡党之人谓诸母之为尊，公媵者，其位也；其取重于后人，而为之受吊者，其德也。《易》曰："利幽人之贞，未变常也。"诸母当之矣。君子以广大之心而裁物制事，当不尽以仲复之言为然。将葬，当以一牲告于尊公先生而请启土。及墓，自西上，不敢当中道；既窆，再告而后反。其反也，虞于别室，设座不立主，期而焚之。先祖有二妾，炎武所逮事，其亡也，葬之域外。此固江南士大夫家之成例，而亦周官冢人或前或后之遗法也。今诸母之丧，为位受吊，加于常仪，以报其五十余年之苦节足矣。若遂欲祔之同穴，进列于左右之次，窃以为非宜。追惟生时"实命不同""莫敢当夕"之情，与夫今日葬之以礼，"没身敬之不衰"之义，固不待宋仲几、鲁宗人衅夏之对也。谨复。《与王仲复书》书云：华阴王君无异有诸母张氏，年二十六，其君与小君相继殁。无异以兄子为后，方四龄，张氏独守节以事太君。二十五年太君亡，又三十余年年八十一，及见无异之曾孙而终。无异感其节，将为之发丧受吊而疑所服。仆以免服告之。读来教与无异书，未之许也。窃惟礼经之言免者不一，而详其制有二焉。其重也，自斩至缌皆有免；其轻也，五世之亲为之袒免。夫五服之制，有冠有衰，免则无冠也。郑氏曰：以布广一寸，自项中而前，交于额上，却绕紒，如著幓头矣。是故有免而衰者，有免而袒者；在五服之内则免而衰，五服之外则免而袒。袒者，非肉袒也，无衰，故谓之袒也。传言晋惠公获于秦，穆姬"使以免服衰绖逆"，是免而衰者矣。史言汉高为义帝发丧，"袒而大哭，兵皆缟素"，是无衰而袒者矣。今张氏之卒，无异将为之表其节而报其恩，其可以无服乎哉？童汪踦幼而勿殇，县贲父卑而有诔，国固有之，家亦宜然。请为之免而布素，既葬而除，敢以质之君子。若曰："汰哉，叔氏，专以礼许人！"则吾岂敢。谦尝以此事质之李太史申耆兆洛，申耆曰：王山史幼嗣叔父，其本生父母俱存，其父携之入都，详见《山史集》中两书，未具。原始几若山史为抚于张氏者，如此则有慈母如母，及庶母慈已。之服岂仅以袒免从事乎？后人有以此义驳先生者，然书称诸母固非慈母，等也。特以少申数语致启后疑耳。五月，送马右实丧出关，李既足附之南归。是月二十八日，先生诞辰，富平令郭九芝欲亲往致祝，先生力止之。《与友人辞祝书》书云：昨见子德云：明府将以贱辰光临赐祝。窃惟生日之礼，古人所无。《小弁》之逐子，始说我辰；《哀郢》之放臣，乃言初度。故唐文皇以劬劳之训，垂泣以对群臣；而近时孙退谷、张篑山著论欲废此礼。彼居常处顺者，犹且辞之，况鄙人生丁不造，情事异人，流离四方，偷存视息。若前史王华、王肃、陆襄、虞荔、王慧龙之伦，便当终身布衣疏食，不听音乐，不参喜事。即不能然，而又以此日接朋友之觞，炫世俗之目，岂不于我心有戚戚乎？知我者当悯其不幸而吊慰之，不当施之以非礼之礼，使之拂其心而夭其性也。用是直摅衷曲，布诸执事，惟祈鉴之。华阴令迟屏万维城造访先生，与谋建设朱子祠堂于云台观之右，迟欣然首捐俸为倡。迟君仕履，原《谱》未详。《与王山史书》书云：朱子祠堂之举，适有机缘。今同令弟及诸君相视形势，定于观北三泉之右，择平敞之地，二水合流之所，建立一堡，止用地四五亩，缭以周垣，引泉环之，并通流堂下。前为石坊，列植松柏，内住居民三四家守之。虽所费不赀，但有百金即便兴工，不患无助。春仲弟自来视工。望作一家报，凡择地委人一切托之令弟允塞，仍移书报弟，速为措办可也。按是时山史客游于外，先生从山右寄书，意谓明春即当兴工建祠。《复张又南书》书云：华下有晦翁旧祠，历五百余年始得山史为之表章，又十二年，而炎武重游至此。及今不创，更待何人？今移买山之资，先作建祠之举。若改岁之初，旌驺至止，当于华下奉迎。至鄙人侨居之计，且为后图，而其在此，亦非敢拥子厚之皋比，坐季长之绛帐。且以为自立坛坫，欲以奔走天下之人，则东林覆辙，目所亲见，有断断不为者耳！冬十月，携衍生往山西汾州之阳城里，访前中尉朱敏泘。汾州守周西水于漆延入署。十一月，先生元配王硕人卒于昆山故里，讣至，次日出署，十一日成服设祭，逢七祭奠，焚帛如常仪。度岁于王位冲中翰德元家。德元无考。《与毛锦衔书》书云：比在关中，略仿横渠蓝田之意，以礼为教。夫子尝言："博学于文，约之以礼。"而刘康公云："民受天地之中以生，所谓命也。是以有动作礼义威仪之则，以定命也。"然则君子之为学，将以修身，将以立命，舍礼其何由哉？吾之先元叹丞相在吴先主朝，以严见惮，先主每言："顾公在坐，使人不乐。"吾见近来讲学之师，专以聚徒立帜为心，而其教不肃，故欲反其所为。卫诗言武公之德曰："瑟兮僩兮。"虽不能至，心向往之。倘有如阮籍之徒，倡狂妄行，而嫉礼法为仇雠者，则亦任之而已。忆昔万历庚申，吾年八岁，今年元旦作一对曰："六十年前二圣升遐之岁，三千里外孤忠未死之人。"便中有字与吴门，可代为录此，与一二耆旧知心者观之，知此迂拙之叟犹在人间耳。一诗并附。《与公肃甥书》书云：所谓大臣者，以道事君，不可则止。吾甥宜三复斯言，不贻讥于后世，则衰朽与有荣施矣。此中自京兆抵二崤皆得雨，陇西、上郡、平凉皆旱荒，恐为大同之续。与其赈恤于已伤，孰若蠲除于未病。又有异者，身为秦令，而隔河买临晋之小儿，阉为火者，以充僮竖，至割死一人，岂非自陕以西别一世界乎？诚欲正朝廷以正百官，当以激浊扬清为第一义，而其本在于养廉。故先以俸禄一议奉览，然此今日所必不行，留以俟之可耳。说经之外，所论著大抵如此。世有孟子，或以之劝齐梁，我则终于韫椟而已。按：是年立斋相国方由阁学超迁总宪，故先生勉以激浊扬清，则是书系是年无疑。《与杨雪臣书》书云：想年来素履康豫，盛德日新，而愚所深服先生者，在不刻文字，不与时名。至于朋友之中，观其后嗣，象贤食旧，颇复难之。郎君博探文籍而不赴科场，此又今日教子者所当取法也。人苟遍读五经，略通《史》《鉴》，天下之事，自可洞悉，然患在为声利所迷而不悟耳。向者《日知录》之刻，谬承许可，比来学业稍进，亦多刊改。意在拨乱涤污，法古用夏，启多闻于来学，待一治于后王，自信其书之必传，而未敢以示人也。若《音学五书》，为一生之独得，亦足羽翼六经，非如近时拾沈之语，而亦不肯供他人捉刀之用，已刻之淮上矣。平生志行，知已所详，惟念昔岁孤生，飘摇风雨，今兹亲串，崛起云霄，思归尼父之辕，恐近伯鸾之灶。且九州历其七，五岳登其四，未见君子，犹吾大夫，道之难行，已可知矣。尔乃徘徊渭川，留连仙掌，将营一亩，以毕余年。然而雾市云岩，人烟断绝，春畦秋圃，虎迹纵横。又不能不依城堡而架椽，向邻翁而乞火，视古人之栖山饮谷者，何其不侔哉！世既滔滔，天仍梦梦，未知此生尚得相见否？辄因便羽，附布区区。《与王虹友书》书云：流寓关、华，已及二载，幸得栖迟泉石，不与弓旌。而此中一二绅韦颇知重道，管幼安之客公孙，惟说六经之旨；乐正裘之友献子，初无百乘之家。若使戎马不生，弦歌无辍，即此可为优游卒岁之地矣。惟是筋力衰隤，山川缅邈。获麟西野，粗成拨乱之书；化鹤东州，未卜归来之日。言念邦族，憬然如何！案：虹友，名摅，号汲园，廪监生，太常时敏第七子。《答徐甥公肃书》书云：幼时侍先祖，自十三四岁读完《资治通鉴》后，即示之以邸报，泰昌以来颇窥崖略。然忧患之余，重以老耄，不谈此事已三十年，都不记忆。而所藏史录奏状一二千本，悉为亡友借观，中郎被收，琴书俱尽。承吾甥来札，惓惓勉以一代文献，衰朽讵足副此！既叨下问，观书柱史，无妨往还，正未知绛人甲子，郯子云师，可备赵孟、叔孙之对否耳。夫史书之作，鉴往所以训今。忆昔庚辰、辛巳之间，国步阽危，方州瓦解，而老成硕彦，品节矫然。下多折槛之陈，上有转圜之听。思贾谊之言，每闻于谕旨：烹宏羊之论，屡见于封章。遗风善政，迄今可想。而昊天不吊，大命忽焉，山岳崩颓，江河日下，三风不儆，六逆弥臻。以今所睹，国维人表，视昔十不得二三，而民穷财尽，又倍蓰而无算矣。身当史局，因事纳规，造膝之谟，沃心之告，有急于编摩者，固不待汗简奏功，然后为千秋金镜之献也。关辅荒凉，非复十年以前风景，而鸡肋蚕丛，尚烦戎略，飞刍挽粟，岂顾民生。至有六旬老妇，七岁孤儿，挈米八升，赴营千里，于是强者鹿铤，弱者雉经，阖门而聚哭投河，并村而张旗抗令，此一方之隐忧，而庙堂之上或未之深悉也。吾以望七之龄，客居斯土，饮瀣餐霞，足怡贞性，登岩俯涧，将卜幽栖。恐鹤唳之重惊，即鱼潜之非乐，是以忘其出位，贡此狂言，请赋祈招之诗，以代麦邱之祝。不忘百姓，敢自托于鲁儒；维此哲人，庶兴哀于周雅。当事君子倘亦有闻而叹息者乎？东土饥荒，颇传行旅，江南水旱，亦察舆谣。涉青云以远游，驾四牡而靡骋，所望随时示以音问，不悉。案以上三书语气，皆庚申年先生在华阴时所作，时三藩煽动蜀中，成都、顺庆、潼川、中江、遂宁、蓬溪、巫山、夔州诸州县相继用兵，秦陇间挽输旁午，故于公肃书中详及时事。

是年诗有《送康文学乃心归郃阳》一首、乃心，字太乙，郃阳人。王渔洋以户侍奉使祭告西岳，时游慈恩寺塔，见太乙《题秦庄襄王墓》绝句，亟称之，康以此得名。学使陆俨庭德元拔之充贡是科，以第五人冠其经。长安语云："关中二李，不如一康。"所著有《莘野集》。《友人来座中口占二绝》二首、第一首落句云："寄语故人多自爱，但辞青紫即神仙。"第二首落句云："传闻高士燕中返，料理床头皂荚囊。"案：皂荚，见《隋书·五行志》，梁末童谣云："黄尘污人衣，皂荚相料理。"语意或指李子德、王山史一流人。《送李生云霑南归寄戴笠王锡阐二高士》一首、《酬族子湄》一首、湄，字伊人，太仓人，著有《水乡集》。《朱处士鹤龄寄尚书坤传》一首、鹤龄，字长孺，吴江诸生。甲申后自号愚庵，绝意仕进，肆力于古，尤专经学。以朱子掊击《小序》太过，乃集诸家说，疏通《序》义，为《毛诗通义》。以蔡氏释《书》未精，撰《尚书埤传》。以胡氏传《春秋》多偏见凿说，乃合唐、宋以来诸儒之解，撰《春秋集说》。又以杜氏注《左传》未尽合，俗儒又以林注乱之，撰《读左日钞》。自著诗文曰《愚庵小集》。其注杜工部、李义山诗尤盛传于世。与先生暨其同里陈启源相友善。先生诗中有云："白首穷六经，梦寐亲皋伊。百家纷论说，爬罗殆无遗。论及《禹贡》篇，九州若列眉。上愁法令烦，下慨淳风衰。君今未大耋，正可持网维。"盖其倾倒者至矣。《哭李侍御灌溪先生模》一首、自注：君以崇祯十四年左迁南京国子监典籍，南渡复官，称病不出。案：侍御字子木，吴县人。天启乙丑进士，东莞知县，行取迁河南道御史。先生乙未蒙难时，侍御曾与诸耆硕主持公道。《华下有怀顾推官咸正》一首、任延安推官，尝登太华赋诗者。《华阴古迹》二首、《悼亡》五首、《冬至寓汾州之阳城里中尉敏浮家祭毕而饮有作》三首。

二十年辛酉，六十九岁。

春二月之望，先生去汾州。原《谱》：去汾州日，别刘学使梅、汾州太守周西水于漆、汾州司马黄伯华良骥。往曲沃，至解州运城，盐运使黄菉园斐来会。晦日往答，即延先生入署。夏四月五日，黄菉园丁内艰，先生入吊毕，旋出署，携衍生入关，至华阴，访山史。山史先于二月南游吴、越，遂出菉园馈赆，为新建朱子祠费。因撰《华阴县朱子上梁文》文云：盖闻宣气为山，众阜必宗乎乔岳；明征在圣，群言实总于真儒。自夫化缺三雍，风乖四始。两汉而下，虽多保残守缺之人；六经所传，未有继往开来之哲。惟绝学首明于伊雒，而微言大阐于考亭，不徒羽翼圣功，亦及发挥王道，启百世之先觉，集诸儒之大成。然而代运当屯，蓍占得遁。官方峻直，难久立于朝端；祠禄优游，每自安于林下。眷此云台之侧，实为寄禄之邦。子静书中，羡希夷之旧隐；启蒙序末，题真逸之新名。虽风声远隔于殊方，而道德实同乎一统。家传户诵，久已无间寰区；春祀秋尝，独此未瞻庙貌。于是邑之荐绅耆旧，以及学士青衿，无不博考遗编，深嗟阙典，睇琳宫之绚烂，悲木铎之幽沉。爰有廷撲张君、山史王君搜采于前，子德李君、适之宋君宣扬于后；而会炎武跋涉关河，留连原巘，发遐情于五岳，寻坠绪于千年。即云台旧院之西，度香火专祠之地，重邀茂宰，赞此良图。萃人力以作新，捐缗钱而倡导，卜神涓吉，庀材效工。右带流泉，来惠风之习习；前凭岳麓，状盛德之峨峨。将使俎豆增崇，章逢无绝，敬沘衰茺之笔，式陈邪许之辞。《与李中孚书》书云：久居秦晋，日用不过君平百钱，皆取办囊橐，未尝求人。过江而南，费须五倍，舟车所历，来往六千，求人则丧己，不求则不达，以此徘徊未果。华令迟君谋为朱子祠堂，卜于云台观之右，捐俸百金，弟亦以四十金佐之。七月四日买地，十日开土，中秋后即百堵皆作。然堂庑门垣，备制而已，不欲再起书院。惟祠中用主像，遵足下前谕，主题曰太师徽国文公朱子神位，像合用林下冠服，敢祈足下考订明确示之。案：李征君中孚年谱，于二十一年壬戌下云：征君向在富平，与顾宁人语及宋鉴，谓朱子尝列衔主管华山云台观，则云台观宜为祠以祀。至是宁人移寓华下，倡修祠堂肖象，以书来询朱子冠服之制云云。此当是辛酉年事，盖先生于壬戌正月初九日告终，不及相闻问，或先生之书至是年春始达耶？秋七月，李既足至邸寓。八月二日，先生自华阴俶装至山西，由运城抵曲沃。县令熊耐徒僎闻先生至，命舆至候马驿相迎，并辔入城，寓元帝庙。十一日，先生患呕泻。十八日，李既足得其父母俱亡之信，星夜驰归。九月，移寓上坡韩氏镜。冬十月，又移寓下坡韩村，馆于韩旬公名宣，己未进士。园亭。望后，病稍减。为衍生议婚靳氏，靳氏无考。原《谱》。媒四人：一广东道仇昌祚、一义学师卫匪莪、一县令熊僎、一贰尹徐偶岩嘉霖。《病起与蓟门当事书》书云：天生豪杰，必有所任，如人主之于其臣，授之官而与以职。今日者，拯斯人于涂炭，为万世开太平，此吾辈之任也。仁以为己任，死而后已，故一病垂危，神思不乱。使遂溘焉长逝，而于此任已不可谓无尺寸之功，今既得生，是天以为稍能任事而不遽放归者也，又敢怠于其职乎？今有一言而可以活千百万人之命，而尤莫切于秦、陇者，苟能行之，则阴德万万于于公矣。请举秦民之夏麦秋米及豆草，一切征其本色，贮之官仓，至来年青黄不接之时而卖之，则司农之金固在也，而民间省倍蓰之出。且一岁计之不足，十岁计之有余，始行之于秦中，继可推之天下。然谓秦人尤急者，何也？目见凤翔之民举债于权要，每银一两偿米四石，此尚能支持岁月乎？捐不可得之虚计，犹将为之，而况一转移之间，无亏于国课乎？然恐不能行也。《易》曰："牵羊悔亡，闻言不信。"至于势穷理极、河决鱼烂之后，虽欲征其本色而有不可得者矣。救民水火，莫先于此，病中已笔之于书，而未告诸在位。比读国史，正统中，尝遣右通政李畛等官粜米得银若干万，则昔人有行之者矣。特建此说，以待高明者筹之。

是年诗有《寄题贞孝墓后四柿》一首、《赠卫处士蒿》一首、中有云"幸逢同方友，典坟共相将"。又云"与君同岁生，中年历兴亡"。处士即曲沃义学师，为衍生执柯者，当亦前明遗老也。谦案：康熙甲辰进士，卫既齐山西猗氏人，历官黔抚，邃于经学，竹垞诗所称河东卫先生者，与匪莪同乡里，或是其族欤？《酬李子德二十四韵》一首、《赠毛锦衔》一首。

二十一年壬戌，七十岁。

春正月四日，寓主人韩旬公设宴会亲宾。八日，先生早答贺熊令及在官诸君，上马失足坠地，疾作，遂止不行。竟日夜呕泻，次日丑刻捐馆。谦案：先生柩自山西归葬于司马赐茔东傍，袝嗣父仲逢公、嗣母王贞孝之昭位，茔在昆山六保尚书浦，为五图鸣字，圩计三十八亩三分六厘，潘耒为之表，又王宏撰《拜墓诗》云：三年客江东，两度抚君墓。野日滋宿草，秋华凄零露。缅惟同心交，明誓金石固。稽古启愚昧，敏求祛冥悟。朝昏恒不遑，患难行若素。重访伯起市，更寻公超雾。惠然止吾庐，一似形影附。同泣鹿马石，手攀神烈树。倏更四十春，戚戚不忘故。畴昔梦云阙，白衣从玉辂。连蜷下大荒，偃蹇问天步。叹息桑榆景，徘徊崦嵫暮。幽明事已非，生死情一诉。洒泪归山去，长辞西州路。又《哭墓诗》云：与君长别九年矣，白马重来千里余。独拜荒邱凄宿草，更挥老泪问遗书。为忆神期恒若存，莫将封禅比文园。当年羊傅徒轻爵，何似龙门有外孙。

原《谱》云：不肖衍生茕茕孑立，侍奉而已。年虽十七，目未经此大事，赖韩、熊、仇、卫、徐、郭诸公经纪棺椁含殓，并典秦氏之室停柩，而不肖庐焉。终七后，不肖入关，取向所寄各姓处书籍。嗣大云叔于三月望前抵曲沃，简阅遗书文稿。二十四日，衍从关中旋沃同居丧次。所有遗书、文券皆携往都中，致之健庵、立斋两表兄，及汝嘉兄。衍忝为之后，曾不得一寓目焉，恸哉！惜哉！

谦为亭林先生创年谱，阅岁两稔，才及十之六七。乙未游金坛，遇吾友昆山吴君广斋，知其先德银帆明经已撰有稿本，因急属其录出，则裒然一帙，较谦所辑者，极为详赡。银帆盖以先生抚子衍生所遗之谱仅十余页，而简陋不词，殊无足观。于是随处捃拾，从而推广之。又以居同里闬所闻先生前言往行，视他人为可凭，爰合谦未成之本，芟复补遗，按年纂入，彼此相同者仍之，间有谦所增益以及校正讹误者，注中悉以‘谦案’别之。第先生踪迹半天下，而在西北日最久，一时倾倒先生者亦最夥，必得同时诸公著作牵缀参定，方足征信。而诸公之书，年远路赊，搜获颇不易易，谦与银帆先后从事于此，几易七八。寒暑甫得断手，略可完善。此外或仍有渗漏，即亦不免海内倘别有辑先生年谱者，则吾二人山林之启，讵日无裨，请以是卷作筚路可乎？惟念先生褒有为之才，生当末造，曾不得一试其用，徒仆仆以终老，其志洵可悲矣。昔先生尝侨居吾乡神烈山下，拟买山前隙地为构一祠，岁时展祀，且题楹帖云："一代高名承母志，千秋孤诣正人心。"神而有灵，庶其歆格欤？《国史儒林传》洎全谢山太史所撰，《神道表》于先生事实稍有舛午处，今并载之卷首，以资互证云。道光已亥七月镌板既成，识其缘起如此。上元车持谦。

亭林先生殁且百有余年，讫未崇祀乡贤，徒以客游在外，后生晚学未经亲炙光仪，遂亦久而忽之。乡者言于陶文毅师，师深以此典为不可缺，时江夏陈芝楣中丞巡抚三吴，即致函与之联衔具题，乃事甫举行。而今年师与中丞前后相继薨逝。在圣朝敦尚实学，入奏之后，度可仰邀俞允，惟两公躬任其事，竟弗克亲见其成，不无哲人山木之感矣。已亥十二月望日，持谦再记。

顾衍生原本、吴映奎重辑、车持谦增纂《顾亭林先生年谱》，清道光十九年刻本

顾亭林先生年谱

张穆编

谨案：本朝学业之盛，亭林先生实牖启之，而洞古今、明治要、学识晐贯，卒亦无能及先生之大者。闻桐城胡雒君虔尝为先生撰次年谱，惜未之见。大兴徐丈松钧稽各书，依年排纂，已写有定本。会何太史绍基自金陵来，携有上元车明经守谦号秋舲。所辑谱，互用勘校，车氏差详。盖车氏本之昆山吴广文映奎，号银帆。而吴氏又本之先生抚子衍生也。徐丈欲更事厘订，以出守榆林未遑。穆乃不自揆度，比而叙之，综两谱之异同，究大贤之本末，世之景行先生者，尚其有考于斯。道光二十三年五月朔日，平定后学张穆记。

明万历四十一年癸丑五月二十八日，先生生。

先生初名绛，更名继绅，后仍名绛，字忠清。元《谱》。穆案：《复社姓氏》：昆山弟六人顾绛，字忠清。乙酉后更名炎武，徐《谱》：阎百诗《与刘超宗书》作“炎午”。穆案：《山东通志》采先生文，亦作“炎午”。字宁人，学者称亭林先生。元《谱》：华亭东南三十五里有顾亭林湖，其南有顾亭林，陈顾野王尝居此，修《舆地志》，因以为名。其地今为宝云寺。穆案：《舆地纪胜·嘉兴府·古迹》有顾亭湖，在华亭县南三十五里。《旧经》云：“黄门侍郎顾野王居此。”无“林”字。又海盐县东有顾林亭，有陈顾野王读书堆。东坡《顾林亭诗》云“平林岂旧物，岁晚室扶疏”云云。唐询诗云“平林标大道，曾是野王居”云云。宋煇诗云“昔时高士宅，今日梵王居”云云。“林亭”字凡两见，皆不作“亭林”。然据下所引东坡诗云“平林岂旧物”，唐询诗云“平林标大道”，似乎华亭、海盐两县境内皆有一亭，因野王纳称。濒水则曰“顾亭湖”，傍树则曰“顾亭林”，传钞误倒作“林亭”尔。近志于湖上并增“林”字亦误也。至宋煇“梵王居”云云，则又与华亭之宝云寺其事适同。不知煇即指华亭故迹，而象之误系之海盐下否？又案：宋嘉祐六年，法云寺重修大殿，《记》弟一行题云“大宋秀州华亭县顾亭林法云寺重修大殿记”，此“顾亭林”

三字之见于石刻者。又尝称名曰圭年。元《谱》：康熙中题吴县李灌溪侍御诗署名曰圭年。谦案：歙孝廉程易畴瑶田云：尝见万年少自跋所作《秋江别思图》，送先生由淮阴渡江归唐市，谓顾子名圭年，自云“余再转注而得此名”。亦或署蒋山佣。元《谱》谦案：蒋山即钟山，后更名神烈山，先生尝侨居山下也。穆案：江藩《汉学师承记》“庚寅，有怨家欲陷之，伪作商贾”，“变姓名为蒋山佣”。又《邹平县志》前列修志姓氏，有顾慵，字宁人，昆山人，同时较编。疑“慵”即“佣”字之讹，亦或单署曰“佣”也。顾氏系出吴郡。五代之际，徙滁州。南宋时，有名庆者，自滁徙海门之姚刘沙。见先生《顾氏谱系考》。姚刘沙，自注：今崇明县。又《钞书自序》：“炎武之先家海上，世为儒。”庆次子伯善，又徙昆山，遂为昆山县人，世居县之花蒲保，《谱系考》：“昆山县之二十四保地，名花蒲。”自注：“今太仓州六都。”后徙千墩。元《谱》：昆山县之千墩人。谦案：《昆新合志》：千墩在城东南三十六里沺川乡。徐《谱》：先生家与徐健庵比邻，见《憺园集·舅母朱孺人寿序》。穆案：《苏州府志·昆山县第宅园林》内载：“妙喜园在西关外，金童桥北，初为严氏园，徐坦斋营为别墅，荷池竹圃，踞西郊之胜。”“徐乾学宅在半山桥，西堂曰冠山堂，复构传是楼，聚书其中，宅后有园曰憺园，又有遂园，在马鞍山北麓。”“徐秉义第在富春桥西，有培林堂。”“徐元文宅在半山桥东塘内，有含经堂，园中有古樟一株，因名得树园。”盖徐氏鼎贵后，父子兄弟各营第宅，不复与顾氏为邻矣。厥后健庵兄弟欲迎先生南归，以别业居之，殆指金童园亭欤？自庆而下十二世，至明正德间，曰南京工科给事中广东按察使司佥事溱，《谱系考》：“溱字梁卿，号小泾。正德庚午举人，辛巳进士。”刑科给事中济。《谱系考》：“济字舟卿，号思轩。正德丙子举人，丁丑进士。历官行人、刑科给事中。”何绍基案：《类姓登科考》于顾溱注昆山县人，顾济、顾章志、顾绍芳皆注太仓州人。穆案：《钞书自序》：“先高祖为给事中，当正德之末。”又衍生缮写书目有《思轩公谏垣疏》一卷。又《苏州府志》：“给事中顾济第在昆山县尚书浦西蒋泾。”刑科生兵部侍郎章志。《谱系考》：“章志字子行，号观海。嘉靖丙午举人，癸丑进士。历官行人，行人司副，行人司正，刑部员外郎中，江西饶州府知府，湖广、广西按察司副使，贵州布政司参政，贵州、山东按察司按察使，南京光禄寺卿，应天府尹，南京兵部右侍郎，赠都察院右都御史。”徐《谱》：南京朝天宫后有侍郎公祠。又《日知录》云：“余家有嘉靖年买地文契。”盖在侍郎公时。又《浯溪碑歌序》云：“万历元年，先曾祖官广西按察副使。”穆按：衍生缮写书目，有观海公《船政疏》一卷。又车《谱》云：章志字行之，据《谱系考》作子行，当是车误。又《钞书自序》：“嘉靖间家道中落，先曾祖继起，为行人，使岭表，而倭阑入江东，郡邑所藏之书与其室庐俱焚，无孑遗焉。洎万历初，而先曾祖历官至兵部侍郎，中间历方镇三四，清介之操，虽一钱不以取诸官，而性独嗜书，往往出俸购之。”侍郎生左赞善绍芳。《谱系考》：“绍芳字实甫，号学海。万历丙子举人，丁丑进士。翰林院简讨、经筵日讲官、左春坊左赞善兼翰林院编修，管理制诰，赠左春坊左庶子。”车《谱》：绍芳选庶吉士，移疾归，起补检讨，父丧服除，进经筵日讲官，迁左赞善。后移疾归，不两年卒，年四十七。穆案：《钞书自序》：“祖赞善公文集至数百篇。”衍生缮写书目有学海公《宝庵集》十二卷。《静志居诗话》：“实甫工于五律，不露新颖，矜炼以出之，颇有近于孟襄阳、高苏门者。”又王世贞作《纪远近交游四十咏》，绍芳其一也。《苏州府志》：昆山县有“遗清堂，在柴巷内，宫赞顾绍芳所居”。及国子生绍芾。《谱系考》：绍芾字德甫，号蠡源。生员，增例入国子监。车《谱》：绍芾天才俊逸，工诗古文，奇奥秀拔，在太白、长吉间。尤善书法，为董香光称许。详见《昆新合志》。穆案：绍芾又号梦庵，见《憺园集》。又先生《三朝纪事阙文序》：“臣祀生于饶州官舍，随臣曾祖之官广西、山东、南京，一切典故悉谙。而当日门户与攻门户之人，两党之魁，皆与之游。臣祖年七十余矣，足不出户，犹日夜念庙堂不置。阅邸报，辄手录成帙”，“细字草书，一纸至二千余字。自万历四十八年至崇祯七年九月，共二十五帙”。又《钞书自序》：“先祖书法，盖逼唐人，性豪迈不群，然自言少时日课钞古书数纸，今散亡之余，犹数十帙。”赞善生官荫生同应，《谱系考》：绍芳子二，长曰同德，生员；次曰同应，字仲从，廪生，万历乙卯戊午副榜，恩荫入国子监。”穆案：同应又字宾瑶，见《憺园集》，曰：“公清修笃学，负东南重望。”《苏州府志·文苑门》：同应“生十岁而孤，哀毁如成人。长而颖敏，好学，精举子业，工诗文。为诸生，七试不售，两中副榜。卒，年四十二。性阔达，家虽贫，好施与。卒之日，戚友哭之，几于罢市”。所著有《药房》《秋啸》等集。《明诗综》引“王平仲语云：仲从诗词澹意远，有白云自出、山泉泠然之致”。娶何氏。穆案：《憺园集·先妣顾太夫人行述》曰：“母何夫人，淹洽书史，为女工师。”《舅母朱孺人寿序》曰：“何夫人性严重，尝竟日不言，独爱读书。”又曰：“自外祖宾瑶公未仕捐馆，外祖母以未亡人支持门户，荼苦百端。”《家兄孚若诗集序》：“外王母何夫人知书，有识鉴。”同应之子五，先生其仲也。穆案：同应五子，长曰缃，字遐篆；次即先生；次曰纾，字子严；次曰缵，字子叟；次不知其名，字子武。先生一女兄，一女弟，皆嫔于徐。女兄生履忱，女弟生健庵兄弟。又一女兄嫁陈皇士济生。健庵《寄皇士太仆诗》注：“太仆夫人，余从母也。”是也。然元《谱》称健庵太夫人为先生弟五妹，又有仲姊适马氏。则女兄弟之可考者亦四人也。绍芾生同吉，早卒。元《谱》谦案：同吉字仲逢，《昆新合志》谓其早卒，无子，产颇饶。聘王氏，未婚守节，抚先生为嗣。徐《谱》：贞孝之归顾，当在万历二十九年辛丑，其年贞孝十六岁。车《谱》：贞孝，太仆寺卿宇孙女，诸生述女，事载《明史》本传及《余集·先妣王硕人行状》。

四十三年乙卯，三岁。

先生患痘，颇危，及脱痂，左目为眇。元《谱》谦案：全谢山《神道表》谓先生"双瞳子中白而边黑，见者异之"，不言眇也。或有云翳，未可知。弟元《谱》系衍生所作，不应有误，故仍之。

是年本生父宾瑶公中式副榜。元《谱》。知县陈君祖苞拜于贞孝之庐。穆据《行状》补。《进士履历便览》：祖苞，字令威，海盐人。万历癸丑进士，历官顺天巡抚。《明史》附《颜继祖传》。

四十四年丙辰，四岁。

七月，先生第五妹生。穆补。《憺园集·先妣行述》："吾母生于万历丙辰七月二十八日未时。"

四十六年戊午，六岁。

春，白气亘天，自东而北。元《谱》。穆案：《三朝纪事阙文序》：自臣母授臣《大学》之年，而东方兵起，白气亘天。明年三月，覆军杀将。夏四月，大清兵克抚顺。七月，克清河堡。徐《谱》。

贞孝以《大学》授先生。元《谱》。宾瑶公乡试又中副榜。徐《谱》。

冬十一月，蠡源公配李硕人卒。元《谱》。穆案：硕人有兄名箕，见先生所作《先妣行状》。

四十七年己未，七岁。

二月，经略杨镐誓师于辽阳，总兵官李如柏、杜松、刘綎、马林分道出塞。三月甲申，杜松遇大清兵于吉林崖，战死。乙酉，马林兵败于斐芬山。兵备佥事潘宗颜战死。庚寅，刘綎深入阿布达里冈，战死。六月，大清兵克开原，马林败没。徐《谱》。

先生就塾。元《谱》。徐《谱》:《日知录》云:"愚幼时,四书本经俱读全注。"

四十八年庚申,八岁。

秋七月,神宗崩,光宗立。甫一月,崩,熹宗立。时朝议欲以明年为泰昌元年,左光斗请以七月以前为万历四十八年,八月以后为泰昌元年,从之。元《谱》。

本生母弟纾子严生。元《谱》谦案:《昆新合志》:纾字子严,同应弟三子。少负经济才,明亡后绝意仕进,隐居千墩旧庐。居丧哭过哀,目遂盲。秉性耿介。兄炎武讲学秦、晋间,屡征不赴,纾寓书益相砥砺。甥徐乾学兄弟势望方隆,纾独养高自重。华阴王宏撰称其"暗修于不见不闻之地,不愧隐君子"。

天启元年辛酉,九岁。

三月,大清兵取沈阳、辽阳。徐《谱》。

先生读《周易》。元《谱》。季弟缵子叜生。徐《谱》案:子叜妻朱氏。健庵有《舅母朱孺人寿序》。

二年壬戌,十岁。

正月,大清兵破西平堡,取广宁。徐《谱》。

蠡源公命先生读古兵家《孙子》《吴子》诸书,及《左传》《国语》《国策》《史记》。元《谱》。穆案《三朝纪事阙文序》:"天启初元辽阳陷,奢崇明、安邦彦并反。其明年,广宁陷,山东白莲教妖民作乱。一日,臣祖指庭中草根谓臣曰:'尔他日得食此幸矣!'遂命之读古兵家《孙子》《吴子》诸书,及《左传》《国语》《战国策》《史记》。"

先生《程正夫诗序》:"余自少时侍于先王父,其终日言而无择者,皆祖考之世德,乡先生之行事。"徐《谱》。

三年癸亥,十一岁。

蠡源公以《资治通鉴》授先生。元《谱》。穆案:《钞书自序》:"先祖自炎武十一岁,即授之以温公《资治通鉴》,曰:'世人多习《纲目》,余所不取。凡作书者,莫病乎其以前人之书改窜而为自作也。'"

穆案：先生所作《先妣行状》："吾母居别室中，昼则纺绩，夜观书至二更乃息。尤好观《史记》《通鉴》及本朝政纪诸书。而于刘文成、方忠烈、于忠肃诸人事，自炎武十数岁时，即举以教。"

四年甲子，十二岁。

始习科举文字。元《谱》。穆案：《三朝纪事阙文序》："臣祖故所与往来老人，谓臣祖曰：'此儿颇慧，何不令习帖括，乃为是阔远者乎？'于是令习科举文字，已遂得为诸生。"

五年乙丑，十三岁。

时有纳谷寄学之例，蠡源公以先生天资颖异，合早取科名，遂为先生应例。元《谱》谦案：明时寄学，亦经提学考取，岁试后准作附生。

六年丙寅，十四岁。

读《通鉴》毕，读《书》《诗》《春秋》。麻城周提学邦基取入本学二十二名，庠名继绅。元《谱》：先生入学在十三岁。谦案：先生撰寇公《墓志》，谓"天启六年，寇公为苏州知府，某年十四，以童子见公，被一言之奖"云云，则入学当是十四。入复社，有名。徐《谱》：常熟王峻次山作先生传：年十四为诸生，入复社，有名。松案：吴应箕所编《复社姓氏目录》前卷，昆山县入社者十八人，先生名在弟六。先生乙卯岁孙征君葬诗引云："适吴中有传示同社名氏者，感触之意，遂见乎词。"穆案：《静志居诗话》："宁人早年入复社，与同邑归庄齐名。"宾瑶公卒，先生居降服忧。元《谱》。

先生《答徐公肃书》云："幼时侍先祖，自十三四岁读《资治通鉴》后，即示之以邸报。"徐《谱》。

崇祯元年戊辰，十六岁。

陕西饥，流贼大起。徐《谱》。

岁试，惠安陈提学保泰未发落即告病去，只取赏卷蔡复襄以下十二人，先生未与。元《谱》。先生《与潘次耕书》云"自庚申至戊辰，邸报皆曾寓目"。徐《谱》。

穆案：《三朝纪事阙文序》："先帝即位，天下翕然，以为中兴更化之主，无复向时危迫之意。”“又当先帝颁《孝经》《小学》厘正文字之日，臣乃独好五经及宋人性理书，而臣祖乃更诲之，以为士当求实学，凡天文、地理、兵农、水土及一代兴革之故，不可不熟究。”

三年庚午，十八岁。

六月，流贼陷府谷。徐《谱》。

六月，科试，上虞李提学懋芳拔先生卷列一等二十名。元《谱》。

是年先生当应乡试。《日知录》载是年应天乡试题“举直错诸枉能使枉者直”，以媚奄诸臣初定逆案也。徐《谱》。

穆案：是年先生弟五妹归同邑太仆少卿徐君应聘之孙开法。应聘，万历癸未进士，翰林院检讨。开法，字兹念，号坦斋，恩贡生，时年十七。

四年辛未，十九岁。

八月，大清兵围大凌城。闰十一月，登州游击孔有德反。徐《谱》。

二月，岁试，李提学连任，先生卷列一等十一名，仍更名“绛”。元配太仓王孺人来归。元《谱》。

是年甥徐乾学生。徐《谱》：乾学，字原一，号健庵，官至刑部尚书。

五年壬申，二十岁。

正月，孔有德陷登州。九月，流贼连陷山西州县。徐《谱》。

三月，岁试，邻水甘提学学润拔先生卷列一等十四名。元《谱》。

六年癸酉，二十一岁。

二月，流贼犯畿南、河北。七月，大清兵取旅顺。十一月，流贼渡河，陷渑池诸县，分掠南阳、汝宁，遂犯湖广。徐《谱》。

正月，科试，甘提学连任，先生名列三等。元《谱》。本生母兄缃遐篆中式顺天举人。元《谱》谦案：《昆新合志》：“缃天才俊逸，世传其《两京赋》埒平子，《时务策》比长沙，年未四十卒。”徐《谱》：缃以天下多故，好言兵事。举乡试，一上公车而卒。见健庵《舅母朱孺人寿序》。缃有同年长沙陶汝鼐，见先生《楚僧元瑛谈三十年来事诗注》。穆案：《静志居诗话》：陶汝鼐，字仲调，“壮岁好游，自吴入越”，晚际仳离，出监军事，捍御乡邦有力。

是年甥徐秉义生。徐《谱》：秉义，字彦和，号果亭，官至内阁学士。

七年甲戌，二十二岁。

正月，贼自郧阳渡汉，连陷紫阳、平利。二月，陷夔州。六月，贼降，复叛，陷所过州县。七月，大清兵入上方堡，至宣府。十一月，贼自陕西分犯河南、江北、湖广。徐《谱》。

巡按御史祁君彪佳表于贞孝之门。穆据《行状》补：彪佳，字宏吉，浙江山阴人。《明史》有传。

是年甥徐元文生。徐《谱》：元文字公肃，号立斋，官至文华殿大学士。

八年乙亥，二十三岁。

正月，贼陷凤阳。六月，贼复走陕西。七月，贼复东犯。十一月，贼陷陕州，攻洛阳。徐《谱》。

六月，岁试，上虞倪提学元珙置先生卷二等。元《谱》。

九年丙子，二十四岁。

五月，贼复入陕。七月，大清兵入塞。八月，东归。徐《谱》。

六月，科试，倪提学连任，置先生卷二等。元《谱》。

是年，先生当应乡试。《日知录》载：是年应天乡试《春秋》题“宋公入曹以曹伯阳归”。先生讥其以公孙彊比陈启新，曹伯阳比思陵，非所宜，言大不敬。徐《谱》。

巡按御史王君一鹗具题贞孝事状，奏旌其门，报可。元《谱》谦案：贞孝受旌在九年，见先生康熙十八年《与史馆诸公书》，县志亦同。元《谱》列入十年，误。

穆案：先生所作先妣行状，贞孝请旌之岁，已齿文会，知名且十年。

十一年戊寅，二十六岁。

九月，大清兵入塞。徐《谱》。

二月，岁试，潍亓提学炜置先生卷三等。十二月，科试，亓提学连任，仍置三等。元《谱》。

穆案：是年冬，苏州府承天寺浚井，得宋郑所南所藏《心史》铁函，巡抚张国维刻其书，又为所南立祠堂。详见先生所作《井中心史歌序》。阎潜丘曰："有伪书出近代，佐证分明，苟一言及，辄哗然起，被以大不韪之名。且以宁可信其有者，莫过史彬之《致身录》，郑所南之《心史》。一为史兆斗所撰，一为姚士粦所撰。前说余征诸牧斋，后说闻诸曹秋岳云。"又《与公肃甥书》："忆昔时邸报至崇祯十一年方有活版，自此以前，并是写本。"

十二年己卯，二十七岁。

正月，大清兵入济南，德王由枢被执。二月，大清兵北归。徐《谱》。

七月，城固张提学凤翮覆试科举，先生取遗才二等。元《谱》。

先生撰《肇域志》始于是年，见《自序》。又《郡国利病书序》云："崇祯己卯，秋闱被摈，退而读书。"徐《谱》。

十三年庚辰，二十八岁。

九月，张献忠陷剑州。徐《谱》。

四月，邑中修葺文庙。先生与叶秀才奕荃、归秀才庄，重新两庑木主，而正其位次。元《谱》谦案：《昆新合志》：奕荃，字元晖，一字水修，由诸生入太学。性刚直好义，工诗、古文、词。师事刘宗周、徐石麒、陈龙正，讲求性命之学，尤究心邑政利弊。乙酉夏，以父榷杭州关，遇国变，艺星往省。还至嘉善，为乱民所戕，觅其尸不得，以衣冠葬之。庄字元恭，为诸生，博涉群书。乙酉后亡命，剃发僧装，称普明头陀。后乃庐金潼里先墓侧。生平最善顾炎武，以博雅独行相推许，而俱不谐于俗，有"归奇顾怪"之目。穆案：先生《书孔庙两庑位次考后》："归生名庄，更名祚明，工草隶，为东吴高士。"十二月，岁试，张提学连任，置先生卷二等。元《谱》。

先生《答徐公肃书》："忆昔庚辰、辛巳之间，国步阽危，方州瓦解，而老成硕彦，品节矫然，下多折槛之陈，上有转圜之听。思贾谊之言，每闻于谕旨；烹宏羊之论，屡见于封章。"徐《谱》。

十四年辛巳，二十九岁。

正月，李自成陷河南，杀福王常洵，遂犯汝州。城陷，知州钱祚徵不屈死。张献忠陷襄阳，杀襄王翊铭。十一月，李自成陷南阳，杀唐王聿镆。徐《谱》。是年大旱。元《谱》。

二月，蠡源公卒，先生居承重忧。元《谱》。穆案：《三朝纪事阙文序》："臣祖父某年五十一而始抱臣炎武为孙。"《先妣行状》：贞孝请旌之岁，"先王父年七十有四"，则蠡源公之卒也，年七十九矣。十月，葬蠡源公及元配周硕人、继配李硕人于司马赐茔之穆位。元《谱》。将葬，既祖奠，火作于门，里人救之，得息。徐《谱》：按健庵作《舅母朱孺人寿序》，述此事云："家难复作，室庐失火被焚。"

十五年壬午，三十岁。

二月，大清兵克松山，下锦州。五月，张献忠陷庐州。九月，李自成决河灌开封城，陷。十一月，大清兵入蓟州，连下畿南、山东州县。徐《谱》。

兄遐篆卒。弟子叟生子洪善，嗣遐篆后。元《谱》记遐篆卒于顺治十一年甲午。穆案：遐篆中式崇祯六年癸酉举人。健庵称遐篆举乡试，一上公车而卒。归元恭送先生北游序称崇祯之末，祖父蠡源先生暨兄孝廉捐馆。健庵为顾氏甥，元恭与先生总角至交，皆不当有误。又《昆新合志》称遐篆年未四十卒，若卒于甲午，则先生之年且四十有二矣。推寻其故，元《谱》盖讹岁壬午为岁甲午耳。今为删正，即以子叟生子洪善之年为遐篆溘逝之年，与各书所言乃一一符合也。谦案：洪善，字达夫，号柏亭，康熙丙辰进士，官中书，年未四十卒。

十六年癸未，三十一岁。

正月，李自成陷承天。五月，张献忠陷武昌。八月，陷湖南诸郡。十月，李自成破潼关，遂陷西安、延安诸郡。徐《谱》。

夏，释承重服，循例入成均。元《谱》案：例贡自万历间始。子叟生次子洪泰。元《谱》。穆案：健庵《舅母朱孺人寿序》："教二子达夫、来白，皆有声乡校。"来白当即洪泰之字，盖亦诸生矣。

先生《谲觚序》："仆自三十以后，读经史辄有所笔记。"徐《谱》。

十七年甲申十月朔，为大清顺治元年，三十二岁。

正月，张献忠寇四川。二月，李自成陷太原，遣别将犯畿南，陷真定。

李自成陷宁武关。三月，陷京师。徐《谱》。十九日，明庄烈帝崩于宫中万寿山巾帽局。元《谱》谦案：陈济生《再生纪略》谓在山之红阁，御元色镶边白绵绸半臂。红阁盖建以复内操者。四月二十九日，李贼西走。五月三日，王师入，睿亲王摄政。元《谱》恭案：世祖章皇帝时甫七龄，驻跸盛京。九月，入关。十月朔，御极定鼎京师。是月初一日，明凤阳总督马士英等迎立嗣福王由崧于南都，仍称崇祯。十七年，以明年乙酉为宏光元年。元《谱》。

四月，先生率家人侍母迁居常熟之唐市。元《谱》谦案：《常昭合志》：唐市旧名尤泾，在双凤乡，去县东南三十里，又东南则昆山界。十月，归千墩被劫。十二月，复迁居常熟之语濂泾。元《谱》谦案：《常昭合志》：语濂泾、黄泾东北入尤泾。穆案：先生撰《先妣行状》："兵入南京，炎武奉母侨居常熟之语濂泾，介两县之间。"又《从叔父穆庵行状》：语濂泾去千墩八十余里。又《憺园集·兄孚若诗集序》："舅氏亭林先生避兵常熟之穷村，兄往依之，朝夕讨论，故诗日益工。"又案：《望云楼帖》刻先生手札云："醉德无何，忽云改岁。兄今其脱然愈乎？弟则马学士所云'百忧熏心，三冬少暇'。往日之举，犯而不校，逆兽已无所用其炰烋。今乃黑夜令人纵火，焚佃屋一所。弟既荡无一椽，仆辈亦瞻乌靡集。夫行强虽武士之恒谈，火攻则兵家之下策。况于临池之畏，实为扇焰之谋。包藏祸心，日甚一日。公宫之火先告于寺人，陵门之戟首诛乎元济。燎原之恶已盈，自焚之祸行及。布诸左右，凭楮怆然。元恭仁兄足下。弟绛顿首。"所云"黑夜纵火"，不知即指千墩被劫事否？时尚未更名"炎武"，则与叶方恒构衅一案无涉也。未得其实，附记于此。昆山令杨君永言应南都诏，列荐先生名于行朝，诏用为兵部司务。元《谱》：永言，字岑立，昆明人，崇祯癸未进士。昆城破后，走陈墓，诇事弥月，知不可为，复入黄浦依吴帅。吴败，祝发珠泾万寿庵中，释名嬾云。旋入中峰，后入金华，归滇卒。《胜朝徇节录》称其徇乙酉之难，追谥忠节，误。

先生编年诗起是年，有《大行哀诗》一首、《感事诗》六首。徐《谱》：按：《感事诗》云："日角膺符早，天枝主鬯临。安危宗社计，拥立大臣心。"谓南都拥立福王之事。其年四月乙酉魏国公徐宏基等迎福王于江浦。丁亥，百官迎见王，素服角带哭。五月庚寅，王行告天礼，升殿，徐宏基跪进监国之宝，王受讫，大赦。戊戌，群臣劝进笺三上，王许之。壬寅，即皇帝位，改元"宏光"。先生诗所谓"告天传玉册，哭庙见诸侯。诏令屯雷动，恩波解泽流"也。诗又云："上宰承王命，专征指大江。出关收汉卒，分陕寄周邦。"又云："登坛推大将，国士定无双。"谓史可法以东阁大学士督师扬州。又云："听律音非吉，焚旗火乍红。"自注云："六月壬午督师，标下兵与浙江兵哄于镇江西门外，焚民居数百家。"标下兵者，先生《圣安皇帝本纪》所云标下总兵官于永绶等兵也。

二年乙酉，南都宏光元年，三十三岁。

五月初九日，王师渡江。初十日夜，宏光帝出走。十五日，王师入南都，明亡。元《谱》。

春，膺杨永言之荐，至京口。四月，偕从叔父穆庵赴南京。元《谱》谦案：《昆新合志》：穆庵，名兰服，字国馨，绍芳从子。以诸生入太学，才名著一时。明亡后，弃儒业。永历称号南中，遣使授冠带，辞疾不赴，遁迹田野，以医济人。先生《余集》有《从叔父穆庵府君行状》。寓朝天宫，因拜先兵部侍郎公祠。元《谱》谦案：《诗集》误编拜祠诗入辛卯年。穆案：此年拜祠事有《金陵杂诗》"记得尚书巷"一首，足证辛卯年再至金陵而再拜之，何云误也。拜祠毕，即归语濂泾。八字穆臆补。是年贞孝年六十五。月朔，同邑归庄、嘉定吴其沆及从叔父穆庵、姊子徐履忱持觞登堂，为母寿，退而饮至夜半，旦日别去。徐《谱》：事见《吴同初行状》。穆案：《行状》贞孝诞辰为六月二十六日，而称觞乃在五月朔者，盖即生日不受贺之义，先生所终身秉承者也。其沆，字同初，少先生七岁。履忱，字孚若，先生伯姊之子，生于崇祯二年，时年十七，与健庵为再从兄弟。将复诣阙，未旬日而南都陷，先生从军至苏州。元《谱》。徐《谱》：时大清兵已定江、浙，大军驻金陵，一军驻苏，一军驻杭，一军驻沿海吴松等处。有明江南总兵吴志葵者，吏部主事夏允彝门人也，顿兵海上。又有十将官者，屯兵陈湖中与湖旁。诸生陆世钥等各有众千余。闰六月十日，明兵科给事中陈子龙、举人徐孚远、章简闻南都不守，起兵松江，与陈湖兵合。允彝又入志葵军，为之驰书檄，联络士大夫，华亭则总督兵部侍郎沈犹龙、下江监军道荆本彻、中书舍人李待问，嘉定则左通政司侯峒曾、进士黄淳耀、总兵蒋若来，昆山则郧阳抚台佥都御史王永祚、编修朱天麟，吴江则职方吴易、总兵王蜚，太仓则总兵张士仪，宜兴则行人卢象观等，互为声援。先生与杨永言、吴其沆、归庄皆佐王永祚军。诸军谋以松江兵攻杭，嘉定、太仓兵攻沿海，宜兴兵趋南京，约伏舰江中，独吴志葵先进向苏州，俟苏州捷音至，尅日同发。先生诗云："千里吴封大，三州震泽通。戈矛连海外，文檄动江东。"即赴吴时事也。志葵既薄苏州，参将鲁之玙以三百人先登，斩胥门而入。大清兵匿骑于学宫，俟其退击之，歼焉。既而松江破，陈子龙走。嘉定陷，侯峒曾死。先生遂归。而昆山兵起，死者四万人，吴其沆与焉，杨永言遁之兰溪，惟先生与归庄得脱。六月，仍归语濂泾。元《谱》：按先生《余集》有云“吴中诸县并起义兵自守，而余以母在，独屏居水乡不出。自六月至于闰月，无夜不与陈君露坐水边树下，仰视月食，遥闻火炮”云云。是昆邑守城事，先生一不与谋，故后得免于难。闰六月十五日，昆山士民闭城拒守。元《谱》：先是五月初七日以后，居民闻王师已入南都，纷纷移遁四乡。而张浦、菉葭、安亭诸村镇奸民乘机劫掠。县令杨永言以二十二日尽放狱囚。至月杪，郡中大吏及守令皆先期遁。六月初七日，豫亲王方驻金陵，遣刑部侍郎李延龄、巡抚土国宝统兵莅苏。新郡守王镆发安民榜，至昆并取图籍。永言弃印潜逃于泗桥陈宏勋家，水利县丞阎茂才偕邑绅耆老于初八日赴胥门纳款。十二日院遣郡人周荃来昆安抚。十八日，以茂才知县事。闰六月十一日，剃发令下。十三日，茂才出示剃发，且亲持名刺谒缙绅，城中大哗，焚县治，杀茂才。十五日，贡生陈大任等议推旧狼山总兵王佐才为主帅。十七日，杨永言及陈宏勋等亦以所募兵数百人入城，永信遂为监纪，仍知县事，偕城中绅士裹粮移檄为久守计。七月初二日，王师东下，越二日，县西真义村兵出迎战，败绩。初五日黎明，王师渡濠。十六日丙申，月食既，星流竟夕。元《谱》：见《日知录》“星陨如雨”注，而系以甲申年闰六月。按甲申无闰，当是记忆偶误耳。

明靖虏伯郑鸿逵、户部主事苏观生奉唐王聿键如闽。黄道周、张肯堂等奉聿键称监国。六月丁未，即位于福州，改元“隆武”。元《谱》。鲁王以海亦称监国于绍兴。徐《谱》。

七月初六日巳刻，王师下昆山城。元《谱》。先生生母何太孺人被游骑斫右臂折。弟子叟、子武并遭难。子叟妻朱氏引刀自刺其喉，僵卧瓦砾中得免。穆补：《憺园集·舅母朱太孺人寿序》：“岁在乙酉，王师南下，众议登陴守御，纷纷挈家避去。何夫人曰：‘老嫠妇必死于此。’子叟、子武两舅与舅母俱不敢去。未几城破，两舅并遭难。舅母朱夫人知事急，引刀刺其喉，气息才属，僵卧瓦砾中，死者累累。何夫人守妇尸不去，俄游骑过，斫何夫人右臂损折。久之，朱夫人得甦，起觅其姑，悲不自胜，手裂旧襦为姑裹缠重伤，复自塞其颈，相抱匿庑下破屋以免。越日，扶掖登舟，出城外。外祖母常称曰‘孝妇孝妇’云。”越九日，王师复下常熟。贞孝于十四日闻变即绝食，至三十日乃终，遗命先生勿更出仕。元《谱》。穆案：先生撰《先妣行状》：“七月乙卯，昆山陷，癸亥，常熟陷。吾母闻之，遂不食，绝粒者十有五日，至己卯晦而吾母卒。八月庚辰朔大敛，又明日而兵至矣。遗言曰：‘我虽妇人，身受国恩，与国俱亡，义也。汝无为异国臣子，无负世世国恩，无忘先祖遗训，则吾可以瞑于地下。’”穆案：元《谱》“九日”作“二日”，以《行状》乙卯至癸亥推之，知“二”字误；“十四日”作“二十四日”，以《行状》癸亥至己卯推之，知“二”字衍也。

唐王遥授先生兵部职方司主事。元《谱》。九月，至嘉定，过吴其沆家。徐《谱》：据《同初行状》，先生凡三过其居，戊子年寄薛寀诗云：“只有延陵心，尚挂姑苏树。”亦谓其沆也。十二月十九日，权厝贞孝柩于司马茔东偏。元《谱》。

是年诗有《京口即事》二首、徐《谱》案：是年史可法驻扬州，高杰移屯瓜州，宏光命可法谕四镇厉兵秣马，驻防河、淮，克期进师。可法檄诸镇出兵，高杰首奉命渡泗水，所部王之纲前驱薄睢阳，可法进次河上。先生《京口即事》诗云：“白羽出扬州，黄旗下石头。”又云：“大将临江日，中原望捷时。”皆是年正月事。《京阙篇》一首、《金陵杂诗》四首、徐《谱》：先生《金陵杂诗》云：“重闻百五日，遥祭十三陵。”谓是年三月癸巳，遥祭诸陵也。又“正殿虚椒寝”一首，盖谓宏光自去年命选淑女，至此年四月又选于元辉殿，规讽之意深矣。《千里》一首、元《谱》各诗皆五月以前作。《秋山》二首、《表哀诗》一首、《奉先妣稿葬》诗一首。

是年作《军制论》《形势论》《田功论》《钱法论》。

三年丙戌，三十四岁。

三月，唐王督师黄道周举兵至徽州，战败被执，不屈死。唐王将入赣州，郑芝龙使军民遮留，不得行，乃驻于延平。十月，明两江总督丁魁楚、广西巡抚瞿式耜等立桂王于肇庆府，以明年为永历元年。徐《谱》。十一月，王师下建宁、延平等府，唐王走汀州，执而杀之。元《谱》。明大学士苏观生又立唐王弟聿鐭于广州，改元“绍武”。十二月，王师入广州，杀聿鐭。徐《谱》。

五月，先生祖庶母黄氏卒。十月十二日，命家人赵和等迁居。元《谱》：未详迁居何地。将往闽中赴职方之召，以母丧未葬，不果行。元《谱》。

是年诗有《延平使至》一首、《海上》四首、《不去》三首、穆案：《池北偶谈》有论“落日江头送伍员”，“员”字用韵有据一条。《老鹤万里心》一首。作《吴同初行状》。

四年丁亥，三十五岁。

秋至海上。十月十日，命家人赵和迎祖庶母黄氏柩，葬于司马公域外之西偏。元《谱》。穆案：先生《答王山史书》："先祖有二妾，炎武所逮事，其亡也，葬之域外。"二十日亥时，葬贞孝王太安人于赐茔东仲逢府君之兆。元《谱》案：少司马葬时，用岁丁亥，月辛亥，日丁亥，时辛亥。贞孝之葬，干支悉同。二十一日，具吊奠礼。十二月二十一日，移家语濂泾先生庐墓。元《谱》。送归庄往吴兴。徐《谱》：元恭时赴吴兴，觅兄德清教谕继登骨。哀执友松江陈太仆子龙、同邑顾推官咸正、吴县杨主事廷枢及推官二子天遴、天逵，先后死难，各以诗吊之。元《谱》：子龙，字卧子，青浦人。崇祯丁丑进士，兵科给事中，受鲁王部院职衔，与松江提督吴胜兆通谋。是年夏，胜兆反，事泄，逮子龙，并逮藏匿子龙之嘉定侯岐曾及同邑顾天遴、天逵。子龙乘间赴水死，岐曾等同被杀于松江。咸正字端木，天启甲子举人，咸安府推官。丙戌四月，自关中归，知弟钱塘令咸建、举人咸受先已殉节。闻唐王立于闽，草密疏附寄舟山黄斌卿，属其转达，为逻卒所获，以告提督吴胜兆，胜兆秘之。及是年六月，胜兆反，密疏遂发，逮至金陵，为洪承畴所杀，后二子之死仅一月。廷枢字维斗，崇祯庚午南京解元，福王时荐授兵部主事兼监察御史。马、阮当国，抑不能用，罢归。至是年四月，遁居山坞，当事搜索得之，绝食五日不死，作《绝命词》十二首，裂衣帛血书之。终以不屈被杀于芦墟村中。

是年诗有《赠顾推官》一首。徐《谱》案：张秉贞之挟潞王出降，顾咸建弃官去，追及之于吴江。闰六月朔，杀之。诗中"杲卿血"云云，盖述此事。又先生之从军于吴，咸正必同行，故有"句吴古下国，难与秦风齐"之句。其后《哭咸正》诗曰："及乎上郡还，始结同盟契。崎岖戎马间，周旋止一岁。"所谓崎岖周旋者，即指从军耳。《大汉行》《义士行》《秦皇行》各一首，《墟里》一首、《塞下曲》二首、《海上行》一首。徐《谱》：诗云："大海天之东，其处有黄金之宫，上界帝子居其中。"又云："或言有巨鱼，身如十洲长，几化为龙不可当，一旦失水愁旁皇。"盖谓鲁王之入海，徒以海水为金汤，舟楫为宫殿，终于沦亡也。又云："但见鲸鱼出没，凿齿磨牙。"先生知郑芝龙之负恩丧国，其子成功始则附闽，继则附粤，终不为鲁王用，而舟山非可以图存，故又云"东浮大海难复难，不如归去持鱼竿"，以明决不宜往之意。《神道表》以为几豫吴胜兆之祸，欲赴海上，道梗不前者，似未知先生之意也。穆案：据元《谱》则先生实曾至海上，谢山云"道梗不前"，仍非实录。但诗编于《塞下曲》后，《塞下曲》云"即今三月莺花满"，此诗当作于春末夏初时，尚未赴海上耳。明年戊子，《将远行》诗云“去秋窥东溟”，尤实至海上之显证。《哭杨主事》一首、《推官二子被执》一首、《淄川行》一首、元《谱》为孙之獬作也，之獬淄川人，天启壬戌进士，媚奄得官侍讲，名在逆案中人。国朝为礼部侍郎，顺治二年六月升兵部尚书，总督军务，招抚江西，后乞归里中。是年九月，土贼丁可泽勾引叛贼谢迁等陷淄川，擒之獬，支解死。结云“取汝一头谢元元”，当由之獬婴众怒耳。《哭顾推官》一首、徐《谱》：咸正至江宁，总督洪承畴问曰：“汝知史可法在乎？不在乎？”咸正答曰：“汝知洪承畴死乎？不死乎？”洪默然，遂杀之。诗云：“槛车赴白门，忠孝词色厉。竟作戎首论，卒践捐生誓。”谓此也。《哭陈太仆》一首、《奉先妣葬于侍郎公墓左》一首、《墓后结庐三楹》一首、《精卫》一首、《吴兴行》一首。

作王时沐墓志。

五年戊子，三十六岁。

秋至湖上。元《谱》。徐《谱》案：《将远行》诗云：“去秋窥东溟，今年泛五湖。”《偶来》诗云：“偶来湖上已三秋。”盖自秋迄冬泛五湖也。冬抵京口。是年语濂泾家中又被劫。元《谱》。

是年诗有《越鸟巢南枝》一首、《江介多悲风》一首、《拟唐人五言八韵》六首、穆案：六诗皆非泛拟，《乞师》悲往事也，《击筑》《投笔》明素志也，《渡泸》《闻难》以不忘恢复望诸公也，《归里》则知时之不可为而倦飞思还也。云“拟唐人”者，曾膺唐王之诏，受其冠带也。《常熟县耿侯水利书》一首、元《谱》谦案：《常昭合志》：耿橘，字兰锡，献县进士。万历三十二年以调繁至，讲求水利，东浚横浦、横溪、李墓、盐铁塘，北浚福山塘，西浚奚浦、三丈浦，凡土田高低，宜蓄宜泄，尺寸不遗。而其开浚之法，区画周至，约束严明，具载所著《水利全书》。其立说以水利用湖不用江，尤不易之论。穆案：耿侯《水利书》，《郡国利病书》采之，颇备。《偶来》一首、《浯溪碑歌》一首、《薛开封寀》一首、元《谱》谦案：略见《人心录》，薛名寀，乱后归释，谓去冠，故去“宀”，去发，故去“丿”，因姓米氏，自号米堆山。《将远行》一首、《京口》一首。

六年己丑，三十七岁。

春登灵岩山。清明封墓树。秋至吴江，过八尺。纳妾韩氏。元《谱》。

是年诗有《石射堋山》一首、先生自注：《吴郡志》:灵岩山在城西三十里，一名石射堋山。《春半》一首、元《谱》中有云："洪州七月围，粮尽力亦殚。"指江西金声桓事。声桓以去年戊子七月据南昌叛，是年正月为官兵所破，声桓中二矢，投水死，仍磔尸示众。《怀人》一首、《秋鹰》一首、《八尺》一首、穆案：元《谱》有"至吴江，过八尺"一节，然此"八尺孤帆一叶舟"云云，"八尺"二字似非地名，所未详也。《桃花溪歌赠陈处士梅》一首、穆案：梅，字鼎和，《余集》有《常熟陈君墓志》。《瞿公子元锡将往桂林不得达而归》一首。元《谱》：元锡，常熟人，父式耜为广西巡抚，南都陷，与丁魁楚等立永明王由榔于梧州，式耜为文渊阁大学士，留守桂林。王师破桂林，与总督张同敞俱被难。

七年庚寅，三十八岁。

正月五日，韩氏生子林元，名之曰诒穀。元《谱》谦案：昆山张元赓著《卮言》，谓先生无子，盖天奄也，殊诞。时怨家有欲倾陷之者，乃变衣冠，伪作商贾，游金坛，登顾龙山。元《谱》：山在县南五里。再至镇江，登北固楼。已，复往嘉兴。

是年诗有《顾龙山高皇帝题词》一首、元《谱》：元末丁酉十一月，明太祖驻跸此山。题词云："望东南隐隐神坛，独跨征车，信步登山。烟寺迂迂，云林郁郁，风竹珊珊。尘不染浮生九寰。客中有僧舍三间。他日偷闲，花鸟娱情，山水相关。"《重至京口》一首、《榜人曲》二首、《流转》一首、《秀州》一首。徐《谱》案：《流转》诗云云，盖先生自乙酉以后，展转江浙之境，于今五年，至此乃欲北至中原。故《钞书自序》云"炎武之游四方十有八年"，亦以此年为始也。穆案：《秀州》诗云："将从马伏波田牧边郡北。"盖至此而北游之志决矣。

八年辛卯，三十九岁。

至金陵，初谒孝陵。元《谱》。拜侍郎公祠。穆案：此句元《谱》本有，车君删去，非也。辩见乙酉下。八月十四日，至淮安，与山阳王起田略、徐州万年少寿祺定交。元《谱》：《文集》有《王起田墓志》。寿祺，字年少，崇祯庚午举人，工诗文书画，又工写美人，他若琴棋刀剑、百工技艺，细而女红刺绣，粗而革工缝纫，无不通晓。风流豪宕，倾动一时。沧桑后罢公车，僧冠僧服，自名"明志道人""沙门慧寿"，痛饮食肉如故。邳徐之乱，移家公路浦。著有《隰西堂集》。抵清江浦。元《谱》。

是年诗有《恭谒孝陵》一首、穆案：《郡国利病书》：孝陵在南都外城内，钟山之阳，懿文陵附于其侧。《拜先曾王父木主于朝天宫后祠中》一首、《赠万举人寿祺》一首、《淮东》一首、元《谱》：为刘泽清作也。泽清为福王时四镇之一，开府淮东，颇事声色。顺治二年五月，福王出走。七月，泽清率所部纳降。又三年戊子，阴与曹县叛寇通，许以内应，遂作乱，陷曹县。十月，英亲王讨平之，诘其由，知出泽清，乃族诛之。诗中云“地下逢黄侯”，谓靖国公黄得功也。得功先于乙酉六月王师据江口时迎战，中流矢死。《赠人》一首。

九年壬辰，四十岁。

入郡城，奠姊婿陈皇士之父文庄公祠。元《谱》：文庄，名仁锡，字明卿，号芝台。天启壬戌探花，南京国子监祭酒，福王时赠詹事，谥文庄。宏光元年，子济生、济桢奉诏建祠于卧龙街关庙之右。济生字皇士，以荫历官至太仆寺丞。穆案：《静志居诗话》：“皇士经乱归田，缉启、祯两朝遗诗，又命工传写明三百年来忠臣义士像，装以为册，可称好事矣。”至吴县之横山，展拜远祖黄门公墓。元《谱》：墓在横山东越来溪上。卢襄《石湖志》云：墓上有一巨石横卧，可二丈许，石上古松如盖，湖上望见之，即知为野王墓也。先生时尚如故。遇路舍人泽溥于虎丘。元《谱》：舍人时携家奉母寄居湖上。徐《谱》：按先生去岁《赠万寿祺诗》云：“会待淮水平，清秋发吴榜。”又《赠人》诗云：“路旁多行人，一南一以北。南北遂分手，去去焉所极。”盖所送之人北行，而先生仍南归吴，故拜黄门墓。而路泽溥诗亦云“相逢金阊西”也。穆案：先生有《送书小帖》云：“路安卿名泽浓，曲周人，故总督皓月公之长子。”又《广师篇》云：“险阻备尝，与时屈伸，吾不如路安卿。”《注》互见诗下。自唐市仍返千墩。至清江浦渡河，抵王家营。是年六月，弟子严得子洪慎。元《谱》作十九日。谦案：《昆新合志》：洪慎字汝嘉，试成均，得州倅，以亲老辞归。从父炎武卒于晋，走三千里，扶榇葬祖茔。承遗命以子宏佐为炎武殇子诒縠后。性爱客，就所居西偏，疏泉垒石，与故人啸咏以终。穆案：据衍生元《谱》，先生卒于曲沃，从弟岩自昆山来，偕衍生扶柩归，不云洪慎也。衍生又云：以遗书致之立斋两表兄，及汝嘉兄。则洪慎时在都中，未尝至晋甚明，当是志误。从叔父穆庵得子岩。元《谱》：《昆新合志》：岩，字大云，好学工诗。少游太学，尝作《落花诗》百首，传诵辇下。先生有世仆陆恩，叛投里豪叶方恒。元《谱》：方恒，字嵋初，崇祯壬午举人，顺治戊戌进士，官至山东济宁道佥事。穆案：顺治戊戌进士。《履历便览》：叶方恒字敬默，父重华，戊辰进士，太常少卿。望云楼刻归元恭与叶嵋初手札，陆恩作陆钦，后刻集，仍改作陆恩。

案：《钞书自序》："年四十，斐然欲有所作。"徐《谱》。

是年诗有《同族兄存愉拜黄门公墓》一首、《赠路舍人泽溥》一首、元《谱》：泽溥父振飞，字见白，天启乙丑进士，泾阳知县，崇祯中屡迁至佥都御史，总督漕运，巡抚淮扬。北都陷，福王立于南京，河南副使吕弼周为闯贼节度使，来代振飞。癸未进士泾阳武愫为贼防御使，招抚徐沛。振飞击擒二人，竿弼周于法场，命军士人射三矢，乃解磔之。缚愫徇诸市，鞭八十，槛车献诸南朝，伏诛。故诗中云"擒魁献行朝，逆党皆战悸。"又云"天子呼恩官，干戈对王使"者，唐王聿键曾以罪锢守陵，中官虐之，振飞上疏概宽罪宗，得释。乙酉，南京破，聿键自立于福州，趣召振飞，制书有"朕有守困恩官路振飞"云云。既至，拜太子太保、吏部尚书，兼文渊阁大学士，官一子职方员外郎，又录守淮功，荫锦衣世千户。顺治三年，王师攻克仙霞关，聿键走汀州，振飞追赴不及。汀州破，走居海岛。明年，将赴永明王，乃以悲愤成疾而卒，粤中赐谥文贞。《清江浦》二首、《丈夫》一首、《王家营》一首、《传闻》三首。元《谱》：是岁永明王在肇庆，李定国攻陷广西，王遣使召定国入卫。盖王为其下孙可望所制，间关奔窜故也。

为常熟杨子彝作《祠堂记》。元《谱》谦案：汪琬《杨顾两先生传》云：万历之季，士之为文者，喜倡新说，畔违传注，彝与太仓顾梦麟力明先儒之说，天下翕然从风，称"杨顾学"。以岁贡为松江训导，作兴人材甚广。居五载，擢知都昌县，以道阻，弗克赴任。明亡，遂不出。晚岁目盲，犹令人读书其侧，为诸生讲说，无少倦。年七十九卒。

十年癸巳，年四十一岁。

三月，鲁王去监国号，不知所终。徐《谱》。

春，至金陵。二月，再谒孝陵，并谒太祖御容于灵谷寺。元《谱》谦案：灵谷寺，梁天监十三年为宝志公建塔于钟山玩珠峰前，名开善精舍，后为开善寺。宋改名太平兴国寺，后名蒋山寺。明初改寺于旧基之东五里，而旧基遂为孝陵。太祖帝后御容，今摄山优昙庵中亦有摹本，不知即孝陵中藏本否？十月，三谒孝陵，并作图。诒穀殇，更纳戴氏。元《谱》谦案：《归元恭集·戏赠先生纳姬》诗云："同心初绾在秦淮，孤寄清江音问乖。虽异九秋婕妤怨，已如一月太常斋。占熊从此欢无既，弋雁何妨老自偕。不待王郎去迎接，西风今送入君怀。”自注谓“宁人于金陵纳姬，置之清江浦，至是姬得南归”云云。今则不辨所纳何氏，以时事案之，或是戴也。

松案：先生去年自王家营仍归洞庭山。是年有《路舍人家诗》，路居于洞庭东山也，由洞庭山至江宁，复自江宁归吴。《赠杨永言诗序》云：“今复来吴下，感旧有赠。”又《赠郝将军诗序》云：“今为医于吴之上津桥，言及旧事，感而有赠。”《赠刘教谕诗》亦云：“栖迟十载五湖湄。”皆在吴之迹也。徐《谱》。穆案：此段可补元《谱》二月后至九月之阙。

是年诗有《路舍人家见东武四先历》一首、元《谱》：舍人父文贞公在闽，时特请制新历。《再谒孝陵》一首、《恭谒高皇帝御容》一首、《赠朱监纪四辅》一首、《监纪示游粤诗》一首、《赠邬处士继思》一首、徐《谱》：先生此数年中往来无定，而金陵、扬州市井皆屡至，故《赠邬继思》诗云：“年年寻杜甫，一过浣花溪。”邬卖药扬州市，先生频过之。《昔有》一首、《杨明府永言复来吴下》一首、《送归高士之淮上》一首、《赠刘教谕永锡》一首、元《谱》案：永锡，字钦尔，号剩庵，魏县人，崇祯丙子举人。癸未谒选长洲教谕，邑令遂宁李实廉知其贫，欲烦以吏事，谢不应。已署上海令事，与妻子日食蔬粥，居三月，还长洲。乙酉之变，率妻栗氏及童仆二十余人隐居相城，大吏遣人说之，永锡拔剑欲自裁，乃止。谓其妻曰：“彼再至，我与若立自决矣。”皆裂尺韦握之。会海上兵起，乃罢。永锡有女，许字未嫁，乱后恐诒父母忧，绝粒而死。其母哭之成疾，亦死。后大水乏食，家童相继死，埋骨道旁。永锡遣子临与妇归魏。临既归，思父不置，假贷得百金，欲驰以献父，星夜南下，马惊堕地，被伤死。初，永锡长八九尺，容貌甚伟，至是毁形骨立，见者哀之。久之成疾，渐剧，一夕大呼“烈皇帝”者三，遂卒。时甲午秋也。同时有齐丈人者，抚其丧，葬于阊门外半塘，以妻女祔之。穆案：《静志居诗话》：永锡有《洹水遗诗》。又曰：“洹水至性之士，兵后隐居相城，有大吏强之仕，袒裼疾视曰：‘我中原男子，年二十渡漳河，登大伾，跃马鸣鞘，两河豪杰谁不知？我欲见辱邪？’取壁上所挂剑欲自刭，门下士抱持之，得解。既而女、妻相继饿死，子为盗所伤，亦死。久之洹水殁，其弟子徐晟、陈三岛等经纪其丧，葬之虎丘山塘。”《赠郝将军太极》一首、《孝陵图》一首、《十庙》一首。元《谱》谦案：洪武二年，立十庙于鸡鸣山。又增功臣庙，祀徐达以下二十一人为十一，后又增四庙，今已半就圮废。

十一年甲午，四十二岁。

春，至金陵，卜居神烈山下。元《谱》。穆案：《神道表》：先生侨居神烈山下，遍游沿江一带，以观旧都畿辅之胜。由仪真历太平，登采石矶，东抵芜湖。秋，游燕子矶，留宿僧院，至冬始还。元《谱》。是年，长甥乾学以选贡入成均。穆据《憺园集》补。弟三甥元文乡试中式举人。元《谱》。

先生此数年未归昆山，观《松江别友人诗》，言“十载违乡县，三年旅旧都”可知矣。徐《谱》。

是年诗有《金山》一首、《侨居神烈山下》一首、《古隐士》二首、《真州》一首、《太平》一首、《蟂矶》一首、元《谱》：矶在芜湖。《江上》一首、《久留燕子矶院中》一首、徐《谱》：诗云：“寄食清江院，从秋又涉冬。”盖冬尽又归神烈侨居，故明年元旦得在陵下。《范文正公祠》一首、《钱生肃润之父出示所辑方书》一首。元《谱》：肃润字楚日，无锡人，著有《南忠录》诸书。

十二年乙未，四十三岁。

二月初五日午刻，江南地震。六月初八日，地又震。元《谱》。

元旦四谒孝陵。穆补。春自金陵还昆山。五月十三日，擒叛奴陆恩，数其罪，沉诸水。叛党复投叶氏，讼之官，移狱松江。元《谱》。先生《赠路光禄》诗《序》云：“先是，有仆陆恩，服事余家三世矣。见门祚日微，叛而投里豪。余持之急，乃欲陷余重案。余闻，亟擒之，数其罪，沉诸水。其婿复投豪，讼之郡，行千金求杀余。余既待讯，法当囚系，乃不之狱曹而絷诸豪奴之家。同人不平，为代诉之兵备使者，移狱松江府，以杀奴论。豪计不行，而余有戒心，乃浩然有山东之行矣。”《神道表》：“狱日急，有为先生求救于某公者。某欲先生自称门下而后许之，其人知先生必不可，而惧失某公之援也，乃自书一刺与之。先生闻之，急索刺还，不得，列揭于通衢以自白。某公亦笑曰：‘宁人之卞也！’曲周路舍人识兵备使者，乃为诉之，始得移讯松江，而事解。”穆案：为先生求救者，归高士元恭；某公者，谓钱谦益也。谦案：《归元恭集·与叶嵋初书》：“弟到郡时，知宁人兄窘于事势，将有不测，舆论亦多以兄为已甚，故弟语稍激切。然论其究竟，忧宁人亦所以爱兄也。已而昆老辈委曲相劝，兄亦动恻隐之心，要于兄之自为计亦大便，而弟辈则群而诵兄之高义。昨在西郊，文初、子佩诸君及二三远方友人问及，弟公言于众曰：“此事误在顾而叶能不终讼，可谓仁人君子人。皆服兄为有量。及归寓，忽闻有变局，为之大惊。兄尝谓宁人城府深密，机械满腹，兄前已诺和议，而忽出最难之题目，迫之以必不能从之事，是名虽曰和，实欲战也，兄岂亦有城府机械邪？昆老极和平之人，亦以兄为太甚，今将去矣，弟亦即日同国馨去矣。但思兄若不肯就和，即和而必欲云云，宁人计无复之，必自经沟渎无疑也。陆恩，人奴也，尚不可杀，而迫其主以取偿。宁人非寻常无闻之人，又事无死法，而一旦迫之致死，于兄便乎不便乎？宁人无亲子弟，料死后必无与申冤者，即有，兄自当有以待之，固知杀宁人万万无害，独不畏清议乎？宁人腹笥之富、文笔之妙，非弟一人之私言，即灌老诸公，皆击节称赏，四方之士，见其诗古文者，往往咨嗟爱慕，兄能杀宁人之身，能并其生平之著述而灭之乎？使天下后世读其诗古文者，以为如此文人而杀之者乃叶嵋初也，此名美乎？不美乎？自古文人之受祸者，如子兰杀屈原，姚贾杀韩非，后世读《离骚》及三公子之书，无不唾骂子兰、姚贾。陈同甫为小人构陷入狱，每读其传，为之发指眦裂。以兄平日自待之高明，何苦而为此事邪？想兄之意，以为宁人即死于牢狱，死于桎梏，不得谓嵋初杀之，吾谁欺？当世士大夫有口，亦可畏也。凡此之言，皆所谓爱宁人，即以爱兄也"云云。核其语意，松江之狱，所由来欤？徐《谱》：先生乙未年《答原一公肃两甥书》云："奴隶鸱张，亲朋澜倒，或有闻死灰之语，流涕而省韩安；览《穷鸟》之文，抚心而明赵壹。终凭公论，得脱危机。"谓此事也。

是年诗有《元旦陵下作》一首，《归生晟陈生芳绩书来答之》一首，《赠路光禄太平》一首、穆案：钱饮光《明末野史·永历纪事上》："规模阔大，好彷彿汉光武，平时恩旧，皆以南阳故人目之。如路振飞远隔三吴，募能召至者，赏银五百两，给以大品京秩。振飞至，即日拜相，官其子太平为卿。"又案：《余集·王国翰墓志》称太平尝奉桂王命，征兵于外，至乐昌，国翰往依之。"《酬王生仍》一首、《永夜》一首、《酬陈生芳绩》一首、穆案：芳绩字亮工，常熟人，处士鼎和之子。先生避难语濂泾，时与鼎和比邻，亮工时犹少也。著有《历代地理沿革表》四十七卷，道光十三年，其乡人张观察大镛为刊行之。《赠路舍人》一首、《钱行人邦寅》一首。

十三年丙申，四十四岁。

春，狱解，回昆山。三月，本生母何太孺人卒。闰五月，至钟山旧居。狱解后，叶氏憾不释，遣刺客侦所往，至是追及于金陵太平门外，击之，伤首，遇救得免。是月初十日，五谒孝陵。冬，在钟山度岁。元《谱》。

是年诗有《松江别张处士悫王处士炜诸友人》一首、《赠潘节士柽章》一首、柽章字力田，吴江人，稼堂之兄。《恭谒孝陵》一首、《王处士自松江来拜陵毕遂往芜湖》一首、穆案：处士即下同游栅洪桥之王潢。乙卯年《闰五月十日》诗有云："更忆王符老，飘零恨不同。"自注：王征君潢，昔日同诣孝陵行香，今年七十七矣。《桃叶歌》一首，《黄侍中祠》一首、先生自注：在南京三山门外栅洪桥。谦案：栅洪桥祠今已无迹，可寻城中金陵闸之祠，盖续建也。《王征君潢具舟城西同楚二沙门小坐栅洪桥下》一首、谦案：潢字元倬，上元人。父之藩慷慨好义，潢能色养。崇祯丙子举于乡。先是，户部郎中倪笃之荐于朝，以贤良征，不就。念世乱亲老，赋《南陔诗》以见志。著有《南陔集》。见《江宁府志》及《上元县志》。穆案：《明诗综》引顾宁人论元倬诗云："先生诗深以婉，和而挚，不失三百篇温柔惇厚之旨。"《摄山》一首、《贯仓部必选说易》一首、穆案：《江宁府志·儒林》：贯必选字徙南，上元人，万历己酉举人，官户部主事。筦西新仓时，巨珰总理两部，复遣其党分伺六仓。必选尽黜陋规，无所染，珰为稍敛。会同官倪笃之以屯豆下狱，必选知其冤，据事陈辨，谪九江幕，俄迁桂林司理，升南工部虞衡司。未任，丁父艰归，即杜门不出，以讲学著书为事。卒年八十七。著《松荫堂学易》行世。《旅中》一首、《酬王处士九日见怀》一首，《送张山人应鼎还江阴》一首、穆案：道光二十年，《新修江阴县志·艺文门》采先生此诗，而应鼎之名字翳如。然则山人信能卉布荷衣、鸿冥尘外者矣。《和陈生芳绩追痛两尊人之作》二首。

作《方月斯诗序》。谦案：月斯佚其名，谷城人，明辅臣岳贡之子。甲申后卖卜吴门。夏节愍完淳集有《赠方谷城遗孤流落郡中诗》。先生序谓"与方子订交自单阏之岁，今且六年矣。余客钟山而方子亦侨居云间，不数数见。顷冬春之际，余以仇家之讼至云间，逆旅中困不自聊，而方子时时相过慰藉，与余周旋两月，因出其诗草示余，读之"云云。以时事考之，当在是岁无疑。

十四年丁酉，四十五岁。

元旦，六谒孝陵。徐《谱》按：《元日》诗云："晨兴自江上，逾岭走钟山。"又云："流转虽不居，咫尺犹天颜。"盖先生是时虽寓金陵，而非神烈山之居矣。春，自金陵仍返昆山，避仇将北游，同人饯之，归元恭为文以赠其行。元《谱》：《序》曰："余与宁人之交二十五年矣，其他同学相与，或二十年，或十余年，盖未尝有经岁之别也。

今于宁人之北行也，而不能无感慨焉。宁人故世家，崇祯之末，祖父蠡源先生暨兄孝廉捐馆，一时丧荒，赋徭蝟集，以遗田八百亩典叶公子，券价仅当田之半，仍靳不与。阅二载，宁人请求无虑百次，乃少畀之，至十之六，而逢国变。公子者，素倚其父与伯父之势陵夺里中，其产逼邻宁人，见顾氏世衰，本蓄意吞之。而宁人自母亡后，绝迹居山中不出，同人不平，代为之请，公子意弗善也。适宁人之仆陆恩得罪于主，公子钩致之，令诬宁人不轨，将兴大狱以除顾氏。事泄，率亲友掩其仆，执而棰之死。其同谋者惧，奔告公子。公子挺身出，与宁人讼，执宁人囚诸奴家，胁令自裁。同人走叩宪副行提，始出宁人。比刑官以狱上，宁人杀无罪奴，拟城旦。宪副与公子年家，然心知是狱冤，又知郡之官吏上下大小无非公子人者，乃移狱云间，守坐宁人杀有罪奴，拟杖而已。公子忿怒，遣刺客戕宁人。宁人走金陵，刺客及之太平门外，击之，伤首坠驴，会救得免。而叛奴之党受公子指，纠数十人乘间劫宁人家，尽其屡世之传以去。宁人度与公子讼，力不胜，则浩然有远行，而同人之知宁人者，携尊榼送之，酒半作而言曰：'宁人之出也，其将为伍员之奔吴乎？范雎之入秦乎？吾辈所以望宁人者不在此。夫宣尼大圣，犹且遭魋畏匡，文王之仁，不殄厥愠。宁人之学有本，而树立有素，使穷年读书山中，谁复知宁人者？今且登涉名山大川，历聘六国，以广其志而大其声施焉，知今日困厄，非宁人行道于天下之发轫乎？若曰怨仇是寻，非贤人之志，别离是念，非良友之情。'于是同人咸曰：'善，请歌以壮其行。'而归子为之序。"至莱州，与掖赵汝彦士完、任子良唐臣定交。元《谱》：士完字汝彦，崇祯壬午举人。遭乱后弃家而南，羁栖废寺，弟士冕官镇江太守，物色得之，强之归。士完故莱之巨族，从兄士喆入复社，有名，同怀兄士元、士亮、士宽，弟士冕并以才称。唐臣，字子良，贡生。弟虞臣亦以学问著。从唐臣假吴才老韵谱，读而校之。过即墨，游劳山。由青州至济南，与徐东痴夜、张稷若尔岐定交。元《谱》：东痴初名元善，字长公，慕嵇叔夜之为人，更名夜，字东痴，号嵇庵，济南新城人。束发能诗，年二十九，遭难母死，遂弃诸生，南游江、浙，西游宛、邓，归遂不出。举博学鸿词，以老病辞。为文章原本经史，王渔洋尝索其稿，但逊谢而已。后往江西，渡浔阳，稿尽没于水。渔洋为摭拾遗诗二百余首付之梓。稷若名尔岐，号蒿庵，济阳诸生。先生《与汪钝庵书》云："张君稷若所作《仪礼郑注句读》一书，根本先儒，立言简当，使朱子见之，当不仅谢监狱之称许也"。又与钝庵论师道书云："独精三《礼》，卓然经师，吾不如张稷若。"《日知录》于"丧礼""停丧"二条内，备载稷若之说。穆案：稷若生于万历四十年壬子，长先生一岁。稷若殁，先生以诗哭之云："历山东望正凄然，忽报先生赴九泉。寄去一书悬剑后，贻来什袭绝韦前。衡门月冷巢鸺室，墓道风枯宿草田。从此山东问三《礼》，康成家法竟谁传？”此诗《亭林集》不录，附见《蒿庵集》末。

是年诗有《元旦》一首、《莱州》一首、《安平君祠》一首、《不其山》一首、《劳山歌》一首、徐《谱》按：诗云“春日会鼓声逢逢”，则游劳山犹在春时。《张饶州允抡山中弹琴》一首、穆案：《进士履历便览》：允抡字慈叔，莱阳人，崇祯甲戌进士，户部主事，丙子升员外，丁丑升郎中，戊寅升饶州知府。徐《谱》：此诗亦作于游劳山时也。《淮北大雨》一首、《济南》一首、《秋柳》一首、《酬徐处士元善》一首、《元善》一首。徐《谱》：夜亦有《九日得顾宁人书约游黄山》诗云：“故国千年恨，他乡九日心。山陵余涕泪，风雨罢登临。”又以书劝先生为昌平、承天之行，则先生后此之谒天寿山，处士启之也。

作《汝州知州钱君行状》、元《谱》：公子大受，字伯衡，岁贡生，官博兴训导，以诗名。《劳山图志序》、穆案：《池北偶谈》引先生《劳山说》，注曰：“顾近寄所著《日知录》，内辨劳山三则，又与前说不同。”《仪礼郑注句读序》《齐四王冢记》。

十五年戊戌，四十六岁。

春，至泰安，登泰山。元《谱》。穆案：《金石文字记》“岱岳观造像”下曰：“碑下为积土所壅，予来游数四，最后募人发地二尺，下而观之，乃得其全文。”又“宋董元康题名”下云：“右小石刻在岱岳观，余既录唐碑，往还数四，道士谓予曰：‘昨发地得二石，请观之。’”云云。据元《谱》，先生凡至泰安者三，记中云云，未得其年，谨志于初游。旋赴兖州，至曲阜，谒孔林。往邹县，谒周公庙、孟庙。过邹平，游张氏万斛园。元《谱》：故明兵部尚书张延登所居。与邑人马宛斯骕访碑郊外。穆补。《金石文字记》：“邹平县南五里有景相公墓。”“景氏之裔自洪武间有两举人，今亦尚有诸生，不能记其祖矣。”“予至其邑，有诸生二人来，称景氏之孙，请问其祖为谁。予取《通鉴》及《五代史·周世宗纪》示之，乃谢而去。间一日往郊外，视其墓碑，虽剥落者十之一二，而其曰‘故中书侍郎平章事景公讳范’字甚明白”云云。又《谲觚》云：“此仆在邹平与邑人宛斯马君名骕亲访其碑而录之者。”《池北偶谈》：“马骕，字骢御，一字宛斯，顺治己亥进士，仕为淮安府推官，终灵壁令。生而清羸，博雅耆古，尤精《春秋左氏学》。著《绎史》一百六十篇，篇为一卷，始开辟原始，迄古今人表，其书最为精博，时人称为“马三代”，昆山顾亭林尤服之。”抵章丘，访张隐君元明。元《谱》：隐君名光启，世居章丘白云湖上。少为名诸生，崇祯庚辰年四十，遂弃举子业，辟一园曰“省园”，以种树艺花自乐。乱后足不履城市，年八十余卒。有《张仲集诗》若干篇，渔洋为删存百余篇传之。至长山，主刘隐君果庵家。元《谱》：隐君名孔怀，号果庵，长山人，精于考核。先生主其家，与之辩析疑义。所著有《四书字征》《诗经辩韵》《五经字征》《范文正公流寓长山考》诸书。复至济南，元《谱》。访徐东痴。穆补。案：东痴有《顾宁人见过草堂得张元明手书诗》，云“江南有客来荒陂，手持一缄兼致辞。我闻整衣拜且展，中有故人书及诗”云云。以元《谱》校之，必此年事也。再赴莱州之潍县。入都，至蓟州，历遵化、玉田，抵永平，登孤竹山，谒夷齐庙。是年，先生从子熊登武科进士。元《谱》谦案：《昆新合志》：熊字非熊，又字尔策，性耽文史，不乐仕进。尝辑其先世自上海迁昆宗谱，简核有体，为从父炎武所称。

是年诗有《登岱》一首、《谒夫子庙》一首、《七十二弟子》一首、《谒周公庙》一首、《谒孟子庙》一首、《万斛园小集》一首、《仙隐祠》二首、《济南》一首、《自笑》一首、《酬韭溪草堂联句见怀》一首、《潍县》一首、《衡王府》一首、《督亢》一首、《京师》一首、《蓟州》一首、《玉田道中》一首、《永平》一首、《谒夷齐庙》一首。

十六年己亥，四十七岁。

出山海关，返至永平之昌黎，著《营平二州史事》六卷。元《谱》：先生在永平，适《永平府志》成，求先生作序，因著此书，作序应之。至昌平州，初谒天寿山。元《谱》。穆案：《昌平山水记》：天寿山在州北一十八里。永乐五年七月，皇后徐氏崩，上命礼部尚书赵羾等往择地，得吉壤于昌平县东黄土山，及车驾临视，封其山为天寿山。以七年五月己卯，作长陵。自是列圣因之，皆兆于长陵之左右，而同为一域焉。出居庸关，仍返山东。元《谱》。抵邹平，订其县志。穆据《邹平县志》补。施尚白《县志序》：“是时比部张奉之请告家居，藏书多善本，博采勤搜，进士马宛斯讨核详实，而吴门顾宁人自上谷来，悉授以校之，书遂成，凡八卷。顺治岁次己亥九月，督学使者施闰章书。”尚白，宣城人，号愚山，晚号矩斋，顺治己丑进士，由江西参议召试鸿博，授侍讲。奉之名万选。径长清，访碑灵岩山寺。穆补。《金石文字记》“灵岩寺宋李迪诗”下云：“右小石刻，在长清县灵岩山寺中。其山距府九十里。”“自前代称为胜境，宋、金、元人题字最多。余至则当兵火之后，纵横偃踣，委之荆棘瓦砾之中。然犹得唐一，宋、金、元合四十余，以后不能悉数。”南归，次扬州。旋复北上，至天津度岁。徐《谱》案：《秋雨诗》云：“秋雨合淮泗，一望无高深。”《顾与治诗序》云：“余行三岁乃归扬州，而与治卒。”又《与江南诸子别诗》云：“云生岱北天多雨，水决淮壖地有鱼。”盖秋雨之时，先生正南下，旋复北行，至天津也。是年八月，以云南平，特诏再行会试，穆补。甥元文登进士一甲一名。元《谱》。穆案：顺治己亥进士。《履历便览》：徐元文，榜姓陆。庚子奉旨复姓。又立斋序《历代宅京记》曰：“曩者大廷对策，谬荷先帝国士之知。先生勖曰：‘必有体国经野之心，而后可以登山临水；必有济世安民之识，而后可以考古论今。’”同里叶方蔼一甲三名。徐《谱》：方蔼，字子吉，号讱庵。穆案：讱庵，方恒之胞弟也。

是年诗有《寄弟纾及友人江南》三首、《山海关》一首、《望夫石》一首、《昌黎》一首、《三屯营》一首、《恭谒十三陵》一首、穆案：十三陵者，成祖永乐长陵、仁宗洪熙献陵、宣宗宣德景陵、英宗正统裕陵、宪宗成化茂陵、孝宗宏治泰陵、武宗正德康陵、世宗嘉靖永陵、穆宗隆庆昭陵、神宗万历定陵、光宗泰昌庆陵、熹宗天启德陵，凡十二陵，合怀宗思陵为十三也。《王太监墓》一首、穆案：《昌平山水记》：大行皇帝攒宫“门外右为司礼监太监王承恩墓，以从死祔焉”。《刘谏议祠》一首、自注：“在昌平旧县，今废。”谦案：谏议名蕡，字去华，昌平人。元时以昌平驿官宫祺奏请，始为之立祠。《元史》泰定二年置谏议书院于昌平县者，此也。《居庸关》二首、《重登灵岩》一首、《秋雨》一首、《与江南诸子别》一首、《天津》一首、《旧沧州》一首。

作《曳梯郎君祠记》。

十七年庚子，四十八岁。

二月，至昌平，再谒天寿山，入都。六月，仍赴山东。秋，南归，过六合。穆案：车君以过六合为明年由浙回苏后事，误。抵金陵，七谒孝陵。元《谱》。徐《谱》：《神道表》云：既谒长陵，“念江南山水有未尽者，复归，六谒孝陵。”作诗云：“问君何事三千里，春谒长陵秋孝陵。”是也。穆案：先生实七谒孝陵，表云六谒，误。是年，长甥乾学中式顺天举人。元《谱》。女甥婿申檖举南省乡试第一。穆据《憺园集》补。檖字叔旆，号梅江，吴县人，明大学士时行曾孙也。先生又有侄女嫁太仓王昊，弇州山人之裔也，字维夏，号硕园，前明诸生。善诗歌古文，吴梅村叹其才为天下无双。己未，膺大科荐，力疾入试，报罢，旋卒，诏授中书。顾张思《雪亭笔记》曰：“硕园娶亭林侄女，少受业于亭林，故学有根柢云。”

先生是时寓居淮上。案《书吴潘二子事》云：“潘子刻《国史考异》三卷，寄余于淮上。”即谓是年也。《赠黄师正》诗：“扬州九月中，煨芋试新酎。”又《顾与治诗序》云：冬，余过六合，沈子迁出与冶诗一编。皆先生此年南归后行踪也。徐《谱》。

是年诗有《再谒天寿山陵》一首、《送王文学丽正归新安》一首、元《谱》：自注：生旧在金侍郎声幕府。案金正希声于顺治乙酉募乡勇起义徽州，十月，大兵破之，徇难绩谿。《答徐甥乾学》一首、《白下》一首、《重谒孝陵》一首、《赠林处士古度》一首、元《谱》：古度字茂之，一字那子，福清人，时年已八十一。乱后侨寓金陵，著有《茂之诗选》。《赠黄职方师正》一首。元《谱》：自注：“建阳人。”案职方生平无考，绎诗意当亦受唐王职，既败而遁于金陵者。

作《顾与冶诗序》。元《谱》谦案：与冶字梦游，江宁贡生，河南副使璟之曾孙，当选官，弃去。王倬《今世说》述其轶事颇详。穆案：车君以《与冶诗序》为明年辛丑作。案云此过六合作《顾诗序》一则，元《谱》未载。今考车君盖误以归次扬州为今年事，故误以序中明年字属之辛丑也。

十八年辛丑，四十九岁。

是年为明桂王永历十五年。七月，缅酋杀由榔从官。十二月，献由榔于大军。明年四月杀于云南。徐《谱》。

回苏至杭州，渡江谒禹陵，吊宋六陵。闰七月，仍返山东。十二月立春日，辑《山东考古录》成。元《谱》。穆案：《四库书提要存目》载此书云：王士祯《居易录》记炎武尝预修《山东通志》，或是时所遗稿本，未可知也。案《居易录》明言《通志》修于癸丑，是为康熙十二年也，《提要》误。是年，申穟成进士。穆补。穟由内阁中书改礼部主事，进郎中，出为广西提学佥事。

是年适越，往来皆由吴江之江村。《书潘吴二子事》云：“余往越州，两至其庐。”盖至吴江，即访潘力田也。徐《谱》。

是年诗有《杭州》二首、元《谱》：指潞王监国时事。《禹陵》一首、《宋六陵》一首、《颜神山中见橘》一首、元《谱》：山在益都。许瀚案：今为博山县。

为余姚吕裁之章成作《吕氏千字文序》。元《谱》谦案：《余姚县志》：章成字裁之，号秋崖，大学士本曾孙，与陈函煇、张明弼、杨体元为意气交。函煇从事绍兴，荐章成为翰林待诏。章成曰："悍将骄兵日事寇抄，越城中颠踬狼狈，救死不遑，岂复可为之日邪？"卒辞不赴。函煇死，章成走哭于台州，意有所触，则惘惘独行，欲得异人而友之。访戴易于邓尉，遇顾炎武于昌平山，慷慨赋诗，历吴、齐、燕、粤，无所遇乃归。名其藏书之室曰"蓼园"，曰："予集于蓼，谁谓荼苦者？"病中自毁其著述，曰："此无用之虚谈也。"所存有《浴日楼集》八卷、《秋崖词》。据志载，识先生于昌平山。先生自己亥、庚子、壬寅、甲辰、己酉、丁巳，先后凡六至昌平。此作序时已再至，当是与章成相遇后矣。

康熙元年壬寅，五十岁。

正月，由山东入都。三月，至昌平，三谒天寿山。十九日，谒怀宗攒宫。元《谱》。《昌平山水记》：大行皇帝御宇之日，未卜山陵。田妃薨，葬悼陵之下，南距西山口一里余，遣工部右侍郎陈必谦等营建。未毕而都城失守，贼以大行皇帝、大行皇后周氏梓宫至，昌平州之士民率钱募夫葬之田妃墓内，移田妃于右，帝居中，后居左，以田妃之椁为帝椁，斩蓬藋而封之。后乃建碑亭各一座，门三道，殿三间，无陛，两庑各三间，有周垣，而规制狭小。昔宋之南渡，会稽诸陵皆曰攒宫，实陵而名不以陵。《春秋》之法：君弑，贼不讨，不书葬，实葬而名未葬。今之言陵者，名也，未葬者，实也。实未葬而名葬，臣子之义所不敢出也，故从其实而书之也。出古北口，往蓟州，仍至昌平。五月二十八日，先生诞辰，有致馈者，作书辞之。至真定之新乐。元《谱》：《日知录》"木刀沟"条自注："余过新乐，林君华皖见示所修县志"云云。穆案：顺治十八年，缙绅新乐知县林华皖凝山，福建莆田人，拔贡。抵曲阳，谒北岳恒山。元《谱》。穆案：《金石文字记》"北岳庙李夐诗"下云"右诗在真定府曲阳县北岳庙中。庙有唐时大碑五"，"其上层为积土所盖，而余至时，仓卒求梯不可得，止就下方读之"云云。至井陉。十月至大同之浑源州。度汾河，至平阳府。元《谱》。是年，公肃甥以江南奏销案罣误，谪官銮仪卫经历。穆据《有怀堂集》补。

是年诗有《有事攒宫时闻缅国之报》一首、《古北口》一首、《五十初度时在昌平》一首、元《谱》《日知录》"生日"条下自注："余昔年蓟门生日，有致馈者，答以书。"《北岳庙》一首、《井陉》一首、《一雁》一首。徐《谱》：先生之西征也，以初冬就道，故《井陉》诗云"窒冰当路白"，《一雁》诗云"一雁渡汾河，河边积雪多"也。《尧庙》一首。元《谱》：案：《临汾志》：尧陵在城东七十里，有庙，有金，泰和二年碑记。先生于《日知录》“帝王陵”条详载诸说，颇以《临汾志》为疑。是时先生经游其地，故有此作。

有《谒攒宫文》《郡国利病书序》《北岳辨》。

二年癸卯，五十一岁。

正月，自平阳登霍山。元《谱》谦案：诗有“春雪覆杉松”句，故知当在正月也。穆案：《金石文字记》“霍山庙建文碑”下云：“右小石刻在霍山中镇庙西壁上。余行天下，见洪武、永乐以来祭告岳渎之文及它碑记甚多，独未有建文年者。”“乃此文杂于数十百碑之中，而字画完好无缺，故亟录之。”游女娲庙。元《谱》：在赵城县东八里。至太原，访傅处士青主。元《谱》：傅名山，字青主，初字青竹，号啬庐，别号公之它，阳曲人。少受知于袁临侯继咸，崇祯中临侯总督九江军务，为巡按御史张孙振诬劾被逮，山职纳橐饘，伏阙上书，白其冤。马君常作《义士传》，比之裴瑜、魏劭。乱后为道士装，以医为业。工诗文，书画入逸品。康熙己未，召试博学鸿词，不应，授中书舍人，复不就。穆案：临侯于崇祯七年由主客员外郎擢山西提学佥事，巡按御史张孙振因请属不应诬劾之，其总督九江军务，则在崇祯十五年，元《谱》叙述殊舛。又案：青主生于万历三十四年丙午，长先生七岁。《潜丘札记》：老友山右傅青主先生，顾宁人极称其识字。先生《广师篇》云：“萧然物外，自得天机，吾不如傅青主。”潘耒《遂初堂集》：出太原郡城，东行可七八里，有寺曰永祚，双塔巍然，捎云碍日，见之四十里外，浮浮若旌幢焉，其下为松庄，傅隐君先生所居也。《十七史商榷》：昔顾宁人宿傅青主家，晨未起，青主呼曰：“汀芒矣。”宁人怪而问之，青主笑曰：“子平日好谈古音，今何忽自昧之乎？”宁人亦不觉失笑。古音“天”呼若“汀”，“明”呼若“芒”，故青主以此戏之。穆案：“天”呼若“汀”，虽本之陈第《毛诗古音考》，然实误，与先生之论音不合也。青主一时戏言，故先生亦不复置辩。至代州，游五台，与富平李子因笃遇，遂订交。元《谱》：李字天生，更字子德，陕西富平籍，山西洪洞人。邃于经学，著有《受祺堂集》。康熙己未，试鸿博，授检讨，以母老辞，不许，表三上，乃允。徐《谱》案：先生于康熙己未与子德书云“弟行年四十九”，是子德生于崇祯四年辛未，少先生十八岁。而先生作子德之父墓志云：崇祯七年，因笃方三岁。“三”盖“四”字之讹也。穆案：《受祺堂集·酬杜让水诗注》：曹司农秋岳观察、大同陈使君祺公分藩雁门，予留此凡八年。又王山史《山志》：“天生从陈祺公于塞上，日事博综，九经诸史，靡不淹通。祺公视为畏友，投契之深，有同骨肉。天生以是无内顾忧，而益肆力于学。及祺公备兵雁、平，携以入代，复为具橐资游，圭组之英，蓬荜之彦，俱与交欢，傅青主、顾宁人、朱锡鬯辈，尤以古道相底厉。”《陕西通志》：顾炎武尝集杜句题赠因笃云：“文章来国士，忠厚与乡人。”《鹤征录》富孙案：子德先生少孤，外祖田时需抚之成立，受业其门。吾乡曹倦翁观察三晋，先生以故人子相从，因善代州冯观察云骧，雅爱其风土人物，居句注、夏屋间者十年。穆案：倦翁名溶，字洁躬，又字秋岳，秀水人。崇祯丁丑进士，顺治初由户部侍郎出为广东布政使，左迁山西阳和道，裁缺候用。旋丁母忧归，不复出。云骧字讷生，代州人。顺治乙未进士，就大同教授，官至四川提学佥事。在汾州闻执友吴赤溟炎、潘力田柽章遭湖州庄氏私史之难，遥祭于旅舍。元《谱》。先生《书吴潘二子事》云：苏之吴江，有吴炎、潘柽章二子，皆高才，当国变后，年皆二十以上，并弃其诸生，欲成一代史书，以继迁、固之后。“会湖州庄氏难作，庄名廷鑨，目双盲，不甚通晓古今。以史迁有‘左丘失明，乃著《国语》’之说，奋欲著书。其居邻故阁辅朱公国桢家，朱公尝取国事及公卿志状疏草，命胥钞录，凡数十帙，未成书而卒。廷鑨得之，则招致宾客，日夜编辑为《明书》，书冗杂不足道也。廷鑨死，无子，家赀可万金。其父允城流涕曰：‘吾三子皆已析产，独仲子死无后，吾哀其志，当先刻其书，而后为之置嗣。’遂梓行之。慕吴、潘盛名，引以为重，列诸参阅姓名中。书凡百余帙，颇有忌讳语，本前人诋斥之词未经删削者。庄氏既巨富，浙人得其书，往往持而恐吓之，得所欲以去。归安令吴之荣者，以赃系狱，遇赦得出。有吏教之买此书，恐吓庄氏。庄氏欲应之，或曰：“踵此而来，尽子之财不足以给，不如以一讼绝之。”遂谢之荣。之荣告诸大吏，大吏右庄氏，不直之荣。之荣入京师，摘忌讳语密奏之，四大臣大怒，遣官至杭，执庄生之父及其兄廷钺及弟侄等，并列名于书者十八人，皆论死。其刻书鬻书，并知府、推官之不发觉者，亦坐之。发廷鑨之墓，焚其骨，籍没其家产。所杀七十余人，而吴、潘二子与其难。“方庄生作书时，属客延予一至其家，予薄其人不学，竟去，以是不列名，获免于难。”谦案：潘力田与吴赤溟同草创《明史》，以《实录》为纲领，凡志乘、文集、墓铭、家传有关史事者，以类相从，稽其异同，核其虚实，为《国史考异》一书，颇有称许之者。所著又有《松陵文献》若干卷。由汾州历闻喜县之裴村，拜晋公祠。徐《谱》。取道蒲州，入潼关，游西岳太华，过访王山史宏撰于华阴。元《谱》。山史名宏撰，字无异，华阴人，明诸生。康熙戊午，以鸿博征，不赴。耆学好古，收藏法书、名画、金石最富。居于华下，有读易庐。撰《易象图述》及《山志》《砥斋集》。穆案：《广师》云：“好学不倦，笃于朋友，吾不如王山史。”先生又有《送韵谱小帖》手迹云：“王无异名宏撰，一字文修，号山史，住华阴县西岳庙南小堡内。故少司马公之子，关中声气之领袖也。”至西安，元《谱》。穆案：《长安》诗云：“积雨乍开褰，凄其秋已半。”是先生以八月至西安也。游富平，馆李子德家。徐《谱》：见《寄刘大来》诗注。又西至乾州，徐《谱》。十月，过访李处士中孚于盩厔，遂订交。元《谱》：处士名容，字中孚，盩厔人。少孤力学，经明行修，事寡母彭尤以孝著。康熙戊午以鸿博征，不赴，当事强迫之，舁至近郊，操刀欲自戕，始得谢病归。穆案：处士生于天启七年丁卯，少先生十四岁。《二曲集·处士年谱》云：癸卯十月朔，东吴顾宁人来访。宁人博物宏通，上下古今，靡不辨定。既而叹曰：“尧舜之知而不遍物，急先务也。吾人当务之急，原自有在，若舍而不务，惟骛精神于上下古今之间，正昔人所谓抛却自家无尽藏，沿门托钵效贫儿也。”宁人为之怃然。又《广师》云：“坚苦力学，无师而成，吾不如李中孚。”往骊山，访明宗室存杠。元《谱》：存杠字伯常，朱子斗谊泍之子。存杠命子烈及甥王太和受业。徐《谱》案：先生后有《奇伯常并二门人诗》。穆案：王山史《山志》：青门七子，皆宗室之贤而笃于学者也，各有诗文集，卓然成家。余所及与之游者，子斗翁而已。乱后数往省之，翁亦喜余，尝对人有松柏之誉。翁子伯尝存杠年长于余，以翁与余善，而待余以执友之礼，甚恭。然余固尊事翁，不敢以雁行进也。尝与顾亭林言及，亭林入青门，特访其家。时翁已殁，见伯尝，索翁著作读之，因为之序。今伯尝亦殁，其子孙冒杨氏，盖从翁之母姓也。出关，至太原。元《谱》。

先生《答汪苕文书》云：“年过五十，乃知‘不学《礼》无以立’之旨。”又《与人书》云：“某自五十以后，笃志经史，其于音学，深有所得。今为《五书》，以续三百篇以来久绝之传。而别著《日知录》，上篇经术，中篇治道，下篇博闻，共三十余卷。”徐《谱》：苕文号钝翁，长洲人。顺治乙未进士，由主事召试鸿博，授编修。著有《尧峰诗文钞》。穆案：苕文生于天启四年甲子，少先生十一岁。

是年诗有《元旦》一首、《霍山》一首、《女娲庙》一首、《晋王府》一首、《赠傅处士山》一首、《酬傅处士》一首、《陆来复述代许曦草疏攻郑鄤事》一首、《咏史》一首、《李克用墓》一首、《五台山》一首、《酬李处士因笃》一首、《送申公子涵光》一首、穆案：《送韵谱小帖》云：“申凫盟名涵光，永年人。太仆公之长子，今庶常随叔之兄也。太仆公甲申徇国难。”案：太仆公名佳允，谥节愍。随叔名涵盼，顺治辛丑进士。凫孟著有《聪山集》。《酬史庶常可程》一首、元《谱》：可程字赤豹，大兴籍，祥符人。崇祯癸未进士，阁部可法同祖弟。京师陷，可程降贼，贼败南归，可法请置之理，福王以可法故，令养母。可程遂寓南京，后寓宜兴，阅四十年乃卒。穆案：睿亲王致可法书所云“入关破贼，识介弟于清班”者，谓可程也。《祭吴潘二节士》一首、《寄节士之弟耒》一首、元《谱》：耒字次耕，号稼堂。康熙己未以布衣试鸿博，授检讨。受业于先生，又得王锡阐及兄柽章之传，凡诗、古文、历算、声音之学，罔不穷极根源。著有《遂初堂集》。穆案：次耕生于顺治三年丙戌，少先生三十三岁。《王官谷》一首、《蒲州西门外铁牛》一首、《潼关》一首、《华山》一首、《骊山行》一首、《长安》一首、《乾陵》一首、《将去关中别中尉存杠于慈恩寺塔下》一首。

作《五台山记》《裴村记》《复庵记》《贞烈堂记》《朱子斗诗序》。穆案：《静志居诗话》：谊汁，秦愍王九世孙，有集。“才情横溢，极为富平李孔德所称。览其祀灶千一百二十字，虽未悉工，而浩瀚不可及也。”

三年甲辰，五十二岁。

正月五日，至蒲州之荣河，游后土祠，适汾州。元《谱》。穆案：《金石文字记》：“今汾阳有大相、小相二村，相里氏之后尚有数十家。因考北齐寺碑题名，多相里氏，至今千有余年，而裔孙犹居于此，不独晋俗淳朴，而山谷之险犹足以自保，故能累代不迁。若山东、河南，则兵火之余，人民散亡，欲求元时遗族，已寥寥不可见矣。”自大同至西口，入都。七月，至昌平，四谒天寿山，奠怀宗攒宫。至河南辉县，访孙夏峰先生。元《谱》。穆案：先生丙午年《送韵谱小帖》云：“孙征君名奇逢，字启泰，容城人，今住辉县。万历庚子举人。今年八十三，河北学者之宗师也。”元《谱》：夏峰先生年十七领乡荐，尝参高阳孙承宗督师关门军事，与左忠毅、魏忠节、周忠介相善。天启末，三公忤逆奄，相继逮系。先生拮据，调护供橐馆，遣弟奇彦同鹿监军善继子驰书督师求援。督师因上疏，以边事请陛见。都门喧传兴兵至阙，逆奄闻之，绕御床泣。督师方抵通州，降旨勒回，诸公遂不免。崇祯丙子，容城被围，设方略拒守，城赖以全。事闻，特诏褒嘉。寇氛渐逼，移家五峰。顺治初，复移家辉县之夏峰。生平读书谈道，务为圣贤之学。两朝征聘凡十一次，辄坚谢不出。康熙十四年卒，年九十二。返至泰安州度岁。元《谱》。

是年诗有《后土祠》一首、《龙门》一首、《自大同至西口》四首、《有事攒宫》一首、《赠孙征君》一首。有《谒攒宫文》。

四年乙巳，五十三岁。

由泰安至德州，复回济南，置田舍于章丘之大桑家庄。元《谱》：先是章丘人谢长吉世泰负先生赀若干，至是以田产偿焉。谦案：《静志居诗话》谓先生“兵后尽鬻其产，寄居章丘，别治田舍，久而为土人攘夺”者此也。又先生甲寅年有《刈禾长白山下》诗。案长白山在章丘、长山二县之交，刈禾处即桑家庄产业也。秋，至曲阜，再谒孔林，游阙里。元《谱》。与颜修来光敏订交。穆据手迹补。札见丙午。修来一字逊甫，曲阜人，康熙丁未进士，官吏部考工司郎中，著有《乐圃集》。

是年诗有《酬程工部先贞》一首、元《谱》：先贞字正夫，德州人，明工部侍郎绍孙，以祖荫历官工部员外郎。《济南府志》：工部告病归，家居二十年，以扶风教崇简朴相勖勉，里中节义之事，搜采成帙。年六十七，豫制一棺，题曰“休息庵”。所著有《燕山游稿》《蒽庵诗草》若干卷。穆案：《复社姓氏》，先贞名列德州弟一。

有《与修来手札》云：“《诗本音》二册送上。中有驳正者，乃卫太史笔也。此书未定，不必钞录，只将坊刻《诗经》一本，圈注其不合及太琐碎者，置之可也。更乞教正为荷。底事一有信，即求示之。”穆案：此札以丙午札推之，知当在此年。盖与修来初识面时也。卫太史名既齐，字尔锡，猗氏人，康熙甲辰进士。又案：手迹向藏修来先生家，顷归湖北荆宜施道陶君梁所。穆于戊戌春获观，录副存之。后凡言手迹及手札者皆同。

五年丙午，五十四岁。

春由大桑家庄过兖州。穆据手迹补。至广平之曲周。游太原时，秀水朱锡鬯彝尊客晋藩署，过访先生于东郊，因与订交。元《谱》谦案：彝尊字锡鬯，号竹垞，以布衣试鸿博，授简讨。徐《谱》案：《竹垞年谱》：康熙四年秋至太原，五年春客山西布政王公显祚幕，其年二月游晋祠，三月游风峪。先生赠诗言“殊域送良辰”，又云“草没青骢晚，霜浮白堕春”，则相见必于春也。穆案：竹垞生于崇祯二年己巳，少先生十六岁。《广师》云：“文章尔雅，宅心和厚，吾不如朱锡鬯。”南海屈大均亦自关中来会。元《谱》：《曝书亭集》注：屈五少为番禺诸生，名绍隆。谦案：屈字介子，一字翁山，为僧名今种，字灵一。后加冠巾。《池北偶谈》：屈介子适秦陇，与秦中名士李因笃辈为友。作《华岳百韵》，固原守将某见而慕其才，以甥女妻之。自固原携妻至代州、上谷，再游京师，下吴会，自金陵归粤。徐《谱》：健庵有《怀舅氏诗》云：“自别维亭二载余，风尘驱走近何如？”健庵曾游太原，疑是时与先生相遇也。“维亭”俟考。出雁门。元《谱》。穆案：《重至代州诗》云：“雁门春草碧，且复过滹沱。”盖在三月杪也。适应州。重过大同，遇故代府中尉俊晰。访李子德于代州牧陈祺公上年署。元《谱》：上年，字祺公，清苑人，顺治己丑进士。与子德辈二十余人匃赀垦荒于雁门之北。元《谱》案：先生《与潘次耕》书有云："近稍贷资本，于雁门之北、五台之东应募垦荒，辟草莱，披荆榛，而立室庐。"又云："彼地有水而不能用，当事遣人到南方，求能造水车、水碾、水磨之人，与夫能出赀以耕者。"又云"北方开山之利，过于垦荒，畜牧之获，饶于耕耨"云云。穆案：据王山史《山志》，则子德即以是年返秦。入京师，复往山东，游泰山，谒天庆宫。十月，著《韵补正》成。至兖州守署度岁。元《谱》。穆案：《兖州志》此年知府为彭绳祖，贡生，黄安人。是年公肃甥复原官，未任，以父忧归。穆据《有怀堂集》补。

是年诗有《寄刘处士大来》一首、元《谱》：处士无考，玩诗中云云，盖山左人，而尝客代州牧幕者。《朱处士彝尊过余于太原东郊》一首、《屈山人自关中至》一首、《重过代州赠李处士》一首、《出雁门关》一首、《应州》二首、《重至大同》一首、元《谱》：《日知录》"九族"一条自注"余丁未岁在大同，遇代州中尉俊晰，年近五十，考其世次，于孝宗为昆季"云云。案先生游代州在丙午年，丁未则未尝至代。编年诗集系此诗于丙午，原自符合，或《日知录》误写作丁未耳。《得伯常中尉书却寄》一首。

作《圣慈天庆宫记》《韵补正序》。

是年先生有《寄颜修来》手迹云："去秋得接光尘，恨首路匆匆，未获信宿之留，以聆微言而商大业。至于四方同人遥相问讯，无不仰赞宏才，以为今代复有知十之姿，庶几之品也。仲春偶过兖署，未得亲诣阙里，再侍雅谭。专伻斋所刻《韵谱》，呈正大方。至前日所留《诗本音》稿，系未改定之书，其中有舛误者，抬写二条附上，阅过粘卷内付还。它日当摘全书奉观，更求指诲耳。率尔未尽。"徐《谱》以此札系之四年乙巳，"去秋得接光尘下"附案云：前札云"即过兖州"，又云"诸容面悉"，必修来于去秋自关中归兖与先生晤也。穆案：先生以《韵谱》寄人是一时事，据送书小帖云：孙征君今年八十三，知必是丙午云。"去秋得接光尘"者，先生于乙巳秋谒孔林，游阙里，与修来相晤也。盖前札虽云即过兖郡，而实于泰安度岁，未即践言耳。

又一通云："捧读大笔，清新妩逸，逼似唐人，所谓'不意永嘉之末，复闻正始之音'者矣。旧刻二册乃五六年前作，中有误韵，幸为藏之。河北、关中书共六书驰上，姓氏居址别开一纸，烦照单分致。"

又一通云："昨枉顾，以主人不在，率尔慢去，殊深不安。统俟文旌东过面颂，并求惠示西征大作耳。长路关山，浊泾清渭，千维珍重。旦起作书数千字，恐使人来取，匆匆遂不能详。”

又一通云：“鲁公书《家庙碑》《多宝塔碑》《争坐位帖》，俱在西安府学，俗所谓‘碑洞’者。其所书《郭敬之家庙碑》在布政司内，《奉使蔡州题字》并石刻像在同州，《臧怀恪碑》在三原县。碑洞中《石经》及汉、唐字但有钱即可买，不必用官府。惟各州县古碑非官府不能致，然多是唐碑。惟郃阳《曹全碑》极佳，其他若麟游之《九成宫碑》、长武之《虞恭公碑》俱佳。若多印得曹、虞二碑各一幅见惠最感。”穆案：以上三札，当在修来俶装西征之时。

又一通云：“弟以今六月至雁门，时李君天生自关中来，言修来社翁在方伯署中，不多会客。初秋入都，而敝乡沈绎老亦自关中来，交相推许。计太华、终南之胜，二崤、函谷之阻，周、秦、汉、唐之迹，并已收载之行笈矣。山史兄、杨、王两敝门人并得一见否？石珍社翁想闭户著书，卧游五岳，胸中当别具一丘壑。而鸿文大制日新富有，则两君固并驱中原矣。弟顷至岱下，俟主人之归，即过兖郡。先此奉候，并问秦中诸子消息。所留《诗本音》乞付下，已大加删改，将以新本就正也。诸容面悉，不既百一。”穆案：徐《谱》以此札系之三年甲辰，以元《谱》证之，盖前札在春末，此札在冬仲也。所云“六月至雁门”，乃重至大同时事。所云“杨、王两门人”者，据《送韵谱小帖》云，“杨伯常名谦，故王孙也，住西安府南八里大塔堡内。大塔者，慈恩寺塔也。或驾在藩司署中，则求于到日即遣人致之。”又云：“共书六封，各送《韵谱》一本，伯常则二本，故有七本。”案杨氏何以为故王孙，以字伯常及住大塔堡考之，盖杨谦即朱存杠，鼎革后变其名氏也。大塔即前与存杠别处。独寄《韵谱》二本者，存杠之子烈、甥王太和皆受业于先生，所谓“杨、王两门人”也。沈绎老者，沈荃字贞蕤，号绎堂，华亭人，顺治壬辰翰林。又案：顷借得王山史《山志》，有云：“伯尝殁，其子孙冒杨氏。”喜臆测之不爽也。详见癸卯下。

又一通云：“大作清劲，无一俗笔。《太华》《伊阙》诸作为集中第一。《思悲翁》《战城南》亦有白傅讽谕之遗意，大雅之音，将复起于今日矣。敬服，敬服。元稿返上，略商数字，识以浮票，未知有当否？诸容晤悉。”穆案：此上二札，当在西征既还之后。

又有不得其年与事者三通，附载于此。一通云：“仙舟一晤，良豁积怀。王程靡及，不获攀留信宿，以罄愿言，犹为耿耿耳。所寄书版乞付去伻。《家训》如命勘正，容于秋仲入都面奉。率此附候，不悉。”

又一通云：“昨出，抵暮始归。承驾左顾，失迓为罪。《家训》勘毕送上，并用朱笔，以便一览即得。幸为另钞一本，仍乞原本见赐，感感。”

又一通云：“弟才至城中，尚未拜呈，老社翁须两三日以未、申二时过我，则得晤矣。大才何借弟笔？想未见刻启耳。附上一纸，不尽。”

六年丁未，五十五岁。

春，留兖李署，删订《近儒名论甲集》。穆补。先生《与修来手迹》云：“弟向日录有《古今集论》五十卷，顷兖李刘年翁延弟至署，删取其切于经学治术之要者，付诸梓人，名曰《近儒名论甲集》。因此淹留，尚有旬月。如贵地友人家有邺架之藏，欲一就观，且得以晤言讲习，尤幸事也。日下欲借唐荆川《稗编》第一套钞录几首，未知可转觅否？大、小阮才名已达之当事，如便中至郡，可投一刺，极相企慕也。新诗并乞惠示，以便奉扬休誉。烛下草此，附启不尽。”穆案：《兖州府志》同知表：刘泽远，恩贡，安化人，康熙八年任。所谓“兖李”，疑即其人。八年或六年之讹，或先题署后实任，未能臆决也。修来即以此年成进士，足证编书为正二月间事。徐《谱》：“大、小阮才名”者，修来与叔伯珣俱有时名也。穆案：伯珣字季相，明河间府知府允绍次子，以陪祀特授寿州州同，修复芍陂之利。工诗古文，著有《祇芳园集》。南归至山阳，主王起田家。开雕《音学五书》于淮上，张力臣弨父子任校写之役。元《谱》：力臣，山阳诸生，号亟斋，以卖书画为生，尤精六书之学。贫而耆古，多集金石文字，有《昭陵六骏图赞》《焦山瘗鹤铭考》传于世。许瀚案：又有《济宁学宫汉碑释文》，济宁潘氏尝刻之，而所传不广。穆案：《五书后序》：若夫本《说文》，正字体，酌古今之间而手书之，则张君弨与其二子叶增、叶箕。又《广师》云：“精心六书，信而好古，吾不如张力臣。”健庵有《题张力臣小像》七绝二首，其次章曰：“奇字杨云未渺茫，茂先家法在巾箱。对君转复思元叹，洒泪风前诵渭阳。”自注：力臣方为舅氏亭林校刻《音学五书》。《受祺堂集》有《寄力臣》诗曰：“一代儒宗同所向，印须金石正皇初。”自注谓宁人先生时所著书，多属君校刻。《潜丘札记》：“宁人著有字书五种，托力臣缮写授梓。力臣曾寄一样本来，果博且精，不可及也。”北行抵曲周，拜路文贞公祠。入都，从孙思仁借得《春秋纂例》《春秋权衡》《汉上易传》等书。清苑陈祺公资之薪水纸笔，传写以归。元《谱》：详见《钞书自序》。穆案：先生有手札云：“弟为一二相知所留，似须秋杪方可行。昨谕钞书者，能为弟觅二人否？”又一通云：“弟以校雠之忙，不及亲叩，专经走送。别有一函，求投入理署。令叔先生并希致，知己之言不敢忘，惟努力读书，以庶几无负相期之意也。”二札疑皆在是时。东还，主德州程工部正夫、李刑部紫澜家。元《谱》：李名涛，号述斋，芮城令李霖瞻浃弟。康熙丙辰翰林，官至刑部侍郎。

是年诗有《淮上别王生略》一首、徐《谱》案：王略因先生之故，以女妻潘耒，是年耒来至山阳，成昏于王氏。见稼堂撰《亡妻王孺人圹志》。特先生别王略时，稼堂尚未至淮上耳。《赠萧文学企昭》一首、穆案：企昭字文超，汉阳人，顺治丁酉副榜，贡生。《四库书存目》收企昭《性理谱》五卷，云其书大旨在于伸程朱而辟陆王，与熊赐履《闲道录》所见同。《拜路文贞墓》一首、《过程工部》一首、《过苏禄国王墓》一首。谦案：苏禄国在东洋海中，地近浡泥、阇婆，自古荒服之地，不通中国。相传其国分为东、西、峒三王，而以东王为尊。明永乐十五年，三王并率其妻子来朝贡，因并封为国王。居二十七日，三王辞归，其东王次德州，卒于馆，遂留葬，乃遣使封其长子为苏禄国王。十八年，西王遣使入贡。十九年，东王母遣使贡大珠一，重七两有奇。二十二年，复入贡。自后不复至。本朝雍正五年始通贡。乾隆十九年，请三年一贡，奉旨五年一贡，由福建巡抚代题，自厦门入境，达京师。

作《音学五书序》《程正夫诗序》。

是年六月，陈祺公重刻《广韵》于淮上。王山史《山志》：李子德尝得《广韵》旧本，顾亭林言之陈祺公，托张力臣为锓木淮阴，此唐人所用之韵也。徐《谱》案：潘稼堂《重刻古本广韵序》云：“先师顾亭林先生深明音学，实始表章。此书刻之淮上，然其所见乃内府刊本，已经删削者。久而觉其书之不完，作《后序》以志遗憾。”穆案：先生盖误以宋陈彭年等《重修广韵》为《广韵》足本，故疑此本已经删削也。稼堂、竹垞亦同此见。《四库总目提要》辩之最核。

七年戊申，五十六岁。

春在都，寓慈仁寺。徐《谱》：慈仁寺在广宁门大街，额曰“大报国慈仁寺”。穆案：《受祺堂集奉答先生赠诗五十韵》有云：“忆折前津柳，同炊古寺饔。”自注：“前年与先生同客慈仁寺，予先别去。”按即此年春事。盖子德既去之后，先生始闻黄培狱事东行也。道光二十三年夏，何太史绍基匄资为先生建祠堂于寺西偏，隙地一区，架屋三楹，几筵礼器悉备，岁春秋致飨祀焉。二十四年落成，二月十四日辛亥公祭。穆撰文曰：“先生生当叔季，业贯汉、唐，学堪为王者师，志非以名山老。身甘荒遁，慰九原贞孝之心；时际云雷，洒六谒园陵之泪。北征初赋，策二马以来游；东道既通，馈十飧而恐后。咨民生之利病，邑乘必搜；究厄塞之险夷，边亭亲历。采山炼冶，喻半生尚论之精勤；订韵谐声，发万古同文之要眇。况乎志存淑世，娄构书堂；雅慕伏波，厉精田牧。皋比不拥，惩东林、复社之末流；墨突未黔，弃濂泾、桑庄如敝屣。惟慈仁之古寺，曾作寓公；计伟节之遄行，适在明日。诵孔德炊羹之句，下榻何频；缅无异筑室之谋，顾庐宛在。荆榛乍启，觞豆初蠲，规陋云台，典同石室。所觊云车风马，肸蚃来临；庶几学海儒林，精神不朽。尚飨！”又五月二十八日祭文：“先生行成忠孝，学洞古今，惩末造之蹈虚，进吾徒以考实。凡今代文苑儒林之彦，敬佩遗书；合天下束脩尚友之怀，思隆美报。专祠式启，吉祀祇蠲，敢因载诞之辰，奉荐迎神之曲。虽蓟门却馈，痛援往例于灵均；而石室修仪，展效拜经于荣绪。尚其陟降，鉴此悃忱。尚飨！”**闻莱州黄培诗狱牵连，即星驰赴鞫。三月，下济南府狱**。元《谱》。先生手迹云：康熙七年二月十五日，在京师慈仁寺寓中，忽闻山东有案株连，即出都门，于三月二日抵济南，始知为不识面之姜元衡所诬。姜元衡者，莱州即墨县故兵部尚书黄公家仆黄宽之孙、黄瓒之子，本名黄元衡，中进士，官翰林，以养亲回籍，揭告其主原任锦衣卫都指挥使黄培、见任浦江县黄坦、见任凤阳府推官黄贞麟等一十四人逆诗一案。于五年六月，奉旨发督、抚亲审，事历三载，初无干涉。忽于今正月三十日，抚院审时禀称：有《忠节录》即《启祯集》一书（元衡口供《咨祯集》二本，皮面上有旧墨笔写《忠节录》字样），陈济生所作，系昆山顾宁人到黄家搜辑发刻者。咨行原籍逮证。据其所告，此书中有黄御史（宗昌即坦之父）传一篇，有云“家居二年，握发以终”，以为坦父不曾剃头之证。有顾推官（咸正）传一篇，有云“晚与宁人游”，有云“有宁人所为状在”，以为宁人搜辑此书之证。不知此传何人授稿？何人亲见？刻板见在何处？此书得之何方？而就此“握发”一语，果足以证已故二十余年黄御史之不剃头否？就此“与游”二语，果足以证宁人之即顾宁人，又即搜辑此书之人否？且读邸报，此书已于六年二月曾经沈天甫出首矣。请略言之：昔敝郡有陈明卿先生，以壬戌探花官至国子祭酒，好刻古书，有《资治通鉴》《大学衍义》等书一二十种行世。其子济生亦好刻书。济生已故，有光棍施明者，从海外来，与沈天甫等合伙伪造此书，假已故陈济生之名，而罗江南北之名士巨室于其中，以为挟害之具。又伪造原任阁辅吴甡一序，以骗诈其子见任中书吴元莱。奉旨圈议。部议：书内有名之人共七百名，内有写序写诗讥伤本朝之人五十余名，合行查究。奉旨：“沈天甫、夏麟奇、吕中、逃走之施明、未来之吴石林及代主控告之叶大等，合伙指造逆诗，肆行骗诈，虽称逆诗从海外带来，茫无凭据。”又云：

“编诗之陈济生，久经物故，而从海内带诗之施明，又经逃走，此等奸棍，吓诈平人，摇动良民，诬称谋叛，以行挟害，大干法纪，尔部即将沈天甫、夏麟奇、吕中、叶大俱行严审，拟罪具奏。逃走之施明，未来之吴石林，俱著严行缉拿，获日也著拟罪具奏。”刑部审得沈天甫等供称骗诈吴中书银二千两，未给，将此书出首，欲图三品前程是实。奉旨将沈天甫、夏麟奇、吕中、叶大四人于闰四月二十二日押赴西市处斩。施明、吴石林缉拿未获。今元衡所首之书一百二十余叶，与沈天甫之三百一十六叶者，虽删去颇多，而诗即启、祯之诗，传即此诗之传，编造之人即陈济生，其为一书，不问可知也。恭绎明旨，不直曰“陈济生”，而加以“又云”二字，“又云”者，据沈天甫之所云，是已故之济生，圣明犹烛其诬罔，而元衡欲以此牵事外之人，而翻久定之案。其南北通逆一禀云：据各刻本，山左有丈石诗社，有大社，江南有吟社，有遗清等社，皆系故明废臣与招群怀贰之辈南北通信，书中确载有隐叛与中兴等情，或宦孽通奸，或匹夫起义，小则谤讟，大则悖逆。职系史臣，宜明目张胆，秉笔诛逆，故敢昧死陈揭。逆刻种种，罪在不赦。北人之书，削我庙号，仍存明号，且感愤乎鸱张，虎豹乎王侯。南人之书，以我朝为东国，为虎穴，以伪王为福京，为行在。北人之书，曰斩虏首（黄培刻《郭汾阳王考传》，中有“斩首四千级，捕虏五千人”，乃子仪败安禄山兵纪功之语），拥胡姬，征铁岭（黄培诗有云“怨女金闺里，征夫铁岭头”），杀金微，又有思汉威仪，纪汉春秋。南人之书，有黄御史握发一传，又有起义，有举事，有劝衡王倡义及迎鲁王、浙东王，上益王等事，又有吴人与鲁藩舟中密语，又有平敌将军，有悬高皇帝像恸哭及入闽入海等事。北人之书，有《含章馆诗集》《友晋轩诗集》《夕霏亭诗》《郭汾阳王考传》。南人之书，有《启祯集》即《忠节录》，《岁寒诗》《东山诗史》《仿文信国集子美句百八十章》。其北人则黄培所刻十二君唱和序跋等人，其南人则《启祯集》所载姓名籍贯，俱在刻本中，约三百余人。是元衡之意，不但陷黄坦，陷顾宁人，而并欲陷此刻本有名之三百余人也。不知元衡与已斩之沈天甫、逃走之施明，何亲何故？何以得此海内带来之书，而前唱后和，如出一口？其与不识面之顾宁人、刻本有名之三百余人，何仇何隙，而必欲与黄氏之十二君者，一网而尽杀之？推其本意，自知以奴告主之罪，律所不赦，欲别起一大狱以陷人，而为自脱之计，遂蹈于明旨所谓“吓诈平人，摇动良民，诬称谋叛，以行挟害”者而不觉也。天道神明，不僭不滥，今于三月四日束身诣院投到，伏听审鞫。至教唆陷害，别有其人，尚容续布，统惟详察。江南布衣顾宁人顿首。穆案：《进士履历便览》：黄元衡，字元璿，即墨县籍，胶州人。顺治己丑科会试十八名，钦授内翰林国史院庶吉士，辛卯升宏文院编修。曾祖继节、祖宽、父瓒。又：黄贞麟，字振在，即墨人。顺治戊戌会试二百八名，户部观政，庚子授江南凤阳府推官。曾祖兼善，廪生；祖宗晓，潞安卫经历；父墿，庠生。又手札云：“在都时极荷惓惓之爱。今姜元衡扳及弟名，具题请旨，弟已赴济南投到矣。先有一札致谭年翁，业详此事始末，念知已闻之，必倍悬切，谨此布启。前沈天甫所指造陈济生逆书，有序有目有诗有传，原状称共三百一十六叶，今元衡所首之书，无序无目无诗，止传一百余叶，知部中原书已毁，删去天甫状中已经摘出者，称另是一书。据元衡南北通逆情由一揭，欲借此书另起大狱，而罗书内有名之三百余人于其中，以翻主仆名分之案。不知就此百余叶中，篇篇有济生名，则即此一书之明证也。奉旨为沈天甫指造之书，即已故之陈济生尚属诬罔，而况余人乎？弟敢不惜微躯，出而剖白此事，尤望大君子主持公论。此札仍乞传与谭年翁一观，并以告诸吴越之同声气者。《广韵》留程宅候取，不尽。”又一通云：“前有一函，想已彻览。弟不遵明哲之训，果有此累。今江夏之骄吝，足以致败，而与之同事，奈何奈何！南冠而絷，竟不得出，一切详之舟老书中，惟知己为之壮拯，悬切悬切！余语去价能道，不悉。”又一通云：“弟来此，区区之意，尚未得少申为歉。廿四日出都，前往历下，如有札寄示，乞写德州北李宅。家报付报房封递，三四日可达。李老先生讳源，字星来，原任河津令，与弟交颇密，即为专人赍至省城也。事毕，再容趋至九顿。报至德州，先到萧宅，次即传至李宅。有二李，故称北以别之。”又一通云：“来谕惓惓，深感爱厚。所云屡有言相致者，止于舟札见之，它皆未到，即赋梅者止有一札，无两札也。所云但当力辩有无，勿牵别事，敬如台旨。笥中之书，昨至德州点简二日，悉取而焚之矣。并复。此中之事，大抵上有求而下不应，弟遂无保出之法。黄氏绝不照管，债主断绝，日用艰难。庄田之麦，俱为刘棍割去，每日以数文烧饼度活，何以能支？欲乞一问南夏诸公，若天生至晋，可为弟作书促之入京，持辇上一二函至历下，必当有所济。弟已别有字往关中矣。一切统希垂照，不宣，舟书可互观之。”穆案：子德答先生赠诗有云：“客返关中路，书传历下城。”自注：“客秋有乡人至自济南，拜先生书。”又一通云：“五月十九日院审，先取有同案中年老者四五人保识黄御史曾已剃头口供；次辩《启祯集》中有‘宁人’字无顾姓，又不在黄御史一篇传内，并审出章丘地土情由；惟问姜要顾宁人辑书实证，无词以对；又扳即墨老诸生杜廷交（此人从不识面）为证；又展转推出所从得书之人，为莱阳县孙荣之，乃积年走空之人，今并行提去矣。虽未保出，而是非已定。此皆上台秉公持正及大人君子孚号壮拯之力，惟有世世尸祝。兹因便羽，先此奉闻。”元《谱》衍生案云：是狱为谢长吉主唆。长吉即乙巳岁坑赀不偿而以大桑家庄房产作抵者。是秋九月，先生与长吉对簿，始得开释。穆案：翁玉涛《听竹山房诗话》谓亭林游济南，为一达官置之狱，盖耳食之言，非实事也。子德答先生赠诗有云：“莒莱矜野语，虞芮乱嚣声。”自注：“讼起因小人夺先生田。”又云：“欻棹江波大，潜杨海汐轻。”自注：“时讼牒株累多人，用已结海上事。”何绍基案：札中所称抚院者，宛平刘公芳躅也。《国史本传》：公以顺治七年任山东巡抚，康熙十一年始以忧去，在任者二十三年。尝奏请缉盗不得豫勒名数，以防捏陷；又贼证未明，不得以初供定谳；又请撤山东钱局，皆得旨允行，盖仁明君子也。《赴东》诗序墨迹本有“抚院刘公”之语，后来刻集乃删去此节，何也？徐《谱》案：是年春，竹垞至山东，客抚院刘公幕中，则先生之脱于患难，竹垞当与有力焉。穆案：颜修来有《送朱锡鬯之济南》诗曰：“携手河梁怅去尘，历山遥望柳条春。讼庭尚有南冠客，莫向燕台思故人。”自注：时亭林以诏狱在济南。又案：札中屡称谭年翁及舟老者，谭吉璁，字舟石，嘉兴人。明太仆卿昌言孙，父贞良，五经进士。舟石以监生试补宏文院，撰文中书，迁延安同知，升登州知府。《鹤征录》引亭林语云：“舟石勤于读经，叩其书斋，插架《十三经注疏》，手施朱墨，始终无一误句。我行天下，仅见此人。”六月十七日戌时，地连震数次，自北而南，声如雷，城垣颠扑，文庙亦毁。同时被震者，济南、兖州、东昌等郡共五十九处，沂州、郯城死伤尤甚。元《谱》。穆案：此年山东地震事，渔洋年谱亦载之。又子德奉答先生赠诗：“经旬喧地圾，举国句天晴。”自注：“时地震淫雨。”秋，从子熊来省于济南。元《谱》：后随先生入都。十月狱解，得释。元《谱》。先生手札云：“弟于九月二十日保出，十一月十日一案之人俱已赴院画供，想有题结之望。凡所以入险能出、困而不蹶者，皆知己扶持之力，当世世尸祝，不敢以楮墨宣矣。前具近诗六章，曾彻览否？屡有札与舟公，托其致感，而未见一报，岂其移寓或石头之沉浮邪？今有一函乞致之，近况详之函中，可共览也。旅食无依，暂寄徐玉老署中，不谓有延安之升，则此中别无主人矣。万老先生书已投，似蒙注念。院批取保，一宿便发也。弟候命下结案，即诣都中叩谢，如尚迟，则俟舍甥北上时，代弟九顿台墀。今来者玉老之仆，属其三日后走领回书。冱寒不庄，幸宥。长至日弟名正具。”穆案：徐玉老者，济南府志有徐真修，迁安人，康熙中由拔贡官济南通判，旋升延安同知，盖即其人。

是年诗有《赴东》六首、徐《谱》：诗有云：“荏苒四五日，乃至攀髯时。”是讼系时当三月十九日也。穆案：子德答先生赠诗有云：“节至通苹藻。”自注：“先生在难，不废时祭。”《李子德闻余在难特走燕中告急诸友人复驰至济南省视于其行也作诗赠之》一首。穆案：子德《春怀》诗之第五章有云：“历下东湖青溟州，历山东望白云楼。深知邹子系非罪，敢谓鲁连排众谋。欲陟岱宗俟它日，将观沧海难久留。”咏此年赴东驰救及因疾先还事也。

《归元恭文钞》有与先生书云："戊申春夏之交，闻兄以山左缙绅相仇之事连及，时适有海陵之行，无从问得确耗。秋间还，从令甥处知兄遂不免犴狱，私心忧之。未几而得所寄书及六诗，读之深叹兄之善处忧患。张元节之亡命，虽幸免祸，君子讥之。兄乃自诣狱，不惟举动光明，揆之事理，亦自宜尔。盖两姓交恶，而委罪于兄，兄身出则事白，事白则身全。兄之慷慨就狱，乃精于脱祸者也。但不知出狱之后，复栖迟何所？弟前书中戏诘三窟，后察之亦不甚确，惟济上一窟是实，而闻又为人所卖，跃跃毚兔，幸脱于罗，将仍依此窟，抑复别寻窟乎？一笑。六诗已和得奉览，其中'迂怪不悛'及'江南乐土'等语，初非因此事而发，盖别有为。前书自言精于音韵之学，著书已成，弟未见及，但友人颇传兄论音韵，必宗上古，谓孔子未免有误。此语大骇人听。（许瀚案：语似骇人，实无可骇，传语者不得其旨，即未免骇人耳，先生于此道复安有所谓僻也。归君意深可感，其于韵学殆亦未精。）因此度兄学益博则僻益甚，将不独音韵为然。其它议论倘或类此，不亦迂怪之甚者乎？郤子语迂，单子知其不免，况又加之以怪乎？此平生故人所以切切忧之，愿兄抑贤知之过，以就中庸也。向读所寄山陵诗，忠义感激，使人泣下。顾兄之去坟墓十余年矣，初因避仇，势非得已，岁月既久，怨仇已释，且今年仇家已尽室赴任，更无所虑。柳子厚窜南方，惟以不得上丘墓为恨，谓其祖先曾不若马医夏畦之鬼，犹得享岁时之祭。彼以得罪不能归，兄今欲归，其孰御之，独无丘墓之思乎？此又平生故人所恳恳于怀者也。和诗不免局于短篇，未能尽达所怀，故复及之。令子定已长成，曾再索三索否？弟则屡抱山简之痛，方深伯道之悲也。年来笔耕仅能糊口，虽不闭户，亦难远游，惟去岁为先太仆遗集事，与季侍御相商，一渡长江耳。诗古文以乏人缮写，不能远寄，刻文一首呈览。立斋太史北上，草此，附候便羽，幸惠德音。"

八年己酉，五十七岁。

春，入都，寓七圣庵。旋往山东，已复入都，寓文昌阁。三月，往昌平，五谒天寿山及怀宗攒宫。是行也，与李子德偕。元《谱》。穆案：《受祺堂诗集》有《旧年宁人先生以无妄系济南走书报我触暑驰视苦疾作辞还先生寄赠行三十韵诗春日晤保州重会蓟门奉答前诗广五十韵》一首，诗有云："甫定他乡榻，俄从上日觥。"自注："先生以二月朔至。"又云："每询邙邑树，谁荐寝园樱。"自注："时在清明。"是先生此年与子德会合及谒陵之时日也。二月朔至保定一节，谱亦失载。又案：江藩《宋学渊源记》谓天生于甲申、乙酉间，与先生冒锋刃，间关至燕中，两谒愍帝攒宫，是并先生诗文集亦未之见也。回都，移寓公肃甥邸舍。元《谱》。穆案：时公肃起补国史院修撰，旋进秘书院侍讲，秋，典试陕西。四月，出都至顺德，历邯郸，返章丘，与谢长吉对簿，案始结。元《谱》。先生有《与颜修来》手札云："夏初匆匆出都，歉然之怀，难以笔道。想道履弥胜，大业弥增。令叔先生今在都门，亦当听鹊起之音，奏《鹿鸣》之什矣。弟久滞安德，仰藉洪庇，章丘一案已得小结。虽陷害之情未明，而霸占之律已正。转蓬思息，倦鸟知还，九仞之功非仗娄侯不能终此一篑，敢乞鼎致其详，在札中未缄。以舟老正值文场，不敢渎札，并乞于试毕日道念。小价王登往庄，故另遣潘一廉，其人谨愿，望示回谕。详文于二十日后到厅，更恳家报中速闻之。至祷至祷！"赴大名，归迳保定。冬抵平原，潘次耕未来受学。穆补。案：《遂初堂集补遗》有《己酉冬自淮阴抵平原呈亭林先生六十韵》诗，诗末云："汶野黄云冻，沂山白草枯。只身经雨雪，远道涉崎岖。"先生答诗云："萧萧行李雁飞秋。"是次耕以冬初谒先生于平原也。十一月至都，主申叔旆，又主谢方山重辉。元《谱》。方山名未详。穆案：方山名重辉，德州人，以父陞荫官至刑部郎中。陞，字伊晋，万历丁未进士，官至建极殿大学士。国初征为左柱国内院大学士，卒谥清义。宋牧仲、李湘北、田山薑集中均有与方山酬倡之作。赵饴山《谈龙录》举本朝诗人，山左有九，皆各有所就，了无扶持依傍，而德州谢刑部方山重辉居其一。《渔洋诗话》称其《过铁佛寺诗》。《池北偶谈》又述方山言银瓦寺古镜事。又尝序其所著《杏村集》曰："去肤存骨，去枝叶存老干，真赏甚稀，存之箧中，以待元次山、杜清碧其人，定相赏于弦指之外。"可谓推奖不遗余力。而临清汪灏送方山告归诗云："真得意时惟啸咏，不如人处是功名。"盖亦恬于进取者。又案《鹤征录》：潘次耕之试鸿博也，由左谕德卢琦及刑部主事谢重辉荐举，然则方山学行，亦约略可见矣。先生有《与颜修来》札云："老年台既晋秩寅清，而令兄复骏蜚东国，凡在知己，莫不欣忭。弟有讼事未了，尚缺叩贺。兹有德州方山谢年兄入都，附此申候。方山为内院清义公之冢嗣，翩翩文雅，更能熟于古今，少年中鲜其俦匹。属以荫职赴部，一切仰祈照拂。缘弟夏秋主于其家，昕夕对谭，心所归依，惟在门下。至于居官涉世之道，亦望时时提命。贵乡才俊，可为后劲，不俟弟言之毕也。冬杪图晤，不悉中怀。"穆案：札云"晋秩寅清"者，修来以中书舍人恭逢圣祖临雍，加恩四氏，迁礼部仪制司主事也。云"令兄骏蜚东国"者，修来兄光猷以是年秋领本省乡荐也。是年，次甥秉义中式顺天举人。执友王起田、王思龄殁。元《谱》：思龄里居出处无考。

是年诗有《楼桑庙》一首、《有事于攒宫》一首、《赠李贡士嘉》一首、《邯郸》一首、《邢州》一首、《自大名至保定子德已先一月西行》一首、《潘节士之弟耒远来受学》一首。徐《谱》案：是年潘耒将读书于妇翁王略家，六月，略卒。十一月，耒妻亦卒。故耒去山阳适平原也。时当已冬尽矣。

有《谒攒宫文》《王起田墓志》。

九年庚戌，五十八岁。

四月，往德州。六月，程正夫、李紫澜延先生于家讲《易》。至九月初讲毕，即以是月入都。九日，与朱锡鬯及嘉定陆翼王元辅在北平孙氏研山斋详定所藏古碑刻。元《谱》谦案：元辅号鞠隐，经学湛深，陶庵弟子，学术志行，不愧师门。《曝书亭集·跋李龙眠九歌图卷》："康熙庚戌九月九日，偕昆山顾炎武宁人、嘉定陆元辅翼王、永平申涵光凫盂、嘉兴谭吉璁舟石，观于宛平孙氏研山斋。"是年，竹垞又有《同纪处士映钟杜太史镇谭舍人兄吉璁集孙侍郎研山斋四律》，其弟三首尾句云："齐东回首望，最忆虎头痴。"自注："谓顾子炎武。"盖研山一集之后，即出都。竹垞复有宴集而忆及之也。出都至曲周，访路安卿。历河南，至山西，复回山东度岁。是年初刻《日知录》八卷。元《谱》。徐《谱》案：初刻八卷本有七七一条，今刻本无。见全谢山《经史问答》。今刻本弟六卷有一条有录无书，是录为先生自定，书则经后人删润也。长甥乾学登进士一甲三名。元《谱》。穆案：是年公肃擢国子监祭酒。《憺园集·书钱粮论后》曰："舅氏亭林先生学博而识精，于天文、河渠、礼乐、兵农、钱谷之故，上下古今，洞悉原委。数往来畿辅、齐、鲁、秦、晋间，盱衡时事，间有所作《钱粮论》二篇，至为痛切。仲长统《昌言》、崔寔《政论》之俦匹也。""某昨岁对策，谓须得公忠强干之臣，权万物之有无，计百姓之赢绌，而为之变通，盖寔本于先生之论。"绍基按：健庵对策云："汉唐三代以帛为租，宋始用钱，金章宗铸银曰'承安宝货'，公私迄今用之。矿脉久闭，海舶已停，民间之银日耗而不生，而上供者必以常额。宋齐邱有言：'钱非耕桑所得，以钱收税，是教民弃本逐末也。'"此寔本于《钱粮论》。

是年诗有《述古》一首、《德州讲易毕奉柬诸君》一首、《挽殷公子岳》一首。元《谱》：岳字伯岩，一字宗山，鸡泽人，有《留耕草堂诗集》。穆案：《池北偶谈》：殷岳"工五言古诗，平生不解为近体，常为睢宁令，辄自罢归"。

是年程正夫有赠先生序云：东吴顾亭林先生，今之大儒，于书无所不读，习熟国家典制，以至人情物理，淹贯会通，折衷而守之，卓乎为经济之学者也。而失意于时，君子惜之。以故北游上国，历燕、赵之墟，上太行，渡黄河，出塞入关，极秦、晋之鄙，折而留滞于齐、鲁间，皆得周览其名山，将以拟太史公之故事。乃每过吾州辄见访，如侨札之欢、皋梁之托也。为余谈说经史，不惮娓娓，或留信宿，或浃月经时然后乃去。因见其著述之富，汗牛充栋，要皆崇正黜邪，一轨于圣贤之微旨，抽关启钥，尽见其全。其辩详以核，其论典以要，其思平实以远，其义纯粹以精，本于经而不泥于昔闻，原于史而不拘于成说，多前贤所未明，一旦自我发之者。自汉、唐以来，诸贤林立，观其意思，略与郑康成、王文中辈相彷彿，皆能深造理窟，立追大雅，以斯文为己任者也。以视今之作者，不啻奏黄钟大吕于秋虫响答之前，其巨细不侔矣。假使先生得时而驾，为当代柱石，功业所至，不过封侯而止，其于闲先王之道以津逮将来，为天下后世之利，且孰得而孰失乎？今年结夏于此，与二三同人讲《易》，复得发其《日知录》一书，观之多考古论世之学，而其大指在于明经术、扶王道，为之三叹服膺，劝其出以惠学者。此自亭林支峰蔓壑。余老病荒忽，书数语其后，附以不朽。必欲东观大海，尽十洲三岛之奇，则有先生所著之全书在，非一朝一夕所得而卒业者矣。余不佞，倘如《豫》之五爻，疾而不死，请得读书养气，十年之后，文思少进，为先生细论之。康熙九年八月。

是年为路安卿之舅氏王君国翰撰墓志铭。

十年辛亥，五十九岁。

从子洪善、洪慎来省先生于都门。入都，主原一甥家。夏，熊青岳阁学欲荐先生佐修《明史》，力辞之。元《谱》谦案：青岳名赐履，字敬修，孝感人，顺治戊戌进士，谥文端。又戊午《答潘次耕书》云："辛亥之夏，孝感特简相招，欲吾佐之修史。吾答以果有此命，非死则逃。原一在座与闻，都人士亦颇有传之者。耿耿此心，终始不变。"云云。出都，历忻州之静乐、平定州之盂县，至太原。元《谱》。穆案：是年太原知府为延津周令树。《曝书亭集》辛亥年春有《送周郡丞令树迁太原守》诗是也。令树《重建晋祠碑亭记》：往昆山顾炎武为令树言"唐、宋人题名及诗，多刻之古碑阴，碑阴既满，往往阑入行间，此独以御制御书，唐人无敢刻一字，至宋始有题名碑阴及两旁者，而正文特完好"云云。按：记作于明年壬子端午后三日，所谓往者，即此年事也。令树字计百，顺治乙未进士。为太原守周计百令树点定荀悦《汉纪》。穆补。《遂初堂集》代人作《重刻汉纪序》："晋阳书肆之书，漫不足观，民间又鲜藏本。间访傅青主征君于松庄，案间见有荀氏书，喜甚，假以归，手自校雠，往往与班书相出入。盖荀书虽据班书，他所摭采尚多，故颇存异同，又有班书所未载者。参得失，广异闻，固悦本志也。后人每据班书以改此书，而其误弥甚。宋巽岩李氏已言印本多讹。此本为明黄姬水所刻，舛错不少。适顾亭林先生来，为点定一过，刊误存疑，遂为善本。”云云。案：次耕《双塔寺雅集诗序》：出太原郡城东南，行七八里，松庄傅隐君青主所居也。太守延津计百周君，岁之初吉，率子若婿，屏驺从，挈壶觞，躬造于庐。是访青主者为郡守周令树也。又次耕《太原守周令树墓志》云：余布衣时，尝读书太原署中。则此叙即代周作也。又《九日同惠元龙家双南兄登瑞光寺塔》诗注：辛亥九日，同阎古古、傅青主饮太原新寺。是次耕以此年客太原，周假书，顾校书，潘代作书序，皆一时事也。十月，交城令赵恒夫天羽邀与华亭陆集生庆臻、上海蔡竹涛湘翦烛赋诗。元《谱》谦案：恒夫名天羽，号吉士，休宁人，入籍钱唐。顺治辛卯举人，由知县内升户科给事中，降补国子监学正。著有《续表忠记》《音韵正讹》《寄园寄所寄万青阁全集》。集生，名庆臻，金山卫人。崇祯壬午举人，顺治八年拣选推官，不赴，游秦、晋间，晚始归里。著《荠庵诗稿》。贫甚，不克葬，其亲泣曰：“得墓田一笏，营葬足矣。”故又号“笏田”。竹涛名湘，竹垞、阮亭均与倡和，后客死交城。

是年诗有《寄张文学弨时淮上有筑堤之役》一首、元《谱》案：是年奏于淮扬界筑翟家坝，至十八年七月蒇功。山阳、宝应、高邮、江都四州县河西诸湖涸出者，招民佃之。《双雁》一首、《夏日》二首、《秋风行》一首、《静乐》一首、《寄王高士锡阐》一首、锡阐，字寅旭，一字昭冥，号余不，亦号晓庵，又号天同一生，吴江人。精于历算，著有《大历统》《西历启蒙》《丁未历稿》《推步交食》《测日小记》《三辰晷志》《圜解》《晓庵新法》《历说》《历策》《左右旋问答》诸书。穆案：《广师》云：“学究天人，确乎不拔，吾不如王寅旭。”又案：《广师》所列不如之人十，而见于诗文集者九，独与吴任臣交游之迹，无可考见，附识于此。《广师》云：“博闻强记，群书之府，吾不如吴任臣。”任臣，字志伊，一字尔器，浙江仁和廪生，福建莆田人。己未试鸿博二等，授检讨。著有《周礼大义》《礼通》《十国春秋》《山海经广注》等书。魏冰叔称当世著作，有不可少之书三，《十国春秋》其一也。王倬《今世说》云：吴志伊志行端悫，博学深思，兼精天官奇壬之术，又精乐律，尝于市上见编钟一枚，曰：“此大吕钟也。”后涤视款识，果然。《盂县北藏山》一首。

十一年壬子，六十岁。

由山西至京，主公肃甥，从兄平庵、甥徐履忱来省。元《谱》：平庵名孝宏，以贡选泰兴县训导，即武孝廉尔策之父。五月，至济南。八月，入都，仍主公肃甥。十月，往德州。元《谱》。先生手迹云："舍甥久积倾慕，昨奉叩未晤。今拟于初四日扳驾一谈，俾弟亦得侍聆诲言，至感至感！弟在初旬内亦欲出都矣。"又一通云："五日前曾走叩未晤，既台命谆谆，不敢固强。舍甥容另卜日奉候。但弟日下即拟出都，不得追陪一叙，奈何奈何！尚容趋别，未悉。"又一通云："前走叩，未得面。弟以十二三出都往德州，此刻拟一造别，并问贵乡有旅伴可同行否？退谷先生常问起居，附及。"穆案：此三札以元《谱》推寻情事，当在是时。由河南至山西。元《谱》。与阎百诗若璩相遇于太原。徐《谱》案：《尚书古文疏证》有壬子冬客太原，与顾宁人论朱谋㙔《水经注笺》事。穆案：《潜研堂集·阎先生传》：康熙元年，始游京师，"旋改归太原故籍，为诸生祭酒。顾先生炎武游太原，以所撰《日知录》相质，即为改订数条，顾虚心从之"。又《潜邱札记》有与先生论幽、并、营在《禹贡》"九州"外一条云"余时同客太原面质正"云云。又曰："吾与君所共游者，非石岭关以南乎？"潜邱生于崇祯九年丙子，少先生二十三岁。松案：潜邱补正《日知录》，凡四十一条；复纠《肇域志》，言晋穆侯晋境不得至界休之非，又言代四迁，不止于三，江西三仅知其二，说具载所著《札记》中。然《与刘超宗书》言先生之书精且博；《与戴唐器书》言读顾氏《音学五书》，"心花怒生，背汗浃出"；又言"此地缙绅有如马宛斯其人者，文学中有如傅青主、顾宁人其人者，使后生小子感奋兴起，绍明古学，直追金华、嘉定诸先生之遗风"。其服膺先生至矣。度岁于静乐。衷和敏德来学。元《谱》所载，未详其人。寓书潘次耕，议抚吴江族子衍生为嗣。是年，从子洪善乡试，中式举人。元《谱》。原一主顺天乡试，韩元少出其门。有摭其取副榜不及汉军者，坐降级归。穆据《有怀堂集》补。

潘稼堂赠先生六十寿序云："吾师亭林先生，负名世之资，学贯天人，而遭罹厄会，崎岖戎马之间，颠沛岸狱之下，濒危者数矣，卒自全。客游二十岁，穷边绝塞，靡险不经，而筋力不怠。今六十矣，精明强固，无减壮年。"徐《谱》。

是年诗有《读李处士襄城纪事》一首、《寄杨高士瑀》一首、谦案：瑀，字雪臣，武进人，著有《飞楼集》一百二十卷，年七十余卒。穆案：《广师》云："读书为己，探迹洞微，吾不如杨雪臣。"健庵《雪臣七十寿序》："先生少日好立奇节……既而厚自刻厉，率诸子键户读书，自经史而外，分授天官、地理、历律、兵农之书。出则与恽逊初讲学南田及东林书院，如是者余三十年。"《齐祭器行》一首、《题李先生矩亭》一首、谦案：惠太史周惕《李君墓表》：君讳源，字江余，一字星来，德州人。顺治丙戌进士，授河津令，有能称，罢归。为人和易恬退，好读书，至老不倦，于古今河渠、漕屯、兵农诸事，讨论尤精云云。《济南府志》称源归里后，筑退庵，因以自号，植花竹，购图书。昆山顾处士炎武闻源谈《易》数，叹曰："今之管辂也。"穆案：此即先生戊申《赴东》手迹所谓北李家也。《鄃》一首、《土门旅宿》一首。

谦案：先生是年有《与李武曾书》云："弟夏五出都，仲秋复入，年来踪迹大抵在此。将读退谷先生之藏书，如好音见惠，亦复易达。顷者《日知录》已刻成样本，特寄上一部，天末万山中冀览此如觌面也。率尔不宣。"据手书墨迹补入。

穆案：《望云楼帖》又载《与潘次耕》手札云："昨退翁见召，午后趋往，而太史公已行，不得一晤，幸致意。明日有便酌，可于晡时过我，昏后遣骑送回。此启次耕贤弟。炎武顿首。"以时考之，当在此年八月复入都门时也。又案：周令树《重建晋祠碑亭记》末云："时同游者，有炎武之弟子吴江潘耒。"记作于此年端午后三日。意次耕由太原入都，冬乃南归也，故有与议立族子衍生之书。

十二年癸丑，六十一岁。

正月，由静乐南归，至扬州。元《谱》作"由山西之山东"，据手札正，说见后。入都，主公肃甥。四月，至德州，订州志。返章丘桑家庄。八月，游济南，元《谱》。寓通志局。穆据《居易录》及手迹补。《居易录》："《山东通志》修于癸丑，当事既视为具文，秉笔者又卤莽灭裂，不谙掌故。人物一门，竟将曹县李襄敏秉、单县秦襄毅纮、沂州王恭简景三巨公姓名事实，削去不存一字，其余可概见矣。时方伯施泰瞻天裔主其事，聘吴郡顾炎武在局，而不一是正，可惜也"。先生有《与颜修来》手札云："弟今年寓迹，半在历下，半在章丘。而修志之局，郡邑之书颇备，弟得借以自成其《山东肇域记》。若贵省之志，山川古迹稍为删改，其余概未经目，虽抱素餐之讥，幸无芸人之病。然以视令叔先生，则真鲁之两生不敢望后尘矣。汶阳归我，治之四年，始得皆为良田，今将觅主售之，然后束书西行，为入山读书之计。所刻座右铭一通并《音学五书》面叶呈教。近日又成《日知录》八卷，韦布之士，仅能立言，惟达而在上者为之推广其教，于人心世道不无小补也。率此附候，不宣。"穆案：《通志》之役，张稷若亦在局中，见所作《李织斋文钞序》。李织斋者，即先生《谲觚十事》所云乐安李象先也。十月，自章丘至德州，哭程正夫工部，又闻从叔父穆庵及归元恭讣，设祭于桑家庄。入都，得滇南报。元《谱》：是年朝议撤三藩兵卫。寄潘次耕书，令族子衍生北上。在京度岁。元《谱》。是年，次甥秉义登进士一甲三名。穆补。韩菼榜：菼，字元少，号慕庐，长洲人。

是年诗有《赠钱编修秉镫》一首、元《谱》：秉镫，字幼光，后改名澄之，字饮光。宏光时客嘉善钱吏部仲驭家，马、阮方兴大狱，逮捕诸清流，饮光名亦在捕中，乃变姓名逸去。南都失守，饮光走粤东，妻孥尽死于震泽，乃为僧装，释名西硕。七年后始返故里。编修盖唐藩遥授者。穆案：谱谓编修为唐王遥授，大误。穆尝钞得饮光所撰《明末野史》，其《永历纪事》篇载云："永历三年十二月二十四日，上临轩亲试经义三道、论一道、诗一首，取中八人授翰林院庶吉士，秉镫名在第二。"又一条云："庚寅冬，蒙临轩特典，改授庶吉士。予出山阴严公起恒门，公在上前极称予有制诰才，请改编修，管制诰，上领之。"然则饮光乃桂王间关从龙之彦矣。故先生诗曰"断烟愁竹泣苍梧，秃笔凄文来涨海"也。松案：饮光于壬子冬入都，馆龚尚书鼎孳家，见《憺园集》。谦案：饮光尝问《易》于漳浦黄先生，撰《田间易学》。又撰《田间诗学》，以《小序》首句为主，采诸儒论说，自《注疏》《集传》外，凡二十家，于名物、训诂、山川、地理，言之尤详。诗得香山、剑南之神，有《藏山阁稿》《田间集》。《先妣忌日》一首、《自章丘回至德州则程工部逝已三日矣》一首、《有叹》一首、《哭归高士》四首。穆案：《微云堂杂记》："顾宁人与吾友归元恭同里闬，元恭守乡曲，而宁人出游四方，所至垦田自给。""元恭尝邀同社诸君子会于影园，余以病不果往。元恭旋殁，余以诗哭之，又为文祭之，曰：'先王道丧，士习懦愞。孔子有言，必也狂狷。归奇顾怪（四字出于此），一时之选。渔猎子史，贯穿经传。志高气盛，雄杰魁岸。顾游四方，燕塞秦甸。君独闭门，枯守笔砚。跅弛不羁，俗人笑姗。抱太仆文，搜罗拾捃。胡忽陨亡，逝如飞电。'"

有《从叔父穆庵府君行状》。

是年先生有《答李武曾书》云："黔中数千里，所刻之书并十行之牍乃不久而达，又得手报至方山所，而寄我于楼烦、雁门之间。若频阳至近，天生至密，而远客三楚，此时犹未见弟之成书也。（穆案《受祺堂集》：子德于壬子、癸丑两年，俱在湖北。癸丑夏有《得宁人先生书感赋》一首。）人事之不齐，有如此者，可为喟然一叹！此书中有二条，未得高明驳正，辄乃自行简举，容改后再呈。且续录又得六卷，未必来者之不胜于今日也。交城县刻弟所正之《七经误字》，附上一纸。比客维扬，颇能摄疾。远承注问，并谢。"附李来书云："客春黔阳一缄奉候，想入记室。自后驱车关塞，不觉逾年。朔气愁人，每忆江乡景物，恨不能奋飞与先生共话莺黄柳碧间也。迩来道体何似？肺病想不复作，甚念之。弟新正入都，为诸公所留，遂下司勋之榻。屈指邗江系缆，又在来春，为耿耿耳。所携台札，一一致到，阮亭匆匆属笔。前贻锡鬯物，面致久矣。君馆于东抚君，甚善也。好风南来，时惠远音，以慰翘切。”谦案：武曾《秋锦山房集序》：辛亥春，从曹澹余侍郎入黔。朱竹垞《江湖载酒集》亦有《寄武曾在贵竹·金缕曲》词，中有“上巳浮杯匆匆别”句，则武曾之往贵州，是辛亥三月。兹书首云“客春黔阳”一札，当指到黔之次年壬子，而此书之发，盖在癸丑岁也。谦得两先生手翰，故于今年并补录之。第以是年朱、李两家踪迹，就竹垞年谱证之，与李书所云多不相符，而元《谱》于先生今年亦未有扬州养疴之事。其中如何舛迕，未敢臆断，存之以俟续考。穆案：据元《谱》，辛亥十月在交城令所，此云交城县所刻《七经误字》，知必在辛亥之后。据此年《寄修来》札云“又成《日知录》八卷”，此云“续录又得六卷”，知必在此年之前。先生上年于静乐度岁，故云“寄我于楼烦、雁门之间”，比客维扬，则作复书之地也。然则此札必在癸丑，春首竟由静乐南征。元《谱》误云之山东耳。若良年一札，则与先生书前后俱不相应知者。先生既以著书相寄，不容更无一语相复。又渔洋以壬子夏典试四川，差旋遂奉母夫人讳家居，此有“阮亭匆匆属笔”之语，札必不作于癸丑，更无疑也。此札或前或后，不敢遽定，然考健庵《李分虎诗集序》曰：“长水李斯年、武曾、分虎三兄弟，俱渊雅负隽才，俱好远游。六七年前，斯年游粤东，武曾游黔中，而分虎尤越在万里外，在五溪六诏间。”“既念家有老母，日南天末，不可以久居，则由金齿历贵筑，从其仲兄武曾，间关跋涉以归。盖归甫逾时，而西南之变作。”考吴逆以十三年正月反，而先生丙辰冬有与分虎诗曰“李生符自南中归槜李三年矣”，则武曾之归，当在此年冬尽，札首又有“此后驱车关塞，不觉逾年，朔气愁人”云云，似是自黔归后，又作西北之游意。此札亦当在乙卯、丙辰间也。车君因先生书有“比客维扬”语，李书有“邗江系缆”语，遂误仞为来书耳。曹澹余侍郎者，安丘曹申吉也，康熙十年由兵部侍郎授贵州巡抚，吴三桂反，申吉从贼，后不知所终，或云三桂疑而磔之矣。又案：顷借得良年《秋锦山房集》，其子潮偕跋云是编即以行止出处为卷次，盖仍然编年也。癸丑岁《九友》诗其第二首为“怀昆山顾宁人炎武”，尾句云：“昨者《日知录》，寄我楚南峰。”确系岁壬子也。春杪有《闻斯年兄从岭南归营草堂于长水东村相见当在今腊》诗，又《二月中得分虎自滇中寄诗》有云：“约束琴书好归去，莫令又过菊花时。”《归途与分虎舟中夜坐共话家园诗》有云：“武陵烟霞照江底，人家茅屋秋云里。”则于晚秋道出湖南也。此年踪迹，合之健庵诗序，无不一一符合。次年甲寅家居，有家宴及同人游宴诸作。次年乙卯，历游邗上、滁州、怀远、龙山诸处，所谓“自后驱车关塞，不觉逾年”也。此后或家居，或暂出游，以未远涉，故诗亦不详。其《偕健庵宫坊集钱遵王述古堂》及《立斋园居落成招饮》诸作，则丁巳后徐氏兄弟居忧时事。然则此札必在戊午应诏北上后无疑。时渔洋已服阕改官翰林，竹垞亦被荐入都，与札中云云，又一一符合也。据知“客春”云者，特回忆往事，非孤指作札之前一年，而先生之札及贻竹垞物，何由得良年携来，此间情事则不可臆推矣。良年初袭虞姓，名兆潢，又名法远，后复姓名李良年，字武曾，号秋锦，嘉兴人，生于崇祯六年癸酉，少先生二十岁。

十三年甲寅，六十二岁。

正月，出京，由易州往汾州。四月，至德州，回济南。度岁于桑家庄。元《谱》。

是年诗有《广昌道中》二首、《寄问傅处士土堂山中》一首、《与胡处士庭访北齐碑》一首、元《谱》谦案：庭字季子，汾阳人，青主弟子。穆案：戴东原修《汾州志》：庭父名遇春，崇祯戊辰进士，由聊城知县擢户部主事。庭自李自成之乱，遂与弟同并隐居讲学。庭于《易》《诗》《春秋》《论语》《大学》《孟子》皆有论著。又曰：顾炎武其学上继汉唐考核之儒，其《金石文字记》所载《大相里齐天保三年相里寺碑》《郭社村唐乾封二年郭君碑》《文侯村唐上元三年任君碑》《小相里唐相里瑞碑》《晋天福五年相里金碑》，皆身至其地摹拓者。《咏史》二首、《路光禄书来叙江东同好诸友一时徂谢》一首、《过矩亭》一首、《潘次耕南归寄示》一首、《子房》一首、《刈禾长白山下》一首、《岁暮》一首。

十四年乙卯，六十三岁。

从子洪善来省于章丘。赴济阳，访张稷若。往德州送程工部葬。八月，自山东历河南抵山西之祁县，主戴枫仲廷栻家。元《谱》：枫仲名廷栻，祁县人。家多藏书及法书名画，著有《半可集》。与傅青主、王渔洋友善。谦案：《竹南漫录》：枫仲博学好古，所居丹枫阁上，图书鼎彝罗列左右，人方之倪迂清閟。枫仲为筑室祁之南山。穆据《受祺堂集·答戴枫仲见怀诗注》补。诗云：“汉室闻遗老，君为筑草亭。”自注：顾亭林将起山堂祁之南山，戴力任之。先生因之，置书堂焉。穆据《蒿庵集》及《竹垞诗话》补。蒿庵《自叙墓志》：所著有《仪礼郑注句读》，“遇昆山顾宁人，录一本藏山西祁县所立书堂”。《静志居诗话》：宁人“于山西营书院一区，尽取家中所藏十四经、二十一史，暨明累朝实录，插签于架。予尝分书题其柱云：入则孝，出则弟，守先王之道，以待后学；诵其诗，读其书，友天下之士，尚论古人”。穆案：先生又尝欲作书堂于西河之介休，聚天下之书藏之，以贻后之学者。见健庵兄弟征书启。十月六日，张帝臣某及张又南云翼过访。元《谱》：帝臣无考。又南名云翼，咸宁人，靖逆侯甘肃提督勇之长子，以父荫官大理寺卿。是年春，平凉王辅臣反。三月，辅臣函大将军符札招勇，勇斩其使，命长子云翼赴京首奏，勇得晋侯爵。闰五月，大破贼于巩昌，收复宁州等卫之陷贼者，乱遂平。勇喜与贤士大夫延接，同里若李中孚、王山史、李子德咸与之为忘分交。谦案：先生著《左传杜解补正》三卷，又南捐资刻之。穆案：衍生尝写《历代宅京记》一部赠靖逆侯，其时又南已袭爵矣。纳妾于静乐。元《谱》：先生辛亥在太原遇傅青主，诊先生脉云：“尚可得子。”至是因纳妾。是年，公肃改翰林院学士，原一复元官。穆补。彦和时官中允。

是年诗有《兄子洪善北来言及近年吴中有开松江之役》一首、

元《谱》案：康熙十年二月，江苏巡抚马祜奏浚刘家河五千一百八十丈。十二月，委苏松常道参议韩佐周及苏、松二府同知、通判师佐、王永熙、周祚昌等董浚吴淞江一万四百九十一丈，各于海口置闸。其经费则奏准留苏、松、常三府漕折银九万两，浙省杭、嘉、湖三府漕折银五万两充费同，藩司慕天颜檄行所属督理。是年九月，昆山知县董正位申详开浚瓦浦，凡三十六里，是月兴工，至十二年五月讫工。邑诸生朱青以岁旱请于巡抚浚注浦，自刁家桥东出吴淞，民赖其利，改注浦曰朱浦。诗中有云“那闻父老复愁兵，秦关楚塞方酣战”者，是岁以耿、吴二逆之故，天下骚然，所在多不靖云。

《闰五月十日》二首、《过张贡士尔岐》一首、《送程工部葬》一首、《寄路舍人》一首、《孙征君葬于夏峰时侨寓太原不获执绋》一首。

元《谱》案：《李征君年谱》：乙卯冬，顾宁人书来。宁人自癸卯盩厔别后，虽足迹遍天下，而音问时寄。是时征君流寓富平，寄书略云：“先生龙德而隐，确乎不拔，真吾道所倚为长城，同人所望为山斗者也。今讲学之士，其笃信而深造者推先生。异日九畴之访、丹书之受，必有可以赞后王而启来学者。侧闻卜筑平阳，管幼安复见于兹。弟将策蹇渭上，一叙渴悰也。”

是年撰《陈鼎和墓志》。

十五年丙辰，六十四岁。

正月自山西之山东。二月，入都，主原一甥。元《谱》。穆案：原一时官右赞善。《余集》有《与潘次耕札》云：原一"官弥贵，客弥多，便佞者留，刚方者去。今且欲延一二学问之士以盖其群丑……吾以六十四之舅氏主于其家，见彼蝇趋蚁附之流，骇人耳目，至于征色发声而拒之，乃仅得自免"。三月回山东。五月，入都。二十八日，先生诞辰，原一具酒称祝。秋，至蓟州，仍入都。十一月二十四日，先生弟五妹徐太夫人讣到。二十七日成服，越二日设奠。命抚子衍生北上，并寓书湖州沈允斌三曾、沈度汪涵昆季，附其家眷舟至京。元《谱》谦案：沈度汪，名涵，一字心斋，归安人，康熙丙辰进士，官至阁学。《一统志》称其督学福建时，试士公明，虽勋贵请托弗许，所拔皆名宿。以朱子分年读书法课士，士习为之丕变。秩满去，闽人创清茗书院祀之。允斌未考。穆案：康熙丙辰进士。《履历便览》：沈三曾允斌，丙午年生，归安籍，乌程人。壬子十二名，会试三十六名，二甲二名，钦选清书庶吉士，戊午授编修。沈涵度汪，丁酉年生，归安人。乙卯五名，会试十七名，二甲三名，钦选清书庶吉士，戊午授编修。三代同，盖胞兄弟也。以生年核之，度汪是年二十岁，允斌若生于丙午，才十一岁耳，丙子殆甲子之误，是时年二十三也。然试年多不足据，如下顾洪善生于崇祯壬午，而《履历》作戊子，则减六岁也。又案：康熙十八年己未会试，允斌、度汪皆充同考。在京度岁。是年，从子洪善成进士，元《谱》。改中书。穆补。康熙丙辰进士。《履历便览》：顾洪善，字达夫，戊子年正月十六日生，昆山人。壬子十四名举人，会试十二名，二甲十六名。先生有手札云："岁云莫矣，欲走斋中一晤，不知可得片刻之暇，商订风雅否？此间殊觉总总，弟于二十七日移至舍侄寓中度节。《肇域记》想已阅毕，幸付下。此启。"以元《谱》考之，知必在是时。盖因徐氏居忧，故于成服之日，即移至达夫寓中也。从子洪慎得子于昆，命名世枢，字之曰荣绪，后更名宏佐，字复吕，立为殇子诒縠后。元《谱》：《昆新合志》：宏佐年十三，补松江府庠生，长洲何焯跋其文，勉以绳武。年未二十，病瘵卒。健庵《立孙议》："舅氏亭林先生立从子洪慎之子世枢为孙。或者曰：无子而立孙，非昭穆之序，是使世枢有祖而无祢也。先生即有子而殇，殇不立后，盍择诸族兄弟之子以为嗣乎？予应之曰：不然，自夫子之告子游，已谓三代以后，天下为家，各亲其亲，各子其子，为人之同情。是则兄弟之子，必亲于从兄弟之子，从兄弟之子，必亲于族兄弟之子也明矣。古人之立宗也，自非大宗，五世亲尽则族属绝。苟谓兄弟之子无当立者，舍兄弟之孙弗立，而立疏远族属之子为嗣，其于祖若考之意，果无憾乎？有国者之继世，与士大夫之承家，其理则一而已矣。吾外家顾氏，侍郎公有二子，赞善公为大宗，梦庵公继祢之宗也。梦庵公有子未昏而夭，贞孝王孺人服丧衰以归于顾，又十二年，先生生，先生方在襁褓，梦庵公抚而立之为贞孝后。先生实吾外祖宾瑶公之子，于宾瑶公之子孙为至亲。宾瑶公诸孙，洪善冢适也；洪泰孤子，不得为人后。吾仲舅子严失明年老，唯洪慎一子，非支子不得为人后。洪慎生三子矣，立世枢为先生后，不亦可乎？《晋书·荀颢传》：颢无子，以从孙徽嗣。中兴初，以颢兄元孙序为颢后，封临淮公。荀氏，颍川名族，子姓甚繁，岂无昭穆之伦可立为子者，而独以从孙嗣，其必不舍亲属而他立也，礼之权而不失经者也。何琦之从父以孙绍族祖琦，以为宗绪不绝，若昆弟以孙若曾孙后之，理宜然也，礼缘事而兴，不必拘常以为碍也。故雷次宗释《仪礼》'为人后者'之文，以为不言所后之父者，或后祖父，或后高曾，凡诸所后皆备于其中。庾纯云：为人后者，三年或为子，或为孙，若荀太尉养兄孙以为孙，是小记所谓为祖后者也。祖所养孙犹子，而孙奉祖犹父，无改父祖之差，同三年也。何琦、庾纯，古所称知礼之君子，其言凿凿如此。惟庾蔚之谓间代取嗣，古未之闻。然试以各亲其亲之常情准之，则必喟然发寤，以为不悖于先王之道矣。故昭穆相续，其常也，如亲属无当立者，不得已而立从孙为孙，如父子之谊，仍不改其昭穆之伦，毋亦势之不得不然，而圣人之所许与？予故详论之，以告吾母党云。甥徐乾学谨议。"谦案：先生《与李霖瞻书》：犹子衍生"稍知礼法，不好嬉戏，竟立以为子。而昆山从弟子严连得二孙，又令荆妻抱其一，以为殇儿之后"云云。所抱者即洪慎之子宏佐，本先生立为殇子诒穀之后，先生之治命也。而衍生立为子，亦先生初意，且相随五六年，并为之授室，以至于视含饭，恩义亦非泛常。乃稽其家谱，立为先生后者，别名洪瑞，又不详洪瑞之所出，岂先生既殁，家人乃斥退衍生，复为立洪瑞邪？抑洪瑞即衍生之改名邪？均不可考矣。穆案：洪瑞盖衍生之谱名。《历代宅京记》后有衍生跋云："先府君著书俱有自序，兹编告成最晚，甫脱稿，府君捐馆，徐相国遣人取去。自念云泥势阻，无能往索，至相国归田后，始获检还。不肖衍生泣血志。"案：立斋以康熙二十九年九月致仕归里，距先生之殁已九年。又元和顾广圻家藏先生著书目录，衍生手迹也。跋云："岁丙子不肖衍生于旧簏中检得此本，读之泫然，因追想当年，多所不符。丁亥冬，于宛陵旅舍出而录之。"云云。丙子为康熙三十五年，丁亥为康熙四十六年，距先生之殁二十六年矣。康熙壬戌，衍生年十七，至康熙丁亥，衍生年四十有三矣。抱业称孤，曾无异说，岂有家人斥退之理？得此二证，车君之疑可涣然释矣。

是年诗有《汉三君诗》三首、《楚僧元瑛谈湖南三十年来事作四绝句》四首、《檐下雀》一首、元《谱》：盖居徐氏寓邸时作。《蓟门送子德归关中》一首、徐《谱》：子德盖自先生诗狱事毕，至此年重至京师。《寄李生符》一首。徐《谱》：符，字分虎，良年之弟。

作《日知录自序》《与戴耘野书》。徐《谱》：戴笠初名鼎立，字则之，更名笠，字耘野，又字曼公，吴江人，潘稼堂之师。

先生是年有《与黄太冲书》云："辛丑之岁，一至武林，便思东渡娥江，谒先生之杖履，而逡巡未果。及至北方十有五载，流览山川，周行边塞，粗得古人之陈迹，而离群索居，几同伧父，年逾六十，迄无所成，如何如何！伏念炎武自中年以前，不过从诸文士之后，注虫鱼，吟风月而已。积以岁月，穷探古今，然后知后海先河，为山覆篑，而于圣贤六经之指、国家治乱之原、生民根本之计，渐有所窥，未得就正有道。顷过蓟门，见贵门人陈、万两君，具念起居无恙。因出大著《待访录》，读之再三，于是知天下之未尝无人，百王之敝可以复起，而三代之盛可以徐还也。天下之事，有其识者未必遭其时，而当其时者或无其识，古之君子所以著书，待后有王者起得而师之。然而《易》'穷则变，变则通，通则久'，圣人复起，不易吾言，可预信于今日也。炎武以管见为《日知录》一书，窃自幸其中所论，同于先生者十之六七，但鄙著恒自改窜，未刻，其已刻八卷，及《钱粮论》二篇，乃数年前笔也，先附呈大教。倘辱收诸同志之末，赐以抨弹，不厌往复，以开末学之愚，以贻后人，以幸万世，曷任祷切！"谦案：此书不载集中，兹从梨洲所著《思旧录》中补入。穆案：梨洲生于万历三十八年庚戌，长先生三岁。陈、万两君者，陈介眉锡嘏，定海人，以是年成进士，入翰林。万谓季野先生，时客健庵尚书家。又车君于辛丑下案云：先生丙辰岁《与黄太冲书》，是年曾至武林，并未渡江，而元《谱》乃谓抵绍兴，谒禹陵，未知何据？然先生实有谒禹陵、宋六陵诸诗，又似亲履其地者，不敢强解，阙疑可也。许瀚案：娥江在绍兴东嵊县，未渡娥江，非未渡钱塘江，固无害其抵绍兴谒禹陵也。此言一至武林者，犹言一至浙江耳，即东至绍兴，仍可说一至武林也。

十六年丁巳，六十五岁。

正月，与甥原一、彦和、公肃话别于天宁寺。元《谱》。穆案：寺在广宁门外。二月，至昌平，六谒天寿山及怀宗攒宫。是行也，与王山史偕。四月，出都。十三日，至德州，见抚子衍生及衍生之师李既足云霑于张简可家。元《谱》：先三日，衍生及师李既足附沈度汪家眷至德州，将入都，先生预留书张简可家，止之。至是相见，行父子礼。谦案：张简可未考。穆案：自此以下，皆衍生所亲见，故记述颇详。访李霖瞻浃、李星来源。元《谱》：霖瞻，名浃，号陶庵，德州人。顺治丙戌进士，延庆知州、芮城知县。潘次耕《陶庵诗序》：先生雅慕靖节为人，筑一室曰“陶庵”，日哦其中。是月二十一日，自德州至郑家口。二十四日，抵曲周，主路安卿家，祀先于旅寓。五月七日，移寓曲周之增福庙。元《谱》：主僧名晏如，时当涂令贺宣三应旌亦寓庙中。延既足暂留课子，即去之山西道汾州之介休、霍州之灵石。九月，入陕，主王山史家。穆补订。王山史《山志》：“丁巳秋九月初三日，亭林入关，主于予家，将同作买山之计。频阳郭九芝明府闻之，以书来曰：‘闻顾宁人先生已抵山居，宁人命世宿儒，道驾俨然，非无所期而至止，关学不振已久，斯其为大兴之日邪？’予复之曰：‘弟年近五十始归正学，今幸宁人先生不弃，正欲策厉驽钝，收效桑榆。’”云云。《受祺堂集》有《承问宁人先生中秋抵华下阻雨尚稽省视怅然有作》四首、《又诣华阴时宁肯人先生未至一宿而行》二首。元《谱》记先生冬入陕，十一月始访山史于华阴。以王、李所记核之，知谱误也。盖衍生虽南来，尚留德州，未随行，故所记稍差耳。访李中孚于富平东南军寨之北。元《谱》：《李征君年谱》：宁人自山右来访，密迩征君，时至卧室盘桓，语必达旦。案：《征君年谱》系此则于丙辰冬，考衍生元《谱》，丙辰年未尝入秦，其至富平实系丁巳，当时衍生已随侍往来，应无误记。《李谱》或偶讹耳。李子德来迎，因过所居月明山下，登堂拜母。徐《谱》：山在富平县东北七十五里，子德居于山下。穆案：《受祺堂集·邑里绝句》诗注：“频山，亦名月明山。”十一月，游太华，重访山史于华阴。穆订。复回山西，度岁于太原之祁县。是岁，从子洪慎举次子，先生名之曰世棠，字曰思召。元《谱》此下曰：即寄书从弟子严，欲立世枢为殇子诒縠后，并属达夫致词。谦案：《昆新合志》：世棠以诸生入太学，喜搜罗先世手泽，以长子炯诗为宏佐后，构遗清堂贮从祖炎武遗书，俾世守焉。嫁妾于李又泉。元《谱》：先生《规友人书》云：于静乐买一妾，立嗣议定，即出而嫁之。李又泉无考。穆案：《余集》有《与潘次耕札》云：“去秋已遣祁县之妾。”以时考之，去秋即指此年，或静乐所买之妾乃祁县人邪？《日知录》“月食”条下有云：“静乐李鲈习西洋之学。”疑又泉即鲈之字矣。

是年诗有《有事于攒宫》一首、《赠贯太监宗》一首、《陵下人言上年冬祭时有声自宝城出》一首、《郭林宗墓》一首、《介休》一首、《介之推祠》一首、《霍北道中怀关西诸君》一首、《河上》一首、案：丙辰年叛将王辅臣踞陕西之龙驹寨，断商雒南路，旋复引川寇犯通渭。是年辅臣为大将军图海所败，朝命招抚，乃率众降，而贼党吴之茂寇秦州。十二月，朝命建威将军吴丹略地华、商，副都统佟舒浑败贼于峻岭，复山阳县。故诗有“去年方斗争，掘濠守朝那”云云。《雨中至华下宿王山史家》一首、《过李子德》四首、徐《谱》案：《鹤征录》云：天生与亭林、竹垞暨李良年为布衣兄弟。天生年小于顾、朱而长于良年二岁，虽在客所及私寓，无或乱者。故诗云：“及门初拜母，让齿忝为兄。”穆案：《受祺堂集》有《宁人先生肯访山村留宿见赠》四诗、《用韵奉答》四首。《皂帽》一首、《采芝》一首、《寄李生云霑》一首。

有《答曾庭闻书》。元《谱》：庭闻名畹，初名传灯，宁都举人。弟名传灿，字青藜。皆骏雄自命，有“双丁”之目。作《华阴王氏宗祠记》。

十七年戊午，六十六岁。

春，由太原入关中。富平令郭九芝传芳元《谱》：大同人。穆案：《陕西通志·令长名宦》：郭传芳，字九芝，大同威远卫人。由选贡授咸宁县佐，摄郃阳、长安篆，俱有声，迁富平知县。滇逆之变，凉寇窃发，传芳侦贼将入境，乘雾捣巢，斩获有功。时军书旁午，传芳转输有法，民不告劳。又《受祺堂集》与九芝诗至多。九芝一字献素，明年升任达州。迎先生于二十里外。元《谱》。穆案：《余集》先生有《与潘次耕书》曰：“频阳令郭公既迎中孚而侨居其邑，今复遣人千里来迎，可称重道之风。而天生遂欲为我买田结婚之计，虽未可必然，中心愿之矣。”又《受祺堂集》有《陈情归赋云中曲呈郭明府》诗曰：“晨起呼童秣吾马，为公亲介初度觞。前年是日杯相属，左有东吴右二曲。”自注谓“宁人先生，中孚家兄”。正此年秋事。又云：“今此二妙迹稍远，太原征君声光续。”自注：时迎青主傅先生至。案：明年先生出游嵩、少，冬仲始旋关中，故云“迹稍远”。而九芝又迎青主入关，信乎好贤之笃矣。闰三月，遣子德家人至曲周，接衍生及既足，期会于富平军寨李中孚家。四月朔，九芝邀先生至署，寓南庵，旋移寓朱公子树滋斋中。元《谱》：树滋，字长源，故宣府巡抚都御史之冯子，长斋绣佛，以终其身。与既足次弟故友遗诗。元《谱》。穆案：《尚书古文疏证》卷八“余戊午应荐，至京师，昆山顾炎武宁人时在富平，有自富平来，传其新论者”云云。

时朝议以纂修《明史》，特开博学宏儒科，征举海内名儒，官为资送，以是年冬齐集都门候试。先生同邑叶讱庵阁学及长洲韩慕庐侍讲，欲以先生名应荐，已而知先生志不可屈，乃已。于是先生绝迹不至都中。元《谱》。

穆案:《己未词科录》贾崧按:“叶讱庵侍郎欲举亭林,亭林固辞,致书者三,遂不列荐剡。常熟吴龙锡有诗云:‘终南山下草连天,种放犹惭古史笺。到底不曾书鹤板,江南惟有顾圭年。’”

冬,张又南廷尉承父命来聘往兰州,坚辞之。元《谱》:张靖逆时提督兰州。潼商道胡狷庵戴仁来访,欲聘至署,亦辞不往。元《谱》:何狷庵,未详。穆案:“何”乃“胡”讹。《陕西通志》分巡潼商道有胡戴仁,北直容城人,康熙十四年以参议任。过同州之华阴,达华州,止吏目王二华尔谦署。元《谱》:尔谦,常熟人。

是年诗有:《春雨》一首、《寄同时二三处士被荐者》一首、《井中心史歌》一首、《夏日》一首、元《谱》:时秦陇苦旱。《梓潼篇》一首、《和王山史燕中对菊》一首、《关中杂诗》五首、《过朝邑王处士建常》一首。元《谱》:建常字仲复,邠州长武人,居河渭之间。早弃帖括,以著述自娱,著有《律吕图说》二卷。

有《答潘次耕书》《与李湘北书》、元《谱》:湘北名天馥,合肥籍,永城人。顺治戊戌进士,官至大学士,谥文定,著有《容斋集》。徐《谱》:湘北时官内阁学士,子德之举鸿博,是湘北所荐,故先生为子德致书。《与李星来书》《答李紫澜书》《与友人辞往教书》《答李子德书》《与友人书》。

十八年己未,六十七岁。

正月,往延安,抵同官县,拜寇公墓。元《谱》。穆案:寇公名慎,字永修,同官人。墓在县东南义兴原。《余集》有《寇公墓志》曰:天启六年,寇公为苏州知府,炎武年十四,以童子试见公,被一言之奖,于今五十有四年,而始得至同官,拜公于墓下。旋携衍生移寓华下山史所构新斋。元《谱》案:先生《关中杂诗》第五首自注云:“山史新构小斋,将延余住。”又元《谱》是年二月携衍生往华阴,主王山史家,而先生《与从子书》则谓新正已移至华下,据正。穆案:《受祺堂集》有《题无异先生顾庐三首序》曰:“无异先生初辑是庐,学《易》其中,因以颜之。顾亭林先生至华下借居之。亭林先生既殁,山翁改署今名。李生见而哀之,且多山翁之敦夙好也,为诗纪实云尔。”然则所构新斋,即山史之读《易》庐矣。先是山史以朱子于淳熙乙巳寄禄华州云台观,欲为建祠堂,兼营书院以居,先生因迁入山史家。元《谱》。先生与从子书云:“新正已移至华下。祠堂、书院之事,虽皆秦人为之,然吾亦须自买堡中书室一所、水田四五十亩为饔飧之计。

秦人慕经学，重处士，持清议，实与他省不同。华阴绾毂关、河之口，一旦有警，入山守险，不过十里之遥，若志在四方，则一出关门，亦有建瓴之势。”《余集》有《与潘次耕札》曰：“朱子祠堂，山史但能割地耳，经营之事，吾将一身任之。”穆案：祠堂于辛酉夏始落成，书院则当因山史南游故，未竟其业。故先生《与李中孚书》曰“不欲再起书院”，盖不欲借祠堂之名，自营菟裘也。《受祺堂集》有奉先生诗曰：“曾论徽祀虚笾豆，许傍新宫自筑堂。”自注：先生有约居云台观朱子祠内。徐《谱》：是年李子德自京师还，潘稼堂赠诗有云：“吾师顾亭林，名德今第一。停车华山阳，与君等胶漆。”又云：“吾师筑书堂，仿佛近箭栝。云台紫阳祠，气象甚宏豁。见君乐难支，管席谅不割。”谓先生在华阴时事也。三月，出关，作嵩、少之游。元《谱》。穆案：《金石文字记》：“《开母庙石阙记》：今在嵩山启母庙南。岁屠维协洽暮春，余亲至庙下，视此石阙”云云。又有《嵩山太室神道石阙铭》，云“在登封县中岳庙南百余步”。又有《少室神道石阙铭》，云“在登封县西十里邢家铺西，距少室山尚十余里”。四月，至曲周，旋由河南抵汾州。马右实嗣光掣甘肃道，欲挈姊氏赴任，时右实已患病，止之，弗听。元《谱》：嗣光无考。穆案：顺治丙戌进士。《履历便览》马嗣光榜：名刚，字右实，睢州人。工部观政，授北直广平知县，丁亥调湖广辰溪知县，戊子本省同考，庚寅考察，己亥补江南怀宁知县，戊申升吏部验封司主事，庚戌会试同考，本年升稽勋司员外郎，奉旨改名“文康”，戌同考吏部验封清吏司主事。马刚裕三，河南籍，山东临朐人。又顺治十八年缙绅怀宁知县马刚孚朐，河南睢州人。又《受祺堂集》有《送马右实吏部分巡肃州诗》，时子德应鸿博试，在京师也。长洲毛锦衔今凤来受业。奠王式吾及平阳王九如。元《谱》：二人俱无考。十一月，回华阴。十二月二十七日，张又南廷尉夜半造访。是年，叶讱庵阁学充《明史》馆总裁，欲招先生入史局，复力却之。元《谱》。公肃甥二月召监修《明史》，九月赴阙。穆补。

是年诗有《寄子严》一首、《寄次耕》一首、《次耕书来言时贵有求观余所著书者》一首、《云台观》一首、《西鸦路》一首、《雒阳》一首、《嵩山会善寺》一首、《少林寺》一首、《嵩山》一首、《测景台》一首、谦案：潘耒《游中岳记》：“告城镇即古之阳城也。周公卜洛，立表测景，以此为地中，今有测景台存焉。台高五丈，纵广三丈，形体正方，而缺其北面十之二三。以悬壶滴漏当缺处，铺平石一行于地，其长视台之高广，可二丈许，刻水道其上，以承壶漏，视水所至，以定时，俗谓之量天尺。规制古朴，思理精微，非周公不能作。台南一石，高丈许，上立一表，其长八尺，是谓土圭。此唐仪凤中所立，见杜氏《通典》。”《卓太傅祠》一首、《梁园》一首、《海上》一首、《五岳》一首、《赠张力臣》一首、元《谱》：时力臣北游。《子德西归省吾于汾州天宁寺》一首、穆案：《汾州志》：李因笃与昆山顾炎武、太原阎若璩，皆以博古精考核，为学者推重。其至汾阳，因顾炎武游汾，时取道而来也。《寄次耕》四首、《岁暮西还时李生云霑方读盐铁论》一首。

作《寇公墓志铭》，为吴江朱处士明德作《广宋遗民录序》，元《谱》：明德，字不远，隐居烂溪之滨，少治经义有声，别著《句吴外史》，编记鼎革时事甚悉。《书太虚山人象象谭后》《与潘次耕书》《与公肃甥书》《与叶讱庵书》《与史馆诸君书》《答汤荆岘书》、元《谱》案：文正谢病里居时，先生曾以书通问。既开局修《明史》，文正分编《太祖本纪》四卷、列传十余卷，以书来询，答之如此。谦案：《汤子遗书》内载有答先生书一通。穆案：《受祺堂集》有《与汤荆岘》诗云：“东吴披裘翁，足迹天下遍。掉臂凌远皋，惟公接游燕。”《与人书二十二》。元《谱》案：崇福宫在登封县北嵩阳书院之旁。井叔氏，叶名封，武昌人。顺治丁亥进士，康熙中授延平推官，改知登封，举鸿博，报罢，入为兵马指挥。介石氏，耿名介，顺治壬辰进士，登封人，康熙十八年以兵备副使家居讲学。时登封令为长洲张埙，此书疑张于未竟工时以书相质，故答之如此。其明年功竣，汤文正公为作《嵩阳书院记》。

十九年庚申，六十八岁。

元旦作一联云：“六十年前二圣升遐之岁，三千里外孤忠未死之人。”以明神宗、光宗俱崩于万历庚申也。正月，至富平。二月，先生仲姊讣至，间二日成服设祭。三月，山西鹾使曾章山寅致馈。元《谱》。穆案：寅，江西清江人，康熙癸丑翰林。四月，山史有诸母卒，为议服及葬祭之礼。五月，送马右实丧出关，既足附之南归。二十八日，先生诞辰，富平令郭九芝将亲来致祝，力止之。华阴令迟屏万维城造访，因与谋建朱子祠堂事，迟欣然捐俸为倡。元《谱》。穆案：屏万，又字闾生。《受祺堂集》有《赠华阴迟明府屏万》诗云：“云台树接紫阳祠，适馆陶潜附一枝。隔代虚传提举禄，新宫兼致草堂资。”正谓此事。次句自注：“谓宁人先生。”又《寄答孟谋岳麓》诗注：“朱祠倡于迟明府，成于董明府。”董号裕庵。又《陕西通志》：迟维城，广宁人，康熙十九年任华阴令，历任五载，严禁习风，奖拔善类，建朱子祠堂，春秋奉祀。十月，携衍生往汾州之阳城里，访前中尉朱敏泙。元《谱》。穆案：《汾州志》有朱敏濛，字龙泽，庆成府镇国将军。李自成之乱，骂贼死。敏泙当即其兄弟。行志既录先生诗于艺文，乃不详敏泙出处，何也？阳城里在县东南十里。汾州守周西水于漆延请入署。元《谱》。穆案：《汾州志》：于漆，江浦拔贡。十一月，元配王安人卒于昆山，讣至，次日出署，十一日成服设祭，逢七祭奠，焚帛如常仪。度岁于王位冲德元中翰家。元《谱》。穆案：《汾州志》：王德元，汾阳人，由贡官兵部职方司主事。是年，公肃擢左都御史，原一以赞善充《明史》馆总裁。穆补。

是年诗有《送康文学乃心归郃阳》一首、元《谱》：乃心，字太乙，郃阳人。渔洋奉使祭告西岳，游慈恩寺，见太乙《题秦庄襄王墓》绝句，亟称之，康以此得名。学使陆俨庭德元拔之充贡是科，以第五人冠其经。长安语云："关中二李，不如一康。"著有《莘野集》。《友人来座中口占二绝》二首、《送李生云霑南归寄戴笠王锡阐二高士》二首、《酬族子湄》一首、元《谱》：湄字伊人，太仓人，著有《水乡集》。《朱处士鹤龄寄尚书埤传》一首、元《谱》：鹤龄字长孺，吴江诸生。甲申后自号愚庵，绝意仕进，专心经学。以朱子掊击《小序》太过，乃集诸家说，疏通《序》义，为《毛诗通义》。以蔡氏释《书》未精，撰《尚书埤传》。以胡氏传《春秋》多偏见凿说，乃合唐、宋以来诸儒之解，撰《春秋集说》。又以杜氏注《左传》未尽合，俗儒又以林注乱之，撰《读左日钞》。自著诗文曰《愚庵小集》。又注杜工部、李义山诗。与先生及同里陈启源相友善。《哭李侍御灌溪先生模》一首、元《谱》：侍御字子木，吴县人。天启乙丑进士，东莞知县，行取迁河南道御史。《华下有怀顾推官》一首、《华阴古迹》二首、《悼亡》五首、穆案：诗有云"送汝黄泉六岁孙"，谓世枢也。世枢以丙辰生，至明年送硕人葬，六岁矣。《冬至寓汾州之阳城里中尉敏泙家祭毕而饮》三首。

有《音学五书后序》《答王山史书》《答王仲复书》穆案："王山史《山志》：王仲复，司寇心一公之从子也，其学一以考亭为师，持躬处物，悉有矩矱。昔司寇为逆党诬害追赃，仲复先君举橐助之，故仲复长而家贫。遭乱弃诸生，弢迹渭滨，教授生徒，足不入城市。关西高蹈，当推独步。""庚申春，予治先君侧室张氏之丧，虽其出也微，念至孝苦节五十六年，意不忍薄为之，加礼绕以从事。时亭林已在予家，仲复贻书亭林，谓发乎情而不能止乎礼义，非贤者所为。时予事已举，未之能从，然不敢忘好友之规也。”元《谱》：谦尝以此事质之李申耆太史兆洛，太史曰：王山史幼嗣叔父，其本生父母俱存，其父携之入都，详见山史集中。两书未具原始，几若山史为抚于张氏者，如此则有慈母如母及庶母慈己之服，岂仅以袒免从事乎？后人有以此义驳先生者，然书称诸母，固非慈母比也。特以少申数语，致启群疑耳。《与友人辞祝书》《与王山史书》元《谱》案：是时山史客游于外，先生从山右寄书。《复张又南书》《与毛锦衔书》《与公肃甥书》《与王虹友书》、元《谱》：虹友名摅，号汲园，廪监生，太常时敏第七子。《答公肃甥书》。元《谱》：以上三书，疑皆庚申在华阴时作。时三藩扇动，秦陇间挽输旁午，故于公肃书中详及时事。

二十年辛酉，六十九岁。

二月望，先生去汾州。元《谱》：去汾州日，别刘学使梅、汾州太守周西水于漆、州司马黄伯华良骥。穆案：刘梅，字训夫，故城人。顺治戊戌进士。良骥福建龙溪生员，时官汾州通判。往曲沃，至解州运城，元《谱》。穆案：运城在盐池北路村。盐运使黄菉园斐来会。元《谱》。穆案：斐，浙江鄞县人，康熙庚戌翰林，与健庵同年。《憺园集》有《送黄菉园视盐河东》诗。晦日往答，即延先生入署。四月五日，菉园丁内艰，先生入吊毕，旋出署，携衍生入关，至华阴，访山史。山史先于二月南游吴、越，遂出菉园之馈，落成朱子祠堂。七月，既足自南来。八月二日，自华阴俶装至山西，由运城抵曲沃县。县令熊耐徒僎闻先生至，命舆至候马驿相迎，入城，寓元帝庙。元《谱》。穆案：《曲沃志》：熊僎，江西新淦人，进士，康熙十八年任。《进士履历便览》：僎，字匪莪，清江人，顺治己亥进士。候马驿在县西南三十里。十一日，先生患欧泻。十八日，既足得其父母凶问，星夜驰归。九月，移寓上坡韩氏镜家。十月，又移寓下坡韩村韩旬公宣之宜园。元《谱》。穆案《进士履历便览》：韩宣，又字裕斋，康熙己未进士。《曲沃志》：韩村在县南五里之韩河里。许齐燕《韩旬公传》曰：吾师顾宁人先生，江左大儒，千里造访，挟图书子仆，馆之宜园。顾殁，先生视含敛，抚幼子，收其四方遗资，走书告其家，并维持还里。穆又闻曲沃人云：先生馆于宜园之白石楼。望后病稍减，元《谱》。穆案：《受祺堂集》有《亭林先生寓曲沃卧病小愈走书相问即遣使起居奉诗》五首。为衍生议婚靳氏，元《谱》。穆案：曲沃靳氏为汉靳强之裔，代有名人，世居县东北二十五里之曲村。媒四人：广东道仇君昌祚、义学师卫处士蒿、县令熊君僎、贰尹徐君嘉霖。元《谱》。穆案：《曲沃志》：昌祚，字振先，朔贤里人。初以恩贡授郧阳通判，迁潮州府同知。将抵潮，闻总兵刘进忠叛，急返程乡，为逻者所获，逼受伪职。昌祚引锥自刺，饿十二日，贼遣党来视，终不发一言，以瘖报，贼意少解。羁贼巢者三年，潮平，得旨从优议叙，授惠潮兵备道。旋以艰归。蒿，字匪莪，初名麟贞，字瑞鸣，以居母丧，易今名字。与汾阳曹良直、太原傅山友善。晚年辟绛山书院，教授其中，人称绛山先生。嘉霖，嘉兴人。

是年诗有《寄题贞孝墓后四柿》一首、《赠卫处士蒿》一首、《酬李子德》一首、穆案：《酬子德诗》，据子德哭先生诗注，当在明年正月易箦之日。集本于《寄题贞孝墓后四柿》题下已注云"重光作噩"，此题下复注岁阳岁名，知是误也。因《赠毛锦衔》一首未知当在何时，故仍类次于此。《赠毛锦衔》一首。

有《朱子祠堂上梁文》《病起与蓟门当事书》。

二十一年壬戌，七十岁。

正月四日旬公设宴会宾友。八日，先生早起，将答贺熊令及诸官绅，上马失足坠地，疾作，竟日夜欧泻不止。初九日丑刻捐馆。韩、熊、仇、卫、徐、郭诸君为经纪棺敛，并典邑人秦氏之室停柩其中。元《谱》云：不肖衍生茕茕孑立，侍奉而已。年虽十七，目未经此大事，赖韩、熊、仇、卫、徐、郭诸公经纪棺椁含敛，并典秦氏之室停柩，而不肖庐焉。穆案：郭名未详。三月，先生从弟岩自昆山来，偕衍生扶柩归，元《谱》。穆案：王山史《山志》：辛酉秋，予至嘉兴，访曹秋岳司农，相见即致悼亭林之殁，为文献之惜。予曰："亭林无恙，尚在予家。予来时，亭林亦有山西之行。秋岳且惊且喜。逾年，壬戌夏，予在海州，接阎百诗手札，云亭林于春初殁于曲沃，予为位而哭之恸。秋，予西归，取道扬州，将往昆山，过淮安，见张力臣，云亭林之柩尚未归，不知何以淹滞于彼。深以不获抚柩一哭为憾。又怪亭林未殁，江南何以遽有此问？搦管偶记，涕下沾裣。"葬于司马赐茔东偏嗣父仲逢府君之昭位，元《谱》：终七后，不肖入关，取向所寄各姓处书籍。嗣大云叔于三月望前抵曲沃，简阅遗书文稿。二十四日，衍从关中旋沃同居丧次。所有遗书、文券皆携往都中，致之健庵、立斋两表兄，及汝嘉兄。衍忝为之后，曾不得一寓目焉，恸哉，惜哉！谦案：茔在昆山六保尚书浦，为五图鸣字圩，计三十八亩三分六厘。门人潘耒为之表。元《谱》。穆案：此文《遂初堂集》不载。

道光二十一年辛丑，奉旨顾炎武准其入祀昆山乡贤祠。礼部谨题：为题请入祀乡贤事，礼科抄出江苏巡抚会同江苏学政疏，称昆山县先儒顾炎武砥砺廉隅，匡扶名教，题请入祀乡贤祠，造具事实册结，具题请旨。奉旨：该部议奏，钦此钦遵，抄出到部。臣等议得定例，各省举报名宦乡贤，该督、抚、学政每年八月前具题，并将事实册结送部详核，于岁底汇题；又崇祀名宦乡贤，应确核事迹，倘名实不能相副，及仅以人品学问空言誉美，并无实迹者，即行指驳等语。今查该省送事实册，内开已故江苏昆山县先儒顾炎武，植躬清峻，砥行端方，讲求经世之学，历览天下府、州、县志，及历代奏疏、文集，复周流西北，遍行边塞，得之目验，成一百二十卷，曰《天下郡国利病书》，别有一百卷，曰《肇域志》；又著有《音学五书》，考古功深，斟酌允当；其余所著，有《日知录》三十二卷、《五经同异》三册、《左传杜解补正》三卷、《九经误字》一卷、《石经考》一卷、《金石文字记》六卷、《求古录》一卷、《吴才老韵补正》一卷、《二十一史表》十卷、《历代宅京记》二十卷、《昌平山水记》二卷、《十九陵图志》六卷、《万岁山考》一卷、《岱岳记》八卷、《北平古今记》十卷、《建康古今记》十卷、《营平二州史事》六卷、《茀录》十五卷、《诗律蒙告》一卷，其他杂著不可枚举。所有顾炎武题请入祀乡贤之处，系属名实相副。臣等谨拟准其入祀乡贤祠，再此本向归汇题合并声明，臣等未敢擅便，谨题请旨。于道光二十一年十二月十七日题，十九日奉旨：依议，钦此。

穆案：先生著书之可考者：《日知录》三十二卷、衍生云：潘稼堂先生携至闽中，同汪晦庵先生刻。《四库书》收入子部杂家类三，有提要一篇。案：坊间有大、小二版本，又有嘉定黄汝成《集释》本，云曾得潘次耕删饰元袟。许瀚案：吴县王亮生藏一抄本，黄曾借校其本，乃未经清删者耳。瀚亲见之。《补遗》四卷，有袖珍本。《古音表》三卷、《易音》三卷、《诗本音》十卷、《唐韵正》二十卷、《音论》三卷，统名《音学五书》，衍生云：《五书》刻于淮上，后为张力臣鬻于安溪李公。案：潘稼堂有《访顾亭林先生遗书不得诗序》，言"《音学五书》刻于淮浦张力臣家。力臣亡，其子以板质于人，不可复问"。则以为力臣鬻之者，诬也。《四库书》收入经部小学类三，有提要五篇。《五经同异》三卷，有常熟蒋氏刻本。衍生书目无。《左传杜解补正》三卷，衍生云：爵宪张又南先生捐资刻。《四库书》收入经部《春秋》类四，有提要一篇。《九经误字》一卷，《四库书》收入经部五经总义类，有提要一篇。《石经考》一卷，《四库书》收入史部目录类二，有提要一篇。《求古录》一卷，衍生书目无。《四库书》收入史部目录类三，有提要一篇。彭文勤《知圣道斋集》有跋尾。《金石文字记》六卷，《四库书》收入史部目录类二，有提要二篇。

竹垞有“辨《金石文字记》”一条，见徐健庵《日下旧闻考序》。《韵补正》一卷，衍生书目作二卷。《四库全书》收入经部小学类三，有提要一篇。《昌平山水记》二卷，《文集》六卷，《养新录》：顾宁人《文集》初印本有《读隋书》一篇，本马贵与之说，宁人手钞之意，欲采入《日知录》。潘次耕误仞为顾作，乃以“读隋书”为题收入集中。今本无此篇，则次耕已觉其谬矣。《诗集》五卷，衍生云：已上七种，潘稼堂先生捐资刻。《谲觚十事》一卷，《四库全书》地理类存目有提要一篇。《顾氏谱系考》一卷，衍生云：已上二种，潘稼堂刻《谱系考》，作《顾氏谱略》。《二十一史年表》十卷，《天下郡国利病书》一百卷，有四川龙氏聚珍版本。《四库全书》地理类存目一有提要一篇。《历代宅京记》二十卷，《四库书目》“历代”下有“帝王”二字，收入史部地理类一。《苏州府志》云：一作“《历代都城宫阙考》二十一卷”。《十九陵图志》六卷，徐《谱》案：潘稼堂呈先生诗注云“有《昌平山水》等图”。当即此书。《万岁山考》一卷，《肇域记》一百卷，“记”一作“志”。严杰云《肇域志》手稿，今存仁和许周士主政家，蝇头小楷，一笔不苟。《苏州府志》曰：今存山东二册。《岱岳记》八卷，《北平古今记》十卷，《建康古今记》十卷，《营平二州史事》六卷，《四库总目》又有《营平二州地名记》一卷，收入史部地理类三，有提要一篇。《茀录》十五卷，《诗律蒙告》一卷，《救文格论》一卷，《苏州府志》又有《杂录》一卷。《下学指南》一卷，《当务书》六卷，《菰中随笔》三卷，有曲阜孔氏刻本。徐《谱》案：《拜经楼诗话》载《诗律蒙告》一条，《注》云：“见《菰中随笔》。”今刻本无。《官田始末考》一卷，《京东考古录》一卷，此书吴震方《说铃》中收之。《四库书存目》谓其文皆见炎武所撰《日知录》及《昌平山水记》，殆震方剿取别行，伪立此名也。案：衍生书目本有此名，提要殊武断。盖先生所著书，其精华无不采入《日知录》者，不但此一书也。《山东考古录》一卷，此及《京东考古录》，《四库全书》地理类存目各有提要一篇。《熹庙谅暗记》一卷，《圣朝记事》一卷。又近有《一统志案说》一书，乃杂纂《方舆纪要》中《总论》合为一编，坊贾不知其为宛溪，题曰“顾亭林原本”，其妄盖不待辩也。

松案：先生勘定之书，有《西安府儒学碑目》，见先生《文集》，有勘定《家训》《近儒名论甲集》，见先生手迹；有纂录《易》解，程、朱各自为书，见《答汪苕文书》；有纂录《南都时事》，近坊刻有《圣安皇帝本纪》

二卷，题先生撰，疑即此书。见《与载耘野书》；有点定荀悦《汉纪》，见潘稼堂《重刻汉纪序》；有《区言》五十卷、《治河事》一帙，见何义门《菰中随笔序》；有《备录》，见《江左十五子诗选注》；案：《诗选》徐昂《发关索》诗注，引顾亭林《备录》。又尝欲编辑姓氏书，健庵有与先生论姓氏书。见《日知录》。徐《谱》。

王山史《山志》：顾亭林，古所谓义士，不合于时，以游为隐者也。丰姿不扬，而留心经术，胸中富有日新，不易窥测。下笔为文，直入唐、宋大家之室。讲明音韵，克传绝绪。他所为《日知录》《金石文字记》《天下利病》诸书，卷帙之积，几于等身，朝野倾慕之。行谊甚高，而与人过严。诗文矜重，心所不欲，虽百计求之，终不可得，或以是致怨，弗顾也。居恒自奉极俭，辞受之际，颇有权衡。四方之游，必以图书自随。手所钞录，皆作蝇头行楷，万字如一。每见予辈，或宴饮终日，辄为攒眉。客退，必戒曰："可惜一日虚度矣！"其勤厉如此。所著《昌平山水记》二卷，巨细咸存，尺寸不爽，凡亲历对证，三易稿矣，而亭林犹以为未惬。正使博问强记，或尚有人，而精详不苟，未见其伦也。《山志》又载先生论假借转注一条，论极乖剌，与先生平日之说正相反，盖系山史误记，故不取也。

又曰：博稽详研，发前人所未发，为不朽之业者，顾亭林之于音韵，梅定九之于历数，顾景范之于地理也。

又曰：刘太室居母丧三十六月，除服。顾亭林驰书论之，谓先王制礼，不敢过也。秦俗以是日谓之三周，亲友送即吉之仪，至有称贺者。亭林曰："君子有终身之丧，祭日之谓也。哀之不暇，而何贺焉？"或有言以次日举者，亭林比之朝祥莫歌之类，斯不易之言也。

又曰：予尝作《三案论》，独是移宫，而于挺击、红丸，不尽同东林诸君子之意。亭林颇然之。

阎百诗《南雷黄氏哀词》：当发未燥时，即爱从海内读书者游，博而能精，上下五百年，纵横一万里，仅仅得三人焉，曰钱牧斋宗伯也，曰顾亭林处士也，及先生而三。先生云亡，上距牧斋薨已三十有二年，即亭林殁亦且十四五年，穆案：南雷卒于康熙乙亥，距先生之亡实十三年。盖至是而海内读书种子尽矣。

《潜丘札记》有《与戴唐器书》云：十二圣人者，钱牧斋、冯定远、黄南雷、吕晚村、魏叔子、汪苕文、朱锡鬯、顾梁汾、顾宁人、杜于皇、程子上、郑汝器，更增喻嘉言、黄龙士，凡十四人。谓之圣人，乃唐人以萧统为圣人之圣，非周、孔也。

李文贞《顾宁人小传》：自幼博涉强识，好为搜讨辩论之学，十三经、诸史，旁及子、集、稗、野、列代名人著述，微文碎义，无不考究。骑驴走天下，所至荒山颓阻，有古碑版遗迹，必披榛菅、拭斑藓读之，手录其要以归。十余岁至七十而老，勤如一日。于六书音义尤有独得。余始官庶吉士，曾相遇，为半日话。又七年，复来京师，则宁人殁矣。闻其书已成，亟求观之。宁人之学于是始窥其备。有顾氏之书，然后三代之文可读，雅颂之音各得其所，自汉、晋以来，未之有也。书既刻，厚自宝秘，曰："五十年后，乃有知我者耳。"卫先生尔锡言其地理书用心尤多，然未见也。孤僻负气，讥诃古今，人必刺切，径情伤物，以是吴人訾之。然近代博雅淹洽，未见其比。

潘次耕《日知录序》：昆山顾宁人先生生长世族，负绝异之资，潜心古学，九经诸史，略能背诵；尤留心当世之故，实录奏报，手自钞节，经世要务，一一讲求。当明末年，奋欲有所自树，而迄不得试，穷约以老，然忧天闵人之志，未尝少衰，事关民生国命者，必穷源溯本，讨论其所以然。足迹半天下，所至交其贤豪长者，考其山川风俗，疾苦利病，如指诸掌。精力绝人，无它耆好，自少至老，未尝一日废书，出必载书数簏自随，旅店少休，披寻搜讨，曾无倦色。有一疑义，反复参考，必归于至当；有一独见，援古证今，必畅其说而后止。当代文人才士甚多，然语学问，必敛衽推顾先生；凡制度典礼，有不能明者，必质诸先生；坠文轶事，有不知者，必征诸先生。先生手画口诵，探源竟委，人人各得其意去。天下无贤不肖，皆知先生为通儒也。

又《赠先生六十寿序》：先生之学，邃于经术，而又洞达当世之故，其言核而通、大而有体要，上自经籍、图史、方舆、音律，下至名物、器数，元元本本，至精至悉，有功后学，不在康成下。

汤孔伯有答先生书云：前岁山史自关中见访，询及交游名贤，即曰："吴郡顾先生品高学博，国家典制、郡邑掌故、天文、历象、河漕、兵农之属，无不洞悉原委，坐而言，起而可见诸行事，真当今第一有用儒者也。”后晤甫草、元礼，计东字甫草，举人。叶舒崇，字元礼，进士，俱吴江人。往往言与山史同。吾道之衰久矣，得大力阐明，岂非斯人之幸！

汪苕文《答从弟论师道书》：仆宦游十五年矣，其有经学修明者，得二人焉：曰顾子宁人，李子天生。

朱锡鬯《静志居诗话》论先生诗云：诗无长语，事必精当，词必古雅，抒山长老所云“清景当中，天地秋色”，庶几似之。

缪天自云：天自名永谋，一名泳，又字于野，嘉兴人，有《荇溪集》。诗有俚语，经顾宁人笔辄典。

无名氏《随笔》记先生一日在京师酒次，王渔洋问乐府《蝴蝶行》能记否。先生应口诵之，不失一字。《蝴蝶行》最诘屈难读，学者所不经意者也。渔洋叹服。穆案：此事未得其年，附记于此。

王兰泉昶《与汪容甫书》：闻顾亭林先生少时，每年以春夏温经，请文学中声音宏敞者四人，设左右坐，置注疏本于前，先生居中，其前亦置经本；使一人诵而己听之，遇其中字句不同或偶忘者，详问而辩论之；凡读二十纸，再易一人，四人周而复始，计一日温书二百纸。十三经毕，接温三史，或南北史。故亭林先生之学，如此习熟而纤悉不遗也。

江藩《汉学师承记》：炎武生性兀傲，不谐于世。身本南人，好居北土，尝谓人曰：“性不能舟行食稻，而喜餐麦跨鞍。”

程鱼门晋芳《正学论》：亭林、黎洲博极群书，其于古今治乱兴废得失之数，皆融贯于胸中，因笔之于书，以为世世法。

李子德《哭顾亭林先生诗一百韵》：朝薤初零露，浮云忽障天。史无正月纪，星脱少微躔。一代摧梁木，千春恨杜鹃。典刑今顿坠，文献尔俱全。际剥哀吾道，瞻印失大贤。浑思焚著述，未忍没周旋。劲节堪追溯，名家敢溢传。门详吴郡后，望庇武陵前。画省基藩牧，彤毫珥御钿。钟灵簪绂第，比美孝廉船。先生曾大父自方伯升侍郎，大父赞善兄乡举。阅阀窥芳矩，词宗起丱年。友兼乡国盛，声挟俊厨骈。少登复社。胜地频交轸，留都几著鞭。衔杯才最逸，搦管赋谁先？吐纳苍江丽，招寻紫陌连。同过遵石渚，独步采香荃。

竞睹潜修洽，徐教懿绪延。遭时伤失路，振翼爽乘权。上客逍遥久，佳人契约偏。徒劳殷密勿，莫与救迍邅。海涸龙虚碎，山颓凤不还。难求雏翮好，漫惜颔珠圆。剖血探危蹰，攀髯少并肩。鼎湖仍问渡，乔岳远怀仙。信宿寒郊址，恭图寝庙堧。为《孝陵图》。装潢勤更肃，拂拭对增虔。沐发尝辞舍，佣身偶就廛。北来驰险阻，北谒十三陵。南向洒潺湲。坏邸询遗迹，荒圻拜故阡。汤孙昭穆萃，汉祖壁墉坚。历历扪松樌，兢兢执豆笾。金楹澄有赫，碧瓦秀含烟。洒埽甘从事，勋华耻让镌。著《昌平山水记》。特书森具体，凡例发流泉。古兆原分立，斯文实创编。班扬愁觑甚，左马色苍然。自此淹羁旅，余龄肯弃捐。经搜坟典阔，世谱仡提悬。似欲超吟咏，何曾叩偓佺。雄心灰弗已，绩学励相宣。逮夜随烧烛，长征亦费研。驱车携竹笈，入肆展霜笺。叠案皆亲注，盈床益勉旃。纤瑕攻琬琰，所论多摘古人之误。细字炳丹铅。取志惟征邑，著《利病书》，必欲尽考县志。遗闻迥汇川。訏谟周利病，往册赖删诠。屡易犹藏稿，通行且待缘。昌言昭《日录》，著《日知录》。暇力正诗篇。著《音学五书》。转叶音何陋，葩骚韵累迁。爰稽三《颂》始，尽洗六朝愆。愤乐忘头白，遨游任足穿。观恒趋裔塞，践灅涉层渊。碛雪贞珉皎，厓藤侧蔓缠。谓宜轻棹檝，翻喜跨鞍鞯。到处逢迎备，临岐指顾牵。公卿虽倒屣，荜窦每安弦。邺架抽光数，郇厨领味专。食不兼味。晴暾装澹澹，素魄坐娟娟。桂辣宁知老，松疏那受怜。刊垂资祖籍，把赠解囊钱。晚结菟裘计，将除蕰藻田。隰苓聊近采，关阜尽高褰。甸服群推首，邦畿旧象乾。《王风》留黍稷，伯略杳鹰鹯。遂逆洪河浪，因穷太华巅。台祠洵旷举，因朱文公曾主管云台观，倡为主祠。县宰得循员。华阴令迟君任其事，亭林殁，遂陪享。浊俗多崇墨，豪耆半杂禅。迷津烦拯助，出谷仗陶甄。渐觉嘤鸣侈，俄开霁景鲜。盍簪要奋激，倾盖及狂颠。缟带曾贻晋，先生初同曹司农公过雁门，晤余于陈使君席上。清觞再集燕。嗣饮龚宗伯公宅。愚蒙沾善诱，等列荷区铨。谬许私盟牒，允期轶草《元》。深恩鸿雁并，暂别鲤鱼联。卜宅推中表，寓表弟长源家。披帷共醉眠。颇眈亭水洁，迟眺径花妍。匣剑舒悲啸，堂琴写静便。纵谈衷曲尽，遐寄物情蠲。鬼徼喧飞檄，神州满控弦。萦肠弥怅望，叱驭复翩翾。积岁兵机稔，中宵客虑煎。匿形乖辟谷，觇梦罢回畋。忆昨登嵩少，凄其俯涧瀍。凌晨谋税野，决意谢归舷。抵绛依重郭，去秦居曲沃。诛茅假数椽。泣麟微旨在，衰风托终焉。腊杪才呼走，遣使往讯起居。冰严薄馈绵。报章惊绝笔，晨起承报余诗二十四韵，夕卒。幽怨屈空拳。耿介标孤性，忠诚冠八埏。末繇赍志展，畴使抱疴痊。彼网欣逋鹤，维巢讶类鸢。心休沿板荡，目视为戈铤。恐逸《阳秋》撰，须存即次毡。外甥俱隽哲，谓三徐公，司寇、太史、相国。犹子已腾骞。令侄中翰君洪善。幸接旁阴茂，当提主器僝。圣途湮岂断，儒术众疑悛。镜具睽峰壑，生刍布几筵。软旌悲浩漫，墓树想葱芊。直拟歌《黄鸟》，真应驾白莲。招魂称至德，陟降蒋山边。

潘次耕《己酉冬自淮阴抵平原呈亭林先生六十韵》：耆德何寥落，人伦孰楷模？斯文知未坠，夫子实通儒。世德推江表，高名冠海隅。才猷鼎鼐重，器略庙堂须。妙誉归人杰，英姿识凤雏。风云迟绝足，羽翼碍天衢。筑版功名远，躬耕心事纡。劳劳悲击楫，渺渺欲乘桴。廿载中原客，单车万里驱。北游频五岳，作赋几三都。汉塞云随雁，秦关月照榆。胸中百郡志，掌上列边图。先生有《昌平山水》等图。结客倾豪俊，论文尽顾厨。襟怀小天地，闻见溢寰区。学贯天人奥，身苞造化枢。大文经纬著，谠论古今胪。贾马宁方驾，班杨敢并趋。才高道乃契，心小圣为符。雅痛微言绝，深嗟学术殊。几年犁传注，百代扫榛芜。精理通爻象，鸿猷扩典谟。礼堂尊讲席，绛帐盛生徒。小子深瞻仰，通家自友于。追陪忆往岁，侍从足欢娱。稽阮交原厚，陈雷好不渝。时时枉高驾，往往到菰芦。永漏杯同把，明灯笔共濡。情深等胶漆，调叶比笙竽。各矢青云志，秪愁白日徂。龙蛇梦俄兆，鹏鸟谶堪吁。向子闻邻笛，王公忆酒炉。遥知悲宿草，无处奠生刍。落魄余文举，伶仃有少孤。素弦哀绝调，枯树惨同株。戢影依慈母，含辛对阿奴。向人言慷慨，伏枕泪模糊。流浪来淮市，飘零客射湖。江关淹岁月，踪迹混泥涂。范叔绨袍尽，相如四壁无。三秋长旅食，半刺只穷途。讵敢题鹦鹉，那堪听鹧鸪。壮怀感马援，岐路畏杨朱。愁到思投笔，穷来未弃繻。橘宁为枳变，兰不效萧敷。把卷难穷牖，编书亦绝蒲。三冬曼倩惜，一榻幼安俱。汲古惭修绠，攻文愧小巫。孤生原谫劣，曲学况牵拘。窥豹非全目，雕虫岂壮夫。夙怀期负笈，雅志有悬弧。硕德惟刘董，儒宗有郑卢。龙门虽自峻，蠡测肯辞愚。问字侯芭去，传经服慎呼。赢粮非早暮，命驾敢踟蹰。汶野黄云冻，沂山白草枯。只身经雨雪，远道涉崎岖。捧杖微诚遂，横经鄙愿输。驽骀还赖策，蓬草或堪扶。斧削资良匠，陶镕付大炉。垂恩无以报，感激一微躯。

又《呈亭林先生》一首：尼父志不达，浩然动归思。群材良斐然，裁成将待谁？回车订六籍，制作通神祇。三年致祥麟，大道以不隳。海内有先生，人伦之宗师。学惟天人贯，道乃污隆宜。严冬霜雪集，万木为之萎。孤根独岿然，知天未丧斯。周游遍五岳，历览环三垂。天地有大文，一一为搜披。成书藏名山，故里归何迟。下国寡良材，斧斤谅难施。区区园葵意，朝阳宁见知。何当裹粮去，万里相追随。泰岱峰峥嵘，日观路险巇。一览小天下，慰此平生期。

王山史《拜亭林先生墓》诗：三年客江东，两度抚君墓。野日滋宿草，秋花凄零露。缅惟同心交，明誓金石固。稽古启愚昧，敏求祛冥悟。惠然止吾庐，一似形影附。同泣鹿马石，手攀神烈树。倏更四十春，戚戚不忘故。畴昔梦云阙，白衣从玉辂。连蜷下大荒，偃蹇问天步。叹息桑榆景，裴回崦嵫暮。幽明事已非，生死情一诉。洒泪归山去，长辞西州路。

又《哭墓》诗云：与君长别九年矣，白马重来千里余。独拜荒丘凄宿草，更挥老泪问遗书。

为忆神明恒若存，莫将封禅比文园。当年羊傅徒轻爵，何似龙门有外孙。叶封《山志序》：曩余获交昆山顾亭林先生，亭林于当世士多否少可，独亟称华阴王山史先生。已山史至京师，余一见辄心仪之，顾匆匆别去。比亭林就居山史之家，两人皆好学惇行，志相得也。康熙壬戌岁莫，余客扬州，山史亦来，则先是出游将二盈稔，闻亭林之殁且周岁矣。

鄞县王梓材、高要苏廷魁、道州何绍基、日照许瀚、肃宁苗夔参订。

晋江陈庆镛、安丘王筠、顺德罗惇衍、武进赵振祚、平定张穆荣、固始祝兢校字。

张穆编《顾亭林先生年谱》，清道光二十四年刻本

顾亭林先生年谱

吴映奎编

万历四十一年癸丑五月二十八日生，一岁。

先生初名继绅，后更名绛，字忠清。入国朝后更名炎武，字宁人，号亭林。按：康熙中赠吴县李灌谿侍御诗，自称名曰圭年。昆山县南乡二十四里之千墩人。曾祖章志，官南京兵部右侍郎。祖绍芾，国学生。本生祖绍芳，官左春坊左赞善。父同吉。本生父同应，两中副榜，未仕。同吉未娶而夭，聘妻王氏矢志不更字人，归执妇道，嗣祖怜之。先生既生，即抱抚为之后。

四十二年甲寅，二岁。

四十三年乙卯，三岁。

是年先生患痘症，颇危，及脱痂，右目为眇。秋闱，本生父宾瑶公同应中副榜。

四十四年丙辰，四岁。

四十五年丁巳，五岁。

四十六年戊午，六岁。

是年十一月，先生祖母蠡源公绍芾配李硕人卒。

四十七年己未，七岁。

是年先生始就塾。

四十八年庚申，八岁。八月以后为泰昌元年。

是年七月，神宗崩，光宗立。才一月，崩，熹宗立。先生同母弟纾，字子严，生。

天启元年辛酉，九岁。

二年壬戌，十岁。

三年癸亥，十一岁。

是年先生大父蠡源公以温公《资治通鉴》授先生。《钞书自序》云：先祖少时日课钞古书数纸，自某十一岁，即授之以温公《资治通鉴》，曰："世人多习《纲目》，余所不取。凡作书者，莫病乎其以前人之书改窜而为自作也。班孟坚之改《史纪》，必不如《史纪》也；宋景文之改《旧唐书》，必不如《旧唐书》也；朱子之改《通鉴》，必不如《通鉴》也。至于今代，而著书之人几满天下，则有盗前人之书而为自作者矣。故得明人书百卷，不若得宋人书一卷也。"

四年甲子，十二岁。

五年乙丑，十三岁。

时有纳谷寄学之例，蠡源公以先生天姿颖异，合早取科名，遂以先生应例。提学御史麻成周邦基取入本学二十二名，庠名继绅。

六年丙寅，十四岁。

是年先生读《资治通鉴》毕。本生父宾瑶公卒。

七年丁卯，十五岁。

是年秋八月，熹宗崩，烈皇帝立。

崇祯元年戊辰，十六岁。

是年先生应岁试，提学御史惠安陈保泰未发落即告病去，只取赏卷蔡复襄以下十二人，先生未与。

二年己巳，十七岁。

三年庚午，十八岁。

是年六月，先生应科试，提学御史上虞李懋芳拔先生卷列一等二十名。

四年辛未，十九岁。

是年二月，先生应岁试，李提学连任，拔先生卷一等十一名。始更名绛，娶太仓王氏。

五年壬申，二十岁。

是年三月，先生应岁试，提学御史邻水甘学润拔先生卷列一等十四名。

六年癸酉，二十一岁。

是年正月，先生应科试，甘提学连任，先生名列三等。秋，先生同怀兄遐篆公缃中式顺天乡试。

七年甲戌，二十二岁。

八年乙亥，二十三岁。

是年六月，先生应岁试，提学御史上虞倪元珙置先生名二等。

九年丙子，二十四岁。

是年六月，先生应科试，倪提学连任，置先生名二等。

十年丁丑，二十五岁。

是年先生胪举母氏贞孝事状，请于当事巡按御史王一鹗为奏达朝廷，得旨建坊旌表。

十一年戊寅，二十六岁。

是年二月，先生应岁试，提学御史亓炜置先生名三等。十二月，亓提学科试仍置先生名三等。

十二年己卯，二十七岁。

是年七月，提学御史张□覆试科举，先生取遗才二等。

十三年庚辰，二十八岁。

是年夏四月，邑中修葺文庙，先生与叶秀才奕荃、归秀才庄重新两庑木主而正之。见顾宗伯锡畴《重修学宫碑记》。十二月，先生应岁试，张提学连任，置先生名二等。

十四年辛巳，二十九岁。

是年二月，蠡源公卒，先生承制居忧。先生从叔季皋叶塾与先生从兄仲隅维构家难。十月，葬蠡源公及公元配周硕人、继配李硕人于鸣字圩少司马公祖茔之穆位。是岁大旱。

十五年壬午，三十岁。

是年先生季弟子叟纘生子洪善，嗣先生同怀兄遐篆为后。

十六年癸未，三十一岁。

是年夏，先生释承制之服。按：先生为诸生十余年，其应试等第、名次载在徐太史开禧《前明本邑岁科考案》，甚详。原《谱》于崇祯元年下注云“循例入成均”。历考诸邑志，俱列先生名于贡表中，而恩岁选拔诸目俱无确据。当由先生于癸未免丧后，以例贡入者。例贡自万历间始。子叟生次子洪泰。

十七年甲申，三十二岁，即大清顺治元年。

三月十九日，闯寇李自成陷京师，庄烈帝自缢于宫中万寿山巾帽局。四月二十九日，贼西走。五月三日，大清兵入，皇叔睿亲王称制居摄。时世祖章皇帝甫七龄，尚驻盛京，以是年九月入关，十月朔登极，定鼎燕京。是月之朔，明总督凤阳马士英等迎立嗣福王由崧于南都，北都既陷，福王常洵已死流寇，至是嗣福王由崧弃藩走淮南。凤督马士英物色得之，要诸臣共往迎立。四月抵仪征，以五月朔监国，十五日即皇帝位。按：《明史·史可法传》：十七年四月朔，闯贼犯阙，誓师勤王，北都既陷，缟衣发丧。会南都议立君，尚书张慎言及吕大器、姜曰广等曰："福王由崧，神宗孙也，伦序当立，而有七不可：贪、淫、酗酒、不孝、虐下、不读书、干预有司也。潞王常涝，神宗侄也，质明当立。"移牒可法，可法亦以为然。马士英潜与阮大铖计议，主立福王，咨可法，可法以七不可告之，而士英已与总兵黄得功、刘良佐、刘泽清、高杰发兵送福王至仪真，于是可法等迎王。仍称崇祯十七年，以明年乙酉为宏光元年。先生以四月，侍贞孝王硕人，率家人等迁居常熟之唐市。十月，归千墩，被劫。十二月，复迁常熟之语濂泾新居。是年昆山令杨永言应南都诏，列荐先生名于朝，旋召用先生为兵部司务。

按：先生编年诗起自是年，有《大行哀诗》一首、《感事诗》六首。

二年乙酉，三十三岁。

时南都宏光元年也。先生以是年春膺荐至京口。夏四月抵南都，将赴阙，未旬日而大清兵已于五月九日渡江。十日夜，宏光帝出奔。十五日，大兵入南都，明遂亡。先生回至苏州，思有所建白，不果。按：先生撰《吴同初行状》中有云：出赴杨公之辟，未旬日而南都陷，余从军于苏，归而昆山起义云云。未几，归昆城，士民适于闰六月十五日闭城拒命。先是，五月初七日以后，居民闻大兵已入南都，纷纷移遁四乡，而张浦、菉葭、安亭诸村镇，奸民乘机劫掠。县令杨永言以二十二日尽放狱囚，至月杪，郡中大吏及守令皆先期遁。六月七日，皇叔豫亲王方驻金陵，遣刑部侍郎李延龄、巡抚土国宝统兵莅苏城。新郡守王镆发安民榜，至昆并取图籍，永言弃印潜逃于泗桥陈宏勋家。水利县丞阎茂才偕邑绅耆老，于初八日赴胥门纳款。十二日，遣郡人周荃来昆安抚。十八日，以茂才知县事。闰六月十一日，剃发令下。十三日，茂才出示剃发，持名刺诣缙绅躬请，昆民大哄，群起焚县治，杀茂才。十五日，贡生陈大任等议推旧狼山总兵王佐才为主帅。十七日，杨永言及陈宏勋募兵数百人入城，永言遂为监纪，仍知县事。先生偕绅士聚粮移檄，为久守计。七月二日，大兵东下。越二日，真义兵迎战败溃。五日黎明，大兵以次渡濠。是月十六日丙申，月食既，星流竟夕。见《日知录》“星陨如雨”注，而系以甲申年闰六月。按甲申年无闰，当是记忆偶误耳。七月六日巳刻，大兵入城，先生先以省母至语濂泾，得不与难。越二日，大兵复下常熟。贞孝王硕人于二十四日闻变，即绝食，至三十日而终，遗命先生勿仕二姓。贞孝王硕人，太仆寺卿宇孙女，诸生述女。守贞，归执妇道，视姑眠食，外屏居一室。虽至戚遣女奴候视，皆谢绝曰：“吾义不见门以外人。”后姑病，贞孝服勤，昼夜不懈。及病剧，贞孝潜断一指煮药中，姑饮之而瘥，已而执贞孝手慰劳之，贞孝缩手不前，迫视，始知其故，为流涕久之。贞孝年二十八先生始生，遂抚为子。事载《明史》本传。十二月十九日，权厝贞孝于少司马公茔之东偏。是年春，先生见军政废弛，作《军伍议》。秋，福州唐王聿键遥授先生兵部职方司。

编年诗集有《京口即事诗》二首、《京阙篇》一首、《金陵杂诗》四首、《千里》一首、俱五月以前作。《秋山》诗二首、《表哀诗》一首、《奉先妣稿葬》诗一首。

三年丙戌，三十四岁。

是年五月，先生祖庶母王氏卒。十月二十二日，命家人赵和等迁居。原《谱》未详迁居何地。作《吴同初行状》。同初，名其沆，嘉定学诸生，殉乙酉守城之难。

编年诗集有《延平使至》一首、《海上》四首、《不去》三首、《老鹤万里心》一首。按：是年春，故明唐王聿键命晋江旧辅黄忠端公道周举兵，至徽州，为大兵所败，忠端遇害。时同邑编修朱天麟于昆城破后，泛舟至闽，仕唐王，为少詹事。《延平使者至》一首起句云：“春风一夕动三山，使者持符出汉关。”又云：“万里干戈传御札，千行书字识天颜。”当是唐王密遣使赍召先生，先生但志感而已。是冬十一月，征南大将军贝勒博洛率兵下建宁、延平等府，唐王走汀州被获。《海上》以下诸作，皆感触咏怀之什也。

四年丁亥，三十五岁。

是年秋，至海上。十月十日，命家人赵和迎祖庶母柩，葬于司马公域外之西偏。二十日亥时，按：司马葬时，用岁丁亥、月辛亥、日丁亥、时辛亥，贞孝之葬，干支悉与司马公同。葬贞孝王硕人于仲逢公同吉之兆。二十一日，具吊奠礼。先生有诗纪事。十二月二十一日，移家于语濂泾先生庐墓。歙人王玑寓吴，与先生善，为作其父王时沐墓志铭。志云："王生以状请铭，不肖以母未葬，弗敢作也。又一年卜葬，葬有日，生复来请，始铭之。"知志为是年作。先生执友松江陈太仆子龙、同邑顾推官咸正、吴县杨主事廷枢及推官二子天遴、天逵先后死难，各以诗吊之。子龙字卧子，青浦人。崇祯丁丑进士，兵科给事中，受鲁王部院职衔，与苏松提督吴胜兆通谋。是夏，胜兆反事泄，逮子龙，并逮藏匿子龙之嘉定侯岐曾，及同邑顾天遴、天逵。子龙乘间赴水死，岐曾等同被杀于松江。顾推官咸正，字端木，天启甲子举人，咸安府推官。丙戌四月，自关中归，知弟钱塘县知县咸建、举人咸受先已殉节，闻唐王立于闽，草密疏附寄舟山黄斌卿，托其转达，为逻卒所获，以告提督吴胜兆，胜兆秘不发。及是年六月，胜兆败，密疏遂发，逮至金陵，为内院洪承畴所杀，后二子之死，仅一月。廷枢，字维斗，南京兵部尚书庄简公成孙，端孝先生大荣子。崇祯庚午南京解元，福王时荐授兵部主事兼监察御史。马、阮当国，抑不能用，罢归，至是年四月，遁居山隝，当时搜索得之，廷枢绝食五日不死，作《绝命词》十二首，裂衣幅血书之，终以不屈被杀于芦墟村，年五十三。

编年诗集有《赠顾推官咸正》一首，《大汉行》《义士行》《秦王行》各一首，《墟里》一首，《塞下曲》二首，《海上行》一首，《哭杨主事廷枢》一首，《推官二子执后为之经营而未得焉而二子死矣》一首，《淄川行》一首为孙之獬作也。之獬，淄川人。天启壬戌进士，媚逆奄得官侍讲，名在逆案中。仕国朝，为礼部侍郎，顺治二年六月升兵部尚书，总督军务，招抚江西，后乞归里中。是年九月，土贼丁可泽勾引叛贼谢迁等陷淄川，擒之獬，支解死。结语"取汝一头谢元元"，当由之獬撄众怒耳。《哭顾推官》一首、《哭陈太仆子龙》一首、《奉先妣葬于先曾祖兵部侍郎公墓之左》一首、《墓后结庐三楹作》一首、《精卫》一首、《吴兴行赠归高士祚明》一首。即归元恭庄震川先生有光曾孙，时更名祚明，往湖州觅兄德清教谕继登骨。

五年戊子，三十六岁。

是年语濂泾家中被劫。秋至湖上。冬抵京口。

编年诗集有《越鸟巢南枝》一首、《江介多悲风》一首，《拟唐人五言八韵》：《申包胥乞师》《高渐离击筑》《班定远投笔》《诸葛丞相渡泸》《祖豫州闻鸡》《陶彭泽归里》，凡六首。《常熟耿侯水利书》一首、《偶来》一首、《浯溪碑歌》一首、《寄薛开封寀》一首、《将远行作》一首、《京口》一首。按：是年春，金声桓起兵江西，称隆武年号，攻陷郡邑。故明贵溪王朱常彪攻沅州，为官兵所获。夏，故明郧西王朱常潮破建宁，为官兵攻获，故明荣王朱由桢及子朱蒿窜辰州苗洞，为恭顺王孔有德所获。又获奉国将军朱运銓于兴化土司，随破永宁，剿擒故明贵溪王朱常彪，又于贵州、广西擒获南威王朱寅卫并子朱载功、长沙王朱由枏、辅国将军朱华宗室等共四十一人。舟山总督黄毓祺为凤阳巡抚陈之龙所败，被获，并搜获反诗一卷，供出江西北窝党薛继周等，江南王觉生、钱谦益、许见元等奉旨，黄毓祺著正法，其薛继周、王觉生等著严饬访拏。五月，逆徊拥立延长王朱识鐏，旋被擒。八月，金声桓等围赣州，为官兵所败，是月海寇郑彩等踞长乐、连江等县，官军克复之，驱入海。九月晦，湖广贼李锦浑名一只虎作乱，诏郑亲王济尔哈朗统兵讨之。十一月，伪惠国公李成栋据南雄，勾连土贼犯赣城，官兵破之，成栋败走。十二月，大同总兵姜瓖闭城叛，驻防大臣英亲王讨之。是岁，四方多故，故先生诗多因事感慨之作。举是年称兵大略，附识于后，庶知先生所处之时云。

六年己丑，三十七岁。

是年清封墓树。春日登灵岩山。秋至吴江，过八尺。纳妾韩氏。

编年诗集有《石射堋山》一首、即灵岩山，见《吴郡志》。《春半》一首、中有云："洪州七月围，粮尽力亦殚。"指江西金声桓事。声桓以去年戊子七月据南昌，是年三月为官兵所破，声桓中二矢，投水死，仍磔尸示众。《怀人》一首、《秋鹰》一首、《八尺》一首、《桃花溪歌赠陈处士梅》一首、《瞿公子元錥将往桂林不得达而归赠之以诗》一首。元錥，常熟人，礼部侍郎，谥文懿，景淳曾孙，湖广参议汝说孙。父式耜，字起田，万历丙辰进士，由永丰知县历户科给事中。甲申八月仕福王为应天府丞、右佥都御史，代方震孺。夏巡抚广西，明年抵梧州，而南都已陷。乃与丁魁楚等立永明王由榔于梧州，式耜为文渊阁大学士，留守桂林。顺治元年，大兵破桂林，与总督张同敞俱被难。《瞿公子》一首盖是年元錥欲往省其父，以道梗不达。

七年庚寅，三十八岁。

是年韩氏生子林元，命名贻穀。至金坛，游顾龙山，在县南五里，山脉自茅山回龙顾祖，故名。观明太祖御制词。元末丁酉十一月东征时驻跸于此。至镇江，登北固楼。至嘉兴。

编年诗集：《金坛县南五里顾龙山有高皇帝御制词一阕》、按：御制题壁词云“望东南隐隐神坛，独跨征车，信步登山。烟寺迂迂，云林郁郁，风竹珊珊。尘不染，浮生九寰。客中有僧舍三间。他日偷闲，花鸟娱情，山水相看”云。《重至京口》一首、《榜人曲》二首、《流转》一首、中云：“晨上北固楼，慨然涕如雨。”又云：“稍稍去鬓毛，改容作商贾。却念五年来，守此良辛苦。”又云：“畏途穷水陆，仇雠在门户。故乡不可宿，飘然其去宇。”知先生流离晦迹，亦仅而得免矣。《秀州》一首。

八年辛卯，三十九岁。

是年先生至金陵，初谒孝陵。秋八月十四日，至淮安，与山阳王起田、略详具后康熙己酉年注。徐州万年少寿祺定交，抵清江浦。

编年诗集有《恭谒孝陵五排十二韵》一首、《拜先曾王考木主于朝天宫后》一首。自注：先公尝为应天府尹。《赠万举人寿祺》一首、寿祺，字年少，后更字若，徐州人。崇祯庚午举人，工诗文书画，又工写美人，他如琴棋刀剑、百工技艺，细而女工刺绣，粗而革工缝纫，无不通晓。风流豪迈，倾动一时。国变后罢公车，僧冠僧服，自名明志道人、沙门慧寿。避邳、徐之乱，移家公路浦，痛饮食肉，依然如平时云。《淮东》一首、按：此首为故明东平侯刘泽清作也。泽清为福王时四镇之一，开府淮东，颇事声色，府第雄壮。顺治二年五月，福王遁走。大兵于四月十八日薄扬州，二十五日城陷。五月，大兵败泽清副将高佑于宿迁，至清河，又败泽清总兵马化豹等于淮、黄、清三河口，追入淮安界，至清江，泽清与漕帅田仰遁走。七月泽清率所部纳降，至京，仍给予世职。又三年戊子秋，泽清阴与曹县叛寇，许以内应，遂作乱，陷曹县。十月，英亲王讨平之，诘其由，知出泽清，乃族诛之。诗中有云：“地下逢黄侯，举手相揶揄。我为天朝将，尔作燕山俘。”指靖国公黄得功也。是年六月，福王自太平走芜湖，大兵据江截其去路，得功迎战，中流矢死。《赠人》一首。

九年壬辰，四十岁。

是年入郡，奠陈皇士名济生，长洲人，以荫历官太仆寺寺丞，先生姊丈也。之父文庄公仁锡。字明卿，号芝台，天启壬戌探花，累官南京国子监祭酒，福王时赠詹事，谥文庄。生平事行,详刘念台宗周、黄石斋道周两先生所撰《文庄公家传》。弘光元年,济生、济祯奉诏建祠于卧龙街关壮缪庙之右。康熙十九年,移建虎邱,侍读汪琬撰文立碑。至吴县之横山,展拜陈黄门侍郎远祖顾野王墓。在横山东五里越来溪上。卢襄《石湖志》云:墓上有一巨石横卧,可二丈许,石上古松一株,如盖,湖上望见之,即知为野王墓。当先生时尚如故。遇路舍人泽溥于虎邱。舍人时携家奉母寄居洞庭东山。为常熟杨子常彝作《杨氏祠堂记》。自唐市仍返千墩。六月十八日,先生弟子严得子洪慎。先生从叔国馨举子岩。至清江渡河,抵王家营。是岁世仆陆恩叛投叶氏。叶名方恒,字嵋初,太常卿重华三子。明崇祯壬午举人,国朝顺治戊戌进士,官济宁道佥事。

编年诗集有《同族兄存愉拜黄门公墓》一首、《赠路舍人泽溥》一首、泽溥,曲周人,父振飞,字见白,天启乙丑进士,泾阳知县,崇祯中历御史巡按福建,再按苏松,屡迁至佥都御史,总督漕运,巡抚淮扬。北都陷,福王立于南京,河南副使吕弼周为闯贼节度使,来代振飞。癸未进士泾阳武愫为贼防御使,招抚徐沛。振飞击擒二人,笮弼周于法场,命军士人射三矢,乃解磔之。缚愫徇诸市,鞭八十,槛车献诸南朝,伏诛。故诗中有"擒魁献行朝,逆党皆战悸"语。又云:"天子呼恩官,干戈对王使。"盖唐王聿键曾以罪锢守陵,中官虐之,振飞上疏概宽罪宗,得释。乙酉,南京破,聿键自立于福州,趣召振飞,制书中有"朕有守困恩官路振飞"云云。既至,拜太子太保、吏部尚书,兼文渊阁大学士,官一子职方员外郎,又录守淮功,荫锦衣世千户。顺治三年,大兵攻克仙霞关,聿键走汀州,振飞追赴不及。汀州破,走居海岛。明年,将赴永明王召,自缢于邵武山寺,粤中锡谥文贞云。《清江浦》一首、《丈夫》一首、《王家营》一首、《传闻》二首。是岁永明王在肇,李定国攻陷广西,王遣使召定国入卫。盖永明王为其下孙可望所制,间关奔窜故也。

十年癸巳,四十一岁。

是年至金陵,二月谒孝陵,并谒太祖御容于灵谷寺。寺在钟山东南,本梁僧宝志公葬处,名开善寺。明初改名灵谷,中有明祖《大灵谷寺记石碑》。十月,再谒孝陵,作孝陵图。按:明祖陵在钟山之阳,懿文太子祔葬于左沿山周围四十五里。国朝定鼎后,置守陵太监二名,兵四十名。先生以子诒穀夭,更纳戴氏。

编年诗集有:《路舍人家见东武四先历》一首、舍人父振飞在闽时,特请制新历。《再谒孝陵》一首、《恭谒高皇帝御容于灵谷寺》一首、《赠朱监纪四辅》一首、自注：宝应人。《监纪示游粤诗》一首、《赠郛处士继思》一首、《昔有》一首、《杨明府永言昔在昆山倡义不克为僧于华亭及吴帅指提督吴胜兆举事去而之兰溪今复来吴下感旧有赠》一首、按：永言，云南人，国变后终老于吴，而《胜朝殉节录》乃称其殉乙酉之难，追谥忠节，殆未之考耶？《送归高士之淮上》一首、即归元恭。《赠刘教谕永锡》一首。永锡，字钦尔，魏县人。崇祯丙子举人，癸未春谒选长洲教谕，日与诸生讲道德，明忠孝。时邑令遂宁李实廉知其贫，欲烦以吏事，谢不应。已署崇明县事，庭无留狱。未几遭鼎革，隐居相城，有大吏造其室，欲强之，永锡曰："我中州男子，二十渡漳河，遨游两河间，谁不知我？乃以此相逼，将谓吾畏死耶？"拔剑欲自刭，门人持之，不克死，大吏亦惊惭而去。寻移居阳城湖之滨，与妻子日食蔬粥。与沈钦圻为世外友，甚相得，往来吊古常与俱，有老奴从故乡来劝之归曰："室庐如故也。"永锡曰："我岂不欲归，但前奉君命而来，义不可归。"命其子同老奴归，谓祖宗邱墓责在汝。时遭岁荒，至杂糠粃作食。初，永锡容貌甚伟，至是憔悴毁形，见者哀之。后数年迄穷饿死，弟子徐晟、陈三岛，友人陆泓等经纪其丧，葬于虎邱之山塘，以其妻女附。《郝将军太极滇人也天启中守霑益余于叙功疏识其姓名今为医客于吴之上津桥言及旧事感而有赠》一首、《孝陵图》一首、自序云："重光单阏二月己巳，来谒孝陵。值大雨，稽首门外而去。又二载昭阳大荒落二月辛丑，再谒。十月戊子，又谒，乃得趋入殿门，徘徊瞻视，鞠躬而登殿上。中宫奉帝、后神牌二，其后盖小屋一楹，皆黄瓦，非昔制矣。升甬道，恭视明楼宝城。出门，周览故斋宫视署遗址。牧骑充斥，不便携笔砚。同行者，故陵卫百户束带玉稍为指示，退而作图。念山陵一代典故，以革除之事，《实录》《会典》并无纪述。当先朝时，又为禁驰，非陵官不得入焉。其官于陵非中贵则武弁，又不能通谙国制，以故其传鲜矣。今既不尽知，亦不能尽图，而其录于图者且不尽有，恐天下之人同此心而不获至者多也，故写而传之。"《十庙》一首。自注：鸡鸣山下有帝王功臣十庙，后人谓之十庙。

十一年甲午，四十二岁。

是年春游金山，迁居金陵钟山之阳。游真州，抵太平芜湖。秋，游燕子矶，留宿僧院，至冬始返。先生第三甥徐公肃元文举乡荐。是年，先生兄遐篆缃卒。

编年诗集有《金山诗》一首、《侨居神烈山下》一首、按:神烈山即钟山,古金陵山,亦称北山。东汉末秣林尉蒋子文逐盗于此,死之,屡著灵异。吴大帝时为立庙,更山名曰蒋山。明嘉靖中诏改为神烈山。○诗结句有“每过陵宫一下车”句,盖孝陵在钟山之旁。《古隐士》二首、《真州》一首、《太平》一首、《蟂矶》一首、蟂矶在芜湖。结句“留得奎章墨未枯”自注:庙中有高皇帝御制诗金字牌一。《江上》一首、《久留燕子矶院中有感而作》一首、《范文正公祠》一首、《钱生肃润之父出示所辑方书》一首。肃润,字季霖,号础日,无锡人,著有《南忠纪》等书。

十二年乙未,四十三岁。

是年春,自金陵还昆山。三月初五日午刻,江南地震。六月八日,又震。五月十三日,先生擒叛奴陆恩,数其罪,沉诸水。叛党复投叶氏,讼之官,移狱松江。按先生《赠路光禄》诗《自序》云:“先是,有仆陆恩,服事余家三世矣。见门祚日微,叛而投之里豪。余持之急,乃欲陷余重案。余闻,亟擒之,数其罪,沉诸水。其婿复投豪,讼之郡,行千金求杀余。余既待讯,法当囚系,乃不之狱曹而执诸豪奴之家。同人不平,为代诉之兵备使者,移狱松江府,以役奴论。豪计不行,而余有戒心,乃浩然有山东之行矣。

编年诗集有《元旦陵下作》一首、《常熟归生晟陈生芳绩书来以诗答之》一首、《赠路光禄太平》一首、自序:已下数首,皆余蒙难之作。《酬王生仍》一首、《永夜》一首、《酬陈生芳绩》一首、《赠路舍人》一首、《赠钱行人邦寅》一首,自注:丹徒人。

十三年丙申,四十四岁。

是年春狱解,自松江回。三月,先生本生母何硕人卒。闰五月,至金陵钟山旧居。自狱解后,叶氏遣刺客伺先生往。至是,走及太平门外击之,伤首,遇救得免。是月十日,诣孝陵。冬,在钟山度岁。

编年诗集有《别张处士恚王处士炜暨诸友人》一首、诗中有:“异郡情犹彻,同人道不孤”句,盖先生方系狱松江时,郡人多爱重先生而通问者。《赠潘节士柽章》一首、字力田，吴江人，日讲官起居注翰林检讨次耕耒之兄。与同邑吴赤溟炎草创《明史》，以《实录》为纲领，若志乘、文集、墓铭、家传，凡有关史事者，一切钞撮荟萃，以类相从，考核精详，为《国史考异》一书，钱牧斋极为称许。又著《松陵文献》一书。后死靖溪之难，故明诸生。《闰五月十日恭谒孝陵》一首、《王处士自松江来拜陵毕遂往芜湖》一首、《桃叶歌》一首、《黄侍中祠》一首、自注：在南京三山门外栅洪桥。《自序》云：侍中名观，洪武二十四年殿试第一。建文末，奉诏募兵安庆间，闻南京不守，自沉于江。其妻翁氏及二女为官所簿录，将给配象奴，亦皆赴水死。后人即其葬地，为侍中立祠以祀焉。《王征君潢具舟城西同楚楚沙门小坐栅洪桥下》一首、《摄山》一首、《贾仓部必选说易》一首、《旅中》一首、《酬王处士九日见怀之作》一首、《送张山人应鼎还江阴》一首、《陈生芳绩两尊人先后即世适皆以三月十九日追痛之作词旨哀恻依韵奉和》二首。

十四年丁酉，四十五岁。

是年元旦谒孝陵，自金陵返昆山，旋往山东。诸同人饯别，归元恭庄为之序。《送顾宁人北游序》：“余与宁人交之二十五年矣，其他同学相与，或二十年，或十余年，盖未尝有经岁之别也。今于宁人之北行也，而不能无感慨焉。宁人故世家，崇祯之末，祖父蠡源先生暨兄孝廉捐馆，一时丧荒赋徭猬集，以遗田八百亩典叶公子，券价仅当田之半，仍靳不予。阅二载，宁人请求无虑百次，乃少畀之，至十之六而逢国变。公子者素倚其父与伯父之势，凌夺里中，其产逼邻宁人，见顾氏势衰，本蓄意吞之。而宁人自母亡后，绝迹居山中不出，同人不平，代为之请，公子意弗善也。适宁人之仆陆恩得罪于主，公子句致之，令诬宁人不轨，将兴大狱，以除顾氏。谋泄，宁人率亲友掩其仆，执而棰之，死。其同谋者惧，奔告公子。公子挺身出，与宁人讼，执宁人囚诸奴家，胁令自裁。同人走叩宪副行提，始出宁人。比刑官以狱上，宁人杀无罪奴，拟城旦。宪副与公子年家，然心知是狱冤，又知郡之官吏上下大小无非公子人者，乃移狱云间守，坐宁人杀有罪奴，拟杖而已。公子忿怒，遣刺客戕宁人。宁人走金陵，刺客及之太平门外，击之，伤首，坠驴，会救得免。而叛奴之党受公子指，纠数人，乘间劫宁人家，尽其累世之传以去。宁人度与公子讼，力不胜，则浩然有远行，而同人之知宁人者，携樽榼送之。酒半，归子作而言曰：‘宁人之出也，其将为伍员之奔吴乎？范雎之入秦乎？吾辈之所以望宁人者不在此。夫宣尼大圣，犹且遭魋畏匡；文王至仁，不殄厥愠。宁人之学有本而树立有素，使穷年读书山中，天下谁复知宁人者？今且登陟名山大川，历聘列国，以广其志而大其声施，焉知今日困厄，非宁人行道于天下之发轫乎？若曰怨仇是寻，非贤人之志；别离是念，非良友之情。'于是同人咸曰：'善，请歌以壮其行。'而归子为之序。"至莱州，与掖县赵士完、任唐臣等交。士完，字汝彦，明崇祯壬子举人，故御史允昌季子。遭乱弃家，而南羁栖废寺。弟士冕官镇江太守，物色得之，强之归。士完故莱之巨族，从兄士喆入复社，有名。同怀兄士元、士亮、士宽，弟士冕，并以才名著。唐臣，字子良，贡生。弟虞臣亦以学问称。○按《亭林集·莱州任氏族谱序》有云："余往来山东十余年"，又云"顷至东莱，主赵士完、任唐臣。入其门，而堂轩几榻无改于其旧"，云云，知先生初抵莱，即与赵、任诸人往还。惟《谱序》之作，当在戊申与谢长吉讦讼以后。作汝州知州钱君行状。钱名祚徵，掖县人，崇祯十四年流贼破汝，抗节不屈，被炮烙死。先生在莱时，公子大受痛父节未表于朝，乃乞先生状其事。大受，字伯衎，岁贡生，官博兴训导，以诗名。从唐臣假吴才老《韵补正》读而注之。过即墨，游劳山。为黄朗生作《劳山图志序》。至济南，与处士徐东痴、东痴，初名元善，字长公，慕嵇叔夜之为人，更名夜，字东痴，号稽庵，济南新城人，明诸生，为云南布政准曾孙。少读书外祖王季木家，束发能诗。年二十九，遭乱母死，遂弃诸生，南游江、浙，西游宛、邓，归遂不出。举博学鸿词，以老病辞。为文章原本经史，年且七十，当路无知之者。王渔洋尚书尝索其稿，但逊谢而已。后往江西，渡浔阳江，其稿尽没于水。张稷若订交。张名尔岐，自撰墓志云：字稷若，号蒿庵，济阳诸生。喜论著，有《易经说略》《诗经说略》，学者多传录之。其《仪礼郑注句读》鲜爱者，遇昆山顾宁人炎武，录一本藏山西祁县所立书堂，长山刘友生孔怀取一本藏其家。《夏小正传注》一卷、《弟子职注》一卷、《老子说略》二卷、《蒿庵集》三卷、《蒿庵闲话》二卷、《济阳县志》九卷、《吴氏仪礼考注订误》一卷，俱藏家塾。○刘果庵孔怀《蒿庵集序》云：癸丑八月，余有事济上，始识先生于紫薇署中。时吴门顾宁人在坐，先生谓之曰："壬寅于阳邱读君《古易序》，非为此君作乎？"宁人颔之，因以所著《蒿庵集》见遗。○先生《与汪钝庵书》云："济阳张君稷若，作《仪礼郑注句读》一书，根本先儒，立言简当，使朱子见之，当不仅谢监狱之称许也。"又与钝庵论师道书云："独精三《礼》，卓然经师，吾不如张稷若。"处士□，先生吊之云："从此山东问三《礼》，康成家法更谁传？"推重可谓至矣。先生著《日知录》于"丧礼""停丧"二条，内备载稷若之说。为张稷若作《仪礼郑注句读序》。

编年诗集有：《元日》一首、《莱州》一首、《安平君祠》一首、自注：

在即墨县，今废。《不其山》一首、在即墨县。自注：不其县汉时称有康成书院，今废。《劳山歌》一首、《张饶州允抡山中弹琴》一首、《淮北大雨》一首、《济南》一首、《赋得秋柳》一首、《酬徐处士元善即东痴昔年新城之陷其母死焉故有此作》一首。

十五年戊戌，四十六岁。

是年春，至泰安，登泰山。旋赴兖州，至曲阜，谒夫子庙。往邹县，谒周公庙，谒孟子庙。过邹平，游张氏万斛园。故明兵部尚书张延登所居。抵章邱，访张隐君元明。名光启，章邱人，世居白云湖上。少为诸生，有名，为梅长公、朱未孩二公所知。崇祯庚辰，年四十，遂弃诸生，辟一圃曰省园，以种树艺花自乐。乱后足不履城市，年八十余卒。有《张仲集》诗若干篇，王渔洋为删存百余篇传之。至长山，主刘隐君果庵家。名孔怀，字果庵，长山人。精于考核，先生主其家，与之辨析疑义。所著有《四书字征》《五经字征》《诗经辨韵》《范文正公流寓长山考》等书籍。复之济南，再赴莱州之潍县，入都。随至蓟州，历遵化州之玉田，入永平府，登孤竹山，谒夷齐庙。是岁先生从子熊登武进士。

编年诗集有《登岱》一首、《谒夫子庙》一首、《七十二弟子》一首、诗末自注云："一时同人多入官长幕。"《谒周公庙》一首、《孟子庙》一首、《邹平张公子万斛园上小集》一首、《张隐君元明于园中寘一小石龛曰仙隐祠征诗纪之》一首、《济南》一首、《自笑》一首、《酬归祚明戴笠王仍潘柽章四子韭鸡草堂联句见怀二十韵》一首、《潍县》一首、《衡三王府》一首、《督亢》一首、《京师作》一首、《蓟州》一首、《玉田道中》一首、《永平》一首、《谒夷齐庙》一首。

十六年己亥，四十七岁。

是年出山海关，返至永平之昌黎县，作《曳梯郎君祠记》。按记文，明季东兵入遵化，薄京师，下永平，攻昌黎，俘掠人民。昌黎知县左应选与其士民婴城固守，敌攻东门甚急。有一人为敌舁云梯至城下，登者数人将上矣，乃曳而覆之，其帅磔诸城下。积六日不拔，引兵退，城得以全。又四年，杨嗣昌巡抚其地，求其姓名不得，乃请旨封为曳梯郎君。著《营平二州史事》六卷，有序。营州在今临榆县北七百里，平州在今永平府东二百里临榆县地。先生在永平，适《永平府志》成，求先生作序，先生因著此书，作序应之。至昌平州天寿山，在京师西北六十里，故永安城也。正德八年升州，州东八十里有黄土山。永乐五年七月，皇后徐氏崩，上命礼部尚书赵羾以明地理者廖均卿等往择地，得吉穴于是山中峰之下，车驾临视，封其山天寿山，是为长陵。自是列帝因之，皆兆于长陵左右。〇昭陵东南鹿马山有田贵妃墓，崇祯之季妃薨，上遣工部左侍郎陈必谦等营建。未毕而都城失守，闯贼以帝后梓宫至昌平，士民率钱募夫，葬之田妃墓内，移田妃于右，帝居中，后居左，以妃椁为帝椁，斩篷簟而封之，规制狭小。国朝顺治十六年三月中，奉旨立碑建亭于前，大学士金之俊撰拟碑文。谒十三陵。成祖长陵、仁宗献陵、宣宗景陵、英宗裕陵、宪宗茂陵、孝宗泰陵、武宗康陵、世宗永陵、穆宗昭陵、神宗定陵、光宗庆陵、熹宗德陵，凡十二陵。其崇祯帝之思陵即田妃墓，故称十三陵。〇附考：景帝陵在京师西直门外沙河之南，地名金山，门内有碑亭，世宗、神宗皆尝展谒。出居庸关，仍返山东，抵长清，至天津。是岁，先生甥徐公肃元文登进士一甲一名。

编年诗集有《寄弟纾及友人江南》三首、《山海关》一首、《望夫石》一首、在永平府。《昌黎》一首、《三屯营》一首、《恭谒天寿山十三陵》一首、《王太监墓》一首、在思陵陵下，即王承恩也。《刘谏议祠》一首、谏议名蕡，字去华，昌平人。唐太和二年举贤良方正对策，指斥宦官，遂不第。令狐楚在兴元，牛僧孺在襄阳，皆辟为从事，待如师友。授秘书郎，为宦官所嫉，诬以罪，贬柳州司户参军，卒。昭宗时赠右谏议大夫。元时以昌平驿官宫祺奏请，始为之立祠。《元史》泰定二年置谏议书院于昌平，祀唐刘蕡者，此也。祠本在旧县，去今州治西八里。〇自注：在昌平旧县，今废矣。《居庸关》二首、《重登灵岩》一首、自注：在长清县东南九十里。《秋雨》一首、《与江南诸子别天津》一首、《旧沧州》一首。在天津。

十七年庚子，四十八岁。

是年春二月，至昌平，谒天寿山十三陵，入都。六月，仍至山东。秋，回江南，至金陵，重谒孝陵。先生长甥徐原一乾学登京兆荐。

编年诗集有《再谒天寿山陵》一首、《送王文学丽正归新安》一首、自注：生旧在金侍郎声幕府。按：金正希声于顺治乙酉募乡勇起义徽州，冬为大兵所破，殉难绩溪。《答徐甥乾学》一首、《白下》一首、《重谒孝陵》一首、《赠林处士古度》字茂之，侯官人。时年已八十一。乱后侨寓金陵。一首、《赠王职方师正》一首。自注：建阳人。职方生平无考，玩先生诗意，当是在唐王时授职，既败而遁于金陵者。

十八年辛丑，四十九岁。

是年回吴门，至杭州，抵绍兴，谒禹陵，《一统志》禹王陵在绍兴会稽山禹王庙侧。吊宋六陵。为余姚吕裁之待诏章成作《吕氏千字文序》。待诏为明天顺间相国原之裔。秋，回苏，即往金陵。闰七月，赴山东，《考古录》以十二月庚申望立春日成书。

编年诗集有《杭州》二首、指潞王监国时事。《禹陵》一首、《宋六陵》一首、《颜神山中见橘》一首。山在益都。

康熙元年壬寅，年五十岁。

春正月，自山东入都。三月，至昌平，十九日，谒思陵，有《谒攒宫文》。按《日知录》，宋南渡，会稽诸陵皆曰攒宫，实陵而名不以陵。《春秋》之法，君杀贼不讨不书葬，实葬而名未葬。今之言陵者，名也，未葬者，实也。实未葬而名葬，臣子之义所不敢出也，故不曰陵而曰攒宫。出古北口往蓟州，仍至昌平。五月二十八日，为先生诞辰，有致馈者，作书辞之。至真定之新乐，《日知录》“木刀沟”条自注云：余新乐，林君华皖见示所修县志云云。抵曲阳，谒北岳恒山，至井泾［陉］。冬十一月，至山西，往大同，之浑源州，作《北岳辨》，度汾河，之平阳府。

编年诗集有《三月十九日有事于攒宫时闻缅国之报》一首、按：是年二月，平西王吴三桂奏奉命征缅，于顺治十八年十一月会师木邦。伪晋王李定国奔景线，伪巩昌王白文选遁据锡波江，官兵造筏，将渡，文选复奔茶山，总兵马宁等追及于孟养，文选降，三桂趋缅城。十二月初一日，大军至缅城，四月缅酋执永明王朱由榔献军前，杀伪华定侯王维恭等一百余人。《古北口》一首、今顺天密云县东。《五十初度时在昌平》一首、《日知录》“生日”条下自注：余昔年流寓蓟门，生日有致馈者，答以书。《北岳庙》一首、自注：时岳祀移浑源州。《井陉》一首、《一雁》一首、《尧庙》一首。按：帝尧陵在山东曹州东北六十里故雷泽城，历代致祭。开宝诏书则为帝尧之祠在郓州，今东平州东北三十里芦泉山之阳，后代因之。山西《临汾县志》：尧陵在城东七十里，有庙，有金泰和二年碑记。先生于《日知录》“帝王陵”条详载诸说，颇以《临汾志》为疑。是时先生经游其地，故有是作。

二年癸卯，五十一岁。

是年自平阳登霍山，游女娲庙。在赵城县东八里。至太原，访傅处士山。山，字青主，阳曲人。国变后隐居不仕。康熙己未，召试博学鸿词，未应试，授职不就，即辞归。至代州，游五台山，作《五台山记》，与富平李子德因笃订交。因笃，字天生，更字孔德，又字子德，陕西富平籍，山西洪洞人。邃于经学，为先生所推重，所著有《寿祺堂集》。康熙己未，举博学鸿词，召试授检讨，以母老辞，不许，表三上，乃许。同时授官者，子德与萧山毛奇龄、秀水朱彝尊、无锡严绳孙三人，号为“四布衣”。由汾州历蒲州，入潼关，游西岳太华。过访华阴王山史。山史，名宏撰，字无异，华阴人。明诸生。康熙戊午，征举鸿博，不就。生平嗜学好古，收藏法书、名画最富。朱竹垞彝尊赠诗题其《独鹤亭》二首，内有注云：“携来京师有营邱画人物树石一轴，五字不损，本兰亭一卷，尤可宝也。”又序其所著《砥斋集》，盛许其所著前明督师孙传庭传，谓得太史公法。先生集中《广师》一篇内所谓“好学不倦，笃于朋友，吾不如王山史”者也。至西安，十月朔，过访李处士颙于盩厔，遂定交。按李征君中孚年谱云：癸卯“十月朔，东吴顾宁人来访。宁人博物宏通，学如郑樵，从容盘桓，上下古今，靡不辨订。既而叹曰：‘尧舜之知而不偏物，急先务也。吾人当务之急，原自有在。若舍而不务，惟骛精神于上下古今之间，正昔人所为抛却自家无尽藏，沿街持钵，效贫儿也。’宁人为之怃然”。〇处士字中孚，号二曲，陕西盩厔人。少孤力学，经明行修，事寡母彭，尤以孝著，后流寓富平之军寨。康熙戊午，后征鸿博，坚辞不赴，当事强迫，舁至近郊，操刀欲自戕，始得谢病归。所著有《二曲集》。往骊山，访明宗室存杠等，作《朱子斗诗序》。按序，子斗名谊㳇，秦愍王九世孙，永兴王府奉国中尉，万历以来，宗室中之文人莫盛于秦。秦之宗有七子，子斗最少。崇祯末，六子皆先逝，子斗独年至八十，后思陵十一年卒。当天启时，开科举之途，子斗次子存柘为诸生，副榜。贼陷西安，存柘义不屈，投井死，长子存杠伯常扶其父逃之村墅，得免。后八年余至关中，六子之后皆衰落，伯常年已六十二，独其家遗书尚存，人亦温恭蒠慎，恐人目之为故王孙七子者，惟燿伯明、惟烇叔融、怀垩土简、怀玨长生、怀錐季凤、谊瀞伯闻，与子斗为七，皆号能诗，而又有谊罙明远、存樨春夫二中尉者，贼至时同不屈死，明远中崇祯九年举人，皆秦宗之有学行者。出关，至太原。是岁在汾时闻执友吴江吴赤溟炎、按：赤溟叔父振兰，字九畹，诸生，乙酉南都陷，与兄振远、宗潜弟宗泌约束丁壮保乡里，鲁藩遥授振远为监军佥事，而振兰与宗泌为御史。丙戌春，大兵围其家，兰先期避僧舍得免，更名宗汉，字广平，终身不剃发，无子，以兄之子燮为后，私谥贞孝。先生所著有《南村集》。潘力田柽章二子遭难，遥祭于旅舍，有《书吴潘二子事》之文。

编年诗集有《元旦》一首、《霍山》一首、《书女娲庙》一首、《晋王府》一首、《赠傅处士山》一首、《酬傅处士次韵》二首、《陆贡士来复自注：武进人。述昔年代许舍人曦草疏攻郑鄤事》一首、《咏史》一首、《李克用墓》一首、自注：在代州西八里。〇按李克用墓即晋王墓，在代州柏林寺东，墓旧有碑十三，国朝曹秋岳侍郎溶仅出二碑于土，一为克用父国昌字德兴，题曰“唐左龙武军统军检校司徒赠太仆陇西李公神道之碑”，一为克用弟克让，题曰“唐故使持节代州诸军事代州刺史李公神道之墓碑”。见朱彝尊《曝书亭集》。《五台山》一首、《酬李处士因笃》一首、《雨中送申公子涵光》一首、《酬史庶常可程》一首、按：可程，河南祥符人，崇祯癸未进士，阁部可法之弟，时寓绛州。〇可程当京师陷时降贼，贼破南归，可法请置之理，福王以可法故，令养母。可程遂居南京，流寓宜兴；阅四十年而卒。见《明史》。《汾州祭吴炎潘柽章二节士》一首、《寄潘节士之弟耒》一首、《王官谷》一首、《蒲州西门外铁牛唐时所造以系浮桥者今河徙西十余里矣》一首、《潼关》一首、《华山》一首、《骊山行》一首、《长安》一首、《乾陵》唐中宗[1]一首、《将去关中别中尉存杠于慈恩寺塔下》一首。

三年甲辰，五十二岁。

正月五日，至蒲州之荣河，游后土寺。适汾州，自大同至西口，入都。七月，至昌平，谒十三陵，奠思陵。有《谒攒宫文》。至河南之辉县，访孙征士夏峰先生奇逢。夏峰先生字启东，号钟元，保定之溶城人。嘉靖辛酉举人，河东运判臣之孙，年十七，举万历庚子顺天乡荐。尝参高阳孙承宗，督师关门军事，与桐城左忠毅光斗、嘉善魏忠节大中、长洲周忠介顺昌相善。天启末，三公忤逆奄相，继逮系征士拮据，调护供橐饘，遣弟奇彦同鹿监军善，继子驰书孙督师求援，督师因上疏以边事请陛见，都门喧，传兴兵至阙，逆奄闻之，夜绕御床泣，督师方抵通州，降旨勒回，诸公遂不免。崇祯丙

---

[1]当作“唐高宗”。

子，容城被围，征士设方略拒守，城赖以全。事闻，特诏褒嘉，寇氛渐逼，移家五峰。顺治初，复移家辉县之夏峰，学者因称夏峰先生。生平读书谈道，务为圣贤之学，一时负笈从者无问远近，常至千百人。两朝征聘凡十一次，辄坚谢不出。康熙十四年四月卒，年九十二。十月十六日葬夏峰东原，河南学使檄行郡邑祀之百泉书院。道光六年奉旨从祀孔子庙庭。至山东，度岁于泰安州。

编年诗集有《后土祠》一首、小序略云："祠在今荣河县北十里，地名郏上，或曰脽上。汉之宣、元、成三帝，及唐、宋二宗，尝皆亲幸。以及国朝，虽不亲祀典，而历代相传宫殿巍峨，像设庄静，香火骈阗，未尝废也。庙祝云：距此十五里，为黄河所啮，神宇圮焉，乃徙像于东南二里坡下，今所谓行宫者。而古柏千章，尽伐之以供改造之用，庙未成而木尽。雪中策马而登，坊门墀庑宛然。东有大宁宫，正殿及秋风、洗妆二楼皆已荡然，王文正旦之碑，犹卧雪中，不能读也。有感作诗记之。"《龙门》一首、《自大同之西口》四首、《孟秋朔旦有事于攒宫》一首、《赠孙征君奇逢》一首。

四年乙巳，五十三岁。

是年由泰安至德州，至济南，置田地屋宇于章邱之大桑家庄。先是，章邱人谢长吉世泰负先生资若干，至是以田产偿焉。至曲阜，再谒孔林，游阙里。

编年诗集有《酬程工部先贞》一首、先贞字正夫，德州人，明工部侍郎绍孙，建昌通判泰子，以祖荫历官工部员外郎。《山左诗钞》小传云：分其才具，足了十人。年甫及强，遽长揖归。洵辋川之上客，花溪之好友也。

五年丙午，五十四岁。

是年至广平，之曲周，往太原，时秀水朱竹垞彝尊游晋，过访先生，先生与定交。南海屈翁山大均，少为番禺诸生，名绍隆。遭乱，去为僧，名今种，字一灵，中年返儒服，乃更今名。亦自关中相晤先生，俱有诗赠之。出雁门关，适应州，重过大同，访李处士因笃于代州守陈上年署。上年，直隶清苑人，顺治己丑进士。康熙丁未由代州守迁山西布政司参议。见朱彝尊《曝书亭集》。与李处士辈二十余人鸠资垦荒于雁门之北。按先生《与潘次耕末书》中有云："近稍贷资本，于雁门之北、五台之东应募垦荒，辟草莱，披荆棘，而立室庐。"又云："彼地有水而不能用，当时遣人到南方，求能造水车、水碾、水磨之人，与夫能出资以耕者。”又云“北方开山之利，过于垦荒，畜牧之获，饶于耕耨”，云云。〇按：雁门山在五台之北，相去甚远。今云雁门之北、五台之东，未详其地，存考。抵京师，复往山东，游泰安，谒天庆宫，作《圣慈天庆宫记》。略云：宫在泰山西南麓，为宋大中祥符年间天书观，后废为碧霞元君之宫，前殿奉元君。万历中，尊孝定皇太后为九莲菩萨，乃复构一殿于后奉之，更名圣慈天庆宫，按察使左佩弦撰碑，时十七年三月也。是冬十月，注吴才老《韵补正》成，弁以序。至兖州，度岁于兖州守署。兖守姓名无考。

编年诗集有《寄刘处士大来》一首、诗中称“刘君东鲁才，颇能究经传”。又云：“久客梁宋间，落落无所见。弃家走关中，自结三秦彦。便居公瑾宅，直上高堂宴。”自注：馆李子德家。又云“一过信陵君，下士色无倦。”自注：陈君上年知处士本山左人，而尝客游代州守幕者。《朱处士彝尊过余于太原东郊赠之》一首、《屈山人大均自关中至》一首、《重过代州赠李处士因笃在陈君上年署中》一首、《雁门关屈赵二生相送至此有赋》二首、《应州》二首、《重至大同》一首、《得伯常中尉明宗室，名晰[1]。按《日知录》“九族”一条自注“余丁未岁在大同，遇代府中尉俊晰，年近五十，考其世次，于孝宗为昆弟”云云。按：先生游代州在丙午年，若丁未则未尝至代。编年诗集系此诗于丙午原自符合，或先生误记作丁未耳。书却寄并示朱烈王太和二门人》一首。

六年丁未，五十五岁。

是年先生南旋至淮安，主山阳王起田。始刻所著《音学五书》，作《音学五书序》。序云：《记》曰：“声成文谓之音。”夫有文斯有音，比音而为诗，诗成然后被之弦乐，此皆出于天而非人之所能为也。三代之时，其文皆本于六书，其人皆出于族党庠序，其性皆驯化于中和，而发之为音无不协于正。然而《周礼》大行人之职：“九岁属瞽史，谕书名，听声音。”所以一道德而同风俗者，又不敢略也。是以《诗》三百五篇，上自《商颂》，下逮陈灵，以十五国之远，千数百年之久，而其音未尝有异。帝舜之歌，皋陶之赓，箕子之陈，文王周公之系无弗同者。故三百五篇，古人之音书也。魏晋以下，去古日远，词赋日繁，而后名之曰韵；至宋周颙、梁沈约而四声之谱作。然自秦、汉之文，其音已渐戾于古，

---

①考后文，此处原脱一“俊”字。

至东京益盛。而休文作谱，乃不能上据《淮南》，旁摭骚子，以成不刊之典，而仅按班、张以下诸人之赋，曹、刘以下诸人之诗所用之音，撰为定本。于是今音行而古音亡，为音学之一变。下及唐代，以诗赋取士，其韵一以陆法言《切韵》为准，虽有独用、同用之注，而其分部未尝改也；至宋景祐之际，微有更易；理宗末年，平水刘渊始并二百六韵为一百七；元黄公绍作《韵会》因之，以迄于今。于是宋韵行而唐韵亡，为音学之再变。世日远而传日讹，此道之亡，盖二千有余岁矣。炎武潜心有年，既得《广韵》之书，乃始发悟于中而旁通其说。于是据唐人以正宋人之失，据古经以正沈氏唐人之失，而三代以上之音部分秩如，至赜而不可乱。乃列古今音之变，而究其所以不同，为《音论》三卷；考证三代以上之音；注三百五篇，为《诗本音》十卷；注《易》，为《易音》三卷；辨沈氏部分之误，而一一以古音定之，为《唐韵正》二十卷；综古音为十部，为《古音》二卷。自是而六经之文乃可读；其他诸子之书，离合有之，而不甚远也。天之未丧斯文，必有圣人复起，举今日之音而还之淳古者。子曰："吾自卫反鲁，然后乐正，《雅》《颂》各得其所。"实有望于后之作者焉。属张力臣放说定讹。力臣名弨，山阳人，号亟斋，弃诸生，以卖书画为生，精心六书之学。先生《音学五书》，皆力臣手写付梓。贫而嗜古，尤究心于金石文字，后以聋废，而考证弥勤。有《召陵六骏图赞》《瘗鹤铭辨》传于世。自六合抵山东，抵广平之曲周，拜路文贞振飞祠。入都，从孙思仁得《春秋纂例》《春秋权衡》《汉上易传》等书，清苑陈祺公资以薪水纸笔，写之以归。见《钞书自序》。又云"念先祖之见背已二十有七年。"知此举在是年无疑。往山东，主德州程工部先贞见前、李紫澜涛二家。涛号述斋，芮城令李浃霖瞻弟。康熙乙卯解元、丙辰进士，改庶吉士，授编修，特简知临江府，擢浙盐法道。圣祖南巡，御书忠爱二字赐之。升广西布政，母病乞养。后终刑部侍郎，假归卒。作《程正夫诗序》。道根拔正夫诗名《海右陈人集》。

编年诗集有《淮上别王生略》一首、《赠萧文学企昭》一首、自注：汉阳人。诗中"晚得逢萧君，探赜穷鲁汲。东中服子慎，一见语便治。"又云"方尔得良朋，岂料归与急"盖亦有志学古之士，惜未详其生平出处云。《曲周拜路文贞公墓》一首、《德州过程工部》一首、《过苏禄国王墓》一首。自序："永乐十五年九月，苏禄国东王来朝，归次德州，病卒。遣官赐祭，命有司营坟，葬以王礼，上亲为文，树碑墓道，留其傔从十人守墓，其后子孙依而居焉。余过之，出祝版一通，乃嘉靖年者，宛然如故，其字体今人亦不能及矣。"〇按：苏禄国在东南海外，国朝雍正五年通贡，乾隆十九年请三年一贡，奉旨五年后一贡，由福建巡抚代题，自厦门入境，达京师焉。

七年戊申，五十六岁。

是年春，先生在都适以苏州黄培诗狱牵连，先生闻之即星驰赴鞫，三月，下济南府狱。十月，狱解，先生得释。是年六月十七日戌时起，地连震数次，自北而南声如雷，城墙颠仆，文庙亦毁。济南、兖州、东昌等郡共五十九处，沂州、郯城死伤尤甚。是秋，先生从子尔策熊省先生于济南，已而偕往京师。

编年诗集有《赴东》六首、自序云："莱人姜元衡讦告其主黄培诗狱，株连二三十人，又以吴郡陈济生《忠节录》二帙首官，指为余所辑，书中有名者三百余人。余在燕京闻之，亟驰投到，讼系半年，竟得开释，因有此作。"〇康熙六年四月，江南奸民沈天甫、吕中、夏麟奇撰逆诗二卷，诡称黄尊素等一百七十人作，陈济生编辑，故明大学士吴甡等六人为之序。沈天甫使夏麟奇诣吴甡之子中书吴元莱所索诈财物，元莱察其书非父手迹，控于巡城御史以闻，下所司鞫讯。奉旨天甫等所指茫无确据，编诗之陈济生久经物故，带诗之施明又经遁逃，显系奸徒挟诈，天甫、吕中、麟奇着俱处斩，被诬者悉不问。〇按衍生年谱，云是狱为谢长吉主唆，长吉即乙巳岁抗赀不偿，而以大桑家庄房产作抵者。是岁秋九月，先生与长吉对簿，始得开释。《子德李子闻余在难特走燕中告急诸友人复驰至济南省视于其行也作诗赠之》一首。

八年己酉，五十七岁。

是年在都，寓七圣庵，往山东，旋复入都，寓文昌阁。三月，与富平李子德谒十三陵，有《谒攒宫文》。回都门，移寓甥徐公肃邸舍。出都，过顺德，历邯郸，至山东，再与谢长吉对簿，案始结。返至大名，过保定。先生次甥徐彦和秉义登京兆荐。十一月，至京，主申菽旆，名襚，字菽旆，吴县人。明大学士谥文定名时行曾孙，广西参政用嘉孙。顺治庚子本省解元，辛丑进士，由内阁中书改礼部祠祭司主事，调仪制司，进郎中。康熙二十五年出为广西提学佥事。内艰归，未一年卒，年五十一。事具汪琬墓志。〇按佥事配徐氏，为先生之女甥。又主谢方山。

是岁执友王起田卒，先生撰文志其墓。略云：往至淮上，临河不渡，与其地之贤豪长者相结，而王君起田最与余善。余在太原，而余友潘力田死于杭，系累其妻子以北。少弟耒年十八，孑身走燕都，介余一苍头以见王君。君曰："我固闻之。宁人、力田，贤士也，不幸以非命终。宁人之友之弟，犹之吾弟也。"迎而舍之。比其归，则曰："家破矣，吾女年且笄，将婿子。"间二年，耒遂就婚。是年六月，起田卒，起田名略，山阳人，家清江浦之南,卒年五十七。○耒以是秋入都乞先生志其墓。友人王思龄没。里居出处无考。以原《谱》所载,姑存之。

编年诗集有《楼桑庙》一首、诗中有"昭烈南面尊,其旁两侯配",盖蜀汉先主庙也。《三月十二日有事于攒宫祠李处士因笃》一首、《赠李贡士嘉》一首自注:故城人,时年八十、《邯郸》一首、《邢州》一首、《自大名至保定子德已先一月西行赋寄》一首、《亡友潘节士之弟耒即次耕远来受学兼有投诗答之》二首。

九年庚戌,五十八岁。

是年先生甥徐原一殿试第三人及第。四月,往山东之德州。六月,程工部先贞、李紫澜涛延先生于家讲《易》,至九月初讲毕,即以是月入都,与秀水朱竹垞彝尊、嘉定陆菊隐翼正,字元辅,黄陶庵淳耀门人。等同在北平孙侍郎家,详定所藏古碑刻。适广平,之曲周,过路安卿见前。历河南至山西,复回山东度岁。初刻《日知录》八卷。程工部有《赠顾征君亭林序》。序云:东吴顾征君亭林先生,今之大儒,于书无所不读,习熟国家典制,以至人情物理,淹贯会通,折衷而守之,卓乎为经济之学者也,而失意于时,君子惜之。以故北游上国,历燕、赵之墟,上太行,渡黄河,出塞入关,极秦、晋之鄙,折而留滞于齐、鲁间,皆得周览其名山大川,将以拟太史公之故事。乃每过吾州辄见访,如侨札之欢,皋梁之说也。为余谈说经史,不惮娓娓,或留信宿,或浃月经时,然后乃去。因见其著述之富,汗牛充栋,要皆崇正黜邪,一轨于圣贤之微旨,抽关启钥,尽见其全。其辨详以核,其论典以要,其思平实以达,其义纯粹以精,本于经而不泥于昔闻,原于史而不拘于成说,多前贤所未明,一旦自我发之者。自汉、唐以来,诸贤林立,观其意思,略与郑康成、王文中辈相彷彿,皆能深造理窟,力追大雅,以斯文为己任者也。以视今之作者,不啻奏黄钟大吕于秋虫响答之前,其巨细不侔矣。假使先生得时而驾,为当代柱石,功业所至,不过封侯而止,其于闲先王之道以津逮将来,为天下后世之利,且孰得而孰失乎?今年结夏于此,与二三同人讲《易》,复得发其《日知录》一书,观之多考古论世之学,而其大指在于明经术、扶王道,为之三叹服膺,劝其出以惠学者。此是亭林支峰蔓壑,余老病荒忽,书数语其后,附以不朽。必欲东观大海,尽十洲三岛之奇,则有先生所著之全书在,非一朝一夕所得而卒业者矣。余不佞,尚如《豫》之五爻,疾而不死,请得读书养气,十年之后,文思少进,为先生细论之。康熙九年八月。

编年诗集有《述古诗》三首、《德州讲易毕奉简诸君》一首、《挽殷公子岳》二首。岳字伯岩，鸡泽人，与申和孟、赵秋水辈齐名。

十年辛亥，五十九岁。

是年先生从子达夫洪善、汝嘉洪慎省先生于都门。往山东，未几仍入都，主甥徐原一。孝感熊阁学赐履设酌招先生，欲以纂修《明史》荐，先生面辞之。按戊午岁《答潘次耕书》有云“辛亥之夏，孝感特柬相招，欲吾佐之修史。吾答以果有此命，非死则逃。原一在坐与闻，都人士亦颇有传之者。耿耿此心，终始不变”云。出都，历忻州之静乐、平定州之盂县，至太原，十月，交城令赵恒夫吉士尝邀往，与华亭陆庆臻、上海蔡缃剪烛赋诗。吉士字天羽，休宁人，杭州籍，顺治辛卯举人，由知县内升户部主事，累迁户科给事中，左迁国子监学正，是时方任交城，故先生与游。

编年诗集有《寄张文学弨时淮上有筑堤之役》一首、按是年奏准于淮扬界筑翟家坝，至十八年七月工成，山阳、宝应、高邮、江都四县河西诸湖涸出者，招民田之。〇诗中文字六朝余句下自注：得所寄《瘗鹤铭辨》。《双雁》一首、《夏日》二首、《秋风行》一首、《静乐》一首、《太原寄王高士锡阐》一首、锡阐，字寅旭，一字昭冥，吴江人。博综群书，尤精历象之学，创新法，候日月食，较密于前人。撰有《大统历》《启蒙解图》《三辰仪晷》诸书。《盂县北有藏山云是程婴公孙杵臼藏赵孤处》一首。按：藏山在盂县北五十里，其旁有圣水。宋神宗元丰四年五月，吴处厚以帝阙嗣，请立程婴、公孙杵臼庙，优加封爵，从之。诏立庙于绛州，封程婴为成信侯，公孙杵臼为忠智侯。

十一年壬子，六十岁。

是年由山右至京，主甥公肃，先生从兄平庵、甥徐孚若来省。平庵，一字萍庵，孝宏泰顺训导。孚若，名履忱，号匏叟，太仆卿应聘曾孙，司寇乾学从兄，先生甥也。国变时，依先生于唐市寓庐，嗜学，工诗词。五月至济南。八月入都，仍主公肃，闻从子达夫洪善举乡荐捷音。十月，往德州，由河南至山西，度岁于忻州之静乐。衷和、敏德来执贽。据原《谱》所载未详二人出处。寓书潘次耕，议抚吴江族子衍生为子。

编年诗集有《读李处士颙襄城纪事有赠》一首、自序云：“处士之父可从，崇祯十五年以壮士隶督师汪公乔年麾下，以五千人剿贼，贼至襄城，死之。处士年十六,贫,与其母彭氏并日而食,力学有闻。越二十九年,始得走襄城,为汪公及其父设祭,招魂以归。余与处士交,为之作诗。”《寄杨高士瑀》一首、高士邑里出处未详,当系前明遗老,俟考。《齐祭器行》一首、自注:岁重光大渊献临淄发地,得古祭器数十事,监司攫而有之。〇按:重光大渊献,康熙辛亥年事也。《题李先生榘亭》一首、自序:“德州东二十五里矩亭,故乡举思伯李君诚明读书处。天启中,权奄柄国,闻君通明阳象纬之学,遣使征之,辞疾不就,洁志以终。其子源修走亭,以表遗躅,余为之诗。”〇按吴县惠太史周惕《李君墓表》:君讳源,字江余,一字星来,德州人。祖大华举于乡,官武强令,生二子,长曰诚明,万历甲午举人,次曰诚明,郡诸生。君诚明子也,诚明无子,以君为之子。举顺治丙戌进士,授河津令,有能称,罢归。为人和易恬退,好读书,至老不倦。于古今河渠、漕屯、兵农诸事,讨论尤精云云。《济南府志》称源归里后,筑退庵,因以自号,植花竹,购图书。昆山顾处士炎武闻源谈《易》,叹曰:“今之管辂也。”《鄃》一首、《土门旅宿》一首。自注在获鹿县西南十里。

十二年癸丑,六十一岁。

是年春正月,由山右至山左。二月,抵都,主公肃。甥彦和殿试及第第三人。四月,往德州,订州志。王渔洋《居易录》云:“《山东通志》修于癸丑,当事既视为具文,秉笔者又卤莽灭裂,不谙掌故。如人物一门,竟将曹县李襄敏秉、单县李襄毅纮、沂州王恭简景三巨公姓名事实削去,不存一字,其余可概见矣。时方伯施泰瞻天裔主其事,聘吴郡顾炎武亭林在局,而不一是正,可惜也。〇按:先生于是年仅订《德州志》,未尝预修《通志》,故集中无一语及之。意当时虽延先生,先生故未尝预也。返章邱桑家庄。八月游济南,十月,自章邱至德州,哭程工部先贞。闻从叔国馨兰服及归元恭庄讣,设祭于桑家庄。为叔作传。入都,闻滇南报。是岁,朝议撤三藩兵卫。七月,平西王吴三桂与平南王尚可喜、靖南王耿精忠先后疏请撤藩,得旨嘉奖,命会议官兵家口如何安插。八月,遣礼部左侍郎折尔肯、傅达礼往云南,户部尚书梁清标往广东,吏部侍郎陈一炳往福建,经理各撤藩兵起行事宜。十一月,云南巡抚朱国治督促启行甚急,三桂怒,举兵杀国治,遂以所部反,折尔肯、傅达礼被留。至明年正月,三桂称帝于衡州,建宫殿,改元昭武,铸钱曰“利用”。四月,遣还折尔肯二人。三桂子额武应熊及应熊子世霖,先以三桂反下狱,至是伏诛。十七年八月,三桂兵屡败,以忧愤骤死于长沙,逆党奉其孙世璠,僭号洪化,奔还云南。二十年十一月,王师围云南,世璠自杀,戮其尸,传首于京师，云南始定。寄潘次耕书令族子衍生北上，在京度岁。

编年诗集有《燕中赠钱编修秉镫》一首、按：秉镫，字幼光，桐城人，后更名澄之，字饮光。朱检讨彝尊称幼光禁网潜踪，麻蹊间道，盖穷而未达者。编修之称，疑在南都时曾被召命而未仕者倏，更考。〇又按：饮光宏光时客嘉善钱吏部仲驭家，马、阮方兴大狱，属宗生朱统鏆以拥戴疏藩谋危社稷一疏，逮捕诸清流，饮光名亦在捕中。时方居嘉定县幕，令闻报，欲献之为功，姜行人垓以计脱之，乃变姓名逸去。南都失守，饮光走粤东，妻孥尽死于震泽，乃为僧装，释名西顽，七年后始返故里。编修乃唐王选授者。所著有《田间文集》。《先妣忌日》一首、《自章邱回至德州则程工部逝已三日矣》一首、《有叹》一首、《哭归高士》四首。

十三年甲寅，六十二岁。

是年正月出都，由易州之山右。四月至德州，回济南，度岁于章邱之桑家庄。

编年诗集有《广昌道中》二首、在易州西百八十里。《寄问傅处士山土堂山中》一首、《与吴处士庭访北齐碑》一首、《咏史》二首、《路光禄书来叙江东同好诸友一时徂谢感叹成篇》一首、《过矩亭拜李先生墓下》一首、诗中"同时程中丞，一疏亦惊众。玉玺安足陈，亟进名臣用。"句下自注：中丞名绍，德州左卫人，巡抚河南时，漳河旁得玉玺，上疏言秦玺不足珍，国家以贤为宝。荐党籍诸臣十余人，不纳，遂谢病归。《潘次耕南归寄示》一首、《子房》一首、《刈禾长白山下》一首、长白山在章邱、长山二县之交，刈禾处即桑家庄产业也。《岁暮》二首。〇潘道根补注：胡庭，汾阳人，字季子，傅青主门人。青主有《书胡季子诗稿后诗》："风流胡季子，花笔起河西。艳选徐陵胜，奇添李贺凄。大巫为气尽，老腐但头低。公子争裘马，文章有驮騠。"

十四年乙卯，六十三岁。

是年先生从子洪善至章邱省问。赴济阳访张稷若。往德州，送程工部葬。八月，至山左，历河南，抵山右，寓太原祁县戴枫仲家。枫仲名廷栻，祁县人。家多藏书及法书、名画。十月六日，张帝臣及张又南过访。帝臣无考，又南名云翼，西安咸宁人，靖逆侯、赠少师兼太子太师、赐谥襄庄、甘肃提督勇长子，以父荫官大理寺卿。是年春，平凉王辅臣反。三月，辅臣函大将军符札招勇，勇斩其使，命其子云翼赴京首奏，勇得进侯爵。闰五月，大破贼于巩昌，收复宁州等卫之陷贼者，乱遂平。○勇字非熊，以偏裨受知英亲王，隶陕督孟乔芳麾下，屡立战功，平湖南暨滇、黔诸省。生平喜与贤士大夫延接，同里交游，若李中孚、王山史、李三子子德诸人，咸与之为忘分交。纳妾于静乐。辛亥年先生在太原遇傅青主山，诊先生脉云："尚可得子。"至是纳妾。

《与李中孚书》。按《李征君年谱》，乙卯冬，顾宁人书来，宁人自癸卯盩厔别后，虽足迹遍天下，而音问时寄，至是闻征君流寓富平，寄书略云："先生龙德而隐，确乎不拔，真吾道所倚为长城，同人所望为山斗者也。今讲学之士，其笃信而深造者惟先生，异日九畴之访、丹书之授，必有可以赞后王而垂来学者。侧闻卜筑平阳，管幼安复见于兹。弟将策蹇渭上，一叙渴悰也。"

编年诗集有《兄子洪善北来言及近年吴中有开淞江之役书此示之》一首、按：康熙十年二月，江苏巡抚奏浚刘家河五千一百八十丈。十二月，委苏松常道参议韩佐周及苏、松二府同知、通判、师佐王永熙、周祚昌等董浚吴淞江一万四百九十一丈，各于海口置闸。其经费则奏准留苏、松、常三府漕折银九万两，浙省杭、嘉、湖三府漕折银五万两充费同，藩司慕天颜檄行所属督理。是年九月，昆山知县董正位申详开浚瓦浦，凡三十六里，是月兴工，至十二年五月讫工。邑诸生朱青以岁旱请于巡抚浚注浦，自刁家桥东出吴淞，民赖其利，改注浦曰朱浦。○诗中有"那闻父老复愁兵，秦关楚塞方酣战"句。按：甲寅正月，吴三桂既反，四方起兵从逆者，靖南王耿精忠、平南王尚之孝、广西将军孙延龄、陕西提督王辅臣、潮州总兵马宝、四川总兵谭宏、襄阳总兵杨来嘉等，俱蠢动附逆。是年正月，逆藩耿精忠将黎化中与逆藩吴三桂之众合兵犯连州，官军击败之。将军阿密达等帅师讨叛将王辅臣于兰州。兴安兵变，杀总兵王怀忠。二月，广元、朝天等关已克复者，复为三桂所踞。朝命贝勒董额等速定平凉、泰[①]州，分兵以通栈道。贼陷兰州，巡抚花善奔凉州。西宁总兵王进宝大破王辅臣之众于新城，进围兰州，复泾州及龙泉县。贝勒董额败王辅臣之众于陇州。三月，叛将杨来嘉犯南漳，总兵刘成龙败之。王辅臣陷定边城，花马池、定边卫相继陷贼。四月，王进宝败辅臣之众于兰州，复万年、安仁等县。是月，平凉贼众合援泰[②]州，官兵迎击，

①刻本作此，当为"秦"字之讹。

②同上。

败之。王进宝复临洮府，孙思克复靖远卫。五月，陕西官兵复宁州。游击李师膺叛杀韩城令，犯郃阳，官军击走之。叛将杨来嘉、洪福陷谷城。闰五月，三桂将犯荆州，朝命顺承郡王驰援荆州。七月，杨来嘉复犯南漳，都统宜理布等大败之。八月，诸军会攻王辅臣于平凉，复败之。贝子傅腊搭败耿精忠之众于半岭，复黄岩。九月，江西官兵复靖安县。十月，陕西官兵为王辅臣所败，副将泰必图死之。十二月，贝勒察凡败三桂之众于兴山县，叛贼马雄等攻陷高、雷、廉、潮等州县。是月，宁夏兵变，提督殉死，王进宝等败王辅臣于西河。是岁以吴、耿二逆之故，天下骚然，所在多蠢动云。《闰五月十日》二首、结句"更忆王符老，飘沦恨不同。"自注：王征君潢，昔日同诣孝陵行香，今年七十七矣。《过张贡士尔岐》一首、《送程工部葬》一首、《路舍人客居太湖东山三十年寄此代柬》一首、舍人事见前。《孙征君以孟冬葬于夏峰时侨寓太原不获执绋适吴中有传示同社姓名者感触之意遂见乎词》一首。征君事见前。〇诗中有云："会葬近千人，来观马鬣封。"知征君当日所感乎者远矣。

十五年丙辰，六十四岁。

是年春正月，自山右至山左。二月入都，馆原一甥邸寓。从子洪善举进士。三月，往山东，五月入都。二十八日，先生诞辰，原一具酒称祝。秋，至蓟州，仍入都。十一月二十四日，先生第五妹徐太夫人原一、彦和、公肃母也。讣到，二十七日成服，二日祭奠。命抚子衍生北上，并寓书湖州沈度汪、沈允斌昆弟，欲附其家眷舟至京。先生从子洪慎得子于昆，命名曰世枢，字之曰荣绪，后更名宏佐，字复吕。是岁作《初刻日知录自序》。炎武所著日知录，因友人多欲钞写，患不能给，遂于上章阉茂之岁刻此八卷。历今六七年，老而益进，始悔向日学之不博、见之不卓。其中疏漏，往往而有，而其中书已行于世，不可掩。渐次增改，得二十余卷。欲更刻之，而未敢自以为定。故先以旧本质之同志。盖天下之理无穷，而君子之志于道也，不成章不达。故昔日之得，不足以为矜，后日之成，不容以自限。若其所学欲明学术、正人心、拨乱世，以兴太平之事，则有不尽于是刻者。须绝笔之后，藏之名山，以待抚世宰物者之求。其无以是刻之陋而弃之，则幸甚。"〇按：今《日知录》三十二卷，为门人潘次耕所刻，首载先生自序云："愚自少读书，有所得辄记之。其有不合，时复改定，或古人先我而有者，则遂削之。积三十余年乃成一编。取子夏之言，名曰《日知录》，以正后之君子。东吴顾炎武序。”与吴江戴耘野笠书。中云：“一别廿载。”盖先生以四十五岁北游至是，适二十年，又云今将卜居太华以卒余龄，百家之说，粗有窥于古人一卷之文，思有裨于后代。又云昔年有纂录《南都时事》一本，可付既足持来。”按：既足以明年春至山左，则此书为是冬所寄。在京邸度岁。

编年诗集有《汉三君诗》三首、高祖、光武、昭烈也。《楚僧元瑛谈湖南三十年事作四绝句》、第二首“铁石心肝老孝廉”自注：先兄同年长沙陶君汝鼎。第三首“督师公子竟头陀”自注：武陵杨公子山松。《赋得檐下雀》一首、诗中有“虽依檐下宿，无异深林里”，盖先生寓徐氏寓邸时也。《蓟门送子德归关中》一首、《李生符自南中归槜李三年追维壮游兼示旧作》一首。

十六年丁巳，六十五岁。

是年正月二日，送别原一、彦和、公肃诸甥于天宁寺。二月，至昌平，谒十三陵，作谒攒宫文。四月，出都。十三日，至德州，见抚子衍生及衍生师李既足云霑于张简可家，先三日，衍生及师李既足附沈度汪家眷舟至德州，将入都，先生留书张简可止之，至是相见，行父子礼。旋过访李霖瞻、李星来。霖瞻名浃，号陶庵，德州人。顺治丙戌进士，延庆知州，芮城知县。○潘次耕《陶庵诗序》：陶庵先生雅慕靖节为人，筑一室曰陶庵，日哦其中。王渔洋《陶庵诗选》述其古诗原“本于陶而杂采诸家之美，此其能自名一家而可传于世无疑也”。星来名源巳，见前。是月二十一日，自德州至郑家口。二十四日，抵曲周，主路安卿泽农家，祀先于寓。五月七日，移寓曲周之增福庙，主僧名晏如，时当涂令贺宣三应旌亦寓庙中。令既足、衍生暂留督课，先生即往山右，道经汾州之介休、霍州之灵石，过介子推祠。入秦至富平，访李中孚于富平东南军之北，遂寓居其地。按《李征君年谱》：宁人自山右来访，密迩征君，时至卧室盘桓，语必达旦。○《征君年谱》系此条于丙辰冬，考衍生原《谱》，丙辰年未尝入秦，其至富平实系丁巳冬，当时衍生已随侍往来，应无误记。此《李谱》偶误耳。十一月，游太华，访华阴王山史。复至山右，度岁于太原之祁县。是岁，先生从子洪慎举次子，先生名之曰世棠，字思召。即寄书从弟子岩，欲立世枢见前为殇子诒榖后，并嘱达夫致词。《答曾庭闻书》。南徐一别二十六年，足下高谈王霸，屈迹泥途，读严武、隗嚣之句，未尝不为之三叹。弟白首穷经，使天假之年，不过一伏生而已，何敢望骐骥后尘，而希千里之步？然以用世之才如君者，而犹沦落不偶，况硁鄙如弟，率彼旷野，死于道途，固其宜也。奚足辱君子勤勤之问乎？宣尼有言："自南宫敬叔之乘我车也，而道加行。"今之人情则异乎是。即有敬叔之流，不问杏坛之字。然一生所著之书，颇有足以启后王而垂来学者，《日知录》三十卷已行其八，而尚未惬意；《音学五书》四十卷，今方付之剞劂。其梨枣之工，悉出于先人之所遗，故国之余泽，而未尝取诸人也。"君子之道，或出或处"，君年未老，努力加餐。○庭闻名畹，江西宁都人，陕西宁夏籍举人。著有《金石堂诗集》。兄名传㮚，字青藜，亦著名，有《止山集》。

编年诗集有《二月十日有事于攒宫》一首、"华阴有王生，伏哭神床下"，"王生"下自注"弘撰"。当时与山史同奠攒宫，故云。《赠献陵洪熙帝司香贯太监宗》一首、《陵下人言上年冬祭时有声自宝城出至祾恩殿食顷止人皆异之》一首、《过郭林宗墓》一首、《介休》一首、县以介之推得名。《灵石县东北三十五里神林晋介之推祠》一首、《霍北道中怀关西诸君》一首、《河上作》一首。中有云"去年方斗争，掘濠守朝那。车骑如星流，衣装兼橐驼。狼狐动箭簇，参伐扬旂麾。嗟此河上军，来往何时罢"等句，按：朝那在今甘肃平凉府，丙辰年叛将王辅臣方踞陕西之龙驹寨，断商雒南路，知县卢瑛死之，旋复引川贼犯通渭。是年六月辅臣为大将军图海所败，朝命招抚，乃率众降，特赦其罪，假靖寇将军立功赎罪，而贼党吴之茂寇甘肃之秦州。十二月，朝命建威将军吴丹略地华、商，副都统佟舒浑败贼于峻岭川，复山阳县。时干戈未已，故云。《雨中至华山宿王山史家》一首、《过李子德》四首、《皂帽》一首、《采芝》一首、《寄李生云霑时寓曲周僧舍课子衍生》一首。

十七年戊午，六十六岁。

是年春，由太原入关中。至富平，富平令郭九芝名传芳，大同人。郊迎二十里外。闰三月，遣李子德家人至曲周，接衍生及李既足于增福庵，期会于富平之军寨李中孚家。四月朔，郭令邀同至县，寓南庵，旋移寓朱公子长源名树滋家。按先生《关中杂诗》次章自注云：时寓朱文学树滋斋中，藏书甚富。与既足次第故友遗诗。时朝议以纂修《明史》，特开博学鸿词科，征举海内名儒，官为资送，以是年冬齐集都门候试。先生同邑叶纫庵阁学方霭及长洲韩慕庐侍讲菼欲以先生名应荐，用已而知志不可屈，遂止。《答潘次耕书》来书北山南史一联语简情至，读而悲之。既已不可谏矣，处此之时，惟退惟拙，可以免患。吾行年已迈，阅历颇深，谨以此二字为赠。子德书来云：“顷闻将特聘先生，外有两人。”此语未审虚实？“君子之道，或出或处。”鄙人情事与他人不同。先妣以三吴奇节，蒙恩旌表，一闻国难，不食而终，临没丁宁，有无仕二朝之训。辛亥之夏，孝感特简相招，欲我佐之修史，我答以果有此命，非死则逃。原一在坐与闻，都人士亦颇有传之者，耿耿此心，终始不变！幸以此语白之知交。前札中劝我无入都门及定卜华下，甚感此意。回环中腑，何日忘之！《与李湘北天馥，江南合肥籍，河南永城人。顺治戊戌进士，官至大学士，谥文定，著有《容斋集》书》关中布衣李君因笃顷承大疏荐扬，既征好士之忱，尤羡拔尤之鉴。但此君母老且病，独子无依，一奉鹤书，相看哽噎，虽趋朝之义已迫于戴星，而问寝之私倍悬于爱日。况年逾七十，久困扶床，路隔三千，难通啮指，一旦祷北辰而不验，回西景以无期，则瓶罍之耻奚偿，风木之悲何及！昔者令伯奏其愚诚，晋朝听许；元直指其方寸，汉主遣行。求贤虽有国之经，教孝实人伦之本。是用溯风即路，沥血叩阍。伏惟执事宏锡类之仁，悯向隅之泣，俯赐吹嘘，仰邀俞允，俾得归供菽水，入侍刀圭，自此一日之斑衣，即终身之结草矣。若炎武者，黄冠蒯屦，久从方外之踪，齿豁目盲，已在废人之数，而以生平昆弟之交，理难坐视，辄敢通书辇下，布其区区。《与李星来书》今春荐剡，几遍词坛，虽龙性之难驯，亦鱼潜之孔炤。乃申屠之迹，竟得超然，叔夜之书，安于不作，此则晚年福事。关中三友：山史辞病，不获而行；天生母病，涕泣言别；中孚至以死自誓而后得免，视老夫为天际之冥鸿矣。此中山水绝佳，同志之侣多欲相留避世。愚谓与汉羌烽火但隔一山，彼谓三十年在在筑堡，一县之境，多至千余，人自为守，敌难遍攻，此他省所无，即天下有变而秦独完矣。未知然否？《答李紫澜书》：常叹有名不如无名，有位不如无位，前读大教，谬相推许，而不知弟此来关右，不干当事，不立坛宇，不招门徒。四方之人或以为迂，或以为是。而同志之李君中孚，遂为上官逼迫，舁至近郊，至卧操白刃，誓欲自裁。关中诸君有以巨游故事言之当事，得为谢病放归。然后国家无杀士之名，草野有容身之地，真所谓威武不屈。然而名之为累，一至于斯，可以废然返矣！或云：“君子疾没世而名不称”，何与？曰：君子所求者，没世之名，今人所求者，当世之名。当世之名，没则已焉，其所求者，正君子之所疾也，而何俗士之难寤与？城郭沟池以为固，甲兵以为防，米粟刍茭以为守，三代以来，王者之所不废。自宋太祖惩五季之乱，一举而尽撤之，于是风尘乍起，而天下无完邑矣。我不能守，贼亦不能据，而椎埋攻剽之徒乃尽保于山中。于是四皓之商颜，刘、阮之天姥，凡昔日兵革之所不经，高真之所托迹者，无不为戎薮盗区。故避世之难，未有甚于今日。推原其故，而艺祖、韩王有不得辞其咎者矣。读书论世而不及此，岂得为“开拓万古之心胸”者乎？是年冬，张廷尉云翼见前承父命以聘来迎往兰州，坚辞之。时张靖逆，方任提督，驻兰州。《与友人辞往教书》：羁旅之人，疾病颠连，而托迹于所知，虽主人相爱，时有蔬菜之供，而饔飧一切自给，在我无怍，于彼为厚，此人事之常也。若欲往三四十里之外，而赴张兄之请，则事体迥然不同。必若执事所云：有实心向学之士，多则数十人，少则三四人，立为课程，两三日一会，质疑问难，冀得造就成材，以续斯文之统，即不能尽依白鹿之规，而其遗意须存一二，恐其未必办此，则徒餔啜也，岂君子之所为哉！一身去就，系四方观瞻，不可不慎！广文孙君与弟有旧，同张兄来此，剧论半日，当亦知弟为硁硁踽踽之人矣。〇按：是书似非为迎往兰州而作，以俱辞聘故连类及之。潼商道何绢庵戴仁。〇按：曹倦圃溶尺牍作胡狷庵。来访，兼聘，未仕。过同州府之淮阴，达华州，止吏目王二华尔谦，常熟人署。是岁之春以开宏词科，荐局方殷，先生遂迹绝不至都门。《答李子德书》老弟虽上令伯之章，以我度之，未必见听。昔朱子谓陆放翁能太高，迹太近，恐为有力者所牵挽，不得全其志节，正老弟今日之谓矣。但与时消息，自今以往，别有机权，公事之余，尤望学《易》。吾弟行年四十九矣，何必待之明岁哉？更希余光下被，俾暮年迂叟得自遂于天空海阔之间，尤为知己之爱也。

编年诗集有《春雨》一首、中有云：“朝来阅征书，处士多章显。”又云：“幸得比申屠，超然竟独免。”又云：“未敢慕巢由，徒夸一身善。穷经待后王，到死终黾勉。”盖一以自幸，一以自信云。《寄同时二三处士被荐者》一首、项联云“金兰情不二，猿鹤意相亲。”亦各行其是之意。《井中心史歌》、崇祯十一年冬，苏州府城中承天寺以久旱浚井，得一函。其外曰《大宋铁函经》，锢之再重，中有书一卷，名曰《心史》，称“大宋孤臣郑思肖百拜封”。思肖，号所南，宋之遗民，有闻于志乘者。其藏书之日为德祐九年。宋已亡矣，而日夜犹望陈丞相、张少保统海外之兵，以复大宋三百年之土宇，而驱胡元于漠北。至于痛哭流涕而祷之天地，盟之大神，谓“气化转移，必有一日变夷而为夏者。”于是郡中之人见者，无不稽首惊诧；而巡抚都院张公国维刻之以传，又为所南立祠堂，藏其函祠中。未几而遭国难，一如德祐末年之事。呜呼悲矣！其书传至北方者少，而变故之后，又多讳而不出。不见此书者，三十余年，而今复睹之富平朱氏。此书初出，太仓守钱君肃乐赋诗二章，昆山归生庄和之八章。及浙东之陷，张公走归东阳，赴池中死；钱君遁之海外，卒于琅琦山；而归生更名祚明，为人尤慷慨激烈，亦终穷饿以死。独余不才，浮沉于世，悲年运之日往，值禁之愈密，而见贤思齐，独立不惧，将发挥其事，以示为人臣处变之则焉。故作此歌云尔。《夏日》一首、时秦陇苦旱。《梓潼一篇赠李中孚》、原注：《后汉书·独行传》：李业，字巨游，广汉梓潼人也。元始中举明经，除为郎。去官，杜门不应州郡之命。王莽以业为酒士，病不之官，遂隐藏山谷，绝匿名迹，终莽之世。及公孙述僭号，闻业隐贤，征之，欲以为博士，业固疾不起。数年，述羞不能致之，乃使其大鸿胪尹融持毒酒奉诏命以劫业，若起，则受公侯之位；不起，赐之以药。融譬旨劝之，业乃叹曰："危国不入，乱国不居。亲于其身为不善者，义所不从。君子见危授命，何乃诱以高位重饵哉？"融见词志不屈，复曰："宜呼室家计之。"业曰："丈夫断之于心久矣，何妻子之为！"遂饮毒而死。述闻，大惊，又耻有杀贤之名，乃遣使吊祠，赙赠百匹。业子翚逃辞不受。蜀平，光武诏表其闾。益部纪载其高节，图画其形像。中孚以死拒召，故以巨游为比。《和王山史寄来燕中对菊》一首、《关中杂诗》五首、第三章云："谷口耕畲少，金门待诏多。时情尊笔札，吾道失弦歌。"第四章云："徂谢良朋尽，彫伤节士空。"盖寄慨深矣。《过朝邑王处士建常》一首。建常，字仲复，邠州长武人，居河渭之间。早弃帖括，以著述自娱，所著有《律吕图说》。见《居易录》。

十八年己未，六十七岁。

是年春正月，往延安，抵同官县，拜寇公墓。旋携衍生寓华阴王山史所构新居。先是，山史尝以晦翁朱子于淳熙乙巳奉祠华州云台观，欲为表章，创建祠堂，兼营书院，以居先生。是迁入山史家。按先生《关中杂诗》第五首自注云："山史新构小斋，将延余住。"又是年《与从子书》云："新正已移至华下，祠堂书院之事虽皆秦人为之，然吾亦须自买堡中书室一所，水田四五十亩，为饔飧之计。秦人慕经学，重处士，持清议，实与他省不同。华阴绾毂关河之口，一旦有警，入山守险，不过十里之遥。若志在四方，则一出关，亦有建瓴之势。"○衍生元《谱》是年二月携衍生往华阴，主王山史家，而先生《与从子书》谓新正已移至华下，所称书院疑即山史所构新居，俟更考。三月出关，游嵩、少。四月，至曲周，旋由河南至山右。马右实嗣光掣甘肃道，欲挈姊氏赴任，时右实已患病，止之，告病不听。长洲毛锦衔今凤来受业。奠王式吾及平阳王九如。俱无考。十二月二十七日，张廷尉云翼夜半告访。是岁同邑阁学叶讱庵充《明史》总裁官，欲招先生入史局，先生致书辞之。去冬韩元少书来，曾欲与执事荐及鄙人，已而中止；顷更闻史局中复有物色及之者，无论昏耄之资不能黾勉从事，而执事同里人也，一生怀抱，敢不直陈之左右。先妣未嫁过门，养姑抱嗣，为吴中第一奇节，蒙朝廷旌表。国亡绝粒，以女子而蹈首阳之烈。临终遗命，有无仕二姓之言，载于志状。故人人可出而炎武必不可出矣。《记》曰：“将贻父母令名必果，将贻父母羞辱必不果。”七十老翁何所求，正欠一死，若必相逼，则以身殉之矣。一死而先妣之大节愈彰于天下，使不类之子得附以成名，此亦人生难得之遭逢也。谨此奉闻。《与潘次耕书》大家续孟坚之作，颇有同心；巨源告延祖之言，实为邪说。展读来札，为之怆然！吾昔年所蓄史事之书，并为令兄取去。令兄亡后，书既无存，吾亦不谈此事。久客北方，后生晚辈益无晓习前朝之掌故者。令兄之亡十七年矣，以六十有七之人，而十七年不谈旧事，十七年不见旧书，衰老易忘，少年所闻，十不记其一二。又当年牛李洛蜀之事，殊难置喙。退而修经典之业，假年学《易》，庶无大过，不敢以草野之人，追论朝廷之政也。然亦有一得之愚，欲告诸良友者。自庚申至戊辰邸报皆曾寓目，与后来刻本记载之书殊不相同。今之修史者，大段当以邸报为主，两造异同之论，一切存之，无轻删抹，而微其论断之词，以待后人之自定，斯得之矣。割补《两朝从信录》尚在吾弟处，看完后仍付来，此不过当时邸报之二三耳。《与公肃甥书》时公肃甫服阕，召充明史馆监修官。书另录。《与史馆诸君书》视草北门，紬书东观，一代文献，属之巨公，幸甚幸甚。列女之传，旧史不遗，伏念先妣王氏未嫁守节，断指疗姑，立后训子，及家世名讳并载张元长先生传中。崇祯九年，巡按御史王公一鹗具题，奉旨旌表。乙酉之夏，先妣时年六十，避兵于常熟县之语濂泾。谓不孝曰：“我虽妇人，身受国恩，义不可辱。”及闻两京皆破，绝粒不食，以七月三十日卒于寓室之内寝。遗命炎武读书隐居，无仕二姓。迄今三十五年，每一念及，不知涕之沾襟也。当日间关戎马，越大祥之后，乃得合葬于先考文学之兆。今将树一石坊于墓上，藉旌门之典，为表墓之荣。而适当修史之时，又得诸公以卓识宏才膺笔削之任，共姬之葬，特志于春秋；漆室之言，独传于中垒，不无望于阐幽之笔也。炎武年近七旬，旦暮入地，自度无可以扬名显亲，敢沥陈哀恳，冀采数语存之简编，则没世之荣施，即千载之风教矣。《答汤荆岘书》两函并至，深感注存。足下有子产博物之能，子政多闻之敏，下问及于愚耄，不知臣精销亡，少时所闻，十不记其一二矣。闻之前辈老先生曰：《太祖实录》凡三修：一修于建文之时，则其书既焚，不存于世矣；再修于永乐之初，则昔时大梁宗正西亭曾有其书，而汴水滔天之后，遂不可问；今史宬所存，及士大夫家讳实录之名，而改为《圣政记》者，皆三修之本也。然而再修、三修所不同者，大约为靖难一事。如弃大宁而并建立之制，及一切边事书之甚略，是也。至于颖、宋二公若果不以令终，则初修必已讳之矣。闻之先人曰：《实录》中附传于卒之下者，正也；不系卒而别见者，变也。当日史臣之微意也。王元美先生作信国公诗曰："所以恩泽终，颍、宋乃反是。"盖谓二公之不得其死，而不可谓之诛。且以汉事言之：武帝之于刘屈氂，谓之诛，可也；成帝之于翟方进，谓之诛，不可也。是史臣之所以微之也。今观卒后恩典之有无隆杀，则举一隅而三可反矣。至于即主位之日月，当如来谕，以《实录》为正耳。自万历以还，是非之途，棼然淆乱，姑以目所尝见之书，其刻本则如《辛亥京察纪事》《辽事实录》《清流摘镜》《傃庵野钞》《同时尚论录》《悫书》；钞本则刘若愚之《酌中志》、史惇《恸余杂记》之类，皆不可缺，而遽数之不能终也。搜罗之博，裁断之精，是在大君子而已。○荆岘名斌，字孔伯，又号潜庵，河南睢州人，顺治壬辰进士，由翰林任潼关道副使。迁岭北参政，谢病归。康熙己未荐举鸿博，授侍讲，累官工部尚书，卒谥文正。道光二年崇祀孔庙。按文正谢病里居时，先生曾以书通问。既开修明史馆，文正分编《明太祖本纪》四卷、列传十余卷，以书来询先生，先生答之如此。《为吴江朱处士不远明德作广宋遗民录序》略云：朱君与仆同郡人，相去百余里，而未尝一面。今朱君年六十二，仆又过之五龄，一在寒江荒草之滨，一在绝塞重关之外，而皆患乎无朋。君采辑旧闻，得程克勤所为《宋遗民录》而广之，至四百余人。以书来问序于余，此殆所谓一方不得其人，而求之数千里外者也。《与人书》井叔于崇福宫故址建筑祠垣，以祀宋提举崇福宫十有四公，可谓合礼。今介石复建一堂于此祠之前，而迁二程、朱子之位于中，奉之以为一院之主。其尊师重学之意，非不甚至，但其中若韩公、吕公、司马公、刘公，皆与二程同时，而官品多在二程之上，以朱子视之，则皆前辈也。杨龟山先生又朱子师之师也。同一祠秩，非有所分别也，而俨然独处于前堂，使诸公并世而生，必不安于其位也。夫鬼神之情，人之情也。子曰："未能事人，焉能事鬼。"窃谓宜仍井叔之旧，而别建一祠以奉程、朱，庶乎得之。○按：崇福宫在河南登封县城北嵩阳书院之旁。国初县令黄州叶井叔封以书院地邻崇福宫，凡宋臣之带崇福宫衔者，皆祀之，凡一十四人。韩公维，吕公诲，司马公光，程公颢、颐，刘公安世，范公纯仁，杨公时，李公纲，李公邴，朱公熹，倪公思，王公居安，崔公与之也。康熙十八年，邑人大召兵备使耿逸庵介家居讲学，以程朱为道统，所宗不当与诸贤列，复捐资建堂三楹，迁主崇祀，是时县令为长洲张𤜶先生，此书疑张于未竟工时以书相质，故先生答之如此，其明年竣工，睢州汤文正公斌为作《嵩阳书院记》，叙其颠末。○按：井叔，名封，号慕庐，浙之嘉兴人，本姓王，父继与叶，遂蒙其姓。徙居楚之武昌，顺治丁亥进士，康熙中授延平推官，改知登封，举鸿博，报罢入为兵马指挥。《书太虚山人象象谭后》此条道根补书见彭绍升所序《亭林余集》。

编年诗集《寄子严弟纾》一首、中有云："不幸丧厥明，犹能保天和。今年已六十，与吾亦肩差。里人推祭酒，品行无讥诃。”又云：“顷报得两孙，青葱满庭柯。”盖子严有学行，以盲废，时年正六十，兼举次孙。《寄次耕时被荐在燕中》一首、起数语云：“昨接尺素书，言近在吴兴。洗耳苕水滨，扣舷歌采菱。何图志不遂，策蹇还就征。”结处云：“嗟我性难驯，穷老弥刚棱。孤迹似鸿冥，心尚防弋矰。或有金马客，问余可共登？为言顾彦先，惟辨刀与绳。”以次耕强被征召虑复强已，故云。《次耕书来言时贵有求观余所著书者答示》一首、《云台观寻希夷先生遗迹》一首、《硖石驿东二十里有西鸦路繇赵保白杨树》二首、《五十里至临汝以稽察之严筑垣封闭过此》一首、《有题》一首、《雒阳》一首、《三月十九日行次嵩山会善寺》一首、《少林寺》一首、《嵩山》一首、《测景台》一首、自注：在登封县东南三十里，故告成县。〇按：登封在嵩山之麓，属河南府。〇道根按次耕《中岳游记》：“告成镇即古之阳城也。周公卜洛，立表测景，以此为地中，今有测景台存焉。台高五丈，纵广三丈，形体正方，而缺其北面十之二三。以悬壶滴漏当缺处，铺平石一行于此地，其长视台之高广，可二尺许，刻水道其上，以承壶漏，视水所至，以定时，俗谓之量天尺。规制古朴，思理精微，非周公不能作。台南一石，高丈许，上立一表，其长八尺，是谓土圭。此唐仪凤中所立，见于杜氏《通典》。”《卓太傅祠》一首、自注：在密县东三十五里大騩镇。〇按：太傅名茂，《后汉书》本传：光武诏曰：前密令卓茂束身自修，执节纯固，今以茂为太傅，封褒德侯，食邑二千户，赐几杖车马，衣一袭，絮五百斤。又《朱祐传》：永平中图画二十八将于南宫云台，其外又有王常、李通、窦融、卓茂，凡三十二人。密县属开封府。《梁园》一首、《海上》一首、《五岳》一首、《赠张力臣》一首、时力臣北游。《子德自燕中西归省吾于汾州天宁寺》一首、《寄次耕》三首、《岁暮西还时李生云霑方读盐铁论》一首。

十九年庚申，六十八岁。

是年正月，至富平。二月，先生仲姊讣至，间二日成服设祭。山西盐使曾章山寅致馈。三月，著《音学五书后序》。余纂辑此书三十余年，所过山川亭障，无日不以是随，凡五易稿，而手书者三矣。然久客荒壤，于古人之书多所未见，日西方暮，遂以付之梓人，故已登版而刊改者犹至数四，又得张君弨为之考《说文》，采《玉篇》，仿《字样》，酌时宜而手书之；二子叶增、叶箕分书小字；鸠工淮上，不远数千里累书往复，必归于是，而其工费则又取诸鬻产之直，而秋毫不借于人，其著书之难而成之之不易如此。然此书为三百篇而作也，先之以音论，何也？曰：审音学之源流也。《易》文不具，何也？曰：不皆音也。《唐韵正》之考音详矣，而不附于经，何也？曰：文繁也。已正其音而犹遵元第，何也？曰：述也。古音表之别为书，何也？曰：自作也。盖尝四顾踌躇，几欲分之，几欲合之，久之然后胪而为五矣。呜呼！许叔重《说文》始一终亥，更之以韵，使古人之条贯不可复见，陆德明《经典释文》割裂删削，附注于九经之下，而其原本遂亡。成之难而毁之甚易，又今日之通患也。《孟子》曰："流水之为物也，不盈科不行。"《记》曰："不陵节而施之谓孙。"若乃观其会通，究其条理，而无轻变改其书，则在乎后之君子。李君因笃每与余言诗，有独得者，今颇取之，而以书答附之于末。上章涒滩寎月之望，炎武又书。四月，华阴王无异即山史诸母卒，议服及葬祭之礼。有《答王山史书》《与王仲复书》。《答山史书》云：仲复之言，自是寻常之见。虽然，何辱之有？《小星》《江汜》，圣人列之《召南》，而纪叔姬笔于《春秋》矣。或谓古人媵者皆侄娣，与今人不同。诚然。然《记》曰："父母有婢子，甚爱之，虽父母没，没身敬之不衰。"夫爱且然，而况五十余年之节行乎？使乡党之人谓诸母之为尊公媵，其位也；其取重于后人，而为之受吊者，其德也。《易》曰："利幽人之贞，未变常也。"诸母当之矣。君子以广大之心而裁物制事，当不尽以仲复之言为然。将葬，当以一牲告于尊公先生而请启土。及墓，自西上，不敢当中道；既窆，再告而后反。其反也，虞于别室，设座不立主，期而焚之。先祖有二妾，炎武所逮事，其亡，葬于域外。此固江南士大夫家之成例，而亦《周官》冢人或前或后之遗法。今诸母之丧，为位受吊，加于常仪，以报其五十余年之苦节足矣。若遂欲祔之同穴，进列于左右之次，窃以为非宜。追维生时"实命不同""莫敢当夕"之情，与夫今日葬之以礼，"没身敬之不衰"之义，固不待宋仲几、鲁人衅夏之对也。谨复。○《与王仲复书》云：华阴王君无异有诸母张氏，年二十六，其君与小君相继没。无异以兄子为后，方四龄，张氏独守节以事太君。二十五年太君亡，又三十余年年八十一，及见无异之曾孙而终。无异感其节，将为之发丧受吊而疑所服。仆以免服告之。读来教与无异书，未之许也。窃维《礼经》之言免者不一，而详其制有二焉。其重也，自斩至缌皆有免；其轻也，五世之亲为之袒免。夫五服之制，有冠有衰，免则无冠也。郑氏曰：以布广一寸，自项而前，交额上，却绕紒，如著幓头矣。是故有免而衰者，有免而袒者；在五服之内则免而衰，五服之外则免而袒。袒者，非肉袒也，无衰，故谓之袒也。传言晋惠公获于秦，穆姬"使以免服衰绖逆"。是免而衰者矣。史言汉高为义帝发丧，"袒而大哭，兵皆缟素"，是无衰而袒者矣。今张氏之卒；无异将为之表其节而报其恩，其可以无服乎哉？童汪踦幼而勿殇，县贲父卑而有诔，国固有之，家亦宜然。请为之免而布素，既葬而除，敢以质之君子。若曰："汰哉，叔氏，专以礼许人！"则吾岂敢。五月，送马右实丧出关，李既足附之南归。是月二十八日，先生诞辰，富平令郭九芝欲亲往致祝，先生力止之。《与友人辞祝书》昨见子德云：明府将以贱辰光临赐祝。窃维生日之礼，古人所无。《小弁》之逐子，始说我辰；《哀郢》之放臣，乃言初度。故唐文皇以劬劳之训，垂泣以对群臣；而近时孙退谷、张篑山著论欲废此礼。彼居常处顺者，犹且辞之，况鄙人生丁不造，情事异人，流离四方，偷存视息。若前史王华、王肃、陆襄、虞荔、王慧龙之伦，便当终身布衣疏食，不听音乐，不参喜事。即不能然，而又以此日接朋友之觞，炫世俗之目，岂不于我心有戚戚乎？知我者当悯其不幸而吊慰之，不当施之以非礼之礼，使之拂其心而夭其性也。用是直抒衷曲，布诸执事，惟祈鉴之。十一月，回华阴。华阴令迟君造访，名维城，字屏万。先生与谋建设朱子祠堂于云台观之右。迟欣然捐俸为倡。《与王山史书》朱子祠堂之举，适有机缘。今同令弟及诸君相视形势，定于观北三泉之右，择平敞之地，二水合流之所，建立一堡，止用地四五亩，缭以周垣，引泉环之，并通流堂下。前为石坊，列植松柏，内住居民三四家守之。虽所费不赀，但有百金即便兴工，不患无助。春仲弟自来视工。望作一家报，凡择地委人一切托之令弟允塞，仍移书报弟，速为措办可也。○按：是时山史客游于外，先生从山右寄书，意谓明春当即兴工建祠。《复张又南云翼书》华下有晦翁旧祠，五百余年始得山史为之表章，又十二年，而炎武重游至此。及今不创，更待何人？今移买山之资，先作建祠之举。若改岁之初，旌驺至止，当于华下奉迎，至鄙人侨居之计，且为后图，而其在此，亦非拥子厚之皋比，坐季长之绛帐。倘以为自立坛坫，欲以奔走天下之人，则东林覆辙，目所亲见，有断断不为者耳！十月，携衍生往山右汾州之阳城里，访故明中尉朱敏泘。汾州守周西水于漆延入署。十一月，先生元配王硕人卒于昆山故里，讣至，次日出署，十一日成服设祭，逢七祭奠，焚帛如常仪。度岁于王位冲中翰德元家。是岁有《与毛锦衔书》比在关中，略仿横渠蓝田之意，以礼为教。夫子尝言："博学于文，约之以礼。"而刘康公云："民受天地之中以生，所谓命也。是以有动作礼义威仪之则，以定命也。"然则君子之为学，将以修身，将以立命，舍礼其何由哉？吾之先元叹丞相在吴先主朝，以严见惮，先主每言："顾公在坐，使人不乐。"吾见近来讲学之师，专以聚徒立帜为心，而其教不肃，故欲反其所为。卫诗言武公之德："瑟兮僩兮。"虽不能，心向往之。倘有如阮籍之徒，猖狂妄行，而嫉礼法如仇雠者，则亦任之而已。忆昔万历庚申，吾年八岁，今年元旦作一对曰："六十年前二圣升遐之日，三千里外孤忠未死之人。”便中有字与吴门，可代为录此，与一二耆旧知心者观之，知此迂拙之叟犹在人间耳。一诗并附。《与公肃甥书》所谓大臣者，以道事君，不可则止。吾甥宜三复斯言，不贻讥于后世，则衰朽与有荣施矣。此中自京兆抵二崤皆得雨，陇西、上郡、平凉皆旱荒，恐为大同之续。与其赈恤于既伤，孰若蠲除于未病。又有异者，身为秦令，而隔河买临晋之小儿，阉为火者，以充竖僮，至割死一人，岂非自别一世界乎？诚欲正朝廷以正百官，当以激浊扬清为第一义，而其本在于养廉。故先以俸禄一议奉览，然此今日所必不行，留以俟之可耳。说经之外，所论著大抵如此。世有孟子，或以之劝齐梁，余则终韫匵而已。按：是年立斋相国方以阁学超迁总宪，故勉以激浊扬清云云。《与杨雪臣书》想年来素履康豫，盛德日新，而愚所深服先生者，在不刻文字，不与时名。至于朋友之中，观其后嗣，象贤食旧，颇复难之。郎君博探文籍而不赴科场，此又今日教子者所当法也。人苟遍读五经，略通史鉴，天下之事，自可洞悉，然患在为声利所迷而不悟耳。向者《日知录》之刻，谬承许可，比来学业稍进，亦多刊改。意在拨乱涤污，法古用夏，启多闻于来学，待一治于后王，自信其书之必传，而未敢以示人也。若《音学五书》，为一生之独得，亦足羽翼六经，非如近时拾沈之语，亦不肯供他人捉刀之用，已刻之淮上矣。平生志行，知己所详，惟念昔岁孤生，漂摇风雨，今兹亲串，崛起云霄，思归尼父之辕，恐近伯鸾之灶。且九州历其七，五岳登其四，未见君子，犹吾大夫，道之难行，已可知矣。尔乃徘徊渭川，留连仙掌，将营一亩，以毕余年。然而雾市云岩，人烟断绝，春畦秋圃，虎迹纵横。又不能不依城堡而架椽，向邻翁而乞火，视古人之栖山饮谷者，何其不侔哉？世既滔滔，天仍梦梦，未知此生尚得相见否？因便羽，附布区区。《与王虹友书》流寓关、华，已及二载，得栖迟泉石，不与弓旌。而此中一二绅韦，颇知重道，管幼安之客公孙，惟说六经之旨；乐正裘之友献子，初无百乘之家。若使戎马不生，弦歌不辍，即此可以为优游卒岁之地矣。惟是筋力衰隤，山川绵邈。获麟西野，粗成拨乱之书；化鹤东州，未卜归来之日。言念邦族，憬然如何！按：虹友名摅，号汲圃，廪监生，太常时敏第七子，所著有《芦中集》。《答徐甥公肃书》幼时侍先祖，自十三四岁读完《资治通鉴》后，即示之以邸报，泰昌以来颇窥涯略。然忧患之余，重以老耄，不谈此事已三十年，都不记忆。而所藏史录奏稿一二千本，悉为亡友借观，中郎被收，琴书俱尽。承吾甥来札，惓惓勉以一代文献，老朽讵足副此！既叨下问，观书柱史，无妨往还，正未知绛人甲子，郯子云师，可备赵孟、叔孙之对否耶？夫史书之作，鉴往所以训今。忆昔庚辰、辛巳之间，国步阽危，方州瓦解，而老成硕彦，品节矫然。下多折槛之陈，上有转圜之听。思贾谊之言，每闻于谕旨；烹宏羊之论，屡见于封章。遗风善政，迄今可想。而昊天不吊，大命忽焉，山崩岳颓，江河日下，三风不儆，六逆弥臻。以今所睹，国维人表，视昔十不得二三，而民穷财尽，又倍蓰而无算矣。身当史局，因事纳规，造郄之谟，沃心之告，有急于编摩者，固不待汗简奏功，然后为千秋金鉴之献也。关辅荒凉，非复十年以前风景，而鸡肋蚕丛，尚烦戎略，飞刍挽粟，岂顾民生。至有六旬老妇，七岁孤儿，挈米八升，赴营千里，于是强者鹿铤，弱者雉经，阖门而聚哭投河，并村而张旗抗令，此一方之隐忧，而庙堂之上未之深悉也。吾以望七之龄，穷居斯土，饮瀣餐霞，足怡贞性，登岩赴涧，将卜幽栖。恐鹤唳之重惊，即鱼潜之非乐，是以忘其出位，贡此狂言，请赋祈招之诗，以代麦邱之祝。不忘百姓，敢自托于鲁儒；维此哲人，庶兴哀于周雅。当事君子倘亦有闻而太息者乎？东土饥荒，颇传行旅，江南水旱，亦察舆谣。涉青云而远游，驾四牡而靡骋，所冀随时示以音问，不悉。〇以上三书皆庚申年笔，时三藩未靖，故前书中有虎迹纵横，及此书内尚烦戎略云云。

编年诗集有《送康文学太乙名乃心，关中有语云："关中二李，不如一康。"详见王阮亭《居易录》。归郃阳》一首、《友人来坐中口占二绝》、第一首落句云："寄语故人多自爱，但辞青紫即神仙。"第二首落句云："传闻高士燕中返，料理床头皂荚囊。"按：皂荚囊出《隋书·五行志》，梁末童谣曰："黄尘污人衣，皂荚相料理。"语意盖指李子德、王山史一流人。《送李生云霑南归寄戴笠王锡阐二高士》一首、《酬族子湄字伊人，太仓凤里人，织帘先生麟士子，著有《水乡集》。》一首、《朱处士鹤龄寄尚书埤传》一首、鹤龄字长孺，吴江人，诸生。甲申后绝意进取，肆力于古，尤专经学。以朱子掊击《小序》太过，乃集诸家说，疏通《序》义，为《毛诗通义》。以蔡氏说《书》未精，撰《尚书埤传》。以胡氏传《春秋》多偏见凿说，乃合唐、宋以来诸儒之解，撰《春秋集说》。又以杜氏注《左氏传》未尽合，俗儒又以林注乱之，撰《读左日钞》。所著诗文曰《愚庵集》。《灌溪先生模》一首、自注：君以崇祯十四年左迁南京国子监典籍，南渡复官，称病不出。〇按：侍御字子木，吴县人。天启乙丑进士，东莞知县，行取擢河南道御史。先生乙未蒙难时，侍御曾与诸公主持公道。《华下有怀顾推官咸正》一首、任咸安推官，尝登华赋诗者。归庄有传。《华阴古迹》《平舒道回溪》各一首、《悼亡》五首、《冬至寓汾州之阳城里中尉敏泘家祭毕而饮有作》三首。

二十年辛酉，六十九岁。

是年二月之望，先生由汾州往曲沃，原《谱》：去汾日，别刘学使梅、汾州太守周西水于漆、汾州司马黄伯华良骥。至解州，运城盐运使黄菉园斐来会。晦日往答，即延先生入署。四月五日，黄丁内艰，先生入吊讫，旋出署，携衍生入关，至华阴，访山史。已于二月南游吴、越，以菉园馈赆，为新建朱子祠费。是秋告成，先生为撰《华阴县朱子祠上梁文》盖闻宣气为山，众阜必宗乎乔岳；明征在圣，群言实综于真儒。自夫化缺三雍，风乖四始。两汉而下，虽多抱残守缺之人；六经所传，未有继往开来之哲。惟绝学首明于伊雒，而微言大阐于考亭，不徒羽翼圣功，亦乃发挥王道，启百世之先觉，集诸儒之大成。然而代运当屯，蓍占得遁。官方峻直，难久立于朝端；祠禄优游，每自安于林下。眷此云台之侧，实为寄禄之邦。子静书中，羡希夷之旧隐；启蒙序末，题真逸之新名。虽风声远隔于殊方，而道德实同乎一统。家传户诵，久已无间寰区；春祀秋尝，独此未瞻庙貌。于是邑之荐绅耆旧，以及学士青衿，无不博考遗编，深羞缺典，睇琳宫之绚烂，悲木铎之幽沉。爰有廷掾张君、山史王君搜采于前，子德李君、适之宋君宣扬于后；而会炎武跋涉关河，留连原巘，发遐情于五岳，寻坠绪于千年。即云台旧院之西，度香火专祠之地，重邀茂宰，赞此良图。萃人力以作新，捐缗钱而倡导，卜辰涓吉，庀材效工。右带流泉，来惠风之习习；前凭岳麓，状盛德之峨峨。将使俎豆尊崇，章逢不绝，敬泚衰芜之笔，式陈邪许之词。《与李中孚书》久居秦晋，日用不过君平百钱，皆取办囊橐，未尝求人。过江而南，费须五倍，舟车所历，来往六千，求人则丧己，不求则不达，以此徘徊未果。华令迟君谋为朱子祠堂，卜于云台观之右，捐俸百金，弟亦以四十金佐之。七月四日买地，十日开土，中秋后即百堵皆作。堂庑门垣，备制而已，不欲再起书院。惟祠中用主像，遵足下前谕，主题曰太师徽国文公朱子神位，像合用林下衣冠服，敢祈足下考订明确示之。○按：《李征君年谱》于二十一年壬戌谱内云：向在富平，与顾宁人云及宋鉴，谓朱子尝列衔主管华山云台观，宜为祠以祀。至是宁人移寓华下，倡修祠堂肖象，以书来询其冠服之制云云。此当是辛酉年事，或先生之书至春始达耶？七月，李既足至邸寓。八月二日，自华阴束装至山右，由运城抵曲沃。县令熊耐徒僎闻先生至，命舆至侯马驿相迎，并辔入城，寓元帝庙。十一日，先生寝疾呕泻。原《谱》：李既足于十八日闻父母俱亡之信，星夜驰归。九月，移寓上坡韩氏镜。十月，又移寓下坡韩村，馆于韩旬公宣己未进士。园亭。望后，病势少减。为衍生议婚靳氏，靳氏无考。原《谱》。媒四人：一广东道仇昌祚、一义学卫匪莪、一县令熊公、一徐偶岩、二尹嘉霖。《病起与蓟门当事书》天生豪杰，必有所任，如人主与其臣，授之官而与之职。今日者拯斯民于涂炭，为万世开太平，此吾辈之任也。“仁以为己任，死而后已。”故一病垂危，神思不乱。使遂溘焉长逝，而于此任已不可谓无尺寸之功，今既得生，是天以为稍能任事而不遽放归者也，又敢怠于其职乎？今有一言而可以活千百万人之命，而尤莫切于秦、陇者，苟能行之，则阴德万万于公矣。请举秦民之夏麦秋米及豆草一切征其本色，贮之官仓，至来年青黄不接之时而卖之，则司农之金固在也，而民间省倍蓰之出。且一岁计之不足，十岁计之有余，始行之于秦中，继可推之天下。然谓秦人尤急者，何也？日见凤翔之民举债于权要，每银一两偿米四石，此尚能支持岁月否乎？捐不可得之虚计，犹将为之，而况一转移之间，无亏于国课？然恐不能行也。《易》曰："牵羊悔亡，闻言不信。"至于势穷理极河决鱼烂之后，虽欲征其本色而有不可得者矣。救民水火，莫先于此，病中已笔之书，而未告诸在位。比读国史，正统中，尝遣右通政李畛等官粜米得银若干万，则昔人已有行之者矣。特建此说，以待高明者筹之。

编年诗集有《寄题贞孝墓后四柿》一首、《赠卫处士蒿》一首、中有云："幸逢同方友，典坟共相将。"又云："与君同岁生，中年历兴亡。"盖即曲沃义学师，为衍生执柯者，当是前明遗老也。《酬李子德二十四韵》《赠毛锦衔》一首。

康熙二十一年壬戌正月初九日，卒，七十岁。

是年正月四日，寓主人韩旬公设燕会亲。八日，早答贺熊令及在官诸君，上马失足坠地，疾作，遂止不行。竟日夜呕泻，至九日丑刻捐馆。原《谱》云：不肖衍生茕茕孑立，侍奉而已。年虽十七，实未经此大事，赖韩、熊、仇、卫、徐、郭诸公经纪含敛，棺椁殓后，典秦氏之房停柩，而不肖庐焉。终七后，不肖入关，取各姓向所寄书籍。而大云叔于三月望前抵沃，简阅遗书文稿。二十四日，衍生从关中至沃同居丧次。其遗书、文券皆携至都中，致之健庵、立斋两表兄，及汝嘉兄。衍为之后，曾不得一寓目焉，痛哉！惜哉！

公著述三十八种：《左传杜解补正》三卷经部《春秋》类。　《九经误字》一卷经部五经总义类。　《音学五书》三十九卷经部小学类，内《音论》三卷、《诗本音》十卷、《易音》三卷、《唐韵正》二十卷、《古音表》二卷、《韵补正》二卷。　《顾氏谱系考》一卷史部传记类存目。　《历代帝王宅京记》二十卷史部地理类。　《营平二州地名记》一卷史部地理类。　《天下郡国利病书》一百二十卷史部地理类存目。　《昌平水记》二卷史部地理类存目。　《山东考古录》一卷史部地理类存目。　《京东考古录》一卷史部地理类存目。《谲觚》一卷史部地理类存目。　《求古录》一卷史部目录类。　《金石文字记》六卷史部目录类。　《石经考》一卷史部目录类。　《日知录》三十二卷、《补遗》四卷子部杂家类。　《菰中随笔》三卷子部杂家类存目。　《救文格论》一卷《杂录》一卷子部杂家类存目。　《经世篇》十二卷子部类书类存目，以上均收入《四库全书》。　《五经同异》三册　《亭林文集》六卷　《亭林诗集》五卷　《二十一史年表》十卷　《十九陵图志》六卷　《唐宋韵补异同》　《海道经》　《圣安记事》　《万岁山考证》一卷　《肇域记》一百卷　《北平古今记》十卷　《建康古今记》十卷　《诗律蒙告》一卷《下学指南》一卷　《当务书》六卷　《官田始末考》　《岱岳记》八卷《茀录》十五卷　《熹庙谅荫记》

附亭林先生轶诗墨迹藏张浦服蓑庵

和若士兄赋孔昭元奉诸子游黄歇山大风雨之作

江上秋色高，欣理登山屐。八子攀危崖，将览前古迹。滃然云气兴，天地昏墨色。烈风排山巅，奔涛怒湍砉。急雨凌空来，深山四五尺。伏地但旁睨，突兀真龙偪。得非楚叶公，见之丧其魄？黄帝至襄城，七圣皆迷惑。始皇上泰山，或云风雨厄。二者将何居？一笑江云白。

送顾宁人之金陵　陈仲达井之

一帆风送别离舟，弧矢由来志远游。月照瓜洲寻古渡，潮冲铁瓮破新愁。吴宫花草荒烟没，晋室衣冠落照收。满目江山满目恨，劝君莫上景阳楼。

九日得顾宁人书　徐夜东痴

故国千年恨，他乡九日心。山陵余涕泪，风雨罢登临。异县传书远，经时怨别深。陶潜篱下意，谁复续高吟。

柬顾亭林先生

惊喜相看问阿翁，少年连袂各头童。家从十五年前别，身在三千里外同。且注虫鱼潜砚北，任教车马过墙东。乡关耆旧多萧索，阅历如公道未穷。

拜顾亭林墓　王宏撰山史

三年客江东，两度抚君墓。野日滋宿草，秋花凄冷露。缅维同心交，明誓金石固。稽古启愚昧，敏求祛冥悟。朝昏恒不遑，患难行若素。重访伯起市，更寻公超雾。惠然止吾庐，一似形影附。同泣马鹿石，手攀神烈树。倏更四十春，戚戚不忘故。畴昔梦云阙，白衣从王辂。连蜷下大荒，偃蹇问天步。叹息桑榆景，徘徊崦嵫暮。幽明事已非，生死情一诉。洒泪归山去，长辞西洲路。

顾宁人先生画像赞

通天地人，是为大儒，眼有庭燎，胸有洪炉。著书立说，继典与谟。遭时不造，瘗笔菰芦。东岱西华，马瘏仆痡。死未首邱，还榇东吴。郁郁松柏，寂寞黄垆。我拜先生，遗像在图。

题顾亭林先生遗像二首

天生云鹤未教飞，万古青霄望羽衣。伊傅胸期巨川楫，夷齐身世首山薇。登临到处关经济，考订何人任是非。遗像清高容肃拜，菰中心事尚依稀。先生所著有《菰中随笔》。

著述名山业等身，当时指屈首斯人。未忘世事常看剑，为识天心遂入秦。先生客秦中卒焉。瞥眼兴亡如昨梦，白头流寓作逋民。一门幸得全忠孝，慈训犹存泪满巾。太夫人绝食守节，遗命不事二姓。

怀亭林先生

一代真儒自不磨，麻衣衣拜寿山阿。刘蕡对策功名薄，李密陈情涕泪多。岂有鹓雏贪腐鼠，何堪荆棘哭铜驼。天荒地老频搔首，老向芦中托浩歌。

附录吴止狷与潘确潜书

违晤芝标转，晌已百日。余作客光阴何堪久此仳别耶？初夏浙中之行，拟一泛西湖之棹，乃秀才命穷连日为雨，师所困萧山署中，盘桓三日，绝少开霁之时，遂复挂帆而北，闷坐舟中，曾作小诗以遣。有“寄语湖山莫相笑，此行原似剡溪舟”句，盖不得已而为是解嘲语也。今年炎歊逼人，偶发兴欲，排纂亭林先生年谱，自六月初迄今二十余日，已就十分之六七。中元节闲当得断手兄或觅暇来此，尚当就质也。匆匆不及覼缕，惟珍重为属。不宣。弟映奎顿首。

附录潘确潜读吴止狷所辑亭林年谱有感

继往开来一寸心，丛残谱就自沉吟。平生寄托谁能识，却聘书成意自深。止狷文曾辞制府松公之辟。

操行终身懔勿欺，由来道德重藩篱。世情多以贫为讳，墓碣谁题无愧辞。此章志感。

同邑后学吴映奎止狷甫辑　潘道根确潜甫校　嘉兴金吴澜胪青重校并刊

吴映奎编《顾亭林先生年谱》，清光绪六年刻本

顾亭林先生诗谱

徐嘉编

顾诗笺注序

昆山顾亭林先生，揖让百代，卓立儒轨，其诗沉郁澹雅，副贰史乘。近世流传之本，间附注语，据钱唐袁氏所言，即亭林自注也。叔师太冲已肇此例，微之义山亦多引古。当时西河轻肆诋諆，讵知贤者命翰，必有祖述。然先生特略举其凡，含意未申，率待寻涉，皕年以来，罕闻拥彗。山阳徐先生嘉，笃耆顾诗，首创茅蕝，刺剟群籍，著为长编。甄策宛委之遗，觅土昆明之劫，罗缕条达，综其要会，事在左证，语绝支蔓。应璩百一，摭诸家以定尊；阮公咏怀，守盖阙以俟哲。若明季稗史，国初旧闻，比附牵合，咸具首尾，尚论扬榷，宛得心曲。岁阅一周，注积廿卷，可谓亭林之功臣，淮海之英杰。已私论注此诗者，厥事不易。时值代谢，书更禁毁，舞干衔木，至隐搜辞，采薇骫桑，相和楚调。或致载籍褫夺，名字翳如。自非博访通人，广求征藏，守已专辄，匙能毕业。今兹荟萃权衡，体兼钞撰。李善每据图经，元之备录碑状，搜辑之富、裁汰之精，足使北研再起，抗手同心。乌程施国祁《元遗山诗》注引《金源别史》，文集略备。价人潜愧，凿空皮傅。靳氏《吴诗集览》每多附会。虽有康琚不审，仆鉴阙释，既揽宏纲，无累亏景。昔曝书朱集，精华王录，注者皆乡里之后生，《曝书亭诗注》江浩然、杨谦两家皆嘉兴人。或徒彦之胄子，惠先生士奇为渔洋门人，其子栋著《精华录训纂》。故宜槜李父老近饷丛谭，红豆门庭，远接先辈。此则寤寐音尘，钻研传记，结芳兰以崇佩，被以光风，贲油素以随计。证之汗简，孤拥鸣琴，独啸长皋。持较数君，孰为难易，必有赏心能一叹耳。详欣睹盛烈，出其商略，属命点勘，偶拾漏义，饰膏益黛，何预淑姿，执盈御冲，降挹小善。岂意一承宠光，遽规元晏，将非温雪逆旅，交越恒端，沈侯坐隅，契通宿旨。遂令务观杜口，惭诒凤巢，周续奉手，奋拔马队适彰宏美云尔。如详浅言，固无关妙道也。光绪庚子兴化李详。

顾亭林先生诗笺注序

曩学诗于代州冯鲁川先生。先生生诲之曰：“诗不可苟作，托兴风月，寄情山水，于世道人心，豪无补益者，曾不若盲词俚曲，尚有裨风教也。”间以当代诗家优劣为问，先生曰：“牧斋、梅村之沉厚，渔洋、竹垞之博雅，宋元以来，亦所谓卓然大家者也。然皆诗人之诗也，若继体风骚，扶持名教，言当时不容已之言，作后世不可少之作，当以顾亭林先生为第一。”退而读之，苦其事其人不知者六七焉。既得石洲张先生所撰年谱，解大半矣。其人有不知者，考索数十年，终属寥寥，于是有此诗无注之叹矣。及居山阳，得交徐宾华先生，先生工于诗，所著《味静斋集》于亭林诗近，既而知先生有《顾诗笺注》，亟索草稿观之，快若起废疾，乐如针膏肓。呜呼！注诗不易，注顾诗尤不易。夫诗以言志，作者之事也，以意逆志，其注家之事乎？亭林先生身负沉痛，思大揭其亲之志于天下。奔走流离，欲见诸事功不可得，数十年靡诉之衷，幽隐之情，无可发泄，时于诗见之所谓以歌当哭者也。然当时所论之事，多秘密忌讳；所遇之人，皆遁世逃名。或有见诸记述者，又因禁毁诸书，多从散落，故时代未远，较注前代诗为尤难。先生注此诗，阅时十余载，借书十数家，而后疏详证博，使阅者如见其人、亲其事。而亭林之志得大显于后世，窃谓亭林先生著述无不既精且博，然乃先生之贻于人者也。人欲知先生立志之坚、操行之苦，舍诗而外，又何求焉？余得预校字之役，谫陋何敢言序。但以数十年固结凝滞于胸中者，一旦冰释，其乐有不容已于言者，遂书之如右。光绪戊戌盩厔路岯拜撰。

明万历四十一年癸丑五月二十八日，先生生。

顾氏系出吴郡。五代之际，徙滁州。南宋时，有名庆者，自滁徙海门之姚刘沙。见先生《顾氏谱系考》。姚刘沙，自注：今崇明县。庆次子伯善，又徙昆山，遂为昆山县人，世居县之花蒲保，《谱系考》：昆山县之二十四保地，名花蒲。自注：今太仓州六都。后徙千墩。《昆新合志》：千墩在城东南三十六里沺川乡。徐《谱》：先生家与徐健庵比邻，见《憺园集·舅母朱孺人寿序》。自庆而下十二世，至明正德间，曰广东按察司佥事溱，《谱系考》：溱字梁卿，号小泾。正德庚午举人，辛巳进士。南京工科给事中，广东按察司佥事。刑科给事中济，《谱系考》：济字舟卿，号思轩。正德丙子举人，丁丑进士。历官行人、刑科给事中，赠中宪大夫、江西饶州府知府。刑科生兵部侍郎章志，《谱系考》：章志字子行，号观海。嘉靖丙午举人，癸丑进士。历官行人司副，行人司正，刑部员外，刑部郎中，江西饶州府知府，湖广、广西按察司副使，贵州布政司参政，贵州、山东按察使，南京光禄寺卿，应天府尹，南京兵部右侍郎，赠都察院右都御史。侍郎生左赞善绍芳，《谱系考》：绍芳字实甫，号学海。万历丙子举人，丁丑进士。翰林院简讨、经筵日讲官、左春坊左赞善。及国子生绍芾。《谱系考》：绍芾字德甫，号蠡源。生员，增例入国子监。赞善生官荫生同应，《谱系考》：绍芳子二，长曰同德，生员；次曰同应，字仲从，廪生，万历乙卯戊午副榜，恩荫入国子监。张《谱》：同应又字宾瑶，见《憺园集》《苏州府志·文苑》。娶何氏。《憺园集·先妣顾太夫人行述》曰：“母何夫人，淹洽书史，为女工师。”同应之子五，先生其仲也。张《谱》：同应五子，长缃，字遐篆，崇祯癸酉顺天举人；次即先生；次纾，字子严；次缵，字子叟；次绳，吴《谱》：绳，字子武。先生一女兄，一女弟，皆嫔于徐。女兄生履忱，女弟生健庵兄弟。又一女兄嫁陈皇士济生。元《谱》称健庵太夫人，为先生第五妹，又有仲姊适马氏。则女兄弟之可考者亦四人也。绍芾生同吉，早卒。车《谱》：同吉字仲逢，《昆新合志》谓其早卒，无子，产颇饶。聘王氏，未婚守节，抚先生为嗣。徐《谱》：贞孝之归顾，当在万历二十九年辛丑，其年贞孝十六岁。车《谱》：贞孝，太仆寺卿宇孙女，诸生述女，事载《明史》本传及《余集·先妣王硕人行略》，并详诗注。先生初名绛，更名继绅，后仍名绛，字忠清。张《谱》：《复社姓氏》：昆山第六人顾绛，字忠清。乙酉后更名炎武，徐《谱》：阎百诗《与刘超宗书》作“炎午”。张《谱》：《山东通志》采先生文，亦作“炎午”。字宁人，学者称亭林先生。吴《谱》：华亭东南三十五里有顾亭林湖，其南有顾亭林，陈顾野王尝居此，修《舆地志》，因以为名。其地今为宝云寺。张《谱》：宋嘉祐六年，《法云寺重修大殿记》第一行题云“大宋秀州华亭县顾亭林法云寺重修大殿记”，此“顾亭林”三字见石刻者。又尝称名曰圭年，元《谱》：康熙中题吴县李灌溪侍御诗署名曰“圭年”。车《谱》：歙孝廉程易畴瑶田云：尝见万年少自跋所作《秋江别思图》，送先生由淮阴渡江归唐市，谓顾子名圭年，自云“余再转注而得此名”。亦或署蒋山佣。张《谱》：江藩《汉学师承记》：“庚寅，有怨家欲陷之，伪作商贾……变姓名为蒋山佣”。又《邹平县志》前列修志姓氏，有顾偱，字宁人，昆山人，同时较编。疑“偱”即“佣”字之讹，亦或单署曰“偱”也。先生三岁患痘，颇危，及脱痂，左目为眇。全谢山《神道表》谓先生“双瞳子中白而边黑”，不言眇也。吴《谱》系本之衍生所作，不应有误，故仍之。六岁贞孝以《大学》授先生。七岁就塾。元《谱》。徐《谱》：《日知录》云："愚幼时，四书本经俱读全注。"九岁读《周易》。十岁蠡源公命先生读古兵家《孙子》《吴子》诸书，及《左传》《国语》《国策》《史记》。《三朝纪事阙文序》："天启初元辽阳陷，奢崇明、安邦彦并反。其明年，广宁陷，山东白莲教妖民作乱。一日，臣祖指庭中草根谓臣曰：'尔他日得食此幸矣！'遂命之读古兵家《孙》《吴》诸书，及《左传》《国语》《战国策》《史记》。"十一岁授《资治通鉴》。《钞书自序》：先祖"自炎武十一岁，即授以温公《资治通鉴》"。十二岁始习科举文字。十四岁读《通鉴》毕，读《书》《诗》《春秋》。麻城周提学邦基取入本学，庠名继绅。入复社，有名。徐《谱》：常熟王峻次山作先生传：年十四为诸生，入复社，有名。吴应箕《复社姓氏目录》前卷，昆山入社者十八人，先生名在第六。张《谱》：《静志居诗话》："宁人早年入复社，与同邑归庄齐名。"十六岁阅邸报，并及宋人性理书。先生《与潘次耕书》云"自庚申至戊辰，邸报皆曾寓目"。戊辰崇祯元年，先生年十六，又《三朝纪事阙文序》："先帝即位，天下翕然，以为中兴更化之主，无复向时危迫之意。""又当先帝颁《孝经》《小学》厘正文字之日，臣乃独好五经及宋人性理书，而臣祖乃更诲之，以为士当求实学，凡天文、地理、兵农、水土及一代兴革之故，不可不熟究。"十九岁元配太仓王孺人来归。二十七岁撰《肇域志》。见《自序》。又《郡国利病书序》云："崇祯己卯，秋闱被摈，退而读书。"

崇祯十七年甲申，先生年三十二岁。是年十月朔为大清顺治元年。

《大行哀诗》一首、《感事诗》六首。先生编年诗起是年。

三月，李自成陷京师。十九日，明庄烈帝崩于宫中万寿山巾帽局。四月二十九日，贼西走。五月三日，王师入京，睿亲王摄政。世祖章皇帝时甫七龄，驻跸盛京。九月入关。十月朔，御极定鼎京师。元《谱》。四月初一日，明凤阳总督马士英等迎立嗣福王由崧于南都，仍称崇祯十七年，以明年乙酉为宏光元年。吴《谱》。

四月，先生侍母迁居常熟之唐市。十月，归千墩被劫。十二月，复迁居常熟之语濂泾。车《谱》：《常昭合志》：语濂泾、黄泾东北入尤泾。张《谱》：《望云楼刻帖》先生手札云："醉德无何，忽云改岁。兄今其脱然愈乎？弟则马学士所云'百忧熏心，三冬少暇'。往日之举，犯而不校，逆兽已无所用其炰烋。今乃黑夜令人纵火，焚佃屋所。弟既荡无一椽，仆辈亦瞻乌靡集。夫行强虽武士之恒谈，火攻则兵家之下策。况于临池之畏，实为扇焰之谋。包藏祸心，日甚一日。公宫之火先告于寺人，陵门之戟首诛乎元济。燎原之恶已盈，自焚之祸行及。布诸左右，凭楮怆然。元恭仁兄足下。弟绛顿首。”不知“黑夜纵火”即指千墩被劫事否？时尚未更名“炎武”，与叶方恒一案无涉。昆山令杨君永言应诏列荐先生名于行朝，诏用为兵部司务。吴《谱》。

宏光元年乙酉，先生年三十三岁。大清顺治二年。

《京口即事》二首、《京阙篇》一首、《金陵杂诗》四首、《千里》一首、吴《谱》：各诗皆五月以前作。《秋山》二首、《表哀诗》一首、《奉先妣槁葬诗》一首。元《谱》。

五月初九日，王师渡江。初十日夜，宏光帝出走。十五日，王师入南都，明亡。张《谱》。

春，膺杨永言之荐，至京口。张《谱》。四月，偕从叔父穆庵赴南京。《昆新合志》：穆庵名兰服，字国馨，绍芳从子。以诸生入太学，才名著一时。明亡后，弃儒业。永历称号南中，遣授冠带，辞疾不赴，遁迹田野，以医济人。先生《余集》有《从叔父穆庵府君行状》。寓朝天宫，因拜先兵部侍郎公祠。从军至苏州，六月仍归语濂泾。闰六月十五日，昆山士民闭城拒守。七月初六日巳刻城破。先生生母何太孺人被游骑斫右臂折。弟子叟、子武并殉。子叟妻朱氏引刀自刺其喉，僵卧瓦砾中得免。越九日，常熟城破。贞孝于十四日闻变即绝食，至三十日乃终，遗命先生勿更出仕。皆张《谱》。唐王遥授先生兵部职方司主事。元《谱》。九月，至嘉定，过吴其沆家。十二月十九日，权厝贞孝柩于司马莹东偏。吴《谱》。是年作《军制论》《形势论》《田功论》《钱法论》。

顺治三年丙戌，三十四岁。

《延平使至》一首、《海上》四首、《不去》三首、《老鹤万里心》一首。

三月，唐王督师黄道周举兵至徽州，战败被执至南京，死之。唐王将入赣州，郑芝龙使军民留，不得行，乃驻延平。徐《谱》。十月，明两广总督丁魁楚、兵部侍郎瞿式耜等立桂王于肇庆，以明年为永历元年。十一月，王师下建宁、延平等府，唐王走汀州，执而杀之。明大学士苏观生又立唐王弟聿𨮁于广州，改元绍武。十二月，王师下广州，杀聿𨮁。皆徐《谱》。

五月，先生祖庶母黄氏卒。吴《谱》作王氏。十二月十二日，命家人赵和等迁居。吴《谱》：未详迁居何地。将往闽中赴职方之诏，以母丧未葬，不果行。元《谱》。作《吴同初行状》。吴《谱》。

四年丁亥，三十五岁。

《赠顾推官》一首、《大汉行》《义士行》《秦皇行》各一首、《墟里》一首、《塞下曲》二首、《海上行》一首、《哭杨主事》一首、《推官二子被执》二首、《淄川行》一首、《哭顾推官》一首、《哭陈太仆》一首、《奉先妣葬于侍郎公墓左》一首、《墓后结庐三楹》一首、《精卫》一首、《吴兴行》一首。

秋至海上。十月二十二日亥时，葬贞孝王太安人于赐茔东仲逢府君之北。移家语濂泾先生庐墓。吴《谱》。送归庄往吴兴。张《谱》。作王时沐墓志。吴《谱》。

五年戊子，三十六岁。

《越鸟巢南枝》一首、《江介多悲风》一首、《拟唐人五言八韵》六首、《常熟县耿侯水利书》一首、《偶来》一首、《浯溪碑歌》一首、《薛开封冢》一首、《将远行》一首、《京口》一首。

秋至湖上，冬抵京口。语濂泾家中又被劫。元《谱》。

六年己丑，三十七岁。

《石射堋山》一首、《春半》一首、《怀人》一首、《秋鹰》一首、《八尺》一首、《桃花溪歌赠陈处士梅》一首、《瞿公子元錥将往桂林不得达而归》一首。

春登灵岩山，清明封墓树。秋至吴江，过八尺，纳妾韩氏。元《谱》。

七年庚寅，三十八岁。

《顾龙山高皇帝题词》一首、《重至京口》一首、《榜人曲》二首、《流转》一首、《秀州》一首。

正月五日，韩氏生子林元，名之曰诒縠。怨家有欲陷先生者，乃变衣冠，伪作商贾，游金坛，登顾龙山。再至镇江，登北固楼。已，复往嘉兴。张《谱》。

八年辛卯，三十九岁。

《恭谒孝陵》一首、《拜先曾王父木主于朝天宫后祠中》一首、《赠万举人寿祺》一首、《淮东》一首、《赠人》二首。

至金陵，初谒孝陵。拜侍郎公祠。八月十四日，至淮安，与山阳王起田略、徐州万年少寿祺订交。元《谱》。抵清江浦。

九年壬辰，四十岁。

《同族兄存愉拜黄门公墓》一首、《赠路舍人泽溥》一首、《清江浦》二首、《丈夫》一首、《王家营》一首、《传闻》二首。

入郡城，奠姊婿陈皇士之父文庄公祠。至吴县之横山，拜远祖黄门公墓。遇路舍人于虎邱。自唐市仍返千墩。至清江浦渡河，抵王家营。六月，弟子严得子洪慎。从叔父穆庵得子严。吴《谱》作从弟国馨举子严。仆陆恩叛投里豪叶方恒。案：《钞书自序》："年四十，斐然欲有所作。"为常熟杨子彝作《祠堂记》。张《谱》。

十年癸巳，年四十一岁。

《路舍人家见隆武四年历》一首、《再谒孝陵》一首、《恭谒高皇帝御容》一首、《赠朱监纪四辅》一首、《监纪示游粤诗》一首、《赠邬处士继思》一首、《昔有》二首、《杨明府永言复来吴下》一首、《送归高士之淮上》一首、《赠刘教谕永锡》一首、《赠郝将军太极》一首、《孝陵图》一首、《十庙》一首。

三月，鲁王去监国号，不知所终。

春至金陵。二月，再谒孝陵，并谒太祖御容于灵谷寺。十月，三谒孝陵，并作图。诒縠殇，更纳妾戴氏。先生去年归洞庭山，过路舍人家，由洞庭山至江宁，复归吴。徐《谱》。

十一年甲午，四十二岁。

《金山》一首、《侨居神烈山下》一首、《古隐士》二首、《真州》一首、《太平》一首、《蟂矶》一首、《江上》一首、《久留燕子矶》一首、《范文正公祠》一首、《钱生肃润之父出示所辑方书》一首。

春至金陵，居神烈山。由仪真历太平，登采石矶，东抵芜湖。秋游燕子矶，留宿僧院，至冬始还。张《谱》。此数年未归昆山。徐《谱》。

十二年乙未，四十三岁。

《元旦陵下作》一首、《归生晟陈生芳绩书来答之》一首、《赠路光禄太平》一首、《酬王生仍》一首、《永夜》一首、《酬陈生芳绩》一首、《赠路舍人》一首、《赠钱行人邦寅》一首。

元旦四谒孝陵。春自金陵还昆山。二月初五日午刻，江南地震。六月初八日，地又震。吴《谱》作三月初五日。五月十三日，擒叛奴陆恩，数其罪，沉诸水。叛党复投叶氏，讼之官，移狱松江。张《谱》。

十三年丙申，四十四岁。

《松江别张处士㤅王处士炜诸友人》一首、《恭谒孝陵》一首、《王处士自松江来拜陵毕遂往芜湖》一首、《桃叶歌》一首、《黄侍中祠》一首、《王征君潢具舟城西同楚二沙门小坐栅洪桥下》一首、《摄山》一首、《贾仓部必选说易》一首、《旅中》一首、《酬王处士九日见怀》一首、《送张山人应鼎还江阴》一首、《和陈生芳绩追痛两尊人之作》二首。

春狱解，还昆山。作《方月斯诗序》。三月，本生母何太孺人卒。闰五月，至钟山旧居。狱解后，叶氏憾不释，遣刺客追及于金陵太平门外，击伤首，遇救得免。初十日，五谒孝陵。冬在钟山度岁。元《谱》。

十四年丁酉，四十五岁。

《元日》一首、《莱州》一首、《安平君祠》一首、《不其山》一首、《劳山歌》一首、《张饶州允抡山中弹琴》一首、《淮北大雨》一首、《济南》一首、《秋柳》一首、《酬徐处士元善》一首。

元旦，六谒孝陵。自金陵仍返昆山，避仇北游，归元恭为文赠行。至莱州，与掖赵汝彦士完、任子良唐臣定交。从唐臣假吴才老《韵谱》，读而校之。过即墨，游劳山。由青州至济南，与徐东痴夜、张稷若尔岐定交。作《汝州知州钱君行状》《劳山图志序》《仪礼郑注句读序》《齐四王冢记》。张《谱》。

十五年戊戌，四十六岁。

《登岱》一首、《谒夫子庙》《七十二弟子》一首、《谒周公庙》一首、《谒孟子庙》一首、《万斛园小集》一首、《仙隐祠》二首、《济南》一首、《自笑》一首、《酬非溪草堂联句见怀》一首、《潍县》二首、《衡王府》一首、《督亢》一首、《京师》一首、《蓟州》一首、《玉田道中》一首、《永平》一首、《谒夷齐庙》一首。

春至泰安，登泰山。旋至兖州，至曲阜，谒孔林。往邹县，谒周公庙、孟庙。过邹平，游张氏万斛园。与邑人马宛斯骕访碑郊外。抵章邱，访张隐君元明。至长山，主刘隐君果庵。复至济南，访徐东痴。再赴潍县。入都，至蓟州，历遵化、玉田，抵永平，登孤竹山，谒夷齐庙。元《谱》。

十六年己亥，四十七岁。

《寄弟纾及友人江南》三首、《山海关》一首、《望夫石》一首、《昌黎》一首、《三屯营》一首、《恭谒十三陵》一首、《王太监墓》一首、《刘谏议祠》一首、《居庸关》二首、《重登灵岩》一首、《秋雨》一首、《与江南诸子别》一首、《天津》一首、《旧沧州》一首。

出山海关，返至永平之昌黎，著《营平二州史事》六卷。至昌平州，初谒天寿山。出居庸关，仍返山东。抵邹平，订县志。径长清，访碑灵岩山寺。南归，次扬州。旋北至天津度岁。作《曳梯郎君祠记》。元《谱》。

十七年庚子，四十八岁。

《再谒天寿山陵》一首、《送王文学丽正归新安》一首、《答徐甥乾学》一首、《白下》一首、《重谒孝陵》一首、《赠林处士古度》一首、《赠黄职方师正》一首。

二月，至昌平，再谒天寿山，入都。六月，赴山东。秋南归，寓淮上，过六合。作《顾与治诗序》。抵金陵，七谒孝陵。张《谱》。

十八年辛丑，四十九岁。

《杭州》二首、《禹陵》一首、《宋六陵》一首、《颜神山中见橘》一首。

回苏至杭州，渡江谒禹陵，吊宋六陵。为余姚吕裁之章成作《吕氏千字文序》。闰七月，仍返山东。十二月立春日，辑《山东考古录》成。是年为明桂王永历十五年。七月，缅酋杀由榔从官。十二月，献由榔于吴三桂军。明年四月，杀于云南。张《谱》。

康熙元年壬寅，五十岁。

《有事攒宫时闻缅国之报》一首、《古北口》一首、《五十初度时在昌平》一首、《北岳庙》一首、《井陉》一首、《雁》一首、《尧庙》一首。

正月，由山东入都。三月，至昌平，三谒天寿山。十九日，谒怀宗攒宫，有《谒攒宫文》。出古北口，往蓟州，仍至昌平。五月二十八日，先生诞辰，有致馈者，作书辞之。至真定之新乐。抵曲阳，谒北岳恒山。至井陉。十月，至大同之浑源州。渡汾河，至平阳府。有《郡国利病书序》《北岳辨》。张《谱》。

二年癸卯，五十一岁。

《元旦》一首、《霍山》一首、《女娲庙》一首、《晋王府》一首、《赠傅处士山》一首、《酬傅处士》二首、《陆来复述代许曦草疏攻郑鄤事》一首、《咏史》一首、《李克用墓》一首、《五台山》一首、《酬李处士因笃》一首、《送申公子涵光》一首、《酬史庶常可程》一首、《祭吴潘二节士》一首、《寄节士之弟耒》一首、《王官谷》一首、《蒲州西门外铁牛》一首、《潼关》一首、《华山》一首、《骊山行》一首、《长安》一首、《乾陵》一首、《将去关中别中尉存杠于慈恩寺塔下》一首。

正月，自平阳登霍山。游女娲庙。至太原，访傅处士青主。至代州，游五台，作《五台山记》。与富平李子因笃遇，遂订交。在汾州旅舍祭吴、潘二烈士。历闻喜，之裴村，拜晋公祠，作《裴村记》。道蒲州，入潼关，游西岳，访王山史宏撰于华阴。至西安，元《谱》。游富平，馆李子德家。又西至乾州。十月，访李处士中孚于盩厔，订交。往骊山，访明宗室存杠。存杠命子烈及甥王太和受业。出关，至太原。作《复庵记》《贞烈堂记》《朱子斗诗序》，为《音学五书》，著《日知录》。张《谱》。

三年甲辰，五十二岁。

《后土祠》一首、《龙门》一首、《自大同至西口》四首、《有事于攒宫》一首、《赠孙征君》一首。

正月五日，至蒲州之荣河，游后土祠，适汾州。自大同至西口，入都。七月，至昌平，四谒天寿山，奠怀宗攒宫，有《谒攒宫文》。至河南辉县，访孙夏峰先生。返至泰安州度岁。元《谱》。

四年乙巳，五十三岁。

《酬程工部先贞》一首。

由泰安至德州，复回济南，置田舍于章邱大桑家庄。秋至曲阜，再谒孔林，游阙里。与颜修来光敏订交。张《谱》。

五年丙午，五十四岁。

《寄刘处士大来》一首、《朱处士彝尊遇余于太原东郊》一首、《屈山人自关中至》一首、《重过代州赠李处士》二首、《出雁门关》二首、《应州》二首、《重至大同》一首、《得伯常中尉书却寄》一首。

春过兖州，至广平之曲周。游太原，秀水朱锡鬯彝尊客晋藩署，过访于东郊，因与订交。南海屈大均亦自关中来会。出雁门，适应州，重过大同，遇故代府中尉俊晰，访子德于代州牧陈祺公上年署。与子德二十余人匃资垦荒于雁门北。入都，复往山东，游泰山，谒天庆宫，作记。十月，著《韵补正》成。至兖州守署度岁。张《谱》。

六年丁未，五十五岁。

《淮上别王生略》一首、《赠萧文学企昭》一首、《拜路文贞墓》一首、《过程工部》一首、《过苏禄国王墓》一首。

春留兖李刘泽远署，删订近儒名论甲集。南归至山阳，主王起田。元《谱》。开雕《音学五书》于淮上。张力臣弨父子任校写之役。北行抵曲周，拜路文贞公祠。入都，从孙思仁借得《春秋纂例》《春秋权衡》《汉上易传》等书，清苑陈祺公资之薪水，传写以归。东还，主德州程工部正夫、李刑部紫澜家。作《音学五书序》《程正夫诗序》。是年六月，陈祺公重刻《广韵》于淮上。张《谱》。

七年戊申，五十六岁。

《赴东》六首、《李子德闻余在难特走燕中告急诸友人复驰至济南省视于其行也作诗赠之》一首。

春在都，寓慈仁寺。闻莱州黄培诗狱即星驰赴鞫。三月，下济南府狱。六月十七日，地连震，自北而南，声如雷，城垣、文庙皆毁。济南、兖州、东昌等郡共五十九处，沂州、郯城死伤尤甚。秋，从子熊来省于济南。十月，狱解得释，暂寄徐玉老署，得归元恭书。张《谱》。

八年己酉，五十七岁。

《楼桑庙》一首、《有事于攒宫》一首、《赠李贡士嘉》一首、《邯郸》一首、《邢州》一首、《自大名之保定子德已先一月西行》一首、《潘节士之弟耒远来受学》二首。

春入都，寓七圣庵。旋往山东，已复入都，寓文昌阁。三月，往昌平，五谒怀宗攒宫，有文，与李子德偕。回都，移寓徐公肃甥邸舍。四月，出都至顺德，历邯郸，返章邱，与谢长吉对簿，案始结。赴大名，归径保定。冬抵平原，潘次耕耒来受学。十一月至都，主申叔旆，又主谢方山重辉。执友王起田、王思龄殁。作《王起田墓志》。吴《谱》。

九年庚戌，五十八岁。

《述古》三首、《德州讲易毕奉柬诸君》一首、《挽殷公子岳》二首。

四月，往德州。程正夫、李紫澜延先生于家讲《易》。至九月初毕，入都。九日，与朱锡鬯及嘉定陆翼、王元辅在北平孙氏研山斋详定所藏古碑刻。出都至曲周，访路安卿。历河南，至山西，复回山东度岁。是年初刻《日知录》八卷。元《谱》。

十年辛亥，五十九岁。

《寄张文学弨时淮上有筑堤之役》一首、《双雁》一首、《夏日》二首、《秋风行》一首、《静乐》一首、《寄王高士锡阐》一首、《盂县北藏山》一首。

从子洪善、洪慎来省先生于都门。入都，主原一甥。夏，熊青岳阁学欲荐先生佐修《明史》，力辞之。出都，历忻州之静乐、平定州之盂县。至太原，为太原守周计百令树点定荀悦《汉纪》。十月，交城令赵恒夫天羽邀与华亭陆集生庆臻、上海蔡竹涛湘翦烛赋诗。元《谱》。

十一年壬子，六十岁。

《读李处士襄城纪事》一首、《寄杨高士瑀》一首、《齐祭器行》一首、《题李先生矩亭》一首、《瓠》一首、《土门旅宿》一首。

由山西至京，主公肃甥，从兄平庵，徐履忱来省。吴《谱》。五月，至济南。八月，入都。十月，往德州。由河南至山西。与阎百诗若璩相遇于太原。度岁静乐。衷和敏德来学。元《谱》所载，未详其人。寓书潘次耕，拟抚吴江族子衍生为嗣。洪善乡试中式举人。潘次耕有《先生六十寿叙》。有《与李武曾书》言《日知录》已刻成样本。张《谱》。

十二年癸丑，六十一岁。

《赠钱编修秉镫》一首、《先妣忌日》一首、《自章邱回至德州则程工部逝已三日矣》一首、《有叹》一首、《哭归高士》四首。

正月，由静乐南归，至扬州。入都，主公肃甥。四月，至德州，订州志。返章邱桑家庄。八月，游济南，寓通志局。十月，自章邱至德州，哭程工部，又闻从叔父穆庵及归元恭讣，设祭于桑家庄。入都，得滇南报。寄潘次耕书，令族子衍生北上。在京度岁。作《从叔父穆庵府君行状》。张《谱》。

十三年甲寅，六十二岁。

《广昌道中》二首、《寄问傅处士土堂山中》一首、《与胡处士庭访北齐碑》一首、《咏史》二首、《路光禄书来叙江东同好诸友一时徂谢》一首、《过矩亭》一首、《潘次耕南归寄示》一首、《子房》一首、《刈禾长白山下》一首、《岁暮》二首。

正月，出京，由易州往汾州。四月，至德州，回济南。度岁于桑家庄。吴《谱》。

十四年乙卯，六十三岁。

《兄子洪善北来言及近年吴中有开淞江之役》一首、《闰五月十日》二首、《过张贡士尔岐》一首、《送程工部葬》一首、《寄路舍人》一首、《孙征君葬于夏峰时侨寓太原不获执绋》一首。

从子洪善来省于章邱。赴济阳，访张稷若。德州送程工部葬。八月，自山东历河南抵山西之祁县，主戴枫仲廷栻。枫仲为筑室祁之南山，先生因置书堂。十月六日，张帝臣某及张又南云翼过访。纳妾于静乐。撰《陈鼎和墓志》。张《谱》。

十五年丙辰，六十四岁。

《汉三君诗》三首、《楚僧元瑛谈湖南三十年来事作四绝句》四首、《檐下雀》一首、《蓟门送子德归关中》一首、《寄李生符》一首。

正月，自山西之山东。二月，入都，主原一甥。三月，回山东。五月，入都。诞日原一具酒称祝。秋至蓟州，仍入都。十一月二十四日，先生第五妹徐太夫人讣到，设奠。命抚子衍生北上，并寓书湖州沈允斌三曾、沈度汪涵昆季，附其家眷舟至京。洪善成进士，改中书。洪慎得子，命名世枢，字曰荣绪，后更名宏佐，字复吕，立为诒穀后。元《谱》。在京度岁。作《日知录自序》《与戴耘野书》《与黄太冲书》。张《谱》。

十六年丁巳，六十五岁。

《有事于攒宫》一首、《赠贯太监宗》一首、《陵下人言上年冬祭时有声自宝城出》一首、《郭林宗墓》一首、《介休》一首、《介之推祠》一首、《霍北道中怀关中诸君》一首、《河上》一首、《雨中至华下宿王山史家》一首、《过李子德》四首、《皂帽》一首、《采芝》一首、《寄李生云霑》一首。

正月，与甥原一、彦和、公肃话别于天宁寺。二月，至昌平，六谒天寿山及怀宗攒宫。与王山史偕。四月，出都。十三日，至德州，见抚子衍生及其师李既足云霑于张简可家。访李霖瞻浃、李星来源。二十一日，至郑家口。二十四日，抵曲周，主路安卿，祀先于旅寓。五月七日，移寓曲周之增福庙。往山西道汾州之介休、霍州之灵石。九月，入陕，主王山史。访李中孚于富平东南军寨之北。元《谱》。李子德来迎，因过所居月明山下，登堂拜母。徐《谱》。十一月，游太华，重访山史于华阴。从子洪慎举次子，先生名之曰世棠，字曰思召。嫁妾于李又泉。回太原祁县度岁。有《答曾庭闻书》。作《华阴王氏宗祠记》。张《谱》。

十七年戊午，六十六岁。

《春雨》一首、《寄同时二三处士被荐者》一首、《井中心史歌》一首、《夏日》一首、《梓潼篇》一首、《和王山史燕中对菊》一首、《关中杂诗》五首、《过朝邑王处士建常》一首。

春由太原入关中。富平令郭九芝传芳迎先生于二十里外。闰三月，遣子德家人至曲周，接衍生及既足会于富平李中孚家。四月朔，九芝邀先生至署，寓南庵，旋移寓朱公子树滋斋中。朝议以纂修《明史》，特开博学宏词科，同邑叶讱庵阁学、长洲韩慕庐侍讲欲荐先生，知志不可屈，乃已。于是先生绝迹不至都中。冬，张又南廷尉承父命来聘往兰州，坚辞之。潼商道胡涓庵戴仁来访，欲聘至署，亦辞不往。过同州之华阴，达华州，止吏目王二华尔谦署。《答潘次耕书》《与李湘北书》《与李星来书》《答李紫澜书》《与友人辞往教书》《答李子德书》《与友人书》。张《谱》。

十八年己未，六十七岁。

《寄子严》一首、《寄次耕》一首、《次耕书来言时贵有求观所著书者》一首、《云台观》一首、《西鸦路》一首、《雒阳》一首、《嵩山会善寺》一首、《少林寺》一首、《嵩山》一首、《测景台》一首、《卓太傅祠》一首、《梁园》一首、《海上》一首、《五岳》一首、《赠张力臣》一首、《子德西归省吾于汾州天宁寺》一首、《寄次耕》三首、《岁暮西还时李生云霑方读盐铁论》一首。

正月，往延安，抵同官县，拜寇公墓，作墓志铭。携衍生移寓华山下山史所构斋。山史欲为朱子建祠云台观，兼营书院，以居先生。三月出关，作嵩少之游。四月，至曲周，旋由河南抵汾州。长洲毛锦衔今凤来受业。奠王式吾及平阳王九如。十一月，回华阴。十二月二十七日，张又南廷尉夜半造访。叶讱庵阁学充《明史》总裁，欲招先生入史局，力却之。为吴江朱处士明德作《广宋遗民录序》《书太虚山人象象谭后》《与潘次耕书》《与公肃甥书》《与叶讱庵书》《与史馆诸君书》《答汤荆岘书》《与人书二十二》。元《谱》。

十九年庚申，六十八岁。

《送康文学乃心归郃阳》一首、《友人来座中口占二绝》二首、《送李生云霑南归寄戴笠王锡阐二高士》二首、《酬族子湄》一首、《朱处士鹤龄寄尚书埤传》一首、《哭李侍御灌溪先生模》一首、《华下有怀顾推官》一首、《华阴古迹》二首、《悼亡》五首、《冬至寓汾州之阳城里中尉敏浮家祭毕而饮》三首。

元旦作一联云："六十年前二圣升遐之日，三千里外孤忠未死之人。"以明神宗、光宗俱崩于万历庚申也。正月，至富平。二月，先生仲姊讣至，间二日设祭。三月，山西盐使曾奉山寅致馈。四月，山史有诸母卒，为议服及葬祭之礼。五月，送马右实丧出关，既足附之南归。先生诞辰，郭九芝将亲来致祝，力止之。华阴令迟屏万维城造访，因与谋建朱子祠堂，迟欣然捐资为倡。十月，携衍生往汾州之阳城里，访前中尉朱敏泘。汾州守周西水于漆延请入署。十一月，元配王安人卒于昆山，讣至，次日出署，十一日成服设祭，逢七如常仪。度岁于王位冲德元中翰家。皆元《谱》。原一以赞善充明史馆总裁。作《音学五书后序》、《答王山史书》二、《答王仲复书》、《与友人辞祝书》、《复张又南书》、《与毛锦衔书》、《与公肃甥书》二、《与王虹友书》。张《谱》。

二十年辛酉，六十九岁。

《寄题贞孝墓后四柿》一首、《赠卫处士蒿》一首、《酬李子德》一首、《赠毛锦衔》一首。

二月望，去汾州，往曲沃，至解州运城，盐运使黄菉园斐来会，延入署。四月五日，菉园奉讳，先生携衍生入关，至华阴，访山史。出菉园之馈，落成朱子祠堂，有上梁文。七月，既足自南来。八月二日，自华阴至山西曲沃。县令熊耐徒僎闻先生至，命舆至候马驿迎入城，寓元帝庙。十一日，患欧泻。九月，移寓上坡韩氏镜家。十月，又移寓下坡韩村韩旬公宣之宜园。望后病稍减。有《病起与蓟门当事书》。为衍生议婚靳氏。皆元《谱》。

二十一年壬戌，七十岁。

正月四日，旬公设宴会宾友。八日，先生早起，将答贺熊令，上马失足坠地，疾作，竟日夜欧泻不止。初九日丑刻捐馆。韩旬公宣、熊耐徒僎、仇振先昌祚、卫匪莪蒿、徐嘉霖、郭名未详。为经纪棺敛，并典邑人秦氏室停柩其中。三月，先生从弟岩自昆山来，偕衍生扶柩归，葬于司马赐茔东偏嗣父仲逢府君之昭位，门人潘耒为之表。皆元《谱》。

道光二十一年辛丑，奉旨准入祀昆山乡贤祠。先生著书之可考者，《日知录》三十二卷，衍生云：潘稼堂先生携至闽，同汪晦庵先生刻。《四库全书》收入子部杂家类。《补遗》四卷，《古音表》三卷、《易音》三卷、《诗本音》十卷、《唐韵正》二十卷、《音论》三卷统名《音学五书》，潘耒诗序："《音学五书》刻于淮浦张力臣家。力臣亡，其子以板质于人，不可复问。”《四库书》收入经部小学类。《五经同异》三卷，有常熟蒋氏刻本。《左传杜解补正》三卷，衍生云：张又南先生刻。《四库书》收入经部《春秋》类。《九经误字》一卷，《四库书》收入经部五经总义类。《石经考》一卷，《求古录》一卷，《金石文字记》六卷，《四库书》皆收入史部目录类。《韵补正》一卷，《四库书》收入经部小学类。《昌平山水记》二卷，《文集》六卷，《诗集》五卷，衍生云：以上七种，潘稼堂先生捐资刻。《谲觚十事》一卷，《四库全书》地理类存目。《顾氏谱系考》，衍生云：以上二种，潘稼堂刻。《二十一史年表》十卷，《天下郡国利病书》一百卷，有四川龙氏聚珍版本。《四库全书》史部地理类存目。《历代宅京记》二十卷，《四库书目》“历代”下有“帝王”二字，收入史部地理类。《十九陵图志》六卷，《万寿山考》一卷，《肇域记》一百卷，“记”一作“志”。严杰云《肇域志》手稿，今存仁和许周生主政家，蝇头小楷，一笔不苟。《岱岳记》八卷，《北平古今记》十卷，《营平二州史事》六卷，《四库总目》又有《营平二州地名记》一卷，收入史部地理类。《茀录》十五卷，《诗律蒙告》一卷，《救文格论》一卷，《苏州府志》又有《杂录》一卷。《下学指南》一卷，《当务书》六卷，《菰中随笔》三卷，有曲阜孔氏刻本。《官田始末考》一卷，《京东考古录》一卷，《山东考古录》一卷，《四库全书》地理类存目。《熹庙谅暗记》一卷，《圣朝记事》一卷。以上张《谱》。

先生勘定之书，有《西安府儒学碑目》，见先生《文集》。勘定《家训》《近儒名论甲集》，见先生手迹。纂录《易》解，程、朱各自为书，见《答汪苕文书》。纂录《南都时事》，近坊刻有《圣安皇帝本纪》二卷，疑即此书。见《与戴耘野书》。点定荀悦《汉纪》，见潘稼堂《重刻汉纪序》。《区言》五十卷、《治河事》一帙，见何义门《菰中随笔序》。《备录》，见《江左十五子诗选注》。案：徐昂《发关索诗注》引皆徐《谱》。更有《经世篇》十二卷，《四库全书》存目子部类书类。《唐宋韵补异同》一卷，《海道经》一卷。皆吴《谱》。

徐嘉编《顾亭林先生诗谱》，清光绪二十三年刊本

校补顾亭林先生年谱

钱邦彦编

校补顾亭林先生年谱序

顾亭林，吾乡先贤，与归震川、朱柏庐，世所称“昆山三先生”者也。为先生年谱者，平定张石州、上元车秋舲、昆山吴止狷、湖州周中孚、大兴徐氏松，而最前则先生抚子衍生创为之，当得之先生口授。同治己巳，彦年二十二，席公吉人手衍生所编亭林年谱，属邦彦校写，忽忽四十年矣。前丙午年，从马生光楣所借得徐氏所藏车秋舲所订年谱，彦出所藏吴止狷所订谱校之，互有参差，车较吴详核，而两家浑合，不辨何注为吴，何注为车，亦有本出吴《谱》，而吴《谱》不备，反见于车所引者。邦彦读之憾焉，因详加校订，吴、车均未详者，采之山阳徐学博遯莽《亭林诗注》。十三陵则采先生自著《昌平山水记》，宋六陵则采毕秋帆《续通鉴》、陶九成《辍耕录》，井中《心史》则采《苏州府志》《郑所南集》，朱不远事迹则采《吴江献存录》，申凫盟、殷公子岳则采《渔洋诗注》《朱竹垞文集》，潘稼堂、傅青主、朱锡鬯事迹则采《曝书亭诗注》，申旃则采《汪尧峰文钞》，叶井叔、康乃心则采《渔洋诗话》，摄山则采王贻上《摄山记》，瞿稼轩事则采《憺园文集》，地理则多征之徐遯莽《亭林诗注》，凡阅三载而毕，当缮成稿本，以质之当代蓄道德而能文章者求教正焉。时光绪三十四年，岁在著雍涒滩春仲，钱邦彦谨识。

明万历四十一年癸丑五月二十八日，先生生。

先生《顾氏谱系考》曰：余家本出吴郡，五代之际或徙于滁。宋南渡时讳庆者自滁徙海门之姚刘沙，庆次子伯善又徙昆山县二十四保之花蒲保。今太仓州六都。彦考《震川集》：三顾村在七浦塘南双凤里。自庆而下十一世，至封刑科给事中字仲明号默庵讳鉴，方矫亭鹏《顾公墓志》：公讳鉴，字仲明，号默庵，世家太仓，至公始迁昆山千墩里。有讳观者，元市舶司正，三传至良，良生暹，暹生珩，公之曾大父，大父父也。再徙昆山县城南二十四里泬川乡千墩镇，是为先生五世祖。鉴生正德丙子举人、丁丑进士、刑科给事中济。字舟卿，号思轩。济生嘉靖丙午举人、癸丑进士、兵部右侍郎章志。字子行，号观海。章志生万历丙子举人、丁丑进士、左春坊左赞善绍芳，字实甫，号学海。国子生绍芾。字德甫，号蠡源，又号梦庵，生员，遵例入太学。《淞南志》：梦庵工诗，善书，董文敏尝谓人曰："见德甫笔墨，令人有退舍之想。"年五十，屏弃科举，取全史所纪朝章、国典、地形、兵法、盐铁、户口，悉标识之，以备采择。尤注心节义之行，详举其事，以奖励末俗。有《庭闻纪述》《梦庵诗草》行于世。绍芳生万历乙卯、戊午副贡同应，字仲从，号宾瑶，以荫生两中副贡。娶何夫人，《憺园集》：《先妣顾太夫人行述》曰："母何夫人，淹洽书史，为女士师。"于万历癸丑五月二十八日生先生于千墩镇里第。张《谱》：同应五子：长缃，字遐篆；次先生；次纾，字子严；次缵，字子叟；次绳，字子武。先生女兄三：长适徐，为履忱之母；仲适马右实嗣光，次适陈皇士济生；女弟适徐开法，生健庵、彦和、公肃。绍芾生同吉，字仲逢。年十八，未婚卒，聘王氏，归顾守贞。归一纪，先生始生，祖蠡源公抚立为嗣。徐《谱》：贞孝之归顾，当在万历二十九年辛丑，其年贞孝年十六岁。先生初名绛，更名继绅，后仍名绛，字忠清，张《谱》：《复社姓氏》：昆山人顾绛，字忠清。又尝称名曰圭年。吴《谱》：康熙中赠吴县李灌溪侍御诗，自称名曰圭年。车《谱》：程瑶田云：尝见万年少自跋所作《秋江别思图》，送亭林由淮阴渡江归唐市，谓顾子名圭年，自云"余再转注而得此名"。入国朝更名炎武，字宁人，号亭林，吴《谱》：顾亭林湖在华亭东南三十五里，湖南有顾亭林镇，陈顾野王居此，因以为名。宋绍熙间为宝云寺，寺南高基，野王曾于此修《舆地志》，世传以为野王墩，有沼深黑，云是野王墨池。亦自署蒋山佣。徐爰《释门略》：建康北有钟山，旧名金山。汉末蒋子文讨贼战亡，灵发于山，因立蒋侯祠，名蒋山。张《谱》：江藩《汉学师承记》："庚寅，有怨家欲陷之，伪作商贾"，"变姓名为蒋山佣"。

四十二年甲寅，二岁。

四十三年乙卯，三岁。

先生患痘症，颇危，及脱痂，右目为眇。彦于己巳年手钞衍生元《谱》，固有右目为眇之文。衍生躬侍先生，岂有子而诬其父之理？全谢山谓先生目固不眇。车秋舲绘正面像，两目炯炯，是以他人之貌貌先生也。今从元《谱》。秋，先生本生父宾瑶公同应中式副贡。

四十四年丙辰，四岁。

四十五年丁巳，五岁。

四十六年戊午，六岁。

贞孝王硕人以《大学》授先生。秋，宾瑶公再中副贡。冬十一月，先生祖母蠡源公配李硕人卒。

四十七年己未，七岁。

先生入塾就傅。元《谱》：《日知录》云："愚幼时，《四书》本经俱读全注。"

四十八年庚申，八岁。八月以后为泰昌元年。吴《谱》：秋七月，神宗崩，光宗立。一月崩，熹宗立。朝议以明年为泰昌元年，左光斗请七月以前为万历四十八年，八月以后为泰昌元年，从之。先生同母弟纾生。车《谱》案：《昆新志》：纾字子严，同应第三子。少负经济才，明亡后绝意仕进，隐居千墩旧庐，居丧哭过哀，目遂盲。秉性耿介，兄炎武讲学秦、晋间，屡征不赴，纾寓书益相砥砺。甥徐乾学兄弟势望方隆，纾独养高自重。华阴王宏撰称其"暗修于不见不闻之地，不愧隐君子"。

天启元年辛酉，九岁。

先生读《周易》。

二年壬戌，十岁。

先生大父蠡源公命先生读古兵家《孙子》《吴子》及《左传》《国语》《国策》《史记》。《余集》：徐遯莽案：《三朝纪事阙文序》：天启初元，辽阳陷，奢崇明、安邦彦反。其明年，广宁陷，山东白莲教妖民作乱。一日，臣祖指庭中草根谓臣曰："尔他日得食此幸矣！"遂命之读古兵家《孙》《吴》诸书，及《左传》《国语》《国策》《史记》。

三年癸亥，十一岁。

先生大父蠡源公以温公《资治通鉴》授先生。元《谱》：《钞书自序》云：先祖“少时日课钞古书数纸”，自某“十一岁，即授之以温公《资治通鉴》，曰：‘世人多习《纲目》，余所不取。凡作书者，莫病乎其以前人之书改窜而为自作也。班孟坚之改《史记》，必不如《史记》也。宋景文之改《旧唐书》，必不如《旧唐书》也。朱子之改《通鉴》，必不如《通鉴》也。至于今代，而著书之人几满天下，则有盗前人之书而为自作者矣，故得明人书百卷，不若得宋人书一卷也。’”

四年甲子，十二岁。

先生习科举文字。

五年乙丑，十三岁。

时有纳谷寄学之例，蠡源公以先生天姿颖异，合早取科名，遂以先生应例。车《谱》：明时寄学，亦经提学考取，岁试后准作附生。

六年丙寅，十四岁。

提学御史麻城周邦基取入昆山学二十二名，庠名继绅。先生读《资治通鉴》毕，读《诗》《书》《春秋》。入复社。徐《谱》：常熟王峻次山作先生传，年十四为诸生，入复社，有名。张《谱》：《静志居诗话》：宁人早年入复社，与归庄齐名。本生父宾瑶公卒，先生居降服忧。

七年丁卯，十五岁。秋八月，熹宗崩，烈皇帝立。

崇祯元年戊辰，十六岁。

先生应岁试，提学御史惠安陈保泰未发落即告病去，只取赏卷蔡复襄以下十二人，先生未与。读宋人性理书。徐遯荐案：先生《三朝纪事阙文序》：先帝即位，天下翕然，以为中兴更化之主，无复向时危迫之意。又当先帝颁《孝经》《小学》厘正文字之日，臣乃独好五经及宋人性理书。而臣祖乃更诲之，以为士当求实学，凡天文、地理、兵农、水土及一代兴革之故，不可不熟究。阅邸报。

二年己巳，十七岁。

三年庚午，十八岁。

夏六月，先生应科试，提学御史上虞李懋芳拔先生卷列一等二十二名。

四年辛未，十九岁。

春二月，先生应岁试，李提学连任，拔先生卷一等十一名，始更名绛。元配太仓王硕人来归。

五年壬申，二十岁。

春三月，先生应岁试，提学御史邻水甘学润拔先生卷列一等十四名。

六年癸酉，二十一岁。

春正月，先生应科试，甘提学连任，先生名列三等。秋，先生同怀兄遐篆缃中式顺天乡试举人。车《谱》：按：《昆新志》：缃天才俊逸，世传其《两京赋》埒平子，《时务策》比长沙，年未四十卒。

七年甲戌，二十二岁。

八年乙亥，二十三岁。

夏六月，先生应岁试，提学御史上虞倪元珙置先生卷二等。

九年丙子，二十四岁。

夏六月，先生应科试，倪提学连任，置先生卷二等。先生胪举母氏贞孝事状，未嫁守节，断指疗姑。请于当事巡按御史王一鹗为达于朝，得旨建坊旌表。

十年丁丑，二十五岁。

十一年戊寅，二十六岁。

春二月，先生应岁试，提学御史潍亓炜置先生卷三等。冬十二月，亓提学科试仍置先生卷三等。

十二年己卯，二十七岁。

秋七月，提学御史城固张凤翮覆试科举，先生取遗才二等。

十三年庚辰，二十八岁。

夏四月，邑中修葺文庙，先生与叶秀才、车《谱》：《昆新志·文苑传》：叶奕荃，字元晖，一字水修，国华长子，事继母陈以孝称。以诸生入太学，工诗、古文、词。师事刘宗周、徐石麒、陈龙正，讲求性命之学，尤究心邑政利弊。性刚直好义，不能容人过。乙酉夏，以父榷杭州关，遇国变，奕荃戴星往省。时揭竿四起，还至嘉善，为乱民所戕。觅其尸不得，以衣冠葬之。归秀才车《谱》：《昆新志·隐逸传》：归庄，字元恭，昌世子，为诸生。博涉群书，落纸数千言不止。性嗜酒，携酒应院试，且饮且书，日未晡，成七义，分隶、篆、真、草书五经文字，御史亓炜怪而黜之，惜其才，旋复焉。顺治乙酉六月，县丞阎茂才摄令事，下剃发令，士民不从，噪于县，縶茂才，庄白众杀之，遂婴城守。事定后新令究前事，庄亡命，剃发僧装，称普明头陀，隐居乡僻，后乃庐金潼港先墓侧。生平最善顾炎武，以博雅独行相推许，而俱不谐于俗，里中有“归奇顾怪”之目。诗、古文、墨竹无不工，尤善书，壮岁所作行草，直逼两晋，以酒至者长笺短幅，挥洒不倦。往来江、淮、浙水间，辄奉先像以行，遇令节讳日，采藻束刍以祭。晚年校正曾祖震川文集，付梓传世，折衷诸名家，持择颇精。卒年六十一。彦补：案朱竹垞《静志居诗话》云：恒轩好奇，“其名屡更，崇祯中忽请于学使者，改名祚明，自后或称归妹，或称归乎来，表字或称元功，或称园公，或称悬弓，恒轩其别号，亦号普明头陀，又号鏖凿钜山人。没后，女婿金侃辑其遗著，名字一从其旧”。著有《悬弓集》三十卷、《恒轩诗集》若干卷、《万古愁传奇》一篇。重新两庑栗主而正之。见顾节愍公《重修学宫碑记》，先生《书孔庙两庑位次考后》，见《文集》卷之五。冬十二月，先生应岁试，张提学连任置先生卷二等。

十四年辛巳，二十九岁。

春二月，蠡源公卒，先生承制居忧。先生从叔父季皋彦案：《淞南志》：顾叶墅，字季皋，号又昙，邑诸生。鼎革后弃妻为僧，芒屦补衲，啸歌青松白石间。与从兄仲隅《淞南志》：顾维，字仲隅，殉乙酉之难。构家难。冬十月，葬蠡源公及公元配周硕人、继配李硕人于鸣字圩少司马公祖茔之穆位。是年大旱。

十五年壬午，三十岁。

先生同怀弟子叟生，子洪善嗣先生同怀兄遐篆为后。彦案：《淞南志》：顾缵字子叟，号南式，明邑诸生。为人负气尚节，不苟于义。乙酉七月，王师下江南，议城守。缵誓以身许国，持檄登陴，白衣指麾，奋不顾家，城破被戮，年二十六。天炎尸败，莫知死所，衣冠葬祖墓。子洪善，字达夫，号柏亭，少补县学生，领康熙壬子乡荐，丙戌成进士，官内阁中书舍人。天资敏捷，淹贯经史，明达典故发为文章，体裁纯正，议论卓然。为丞相长史时，朝廷制诰，高文典册，半出其手，非所撰弗善也。直内廷仅阅月，翻译无讹，摹画毕肖，诸大臣拟荐大用，遽以疾卒于京师，年四十。子世楷。

十六年癸未，三十一岁。

夏，先生释承制之服，循例入成均。吴《谱》：先生为诸生十余年，应试等第名次载在徐太史开禧《前明本邑岁科考案》甚详。原《谱》于崇祯元年下注云"循例入成均"，历考诸邑志，俱列先生名于贡表中，而恩岁选拔诸目俱无确据。当由先生于癸未免丧后，以例贡入者。例贡自万历间始。子叟生次子洪泰。

十七年甲申十月朔，为大清顺治元年，三十二岁。阏逢涒滩。

春三月十九日，闯贼李自成陷京师，明庄烈帝自缢于宫中万岁山巾帽局。车《谱》：陈济生《再生纪略》谓在山之红阁，御玄色镶边白绵绸半臂。红阁盖建以复内操者。徐遯莽《亭林诗注》案：计六奇《北略》：上登万岁山之寿皇亭，即煤山之红阁也，自经于亭之海棠树下。彦案：谷应泰《明史纪事》：帝登万岁山之寿皇亭，自经。太监王承恩对缢。上披发，御蓝衣，跣左足，右朱履，衣前书曰："朕自登极十七年，逆贼直逼京师，虽朕薄德匪躬，上干天咎，然皆诸臣之误朕也。朕死无面目见祖宗于地下，去朕冠冕，以发覆面，任贼分裂朕尸，无伤百姓一人。"夏四月二十九日，闯贼西走。五月三日，大清兵入京师，睿亲王称制居摄。映奎恭案：世祖章皇帝时甫七龄，驻跸盛京，九月入关，十月朔御极，定鼎京师。是月之朔，明总督凤阳马士英等迎立嗣福王由崧于南都，仍称崇祯十七年，以明年乙酉为弘光元年。吴《谱》：北都既陷，福王常洵已死流寇，至是嗣福王由崧弃藩走淮南。凤阳督马士英物色得之，要诸臣共往迎立。四月抵仪真，五月朔监国，十五日即皇帝位。《明史·史可法传》：十七年四月，闯贼犯阙，誓师勤王，“北都既陷，缟衣发丧。会南都议立君，尚书张慎言及吕大器、姜曰广等曰：‘福王由崧，神宗孙也，伦序当立，而有七不可：贪、淫、酗酒、不孝、虐下、不读书、干预有司也。潞王常淓，神宗侄也，贤明当立。’移牒可法，可法亦以为然。马士英潜与阮大铖计议，主立福王，咨可法，可法以七不可告之，而士英已与总兵黄得功、刘良佐、刘泽清、高杰发兵送福王至仪真，于是可法等迎王”。杨陆荣《三藩纪事》：大学士史可法开府扬州，乙酉正月二十五日，大兵攻城陷，可法自刎不死，谕降，不从，杀之。

车引《墙东识小录》云：福王之立，实定策于淮南。是时马相方为淮抚，危迫之际，得一天潢，岂容更有异议，史相遂不能违，然而非其志也。即位之后，马居中，史出督，大事已去。史尽力支梧，殁于扬州。先是累疏哀号请兵饷，马漠然不应，方以为长江天堑，不能飞渡，其上游左良玉兵请除君侧者，尽以其担付之，阮大铖亦以为无奈我何也。顺治乙酉五月初九日，大兵渡江，一技不施，但有一走，而江南又歌亡国恨矣。

夏四月，先生侍贞孝王硕人，率家人等迁居常熟之唐市。车《谱》：《常昭合志》：唐市旧名尤泾，在双凤乡，去县东南三十里，又东南则昆山界。咸丰乙卯，常熟张瑛建亭林祠于唐市，邑人张星鉴为之记。（补注）冬十月，归千墩，被劫。十二月，复迁常熟之语濂泾新居。车《谱》：《常昭合志》：语濂泾、黄泾东入尤泾。《唐市亭林祠记》云：先生居语濂泾，寓陈亮工家。（补注）张《谱》：《望云楼刻帖》先生手札云：“醉德无何，忽云改岁，兄今其脱然愈乎？弟则马学士所云‘百忧熏心，三冬少暇’。往日之举，犯而不校，逆兽已无所用其炰烋。今乃黑夜令人纵火焚佃屋所，弟既荡无一椽，仆辈亦瞻乌靡集。夫行强虽武士之恒谈，火攻则兵家之下策。况于临池之畏，实为扇焰之谋。包藏祸心，日甚一日。公宫之火，先告于寺人；陵门之戟，首诛乎元济。燎原之恶已盈，自焚之祸行及。布诸左右，凭楮怆然。元恭仁兄足下。弟绛顿首。”不知黑夜纵火，即指千墩被劫事否？时尚未更名炎武，与叶方恒一案无涉。昆山令杨永言，吴《谱》：永言字岑立，云南昆明人，崇祯癸未进士。昆城破后，走陈墓，诇事弥月，知不可为，复入黄浦，依吴帅胜兆。吴败，同张企石翀之祝发珠泾万寿庵中，释名懒云。旋入中峰，后入金华，归滇卒。《胜朝殉节录》称其殉乙酉之难，追谥忠节，殆未之考耶？彦补录呼谷《送懒云师归滇》诗云："孤城流血已成川，匹马重围岂意全。此日锡还南诏去，何时剑倚北风前？相逢恸哭看双鬓，欲别踟蹰赠一鞭。惟有年年禾黍熟，白公堤畔立秋田。"唐白太傅有功于昆山，乡人立祠祀之，今称白王庙。或因水涨筑堤，谓之白公堤。应南都诏，列荐先生名于朝，旋诏用先生为兵部司务。

编年诗集起是年。《大行哀诗》一首、《感事诗》六首。

二年乙酉，三十三岁。

是时南都弘光元年也。春，先生膺杨永言之荐，至京口。彦案：许嵩《建康实录》：孙权于朱方筑城，因京岘山，谓之京镇，又因门谓之京口。夏四月，同从父穆庵公彦案：《淞南志》：顾兰服，字国馨，号穆庵，以诸生入太学，多才绩学，声彻四方。永历称号南中，遣使招之，且授冠带，辞疾不赴，屏居田野，益肆力于诗古文，好作长歌，以消其感慨。赴南京，寓朝天宫，因拜先兵部侍郎公祠。将诣阙，未旬日，而王师已于五月初九日渡江。初十夜，弘光帝出奔。十五日，王师入南都，明遂亡。彦案：杨陆荣《三藩纪事》：乙酉五月，大兵渡江，王奔芜湖，追执王北去。先生回至苏州，思有所建白，不果。吴《谱》：先生《吴同初行状》有云：出赴杨公之辟，未旬日而南都陷，余从军于苏，归而昆山起义。六月，归语濂泾。闰六月十五日，昆山士民闭城拒守。吴《谱》：先是，五月初七日以后，居民闻王师已入南都，纷纷移遁四乡，而张浦、菉葭浜、安亭诸村镇，奸民乘机劫掠。县令杨永言以二十二日尽放狱囚，至月杪，郡中大吏及守令皆先期遁。六月初七日，皇叔豫亲王方驻金陵，遣刑部侍郎李延龄、巡抚土国宝统兵莅苏城。新郡守王镆发安民榜，至昆并取图籍，杨永言弃印潜逃于泗桥陈宏勋家。水利县丞阎茂才偕邑绅耆老，于初八日赴胥门纳款。十二日，院遣郡人周荃来昆安抚。十八日，以茂才知县事。闰六月十一日，剃发令下。十三日，茂才出示剃发，且持名刺诣缙绅躬请，城中大哗，群起焚县治，杀茂才。十五日，贡生陈大任等议推旧狼山总兵王佐才为主帅。十七日，杨永言及陈宏勋募兵数百人入城，永言遂为监纪，仍知县事。先生偕绅士聚粮移檄，为久守计。七月二日，大兵东下。越二日，真义村兵迎战败溃。五日黎明，大兵以次渡濠。是月十六日丙申，月食既，星流竟夕。吴《谱》：见《日知录》"星陨如雨"注，而系以甲申年闰六月。案：甲申无闰，当是记忆偶误耳。

张《谱》：七月初六日巳刻，城破，先生本生母何太孺人被游骑斫右臂折，弟子叟、子武并殉难，子叟妻朱氏引刀自刺其喉，僵卧瓦砾中得免。彦按：先生家自侍郎公移居城中柴王弄，故被屠城之难。

吴《谱》：先生先以省母至语濂泾，得不与难。越二日，常熟城破。贞孝王硕人于二十四日闻变，即绝食，至三十日而终，遗命先生勿仕二姓。吴《谱》：贞孝王硕人，太仆寺卿宇孙女，诸生述女。守贞归，执妇道，视姑眠食，外屏居一室。虽至戚遣女奴候视，皆谢绝曰："吾义不见门以外人。"后姑病，贞孝服勤，昼夜不懈。及病剧，贞孝潜断一指煮药中，姑饮之而瘥，已而执贞孝手慰劳之，贞孝缩手不前，迫视，始知其故，为流涕久之。贞孝年二十八先生始生，遂抚为子。事载《明史》本传。

唐王遥授先生兵部职方司。吴《谱》：五月，大清兵下江南，福王被执，礼部尚书黄道周、福建巡抚都御史张肯堂奉唐王聿键监国，寻称号于福州，建元隆武。九月，至嘉定，过其沆家。

十二月十九日，权厝贞孝柩于少司马公茔之东偏。先生见军政废弛，作《军伍议》。即《文集》诸论。

〔《文集》〕《军制论》《形势论》《田功论》《钱法论》。见《文集》卷之六。

〔《诗集》〕《京口即事》二首、《京阙篇》一首、《金陵杂诗》四首、《千里》一首、吴《谱》：诗皆五月以前作。《秋山》二首、《表哀诗》一首、《奉先妣稿葬》诗一首。元《谱》。

三年丙戌，三十四岁。

五月，先生庶祖母黄氏卒。十二月十二日，命家人赵和等迁居。吴《谱》：未详何地。将往闽中，赴职方之诏，以母丧未葬，不果行。元《谱》。

〔《文集》〕《吴同初行状》。见《文集》卷之五。吴《谱》：同初，名其沆，嘉定学诸生，殉乙酉守城之难。徐《谱》：先生三过其居。昆山兵起，死者四万人，其沆与焉。

〔《诗集》〕《延平使者至》一首、《海上》四首、《不去》三首、《老鹤万里心》一首。吴《谱》：是年春，故明唐王聿键命晋江旧辅黄忠端公道周举兵，至徽州，为大兵所败，忠端遇害。时同邑编修朱天麟于昆城破后，航海至闽，仕唐王，为少詹事。《延平使者至》一首，起句云："春风一夕动三山，使者持符出汉关。"又云："万里干戈传御札，十行书字识天颜。"当是唐王密遣使赍札召先生，先生但志感而已。是冬十一月，征南大将军贝勒博洛率兵下建宁、延平等府，唐王走汀州被获。《海上》以下诸作，皆感触咏怀之什也。

四年丁亥，三十五岁。

秋至海上。冬十月十日，命家人赵和迎祖庶母黄氏柩，葬于少司马公域外之西偏。二十日亥时，葬贞孝王硕人于仲逢公同吉之兆。吴《谱》：少司马葬时，用岁丁亥、月辛亥、日丁亥、时辛亥，贞孝之葬，干支悉与司马公同。二十一日，具吊奠礼。十二月二十一日，移家于语濂泾先生庐墓。哀执友松江陈太仆子龙、同邑顾推官咸正、吴县杨主事廷枢及推官二子天遴、天逵先后死难，各以诗吊之。吴《谱》：子龙字卧子，青浦人。崇祯丁丑进士，兵科给事中，受鲁王部院职衔，与苏松提督吴胜兆通谋。是夏，胜兆反，事泄，逮子龙，并逮藏匿子龙之嘉定侯岐曾，及昆山顾天遴、天逵。子龙乘间赴水死，岐曾等同被杀于松江。顾咸正，字端木，天启甲子举人，咸安推官。丙戌四月，自关中归，知弟钱塘县知县咸建、举人咸受先已殉节，闻唐王立于闽，草密疏附寄舟山黄斌卿，属其转达，为逻卒所获，以告提督吴胜兆，胜兆秘不发。及是年六月，胜兆败，密疏遂发，逮至金陵，为内院洪承畴所杀，后二子之死，仅一月。廷枢字维斗，南京兵部尚书庄简公成孙，端孝先生大溁子。崇祯庚午南京解元，福王时荐授兵部主事兼监察御史。马、阮当国，抑不能用，罢归，遁居山坞。至是年四月，当事搜索得之，廷枢绝食五日不死，作《绝命词》十二首，裂衣幅血书之，终以不屈被杀于芦墟村，年五十三。

〔《文集》〕《歙王君墓志铭》。见《文集》卷之五。

〔《诗集》〕《赠推官咸正》一首、《大汉行》一首、《义士行》一首、《秦王行》一首、《墟里》一首、《塞下曲》二首、《海上行》一首、《哭杨主事廷枢》一首、《推官二子被执欲为之经营而未得也而二子死矣》一首、《淄川行》一首、《元《谱》》：为孙之獬作也。之獬，淄川人。天启壬戌进士，媚逆阉得官侍讲，名在逆案中。入国朝为礼部侍郎，顺治二年升兵部尚书，总督军务，招抚江西，后乞归里中。是年九月，土贼丁可泽勾引叛贼谢迁等陷淄川，擒之獬，支解死。结语"取汝一头谢元元"，当由之獬婴众怒耳。《方舆纪要》：淄川县属济南府东二百三十里。

《哭顾推官》一首、《哭陈太仆子龙》一首、《奉先妣葬于先曾祖兵部侍郎公墓之左》一首、原注："先考葬祖墓左四十年，其左有池，形家或言兆有水。是岁将合葬吾母，三族为炎武难之。炎武念先妣之治命，不可以不合葬，而四十年之藏，又不可以迁，万一有水，又不可以径情而遂葬，迟回者久之。及启壤，竟无水，讫事，无风雨。昔重光大荒落之岁，葬先王父，既祖奠，火作于门，里人救之，遂熄。念吾先人积德累仁，固不当有水火之菑、阴阳之咎。而不孝一人所遭之不幸如此，天之不遂弃之，曲全之又如此，是可以忘先人之志哉！"《墓后结庐三楹作》一首、《精卫》一首、《山海经·北山经》：发鸠之山，其上多柘木，有鸟焉，其状如乌，文首、白喙、赤足，名曰精卫。其鸣自詨，是炎帝之少女，名曰女娃。女娃游于东海，溺而不返，故为精卫，常衔西山之木石以堙东海。陶渊明《读山海经》诗："精卫衔微木，将以填苍海。"先生身世既与陶同，而壮心未已，故亦赋精卫以寄托也。邦彦附案。《吴兴行赠归高士祚明》一首。吴《谱》：时元恭赴吴兴，觅兄长兴教谕继登骨。彦按：《昆新志·忠节传》：归继登，字尔复。崇祯癸酉举人，长兴教谕，摄县事，城破，不屈死。

五年戊子，三十六岁。

秋至湖上。冬抵京口。是年语濂泾家中被劫。

〔《诗集》〕《越鸟巢南枝》一首、《江介多悲风》一首，《拟唐人五言八韵》六首：《申包胥乞师》《高渐离击筑》《班定远投笔》《诸葛丞相渡泸》《祖豫州闻鸡》《陶彭泽归里》，徐遯荞案：张石州云：六诗非泛拟也，《乞师》悲往事也，《击筑》《投笔》明素志也，《渡泸》《闻鸡》以不忘恢复望诸公也，《归里》则知事之不可为而倦飞知还也。云拟唐人者，曾膺唐王之诏，受其冠带也。《常熟县耿侯水利书》一首、张石州云：《耿侯水利书》，《郡国利病书》采之颇备。车秋舲云：《常昭合志》：耿橘，字兰阳，献县人，进士。万历三十二年，以调繁至，讲求水利，东浚横浦、横泾、李墓、盐铁塘，北浚福山塘，西浚奚浦、三丈浦，凡土田高低、宜蓄宜泄，尺寸不遗。其开浚之法，区画周至，约束严明，具载所著《水利全书》。其立说以水利用湖不用江，尤不易之论。邑人陆化纯、瞿汝稷序之。《偶来》一首、元《谱》：《将远行》诗云："去秋窥东溟，今年泛五湖。"《偶来》诗云："偶来湖上已三秋。"盖自秋讫冬，泛五湖也。《浯溪碑歌》一首、《自序》：万历元年，先曾祖官广西按察副使，道浯溪，得唐元次山《中兴颂》石本以归，为颜鲁公笔，字大径六七寸，历世三四，此碑独传之不肖。岁旃蒙作噩，命工装潢为册，工人不知碑自左方起，而以年月先之，遂倒盭不可读。方谋重装，而兵乱工死，不复问者三年。碑固在旧识杨生所，一旦为余重装以来，则文从字顺，焕然一新。有感于先公之旧物不在他人，而特属之嗣人之稍知大义者，又经兵火而不失，且待时而乃成。夫寄物固有不偶然者也，为之作歌。彦案：先生《金石文字记》元次山爱祁阳山水，遂寓居焉，名其溪曰浯溪，筑台曰峿台，亭曰庼亭所谓“三吾”者也。《薛开封寀》一首、原注：“君与杨主事同隐邓尉山，并被获，或曰‘僧也’，免之，遂归常州。”张石州案：《人心录》云：薛乱后归释，谓去冠故去“宀”，去发故去“丿”，因姓米氏，自号米堆山。彦按：《吴县志》：玄墓山前面湖，法华山浮于波面，东有钱家磡、米堆山。《将远行》一首、元《谱》：先生曾至海上。彦按：诗意将有山东之行，与上海吴胜兆事无涉。《京口》一首。《镇江府志》：京岘山，丹徒县东，三国吴初都此，后迁都秣陵，乃置京口镇。吴止狷云：是年春，金声桓称兵江西，僭称隆武年号，攻陷郡邑。故明贵溪王朱常彪攻沅州，为官兵所获。夏，故明郧西王朱常潮破建宁，为官兵攻获，故明荣王朱由桢及子朱嵩窜辰州苗洞，为恭顺王孔有德所获。又获奉国将军朱运铨于兴化土司，随破永宁，剿擒故明贵溪王朱常标，又于贵州、广西擒获南威王朱寅卫并子朱载功、长沙王朱由榔、辅国将军朱华宗室等共四十一人。舟山总督黄毓祺为凤阳巡抚陈之龙所败，被获，并搜获反诗一卷，供出江西北窝党薛继周等，江南王觉生、钱谦益、许见元等。奉旨黄毓祺著正法，其薛继周、王觉生等著严饬访拏。五月，逆犯拥立延长王朱识鏤，旋被擒。八月，海寇郑彩等据长乐、连江等县，官军克复之，驱入海。九月，湖广贼李锦浑名一只虎作乱，诏郑亲王讨平之。十一月，伪惠国公李成栋据南雄，勾连土贼犯赣城，官兵破之，成栋败走。十二月，大同总兵姜瓖闭城叛，驻防大臣英亲王讨之。是岁，四方多故，先生诗多因事感慨之作。举是年称兵大略，附识于后，庶知先生所处之时云。

邦彦案：吴《谱》作长沙王由榔，车《谱》作永明王由榔，考《三藩纪事》，由榔，桂王常瀛少子，初封衡阳，后以永明王称监国于肇庆。两谱均是，而以永明为当。吴《谱》有八月金声桓等围赣州事，车《谱》删去，今从之。

六年己丑，三十七岁。屠维赤奋若。

春，登灵岩山。徐遯蒡《诗注》：《苏州府志》：灵岩山，府西三十里，高三百六十丈，一名砚石山。秋，至吴江，过八尺。施世杰《酉戌杂记·孙烈士传》：贝勒振旅还京,行至八尺,孙兆奎等以神枪来击,颇多伤者。纳妾韩氏。是年,亲封墓树。

〔《诗集》〕《石射堋山》一首、车云:即灵岩山,见《吴郡志》。徐遯荠《诗注》引《郡国志》:石城山,有吴王离宫,山有石马,望之如人骑,南有石射堋。《春半》一首、元《谱》:诗中有云:“洪州七月围,粮尽力亦殚。”指江西金声桓事。声桓以去年戊子七月叛据南昌,是年正月为官军所破,声桓中二矢,投水死,仍磔尸示众。《怀人》一首、《赋得秋鹰》一首、《八尺》一首、《桃花溪歌赠陈处士梅》自注:常熟人。车《谱》引《归元恭文钞·陈君墓表》云:“君讳梅,字鼎和,苏州常熟之唐市人。先世于宋末自衢州迁于虞山,高祖号望虞,始居唐市。大父讳于尧,父讳应选,母某氏。君少孤,又失爱于大父,家法严,时时长跪,或与杖,怡然受之。弱冠补学官弟子,试高等,为增广生,陈侍御、许太史辈皆视为畏友。诸君先后登第去,君遂以诸生老。君素孝友,敦族谊,葬其祖时,费悉出自君,不以委诸父;同姓之贫无养、死无椁者,皆取给于君。而凌侮者时有,君终其身,忍询不与较,君子以为难。既遭世变,君语子孙宜自守,毋急功名,杜门扫迹,安以待尽。卒之日,索衣冠,家人以时装进,掷去,取故巾服服之。又语芳绩云:‘吾母四十余年苦节而不得旌,所恨独此耳。’君为人长厚,有信义,里中人皆从而辨曲直,有鼠牙雀角之讼,往往以君一言而解。权量必平,有斗稍大,取而毁之。平时日手一编,精于考索。晚年尤好医书,尝取古方制药以施人。鼎革之初,群盗出没,君避之他所。有盗入其村,方肆劫掠,至君之门,曰‘此积善之家也’,盖长者之称素著闻云。”一首、潘确潜云:陈处士梅,字鼎和,又字明怀,居常熟之语濂泾。先生避乱时,与之隔垣而居。少以通经著闻,旁及诸子、艺术之书,无不流览,课家人耕艺自给。卒年七十一,葬双凤乡吴塘里,先生为墓志。《瞿公子元錩将往桂林不得达而归赠之以诗》一首。元《谱》:元錩,常熟人。父式耜,时留守桂林。吴《谱》:元錩,礼部侍郎,谥文懿,景淳曾孙,湖广参议汝说孙。父式耜,字起田,万历丙辰进士,由永丰知县历户科给事中。甲申八月仕福王为应天府丞、右佥都御史,代方震孺。乙酉夏巡抚广西,明年抵梧州,而南都已陷。乃与丁魁楚等立永明王由榔于梧州,式耜为文渊阁大学士,留守桂林。顺治七年,大兵破桂林,与总督张同敞俱被难。瞿公子元錩于是年往省其父,以道梗,不得达。徐遯荠《诗注》引《南略》云:闰十一月十七日,将就刑,天大雷电,空中震击者三,远近称异,遂与同敞俱死。同敞,大学士居正孙也。时金堡已为僧于茅坪庵,名性因,致书孔有德,乃收敛瞿、张两公尸,葬于白鹤山下。彦案:《鸥波余话》:杨硕甫名萩,吴江平望人。少时遇松仙，授以道法，遂能前知，言皆奇中。瞿公稼轩深器之，乙酉，偕往广西巡抚任。庚寅冬，王师下桂林，瞿公不屈被难。硕甫哭于定南王孔有德军前，请敛其尸，凡四日夜，欲继以死，始得请，并殓同殉难诸公，一时义声动三军。瞿公孤孙为军中劫去，勒财物。硕甫时以医术游于孔王及巡抚王一品之间，力争脱之，终护其丧，归葬虞山。

七年庚寅，三十八岁。

春正月五日，韩氏生林元，命名诒穀。怨家有欲陷先生者，乃变衣冠，作商贾，游金坛，登顾龙山，观明太祖御制词石刻。吴《谱》：顾龙山在金坛县南五里，山脉自茅山回龙顾祖，故名。元末丁酉十一月，明祖东征时，驻跸于此，御制题壁词云："望东南隐隐神坛，独跨征车，信步登山。烟寺迂迂，云林郁郁，风竹珊珊。尘不染浮生。九寰。客中。有僧舍三间。他日偷闲，花鸟娱情，山水相看。"

吴《谱》至镇江，登北固楼。往嘉兴。参用张《谱》。

〔《诗集》〕《金坛县南五里顾龙山有高皇帝御题词一阕》一首、《重至京口》一首、《榜人曲》一首、《流转》一首、吴《谱》：诗中云："晨登北固楼，慨然涕如雨。稍稍去鬓毛，改容作商贾。却念五年来，守此良辛苦。畏途穷水陆，仇雠作门户。故乡不可宿，飘然去其宇。"知先生流离晦迹，亦仅而得免矣。徐星伯云："先生自乙酉以后，展转江、浙之境，于今五年，至此乃欲北至中原，故《钞书自序》云'炎武之游四方十有八年'，亦以此年为始也。"《秀州》一首。徐遯荞《诗注》：《方舆纪要》云：浙江嘉兴府，五代晋置秀州。

八年辛卯，三十九岁。重光单阏。

至金陵，初谒孝陵。车《谱》：明孝陵在钟山之阳独龙阜旧灵谷寺基，与马皇后合葬，懿文太子祔于左，沿山周围四十五里。嘉靖十年更名钟山为神烈山。灵谷寺，梁天监十三年为宝志公建塔于钟山玩珠峰前，名开善精舍，后为开善寺。宋改名太平兴国寺，后名蒋山寺。明初改寺于旧基之东五里，而旧基遂为孝陵。秋八月十四日，至淮安，与山阳王起田略、吴《谱》：详具康熙丁未年注。徐州万年少寿棋定交，抵清江浦。徐遯荞《诗注》：清江浦在山阳县西北三十里。

〔《诗集》〕《恭谒孝陵五排二十韵》一首、《拜先曾王父木主于朝天宫后祠中》一首。彦案：徐遯荞注：《江宁府志》：朝天宫在府治西，旧说即古冶城址,刘宋建国学于此,杨吴时建紫极宫,宋改天庆观,元改元妙观,明洪武十七年重建,赐今额。先生自注:先公尝为应天府尹。

车《谱》:据《余集》,《穆庵府君行状》“南渡初元”之说云,此诗宜改编入乙酉年三十三岁中。彦案:诗中“瞻拜独曾孙”句,是此次独至金陵时作,况诗文皆潘次耕编集,必然亲见手稿,后人不必致疑。

《赠万举人寿祺》一首、原注:“徐州人。”吴《谱》:寿祺,字年少,后更字介石,徐州人。崇祯庚午举人,工诗文书画,又工写美人,他如琴棋刀剑、百工技艺,细而女工刺绣,粗而革工缝纫,无不通晓。风流豪迈,倾动一时。国变后罢公车,僧冠僧服,自名明志道人、沙门慧寿。避邳、徐之乱,移家公路浦,痛饮食肉,依然如平时云。著有《隰西草堂集》。《淮东》一首、吴《谱》:此诗为故明东平侯刘泽清作也。泽清为福王时四镇之一,开府淮东,颇事声色,府第壮丽。顺治二年五月,福王遁走。大兵于四月十八日薄扬州,二十五日城陷。五月,大兵败泽清副将高佑于宿迁,至清河,又败泽清总兵马化豹等于淮、黄、清三河口,追入淮安界,至清江,泽清与漕帅田仰遁走。七月,泽清率所部纳降,至京,仍予世职。又三年戊子秋,泽清阴与曹县叛寇通谋,许以内应,遂作乱,陷曹县。十月,英亲王讨平之,诘其由,知出泽清,乃族诛之。诗中有云:“地下逢黄侯,举手相揶揄。我为天朝将,尔作燕山俘。”指靖国公黄得功也。得功先于乙酉六月王师据江口时迎战,中流矢死。彦案:杨陆荣《三藩纪事》:黄得功,榆林卫人,素忠勇,醉后运双刀如飞,军中呼为黄闯子。乙酉五月十一日,大兵薄都城,福王奔芜湖,都城破,王至得功军。大兵追王,十五日,及芜湖,得功战于荻港。时刘良佐已降,即阵上招得功,得功叱之。张天禄从良佐后,射得功,中喉。得功知不可为,掷刀拾所拔箭,刺喉以死。《赠人》二首。徐《谱》案:先生《赠人》诗云:“路旁多行人,一南一以北。南北遂分手,去去焉所极。”盖所送之人北行,而先生仍南归吴,故拜黄门公墓。而路泽溥诗亦云“相逢金阊西”也。此诗意似讥明臣出仕北入京华者,然不可考矣。

九年壬辰,四十岁。玄黓执徐。

入郡,奠陈文庄公祠。吴《谱》:公讳仁锡,号芝台,长洲人。天启壬戌探花,累官南京国子监祭酒,福王时赠詹事,谥文庄。生平事行,详刘念台宗周、黄石斋道周两先生所撰《文庄公家传》。弘光元年,济生、济祯奉诏建祠于卧龙街关壮缪庙之右。康熙十九年，移建虎丘，侍读汪琬撰文立碑。济生以荫历官太仆寺丞，先生姊婿也。至吴县之横山，展拜陈黄门侍郎远祖顾野王墓。吴《谱》：墓在横山东五里越来溪上。徐迺荠《诗注》：《隋书·十道志》：山四面皆横，故名。山有七墩，俗称七子山。《苏州府志》：横山在府西南十五里，越来溪在横山下，与石湖连，北至横塘。遇路舍人泽溥于虎丘。元《谱》：泽溥时携家奉母，寄居湖上洞庭东山。《南略》：振飞长子泽溥，中书舍人；季子泽浓，赐名太平。自唐市返千墩。夏六月十九日，弟子严得子洪慎。彦案：《淞南志》：顾洪慎，字汝嘉，号学圃。弱冠游京师，入成均，仪表瑰玮，饮啖兼人。居父丧，茹素三载，哀毁骨立。从父亭林卒，赤胫走三千里，扶柩还葬，命子宏佐主其祀。从叔父穆庵得子岩。彦案：《淞南志》：顾岩，字大云，积学工诗，寄志清远。北入京师，南游闽、粤，登临感慨，恒寓于诗。徐太史畏垒序梓行世。至清江渡河，抵王家营。《淮安府志》：王家营在清河县治北七里。世仆陆恩叛投叶氏。元《谱》：叶名方恒，字眉初，太常卿重华第三子。明崇祯壬午举人，国朝顺治戊戌进士，官济宁道佥事。

〔《文集》〕《杨氏祠堂记》。元《谱》：为常熟杨子常作。车《谱》：杨彝，字子常，汪钝翁《杨顾两先生传》云：万历之季，士之为文者，喜倡新说，畔违传注。彝与太仓顾梦麟力明先儒之说，天下翕然从风，称“杨顾学”。彝以岁贡生为松江训导，作兴人材甚广。居五岁，擢知都昌县，以道阻弗克赴任。明亡，遂不出。晚岁目盲，犹令人读书其侧，为诸生讲说无少倦。年七十九卒。记在《文集》卷之五。

〔《诗集》〕《同族兄存愉拜黄门公墓》一首、原序：公姓顾氏，讳野王，字希冯。以梁临贺王记室参军，起兵讨侯景。入陈，官至黄门侍郎。墓在今苏州府吴县横山东五里越来溪上。卢襄《石湖志》曰：“墓上有一巨石横卧，可二丈许，石上古松一枝似盖，湖上望见之，即知为野王坟。”今树与石无恙。天启中，有势家欲夺其地而葬，窴已穿矣，族兄存愉发愤讼于官，得止。其势家所筑周垣及树木，皆归顾氏。《赠路舍人泽溥》一首、吴《谱》：泽溥，曲周人。父振飞，字见白，天启乙丑进士，泾阳知县，崇祯中历御史巡按福建，再按苏松，屡迁至佥都御史，总督漕运，巡抚淮阳。北都陷，福王立于南京，河南副使吕弼周为闯贼节度使，来代振飞。癸未进士泾阳武愫为贼防御使，招抚徐沛。振飞击擒二人，竿弼周于法场，命军士人射三矢，乃解磔之。缚愫狗于市，鞭八十，槛车献诸南朝，伏诛。故诗中云：“擒魁献行朝，逆党皆战悸。”又云：“天子呼恩官，干戈对王使。”盖唐王聿键曾以罪锢守陵，中官虐之，振飞上疏概宽罪宗，得释。乙酉，南京破，聿键自立于福州，趣召振飞，制书有“朕有守困恩官路振飞”云云。既至，拜太子太保、吏部尚书兼文渊阁大学士，官一子职方员外郎，又录守淮功，荫锦衣世千户。顺治三年，王师攻克仙霞关，聿键走汀州，振飞走赴不及。汀州破，走居海岛。明年将赴永明王召，自缢于邵武山中，粤中赐谥文贞。《清江浦》一首、《丈夫》一首、《王家营》一首、《传闻》二首。元《谱》：是岁，永明王在肇庆，李定国攻陷广州，王使召定国入卫。盖王为孙可望所制，间关奔窜故也。

十年癸巳，四十一岁。昭阳大荒落。

春，至金陵，二月，谒孝陵，并谒太祖御容于灵谷寺。吴《谱》：寺在钟山东南，本梁僧宝志公葬处，名开善寺。明初改名灵谷，中有明祖《大灵谷寺记石碑》。十月，再谒孝陵，作孝陵图。吴《谱》：国朝定鼎后，置守陵太监二名，兵四十名。诒穀殇，时方四岁。先生更纳妾戴氏。车《谱》：归元恭《戏赠先生纳姬》诗云：“同心初绾在秦淮，孤寄清江音问乖。虽异九秋婕妤怨，已如一月太常斋。占熊从此欢无既，弋雁何妨老自偕。不待王郎去迎接，西风今送入君怀。”元恭自注，谓“宁人于金陵纳姬，置清江浦，今姬得南归”云云。

〔《诗集》〕《路舍人家见隆武四年历》吴、车二《谱》作“东武四先历”。一首、元《谱》：舍人父文贞公在闽时，特精制新历。徐遯荞《诗注》引《东南纪略》：“十月，郑成功从大学士路振飞、曾樱议，颁明年隆武四年大统历。”彦案：徐《谱》于顺治三年丙戌书云：唐王将入赣州，郑芝龙使军民遮留，不得行，乃驻延平。十月，明两江总督丁魁楚、广西巡抚瞿式耜立桂王由榔于肇庆，以明年为永历元年。十一月，王师下建宁、延平等府，唐王走汀州，执而杀之。明大学士苏观生又立唐王弟聿鐭于广州，改元绍武。十二月，王师下广州，杀聿鐭。又于十年癸巳三月书，鲁王去监国号，不知所终。则明之遗裔，惟有殆哉岌岌之桂王由榔未亡矣。宜先生见隆武四年历，洒涕以赋诗也。厥后谱中绝不书三藩事。先生故宫禾黍之悲，亦惟发之于谒陵而已矣。自此一意著述，无复张子房之壮志，而为王厚斋之深潜矣。诵《古隐士》二首，其寄托可想也。《再谒孝陵》一首、《恭谒高皇帝御容于灵谷寺》一首、《赠朱监纪四辅》一首、自注：宝应人。徐遯荞注云：《宝应县志》：朱四辅，字监纪，少负异才，于书多涉猎，尤谙经济，喜交海内悲歌慷慨之士，著有《铁轮集》。朱彬《白田风雅》：铁楞少禀异资，读书五行俱下，有用世志。鼎革后，弃诸生，游四方。诗文不自爱惜，随手散佚，只有《淮阳治水或问》一卷行世。《监纪示游粤》诗一首、徐遯荞《诗注》：《白田风雅》载诗四首，内有《韶州道中》七律云："好山无数逐人来，紫翠千重面面开。树下有蹊皆鹿迹，岩间不雨自莓苔。萝生断壁垂还上，水作惊湍去复回。独惜征帆容易过，无由系缆一徘徊。"即《游粤诗》之一。《赠邬处士继思》一首、徐《谱》：先生此数年中往来无定，而金陵、扬州市井皆屡至，故《赠邬继思》诗云："年年寻杜甫，一过浣花溪。"邬卖药扬州市，先生频过之。《昔有》一首、《杨明府永言昔在昆山倡义不克为僧于华亭及吴帅举事去而之兰溪今复来吴下感旧有赠》一首、徐遯荠注：《金山志》：云南杨永言，甲申后祝发为僧，流寓华亭，张行人滁之与交善。顾亭林赠杨诗云云。亭林亦尝以事下松江狱，两人俱往来相契。杨盖胜国遗民，混迹缁流者。《送归高士之淮上》一首、吴《谱》：即归元恭。《赠刘教谕永锡》一首。自注：大名人。吴《谱》：永锡，字钦尔，号剩庵，魏县人。崇祯丙子举人，癸未谒选长洲教谕，日与诸生讲道德，明忠孝之节。邑令遂宁李实廉知其贫，欲烦以吏事，谢不应。已署崇明县事，庭无留狱。未几遭鼎革，偕妻栗氏、一子一女隐居相城。有大吏造其室，欲强之，永锡曰："吾中州男子，二十渡漳河，遨游两河间，谁不知我？乃以此相逼，将谓吾畏死耶？"拔剑欲自刭，门人抱持之，不克死，大吏亦惊惭而去。永锡谓其妻曰："彼再至，我与若立自决矣。"皆裂尺帛握之。会海上兵起，乃止。寻移居阳城湖之滨，与妻子日食蔬粥。有女许字未嫁，恐贻父母忧，绝粒而死。其母哭之成疾，亦死。后遭大水乏食，家僮相继死，埋骨道傍。永锡与沈钦圻为世外友，甚相得，往来吊古常与偕。有老奴从故乡来劝之归曰："室庐如故也。"永锡曰："我岂不欲归，但前奉君命而来，义不可归。"命其子临同老奴归，谓祖宗丘墓责在汝。时遭岁荒，至杂糠粃作食。其子临既归，思父不置，假贷得百金，欲驰以献父，星夜南下，遇盗，马惊堕地死。初，永锡长八九尺，容貌甚伟，至是毁形骨立，见者哀之。久之成疾，渐剧，一夕大呼烈皇帝者三，遂卒，时甲午秋也。时有齐丈人者，抚其丧，葬于阊门外半塘，以妻女附之。徐遯荠案：朱竹垞《静志居诗话》：永锡"有洹水遗诗"。又曰："洹水至性之士，兵后隐居相城，有大吏强之仕，永锡袒裼疾视曰：'吾中原男子，二十渡漳河，登大伾，跃马鸣鞘，两河豪杰谁不知我？欲见辱耶？'取壁上所挂剑，欲自刭，门下士抱持之，得解。既而妻女相继饿死，子为盗所伤，亦死。久之，洹水殁，弟子徐晟、陈三岛经纪其丧，葬之虎丘山塘。"李次青《国朝先正事略》：剩庵"乃买破船一，往来江湖间，时从诸遗老游。尝泛舟中流，鼓枻而歌曰：'白日堕兮野荒荒，逐凫雁兮侣牛羊，壮士何心兮归故乡。'风水激荡，歌声郁伊，闻者哀之。钱牧斋念其穷，招之往。剩庵曰：'彼为党魁，受主眷，枚卜时天子以伊、傅期待，今岂忘之耶？’卒不往。”遯莽注云。

后二百六十年，古村懒农钱邦彦读至此，曰：呜呼！非独剩庵烈丈夫也，抑妇亦烈妇，女亦孝女，子亦孝子，阖门殉道，骨肉俱香。齐丈人者，亦皋伯通之亚欤？数十里扶棺葬山塘，以为要离侠客、伯鸾高士、颜佩韦等义人，惟剩庵可与为万古郎矣。然五人墓官置守冢，禁人蹦践，剩庵之墓，寒食之日，其谁携一盂麦饭，洒泣荒郊哉？念至此，不能不为剩庵悲矣。

《郝将军太极滇人也天启中守霑益《明史·地理志》：云南曲靖府霑益州。余于叙功疏识其姓名今为医客于吴之上津桥《苏州府志》：上津桥在渡僧桥西，跨运河。言及旧事感而有赠》一首、《孝陵图》一首、自序云：“重光单阏二月己巳，来谒孝陵。值大雨，稽首门外而去。又二载昭阳大荒落二月辛丑，再谒。十月戊子，又谒，乃得趋入殿门，徘徊瞻视，鞠躬而登殿上。中宫奉帝、后神牌二，其后盖小屋数楹，皆黄瓦，非昔制矣。升甬道，恭视明楼宝城，出门，周览故斋宫祠署遗址。牧骑充斥，不便携笔砚。同行者，故陵卫百户束带玉稍为指示，退而作图。念山陵一代故典，以革除之事，《实录》《会典》并无纪述。当先朝时，又为禁地，非陵官不得入焉。其官于陵者，非中贵则武弁，又不能通谙国制，以故其传鲜矣。今既不尽知，知亦不能尽图，而其录于图者且不尽有，恐天下之人同此心而不获至者多也，故写而传之。”《十庙》一首。自注：鸡鸣山下有帝王功臣庙，后人谓之十庙。车《谱》：洪武二年，立十庙于鸡鸣山下，又增功臣庙，祀徐达以下二十一人，为十一庙，后又增四庙。

十一年甲午，四十二岁。阏逢敦牂。

春游金陵。迁居金陵钟山之阳。游真州，抵太平芜湖。秋，游燕子矶，留宿僧院，至冬始返。先生第三甥徐元文举乡荐。元文，字公肃，号立斋；顺治己亥状元，官文华殿大学士，著有《含经堂集》。车秋舲云：三甥仕履，本与先生无与，所以历历载入者，以见先生当时并非无家可归。且三甥既贵，累书奉迎先生，愿以别墅居之，且为买田以养，亦非漠然于先生者。特以先生赋性严介，掉首故乡，几若为将浼之避。迨后三甥声望日隆，原一乃迭遭弹劾，先生固已先有所见矣。是年，先生兄遐篆卒。《昆新志·卓行传》云：贫甚于父同应，而好义似之。卒无子，以弟缵子洪善为后。张《谱》案：遐篆中式崇祯六年癸酉举人。健庵称遐篆举乡试，一上公车而卒。归玄恭《送先生北游序》，称崇祯之末，祖父蠡源先生暨兄孝廉捐馆。且《昆新合志》亦称遐篆年未四十卒。若卒于甲午，则先生年已四十二矣。盖衍生元《谱》讹壬午为甲午耳。耻庵据张《谱》补注。

〔《诗集》〕《金山诗》一首、徐注：《九域志》：唐因裴头陀江际获金以闻，明皇赐名曰金山。顾祖禹《方舆纪要》：金山在镇江府西七里大江中，北岸值瓜洲渡，南岸值西津渡，西距仪真县高资港不过四十余里，实为江中之险。《侨居神烈山下》一首、全谢山《亭林神道碑》云："侨居神烈山下，遍游沿江一带，以观旧都畿辅之胜。"《古隐士》二首、管幼安、庞德公。《真州》一首、徐遯荞案：《方舆纪要》：江南扬州府仪真县，宋曰真州。《太平》一首、徐遯荞案：《明史·地理志》：太平府领县三：东距南京一百三十五里，城北有采石山，一名牛渚山，临大江。芜湖，太平府属县。《蟂矶》一首、吴《谱》：蟂矶在芜湖西七里江中。结句"留得奎章墨未干"，自注：庙中有高皇帝御制诗金字牌一扇。徐遯荞案：《方舆纪要》：蟂，老蛟也。矶南有石穴，广一尺，深不可测。《江上》二首、《久留燕子矶院中有感而作》一首、徐遯荞引《一统志》：燕子矶，府西北观音门西、幕府山东。张《谱》：先生四十二岁，春至金陵，卜居神烈山下，由仪真历太平，登采石玑，东抵芜湖，秋游燕子矶，留宿僧院，至冬始还。《范文正公祠》一首、徐遯荞《注》引《苏州府志·坛庙》：范文正公祠在义宅东，宋咸淳十年，知府潜说友奏建。《钱生肃润之父出示所辑方书》一首。元《谱》：肃润，字季霖，号础日，无锡人，著有《南忠录》等书。潘确潜云：钱础日肃润，江南无锡人。学博行方，严取予，重然诺，家居孝友，落落有古人之节。闭户传经，门下皆知名士。雅好述作，博综今古。柏乡魏相国推其理学为椎鲁干城，其论史诸文，以为陈君举、何去非，咸未逮也。

十二年乙未，四十三岁。旃蒙协洽。

元旦，四谒孝陵。张《谱》。春，自金陵还昆山。三月初五日午刻，江南地震。六月初八日，又震。五月十三日，擒叛奴陆恩，数其罪，沉诸水。叛党复投叶氏，讼之官，移狱松江。全谢山《亭林神道表》云："曲周路舍人泽溥者，故相文贞公振飞长子，侨居洞庭东山，识兵备使者，乃为诉之，始得移狱松江，而事解。"车《谱》：归元恭《与叶嵋初书》：弟到郡时，始知宁人兄窘于事势，将有不测，舆论亦多以兄为已甚，故弟语稍激切。然论其究竟，爱宁人亦所以爱兄也。已而昆老辈委曲相劝，兄因动恻隐之心，要于兄之自为计亦大便，而弟辈则群而诵兄之高义。昨在西郊，文初、子佩诸君及二三远方友人问及，弟公言于众曰："此事误在顾，而叶能不终讼，可谓仁人君子。”人皆服兄为有量。及归寓,忽闻有变局,为之大惊。兄尝谓宁人城府深密,机械满腹,兄前已诺和议,而忽出最难之题目,迫之以必不能从之事,是名虽曰和,实欲战也,兄岂亦有城府机械耶?昆老极和平之人,亦以兄为太甚,今将去矣,弟亦即日同国馨去矣。但思兄若不肯就和,即和而必欲云云,宁人计无复之,必自经沟渎无疑也。陆恩,人奴也,尚不可杀,而迫其主以取偿。宁人非寻常无闻之人,又事无死法,而一旦迫之致死,于兄便乎不便乎?宁人无亲子弟,料死后必无与申冤者,即有,兄自当有以待之,固知杀宁人万万无害,独不畏清议乎?宁人腹笥之富、文笔之妙,非弟一人之私言,即灌老诸公,皆击节称赏,四方之士,见其诗古文者,往往咨嗟爱慕,兄能杀宁人之身,能并其生平之著述而灭之乎?使天下后世读其诗古文者,以为如此文人而杀之者乃叶嵋初也,此名美乎不美乎?自古文人之受祸者,如子兰杀屈原、姚贾杀韩非,后世读《离骚》及三公子之书,无不唾骂子兰、姚贾。陈同甫为小人构陷入狱,每读其传,为之发指眦裂。以兄平日自待之高明,何苦而为此事耶?想兄之意,以为宁人即死于牢狱,死于桎梏,不得谓嵋初杀之,吾谁欺?当世士大夫有口,亦可畏也。凡此之言,皆所谓爱宁人即所以爱兄也。车持谦云:核其语,意松江之狱,所由来欤?

〔《诗集》〕《元旦陵下作》一首、《常熟归生晟彦案:徐遡萼《笺注》:《虞阳科名录》:归晟,字成伯,明诸生,劬学励品,工吟咏。陈生芳绩徐《注》据张《谱》:芳绩,字亮工,处士鼎和之孙,著有《历代地理沿革表》。书来以诗答之》一首、《赠路光禄太平》一首、自注:已下数首,皆余蒙难之作。先是,有仆陆恩,服事余家三世矣,见门祚日微,叛而投里豪,余持之急,乃欲陷余重案。余闻,急擒之,数其罪,沉诸水。其婿复投豪,讼之郡,行千金求杀余。余既待讯,法当囚系,乃不之狱曹,而絷诸豪奴之家。同人不平,为代诉之兵备使者,移狱松江府,以杀奴论。豪计不行,而余有戒心,乃浩然有山东之行矣。车持谦案:全谢山《亭林神道碑》云:“狱日急,有为先生求救于某公者,某公欲先生自称门下而后许之。其人知先生必不可,而惧失某公之援也,乃自书一刺与之。先生闻之,急索刺还,不得,列揭于通衢以自白。某公亦笑曰:‘宁人之卞也!’”张《谱》:先生送书小帖云:“路安卿,名泽浓,故总督皓月公之长子。《南略》:泽浓,赐名太平。《酬王生仍》一首、徐《注》案:《苏州府志·杂记》惊隐诗社:王仍,字云颉。《永夜》一首、《酬陈生芳绩》一首、《赠路舍人》一首、《赠钱行人邦寅》一首,《丹徒县志·儒林》:钱邦寅,字驭少,明季诸生。兄邦芑,走闽、粤不归。邦寅弃诸生,日以著书为乐。常出游,每登高望远,辄思其兄哭泣。年七十卒，门人私谥介节先生。

十三年丙申，四十四岁。柔兆涒滩。

春，狱解，还昆山。三月，本生母何硕人卒。详一岁谱下。夏闰五月，至金陵钟山旧居。元《谱》：自狱解后，叶氏憾不释，遣刺客伺先生所往。至是，追及于江宁之太平门外，击之，伤首，坠驴，遇救得免。是月十日，谒孝陵。冬，在钟山度岁。

〔《文集》〕作《方月斯诗序》。《序》云："与方子订交自单阏之岁，今且六年矣。余客钟山，而方子亦侨居云间，不数数见。顷冬春之际，余以仇家之讼至云间，逆旅中困不自聊，而方子时时相过慰藉，与余周旋两月，因出其诗草示余，读之。"车持谦案：以时事考之，当在是岁。月斯佚其名，谷城人，明辅臣岳贡之子。甲申后，卖卜吴门。夏节愍公完淳集载有《赠方谷城遗孤流落郡中》诗。彦案：《序》，《文集》《余集》俱不载。

〔《诗集》〕《松江别张处士悫《松江府志》：张彦之，字洮侯，初名悫之，象元孙，幼与弟汉度、九旬有"三张"之目。读书细林山中，后尽斥田宅，即细林别业亦让其弟。隐居穷巷，取遗书读之，托酒狂以自废。著有《浴日楼诗稿》。《同志赠言》：张悫《赠蒋山佣》诗"逆奴叛主终无赖，何况人间冯子都""不过豪强能杀士，更无奇侠寄锟铻"云云。王处士炜《同志赠言》：王炜，字雄石，歙县人。《赠宁人》诗云："我已无家不可论，逢君多难复声吞。投竿东海黄尘起，抱璧中原白日昏。"暨诸友人》一首、吴《谱》：诗中有云："异郡情犹彻，同人道不孤。"盖先生系狱松江时，郡人多爱重先生而通问者。《赠潘节士柽章》一首、吴《谱》：柽章，字力田，吴江人，翰林检讨次耕耒之兄。与同邑吴赤溟炎草创《明史》，以《实录》为纲领，若志乘、文集、墓志、家传，凡有关史事者，一切钞撮荟萃，以类相从，考核精详，为《国史考异》一书，钱牧斋极为称许。又著《松陵文献》一书。后死浔溪庄氏史难。故明诸生。徐《注》：《苏州府志》：吴江潘柽章，字柽木，一字力田。生有异禀，九岁从父授文，才过目，烬于灯，责令覆写，不讹一字。补桐乡学生。乙酉后隐居韭溪，肆力于学，综贯百家，天文、地理、皇极、太乙之书，无不通晓。欲仿司马迁作《明史记》，友人吴炎分撰世家、列传，柽章撰本纪及诸书，成十之六七。会南浔庄氏史狱起，俱及于难。然庄氏书二人未尝寓目，徒以名重，为所摭引。既罹惨祸，其书不传。《闰五月十日恭谒孝陵》一首、《王处士自松江来拜陵毕遂往芜湖》一首、张《谱》：王处士即同游栅洪桥之王潢。乙卯《闰五月十日》诗云："更忆王符老，飘零恨不同。"自注云："王征君潢，昔日同诣孝陵行香，今年七十矣。"《桃叶歌》一首、《江宁府志》：桃叶渡在秦淮淮清桥东。《黄侍中祠》一首、自注：在南京三山门外栅洪桥。侍中名观，洪武二十四年殿试第一。建文末，奉诏募兵安庆；闻南京不守，自沉于江。其妻翁氏及二女为官所簿录，将给配象奴，亦皆赴水死。后人即其葬地，为侍中立祠。《王征君潢车《谱》：潢字元倬，上元人。父之藩慷慨好义，潢能色养。崇祯丙子举于乡。先是，户部郎中倪笃之荐于朝，以贤良征，不就。念世乱亲老，赋《南陔》诗以见志。著有《南陔集》。具舟城西同楚二沙门》原注："熊君开元。"《明史》列传：开元，字鱼山，嘉鱼人。唐王时东阁大学士，汀州破，弃家为僧，名正志，号蘖庵，其一释名髡残。《桐阴论画》云：髡残，一曰石道人，姓刘，惟与数遗逸往还。《小坐栅洪桥下》一首、原注："此桥盖古时立栅处，本当石栅江，后讹为栅洪，犹射江之为射洪也。"《摄山》一首、彦案：王渔洋《游摄山记》：山为钟阜支派，高三百丈，周四十里，多药草，可摄生，故名。《贾仓部必选说易》一首、徐遯荞案：《江宁府志》：贾必选，字徙南，上元人。万历己酉举人，官户部主事，白倪笃之冤，谪九江幕。丁父艰归，杜门不出，以讲《易》著书为事。卒年八十七。著《松荫堂易学》行世。《旅中》一首、《酬王处士九日见怀之作》一首、徐遯荞案：《同志赠言》：王炜《秋日怀宁人道长先生》诗云："孤穷迢递八荒游，肯逐轻肥与世谋。霅水菰芦谁吊影，蒋山风雨自深秋。已从敝笈留千古，欲向空原助一坏。满眼黄花无限酒，不知元亮可消忧？"《送张山人应鼎还江阴》一首、张《谱》案：《江阴志·艺文》采先生此诗，而应鼎之名翳如，然则山人信能卉布荷衣、鸿冥尘外者矣。《陈生芳绩两尊人先后即世吴《谱》：鼎和三子：汝珣、汝瑜、汝琳，未知芳绩谁之子也。适皆以三月十九日追恸之作词旨哀恻依韵奉和》二首。

十四年丁酉，四十五岁。彊圉作噩。

元旦谒孝陵，自金陵返昆山，旋往山东。诸同人饯别，归元恭为之序。《送顾宁人北游序》："余与宁人之交二十五年矣，其他同学相与，或二十年，或十余年，盖未尝有经岁之别也。今于宁人之北行也，而不能无感慨焉。宁人故世家，崇祯之末，祖父蠡源先生暨兄孝廉捐馆，一时丧荒赋徭蝟集，以遗田八百亩典叶公子，券价仅当田之半，仍靳不予。阅二载，宁人请求无虑百次，乃少畀之，至十之六而逢国变。公子者素倚其父与伯父之势，凌夺里中，其产逼邻宁人，见顾氏势衰，本蓄意吞之。而宁人自母亡后，绝迹居山中不出，同人不平，代为之请，公子意弗善也。适宁人之仆陆恩得罪于主，公子钩致之，令诬宁人不轨，将兴大狱，以除顾氏。谋泄，宁人率亲友掩其仆，执而棰之死。其同谋者惧，奔告公子。公子挺身出，与宁人讼，执宁人囚诸奴家，胁令自裁。同人走叩宪副行提，始出宁人。比刑官以狱上，宁人杀无罪奴，拟城旦。宪副与公子年家，然心知是狱冤，又知郡之官吏上下大小无非公子人者，乃移狱松江守，坐宁人杀有罪奴，拟杖而已。公子忿怒，遣刺客戕宁人。宁人走金陵，刺客及之太平门外，击之，伤首，坠驴，会救得免。而叛奴之党受公子指，纠数十人，乘间劫宁人家，尽其累世之传以去。宁人度与公子讼，力不胜，则浩然有远行，而同人之知宁人者，携樽榼送之。酒半，归子作而言曰：‘宁人之出也，其将为伍员之奔吴乎？范雎之入秦乎？吾辈之所以望宁人者不在此。夫宣尼大圣，犹且遭魋畏匡；文王至仁，不殄厥愠。宁人之学有本而树立有素，使穷年读书山中，天下谁复知宁人者？今且登陟名山大川，历聘列国，以广其志而大其声施，焉知今日困厄，非宁人行道于天下之发轫乎？若曰怨仇是寻，非贤人之志；别离是念，非良友之情。’于是同人咸曰：‘善，请歌以壮其行。’而归子为之序。”至莱州，与掖县赵士完、任唐臣等定交。吴《谱》：士完，字汝彦，明崇祯壬子举人，故御史允昌季子。遭乱弃家，而南羁栖废寺。弟士冕官镇江太守，物色得之，强之归。士完，故莱之巨族，从兄士喆入复社，有名。同怀兄士元、士亮、士宽，弟士冕，并以才名著。唐臣，字子良，贡生。弟虞臣亦以学问称。映奎案：《亭林文集·莱州任氏族谱序》云“余往来山东十余年”，又云：“顷至东莱，主赵士完、任唐臣。入其门，而堂轩几榻无改于其旧。”知先生初抵莱，即与赵、任诸人往还。惟《谱序》之作，当在戊申与谢长吉结讼以后。从唐臣假吴才老《韵补正》读而校之。过即墨，游劳山。至济南，与处士徐东痴、吴《谱》：东痴，初名元善，字长公，慕嵇叔夜之为人，更名夜，字东痴，号稽庵，济南新城人，明诸生，为云南布政准曾孙。少读书外祖王季木家，束发能诗。年二十九，遭乱母死，遂弃诸生，南游江、浙，西游宛、邓，归遂不出。举博学鸿词，以老病辞。为文章原本经史，年且七十，当路无知之者。王渔洋尚书尝索其稿，但逊谢而已。后往江西，渡浔阳江，其稿尽没于水。渔洋为摭拾遗诗二百余首付梓，曰《阮亭选徐诗》。张稷若定交。张尔岐自撰墓志云：字稷若，号蒿庵，济阳诸生。“喜论著，有《易经说略》《诗经说略》，学者多传录之。其《仪礼郑注句读》鲜爱者，遇昆山顾宁人炎武，录一本藏山西祁县所立书堂，长山刘友生孔怀取一本藏其家。《夏小正传注》一卷、《弟子职注》一卷、《老子说略》二卷、《蒿庵集》三卷、《蒿庵闲话》二卷、《济阳县志》九卷、《吴氏仪礼考注订误》一卷，俱藏家塾。”吴映奎案：刘果庵孔怀《蒿庵集序》云：癸丑八月，余有事济上，始识先生于紫薇署中。时吴门顾宁人在座，先生谓之曰：壬寅于阳丘读君《古易序》，“非为此君作乎？”宁人颔之，因以所著《蒿庵集》见遗。亭林与汪钝翁书云：“济阳张君稷若，所作《仪礼郑注句读》一书，根本先儒，立言简当，使朱子见之，当不仅谢监狱之称许也。”又与汪钝翁论师道书云：“独精三礼，卓然经师，吾不如张稷若。”处士殁，先生吊之云：“从此山东问三礼，康成家法更谁传？”推重可谓至矣。《日知录》于“丧礼”“停丧”二条内，备载稷若之说。

〔《文集》〕《莱州任氏族谱序》卷二。《汝州知州钱君行状》卷五。《吴才老韵补正序》卷六。《劳山图志序》卷二。《仪礼郑注句读序》卷二。《齐四王冢记》卷五。从张《谱》。

〔《诗集》〕《元旦》一首、《莱州》一首、《安平君祠》一首、自注：“在即墨县，今废。”《莱州府志》：祠田单、田横。《不其山》一首、自注：“汉不其县有康成书院，今废。”在即墨东南。《劳山歌》一首、彦案：陈沂《鳌山记》：鳌山，一曰劳山，有大劳、小劳，在今即墨之东南四十里，西南直距海上。《张饶州允抡山中弹琴》一首、张《谱》：允抡，字叔慈，莱阳人。崇祯甲戌进士，户部主事，戊寅升饶州知州。《淮北大雨》一首、《济南》二首、《秋柳》一首、《酬徐处士元善》一首。自注：“昔年新城之陷，其母死焉，故有此作。”

十五年戊戌，四十六岁。著雍阉茂。

春，至泰安，登泰山。旋赴兖州，至曲阜，谒孔林。从元《谱》。吴、车作“圣庙”。往邹县，谒周公庙，谒孟子庙。过邹平，《后汉·郡国志》：邹平，属青州济南郡。游张氏万斛园。吴《谱》：故明兵部尚书张延登所居。抵章丘，访张隐君元明。吴《谱》：渔洋《居易录》：名光启，章丘人，世居白云湖上。少为诸生，有名，为梅长公、朱未孩二公所知。崇祯庚辰，年四十，遂弃诸生，辟一圃曰省园，以种树艺花为乐。乱后足不履城市，年八十余卒。有《张仲集》诗若干篇，余为删存百余篇。元明诗往往可传，有句云：“尽日闲看《高士传》，一生怕读早朝诗。”其志可想。至长山，彦补案：王渔洋《长白山录》：山在济南邹平县西，本属长山县所得名也。高二千九百丈，周六十里。《香祖笔记》：邹平长白山东峰上之书堂，西峰下之醴泉寺，有范公泉，盖文正幼随其母流寓长白山中，读书于此。主刘隐君果庵家。吴《谱》：名孔怀，字果庵，长山人。精于考核，先生主其家，与之辨析疑义。所著有《四书字征》《五经字征》《诗经辨韵》《范文正公流寓长山考》。复之济南，再赴莱州之潍县，入都。随之蓟州，历遵化州之玉田，入永平，登孤竹山，谒夷齐庙。先生从子熊登武科进士。彦案：《淞南志》：熊字尔策，岁贡生，泰顺训导孝宏之子。退居浦上，日事吟咏，以乐其天。手辑先世自上海迁昆宗谱，简核有体，先生韪之。有《止斋集》若干卷。

〔《诗集》〕《登岱》一首、《谒夫子庙》一首、徐遯荠注：《水经注》：孔庙即夫子之故宅也。宅大一顷，所居之堂，后世以为庙。《七十二弟子》一首、自注诗末云："一时同人多入官长幕。"《谒周公庙》一首、《谒孟子庙》一首、《邹平张公子万斛园上小集》一首、《诗集》作"各赋一物得桔槔"。徐遯荠《注》引《说文》云："桔，结也，所以固属槔皋也，所以利转。"《张隐君元明于园中置一小石龛曰仙隐祠征诗纪之》二首、《济南》一首、张《谱》：先生是年复至济南，访徐东痴。《自笑》一首、《酬归祚明即元恭。戴笠徐《谱》：戴笠，初名鼎立，字植之，后改名笠，字耘野，又字曼公，明诸生。王仍潘柽章四子韭溪草堂联句见怀二十韵》一首、彦案：《槜李诗系》：韭溪在郡城内，即南湖支流，经城而达北运河。《川渎记》：太湖东通嘉兴韭溪。《潍县》一首、《衡王府》一首、徐遯荠案：《明史·地理志》：山东青州府益都，成化二十三年建衡王府。《督亢》一首、徐遯荠案：《燕策》注：督亢坡在幽州范阳东南固安县，有督亢陌。《京师作》一首、徐遯荠案：明《地理志》：永乐元年建北京于顺天府，十九年改北京为京师。《玉田道中》一首、《方舆纪要》：春秋时为山戎无终子国，汉属右北平郡，唐万岁通天二年改为玉田县。《永平》一首、《谒夷齐庙》一首。《一统志》：永平府清节庙，在卢龙县西二十里故孤竹城，祀伯夷、叔齐。

十六年己亥，四十七岁。屠维大渊献。

出山海关，返至永平之昌黎县，至昌平州天寿山，谒十三陵。彦案：先生《昌平山水记》：出京师德胜门，八里为土城，又二十里为清河，又十二里有玄福宫，又二十里为昌平州，故永安城也，正德八年升为州。天寿山在州北一十八里。永乐五年七月乙卯，皇后徐氏崩，上命礼部尚书赵羾以明地理者廖均卿等往择地，得吉于昌平县东黄土山。及车驾临视，封其山为天寿山。七年五月己卯，作长陵，十一年正月成。自是列圣因之，皆兆于长陵左右，而同为一域焉。又悼陵之东为鹿马山，有田贵妃墓。怀宗御宇之日，未卜山陵，田妃薨，葬此，南距西山口一里余，遣工部左侍郎陈必谦等营建。未毕而都城失守，贼以怀宗皇帝及皇后周氏梓宫至昌平州，士民率钱募夫，葬之田妃墓内，移田妃于右，帝居中，后居左，以田妃之椁为帝椁，斩蓬藋而封之。吴映奎案：至国朝顺治十六年三月，奉旨立碑，建亭于前，大学士金之俊撰拟碑文。附考：景帝陵在京师西直门外，沙河之南，地名金山门，内有碑亭。世宗、神宗皆尝展谒。张《谱》：成祖永乐长陵、仁宗洪熙献陵、宣宗宣德景陵、英宗正统裕陵、宪宗成化茂陵、孝宗弘治泰陵、武宗正德康陵、世宗嘉靖永陵、穆宗隆庆昭陵、神宗万历定陵、光宗泰昌庆陵、熹宗天启德陵，凡十二陵，合怀宗崇祯思陵为十三陵。

出居庸关，仍返山东，抵长清，至天津。徐《谱》案：《秋雨诗》："秋雨合淮泗，一望无高深。"又《与江南诸子别》诗云："云生岱北天多雨，水决淮壖地上鱼。"盖秋雨之时，先生正南下，旋复北行，至天津。是岁，先生甥徐公肃元文登进士一甲一名。

〔《文集》〕《拽梯郎君祠记》卷五。《营平二州史事序》。吴《谱》：营州在今临榆县北七百里，平州在今永平府东二百里临榆县地。先生在永平，适《永平府志》成，求先生作序，先生因著此书，作序应之。在《文集》卷二。

〔《诗集》〕《寄弟纾及友人江南》三首、《山海关》一首、徐《注》：明《地理志》：永平府抚宁县东有山海关。《望夫石》一首、徐《注》：《方舆纪要》抚宁县角山下分注：山海关东八里，海中有望夫石。《昌黎》一首、徐《注》：先生《京东考古录辨》：昌黎有五，此则《汉书》辽西郡之县，渝水下流，当海口之昌黎也。《三屯营》一首、《一统志》：顺天府三屯营在遵化州东六十里。有城，周四里。《恭谒天寿山十三陵》一首、《王太监墓》一首、徐《注》：案：《昌平山水记》：思陵门外，右有司礼监太监王承恩墓，以从死祔焉。《刘谏议祠》一首、自注："在昌平旧县，今废。"彦案：《昌平山水纪》：谏议名蕡，字去华，昌平人。太和二年举贤良方正对策，指斥宦官，遂不第。令狐楚在兴元，牛僧孺在襄阳，皆辟为从事，待如师友。授秘书郎，为宦官所嫉，诬以罪，贬柳州司户参军，卒。昭宗时赠右谏议大夫。元时以昌平驿官宫祺奏请，始为之立祠。《元史》泰定二年置谏议书院于昌平县，祠唐刘蕡者，此也。祠本在旧县，县徙，祠亦徙焉。《居庸关》二首、徐遯荞案：《昌平山水记》：自太行山迤北至此，数百里不绝，自麓至脊皆陡峻，不可登。中间为径者八，名之曰"陉"，居庸其第八陉也。设关于此，不知始于何代。《重登灵岩》一首、自注：在长清县东南九十里。《秋雨》一首、《与江南诸子别》一首、《天津》一首、徐遯荞案：《方舆纪要》：天津卫西北至顺天府二百七十里，水行四百里，城周九里，北濒卫河，东绕潞河，漕舟悉出于此。《旧沧州》一首。徐《注》：明《地理志》：河间府沧州：洪武初，以州清池县省入，东滨海，西有卫河，南有浮河，北有长芦巡检司。

十七年庚子，四十八岁。上章困敦。

春二月，至昌平，再谒天寿山十三陵，入都。夏六月，仍至山东。秋，回江南，至金陵，重谒孝陵。先生长甥徐原一乾学登京兆荐。吴《谱》：《昆新志》：乾学，号健庵，康熙庚戌探花，官刑部尚书。与弟秉义、元文并以文章有声，世号“三徐”。著有《读礼通考》《通志堂经解》《憺园文集》《传是楼书目》。

〔《诗集》〕《再谒天寿山陵》一首、《送王文学丽正归新安》一首、自注：生旧在金侍郎声暮府。映奎案：金正希声于顺治乙酉募乡勇起义徽州，十月，大兵破之，殉难绩溪。《答徐甥乾学》一首、《白下》一首、徐遯荠案：《江宁府志》：白下县即南琅琊郡白石垒。《重谒孝陵》一首、《赠林处士古度》一首、徐遯荠案：《江宁府志》：林古度，字茂之，闽人。与方文尔止、杜濬于皇辈偕居江宁，以文采风义，为胜朝遗老。年八十余，贫甚，失明，冬夜拥败絮，旅寓萧然。茂之诗清新婉缛，有六朝、初唐之风。尝出其万历以后六十年之作，属新城王贻上论定。王为披拣得百六十篇。施愚山读之惊叹，以为士正真茂之知己也。《同志赠言》：《林古度答宁人次韵》诗：“忘形出至性，过从淮水湄。”自署云福清乳山八十一老人。《待征录》：古度有别墅在溧水乳山，曾营生圹于此，乃不克葬。后卒，周栎园助以资，葬钟山。按周栎园，名亮工。邦彦案：《望溪文集》有《三山林湛传》，称其弟成之，岂湛即古度之名欤？《赠黄职方师正》一首。自注：职方，建阳人。吴《谱》：职方生平无考，绎诗意，当亦受唐王职，既败而遁于金陵者。

十八年辛丑，四十九岁。重光赤奋若。

回吴门，至杭州，抵绍兴，谒禹陵，吴《谱》：《一统志》：禹王陵在绍兴会稽山禹王庙侧。车《谱》：《皇览》：禹冢在山阴县会稽山上。会稽山本名苗山，山在县南，去县七里。《绍兴府志》：嘉靖中，知府南大吉立石刻“大禹陵”三字，覆以亭。徐遯荠注：吕祖谦《入越记》：龙瑞宫旁即禹穴，乃大石中断成罅，殊不古，殆非司马子长所探也。邦彦案：《嘉泰志》：山东有陇，隐若剑脊，西向而下，下有窆石，或云此正葬处。吊宋六陵。彦案：毕秋帆《续通鉴·元纪》：世祖至元十五年十二月，江南释教总统杨琏真伽帅徒役顿萧山，发宁宗、理宗、度宗、杨后四陵。宋陵使中官罗铣守陵不去，凶徒痛棰铣，胁以刃，铣恸哭而去。乃肆发掘，得宝玉极多，截理宗项以为饮器，弃骨草莽间。山阴唐珏闻之痛愤，亟货家具，执券行贷，得金，具酒醪，市羊豕，邀里中少年狎坐轰饮。酒酣，少年起请曰："君儒者，若是何为焉？"珏惨然具告以愿收遗骸瘗之。众谢曰："诺。"一少年曰："总浮屠虎视眈眈，事觉，奈何？"珏曰："余固筹之熟矣。今四郊多暴骨，窜取以易，谁复知之？"乃造数木函，刻纪年一字为号，分委而散遣之。众如珏指，夜往拾遗骸，诘朝来集，珏出白金酬之。既而杨琏真伽复发徽、高、孝、光四陵，及诸后陵。宋太学生东嘉林景曦乃托为丐者，背竹箩，手持竹夹，遇物即拾以投箩中。铸银作小牌，取赂西僧，西僧左右之，果得高、孝两朝骨，为两函藏之，与珏所得之骨，并瘗兰亭山南，移常朝殿前冬青树植其上以识。方珏、景曦之谋收骨也，山阴王英孙持其议，东阳郑宗仁襄其事，长溪谢翱为之筹画，遇寒食则相与密祭之，人称曰唐、林二义士。唐珏，字玉潜，事具陶宗仪《辍耕录》。林景曦，字霁山，事具郑元祐《遂昌山人杂录》。王英孙字才翁。郑宗仁字朴翁。谢翱字皋父，文文山之客也。理宗首，明洪武中始归葬绍兴旧陵。《一统志》：宋攒宫在会稽宝山，凡六陵：高宗永思陵、孝宗永阜陵、光宗永崇陵、宁宗永茂陵、理宗永穆陵、度宗永绍陵。《浙江通志》：冬青穴在绍兴府西南三十里天章寺前，宋唐、林二义士埋宋陵骸骨处也。

陶宗仪《辍耕录》：唐珏，字玉潜，山阴人。岁戊寅，有总统江南浮屠杨琏真珈，十二月十有二日于萧山发赵氏诸陵寝，至断残支体，攫珠襦玉匣，焚其胔，弃骨草莽间。唐时年三十二岁，痛愤，亟货家具，执券行贷，乃具酒醴，市羊豕，邀里中少年轰饮。唐惨然具告，愿收遗骸共瘗之。众谢曰："诺。"乃斲文木为匮，复黄绢为囊，各署其表曰"某陵""某陵"遣之，蕝地以藏，为文而告。唐又于宋常朝殿掘冬青树植所函土堆上，作《冬青行》二首。又《梦中诗》二首，其一云："一坏自筑珠宫土，双匣亲传竺国经。只有春风知此意，年年杜宇哭冬青。"郑元祐《遂昌山人杂录》：宋太学生林景曦，字霁山。当杨总统发掘诸陵，林为丐者，背竹箩，手持竹夹，取贿西番僧，果得高、孝两朝骨，葬东嘉后，林于宋常朝殿前掘冬青树一株，植两函土堆上。《梦中诗》云云，王渔洋《池北偶谈》辨为林作。

秋，回苏州，即往金陵，过六合。闰七月，赴山东，辑《山东考古录》。冬十二月庚申望立春日，《山东考古录》成。

〔《文集》〕为余姚吕裁之待诏章成作《吕氏千字文序》见《文集》卷二。吴《谱》：待诏为明天顺间相国原之裔。车《谱》案：《余姚县志》：章成字裁之，号秋崖，大学士本曾孙，与陈函煇、张明弼、杨体元为意气交。函煇从事绍兴，荐章成为翰林待诏，章成曰：“悍将骄兵日事寇钞，越城中颠踬狼狈，救死不遑，岂复可为之日耶？”卒辞不赴。函煇死，章成走哭于台州，意有所触，则惘惘独行，欲得异人而友之，访戴易于邓尉，遇顾炎武于昌平山，慷慨赋诗，历吴、齐、燕、粤，无所遇乃归。名其藏书之室曰“蓼园”，曰：“予集于蓼，孰谓荼苦者？”病中自毁其著述，曰：“此无用之虚谈也。”所存有《浴日楼集》八卷、《秋崖词》。《顾与治诗序》。《文集》《余集》俱不载。车《谱》：与治，字孟游，江宁贡生，河南副使�之曾孙，当选官，弃去。谦又案：《今世说》：孟游性严介，任侠恤死友，与莆田宋比玉善。宋殁，孟游走闽哭之，伐石表墓。南州苏武子工古文，早夭，孟游刻之行世。北平于司直好结客游秦淮，死无恤者，孟游含殓理丧。费考功罢官，贫甚，分宅与居，殁，葬顾氏茔旁，岁时祭之，其稿佚失，求得之行世。又周旋释剩公难，几株及。剩公圆寂，搜其《辽左杂咏》存之。其高致类如此。又案：《有学集》：余初识与治，见其威仪庠序，笔墨妍雅。晚年屡陷坎坷，困于蒺藜，卒无子，穷老以死。先是，庚子九月，与治卒于江宁，施愚山欲搜刻其遗诗，因与方尔止就曹石仓所刊本，及与治外孙梁尔砺所钞本，又假沈子迁所藏本，重加芟订，厘为八卷，愚山与子迁合资刻之。

〔《诗集》〕《杭州》一首、元《谱》：指潞王监国时事。《禹陵》一首、《宋六陵》一首、《颜神山中见橘》一首。徐遯荞案：明《地理志》：青州府益都西南有颜神镇，孝妇河出焉。《方舆纪要》：颜神镇以孝妇颜文妻得名。青石冈在西南，两山壁立，连亘数里。

康熙元年壬寅，五十岁。玄黓摄提格。

春正月，自山东入都。三月，至昌平，十九日，谒思陵，出古北口，彦案：《昌平山水记》：出燕京北门三十里，至望京馆，五十里至顺州，七十里至檀州，五十里至金沟淀。自此入山，诘曲登陟，无复里堠，但以马行计日，约九十里，至古北口。往蓟州，彦案：《汉书·地理志》：蓟故燕国召公所封。《水经·湿水》：“过广阳蓟县北，东至渔阳雍奴县。”道元注：今城内西北隅有蓟丘，因丘以名邑也。仍至昌平。夏五月二十八日，为先生诞辰，有致馈者，作书辞之。至真定之新乐，吴《谱》：《日知录》“木刀沟”条云：“余过新乐，林君华皖见示所修县志。”云云。抵曲阳，谒北岳恒山，至井陉。徐遯荞案：《地理通释》：陉山在真定府井陉县东南八十里，四面高平，中下如井，故名之。一名土门，即太行八陉之第五陉也。《曝书亭诗》注：徐昂发《井陉关》诗自注云：今名土门关，在获鹿县。秋七月，《天下郡国利病书》成。冬十月，至山西，往大同，之浑源州，度汾河，之平阳府。

〔《文集》〕《谒攒宫文》卷五。《昌平山水记》“怀宗墓”条：昔宋之南渡，会稽诸陵皆曰攒宫，实陵而名不以陵者。《春秋》之法，君弑贼不讨不书葬，实葬而名未葬。今之言陵者，名也，未葬者，实也。实未葬而名葬，臣子之义所不敢出也，故从其实而书之也。吴、车作《日知录》，误。《北岳辨》卷一。《天下郡国利病书序》。卷六。

〔《诗集》〕《三月十九日有事于攒宫时闻缅国之报》一首、吴《谱》：是年二月，吴三桂奏奉命征缅，于顺治十八年十一月会师木邦。前明晋王李定国奔景线，巩昌王白文选遁据锡波江，官军造筏，将渡，文选复奔茶山，总兵马宁等追及于孟养，文选降，三桂趋缅城。十二月初一日，大军至缅城。四月，缅酋执永明王朱由榔献军前，杀华亭侯王惟恭等一百余人。彦案：杨陆荣《三藩纪事》：永明王由榔，桂王常瀛少子。丙戌，唐王死，两广总督丁魁楚等会议监国，十月称监国，十一月称永历，以肇庆府署为行宫。庚寅，王奔梧州。丙申，李定国护王入云南。己亥，王入缅。辛丑，缅人执王归于王师。全祖望曰：《明史·桂王传》于王死后大书李定国卒，其子嗣兴降，而后终卷。然则定国之关于明者大矣。《古北口》四首、吴《谱》：今顺天府密云县东。《五十初度时在昌平》一首、《北岳庙》一首、自注：时岳祀移浑源州。徐邂莽注：《真定府志》祀典：北岳庙在曲阳县西，附城，距恒山百里，旧在山西浑源县恒山之麓，而岳名不著。《井陉》一首、《一雁》一首、《尧庙》一首。吴《谱》：帝尧陵在山东曹州东北六十里故雷泽城东谷林山，历代致祭。开宝诏书则谓帝尧之祠在郓州。郓州在今东平州东北三十里芦泉山之阳，后代因之。山西《临汾县志》：尧陵在城东七十里，有庙，有金泰和二年碑记。先生于《日知录》“尧冢灵台”条详载诸说，颇以《临汾志》为疑。是时先生经游其地，故有此作。邦彦案：题是尧庙，非尧冢，诗中有云：“汾方风动壑，始射雪封颠。”则庙在汾阳无疑矣。彦又案：《水经注》：汾水南径平阳故城东，水侧有尧庙，前有碑。

二年癸卯，五十一岁。昭阳单阏。

春正月，自平阳登霍山，彦案：《周礼·职方氏》：冀州，其山镇曰霍太山。汉《地理志》：河东彘县有霍太山。游女娲庙。徐邂莽案：《一统志》：平阳府娲皇庙，在赵城县东五里。至太原，访傅处士青主。彦案：王阮亭《池北偶谈》：太原傅山，字青主，一字公之他。隐居著书，工分隶，善医。年八十，征鸿博，至都，坚卧城西古寺中，辞归。吴《谱》：太原傅青主山，母梦老比丘而生，生复不啼，一瞽僧至门云："既来何必不啼。"乃啼。六岁食黄精，不乐谷食，强之乃食。读十三经、诸子史如宿通者。崇祯中，袁临侯继咸被巡按御史张孙振诬劾逮问，山橐饘左右，伏阙上书，白其冤。马君常世奇作《义士传》，比之裴瑜、魏邵。鼎革后隐于黄冠。康熙己未，荐举鸿博，固辞不就，特旨免试放归，授中书舍人，复不就。所著有《霜红龛集》。子眉，字寿髦，善画工诗。眉子莲苏，字长芳，逮事乃祖，有祖风，青主著《霜红龛家训》十八则课之。阮葵生《茶余客话》：古晋阳城中有傅先生卖药处，立牌书"卫生堂药饵"五字，先生笔也。青主善医而不耐俗，病者多不能致。然喜看花，病者于有花木寺观中，令善先生者招致之，闻病中呻吟，僧为言羁旅无力延医耳，先生即为治，虽剧，无不应手而愈。潘耒《双塔寺诗序》：出太原郡城，东南行七八里，有寺曰永祚，双塔巍然，见之四十里外，浮浮若旌幢焉，傅隐君青主所居也。至代州，游五台山，彦案：史炤《通鉴注》：北台最高，后人名之叶斗峰，有龙湫，其东二十里为华严岭。又东二十里为东台，上可观日出，其东为龙泉阙。路自北台而南，二十里为中台，其巅西北有太华泉。又西十五里为西台，其西叠嶂数十里，北有秘魔崖，东南有清凉岭。惟南台稍远，去中台可五十里。五峰周遭如城，其巅风甚烈，不可居。《华严大疏》：清凉山即代州五台山也。积雪仍冰，曾无炎暑，故曰清凉。五峰特出，顶无林木，有如垒土之台，故曰五台。与富平李子德因笃订交。吴《谱》：李因笃，字天生，更字孔德，又字子德，陕西富平籍，山西洪洞人。邃于经学，为先生所推重。著有《寿祺堂集》。康熙己未，试鸿博，授检讨，以母老辞，不许，表三上，乃许。同时授官者，子德与萧山毛奇龄、秀水朱彝尊、无锡严绳孙三人，当时号为"四布衣"。在汾州，闻执友吴江吴赤溟炎、彦案：《苏州府志·吴江人物》：吴炎，字赤溟。乙酉后弃诸生，隐居教授，以诗文自豪，所拟古赋与今乐府，传诵于时。既与潘柽章共撰《明史》，炎天才矫拔，所撰世家、列传，甚有体裁，美恶不掩，有古良史风。书未及成，以庄氏史案株连，及于难。潘力田柽章彦案：潘耒《国史考异序》：亡兄力田以著作之才，盛年隐居，潜心史事，于是博访有明一代之书，以实录为网，若志乘，若文集，若墓铭、家传，凡有关史事者，一切钞撮荟萃，以类相从，稽其同异，核其虚实，积十余年，数易手稿，而成《国史考异》一书。全书合有三十许卷，今惟存六卷。高皇、让皇、文皇三朝之事当考正者，略具焉。二子遭湖州庄氏私史之难，遥祭于旅舍。先生《文集·书吴潘二子事》云："先朝之史，皆天子之大臣与侍从之官承命为之，而世莫得见。其藏书之所曰皇史宬，每一帝崩，修实录，则请前一朝之书出之，以相对勘，非是莫得见者。人间所传，止有《太祖实录》。国初人朴实，不敢言朝廷事，而史学因以废失。正德以后，始有纂为一书，附于野史者。大抵草泽之所闻，与事实绝远，而反行于世，世之不见实录者从而信之。万历中，天子荡然无讳，于是实录稍稍传写流布，至于光宗而十六朝之事具全。然其卷帙重大，非士大夫累数千金之家不能购，以是野史日盛，而谬悠之谈遍于海内。苏之吴江有吴炎、潘柽章二子，皆高才，当国变后，年皆二十以上，并弃其诸生，以诗文自豪。既而曰：‘此不足传也，当成一代史书，以继迁、固之后。’于是购得实录，复旁搜人家所藏文集奏疏，怀纸吮笔，早夜矻矻，其所手书，盈床满箧，而其才足以发之。及数年而有闻，予乃亟与之交。二子皆居江村，潘稍近，每出入，未尝不相过。又数年，潘子刻《国史考异》三卷寄予于淮上，予服其精审。又一年，予往越州，两过其庐。及余之昌平、山西，犹一再寄书来。会湖州庄氏难作，庄名廷鑨，目双盲，不甚通晓古今，以史迁有‘左丘失明，乃著《国语》’之说，奋欲著书。其居邻故阁辅朱公国桢家，朱公尝取国事及公卿志状疏草，命胥钞录，凡数十帙，未成书而卒。廷鑨得之，则招致宾客，日夜编辑为《明书》，书冗杂不足道也。廷鑨死，无子，家资可万金。其父允城流涕曰：‘吾三子皆已析产，独仲子死无后，吾哀其志，当先刻其书，而后为之置嗣。’遂梓行之。慕吴、潘盛名，引以为重，列诸参阅姓名中。书凡百余帙，颇有忌讳语，本前人诋斥之辞未经删削者。庄氏既巨富，浙人得其书，往往持而恐吓之，得所欲以去。归安令吴之荣者，以赃系狱，遇赦得出，有吏教之买此书恐吓庄氏。庄氏欲应之。或曰：‘踵此而来，尽子之财不足以给，不如以一讼绝之。’遂谢之荣。之荣告诸大吏，大吏右庄氏，不直之荣。之荣入京师，摘忌讳语密奏之，四大臣大怒，遣官至杭，执庄生之父及其兄廷钺及弟侄等，并列名于书者十八人皆论死。其刻书鬻书，并知府、推官之不发觉者，亦坐之。发廷鑨之墓，焚其骨，籍没其家产。所杀七十余人，而吴、潘二子与其难。当鞫讯时，或有改辞以求脱者，吴子独慷慨大骂，官不能堪，至拳踢仆地。潘子以有母故，不骂亦不辨。其平居孝友笃厚，以古人自处，则两人同也。予之适越，过潘子时，余甥徐公肃新状元及第，潘子规余慎无以甥贵稍贬其节，余谢不敢。二子少余十余岁，而予视为畏友，以此也。方庄生作书时，属客延予一至其家，予薄其人不学，竟去，以是不列名，获免于难。二子所著书若干卷，未脱稿，又假予所蓄书千余卷尽亡。予不忍二子之好学笃行而不传于后也，故书之。且其人实史才，非庄生者流也。”由汾州历蒲州，入潼关，游西岳太华，过访华阴王山史。吴《谱》：山史，名宏撰，字无异，华阴人，明诸生。康熙戊午，征举鸿博，不就。生平嗜学好古，收藏法书名画最富。所居在华下，有读易庐，撰《易象图述》及《山志》《砥斋集》。汪尧峰称其文，议论驰骋今古，悉有据依，非苟作者。朱竹垞赠诗题其独鹤亭二首，内有注云：携来京师，“有营丘画人物树石一轴、‘五字不损本’兰亭一卷，尤可宝也”。又序其《砥斋集》，盛称其所撰前明督师孙传庭传，谓得太史公笔法。先生集中《广师篇》内所谓“好学不倦，笃于朋友，吾不如王山史”者也。又王阮亭《秦蜀后记》，言余入山史山居，“洁朴无纤尘，联额皆孙钟元奇逢、郑谷口簠、李天生因笃诸名士书”。后为读易庐，孙钟元题曰待庵。至西安，游富平，馆李子德家。徐《谱》：见《寄刘大耒诗》注。李元度《先正事略》：子德名因笃，又号天生，明诸生。见天下大乱，走塞上，访求奇杰士，与杀贼报国，无应者。归而键户读经史，贯穿注疏，负重名。与李中孚友善，顾亭林至关中，常主其家。康熙己未，荐博学鸿词，以母老辞。秉钧者闻其名，必欲致之，县官敦促，先生将固拒，母劝之行，始涕泣就道。试授检讨，甫就职，以母老且病，具疏乞终养，格于通政，不得入，乃自赍疏，跪午门外三日，得许归养。（补注）十月朔，过访李处士中孚于盩厔，遂定交。吴《谱》：李征君中孚年谱云：癸卯“十月朔，东吴顾宁人来访。宁人博物宏通，学如郑樵，从容盘桓，上下古今，靡不辨定。既而叹曰：‘尧舜之知而不遍物，急先务也。吾人当务之急，原自有在。若舍而不务，惟骛精神于上下古今之间，正昔人所谓抛却自家无尽藏，沿门托钵，效贫儿也。’宁人为之怃然”。征君名颙，字中孚，号二曲，陕西盩厔人。少孤力学，经明行修，事寡母彭尤以孝著，后流寓富平之军寨。康熙戊午，征举鸿博，不赴，当事强迫之，舁至近郊，操刀欲自戕，始得谢病归。所著有《二曲集》。往骊山，访明宗室存杠。吴《谱》：字伯常，秦愍王九世孙，永兴王府奉国中尉谊斗长子。入关，至太原。

〔《文集》〕《五台山记》卷五。《书吴潘二子事》卷五。《朱子斗诗序》。卷二。

〔《诗集》〕《元旦》一首、《霍山》一首、《女娲庙》一首、《晋王府》一首、徐遯荞案：明《地理志》：山西太原府阳曲，“倚洪武三年四月，建晋王府于城外东北维”。《赠傅处士山》一首、《酬傅处士次韵》二首、《陆贡士来复自注：武进人。述昔年代许舍人曦草疏攻郑鄤事》一首、《北略》：中书舍人许曦奏鄤不孝渎伦。《李克用墓》一首、自注：在代州西八里。《五台山》一首、《酬李处士因笃》一首、《雨中送申公子涵光》一首、徐遯荞案：先生《送韵谱小帖》：申凫盟涵光，永年人，太仆公之长子，今庶常随叔之兄也。太仆公甲申殉国难。彦案：孙承泽《畿辅通志》：涵光博学能文，尤长于诗，弱冠名噪三辅。甲申闻父殉难，痛不欲生，遂绝意仕进，日事诗文，晚年名益重。彦又案：《带经堂诗话》：广平申端愍公子三人，涵光高尚其志，著书纂言，以学行闻天下，人称聪山先生。《渔洋诗话》：申凫盟涵光，称诗广平，开河朔诗派。其友鸡泽殷伯岩岳、永年张覆舆盖、曲周刘津逮逢源、邯郸赵秋水湛，皆逸民也。《酬史庶常可程》一首、吴《谱》：可程，河南祥符人，崇祯癸未进士，阁部可法同祖弟，时寓绛州。京师陷时，可程降贼，贼破南归，可法请置之理，福王以可法故，令养母。可程遂居南京，流寓宜兴，阅四十年而卒。潘道耕案：史可程，字赤豹，号蘧庵、忠贞公同祖弟。父仁齐刺沁州、黄平，与忠贞公随任读书。登崇祯癸未进士。著有《观槿堂文集》。卒年七十七。《汾州祭吴炎潘柽章二节士》一首、《寄潘节士之弟耒》一首、元《谱》：耒字次耕，号稼堂，受业于先生，又得王锡阐及兄柽章之传，凡诗、古文、历算、声音之学，罔不穷极根源，著有《遂初堂集》。彦案：陈廷敬《潘耒墓志》：少从伯氏学，家故多藏书，有明文献大备，伯氏钩稽异同，证以实录，为《明史》，次第皆具，次耕习其学。而伯氏以他史事见及家累北徙，耒裹粮从行，家愈贫。之益之晋后，学于顾亭林。会征博学鸿词，官检讨，修《明史》。著《遂初堂集》。车《谱》：出资刻《九经误字》一卷、《石经考》一卷、《左传杜解补正》一卷、《金石文字记》六卷、《吴才老韵补正》二卷、《昌平山水记》二卷、《谲觚十事》一卷、《顾氏谱略》二卷、《文集》六卷、《诗集》五卷，又与汪晦庵合资刻《日知录》三十二卷。《王官谷》一首、徐遐莽案：《一统志》：蒲州府王官谷，在虞乡县东南十里中条山中。《新唐书·司空图传》：字表圣，河中虞乡人。昭宗迁洛阳，柳璨希贼臣意，诛天下才望，诏图入朝。图阳堕笏，趣意野髦。璨知图无意人世，乃听图还山。中条山王官谷有先人田，遂隐不出，作亭名曰"休休"。及哀帝弑，不食而卒。《蒲州西门外铁牛唐时所造以系浮桥者今河西徙十余里矣》一首、徐遐莽案：《寰宇记》：唐开元十二年，于河东县开东、西门，各造铁牛四、铁人四。《潼关》一首、《华山》一首、《骊山行》一首、《长安》一首、《乾陵》徐遐莽案：《方舆纪要》：唐高宗葬梁山，谓之乾陵。《寰宇记》：乾陵周八十一里。一首、《将去关中别中尉存杠于慈恩寺》一首。《长安志》：慈恩寺在县东南八里。

三年甲辰，五十二岁。阏逢执徐。

春正月五日，至蒲州之荣河，游后土祠。适汾州，自大同至西口，徐遐莽案：明《地理志》：大同县有孤店、开山、虎峪、白阳等口。入都。秋七月，至昌平，谒十三陵，奠思陵。至河南之辉县，访孙处士夏峰先生。彦案：方望溪《孙征君传》："征君讳奇逢，字启泰，号钟元，北直容城人也。少倜傥好奇节，而内行笃修，负经世之略，常欲赫然著功烈，而不可强以仕。年十七，举万历二十八年顺天乡试。先是，高攀龙、顾宪成讲学东林，天启初，逆奄魏忠贤得政，叨秽者争出其门，而目东林诸君子为党，由是杨涟、左光斗、魏大中、周顺昌、缪昌期次第死厂狱，祸及亲党。而征君独与定兴鹿正、张果中倾身为之，诸公卒赖以归骨，世所传范阳三烈士也。方是时，孙承宗以大学士兼兵部尚书，经略蓟辽，奇逢之友归安茅元仪及鹿正之子善继皆在幕府。奇逢密上书承宗，承宗以军事疏请入觐，忠贤大惧，绕御床而泣，以严旨遏承宗于中途，世以此益高奇逢之义。台垣及巡抚交荐，承宗疏请以职方起赞军事，皆不应。其后容城危困，乃携家入易州五公山，门生亲故从而相保者数百家。征君为教条部署守御，而弦歌不辍。入国朝，以国子祭酒征，卒固辞，移居新安，既而渡河，止苏门百泉山。水部郎马光裕奉以夏峰田庐，遂率子弟躬耕。征君讲学，始以象山、阳明为宗，晚年乃更和通朱子之学。治身务自刻砥，执亲之丧，率兄弟庐墓侧凡六年。人无贤愚，苟问学，必开以性之所近，使自力于庸行。其与人无町畦，一以诚意接之，用此名在天下，而人无忌嫉者。居夏峰二十五年卒，年九十二。河南、北学者，岁时奉祀百泉书院，容城与刘因、杨忠愍同祀，保定与孙文正、鹿忠节并祀。天下无知与不知，皆称曰夏峰先生。"至山东，度岁于泰安州。

〔《文集》〕《谒攒宫文》。

〔《诗集》〕《后土祠》一首、自序云："汉孝武所立后土祠，在今荣河县北十里，地名郯上，或曰脽上。史所云'幸河东，祠后土'者，盖屡书焉。其后宣、元、成三帝，及唐、宋二宗，皆尝亲幸。以及国朝，虽不亲祀典，而历代相传宫殿之巍峨、像设之庄静、香火之骈阗，未尝废也。岁阏逢执徐王正月五日，予至其下，庙祝云：距此十五里，为黄河所啮，神宇圮焉，乃徙像于东南二里坡下，今所谓行宫者。而古柏千章，尽伐之以充改造之用，庙未成而木尽矣。是日大雪，令祝引道，策马从之。逶迤而登，则坊门塀庑宛然。东南有大宁宫，亦存遗址，惟正殿及秋风、洗妆二楼皆已荡然，为断崖绝壑，而王文正旦之碑，犹卧雪中，不能洗而读也。怆然有感，乃作是诗。"《龙门》一首、徐遯荞案：《山西通志·图考》：龙门在河津县西北二十五里，即大禹所凿，一名龙门渡，与峡西韩城梁山对峙。《自大同至西口》四首、《孟秋朔旦有事于攒宫》一首、《赠孙征君奇逢》一首。

四年乙巳，五十三岁。旃蒙大荒落。

由泰安至德州，复至济南，置田地屋宇于章丘之大桑家庄。吴《谱》：先是，章丘人谢长吉世泰负先生资若干，至是以田产偿焉。至曲阜，再谒孔林，游阙里。

〔《诗集》〕《酬程工部先贞》一首。吴《谱》：先贞，字正夫，德州人，明工部侍郎绍孙，建昌通判泰子，以祖荫历官工部员外郎。《山左诗钞》小传云：分其才具，足了十人。年甫及强，遽长揖归。洵辋川之上客、花溪之好友也。车《谱》：《济南府志》：工部告病归家，居二十年，以扶风教、崇简朴相勖勉。里中节义之事，搜采成帙。年六十有七，预制一棺，题曰“休息庵”。所著有《燕山游稿》《还山春事》《十五臣诗》《葸庵诗草》《窥园百一诗集》《百二诗集》。王渔洋《池北偶谈》：程工部自作一棺，题曰“休息庵”，刻铭其上，酒酣便偃卧其中。有诗云：“板屋萧然密四周，愚人息矣圣人休。百年恍惚真疑梦，万事纷纭已到头。广柳何时催去驾，《猗兰》此夕咏闲愁。相烦雅客来欣赏，莫待遥怜土一丘。”

五年丙午，五十四岁。柔兆敦牂。

至广平之曲周，往太原，时秀水朱竹垞彝尊游晋，过访先生，因与订交。车《谱》：彝尊，秀水人，字锡鬯，号竹垞，文恪公曾孙，又号醧舫，晚称小长芦钓鱼师。以布衣试鸿博，授检讨。诗、古文、词，并擅盛名。尤肆力于经学，金石碑版，多所考证。善八分书。著有《经义考》《五代史补注》《瀛州道古录》《禾录》《日下旧闻》《明诗综》《词综》《静志居诗话》《曝书亭诗文集》。南海屈翁山，彦案：徐釚《本事诗》小序：屈大均，番禺人，少补诸生，名绍隆，字骚余。遭乱弃去为僧，名今种，字一灵。中年返儒服，更名大均，字翁山。亦自关中相晤，先生俱有诗赠之。出雁门，徐邇莽案：《明史·地理志》：太原府代州句《注》：山在西，亦名西陉，亦曰雁门山，其北为雁门关。适应州，重过大同，访李处士因笃于代州守陈上年署。彦案：《曝书亭文集》：山西布政司参议清苑陈君上年，顺治己丑进士，康熙丁未由代州守迁山西布政司参议。杨注：字祺公，上谷人，时官雁平兵备道。与李处士辈二十余人匄资垦荒于雁门之北。吴《谱》：云见《文集》卷六《与潘次耕书》云云。抵京师，复往山东，游泰山，谒天庆宫。冬十月，注《吴才老韵补正》成，至兖州守署度岁。

〔《文集》〕《与潘次耕书》卷六。《圣慈天庆宫记》卷五。《吴才老韵补正序》卷六。

〔《诗集》〕《寄刘处士大来》一首、吴《谱》：处士无考，诗云："便居公瑾宅，直上高堂宴。"自注：馆李子德家。又云："一过信陵君，下士色无倦。"自注："陈君上年。"知处士本山左人，而尝客代州守幕者。彦案：诗又云："山东不足居，苦为相知劝。"吴《谱》当更引此二句，而意方显。《朱处士彝尊过余于太原东郊赠之》一首、《屈山人大均自关中至》一首、《重过代州赠李处士因笃在陈君上年署中》一首、《出雁门关屈赵自注：赵生之兄为雁门参将。二生相送至此有赋》一首、徐遯荠案：《同志赠言》：屈大均送宁人诗云："雁门北接长山路，尔去登临胜概多。天上三关横朔漠，云中八水会浑河。飘零且觅藏书洞，慷慨休听出塞歌。我欲巾箱图五岳，相从先向曲阳过。"赵勛鼎送先生诗云："文学东吴杰，平生好远游。飞来太湖月，散作雁门秋。大道天人贯，遗民海岳留。相逢思惠教，无奈别悠悠。"赵字季襄，宁夏人。《应州》二首、徐遯荠案：明《地理志》：大同府应州北有桑干河，西有小石口，东南有胡峪口。《重至大同》一首、《得伯常中尉书却寄并示朱烈王太和二门人》一首。《送韵谱小帖》云："杨伯常名谦，故王孙也，住西安府南大塔堡内。大塔者，慈恩寺塔也。"张《谱》：杨氏何以为故王孙，以住大塔堡及字伯常考之，盖杨谦即朱存杠，鼎革后变其名氏。车《谱》：案诗意，烈为中尉之子，太和为中尉之甥。吴《谱》：名俊晰，明宗室。《日知录》"九族"条自注云："余丁未岁在大同，遇代州中尉俊晰，年近五十，考其世次，于孝宗为昆季。"彦案：俊晰、谦，皆存杠之改名。

六年丁未，五十五岁。彊圉协洽。

春，留兖李署，删订《近儒名论甲集》。张《谱》穆案：先生《与颜修来手迹》云："弟向日录有《古今集论》五十卷，顷兖李刘年翁延弟至署，删取其切于经学、治术之要者，付诸梓人，名曰《近儒名论甲集》。"（补注）刘泽远，安化人，任兖州同知。南旋至淮安，主山阳王起田。"吴《谱》"名略。先生王起田墓志云："山阳人，家于清江浦之南。"先生刻自著《音学五书》，属张力臣弨订讹。吴《谱》：力臣，山阳诸生，号亟斋，以卖书画为生，尤精六书之学。贫而嗜古，多集金石文字，嗣以聋废，仍不懈于考证。有《昭陵六骏图赞》《焦山瘗鹤铭考》传于世。先生《音学五书》，力臣手写梓于淮上。去山东，抵广平之曲周，拜路文贞公振飞祠。入都，从孙思仁得《春秋纂例》《春秋权衡》《汉上易传》等书，清苑陈祺公资以薪水纸笔，写之以归。吴《谱》：详见《钞书自序》。序又云"念先祖之见背已二十七年"，知当在是年。潘道根云：

《春秋纂例》十卷、《辨疑》七卷，唐给事中吴郡陆质伯纯撰；《春秋权衡》十七卷、《意林》一卷，宋集贤院学士刘敞仲原父撰；《汉上易传》十一卷、《丛说》一卷、《图》三卷，宋翰林学士荆门朱震子发撰。往山东，主德州程工部正夫先贞、李刑部紫澜涛二家。吴《谱》：李涛，号述斋，芮城令李霖瞻浃弟。康熙乙卯解元，丙辰进士，改庶吉士，授编修，特简知临安府，擢浙江盐法道。仁庙南巡，御书“惠爱”二字赐之，升广西布政使。母病乞养归，后终刑部侍郎，假归卒。

〔《文集》〕《音学五书序》卷二。《程正夫诗序》卷二。潘道根案：正夫诗名《海右陈人集》。《音学五书后序》。卷二。

〔《诗集》〕《淮上别王生略》一首、《过萧文学企昭》一首、自注：汉阳人。张《谱》：企昭，字文超，汉阳人，顺治丁酉副榜贡生。《四库书存目》：企昭《性理谱》五卷，“其书大旨在于申程朱，辟陆王，与熊赐履《闲道录》所见同”。又有《暗修斋稿》一卷，凡文三十二篇，前有其兄度昭序，述企昭始末甚详。盖无所师承，而笃志自立之士也。《曲周拜路文贞公祠》一首、《德州过程工部》一首、《过苏禄国王墓》一首。自序：“永乐十九年九月，苏禄国东王来朝，归次德州，病卒。诏遣官赐祭，命有司营坟，葬以王礼，上亲为文，树于墓道，留其傔从十人守墓，其后子孙依而居焉。余过之，出祝版一通，乃嘉靖年者，宛然如故，其字体今亦不能及矣。”

七年戊申，五十六岁。著雍涒滩。

春，在都中，寓慈仁寺。徐《谱》：慈仁寺在广宁门大街，额曰“大报国慈仁寺”。张《谱》：道光二十三年夏，何太史绍基匄资为先生建祠堂于寺西偏，隙地一区，架屋三楹，几筵礼器悉备。岁春秋，名流毕集，致飨祀焉。（补注）闻莱州黄培诗狱牵连，先生即星驰赴鞫，三月，下济南府狱。张《谱》：先生手迹云：“岁著雍涒滩二月十五日，在京师慈仁寺寓中，忽闻山东有案株连，即出都门，于三月二日抵济南，始知为不识面之姜元衡所诬。姜元衡者，莱州即墨县故兵部尚书黄公家仆黄宽之孙、黄瓒之子，本名黄元衡，中进士，官翰林，以养亲回籍，揭告其主原任锦衣卫都指挥使黄培、见任浦江县黄坦、见任凤阳府推官黄贞麟等一十四人逆诗一案。于五年六月奉旨发督、抚亲审，事历三载，初无干涉。忽于今正月三十日抚院审时，禀称有《忠节录》即《启祯集》一书，（元衡口供，《启祯集》二本，皮面上有旧墨笔写“忠节录”字样，陈济生所作。）系昆山顾宁人到黄家搜辑发刻者。咨行原籍逮证。据其所告，此书中黄御史（宗昌，即坦之父）传一篇，有云："家居二年，握发以终。"以为坦父不曾剃头之证。有顾推官咸正传，有云："晚与宁人游。"有云："有宁人所为状在。"以为宁人搜辑此书之证。不知此传何人授钞，何人亲见，刻板见在何处，此书得之何方，而就此"握发"一语，果足以证黄御史之不剃头否？就此"与游"二语，果足以证宁人之即顾宁人否？且读邸报，此书已于六年二月曾经沈天甫出首矣。请略言之：昔敝郡有陈明卿先生，以壬戌探花官至国子祭酒，好刻古书，有《资治通鉴》《大学衍义》等书一二十种行世。其子济生亦好刻书。济生已故，有光棍施明者从海内来，与沈天甫等合伙伪造此书，假已故陈济生之名，而罗江南、北之名士巨室于其中，以为挟害之具。又伪造原任阁辅吴甡一序，以骗诈其子见任中书吴元莱。奉旨圈议，部议：书内有名之人共七百名，内有写序写诗讥伤本朝之人五十余名，合行查究。奉旨："沈天甫、夏麟奇、吕中、逃走之施明、未来之吴石林，及代主控告之叶大等，合伙指造逆诗，肆行骗诈，虽称逆诗海外带来，茫无凭据。又云编诗之陈济生久经物故，而从海外带诗之施明又经逃走，此等奸棍，吓诈平人，摇动良民，诬称谋叛，以行挟害，大干法纪。尔部即将沈天甫、夏麟奇、吕中、叶大俱行严审，拟罪具奏。逃走之施明、未来之吴石林，俱着严行缉拿，获日也着拟罪具奏。"刑部审得沈天甫等供称骗诈吴中书银二千两未给，将此书出首，欲图三品前程是实。奉旨将沈天甫、夏麟奇、吕中、叶大四人于闰四月二十二日押赴西市处斩，施明、吴石林缉拿未获。今元衡所首之书一百二十余页，与沈天甫之三百二十六叶者，虽删去颇多，而诗即《启祯》之诗，传即此诗之传，编造之人即陈济生，其为一书，不问可知也。恭绎明旨，不直曰陈济生，而加以"又云"二字，又云者，据沈天甫之所云，是已故之济生，圣明犹烛其诬妄，而元衡欲以此牵事外之人，而翻久定之案。其南北通逆一禀云：据各刻本，山左有丈石诗社，有大社，江南有吟社，有遗清等社，皆系故明废臣与招群怀贰之辈南北通讯。书中确载有隐叛与中兴等情，或宦孽通奸，或匹夫起义，小则谤讟，大则悖逆。职系史臣，宜明目张胆，秉笔诛逆，故敢昧死陈揭。逆刻种种，罪在不赦，北人之书，削我庙号，仍存明号，且感愤乎鸱张，虎豹乎王侯；南人之书，以我朝为东国，为虎穴，以伪王为福京，为行在。北人之书曰斩虏首，拥胡姬，征铁岭，杀金微，（黄培刻《郭汾阳王考传》，中有"斩首四千级，捕虏五千人"，乃子仪败安禄山兵纪功之语。黄培诗云："怨女金闺里，征夫铁岭头。"）又有思汉威仪、纪汉春秋；南人之书，有黄御史"握发"一传，又有起义，有举事，有劝衡王倡义，及迎鲁王、浙东王、上益王等事，又有吴人与鲁藩舟中密语，又有平敌将军，有悬高皇帝像恸哭及入闽入海等事。北人之书有《含章馆诗集》《友晋轩诗集》《夕霏亭诗》《郭汾阳王考传》；南人之书有《启祯集》（即《忠节录》）

《岁寒诗》《东山诗史》《仿文信国集子美句百八十章》。其北人则黄培所刻十二君唱和序跋等人,其南人则《启祯集》所载姓名、籍贯俱在刻本中,约三百余人。是元衡之意,不但陷黄坦,陷顾宁人,而并欲陷此刻有名之三百余人也。不知元衡与已斩之沈天甫、逃走之施明,何亲何故?何以得此海外带来之书,而前唱后和,如出一辙?其与不识面之顾宁人,刻本有名之三百余人,何仇何隙?而必欲与黄氏之十二君者,一网而尽杀之。推其本意,自知以奴告主之罪,律所不赦,欲别起一大狱以陷人,而为自脱之计,遂蹈于明主所谓“吓诈平人,摇动良民,诬称谋叛,以行挟害”者而不觉也。天道神明,不僭不滥,今于三月四日,束身诣院投到,伏听审鞫。至教唆陷害,别有其人,尚容续布。统惟详察。江南布衣顾宁人顿首。(补注)夏六月十七日戌时,地连震数次,自北而南,声如雷鸣,城垣、文庙皆毁。济南、兖州、东昌等郡共五十九处,沂州、郯城死伤尤甚。秋,从子熊省先生于济南,已而偕往京师。冬十月,狱解。衍生原《谱》云:是狱为谢长吉主唆。长吉即乙巳岁抗资不偿,而以大桑家庄房产作抵者。是秋九月,先生与长吉对簿,始得开释。车《谱》案:《归元恭文钞》与先生书云:“戊申春夏之交,闻兄以山左荐绅相仇之事连及,时适有海陵之行,无从问得确耗。秋间还,从令甥处知兄遂不免犴狱,私心忧之。未几而得所寄书及六诗,读之深叹兄之善处忧患。张元节之亡命,虽幸免祸,君子讥之。兄乃自诣狱,不惟举动光明,揆之事理,亦自宜尔。盖两姓交恶,而委罪于兄,兄身出则事白,事白则身全。兄之慷慨就狱,乃精于脱祸者也。但不知出狱之后,复栖迟何所?弟前书中戏诘三窟,后察之亦不甚确,惟济上一窟是实,而闻又为人所卖。趯趯毚兔,幸脱于罗,将仍依此窟,抑复别寻窟乎?一笑。六诗已和,得奉览,其中‘迂怪不悛’及‘江南乐土’等语,初非因此事而发,盖别有所为。兄前书自言精于音韵之学,著书已成,弟未及见。但友人颇传兄论音韵,必宗上古,谓孔子未免有误,此语大骇人听。因此度兄学益博则僻益甚,将不独音韵为然,其他议论,倘或类此,不亦迂怪之甚者乎?郤子语迂,单子知其不免,况又加之以怪乎?此平生故人所以切切忧之,愿兄抑贤智之过,以就中庸也。向读所寄山陵诗,忠义感激,使人泣下。顾兄之去坟墓十余年矣,初因避仇,势非得已,岁月既久,怨仇已释,且今年仇家已尽室赴任,更无所虑。柳子厚窜南方,惟以不得上邱墓为恨,谓其祖先曾不若马医、夏畦之鬼,犹得享岁时之祭。彼以得罪不能归,兄今欲归,其孰御之,独无邱墓之思乎?此又平生故人所恳恳于怀者也。和诗不免局于短篇,未能尽达所怀,故复及之。令子定已长成,曾再索三索否?弟则屡抱山简之痛,方深伯道之悲也。年来笔耕,仅能糊口,虽不闭户,亦难远游。惟去岁为先太仆遗集事,与季侍御相商,一渡长江耳。诗、古文以乏人缮写，不能远寄，刻文一首呈览。立斋太史北上，草此附候，便羽幸惠德音。”先生得释，暂寄徐玉老署，得归元恭书。从张《谱》。

〔《文集》〕

〔《诗集》〕《赴东》六首、自序云：“莱人姜元衡讦告其主黄培诗狱，株连二三十人，又以吴郡陈济生《忠节录》二卷首官，指为余所辑，书中有名者三百余人。余在燕京闻之，亟驰投到，讼系半年，竟得开释，因有此作。”吴《谱》案：康熙六年四月，江南奸民沈天甫、吕中、夏麟奇撰逆诗二卷，诡称黄尊素等一百七十人作，陈济生编辑，故明大学士吴甡等六人为之序。沈天甫使夏麟奇诣吴甡之子中书吴元莱所索诈财物，元莱察其书非父手迹，控于巡城御史以闻，下所司鞫讯。奉旨天甫等所指茫无确据，编诗之陈济生久经物故，带诗之施明又经遁逃，显系奸徒挟诈，天甫、吕中、夏麟奇著俱处斩，被诬者悉不问。彦案：徐宾华《亭林诗注》：徐《谱》云“是年春，竹坨至山东，客抚院刘公芳躅幕中，则先生之脱于患难，竹坨当与有力焉”。张《谱》：颜修来有《送朱锡鬯之济南》诗曰：“携手河梁怅去尘，历山遥望柳条春。讼庭尚有南冠客，莫向燕台思故人。”自注：亭林时以诏狱在济南。《子德李子闻余在难特走燕中告急诸友人复驰至济南省视于其行也作诗赠之》一首。彦案：徐《注》引张《谱》云：子德《春怀》诗之第五章有云：“历下东湖青溟洲，历山东望白云楼。深知邹子系非罪，敢谓鲁连排众谋。欲陟岱宗俟他日，将观沧海难久留。”咏此年赴东驰救及因疾先还事也。”

八年己酉，五十七岁。屠维作噩。

春，在都，寓七圣庵，旋往山东，复入都，寓文昌阁。三月，与富平李子德谒十三陵，回都门，移寓徐公肃邸舍。出都，过顺德，历邯郸，至山东，再与谢长吉对簿，案始结。返至大名，过保定。秋，先生次甥徐彦和秉义登京兆荐。冬十一月，至京，主申叔旆，《汪尧峰文钞》：《广西提学签事申君墓志》：君名檖，字叔旆，吴县人。明大学士谥文定名时行曾孙，广西参政用嘉孙。顺治庚子本省解元，辛丑进士，由内阁中书改礼部祠祭司主事，调仪制司，进郎中。康熙二十五年出为广西提学签事。丁内艰归，未一年卒，年五十一。签事配徐氏，先生女甥。又主谢方山重辉。张《谱》：德州人，刑部郎中，有诗名。是年，先生执友王起田卒，友人王思龄卒。

〔《文集》〕《谒攒宫文》卷五。《山阳王君墓志》。卷五。

〔《诗集》〕《楼桑庙》一首、徐《注》:案:《一统志》:顺天府汉昭烈帝庙在涿州西南楼桑村。潘自牧《记纂渊海》:涿州即汉昭烈故居,舍东南旧有桑五丈,因号楼桑村。吴《谱》:诗中有云:"昭烈南面尊,其旁两侯配。"盖蜀汉先主庙也。《三月十二日有事于攒宫同李处士因笃》一首、张《谱》案:《受祺堂集》有《旧年顾宁人先生以无妄系济南走书报我触暑驰视苦疾作驰还先生寄赠行诗三十韵春日晤保州会蓟门奉答前诗广五十韵》一首,诗有云:"甫定他乡榻,俄从上日觥。"自注:先生以二月至。又云:"每寻邛邑树,谁荐寝园樱。"自注:时清明。是先生此年与子德会合及谒陵之时日也。二月朔至保定,谱亦失载。《赠李贡士嘉》一首、自注:故城人,时年八十。《邯郸》一首、徐遯荠案:《方舆纪要》:战国时赵都也。《邢洲》一首、徐遯荠案:《元和郡县志》:后魏巨鹿郡及北广平郡地,隋改邢州,西带上党,北控常山。《自大名至保定子德已先一月西行》一首、徐遯荠案:《方舆纪要》:大名府,战国魏地,秦属东郡,汉属魏郡,五代汉改大名府,宋之北京也。保定府,秦为上谷、巨鹿二郡,汉为涿郡,晋为范阳,元为保定路,明为保定府。《潘节士之弟耒远来受学兼有投诗答之》二首。徐《谱》:稼堂是年将读书于妇翁王略家,六月略卒,十一月耒妻亦卒,故耒去山阳,适平原。

九年庚戌,五十八岁。上章阉茂。

春,先生甥徐原一乾学。殿试第三人及第。夏四月,往山东之德州。六月,程工部正夫先贞。李刑部紫澜涛。延先生于家讲《易》,至九月,初讲毕,即以是月入都,与秀水朱竹垞彝尊、嘉定陆菊隐元辅《别裁集》:陆元辅,字翼王。黄陶庵入室弟子,学术志行,不愧师门。诗亦复相似。著有《菊隐集》。同在北平孙退谷研山斋,详定所藏古碑刻。彦案:《一统志》:孙承泽,大兴人,官吏部侍郎,乞休,筑退谷于西山。周栎园曰:字北海,上林苑籍,山东益都人。杨云:一字耳伯,自称退翁,崇祯辛未进士。王崇简《孙公行状》:年甫六十,藉重听以乞身,营退谷以见志。《春明梦余录》:京西之山为太行第八陉,自西南蜿蜒而来,近京列为香山诸峰,乃层累东北,转至水源,退谷在焉。计甫草《耆旧记》:孙退谷少宰之学,以朱子为宗,五经皆有纂述注疏。顾宁人精训诂之学,为少宰密友。潘道根案:《曝书亭文集·李龙眠九歌图卷跋》云:康熙庚戌九月九日,偕昆山顾宁人炎武、嘉定陆翼王元辅、永年申凫盟涵光、嘉兴谭舟石吉璁观于宛平孙氏研山斋。适广平之曲周,过路安卿,泽浓,文贞子也。历河南，至山西，复回山东度岁。初刻《日知录》八卷。程工部有《赠顾征君亭林序》。序云：东吴顾征君亭林先生，今之大儒，于书无所不读，习熟国家典制，以至人情物理，淹贯会通，折衷而守之，卓乎为经济之学者也，而失意于时，君子惜之。以故北游上国，历燕、赵之墟，上太行，渡黄河，出塞入关，极秦、晋之鄙，折而留滞于齐、鲁间，皆得周览其名山大川，将以拟太史公之故事。乃每过吾州辄见访，如侨札之欢，皋梁之托也。为余谈说经史，不惮娓娓，或留信宿，或浃月经时，然后乃去。因见其著述之富，汗牛充栋，要皆崇正黜邪，一轨于圣贤之微旨，抽关启钥，尽见其全。其辨详以核，其论典以要，其思平实以远，其义纯粹以精，本于经而不泥于昔闻，原于史而不拘于成说，多前贤所未明，一旦自我发之者。自汉、唐以来，诸贤林立，观其意思，略与郑康成、王文中辈相彷佛，皆能深造理窟，力追大雅，以斯文为己任者也。以视今之作者，不啻奏黄钟大吕于秋虫响答之前，其巨细不侔矣。假使先生得时而驾，为当代柱石，功业所至，不过封侯而止，其于闲先王之道以津逮将来，为天下后世之利，且孰得而孰失乎？今年结夏于此，与二三同人讲《易》，复得发其《日知录》一书观之，多考古论世之学，而其大指在于明经术、扶王道，为之三叹服膺，劝其出以惠学者。此是亭林支峰蔓壑，余老病荒忽，书数语其后，附以不朽。必欲东观大海，尽十洲三岛之奇，则有先生所著之全书在，非一朝一夕所得而卒业者矣。余不佞，倘如《豫》之五爻，疾而不死，请得读书养气十年之后，文思少进，为先生细论之。康熙九年八月。

〔《文集》〕《初刻日知录自序》卷二。

〔《诗集》〕《述古》三首、董仲舒、郑康成、王文中。《德州讲易毕奉柬诸君》一首、徐遯菴案：《方舆纪要》：山东济南府，春秋齐地，汉置平原郡，隋改置德州。《挽殷公子岳》一首。吴《谱》：殷岳，字伯岩，一字宗山，鸡泽人。著有《留耕草堂诗集》，申凫盟序之。《渔洋诗话》：鸡泽殷岳伯岩，永平张盖覆舆、广平申涵光凫盟、曲周刘逢源津逮、邯郸赵湛秋水，皆逸民也。彦案：《曝书亭集·殷先生墓志铭》：先生"以六月日病死福州"。

十年辛亥，五十九岁。重光大渊献。

春，从子达夫洪善、汝嘉洪慎省先生于都门。往山东，未几仍入都，主甥徐原一。夏，孝感熊阁学青岳熊赐履，字敬修，湖北孝感人。顺治戊戌进士，官东阁大学士，谥文端。著《闲道录》，伸程、朱，黜陆、王。设酌招先生，欲以纂修《明史》荐，先生面辞之。吴《谱》：戊午《答潘次耕书》云："辛亥之夏，孝感特柬相招，欲吾佐之修史。吾答以果有此命，非死则逃。原一在坐与闻，都人士亦颇有传之者。耿耿此心，终始不变。"出都，历忻州之静乐、徐遯葊案：《寰宇志》：隋初立定襄郡，置云州，后改为忻州，后以其地入楼烦郡静乐县。平定州之盂县，至太原，徐遯葊案：《广舆记》：太原府，禹贡冀州之域，明为太原府，国朝因之。为太原守周计百令树点定荀悦《汉纪》。元《谱》彦案：潘耒《周君墓志》：令树字计百，河南延津人。弱冠工文章，有盛名。顺治乙未进士，官至太原府知府。又见次耕《双塔寺诗序》。冬十月，交城赵恒夫吴《谱》：赵吉士，字天羽，号恒夫，休宁人，杭州籍。顺治辛卯举人，由知县内升户部主事，累迁户科给事中，左迁国子监学正。是时方任交城，故先生与游。天羽著有《表忠记》《音韵正讹》《寄园寄所寄》《万青阁全集》。《曝书亭集·赵君墓志》：赵吉士，字天羽，一字恒夫，世居休宁，入籍杭州。顺治八年举浙江乡贡进士，康熙七年谒选知太原交城县事，征入为户部主事，二十年奉使征扬州关钞，二十四年擢给事中。有与君忤者，劾君父子各占籍以仕，吏议落职，久之补国子监学士。邀往，与华亭陆集生庆臻、徐遯葊案：《松江诗钞》：庆臻，字子仌，金山卫籍，文定曾孙。崇祯壬午举人，顺治八年拣选推官，不赴。尝缘事谪塞外，陈检讨维崧《五哀诗》所谓"华亭陆庆臻，垂老博一第"者也。著有《茅庵诗稿》。贫甚，不克葬，其亲尝泣曰："得墓田一笏营葬足矣。"故又号笏田。上海蔡竹涛湘彦案：《感旧集》：蔡湘，字竹涛，上海人。潘道根云：朱竹垞曾与嘉兴李良年、吴江潘耒、上海蔡湘，集孙少宰蛰室，观吴季子剑，联句四十韵。剪烛赋诗。

〔《文集》〕

〔《诗集》〕《寄张文学弨彦案：《静志居诗话》：淮安张致中性符，以尊经博古为复社领袖，家藏鼎盉碑版之文甚富。子弨，字力臣，精六书，弃诸生，不就试。躬历焦山水滋，手拓《瘗鹤铭》而考证之。又入秦，谒昭陵，遍历从葬诸王公表碣，潜珉断石，必三复而联缀成篇。顾宁人尝倩其写《音学五书》样本锓木。时淮上有筑堤之役》一首、吴《谱》：是年，奏于淮阳界筑翟家坝，至十八年七月蒇功。山阳、宝应、高邮、江都四州县河西诸湖涸出者，招民佃之。诗中有"文字六朝余"句，自注：得所寄《瘗鹤铭辨》。《双雁》一首、《夏日》二首、《秋风行》一首、《静乐》一首、《太原寄王高士锡阐》一首、吴《谱》：锡阐，字寅旭，号余不，亦号晓庵，又号天同一生，吴江人，与张考夫讲濂洛之学。尤精历象，创新法，候日月食，较密于前人。著有《大统历》《西历启蒙》《丁未历稿》《推步交朔》《测日小记》《三辰晷志》

《圆解》《晓庵新法》《历说》《历策》《左右旋问答》诸书。梅文鼎最所服膺，称其学在薛凤祚上。《苏州府志》称为人孤介寡合，不用时世一钱。《盂县彦案：汉《地理志》：秦置盂县，属太原郡。《左传》杜《注》："太原盂县。"北有藏山云是程婴公孙杵臼藏赵孤处》一首。吴《谱》案：藏山在盂县北五十里，其旁有圣水。宋神宗元丰四年五月，吴处厚以帝阙嗣，请立程婴、公孙杵臼庙，优加封爵，从之。诏立庙于绛州，封程婴为成信侯，封公孙杵臼为忠智侯。

十一年壬子，六十岁。玄黓困敦。

春，由山右至京，主甥徐公肃、先生从兄萍庵，彦案：《淞南志》：顾孝宏，字弘之，号萍庵，以选贡授温之泰顺训导，著有《萍庵集》。子清晏，前明武进士，宝山卫守备，殉节；熊，国朝武进士。甥徐孚若来省。吴《谱》：徐履忱，字孚若，号匏叟，太仆卿应聘曾孙，司寇乾学从兄，亦先生甥也。嗜学，工诗词，著有《耕读草堂诗》十五卷。国变时依先生于语濂泾寓庐。夏五月，至济南。秋八月，入都，仍主公肃，闻从子达夫乡荐捷音。冬十月，往德州，由河南至山西，张《谱》。与阎百诗若璩相遇于太原。徐《谱》案：《尚书古文疏证》有壬子冬客太原，与顾宁人论朱谋㙔《水经注笺》事。张《谱》案：《潜研堂集·阎先生传》：康熙元年，始游京师，旋改归太原故籍，为诸生祭酒。顾先生炎武以所撰《日知录》相质，即为改订数条，顾虚心从之。（补注）又案：阎先生《与刘超宗书》言先生之书精且博。《与戴唐器书》："读顾氏《音学五书》，心花怒生，背汗浃出。"又言"此地缙绅有如马宛斯其人者，文学中有傅青主、顾宁人其人者，使后生小子感奋兴起，绍明古学，直追金华、嘉定诸先生之遗风"。其服膺先生至矣。（补注）度岁于忻州之静乐。和衷、敏德来执贽。吴《谱》云：原《谱》载此二人，未详出处。寓书潘次耕，议抚吴江族子衍生为子。车《谱》云：此书《文集》《余集》俱不载。

〔《文集》〕《与李武曾书》。书云："弟夏五出都，仲秋复入，年来踪迹大抵在此。将读退谷先生之藏书，好音见惠，亦复易达。顷者《日知录》已刻成样本，特寄上一部，天末万山中冀览此如觌面也。率尔不宣。"车持谦云：此书据先生手书墨迹补入。彦案：朱竹垞《李征士行状》：良年初名法远，又名兆潢，后更今名，字武曾。先世自江阴迁居长水梅会里。兄绳远，弟符，咸奋志于学，江乡言诗者，目为"三李"。君九龄能时文，十龄能赋诗，予与君定交，昼辄剧谈，夜则襆被共寝，相与论诗文流别，期予共作古文沿流溯源论次之。予游京师，君亦至都下，朝士争欲识我两人，每召客，辄询有朱李否?岁戊午，被荐入都，己未召试体仁阁下，赋诗皆极瑰丽，阁臣以八十卷进，顾君不与焉，归筑秋锦山房。予罢官，与君往还，无异少壮时。君所著有《秋锦山房集》。归安徐凤辉曰:“秋锦文清婉悠扬，王之拉杂，侯之叫嚣，不绕其笔端。惜乎存稿之少也!”

〔《诗集》〕《读李处士中孚襄城纪事有赠》一首、自序云:“处士之父可从，崇祯十五年以壮士隶督师江公乔年麾下，以五千人剿贼，贼至襄城，死之。处士年十六，与其母彭氏并日而食，力学有闻。越二十九年，始得至襄城，为汪公及其父设祭，招魂以归。余与处士交，为之作诗。”吴《谱》:李中孚父信吾死流寇之难，母子相依，虽贫，不受人馈遗。母卒三年后，徒步之襄城，求父骨不得。知县张允中闻之，为立信吾祠，且造冢于古战场以慰其心。乃取其冢土归告于母墓，更持服如初丧。累荐不就，圣祖西巡，欲见之，陕督传旨，容惊泣，以废疾辞，特赐“关中大儒”四字宠之。《寄杨高士瑀》一首、彦案:徐健庵《杨雪臣七十寿序》:毗陵杨雪臣先生，大中丞之子。少日好立奇节，既而韬光灭影，厚自刻厉，率诸子键户读书，饭蔬啜茗，萧然自得。益究心于洛闽之学，研穷性命之旨，与恽逊庵讲学南田及东林书院，如是者余三十年。其所著皆发挥圣贤之精义，阐绎经传之奥旨，诸子裒为《飞楼集》百二十卷。《齐祭器行》一首、自注:岁重光大渊献临淄发地，得古祭器数十事，监司攫而有之。吴《谱》云:重光大渊献，康熙辛亥年事也。《题李先生椝亭》一首、自序:“德州东二十五里椝亭，故乡举思伯李君诚明读书处。天启中，权阉柄国，闻君通阴阳象纬之学，遣使征之，辞疾不就，洁志以终。其子源修是亭，以表遗躅，余为之诗。”吴《谱》案:吴县惠太史周惕《李君墓表》:君讳源，字江余，一字星来，德州人。祖大华举于乡，官武强令，生二子，长曰诚明，万历甲午举人，次曰诚明，郡诸生。君诚明子也，诚明无子，以君为之子。举顺治丙戌进士，授河津令，有能称，罢归。为人和易恬退，好读书，至老不倦。于古今河渠、漕屯、兵农诸事，讨论尤精云云。《济南府志》称源归里后，筑退庵，因以自号，植花竹，购图书。昆山顾处士炎武闻源谈《易》，叹曰:“今之管辂也。”《郝》一首、《土门旅宿》一首。自注:在获鹿县西南十里。吴《谱》:土门即史所称井陉口。井陉旧关地狭山卓，今关则绝壁造天，石色如铁，鸟道百折，始及关门。广武君所云“井陉之道，车不得方轨，骑不得成列”，即此。杜佑《通典》曰:井陉口在镇州鹿泉县，今谓之土门。宋白《续通典》:鹿泉县，隋至德初改名获鹿。井陉县注:燕赵谓山脊曰陉。陉山四方高，中央下，如井，故曰井陉。

十二年癸丑，六十一岁。昭阳赤奋若。

春正月，由山西之山东；二月，抵都，主公肃次甥。彦和殿试及第第三人。夏四月，往德州，订州志，王渔洋《居易录》云：山东通志修于癸丑，当事既视为具文，秉笔者又卤莽灭裂，不谙掌故，如人物一门，竟将曹县李襄敏秉、单县秦襄毅纮、沂州王恭简景三巨公姓名事实，削去不存一字，其余可概见矣。时方伯施泰瞻天裔主其事，聘吴郡顾炎武亭林在局，而不一是正，可惜也。吴映奎案：先生是年仅订《德州志》，未尝预修《通志》，故集中未尝一语及之。意当时虽延先生，先生固未尝与也。返章邱桑家庄。秋八月，游济南，寓通志局。张《谱》：先生《与颜修来手札》云："弟今年寓迹半在历下，半在章邱，而修志之局，郡邑之书颇备，弟得以自成其《山东肇域记》。至贵省之志，山川古迹稍为删改，其余概未经目。虽抱素餐之讥，幸无芸人之病。然以视令叔先生，则真鲁之两生不敢望后尘矣。汶阳归我，治之四年，始得皆为良田。今将觅主售之，然后束书西行，为入山读书之计。所刻座右铭一通，并《音学五书》面叶呈教。近日又成《日知录》八卷。韦布之士，仅能立言，惟达而在上者推广其教，于世道人心，不无小补也。"（补注）冬十月，自章邱至德州，哭程工部先贞。又闻从叔国馨兰服及归元恭庄讣，设祭于桑家庄。入都，闻滇南报。吴《谱》：是岁，朝议撤三藩兵卫。七月，平西王吴三桂与平南王尚可喜、靖南王耿精忠先后疏请撤藩，得旨嘉奖，命会议官兵家口如何安插。八月，遣礼部左侍郎折尔肯、傅达礼往云南，户部尚书梁清标往广东，吏部侍郎陈一炳往福建，经理各撤藩兵起行事宜。十一月，云南巡抚朱国治督趣启行甚急，三桂怒，举兵杀国治，遂以所部反，折尔肯、傅达礼被留。至明年正月，三桂称帝于衡州，建宫殿，改元昭武，铸钱曰"利用"。四月，遣还折尔肯二人。三桂子额驸应熊及应熊子世霖，先以三桂反下狱，至是伏诛。十七年八月，三桂兵屡败，以忧愤骤死于长沙，逆党奉其孙世璠，僭号洪化，奔还云南。二十年十一月，王师围云南，世璠自杀，戮其尸，传首京师，云南平。在京度岁。

〔《文集》〕《寄潘次耕书》《令族子衍生北上》车《谱》：此书今集中并《余集》俱不载。邦彦案：《文集》为次耕序行，而衍生又次耕荐引，千墩顾氏必有违言，故削去两书。且千墩顾氏世家大族，洪善、洪慎屡次北访先生，情谊款洽，先生之以衍生为嗣，其理莫解，宜车先生之致疑于后也。《答李武曾书》书云："黔中数千里，所刻之书并十行之牍乃不久而达，又得手报至方山所，而寄我于楼烦、雁门之间。若频阳至近，天生至密，而远客三楚，此时犹未见弟之成书也。人事之不齐，有如此者,可为喟然一叹!此书中有二条舛误,未得高明驳正,辄乃自行检举,容改后再呈。且续录又得六卷,未必来者之不胜于今日也。交城县刻弟所正之《七经误字》,附上一纸。比客维扬,颇能摄疾。远承注问,并谢。”李武曾《寄顾宁人书》云:“客春黔阳一缄奉候,想入记室。自后驱车关塞,不觉逾年。朔气愁人,每忆江乡景物,恨不能奋飞与先生共话莺黄柳碧间也。迩来道体何似?肺病想不复作,甚念之。弟新正入都,为诸公所留,遂下司勋之榻。屈指邗江系缆,又在来春,为耿耿耳。所携台札,一一致到,阮亭匆匆属笔。前贻锡鬯物,面致久矣。君馆于东抚君,甚善也。好风南来,时赐远音,以慰翘切。”车持谦案:李武曾《秋锦山房集序》:辛亥春,从曹澹余侍郎入黔中。朱竹垞《江湖载酒集》亦有《寄武曾在贵竹·金缕曲》词,中有“上巳浮杯匆匆别”句,则武曾之在贵州,似是辛亥三月。兹寄先生书,首云“客春黔阳一札”,以时考之,所谓客春,当指到黔之次年壬子,而此书之发,盖在癸丑岁。若所谓是先一年辛亥之春,其时方由京赴黔,尚在道中,未必即寄书也。谦得两先生手翰,故于今年补录先生《答武曾书》,而以李来书附之。第以是年朱、李两家踪迹,就《竹垞年谱》证之,与李书中所云多所不符,而原《谱》于先生今年亦未有扬州养疴之事。其中不知如何舛迕,未敢臆断,惟以名贤墨迹确凿可据,未忍弃捐,存之以俟续考焉。《从叔父穆庵府君行状》。《余集》。

〔《诗集》〕《燕中赠钱编修秉镫》一首、吴《谱》:秉镫,字幼光,桐城人,后更名澄之,字饮光。朱检讨彝尊称幼光禁网潜踪,麻蹊间道,盖穷而未达者。又案:饮光弘光时客嘉善钱吏部仲驭家,马、阮方兴大狱,属宗生朱统鐼以拥戴疏藩谋危社稷一疏,逮捕诸清流,饮光名亦在捕中。时方居嘉定县幕,令闻报,欲献之以为功,姜行人垓以计脱之,乃变姓名逸去。南都失守,饮光走粤东,妻子尽死于震泽,乃为僧装,释名西顽,七年后始返故里。编修乃唐王遥授者。所著有《田间易学》《田间诗学》《庄屈合诂》《藏山阁诗文集》。钱秉镫《怀宁人诗》云:“忆别梅冈旧酒垆,怜君行脚一身孤。”“白门相忆瘫禅外,尚有南陔老病夫。”徐嘉案:张《谱》:饮光撰《明末野史》。徐《谱》:饮光乃桂王间关从龙之彦。《先妣忌日》一首、徐嘉《注》:贞孝之卒,以乙酉七月晦。先生是年六十一,去贞孝之殁二十八年矣。《自章邱回至德州则程工部逝已三日矣》一首、自注:张文学𪸩自燕中来视含殓。《有叹》二首、彦案:徐嘉《注》:此诗似为李武曾作。《哭归高士》四首。

十三年甲寅，六十二岁。阏逢摄提格。

春正月，出京，由易州之山西。夏四月，至德州，回济南，度岁于章邱之桑家庄。

〔《文集》〕

〔《诗集》〕《广昌道中》二首、徐遯荞案：《方舆纪要》：广昌县，古飞狐口也，宋置飞狐军，辽复为飞狐县，今县治相传即古飞狐道。《寄问傅处士土堂山中》一首、《绎史摭遗·傅山传》：居土穴以养母。《与胡处士庭访北齐碑》一首、车《谱》案：庭字季子，汾阳人，青主弟子。徐遯荞案：戴东原《汾州志》：庭父，名遇春，崇祯戊辰进士，由聊城知县擢户部主事。庭自李自成之乱，遂与弟同并隐居讲学。庭于《易》《诗》《春秋》《论语》《大学》《孟子》皆有论著。潘道根《注》：胡庭，字季子，汾阳人，傅青主门人。青主《书胡季子诗稿后》诗云："风流胡季子，花笔起河西。艳选徐陵胜，奇添李贺凄。大巫为气尽，老腐但头低。公子争裘马，文章自駃騠。"《咏史》二首、上首秦始皇，下首商王受、楚灵王，寓言也。《路光禄书来叙江东同好诸友一时徂谢感叹成篇》一首、《过矩亭拜李先生墓下》一首、吴《谱》：诗中"同时程中丞，一疏亦惊众。玉玺安足陈，亟进名臣用"，句下注："中丞名绍，德州左卫人，巡抚河南时，漳河旁得玉玺，上疏言秦玺不足珍，国家以贤为宝。荐党籍诸臣十余人，不纳，遂谢病归。"《潘生次耕南归寄示》一首、《子房》一首、《刈禾长白山》一首、吴《谱》：长白山在章邱、长山二县之交，刈禾处即桑家庄之产业也。《岁暮》二首。

十四年乙卯，六十三岁。旃蒙单阏。

春，先生从子洪善至章邱省问。张《谱》：壬午年，先生三十岁，兄遐篆卒，弟子曳生子洪善，嗣遐篆后。赴济阳，访张稷若。往德州，送程工部葬。秋八月，自山左历河南，抵山右，寓太原祁县戴枫仲家。吴《谱》：枫仲名廷栻，祁县人。家多藏书及法书、名画，著有《半可集》。与傅青主、王阮亭友善。渔洋有《戴氏鼎》《多父敦》二诗，皆为枫仲作也。车《谱》谦案：《竹南漫录》：枫仲博学好古，所居丹枫阁上，图书鼎彝罗列左右，人方之倪迂清閟。冬十月六日，张帝臣吴、车两谱俱云无考。及张又南过访。吴《谱》：又南名云翼，西安咸宁人，靖逆侯、赠少师兼太子太师、赐谥襄庄、甘肃提督勇长子，以父荫官大理寺卿。是年春，平凉王辅臣反。三月，辅臣函大将军符札招勇，勇斩其使，命其子云翼赴京首奏，勇得进侯爵。闰五月，大破贼于巩昌，收复宁州等卫之陷贼者，乱遂平。吴映奎案：勇字非熊，以偏裨受知英亲王，隶陕督孟乔芳麾下，屡立战功，平湖南暨滇、黔诸省。生平喜与贤士大夫延接，若盩厔李中孚、华阴王山史、富平李子德，咸与之为忘分交。纳妾于静乐。辛亥年，先生在太原，傅青主诊先生脉云：“尚可得子。”至是纳妾。

〔《文集》〕《与李中孚书》。吴《谱》案：《李征君年谱》乙卯冬，顾宁人书来，宁人自癸卯盩厔别后，虽足迹遍天下，而音问时寄，至是闻征君流寓富平，寄书略云：“先生龙德而隐，确乎不拔，真吾道所倚为长城，同人所望为山斗者也。今讲学之士，其笃信而深造者惟先生，异日九畴之访、丹书之授，必有可以赞后王而垂来学者。侧闻卜筑平阳，管幼安复见于兹。弟将策蹇渭上，一叙渴悰也。”彦案：此文《文集》《余集》俱不载，必是止狷先生从《李征君年谱》录入者。

〔《诗集》〕《兄子洪善北来言及近年吴中有开淞江之役书此示之》一首、吴《谱》：案康熙十年二月，江苏巡抚马祐奏浚刘家河五千一百八十丈。十二月，委苏松常道参议韩佐周及苏、松二府同知、通判、师佐王永熙、周祚昌等董浚吴淞江一万四百九十一丈，各于海口置闸。其经费则奏准留苏、淞、常三府漕折银九万，两浙省杭、嘉、湖三府漕折银五万两充费同，藩司慕天颜檄行所属督理。是年九月，昆山知县董正位申详开浚瓦浦三十六里，是月兴工，至十二年五月讫工。邑诸生朱青以岁旱请于巡抚浚注浦，自刁家桥东出吴淞江，民赖以利，改注浦曰朱浦。诗中有“那闻父老复愁兵，秦关楚塞方酣战”句。案：甲寅正月，吴三桂既反，四方起兵从逆者，靖南王耿精忠、平南王尚之孝、广西将军孙延龄、陕西提督王辅臣、潮州总兵刘进忠、四川提督郑蛟麟、云南总兵马宝、四川总兵谭洪、襄阳总兵杨来嘉等，俱蠢动。是月，耿精忠将黎化中与逆藩吴三桂之众合兵犯连州，官军击败之。将军阿密达等帅师讨叛将王辅臣于兰州。兴安兵变，杀平凉王怀忠。二月，广元、朝天诸关已克复者，复为三桂所踞。朝命贝勒董额等速定平凉、秦州，分兵以通栈道。贼陷兰州，巡抚花善奔凉州。西宁总兵王进宝大破王辅臣之众于新城，进围兰州，复泾州及龙泉县。贝勒董额败王辅臣之众于陇州。三月，叛将杨来嘉犯南漳，总兵刘成龙败之。王辅臣陷定边城，花马池、定边卫相继陷贼。四月，王进宝败辅臣之众于兰州，复万年、安仁等县。是月，平凉贼众合援秦州，官兵迎击，败之。王进宝复临洮府，孙思克复靖远卫。五月，陕西官兵复宁州。游击李师膺叛杀韩城令，犯郃阳，官军击走之。叛将杨来嘉、洪福陷谷城。闰五月，三桂将犯荆州，朝命顺承郡王驰援荆州。七月，杨来嘉复犯南漳，都统宜理布等大败之。八月，诸军会攻王辅臣于平凉，复败之。贝子傅喇塔败耿精忠之众于半山岭，复黄岩。九月，江西官兵复靖安县。十月，陕西官兵为王辅臣所败，副将秦必图死之。十二月，贝勒察尼败三桂之众于兴山县，叛贼马雄等攻陷高、雷、廉、潮诸州县。是月，宁夏兵变，提督殉之，王进宝等败王辅臣于西河。是岁以吴、耿二逆之故，天下骚然，所在多蠢动云。彦案：此年战事，似先生手注诗下，而衍生载入年谱者。彦年二十二时，曾手钞衍生元《谱》，似无此事。然此事注入诗下为当注，入年谱核之例则附赘矣。《闰五月十日》二首、徐遯荞案：元《谱》：先生是时赴济南访张稷若，故云"澶漫客山东"。吴《谱》：结句"更忆王符老，飘零恨不同"。自注：王征君潢，昔日同诣孝陵行香，今年七十矣。《过张贡士尔岐》一首、《送程工部葬》一首、《路舍人客居太湖东山三十年寄此代柬》一首、《孙征君以孟冬葬于夏峰时侨寓太原徐遯荞案：先生是时寓太原祁县，主戴枫仲廷栻，枫仲为筑室南山，先生因置书堂。不获执绋吴中有传示同社姓名者》徐遯荞案：朱锡鬯《静志居诗话》云："复社诸君多以文章经济自负，韵语不甚专心。若桐城之方密之、钱幼光、周晨父，华亭之陈卧子，吴江之吴日生，长洲之陈玉立，昆山之顾宁人，皆姈群雅而继《国风》者焉。"《感触之意遂见乎辞》一首。吴《谱》：征君事见前。案诗中有云："会葬近千人，来观马鬣封。"知征君当日所感孚者矣。徐遯荞案：《征君年谱》："门人与含殓者五十余人，子、孙、曾，元服斩衰齐衰者三十余人，官师绅士下至负贩、耕佣、跛瞽残疾之人，无论识与不识，皆匍匐奔吊，哀声震地。""十月十六日，葬先生于夏峰东原。""门人汤斌为文志其墓。"遯荞又案：先生卒年九十二，康熙十四年四月十一日也。

十五年丙辰，六十四岁。柔兆执徐。

春正月，自山西之山东。二月，入都，主原一甥邸寓。三月，往山东，从子洪善成进士。夏五月，入都。二十八日，先生诞辰，原一置酒称祝。秋，至蓟州，仍入都。冬十一月二十四日，先生第五妹徐太夫人吴《谱》：原一、彦和、公肃母也。讣到，二十七日成服，越二日祭奠。命抚子衍生北上，并寓书湖州沈度汪、车《谱》：度汪名涵，一字心斋，归安人。康熙丙辰二甲第二名进士，官至阁学。《一统志》称其提督福建学政时，试士公明，虽亲贵请托弗许，所拔皆名宿。以朱子分年读书之法课士，士习为之丕变。秩满去，闽人创清茗书院祀之。邦彦案：《读书分年日程》，元程畏斋先生端礼所著也。朱子贡举私议，有分年经史试士法，《一统志》所引，当即是分年日程，非贡举私议所云也。沈允斌昆弟，欲附其家眷舟至京。车《谱》：原书不载《文集》，《余集》亦不见。从子洪慎得子于昆，命名曰世枢，字之曰荣绪，后更名宏佐，字复吕。《淞南志》：宏佐年十三补松江府庠生，长洲何焯跋其文，勉以绳武。年未二十，病瘵卒。张《谱》：徐健庵《立孙议》："舅氏亭林先生立从子洪慎之子世枢为孙，或者曰：无子而立孙，非昭穆之序，是使世枢有祖而无祢也。先生即有子而殇，殇不立后，盍择诸族兄弟之子以为嗣乎？予应之曰：不然。自夫子之告子游，已谓三代以后，天下为家，各亲其亲，各子其子，为人之同情。是则兄弟之子，必亲于从兄弟之子，从兄弟之子，必亲于族兄弟之子也明矣。古人之立宗也，自非大宗，五世亲尽则族属绝。苟谓兄弟之子无当立者，舍兄弟之孙弗立而立疏远族属之子为嗣，其于祖若考之意，果无憾乎？有国者之继世，与士大夫之承家，其理则一而已矣。吾外家顾氏，侍郎公有二子，赞善公为大宗，蠡庵公继祢之宗也。蠡庵公有子未昏而夭，贞孝王孺人服丧衰以归于顾，又十二年先生生，先生方在襁褓，蠡庵抚而立之为贞孝后。先生实吾宾瑶公之子，于宾瑶公之子孙为至亲。宾瑶公诸孙，洪善冢适也，洪泰孤子，不得为人后，吾仲舅子严失明年老，唯洪慎一子，非支子不得为人后，洪慎生三子矣，立世枢为先生后，不亦可乎？《晋书·荀顗传》：无子，以从孙徽嗣。中兴初，以顗兄元孙序为顗后，封临淮公。荀氏颍川名族，子孙甚繁，岂无昭穆之伦可立为子者，而独以从孙嗣，其必不舍亲属而他立也，礼之权而不失于经者也。何琦之从父以孙绍族祖，琦以为宗绪不绝，若昆弟以孙若曾孙后之理宜然也。礼缘事而兴，不必拘常，以为碍也。故雷次宗释《仪礼》'为人后者'之文，以为不言所后之父者，或后祖父，或后高、曾，凡诸所后，皆备于其中。庾纯云为人后者，三年或为子、或为孙，若荀太尉养兄孙以为孙，是小记所谓为祖后者也。祖所养孙犹子，而孙奉祖犹父，无改父祖之差，同三年也。何琦、庾纯古所称知礼之君子，其言凿凿如此。惟庾蔚之谓间代取嗣，古未之闻，然试以各亲其亲之常情准之，则必喟然发寤，以为不悖于先王之道矣。故昭穆相续，其常也，如亲属无当立者，不得已而立从孙为孙，如父子之谊，仍不减其昭穆之伦，毋亦势之不得不然，而圣人之所许与？予故详论之，以告吾母党云。甥徐乾学谨议。"（补注）车《谱》案：先生《与李霖瞻书》：犹子衍生稍知礼法，不好嬉戏，竟立以为子，而昆山从弟子严连得二孙，又令荆妻抱其一以为殇儿之后云云。所抱者即洪慎之子宏佐，本先生立为殇子诒縠之后，先生之治命也。而衍生之立以为子，亦先生初意，且相随五六年，并为之授室，以至于视含饭恩礼，亦非泛常可比。乃先生殁后，衍生遂不传，而稽其家谱，立为先生后者别名洪瑞，谱又不详洪瑞之所出，岂先生既殁，家人乃斥退衍生，复为立洪瑞耶？抑洪瑞即衍生之改名耶？均不可考矣。张《谱》穆案：洪瑞盖衍生谱名，《历代宅京记》后有衍生跋云："先府君著书俱有自序，兹编告成最晚，甫脱稿，先君捐馆，徐相国遣人取去。自念云泥势阻，无能往索，至相国归田后，始获检还。不肖衍生泣血志。"案：立斋致仕，距先生殁已九年，又元和顾广圻家藏先生著书目录，衍生手迹也，跋云："岁丙子，不肖衍生于旧簏中检得此本，读之泫然，因追想当年，多所不符，丁亥冬于宛陵旅舍出而录之。"云云。丁亥距先生之殁二十六年，衍生年亦四十有三，抱业称孤，曾无异说，岂有家人斥退之理。得此二证，车君之疑可涣然释矣。（补注）光绪三十三年九月初三日，后学钱邦彦校读至衍生事，疑甚，即日渡淞，至千墩顾第，晤顾子渊茂才、顾子玉上舍，请顾氏宗谱考之。亭林但称绛不称炎武，下行即系以洪瑞，侧注"爱继"二字，没去诒穀之名，再下行即系以宏佐，是洪瑞即为衍生，而宏佐嗣洪瑞，非嗣诒穀矣。世系表洪瑞格中注：字茂应，娶王氏。"应"字既犯本生祖之讳，而王氏亦与年谱所载靳氏不符，此后裔修谱之草草，而亦不可为据矣。又考潘确潜补辑淞南顾氏世系，有诒穀而无洪瑞。当时顾竹楼先生方刻《历代宅京记》，确潜先生任校勘之役，补辑顾氏世系，必与竹楼先生细加参订，非漫勒成书也。想此时衍生之后已无可考矣。

徐健庵氏《立孙议》载张石洲氏所辑先生年谱，石洲谓洪瑞盖衍生谱名，与钱俊甫前辈所考顾氏宗谱相吻合。而潘确潜氏补辑淞南顾氏世系，则有诒穀而无洪瑞，谓必与顾竹楼先生细加参订，非漫勒成书，其说亦是。然观健庵立孙之议，既不言为诒穀后，亦不言为衍生后，当时必徇亲族公意，而为此议。衍生为吴江远族之子，名存而实废。读先生《与李霖瞻》一书，抚衍生为子，立宏佐为诒穀嗣，皆先生所许。顾氏后裔后日辑修宗谱，二人并存之可也。

耻庵附识。

在京邸度岁。

〔《文集》〕《与黄太冲宗羲书》、书云："辛丑之岁，一至武林，便思东渡娥江，谒先生之杖履，而逡巡未果。及至北方十有五载，流览山川，周行边塞，粗得古人之陈迹，而离群索居，几同伧父，年逾六十，迄无所成，如何如何！炎武自中年以前，不过从诸文士之后，注虫鱼，吟风月而已。积以岁月，穷探古今，然后知后海先河，为山覆篑，而于圣贤六经之指、国家治乱之原、生民根本之计，渐有所窥，恨未得就正有道。顷过蓟门，见贵门人陈、万二君，具念起居无恙。因出大著《待访录》读之再三，于是知天下之未尝无人，百王之敝可以复起，而三代之盛可以徐还也。天下之事，有其识者未必遭其时，而当其时者或无其识。古之君子所以著书，待后有王者起，得而师之。然而《易》“穷则变，变则通，通则久”。圣人复起，不易吾言，可预信于今日也。炎武以管见为《日知录》一书，窃自幸其中所论，同于先生者十之六七，但鄙著恒自改窜，未刻，其已刻者八卷及《钱粮论》二篇，乃数年前笔也，先附呈大教。傥辱收诸同志之末，赐以抨弹，不厌往复，以开末学之愚，以贻后人，以幸万世，曷任祷切！”车持谦云：此书不载集中，元《谱》亦未载其事，兹从黄太冲所著《思旧录》中补入。太冲号黎洲，忠端公长子。崇祯即位，时年十九，草疏入京讼冤，袖铁椎，椎许显纯，拔崔应元之须，归祭父，游刘蕺山之门。蕺山死节后，随孙嘉绩、熊汝霖诸军于江上，事鲁监国，授官职方，改监察御史，擢左副都御史，从亡有年，归奉母以老。康熙间荐举博学鸿词，以病告，荐修《明史》，并力辞。学本六经，旁罗百氏，尤精天文之学，学者称黎洲先生云。《初刻日知录自序》、见《文集》卷二。《日知录》目录之前《自序》云：“愚自少读书，有所得辄记之，其有不合时，复改定，或古人先我而有者，则遂削之。积三十余年，乃成一编，取子夏之言，名曰《日知录》，以正后之君子。”《与吴江戴耘野书》。见《文集》卷六。邦彦案：《苏州府志》：吴江戴笠，字耘野，初名鼎立，字则之。孤贫力学，为诸生，文行炳著。乙酉后入秀峰山为僧，久之返初服，居同里之朱家港，土屋二间，旁穿上漏，炊烟时绝。孜孜著述，老而不倦，海内服其精博。著有《寇事编年》，门人潘耒为序。

〔《诗集》〕《汉三君诗》三首、高祖、光武、昭烈。《楚僧元瑛谈湖南三十年来事作四绝句》四首、徐遯荞云：元瑛待考。湖南三十年事，见《诗集》卷三《浯溪碑》诗“熊湘”“零桂”注、卷四《怀人》诗“衡山”注、卷五《传闻》诗“湘东”注。吴《谱》：第二首“抚琴无语忆陶潜”，自注：先见同年长沙陶君汝鼎。第三首“督师公子竟头陀”，自注：武陵杨公子山松。《赋得檐下雀》一首、吴《谱》：诗中有“虽依檐下宿，无异深林里”，盖先生寓徐氏寓邸时也。《蓟州送李子德归关中》一首、《李生符自南中归槜李三年矣追维壮游兼示旧作》一首。邦彦案：汪尧峰《李母顾孺人墓志》：“李氏诸子，次第嶷然成立。伯曰绳远，字斯年，仲曰良年，字武曾，叔曰符，字分虎，率皆气识雄迈，议论卓荦。”朱竹垞《曝书亭集》卷一《槜李赋序》：“嘉兴，古之槜李也。”“府治西南二十里，旧有槜李城。”

十六年丁巳，六十五岁。彊圉大荒落。

春正月二日，送别原一、彦和、公肃诸甥于天宁寺。二月，至昌平，谒十三陵。夏四月，出都。十三日，至德州，见抚子衍生及衍生师李既足云霑于张简可家，原《谱》：先三日，衍生及师李既足附沈度汪家眷舟至德州，将入都，先生预留书张简可家止之，至是相见，行父子礼。五月七日，移寓曲周之增福庙，主僧名晏如，时当涂令贺宣三应旌亦寓庙中。先生延既足暂留课子，即去之山西。邦彦案：徐遯荛据《同志赠言》毛今凤《赠茂引世兄》诗《注》：茂引，衍生字。则顾氏宗谱之作茂应者误矣。旋过访李霖瞻浃、李星来源。吴《谱》：霖瞻号陶庵，德州人。顺治丙戌进士，延庆知州，芮城知县。潘次耕《陶庵诗序》：先生雅慕靖节为人，筑一室曰陶庵，日哦其中。王渔洋《陶庵诗选》述其古诗原“本于陶而杂采诸家之美，此其能自名一家而可传于世无疑也”。是月二十一日，自德州至郑家口。二十四日，抵曲周，主路安卿泽浓家，祀先于寓。五月七日，移寓曲周之增福庙，延既足暂留督课衍生，先生即去山西，道经汾州之介休、霍州之灵石，过介子推祠。九月，入陕，主王山史，至富平，访李中孚于富平东南军寨之北，遂寓居其地。吴《谱》：《李征君年谱》：宁人自山右来访，密迩征君，时至卧室盘桓，语必达旦。案《征君年谱》系此条于丙辰冬，考衍生原《谱》，丙辰未尝入秦，其至富平实系丁巳冬，当时衍生已随侍往来，应无误记。《李谱》或偶讹耳。十一月，游太华，重访山史于华阴。复至山西，度岁于太原之祁县。是岁，从子洪慎举次子，先生名之曰世棠，车《谱》案：《淞南志》：世棠以诸生入太学，喜搜罗先世手泽，以长子炯诗为宏佐后。构遗清堂，藏从祖炎武遗书，俾世守焉。字思召，即寄书从弟子严，欲立世枢为殇子诒穀后，并属达夫致词。车云：寄子严书，今集中不载。

〔《文集》〕《答曾庭闻书》、吴《谱》：庭闻名畹，初名传灯，江西宁都举人，著有《金石堂集》。弟名传灿，字青藜，皆雄骏自命，负文武大略。书见《文集》卷三。《华阴王氏宗祠记》、见《文集》卷五。《谒攒宫文》。见《文集》卷五《谒攒宫文》二。

〔《诗集》〕《二月十日有事于攒宫》一首、徐遯荞案：张穆《谱》：“六谒天寿山及怀宗攒宫。是行也，与王山史偕。”吴《谱》：诗中“华阴有王生，伏哭神床下”句自注“宏撰”。当时与山史同奠攒宫，故云。《赠献陵》仁宗陵也。《司香贯太监宗》一首、《陵下人言上年冬祭时有声自宝城出至祾恩殿食顷止人皆异之》一首、彦案：先生《昌平山水记》：长陵在天寿山中峰之下，门三道，榜曰祾恩门，其上享殿曰祾恩殿，宝城周围二里。献陵在天寿山西峰之下，距长陵西少北一里，制并如长陵，而高广杀之，宝城小冢半填，榜曰献陵，碑曰“大明仁宗昭皇帝之陵”。《过郭林宗墓》一首、《介休》一首、《灵石县东北三十五里神林晋介之推祠》一首、《霍北道中怀关西诸君》一首、《方舆纪要》：春秋时霍国，金属平阳府，贞佑三年置霍州，元、明因之。太岳镇其东，汾水经其西，山川扼要，争衡太原间者，未有不以州为孔道者也。徐邂莽云：关西诸君谓李子德、李中孚、王山史、杨伯常也。《河上作》一首、《方舆纪要》：平阳府河津县，黄河县西十里，自吉州流入，经龙门山下，有禹门渡，道出韩城，又南经县西，曰黄河渡。吴《谱》：诗中有“去年方斗争，掘濠守朝那。车骑如星流，衣装兼橐驼。狼弧动箭鏃，参伐扬旗麾。嗟此河上军，来往何时罢”等句。案：朝那在今甘肃平凉府。丙辰年叛将王辅臣方踞陕西之龙驹寨，断商雒南路，知县卢瑛死之，旋复引川寇犯通渭。是年六月，辅臣为大将军图海所败，朝命招抚，乃率众降，特赦其罪，假靖寇将军，立功赎罪，而贼党吴之茂寇甘肃之秦州。十二月，朝命建威将军吴丹略地华商，都统佟舒浑败贼于峻岭川，复山阳县。时干戈未已，故云。《雨中至华下宿王山史家》一首、徐邂莽云：王宏撰《山志》：丁巳秋九月三日，亭林入关，主予家，将同作买山之计。频阳郭九芝明府闻之，以书来曰：“闻宁人先生已抵山居，宁人命世宿儒，道驾俨然，非无所期而至止。关学不振已久，斯其为大兴之日耶？”余复之曰：“弟年近五十始归正学，今幸宁人先生不弃，正欲策厉驽钝，收效桑榆。”《过李子德》四首、徐《谱》：李子德来迎，因过所居月明山下，登堂拜母。《皂帽》一首、《魏志·管宁传》：宁常著皂帽布襦袴裙，随时单服。彦案：先生盖自比管幼安云。《采芝》一首、《古今乐录》四皓隐于商山采芝，作歌曰：“莫莫高山，深谷逶迤。晔晔紫芝，可以疗饥。唐虞世远，吾将焉归？富贵之畏人兮，不如贫贱之肆志。”徐邂莽案：陕西商州高车山，即商雒山，相传高后使张良高车驷马以迎四皓处。彦案：先生以四皓自比。《寄李生云霑时寓曲周僧舍课子衍生》一首。

十七年戊午，六十六岁。著雍敦牂。

春，由太原入关中，至富平，富平令郭九芝元《谱》：名传芳，大同人。郊迎二十里外。闰三月，遣李子德家人至曲周，接衍生及李既足于增福庙，期会于富平之军寨李中孚家。夏四月朔，郭九芝邀同至县，寓南庵，移寓朱公子长源树滋家。吴《谱》案：先生《关中杂诗》次章自注云：“时寓朱文学树滋斋中，藏书甚富。”车《谱》：长源，故宣府巡抚都御史之冯之子，长斋绣佛，以终其身。与既足次第故友遗诗。时朝议以纂修《明史》，特开博学鸿词科，征举海内名儒，官为资送，以是冬齐集都门候试。先生同邑叶讱庵方蔼阁学车《谱》：方蔼字子吉，号讱庵，昆山人。顺治己亥探花，官至礼部侍郎，加尚书衔，谥文敏。著有《读书斋偶存录》。及长洲韩慕庐菼侍讲车《谱》：菼字元少，号慕庐，长洲人。康熙癸丑会状，官至礼部尚书，谥文懿。著有《有怀堂文集》。欲以先生荐，知志不可屈，遂止。于是先生以荐局方殷，绝迹不至都门。冬，张又南廷尉云翼。承父命，聘往兰州，坚辞之。吴《谱》：时张靖逆方任提督，驻兰州。潼关道何狷庵吴《谱》：曹倦圃溶尺牍作“胡狷庵”，名戴仁。来访兼聘，未往。过同州府之华阴，达华州，止吏目王二华尔谦署。吴《谱》：尔谦，常熟人。

〔《文集》〕《答潘次耕书》卷四。《与李湘北书》卷三。吴《谱》：湘北名天馥，江南合肥籍，河南永城人。顺治戊戌进士，官至武英殿大学士，谥文定。著有《容斋集》。《与李星来书》卷三。彦案：惠周惕《李君墓表》：君讳源，字江余，一字星来，德州人。顺治丙戌进士，官河津令。《答李紫澜书》卷三。《与友人辞往教书》卷六。吴《谱》：是书似非为迎往兰州而作，以俱辞聘，故类系于此。《答李子德书》卷四第二首。《与友人书》。卷四。此书，《与友人书》之第二十四。

〔《诗集》〕《春雨》一首、吴《谱》中有句“朝来阅征书，处士多章显”；又云“幸得此申屠，超然竟独免，”又云“未敢慕巢由，徒夸一身善。穷经待后王，到死终黾勉”。吴止狷云：“盖一以自幸，一以自信云。”《寄同时二三处士被荐者》一首、吴《谱》：项联云“金兰情不二，猿鹤意相亲”，亦各行其是之意。《井中心史歌》一首、《自序》云：“崇祯十一年冬，苏州府城中承天寺，以久旱浚井，得一函，其外曰‘大宋铁函经’，锢之再重，中有书一卷，名曰《心史》，称‘大宋孤臣郑思肖百拜封’。思肖号所南，宋之遗民，有闻于志乘者。其藏书之日为德祐九年，宋已亡矣，而犹日夜望陈丞相、张少保统海外之兵，以复大宋三百年之土宇，而驱胡元于漠北，至于痛哭流涕，而祷之天地，盟之大神，谓气化转移，必有一日。于是郡中之人，见者无不稽首惊诧，而巡抚都院张公国维刻之以传。又为所南立祠堂，藏其函祠中。未几而遭国难，一如德祐末年之事。呜呼悲矣！其书传至北方者少，而变故之后，又多讳而不出，不见此书者三十余年，而今复睹之富平朱氏。昔此书初出，太仓守钱君肃乐赋诗二章，昆山归生庄和之八章。及浙东之陷，张君走归东阳，赴池中死，钱君遁之海外，卒于琅琦山；归生更名祚明,为人尤慷慨激烈,亦终穷饿以殁。独余不才,浮沉于世,悲年运之日往,值禁网之逾密,而见贤思齐,独立不惧,故作此歌以发挥其事云尔。”邦彦案:徐遯莽本诗注引朱不远《广宋遗民录》云:郑思肖,福之连江人,初名某,以太学上舍应博学鸿词科,寓吴之条坊巷。德祐北狩,愤恨若不欲生,遂改今名,字忆翁,号所南,作《臣子》《盟檄》两篇,目之曰《久久书》,遂与所作《咸淳集》一卷、《大义集》一卷、《中兴集》二卷,及杂文、诗,总为《心史》,入之铁函,投承天寺井中。崇祯戊寅十一月八日,狼山中房僧达始因旱浚井,启而得之。计先生藏年至是,三百五十六春秋矣,不濡不灭,完好如新。《夏日》一首、元《谱》:时秦、陇苦旱。《梓潼篇赠李中孚》一首、自注云:“《后汉书·独行传》:李业,字巨游,广汉梓潼人也。元始中举明经,除为郎,去官,杜门不应州郡之命。王莽以业为酒士,病不之官,遂隐藏山谷,绝匿名迹,终莽之世。及公孙述僭号,闻业贤,征之,欲以为博士,业固疾不起。数年,述羞不致之,乃使大鸿胪尹融持毒酒奉诏命以劫业,若起,则受公侯之位,不起,赐之以药。融譬旨劝之,业乃叹曰:‘危国不入,乱国不居。亲于其身为不善者,义所不从。君子见危授命,何乃诱以高位重饵哉?’融见业辞志不屈,复曰:‘宜呼室家计之。’业曰:‘丈夫断之于心久矣,何妻子之为。’遂饮毒而死。述闻,大惊,又耻有杀贤之名,乃遣使吊祠,赙赠百匹,业子翚逃辞不受。蜀平,光武诏表其闾。《益部纪》载其高节,图画其形像。”中孚以死拒召,故以巨游为比。《和王山史寄来燕中对菊诗》一首、王宏撰《燕台观菊寄呈亭林先生诗》云:“御水桥边秋叶黄,一枝寒菊度重阳。临风每忆陶元亮,恐负东篱晚节香。”见徐遯莽本诗注。《关中杂诗》五首、吴《谱》:第三章云:“谷口耕畬少,金门待诏多。时情尊笔札,吾道失弦歌。”第四章云:“徂谢良朋尽,凋伤节士空。”盖寄慨深矣。《过朝邑王处士建常》一首。吴《谱》引《居易录》:建常,字仲复,邠州长武人,居河、渭之间。早弃帖括,以著述自娱。所著有《律吕图说》二卷,盖本诸朱、蔡,参之以李文利、王子鱼、邢云路诸书,而折衷以自得之义。

十八年己未,六十七岁。屠维协洽。

春正月,往延安,抵同官县,拜寇公墓。潘确潜案:先生《余集》墓志:公讳慎,字永修,同官人。万历四十四年进士,历官苏州知府,山西按察司副使、布政使参议,分守朔州。崇祯八年乞休,时年五十八。公归,卜居山寨,优游林下,读书自娱者二十七年。任苏州知府日,值缇骑捕周吏部顺昌,几激吴民之变。公密诇得首事者颜佩韦等五人,摄之下狱，榜曰“罪人已得，余无所问”，众皆一麾而散。又曰：“炎武时年十四，以童子试见公，被一言之奖，于今五十四年，始得至同官拜公于墓下。”旋携衍生移寓华阴王山史所构新居。先是，山史尝以晦翁朱子于淳熙乙巳奉祠华州云台观，欲为表章，创建祠堂，兼营书院，以居先生，至是迁入山史家。吴《谱》：先生《关中杂诗》第五首自注云：“山史新构小斋，将延余住。”又是年与从子书云：“新正已移至华下。祠堂书院之事，虽皆秦人为之，然吾亦须自买堡中书室一所、水田四五十亩，为饔飧之计。秦人慕经学，重处士，持清议，实与他省不同。”“华阴绾毂关、河之口，一旦有警，入山守险，不过十里之遥，若志在四方，则一出关门，亦有建瓴之势。”衍生元《谱》：是年二月，携衍生往华阴，主王山史家。而先生与从子书则谓新正已移至华下，所称书院，疑即山史新居，俟更考正。三月，出关，游嵩、少。夏四月，至曲周，旋由河南至山西。马右实嗣光挈甘肃道，欲挈姊氏赴任，时右实已患病，止之告病，不听。长洲毛锦衔今凤来受业。奠王式吾及平阳王九如。二人无考。冬十一月，回华阴。十二月二十七日，张廷尉又南夜半造访。

同邑叶讱庵阁学充《明史》总裁官，欲招先生入史局，先生致书辞之。书云：“执事同里人也，一生怀抱，敢不直陈之左右。先妣未嫁过门，养姑抱嗣，为吴中第一奇节，蒙朝廷旌表。国亡绝粒，以女子而蹈首阳之烈。临终遗命，有‘无仕异代’之言，载于志状。故人人可出，而炎武必不可出矣。《记》曰：‘将贻父母令名，必果；将贻父母羞辱，必不果。’七十老翁何所求，正欠一死。若必相逼，则以身殉之矣。一死而先妣之大节愈彰于天下，使不类之子得附以成名，此亦人生难得之遭逢也。”（补注）

〔《文集》〕《与叶讱庵书》卷三。《与潘次耕书》卷四。《与公肃甥书》卷三。时公肃服阕，召充《明史》馆监修官。《与史馆诸君书》卷三。《与汤荆岘书》。卷三。吴《谱》案：荆岘名斌，字孔伯，号潜庵，河南睢州人。顺治壬辰进士，由翰林任潼关道副使，迁岭北参政，谢病归。康熙己未荐举鸿博，授侍讲，累官工部尚书，卒谥文正。道光三年崇祠孔庙。映奎案：文正谢病里居时，先生曾以书通问，既开馆修《明史》，文正分编《明太祖本纪》四卷、列传十余卷，以书来询先生，先生答之如此。邦彦案：车《谱》录汤文正《答顾宁人书》，而云文正书与答书不合。盖先生与汤通问之书，及汤与先生询史事之书，两家集中各失载，无从考正也。为吴江朱处士不远明德作《广宋遗民录序》，卷二。潘道根案：《松陵文献续纂》：朱明德，字不远。少治经义，有声乙酉，后隐居烂溪之滨，作《广宋遗民录》以见志。诸隐者多轻世肆志，或以语言文字贾祸，明德内介而外和，不为矫激岸异之行，故患难不及。晚年有得于性命之旨，养充神旺，至老不衰。又著《纪略》一书，记明末国事甚悉，署名《匂吴外史》。遗诗一首，见《松陵诗录》。《与友人书》二十二、卷四。《与人书》共二十五首，此第二十二首，论叶井叔建祠祀宋提举崇福宫十有四公者也。吴《谱》案：崇福宫在河南登封县城北嵩阳书院之旁。国初县令黄州叶井叔封以书院地邻崇福宫，凡宋臣之带崇福宫衔者皆祀之，凡十有四人：韩公维、吕公诲、司马公光、程公颢、程公颐、刘公安世、范公纯仁、杨公时、李公刚、李公邴、朱公熹、倪公思、王公居安、崔公与之。康熙十八年，邑人大名兵备副使耿逸庵介家居讲学，以程朱为道统所宗，不当与诸贤并列，复捐资建堂三楹，迁主崇祀。是时县令为长州张壎，先生此书，疑张于未竟工时以书相质，故先生答之如此。其明年工竣，睢州汤文正公为作《嵩阳书院记》，叙其颠末。邦彦案：《登封县志》：叶封字井叔，嘉兴人，黄陂籍。顺治己亥进士，仕为延平推官。康熙八年改授登封知县，倡复嵩阳书院课士。与邑人焦贲亨同纂《嵩山志》。升西城兵马司指挥。《书太虚山人象象谭后》。此目潘道根据彭绍升所序《亭林余集》补入。书曰："臣炎武年六十七，寻阅故簏，得三十年前所录太虚山人《象象谭》一书。其中有曰：亲王朝觐曰宗人，仕格曰王官，曰藩禄，曰嘉靖重修宗藩条例。其言皆本皇祖之心，而悲后世之敝。其引汉臣之言曰'有白头老人教臣言者'，可谓发愤而深痛者矣。臣乃稽首流涕而为之说曰：呜呼！自天子而下，一等为亲王，又下一等为郡王，此皆天子之子若孙，不相悬也。其在于诗曰'本支百世'，故天子本也，亲王枝也，宗室叶也，故福先上，祸先下。萧衍之篡齐也，先杀诸王而后代其主；韩建、朱全忠之弱唐也，先戕十六宅而后弑昭宗，祸及亲王，此及天子之渐也。先帝中年，德、鲁二王戕于敌，福、唐、襄、郑、崇五王戕于贼，汴水决而周宗鱼，藩封之难无岁不告。先帝赫然震怒，而无所以御之之计，不三四年，京师沦覆，天子之祸与亲王同一辙，岂不哀哉！昔太祖高皇帝时，二十四王并皆少壮，分封之国往往连跨数十城，护卫军至一二万，而又有行边之命，都司卫所并受节制。以故有北平之事，乐安、南昌缘之以起，异日大臣无不以削弱王府为务。嗣位诸王，又皆生深宫之中，长妇人之手，无不广置田庄，放情酒色，而所在有司之兵又皆文具，及贼骑至城，而亲王之势与齐民无异。逆贼见藩封之大，所向辄陷，而国家无如之何也，则以为天子之都，亦将如是而已，是以直犯京师而不之忌，岂非势之相因者哉？《诗》曰：'宗子惟城。无俾城坏，无独斯畏。'呜呼，先帝畏之矣！使是书之论得行于数十年之前，足以隆藩维而重国势，当不至于今日。逮乎福京即位，而封唐、邓诸王，然且无土无民，而当权臣跋扈之际，事已不可为矣。臣故阐其义于睿著之末，以为来者鉴。”

同里后学钱邦彦论曰：呜呼！此先生有志当世之文，呜咽流涕以笔之书者也。所谓《象象谭》者，为胜国之书，藏书家不特深以为讳，且以为不祥之物，留之必以贾祸，久付之烟消烬灭中矣。而此文者，先生与次耕参订诗文稿时，不敢列入正集，留置集外，以待千秋之来哲。向非尺木先生昆市一游，则此十六篇者，久供覆瓿糊箔用矣，世安知有所谓太虚山人《象象谭》，又安知有《书太虚山人象象谭后》，为先生有志当世呜咽流涕之文哉？故彦校订先生年谱，于正集诸文，吴、车两谱备载者，删汰殆尽，而仅存其目于逐年之下，而特补此文者，以此文为先生有志当世之文，呜咽流涕以笔之书，而《余集》不若正集之家置一编也。此区区之微意也。光绪三十四年岁在著雍涒滩仲春之月五日，钱邦彦谨识。

〔《诗集》〕《寄子严弟纾》一首、吴《谱》案中有云：“不幸丧厥明，犹能保天和。今年已六十，与吾亦肩差。里人推祭酒，品行无讥诃。”又云：“顷报得两孙，青葱满庭柯。”盖子严有学行，以盲废，时年正六十，兼得两孙。《寄次耕时被荐在燕中》一首、吴《谱》案起数语云：“昨接尺素书，言近在吴兴。洗耳苕水滨，扣弦歌采菱。何图志不遂，策蹇还就征。”结云：“嗟我性难驯，穷老弥刚棱。孤迹似冥鸿，心尚防弋缯。或有金马客，问余可共登。为言顾彦先，惟办刀与绳。”以次耕强被征诏，虑复强己也。《次耕书来言时贵有求观余所著书者答示》一首、《云台观寻希夷先生遗迹》一首、徐遯荐《辑注》：《三才图会华山图考》：云台观玉泉院，宋端拱中建，以居希夷先生者也，院后有冢。至五里关，往时避兵者，就险垒石为关，曰“通天第一关”。往四里为希夷峡，山势壁垒，涧水经其中，从石室旁下如琴如筑，鸣声悦耳。希夷蜕骨于此。《宋史·隐逸传》：陈抟，字图南，隐居华山云台观，又止少华石室。太宗赐号希夷先生，化形莲花峰下。《硖石驿东二十里有西鸦路繇赵保白杨树二百五十里至临汝以讥察之严筑垣封闭过此有题》一首、徐遯荐《辑注》：《一统志》：硖石关，古之崤陵关也，路东通渑池，西通函谷。《舆地广记》：二崤山连入硖石界，自古险厄之地也。三鸦路在今南阳府北及汝州之南。今三鸦路，自南阳府北六十里之故向城，又北有石川路，即三鸦之第一；府北七十里分水岭而北，即三鸦之第二；故向城而北，又八十里，有鲁阳关，入鲁山县界，即三鸦之第三。白杨关在嵩县东。《雒阳》一首、《明史·光宗纪》：讳常洛，改洛阳作雒阳。《三月十九日行次嵩山会善寺》一首、《少林寺》一首、《嵩山》一首、《河南通志》：嵩山在河南府登封县北十里，五岳之中岳也，古名外方山，亦名崧高山。其山二尖峰，左曰太室，右曰少室。《测景台》一首、自注：在登封县东南三十里故告成县。吴《谱》案：登封在嵩山之麓，属河南府。潘道根案：潘次耕《中岳游记》：告成县即古之阳城也。周公卜洛，立表测景，以此为地中，今有测景台存焉。台高五丈，纵广三丈，形体正方，而缺其北面十之二三。以县壶滴漏当缺处，平铺石一行于地，其长视台之高广，可二尺许，刻水道其上，以承壶漏，视水所至以定时，俗谓之量天尺。规制古朴，思理精微，非周公不能作。台南一石，高丈许，上立一表，其长八尺，是谓土圭。此唐仪凤中所立，见于杜佑《通典》。《卓太傅祠》一首、自注：在密县东三十五里大騩镇。吴《谱》《谱》：《后汉书·卓茂传》：光武诏曰：前密令卓茂，束身自修，执节纯固。今以茂为太傅，封褒德侯，食邑二千户，赐几杖、车马、衣一袭、絮五百斤。又《朱祐传》：永平中，图画二十八将于南宫云台，其外又有王常、李通、窦融、卓茂，凡三十二人。密县属开封府。《梁园》一首、《一统志》：归德府东文雅台、平台、东苑，梁孝王时，邹、枚、相如之徒，游吟其间。《海上》一首、《五岳》一首、钱邦彦案：末二句云“谁知禽子夏，昔是去官人”。徐邂莽述先生自注云：“《汉书·王贡两龚鲍传》：北海禽庆子夏，儒生，去官不仕于莽。”《赠张力臣》一首、原《谱》：时力臣北游。《子德自燕中西归省吾于汾州天宁寺》一首、徐邂莽《辑注》：《汾州志》：李因笃至汾阳，因顾炎武在汾，时取道而来也。《寄次耕》三首、《岁暮西还时李生云霑方读〈盐铁论〉》一首。

十九年庚申，六十八岁。上章涒滩。

原《谱》：元旦作联云：“六十年前二圣升遐之日，三千里外孤忠未死之人。”以明神宗、光宗俱崩于万历庚申也。彦补：案先生《文集》卷六《与毛锦衔书》云：“忆昔万历庚申，吾年八岁，今年元旦作一对。”云云。正月，至富平。二月，先生仲姊讣至，间二日设祭成服。三月，山西盐使曾章山寅致馈。夏四月，华阴王无异诸母卒，议服及葬祭之礼。五月，送马右实丧出关，李既足附之南归。是月二十八日，先生诞辰，富平令郭九芝欲亲来致祝，先生力止之。华阴令迟屏万维城造访先生，与谋建朱子祠堂于云台观之右，迟欣然捐资为倡。

冬十月，携衍生往山西汾州之阳城里，访前中尉朱敏泘。汾州守周西水于漆延入署。十一月，先生元配王硕人卒于昆山故里。讣至，次日出署，十一日成服设祭，逢七祭奠，焚帛如常仪。彦案：七七之祭，浮屠法也。礼：朝夕奠，三虞卒哭，小祥，大祥，禫。夫为妻齐衰杖期，十二月而祥，十三月而禫。礼义由贤者出，逢七祭奠何为哉？度岁于王位冲中翰德元家。以上原《谱》。原一以赞善充《明史》馆总裁。张《谱》。

〔《文集》〕《音学五书后序》卷二。原《谱》：三月作。《答王山史书》卷四。《与王仲复书》卷四。车《谱》云：谦常以此事质之李太史申耆兆洛，申耆曰：“王山史幼嗣叔父，其本生父母俱存，其父携之入都，详见山史集中两书，未具原始，几若山史为抚于张氏者如此，则有慈母如母及庶母慈己之服，岂仅袒免从事乎？后人有以此义驳先生者，然书称诸母，固非慈母等也。特以少申数语，致启后疑耳。”《与友人辞祝书》卷三。《与王山史书》卷四。吴映奎案：是时山史客游于外，先生从山右寄书，意谓明春即当兴工建祠。《复张又南书》卷四。《与毛锦衔书》卷六。《与公肃甥书》卷三。吴映奎案：是年立斋相国方由阁学超迁总宪，故先生勉以激浊扬清，则是书系是年无疑。《与杨雪臣书》卷六。彦案：潘晚香先生道根补注云：雪臣讳瑀，毘陵人，大中丞陶云先生之子。所著有《飞楼》一百二十卷、《兰陵小志》《春旭楼集》。与恽逊庵日初讲学东林书院，年七十余卒。彦案：逊庵为刘念台高第弟子，行实见高嵀所撰传。《与王虹友书》卷四。吴《谱》：虹友名摅，号汲园，廪监生，太常时敏第七子，所著有《芦中集》。《答徐甥公肃书》。卷六。吴《谱》：以上三书，语气皆庚申年先生在华阴时所作。时三藩煽动蜀中，成都、顺庆、潼川、中江、遂宁、蓬溪、巫山、夔州诸州县相继用兵，秦陇间挽输旁午，故前书中有“虎迹纵横”，此书内有“尚烦戎略”云云。

〔《诗集》〕《送康文学乃心归郃阳》一首、吴《谱》：乃心字太乙，郃阳人，王渔洋以户部侍郎奉使祭告西岳，游慈恩寺，见塔上有二绝句，《题秦庄襄王墓》云：“园庙衣冠此内藏，野花岁岁上陵香。邯郸鼓瑟应如旧，赢得佳儿毕六王。”亟称之，康诗名遍长安。学使陆俨庭德元拔之以充贡，是科以第五人冠其经。长安语云：“关中二李，不及一康。”所著有《莘野集》。见渔洋《居易录》。郃阳属西安府。《文献征存录》：乃心进退辞让，一以圣贤为准则，所著有《毛诗笺》《太乙子》《莘野集》。《友人来坐中口占二绝》、吴《谱》：第一首落句云“寄语故人多自爱，但辞青紫即神仙”，第二首落句云“传闻高士燕中返，料理床头皂荚囊”。按《隋书·五行志》：

梁末童谣云："黄尘污人衣，皂荚相料理。"语意盖指李子德、王山史一流人。《送李生云霑南归寄戴笠王锡阐二高士》一首、徐遯荠注：戴见顺治十五年《酬归祚明韭溪草堂》诗注，王见康熙十年《寄王高士锡阐》诗注。《酬族子湄》一首、吴《谱》：顾湄，字伊人，太仓双凤里人，织帘先生麟士之子，著有《水乡集》《虎邱山志》。徐遯荠注：吴伟业《顾母陈孺人寿序》："余及门顾伊人居州之双凤里。其先君麟士长于毛、郑之学，稽经辑传，自名一家，海内称织帘先生者也。余访伊人于其里，第斋三楹，衡门两板，庭阶洁治，地无纤尘。散步至后圃，见嘉树文石，则曰'此吾父在，某先生所尝过而憩者也'。丹黄遗帙，插架如新，藓壁旧题，漫漶可识。噫嘻，麟士可谓有子矣！"《朱处士鹤龄寄尚书埤传》一首、吴《谱》：鹤龄字长儒，吴江人，诸生。甲申后自号愚庵，绝意仕进，肆力于古，尤专经学。以朱子掊击《小序》太过，乃集诸家说，疏通《序》义，为《毛诗通义》。以蔡氏释《书》未精，撰《尚书埤传》。以胡氏传《春秋》多偏见凿说，乃合唐、宋以来诸儒之解，撰《春秋集说》。又以杜氏注《左传》未尽合，俗儒又以林《注》乱之，撰《读左日钞》。自著诗文曰《愚庵小集》。其注杜工部、李义山诗尤盛传于世。与先生暨其同里陈启源相友善。先生诗中有云："白首穷六经，梦寐亲皋伊。百家纷论说，爬罗殆无遗。论及《禹贡》篇，九州若列眉。上愁法令烦，下慨淳风衰。君今未大耋，正可持纲维。"盖亦先生之所倾倒者。邦彦案：昆山张星鉴《经学名儒记》又有《禹贡长笺》，其中震泽、太湖、嶓冢、汉源诸辨，实有卓见。《哭李侍御灌溪先生模》一首、自注：君以崇祯十四年左迁南京国子监典籍，南渡复官，称病不出。吴《谱》案：侍御字子木，吴县人。天启乙丑进士，东莞知县，行取擢河南道御史。先生乙未蒙难时，侍御曾与诸公主持公道。《华下有怀顾推官咸正》一首、吴《谱》：任咸安推官，尝登太华赋诗者，归元恭集有传。《华阴古迹平舒道《史记·秦始皇本纪》："使者从关东夜过华阴平舒道。"回溪》《后汉书·冯异传》：邓禹、冯异与赤眉战，为所败，异弃马走上回溪阪。注：在洛川永宁县北，见徐遯荠《辑注》。二首、《悼亡》五首、邦彦案：第四首有句云"送汝黄泉六岁孙"，张《谱》谓世枢也。世枢以丙辰生，至明年送硕人葬，六岁矣。案硕人即先生母贞孝王硕人之侄。《冬至寓汾州之阳城里中尉敏浮家祭毕而饮有作》三首。徐遯荠《辑注》：《四民月令》：冬至之日，荐黍糕，先荐玄冥以及祖祢，具进酒肴，及贺君师耆老，一如正旦。《汾州志》：朱敏濛字龙泽，庆成府镇国将军，李自成之乱，骂贼死。敏浮当即其兄弟行。志既录先生诗于《艺文》，乃不详敏浮出处，何也？

二十年辛酉，六十九岁。重光作噩。

春二月之望，先生去汾州。原《谱》：去汾州日，别刘学使梅、汾州太守周西水于漆、汾州司马黄伯华良骥。往曲沃，至解州运城，盐运使黄菉园斐来会，晦日往答，即延先生入署。夏四月五日，黄菉园丁内艰，先生入吊毕，旋出署，携衍生入关，至华阴，访王山史。山史已于二月南游吴、越，出菉园馈赆，为新建朱子祠费。秋七月，李既足至邸寓。八月二日，先生自华阴俶装至山西，由运城抵曲沃，县令熊僎徐遯萕《辑注》：《曲沃志》：熊僎，字耐徒，江西新淦人，康熙十八年任曲沃令。闻先生至，命舆至候马驿相迎，候马驿在县西南三十里。并辔入城，寓元帝庙。十一日，先生寝疾，患呕泻。原《谱》：李既足于十八曰闻父母俱亡之信，星夜驰归。九月，移寓上坡韩氏镜家。冬十月，又移寓下坡韩村，馆于韩旬公园亭。张《谱》：穆案：《进士履历便览》：韩宣又字裕斋，康熙己未进士。齐燕《韩旬公传》曰吾师顾宁人先生，江左大儒，千里造访，挟图书子仆，馆之宜园。顾殁，先生视含殓，抚幼子，收其四方遗资，走书告其家，并维持还里。望后病稍减，为衍生议婚靳氏。吴《谱》：靳氏无考。原《谱》媒四人：一广东道仇昌祚，一义学师卫匪莪，一县令熊僎，一徐偶岩二尹嘉霖。

〔《文集》〕《华阴县朱子祠堂上梁文》卷五。《病起与蓟门当事书》卷三。辛酉九月病后作。《与李中孚书》。卷四。辛酉夏作，当列在《与蓟门当事书》上。吴映奎案：《李征君年谱》于二十一年壬戌谱内云：征君"向在富平，与顾宁人语及《宋鉴》，谓朱子尝列衔主管华山云台观，则云台观宜为祠以祀。至是宁人移寓华下，倡修祠堂肖像，以书来询朱子冠服之制"云云。此当是辛酉年事，盖先生于壬戌正月初九日告终，不及相闻问，或是先生之书，至是年春始达耶？

〔《诗集》〕《寄题贞孝墓后四柿》一首、《赠卫处士蒿》一首、吴《谱》：诗中有云："幸逢同方友，典坟共相将。"又云："与君同岁生，中年历兴亡。"盖即曲沃义学师为衍生媒妁者，当是前明遗老也。徐遯萕《辑注》：《曲沃志》：蒿字匪莪，初名麟贞，字瑞鸣，以居母丧易今名字。与汾阳曹良直、太原傅山友善。晚年辟绛山书院，教授其中，人称绛山先生。《酬李子德二十四韵》、徐遯萕案：子德哭先生诗一百韵："腊杪才呼走，（注：遣使往讯起居。）冰严薄馈绵。报章惊绝笔，幽怨屈空拳。（注：晨起承报余诗二十四韵，夕卒。）"《赠毛锦衔》一首。

二十一年壬戌，七十岁。玄黓阉茂。

正月四日，韩旬公设宴会宾友。八日，先生早起，答贺熊令，上马失足坠地，疾作，遂止不行，竟日夜呕泻不止。初九日丑刻捐馆。韩旬公宣熊耐徒僎、仇振先昌祚、卫匪莪蒿、徐偶岩嘉霖、郭名未详。为经纪棺敛，并典邑人秦氏室停柩其中。三月，先生从弟岩自昆山来，偕衍生扶柩归。张《谱》案王山史《山志》：辛酉秋，予至嘉兴，访曹秋岳司农，相见即致悼亭林之殁，为文献之惜。予曰：亭林无恙，尚在予家。予来时，亭林亦有山西之行。秋岳且惊且喜。逾年壬戌夏，予在海州，接阎百诗手札，云亭林于初春殁于曲沃。予为位而哭之恸。秋，予西归，取道扬州，将往昆山，过淮安，见张力臣，云亭林之柩尚未归，不知何以淹滞于彼。深以不获抚棺一哭为憾。又怪亭林未殁，江南何以遽有此问。搦管偶记，涕下沾衿。葬于司马公赐茔东偏嗣父仲逢府君之昭位，门人潘耒为之表。元《谱》。墓在昆山县第六保，为区五图鸣字圩千墩浦右，计茔地三十八亩三分六厘。车《谱》。道光二十一年入祀乡贤祠。宣统元年崇祀孔庙。(补注)

原《谱》云：不肖衍生茕茕孑立，侍奉而已。年虽十七，目未经此大事，赖韩、熊、仇、卫、徐、郭诸公经纪含殓棺椁，殓后典秦氏之房停柩，而不肖庐焉。终七后，不肖入关，取向所寄各姓书籍，而大云叔于三月望前抵沃，简阅遗书文稿。二十四日，衍生从关中至沃同居丧次。其遗书、文券皆携至都中，致之健庵、立斋两表兄，及汝嘉兄。衍生为之后，曾不得一寓目焉，痛哉，惜哉!

同里后学钱邦彦钞毕，为之凄怆者久之。呜呼！先生贞介绝俗，守志不污，至老弥笃，其管幼安之亚欤？其于李巨游、徐孺子、范史云，诗文之中频致意焉，其寄托可想矣。望七之龄，犹无首邱之志，盖棺之顷，仅有一抚子衍生亲视含殓，微特洪善、洪慎越在千里，不能速赴，即平生最号知己如王山史、李子德、李中孚、傅青主亦不能凭棺一恸焉。至若韩、熊、仇、卫、徐、郭诸君子，一时慕道而前，非有平昔知心之雅，而死于我殡之义，卒归任于韩、熊、仇、卫、徐、郭诸君子，岂其中有数存耶？后死者生于先生之乡，不能尽读先生之书，而考订年谱，如接謦欬于二百余载以上，写至捐馆之句，不觉涕泗之被面也。然而先生足与伏生、毛公争席矣，岂徒杜君卿、马贵与云尔哉。

附录一　先生著述目录

《左传杜解补正》三卷经部《春秋》类。　《九经误字》一卷经部五经总义类。　《音学五书》三十九卷《音论》三卷、《诗本音》十卷、《易音》三卷、《唐韵正》二十卷、《古音表》三卷、《韵补正》二卷，经部小学类。　《顾氏谱系考》一卷史部传纪类。　《历代帝王宅京记》二十卷史部地理类。　《营平二州地名记》一卷史部地理类。　《天下郡国利病书》一百二十卷史部地理类。　《昌平山水记》二卷史部地理类。　《山东考古录》一卷史部地理类。　《京东考古录》一卷史部地理类。　《谲觚》一卷史部地理类。　《求古录》一卷史部目录类。　《金石文字记》六卷史部目录类。　《石经考》一卷史部目录类。　《日知录》三十二卷　《补遗》四卷子部杂家类。　《菰中随笔》三卷子部杂家类。　《救文格论》一卷　《杂录》一卷子部杂家类。　《经世篇》十二卷子部类书类。以上均收入《四库全书》。　《五经同异》三卷　《亭林文集》六卷　《余集》一卷彭尺木序刻。　《诗集》五卷山阳徐遯莽注十七卷。　《二十一史年表》十卷　《十九陵图志》六卷见潘稼堂呈先生诗中。　《唐宋韵补异同》一卷　《海道经》一卷　《圣安纪事》一卷　《万岁山考》一卷　《肇域志》一百卷　《北平古今记》十卷　《建康古今记》十卷　《诗律蒙告》一卷　《下学指南》一卷　《当务书》六卷　《官田始末考》一卷　《岱岳记》八卷　《茀录》十五卷　《熹庙谅阴记》一卷　《营平二州史事》六卷以上吴《谱》。　《惧谋录》四卷见江南图书馆善本书目，吾邑图书馆钞藏之，而先生著述目未载，待考。（补注）

先生勘定之书：《西安府儒学碑目》　勘定《家训》《近儒名论甲集》　纂录《易解》　纂录《南都时事》　点定荀悦《汉纪》　《区言》五十卷　《治河事》一帙　《备录》以上徐《谱》。

顾千里先生家藏亭林先生著书目录，衍生手迹也。跋云：岁丙子，不肖衍生于旧簏中检得此本，读之泫然，追忆当年，多所不符，丁亥冬于宛陵旅舍出而录之。

附录二　诸人诗文及记传

送顾宁人之金陵　陈升之仲逢

一帆风送别离舟，弧矢由来志远游。月照瓜洲寻古渡，潮冲铁瓮破新愁。吴宫花草荒烟没，晋室衣冠落照收。满目江山满目恨，劝君莫上景阳楼。

九日得顾宁人书　徐夜东痴

故国千年恨，他乡九日心。山陵余涕泪，风雨罢登临。异县传书远，经时怨别深。陶潜篱下意，谁复续高吟？

柬顾亭林先生　徐夜东痴

惊喜相看问阿翁，少年连袂各头童。家从十五年前别，身在三千里外同。且注虫鱼潜砚北，任教车马过墙东。乡关耆旧多萧索，阅历如公道未穷。

哭顾亭林先生诗一百韵　李因笃子德

朝薤初零露，浮云忽障天。史无正月纪，星脱少微躔。一代摧梁木，千春恨杜鹃。典型今顿坠，文献尔俱全。际剥哀吾道，瞻仰失大贤。浑思焚著述，未忍没周旋。劲节堪追溯，名家敢滥传。门详吴郡后，望庇武陵前。画省基藩牧，彤毫珥御钿。钟灵簪绂第，比美孝廉船。先生曾大父自方伯升侍郎，大父赞善兄乡举。阅阀窥芳矩，词宗起丱年。友兼乡国盛，声挟俊厨骈。少登复社。胜地频交轸，留都几著鞭。衔杯才最逸，搦管赋谁先？吐纳苍江丽，招寻紫陌连。同过遵石渚，独步采香荃。竞睹潜修洽，徐教懿绪延。遭时伤失路，振翼爽乘权。上客逍遥久，佳人契约偏。徒劳殷密勿，莫与救迍邅。海涸龙虚碎，山颓凤不还。难求雏翮好，漫惜颔珠圆。剖血探危躅，攀髯少并肩。鼎湖仍问渡，乔岳远怀仙。信宿寒郊址，恭图寝庙堧。为《孝陵图》。装潢勤更肃，拂拭对增虔。沐发尝辞舍，佣身偶就廛。北来驰险阻，北谒十三陵。南向洒潺湲。坏邸询遗迹，荒圻拜故阡。汤孙昭穆萃，汉祖壁墉坚。历历扪松槚，兢兢执豆笾。金楹澄有赫，碧瓦秀含烟。洒扫甘从事，勋华耻让镌。著《昌平山水记》。特书森具体，凡例发流泉。古兆原分立，斯文实创编。班扬愁腼甚，左马色苍然。自此淹羁旅，余龄肯弃捐。经搜坟典阔，世谱仡提悬。似欲超吟咏，何曾叩偓佺。雄心灰弗已，绩学励相宣。逮夜随烧烛，长征亦费研。驱车携竹笈，入肆展霜笺。叠案皆亲注，盈床益勉旃。纤瑕攻琬琰，所论多摘古人之误。细字炳丹铅。取志惟征邑，著《利病书》，必欲尽考县志。遗闻迥汇川。訏谟周利病，往册赖删诠。屡易犹藏稿，通行且待缘。昌言昭日录，著《日知录》。暇力正诗篇。著《音学五书》。转叶音何陋，葩骚韵累迁。爰稽三《颂》始，尽洗六朝愆。愤乐忘头白，遨游任足穿。观恒趋裔塞，践濈涉层渊。碛雪贞珉皎，厓藤侧蔓缠。谓宜轻棹檝，翻喜跨鞍鞯。到处逢迎备，临岐指顾牵。公卿虽倒屣，苹寠每安弦。邺架抽签数，郇厨领味专。食不兼味。晴暾装澹澹，素魄坐娟娟。桂辣宁知老，松疏那受怜。刊垂资祖籍，把赠解囊钱。晚结菟裘计，将除蕴藻田。隰苓聊近采，关阜尽高褰。甸服群推首，邦畿旧象乾。《王风》留黍稷，伯略杳鹰鹯。遂逆洪河浪，因穷太华巅。台祠洵旷举，因朱文公曾主管云台观，倡为主祠。县宰得循员。华阴令迟君任其事，亭林殁，遂陪享。浊俗多崇墨，豪耆半杂禅。迷津烦拯助，出谷仗陶甄。渐觉嘤鸣侈，俄开霁景鲜。盍簪要奋激，倾盖及狂颠。缟带曾贻晋，先生初同曹司农公过雁门，晤余于陈使君席上。清觞再集燕。嗣饮龚宗伯公宅。愚蒙沾善诱，等列荷区铨。谬许私盟牒，允期轶草《玄》。深恩鸿雁并，暂别鲤鱼联。卜宅推中表，寓表弟长源家。披帷共醉眠。颇耽亭水洁，迟眺径花妍。匣剑舒悲啸，堂琴写静便。纵谈衷曲尽，遐寄物情蠲。鬼徽喧飞檄，神州满控弦。萦肠弥怅望，叱驭复翩翾。积岁兵机稔，中宵客虑煎。匿形乖辟谷，觇梦罢回畋。忆昨登嵩少，凄其俯涧瀍。凌晨谋税野，决意谢归舷。抵绛依重郭，去秦居曲沃。诛茅假数椽。泣麟微旨在，衰凤托终焉。腊杪才呼走，遣使往讯起居。冰严薄馈绵。报章惊绝笔，晨起承报余诗二十四韵，夕卒。幽怨屈空拳。耿介标孤性，忠诚冠八埏。末繇赍志展，畴使抱痌瘝。彼网欣逋鹤，维巢讶类鸢。心休沿板荡，目视为戈铤。恐逸《阳秋》撰，须存即次毡。外甥俱隽哲，谓三徐公：司寇、太史、相国。犹子已腾骞。令侄中翰君洪善。幸接旁阴茂，当提主器偁。圣途湮岂断，儒术众疑悛。镜具睽峰壑，生刍布几筵。輀旌悲浩漫，墓树想葱芊。直拟歌《黄鸟》，真应驾白莲。招魂称至德,陟降蒋山边。

答宁人先生书　汤斌孔伯

前年山史自关中见访,询及交游名贤,即曰顾先生品高学博,国家典制,郡邑掌故,天文历象,河漕兵农之属,无不洞悉原委,坐而言,起而可见诸行事,真当今第一有用儒者也。后晤甫草、元礼计东字甫草,举人;叶舒崇字元礼,进士,俱吴江人。往往言与山史同。吾道之衰久矣,得大力阐明,岂非斯人之幸与?

南雷黄氏哀词　阎若璩百诗

当发未燥时,即爱从海内读书者游。博而能精,上下五百年,纵横一万里,仅仅得三人焉:曰钱牧斋宗伯也,曰顾亭林处士也,及先生而三。先生云亡,上距牧斋殁已三十二年,即亭林亦且十四五年,穆案:南雷卒于康熙乙亥,距先生之亡实十三年。盖至是而海内读书种子尽矣。

顾宁人小传　李光地厚庵

自幼博涉强识,好为搜讨辩论之学,十三经、诸史,旁及子、集、稗、野、列代名人著述,微言碎义,无不考究。骑驴走天下,所至荒山颓阻,有古碑版遗迹,必披榛菅,拭斑藓读之,手录其要以归。十余岁至七十而老,勤如一日。于六书音义,尤有独得。余始官庶吉士,曾相遇,为半日话。又七年,复来京师,则宁人殁矣。闻其书已成,亟求观之,宁人之学于是始窥其备。有顾氏之书,然后三代之文可读,《雅》《颂》之音各得其所,自汉、晋以来,未之有也。书既刻,厚自宝秘,曰五十年后乃有知我者耳。卫先生尔锡言其地理书用心尤多,然未见也。孤僻负气,讥诃古今,人必刺切,径情伤物,以是吴人訾之。然近代博雅淹洽,未见其比。

答从弟论师道书　汪琬苕文

仆宦游十五年矣,其有经学修明者,得二人焉:曰顾子宁人、李子天生。

随笔　无名氏

先生一日在京师酒次，王渔洋问乐府《蝴蝶行》能记否？先生应口诵之，不失一字。《蝴蝶行》最诘屈难读，学者所不经意者也。渔洋叹服。以上录张石洲谱增入。

拜顾亭林墓　王宏撰山史

三年客江东，两度抚君墓。野日滋宿草，秋华凄冷露。缅维同心交，明誓金石固。稽古启愚昧，敏求祛冥悟。朝昏恒不遑，患难行若素。重访伯起市，更寻公超雾。惠然止吾庐，一似形影附。同泣鹿马石，手攀神烈树。倏更四十春，戚戚不忘故。畴昔梦云阙，白衣从玉辂。连蜷下大荒，偃蹇问天步。叹息桑榆景，徘徊崦嵫暮。幽明事已非，生死情一诉。洒泪归山去，长辞西洲路。

哭墓诗　王宏撰山史

与君长别九年矣，白马重来千里余。独拜荒邱凄宿草，更挥老泪问遗书。

其二

为忆神明恒若存，莫将封禅比文园。当年羊傅徒轻爵，何似龙门有外孙。

山志　王宏撰山史

顾亭林，古所谓义士，不合于时，以游为隐者也。丰姿不扬，而留心经学，胸中富有日新，不易窥测。下笔为文，直入唐宋大家之室。讲明音韵，克传绝绪。他所为《日知录》《金石文字记》《天下利病》诸书，卷帙之积，几于等身，朝野倾慕之。行谊甚高，而与人过严。诗文矜重，心所不欲，虽百计求之，终不可得，或以是致怨，勿顾也。居恒自奉极俭，辞受之际，颇有权衡。四方之游，必以图书自随。手所钞录，皆作蝇头行楷，万字如一。每见予辈，或宴饮终日，辄为攒眉，客退必戒曰："可惜一日虚度矣。"其勤厉如此。所著《昌平山水记》二卷，巨细咸存，尺寸不爽，凡亲历对证，三易稿矣，而亭林犹以为未惬。正使博闻强记，或尚有人，而精详不苟，未见其伦也。增录张《谱》。

又曰：博稽详研，发前人所未发，为不朽之业者，顾亭林之于音韵，梅定九之于历数，顾景范之于地理也。

拜亭林先生墓　诸景筠世器（注）

先代通儒远，衣冠闳此茔。谁披元祐籍，不慕义熙名。碑碣临官渡，梧楸近化城。陵还知下马，心孰溯骑鲸。忆昔风雷过，偏逢日月倾。黄图悲瓦解，白首望河清。慷慨挥新泪，苍茫吊旧京。江湖空有志，天地竟无情。既改三灵卜，旋为五岳行。举觞邀侠客，投袂谢名甥。谓健庵昆弟。秦晋都纡策，燕吴不计程。如公真磊落，此愿太纵横。曾以编摩暇，群推考索精。十经归品藻，四库赖提衡。蜀道悲臣甫，商贤泣老彭。宁知忠孝节，独让一书生。

（注）昆山菉葭浜人有竹庄集行世。

拜顾宁人先生墓　孙崙悬园（注）

胜国真名士，兴朝大布衣。泪经天寿尽，骨自太原归。华表今犹是，人民昔已非。千秋存著作，拟荐首阳薇。

（注）昆山菉溪人。

题顾亭林先生遗像　李以峙颙山（注）

圣代称遗老，先生迥绝伦。姓名高士传，志节大元民。桑海人间世，须眉劫后身。训言怀母氏，隐痛系君亲。块肉终亡赵，孱躯远入秦。陵园频恸哭，关塞屡逡巡。星宿罗胸富，山河指掌陈。奇文搜玉石，宝气识金银。白眼常看俗，青睛早异人。世传先生目睛青多于白。同心多学侣，余绪作名臣。缃素留残帙，丹青尚幅巾。岩岩瞻气象，忠孝炳千春。

（注）昆山人。

题亭林先生像　王省山松坪（注）

飘泊干戈际，流离关塞中。乾坤遗一老，草莽有孤忠。泪向山陵尽，文从患难工。萧然游物外，何处弋冥鸿。

抵死辞征辟，行藏大节完。几人双白眼，相传先生瞳子中有白光。四海一黄冠。有恨沧桑变，无家天地宽。河汾留寓好，不复忆江干。先生殁于山西临晋县。

郡国关筹虑，先生著有《天下郡国利病书》。周流历苦辛。未酬经世愿，空作著书人。鼎革多奇士，山河老逸民。黎洲与青主，气节并嶙峋。

系缆千墩里，曾登夫子堂。故宅在昆山千墩镇，有祠屋奉遗像。大儒光史册，老眼阅兴亡。落落遗容在，萋萋宿草荒。生平景仰意，翘首对昆冈。

（注）山西沁州人。

顾宁人先生画像赞　王学浩椒畦（注）

通天地人，是为大儒。眼有庭燎，胸有洪垆。著书立说，继典与谟。遭时不造，瘁笔菰芦。东岱西华，马瘏仆痡。死未首邱，还榇东吴。郁郁松柏，寂寞黄垆。我拜先生，遗像在图。

题亭林先生遗像二首　王学浩椒畦

天生云鹤未教飞，万古青霄望羽衣。伊傅胸期巨川楫，夷齐身世首山薇。登临到处关经济，考订何人任是非。遗像清高容肃拜，菰中心事尚依稀。先生所著有《菰中随笔》。

著述名山业等身，当时指屈首斯人。未忘世事常看剑，为识天心遂入秦。先生客秦中，卒焉。瞥眼兴亡如昨梦，白头流寓作逋民。一门幸得全忠孝，慈训犹存泪满巾。太夫人绝食守节，遗命不事二姓。

怀亭林先生　张彦孙潜之

一代真儒自不磨，麻衣屡拜寿山阿。刘蕡对策功名薄，李密陈情涕泪多。岂有鹓雏贪腐鼠，何堪荆棘哭铜驼。天荒地老频搔首，老向菰中托浩歌。

与潘确潜书　吴映奎止狷

违晤芝标，转眴已百日余，作客光阴，何堪久此仳别耶！初夏浰中之行，拟一泛西湖之棹，乃秀才命穷，连日为雨师所困，萧山署中盘桓三日，绝少开霁之时，遂复挂帆而北。闷坐舟中，曾作小诗以遣，有“寄语湖山莫相笑，此行原似剡溪舟”句，盖不得已而为此解嘲语也。今年炎歊逼人，偶发兴欲排纂亭林先生年谱，自六月初迄今二十余日，已就十分之六七，中元节间，当得断手。兄或觅暇来此，尚当就质也。匆匆不及缅缕，惟珍重为属不宣。弟映奎顿首。

读吴止狷所辑亭林年谱有感　潘确潜

继往开来一寸心，丛残谱就自沉吟。平生寄托谁能识，却聘书成意自深。止狷曾辞制府松公之辟。

操行终身懔勿欺，由来道德重藩篱。世情多以贫为讳，墓碣谁题无愧辞？

王颂文跋

亭林年谱，始作者先生抚子衍生也。衍生随侍亭林仅五六年，又为吴江远族之子，纪述容或阙略。嘉道年间，吴止狷乡前辈重加编订，上元车秋舲先生亦有撰述。两谱详略互见，而吴《谱》见闻较确。最后平定张石洲先生所辑，则于亭林北行后事迹，考据独详。清季钱俊甫明经本衍生元《谱》，并取吴《谱》、车《谱》，参校补证；适山阳徐遯莽学博名嘉。秉铎吾昆，辑有《亭林诗注》，复与考订商榷，三年稿成，哲嗣景虞茂才什袭藏之。今邑之图书馆搜访乡邦文献，景虞出示此稿，亟录一副本藏于馆。馆固有亭林先生手辑《天下郡国利病书》原稿，上海商务印书馆愿代影印，以广流传，因取钱氏校补之《亭林年谱》附印于后，俾世之读亭林书者，可以知亭林毕生志行矣。间有张《谱》所载而为钱氏所未录者，更取一二补注之。

耻庵王颂文附志数语于卷末。

钱邦彦编《校补顾亭林先生年谱》，民国二十五年商务印书馆铅印本

史传碑志

姓氏考　颜光敏

顾炎武，一名绛，字宁人，号亭林，江苏昆山人，明诸生，荐兵部司务，再荐职方主事，皆不就。有《天下郡国利病书》《日知录》《音论》《诗本音》《易音》《唐韵正》《古音表》《吴才老韵补正》《左传杜解补正》《九经误字》《石经考》《金石文字记》《文集》《诗集》《昌平山水记》《肇域记》《二十一史年表》《历代宅京记》等书。《苏州府志》：炎武生禀异质，自幼笃志古学，九经、诸史皆能背诵。见时多故，遂屏去山中，备求经世之学。明亡绝意仕进，壮游齐、鲁、燕、赵，西入关中。所至交其贤豪长者，考其山川、风俗、古今治乱之迹，证以金石、碑碣，自是闻见益广。凡所论述，皆上下古今，贯穿精核，当代推为通儒。性耿介绝俗，少与同邑归庄齐名，有归奇顾怪之目，学者称亭林先生。

颜光敏辑《颜氏家藏尺牍》，清海山仙馆丛书本

顾宁人小传　李光地

顾炎武，字宁人，吴之长洲人。自幼博涉强识，好为搜讨辩论之学，《十三经》、诸史，旁及子、集、稗野、列代名人著述，微文碎义，无不考究。骑驴走天下，所至荒山颓址，有古碑版遗迹，必披蓁菅、拭斑藓读之，手录其要以归。十余岁至七十而老，勤如一日。于六书音义，尤独得。余始官庶吉士，曾相遇，为半日话。时余于音学无晓也，宁人举大指示之，曰："古者同文，声与形应，凡字旁从某，音必从某。后世不悟音讹，反谓古书为叶，皆非也。《唐韵》承江左末流，部居悉舛，分合之间，纷不可治。今当以《诗》《易》、周秦之文为正，质验字傍，分者并之，合者离之，使古书无二音，然后得复其旧。"予闻言犹未省了，家居数载，追寻言绪，未达者自以意为之说。又七年，复来京师，则宁人没矣。闻其书已成，亟求观之，所意者幸不谬，然宁人之学，于是始窥其备。盖平、上、去三声虽有差互，犹得类从，入声则杂乱尤甚，如人经荒流者，不第乡贯不可复追，姓氏、族系皆不自别

矣。有顾氏之书，然后三代之文可读，雅颂之音各得其所，语声形者，自汉、晋以来未之有也。书既刻，厚自宝秘，曰："五十年后，乃有知我者耳！"尚有《日知录》数十卷，识大小，覆同异，辩是非，亦有补于学者，其徒潘耒刻之闽中。卫先生尔锡言其地理书用心尤多，然未见也。孤僻负气，讥诃古今，人必刺切，径情伤物，以是吴人訾之，然近代博雅淹洽，未见其比。

李光地《榕村集》卷三十三，清刻榕村全集本

蒋山佣　钮琇

顾亭林先生炎武，行奇学博，负海内重名。玉峰三徐先生，皆其宅相也。有答监修徐学士书，以龙门雄健之笔，间作丽词；以商山沉隐之年，深言时事。览其遗编，别为一格，岂谊切渭阳，不觉语之工而思之迫欤？书曰："幼时侍先祖，自十三四岁读完《资治通鉴》后，即示之以邸报，泰昌以来，颇窥崖略。然忧患之余，重以老髦，不谈此事已二十年，都不记忆。而所藏史录奏状一二千本，悉为亡友借观，中郎被收，琴书俱尽。承吾甥来札，惓惓勉以一代文献，岂非生平至愿，恐衰朽未足副此。然既遇周情，兼叨下问，观书柱史，不为无缘，正未知绛人甲子，郯子云师，可备赵孟、叔孙之对否耳。夫史书之作，鉴往所以训今。忆昔庚辰、辛巳之间，国步阽危，方州瓦解，而老臣硕彦，品节矫然，下多折槛之陈，上有转圜之听。思贾谊之言，每闻于谕旨；烹弘羊之论，屡见于封章。遗风善政，迄今可想。而昊天不吊，大命忽焉，山岳崩颓，江河日下，三风不警，六逆弥臻。以今所睹国维人表，视崇祯之代十不得其二三，而民穷财尽，又倍蓰而无算矣。身当史局，因事纳规，造膝之谋，沃心之告，有急于编摩，固不待汗简奏功，然后为千秋金镜之献也。关辅荒凉，非复十年以前风景，而鸡肋蚕丛，尚烦武略，飞刍挽粟，岂顾民生。至有六旬老妇，七岁孤儿，挈米八升，赴营千里。于是强者鹿铤，弱者雉经，阖门而聚哭投河，并村则张旗抗令。此一方之隐忧，而庙堂之上，或未之深悉也。吾以望七之龄，客居斯土，饮瀣餐霞，足怡贞性，登岩俯涧，将卜幽栖。恐鹤唳之重惊，即鱼潜之匪乐。是以忌其出位，贡此狂言，请赋祈招之诗，以代麦丘之祝。不忘百姓，敢自

托于鲁儒；维此哲人，庶兴衰于周雅。当事君子，倘亦有闻而太息者乎？东土饥荒，颇传行旅；江南水旱，亦察舆谣。涉青云以远游，驾四牡而靡骋。所望随示以音问，不悉。”

先生在南时，号蒋山佣，中年以后，迹绝故乡，遍游燕、齐、秦、晋间以终。常言生平最憎者舟舆，而炊粱跨卫乃此身安处也。其持论畸僻，往往类此。

钮琇《觚剩》卷六，清康熙临野堂本

顾亭林传　王峻

顾炎武，字宁人，初名绛，昆山人。赞善绍芳孙，诸生同应仲子，出后从叔同吉。生禀异质，自幼笃志古学，九经诸史皆能背诵。年十四为诸生，入复社，有名明季。屡试不遇，见时多故，遂弃去举业，屏居山中，讲求经世之学。取家藏经史、累朝实录及天下郡县志书、一代奏疏、文集遍阅之，有得即录，积四十余帙，名曰“天下郡国利病书”。后以贡荐，授兵部司务，再荐职方主事，皆不就。明亡后，绝意仕进。北游齐、鲁、燕、赵，西入关中。所至交其贤豪长者，考其山川、风俗、古今治乱之迹，证以金石碑碣，自是闻见益广。凡所论述，皆上下古今，贯穿精核，卓然成一家言，当代咸推为通儒。性耿介绝俗，少与同邑归庄齐名，有归奇顾怪之目。嗣母王未嫁守节，及闻国变，不食而卒。临终诫炎武以世食明禄，毋仕二姓。炎武奉母教，厉节终身。每念故国旧君，发为诗歌，悲壮激烈。展谒诸陵，至于再三。晚寓关中，庚申元日，作一对曰：“六十年前二圣升遐之岁，三千里外孤忠未死之人。”其老而弥笃如此。卒年七十，无子，学者称亭林先生。所著书共数十种。《日知录》三十二卷，积三十余年而成，于经义、史学、官方、吏治、财赋、典礼、舆地、艺文之属，一一疏通其源流，考正其误谬，最有补于学术世道者。于六书音义，尤有独得。撰《古音表》三卷、《易音》三卷、《诗本音》十卷、《唐韵正》二十卷、《音论》三卷，统名“音学五书”。大学士李光地以为自汉晋以来所未有，二书皆久行于世。又《文集》六卷、《诗集》五卷，并《左传杜解补正》《九经误字》《石经考》《金石文字记》《吴才老韵补正》《昌平山水记》等诸杂著，皆门人潘耒梓行。其《天下郡国利病书》一百卷、《肇域记》一百卷及《二十一史年表》《历代宅京记》等书又百余卷，并藏其甥徐乾学家，今多散佚。

王峻《王艮斋文集》卷三，清乾隆蒋檠刻本

亭林先生神道表　全祖望

顾氏世为江东四姓之一，五代时由吴郡徙徐州，南宋时迁海门，已而复归于吴，遂为昆山县之花浦村人。其达者始自明正德间，曰工科给事中广东按察使司佥事溱及刑科给事中济，刑科生兵部侍郎章志，侍郎生左赞善绍芳及国子生绍芾，赞善生官荫生同应。同应之仲子曰绛，即先生也。绍芾生同吉，早卒，聘王氏，未婚守节，以先生为之后。

先生字曰宁人，乙酉改名炎武，亦或自署曰蒋山佣，学者称为亭林先生。少落落有大志，不与人苟同，耿介绝俗，其双瞳子中白而边黑，见者异之。最与里中归庄相善，共游复社，相传有归奇顾怪之目。于书无所不窥，尤留心经世之学。其时四国多虞，太息天下乏材以至败坏，自崇祯己卯后，历览二十一史、十三朝实录、天下图经、前辈文编、说部以至公移、邸抄之类，有关于民生之利害者，随录之，旁推互证，务质之今日所可行，而不为泥古之空言，曰《天下郡国利病书》，然犹未敢自信。其后周流西北且二十年，遍行边塞亭障，无不了了而始成。其别有一编曰《肇域志》，则考索利病之余，合图经而成者。

予观宋乾淳诸老以经世自命者，莫如薛艮斋，而王道夫、倪石林继之，叶水心尤精悍。然当南北分裂，闻而得之者多于见，若陈同甫，则皆欺人无实之大言，故永嘉、永康之学皆未甚粹，未有若先生之探原竟委，言言可以见之施行，又一禀于王道，而不少参以功利之说者也。最精韵学，能据遗经以正六朝、唐人之失，据唐人以正宋人之失，欲追复三代以来之音，分部正帙而究其所以不同，以知古今音学之变，其自吴才老而下廓如也，则有曰《音学五书》。性喜金石之文，到处即搜访，谓其在汉、唐以前者足与古经相参考，唐以后者，亦足与诸史相证明，盖自欧、赵、洪、王后，未有若先生之精者，则有曰《金石文字记》。

晚益笃志六经，谓古今安得别有所谓理学者，经学即理学也，自有舍经学以言理学者，而邪说以起，不知舍经学则其所谓理学者，禅学也。故其本朱子之说，参之以慈溪黄东发《日抄》，所以归咎于上蔡、横浦、象山者甚峻，于同时诸公，虽以苦节推百泉、二曲，以经世之学推梨洲，而论学则皆不合，其书曰《下学指南》。或疑其言太过，是固非吾辈所敢遽定，然其谓经学即理学则名言也，而《日知录》三十卷尤为先生终身精诣之书，凡经史之粹言具在焉。盖先生书尚多，予不悉详，但详其平生学业之所最重者。

初，太安人王氏之守节也，养先生于襁保中，太安人最孝，尝断指以疗君姑之疾。崇祯九年，直指王一鹗请旌于朝，报可。乙酉之夏，太安人六十，避兵常熟之郊，谓先生曰："我虽妇人哉，然受国恩矣。果有大故，我则死之！"于是先生方应昆山令杨永言之辟，与嘉定诸生吴其沆及归庄共起兵，奉故郧抚王永祚以从夏文忠公于吴江东，授公兵部司务。事既不克，永言行遁去，其沆死之，先生与庄幸得脱，而太安人遂不食卒，遗言后人莫事二姓。次年，闽中使至，以职方郎召，欲与族父延安推官咸正赴之，念太安人尚未葬，不果。次年，几豫吴胜兆之祸，更欲赴海上，道梗不前。

先生虽世籍江南，顾其姿禀，颇不类吴会人，以是不为乡里所喜，而先生亦甚厌群屐浮华之习，尝言古之疑众者行伪而坚，今之疑众者行伪而脆，了不足恃，既抱故国之戚，焦原毒浪，日无宁晷。庚寅，有怨家欲陷之，乃变衣冠作商贾游京口，又游禾中。次年，之旧都，拜谒孝陵，癸巳再谒。是冬，又谒而图焉。次年，遂侨居神烈山下，遍游沿江一带，以观旧都畿辅之胜。顾氏有三世仆曰陆恩，见先生日出游，家中落，叛投里豪。丁酉，先生四谒孝陵归，持之急，乃欲告先生通海。先生亟往禽之，数其罪，湛之水，仆婿复投里豪，以千金贿太守求杀先生，不系讼曹而即系之奴之家，危甚，狱日急。有为先生求救于□□者，□□欲先生自称门下而后许之，其人知先生必不可，而惧失□□之援，乃私自书一刺以与之。先生闻之，急索刺还，不得，列揭于通衢以自白。□□亦笑曰："宁人之卞也。"曲周路舍人泽溥者，故相文贞公振飞子也，侨居洞庭之东山，识兵备使者，乃为诉之，始得移讯松江而事解。于是先生浩然有去志，五谒孝陵，始东行，垦田于章邱之长白山下以自给。戊戌，遍游北都诸畿甸，直抵山海关外以观大东，归至昌平，拜谒长陵以下，图而记之。次年，再谒。既而念江南山水有未尽者，复归，六谒孝陵，东游直至会稽。次年，复北谒思陵，由太原、大同以入关中，直至榆林。是年浙中史祸作，先生之故人吴、潘二子死之，先生又幸而脱。甲辰，四谒思陵，事毕，垦田于雁门之北、五台之东。

初，先生之居东也，以其地湿，不欲久留，每言马伏波、田畴皆从塞上立业，欲居代北，尝曰："使吾泽中有牛羊千，则江南不足怀也。"然又苦其地寒，乃但经营创始，使门人辈司之，而身出游。丁未之淮上，次年自山东入京师，莱之黄氏有奴告其主所作诗者，多株连，自以为得，乃以吴人陈济生所辑忠义录指为先生所作首之，书中有名者三百余人。先生在京闻之，驰赴山东自请勘讼，系半年。富平李因笃自京师为告急于有力者，亲至历下解之，狱始白。复入京师，五谒思陵，自是还往河北诸边塞者几十年。丁巳，六谒思陵，始卜居陕之华阴。

初，先生遍观四方，其心耿耿未下，谓秦人慕经学、重处士、持清议，实他邦所少，而华阴绾毂关河之口，虽足不出户而能见天下之人，闻天下之事，一旦有警，入山守险，不过十里之遥，若志在四方，则一出关门，亦有建瓴之便，乃定居焉。王征君山史筑斋延之，先生置五十亩田于华下供晨夕，而东西开垦所入别贮之，以备有事。又饵沙苑、蒺藜而甘之曰："啖此久，不肉不茗可也。"凡先生之游，以二马二骡载书自随，所至厄塞，即呼老兵退卒询其曲折，或与平日所闻不合，则即坊肆中发书而对勘之，或径行平原大野，无足留意，则于鞍上嘿诵诸经注疏，偶有遗忘，则即坊肆中发书而熟复之。

方大学士孝感熊公之自任史事也，以书招先生为助，答曰："愿以一死谢公，最下则逃之世外。"孝感惧而止。戊午，大科诏下，诸公争欲致之，先生豫令诸门人之在京者辞曰："刀绳具在，无速我死。"次年，大修明史，诸公又欲特荐之，贻书叶学士讱庵请以身殉，得免。或曰："先生盍亦听人一荐，荐而不出，其名愈高矣。"先生笑曰："此所谓钓名者也。今夫妇人之失所天也，从一而终，之死靡慝其心，岂欲见知于人？若曰盍亦令人强委禽焉，而力拒之以明节，则吾未之闻矣。"华下诸生请讲学，谢之曰："近日二曲亦徒以讲学故得名，遂招逼迫，几致凶死，虽曰威武不屈，然而名之为累则已甚矣，又况东林覆辙有进于此者乎？”有求文者，告之曰：“文不关于经术政理之大，不足为也。韩文公起八代衰，若但作《原道》《谏佛骨表》《平淮西碑》《张中丞传后》诸篇，而一切谀墓之文不作，岂不诚山斗乎？今犹未也。”其论为学则曰：“诸君关学之余也。横渠、蓝田之教，以礼为先，孔子尝言：博我以文，约之以礼。而刘康公亦云：民受天地之中以生，所谓命也。是以有动作礼义威仪之则以定命。然则君子为学，舍礼何由？近来讲学之师，专以聚徒立帜为心，而其教不肃，方将赋茅鸱之不暇，何问其余。”寻以乙未春出关观伊、洛，历嵩、少，曰：“五岳游其四矣。”会年饥，不欲久留，渡河至代北，复还华下。

先生既负用世之略，不得一遂，而所至每小试之，垦田度地累致千金，故随寓即饶足。徐尚书乾学，兄弟甥也，当其未遇，先生振其乏，至是鼎贵，为东南人士宗，四方从之者如云，累书迎先生南归，愿以别业居之，且为买田以养，皆不至。或叩之，答曰：“昔岁孤生，飘摇风雨；今兹亲串，崛起云霄。思归尼父之辕，恐近伯鸾之灶。且天仍梦梦，世尚滔滔，犹吾大夫，未见君子，徘徊渭川以毕余年足矣。”庚申，其安人卒于昆山，寄诗挽之而已。次年，卒于华阴，无子，徐尚书为立从孙洪慎以承其祀。年六十九。门人奉丧归葬昆山之千墩。高弟吴江潘耒收其遗书，序而行之，又别辑《亭林诗文集》十卷，而《日知录》最盛传。历年渐远，读先生之书者虽多，而能言其大节者已罕，且有不知而妄为立传者，以先生为长洲人，可哂也。

徐尚书之冢孙涵持节粤中，数千里贻书以表见属。予沉吟久之，及读王高士不庵之言曰：“宁人身负沉痛，思大揭其亲之志于天下，奔走流离，老而无子，其幽隐莫发，数十年靡诉之衷，曾不得快然一吐，而使后起少年推以多闻博学，其辱已甚，安得不掉首故乡、甘于客死。噫，可痛也！”斯言也，其足以表先生之墓矣夫。其铭曰：

先生兀兀，佐王之学。云雷经纶，以屯被缚。渺然高风，寥天一鹤。重泉拜母，庶无愧怍。

全祖望《鲒埼亭集》卷十二，清嘉庆九年史梦蛟校订本

顾亭林先生传　刘绍攽

先生姓顾氏，初名绛，字宁人，后名炎武，别字亭林，江南昆山人。生于明季，聪颖过人，博通强识，好为搜讨辩论之学。上自经史，旁及子集、稗野、列代名人著述、微文碎义，近自当世务盐茶、水利、屯田、官方兵农之属，无不究其得失。常骑驴走天下，荒山颓址，碑断碣残僵仆，沉翳于奥草寒烟苔痕，斑驳不可读，必披草剔藓，摩挲注视，录其要以归。或曰：顾于江南为望族，曾大父自方伯洊卿贰，大父赞善先生早入复社，与同邑归庄齐名，皆耿介绝俗，乡人有归奇顾怪之目。兵后尽鬻其产，寄居章邱，别治田舍，久为土人攘夺。又迁山西之曲沃，一车两马，载《十四经》增《大戴》二十一史暨明累朝实录，携子游天下，日五六十里，或三四里，就馆启箧，朗诵课子，声相应和，流连数日，然后去，或不逾日即去。有胜地必访名士，必交好古君子，卿大夫致位巷处者，无不慕先生，所至争逢迎。先生欣然与之游，唯不喜荣利，当事要人拒不与通。尝游关中，善盩厔李中孚、富平李子德、华阴王弘撰，寓华下最久，故关中学者多能言先生事。康熙十八年，开博学鸿词科，士有令闻者，皆应举中朝。诸公莫不欲荐先生，先生固绝之。昆山徐氏为先生甥，徐氏兄弟掇魏科致显仕，声称烜赫，而大科之举，尤主持之，招先生，先生不应，独逍遥车尘马迹间。一日过济南，太守目为狂人，下狱。李子德自秦驰往救之，会远来者益众，太守悔，跽请出。先生卒老于沃，犹子洪善为中翰。先生性质直，负气节，嫉恶太严，讥诃古今，人必刺切，少为词章，甫脱稿，脍炙人口。中年讲经济，作《日知录》三十二卷，首明经义，次正诸史，次礼、乐、刑、政，溯流穷源，揆今准古，实可施行。未析方名、覆同异，必归至是。先生殁，其徒潘耒刻于闽中，今遍天下家有其书矣。尤精古韵，故相国李公光地在馆职时从质疑。先生曰：古者同文，声与形应，凡字旁从某，音必从某，后世不悟音讹，反谓古音为叶，皆非也。唐韵承江左末流，部居悉舛，分合之间，纷不可治。今当以《诗》《易》，周秦之文为正，质验字旁，分者并之，合者离之，使古书无二音，始复其旧。后与李子德共为《音学五书》。李公见之，叹曰：平上去三声，虽有差互，犹得类从，入声则杂乱尤甚，如人经荒流者，不第乡贯，不可复追，姓氏族系皆不自别矣。有顾氏之书，然后三代之文可读。雅颂之音，各得其所。语声形者，自汉晋以来未之有也。初先生为韵书，既成，厚自宝秘，曰：五十年后乃有知我者耳。当时见其大异旧说，知者尚少，未十年，而言韵者无不宗先生矣。

九畹子曰：卫先生尔锡言先生有地理书，李先生子德言有利病书，用心尤多。李公光地求之未得，《明诗综》谓有《肇域志》，卷帙最富，殁后散佚，意即所称地理、利病书。与先生游，至一邑必读其志乘。游几遍天下，志乘□读，亦几遍天下。又摩临于碑版，咨访于故老，必有纤细不遗、措置得宜者，而惜不可见也。呜呼！今之据《日知录》以陈时政者，往往行之而效，《肇域志》胡不得一试其奇哉？

刘绍攽《九畹续集》卷一，清乾隆传经堂刻本

儒行述　彭绍升

顾宁人，初名绛，后更名炎武，江南昆山人。明季为诸生，落落有大志，见国家多事，法度弛，人材坏，则究心一代掌故，考制度得失，生民利害，与前史旁推互证，而折其中于六经，慨然以澄清为己任。母王氏，以贞节旌。南京破，谓宁人曰："吾虽妇人，然已受国恩矣，脱有大故，我则死之。"于是宁人方应昆山知县杨永言之辟，与嘉定吴其沆、同里归庄共起兵，鲁王授兵部司务。事败，永言遁去，其沆死之，宁人与庄仅得免，王氏遂不食以死。明年，唐王以职方郎召，母丧未葬，不行。既葬，更欲从鲁王于海上，道梗不得前。有怨家欲害之，乃变衣冠，作商贾客，游江、浙间，复之旧都，屡哭于孝陵。既归，有奴畔投里豪，欲上变告，宁人缚而沉之池。仆婿讼之府，狱急，曲周路泽溥为求解于兵备使者，移讯松江，得释。遂去，之山东，垦田长白山下。北抵山海关，还过昌平，谒诸陵。由太原入关中，至榆林，尝言马援、田畴皆从塞上立功业，遂垦田于雁门之北、五台之东。经营既定，以付其门人。复南客淮安，自山东入京师。莱州黄氏有狱，词连宁人，宁人赴山东听勘，颂系半年。富平李因笃自京师为告急于有力者，亲至

历城解之，狱始白。复入京师，先后五谒思陵。自是往还河北诸关塞者且十年。最后至陕之华阴，谓秦人慕经学，重处士，持清议，它方所不及；而华阴据关、河之口，足不出户，而能遍阅天下之人，闻天下之事。遂定居，置田五十亩以自食，而东西开垦所入，别储以备事。

其出游，以二马二骡载书自随，所至厄塞，即老兵退卒，询其曲折，发书勘验同异。著《肇域考》《天下郡国利病书》。其经世之略，见于所为《日知录》中。宁人论治综核名实，于礼教尤兢兢，谓风俗衰，廉耻之防溃，由无礼以维之，常欲以古制率天下。故其辨析名物，穷原竟委，切深，不苟为夸大之言。居华阴时，年且老，既屡更患难，志气弥厉。圣祖朝开博学鸿儒科，又诏修明史，公卿累欲荐起之，卒不应。康熙十九年，卒于华阴，年六十九。无子。门人以其丧归葬昆山。吴江潘耒叙其遗书行于世。亭林集全谢山集。

彭绍升《二林居集》卷十九，清嘉庆四年味初堂刻本

顾炎武 秦瀛

顾炎武，原名绛，字宁人，号亭林，江南昆山人。明赞善绍芳孙。著有《左传杜解补正》三卷、《九经误字》一卷、《音论》三卷、《诗本音》十卷、《易音》三卷、《唐韵正》二十卷、《古音表》二卷、《韵补正》一卷、《顾氏谱系考》一卷、《历代帝王宅京记》二十卷、《营平二州地名记》一卷、《天下郡国利病书》一百二十卷、《昌平山水记》二卷、《山东考古录》一卷、《京东考古录》一卷、《谲觚》一卷、《求古录》一卷、《金石文字记》六卷、《石经考》一卷、《日知录》三十二卷、《菰中随笔》三卷、《救文格论》一卷、《杂录》一卷、《二十一史年表》八十卷、《肇域记》一百卷、《文集》六卷、《诗集》五卷。

炎武博极群书，精于考证，国初称学有根柢者，以炎武为最。李光地尝为作小传，今载《榕村集》中。是书以杜预《左传集解》时有阙失，贾逵、服虔之注，乐逊之《春秋序义》，今又不传，于是博稽载籍，作为此书。至邵宝《左觿》等书，苟有合者，亦皆采辑。若“室如悬罄”取诸《国语》，“肉谓之羹”取诸《尔雅》，“车之有辅”取诸《吕览》，“田禄其子”取诸《楚

辞》，“千亩原之在晋州”取诸郑康成，“祏为庙主”取诸《说文》，“石四为鼓”取诸王肃《家语注》，“祝其之为莱芜”取诸《水经注》。凡此之类，皆有根据。其他推求文义，研究训诂，亦多得左氏之意。昔隋刘炫作《杜解规过》，其书不传，惟散见孔颖达《正义》中，然孔疏之例，务主一家，故凡炫所规，皆遭排斥，一字一句，无不刘曲而杜直，未协至公。炎武甚重杜《解》，而又能弥缝其阙失，可谓扫除门户，能持是非之平矣。近时惠栋作《左传补注》，纠正此书“龙涼”一条、“大司马固”一条、“文马百驷”一条、“使封人虑事”一条、“遇艮之八”一条、“豆区釜钟”一条。然其中“文马”之说，究以炎武为是。栋又摘其引古《春秋左氏》说，但举《汉书·五行志》之名。又摘其“礼为邻国阙”一条，用服虔之说而不著所自。案：征引佚书，当以所载之书为据。栋引《世本》不标《史记》注，引京相璠《土地名》不标《水经注》，正体例之疏，未可反讥炎武。至服虔一条，当由偶忘出典。栋注昭公二十九年赋晋国一鼓铁，证以王肃《家语注》，亦明冯时可之说，未标时可之名也。是固不以掠美论矣。节录《四库书目·〈左传杜解补正〉提要》。

自陈第作《毛诗古音考》《屈宋古音义》，而古音之门径始明。然创辟榛芜，犹未及研求邃密。至炎武乃探讨本原，推寻经传，作《音学五书》以正之。此其五书之一也，上卷分三篇：一、古曰音今曰韵，二、韵书之始，三、唐、宋韵谱异同；中卷分六篇：一、古人韵缓，不烦改字，二、古诗无叶音，三、四声之始，四、古人四声一贯，五、入为闰声，六、近代入声之误；下卷分六篇：一、六书转注之解，二、先儒两声各义之说不尽然，三、反切之始，四、南北朝反语，五、反切之名，六、读若某。共十五篇，皆引据古人之说，以相证验，中惟所论入声变乱旧法，未为甚确，余皆元元本本，足以订俗学之讹，盖五书之纲领也。书成于崇祯癸未，其时旧本《集韵》与别本《广韵》皆尚未出，故不知唐、宋部分之异同由于陈彭年、丁度。又唐封演《闻见记》，其时亦未刊行，故亦不知唐人官韵定自许敬宗。然全书持论精博，百余年来言韵学者，虽愈阐愈密，或出于炎武所论之外，而发明古义，则陈第之后，炎武屹为正宗。陈万策《近道斋集》有《李光地小传》，称光地音学受之炎武。又万策作《李光地诗集后序》，称光地推炎武音学妙契古先，故所注古音不用吴棫《韵补》而用炎武《诗本音》，则是书之为善本，可概见矣。节录《四库书目·〈音论〉提要》。

所录皆历代建都之制，上起伏羲，下讫于元，仿《雍录》《长安志》体例，备载其城郭、宫室、都邑、寺观，及建置年月事迹。前为总论两卷，后十八卷则各按时代详载本末，征引详核，考据亦颇精审。盖地理之学，炎武素所长也。节录《四库书目·〈历代帝王宅京记〉提要》。

炎武性好远游，足迹几遍天下。搜金石之文，手自钞纂，凡已见方志者不录，现有拓本者不录，近代文集尚存者不录。上自汉《曹全碑》，下至明建文《霍山碑》，共得五十六种。每刻必载全文，盖用洪适隶释之例，仍皆志其地理，考其建立之由。古字篆隶，一一注释。其中官职年月，多可与正史相参。如“荼”“荼”、“凖”“准”、“张”“弡”等字，亦可以补正字书之讹。炎武别有《金石文字记》，但载跋尾，不若此编之详明也。惟《曹全碑》题“中平二年十月丙辰造”，以《后汉书》考之，《灵帝本纪》是年十月有庚寅，距丙辰前二十六日；《天文志》是年十月有癸亥，距丙辰后七日，其间不得有丙辰，颇疑是碑之伪。据《潜研堂金石文跋尾》以长历推之，始知是年十月丙申朔，丙辰为月之二十一日，癸亥为月之二十八日，实无庚寅。并证以《谯敏碑》，称“中平二年三月九日戊寅”；《灵帝本纪》及《五行志》并称“中平三年五月壬辰晦”，干支日数，一一相符。乃《本纪》之误，非碑之伪，炎武犹未及详辨，是则考证之偶疏耳。节录《四库书目·〈求古录〉提要》。

是书前有自记，称自少读书，有所得辄记之，其有不合，时复改定，或古人先我而有者则遂削之，积三十余年乃成一编，盖其一生精力所注也。书中不分门目，而编次先后则略以类从，大抵前七卷皆论经义，八卷至十二卷皆论政事，十三卷论世风，十四卷、十五卷论礼制，十六卷、十七卷皆论科举，十八卷至二十一卷皆论艺文，二十二卷至二十四卷杂论名义，二十五卷论古事真妄，二十六卷论史法，二十七卷论注书，二十八卷论杂事，二十九卷论兵及外国事，三十卷论天象术数，三十一卷论地理，三十二卷为杂考证。炎武学有本原，博赡而能通贯，每一事必详其始末，参以证佐，而后笔之于书，故引据浩繁而抵牾者少。非如杨慎、焦竑诸人，偶然涉猎，得一义之异同，知其一而不知其二者。阎若璩作《潜邱札记》，尝补正此书五十余条，若璩之婿沈俨特著其事于序中；赵执信作《若璩墓志》，亦特书其事。若璩博极群书，睥睨一代，虽王士祯诸人尚谓不足当抨击，独于诘难此书沾沾自喜，则其引炎武为重，可概见矣。然所驳或当或否，亦互见短长，要不足为炎武病也。炎武生于明末，喜谈经世之务，激于时事，慨然以复古为志。观所作《音学五书后序》，至谓圣人复起，必举今日之音而还之淳古，是岂可行之事乎？节录《四库书目·〈日知录〉提要》。

顾炎武少负异质，笃志古学，九经诸史，皆能背诵。生平足迹半天下，所至考其山川、风俗、疾苦、利病，如指诸掌。凡所论著，皆上下古今，贯串精核，卓然成一家言，当代咸服为通儒。于六书音义尤有独得，李光地以为自汉、晋以来所未有，学者称亭林先生。《江南通志》。

友人顾炎武，别字亭林。案：顾野王读书处名顾亭林，在华亭。又：潘次耕寄所刻顾亭林《日知录》三十二卷。顾，潘之师也。《居易录》。

宁人早年入复社，与同邑归庄齐名，两人皆耿介不混俗，乡人有“归奇顾怪”之目。兵后尽鬻其产，寄居章邱，别治田舍，久而为土人攘夺。乃又迁于山西，营书院一区，尽取家中所藏十四经、二十一史暨明累朝实录，插签于架。予尝分书题其柱，云：“入则孝，出则弟，守先王之道，以待后学；诵其诗，读其书，友天下之士，尚论古人。”然侨居日少暇，辄周览山川，考古今治乱之迹，证以金石铭碣。著书盈簏，其卷帙最繁富者，《肇域志》也。宁人殁后，遗书悉为弟子吴江潘耒刊行，独《肇域志》散佚，良可惋惜。诗无长语，事必精当，词必古雅，杼山长老所云“清气当中，天地秋色”，庶几似之。朱彝尊《静志居诗话》。

先生名绛，字宁人，乙酉改名炎武，亦或自署曰蒋山佣。少耿介绝俗。双瞳子，中白而边黑，见者异之。于书无不窥，尤留心经世之学。著有《天下郡国利病书》，周流西北余二十年，遍行边塞亭障，无不了了，而其书始成。《日知录》三十卷，尤为精诣。初，先生从父同吉早卒，聘王氏，未婚守节，以先生为之后。乙酉，奉其母避兵常熟，旋应江东之辟，授兵部司务。无何，母王氏不食卒。闽中以职方郎召，不就。既而世仆陆恩购祸，危甚，曲周路舍人泽浦者救之，得解。后自山东入京师，复以书案株连，自请勘颂。

系半年，富平李因笃解之，事始白。定居华阴，置田五十亩供晨夕。孝感熊公欲招入史馆为助，坚以死谢。戊午大科，诏下，诸公争思致之，先生辞不赴。次年，大修明史，诸公又欲特荐之，贻书叶学士讱庵，又请以身殉，得免。卒于华阴，无子，甥徐尚书乾学为立从孙洪慎。门人奉丧归。吴江潘耒收其遗书，序而行之。节录《鲒埼亭集·墓表》。

诗有俚语，经顾宁人笔则典，诗有庸语，入屈翁山手则超[①]。缪永谋[②]《荇溪诗话》。

瀛案：先生为余外氏之所自出。健庵先生深于三《礼》，实得之先生为多。健庵先生兄弟既贵，累书迎先生南归，为买田以养，皆辞焉。余幼时粗识字，先大夫即授以《日知录》，曰："是书选言精粹，宜熟玩。"既而授以《憺园集》，则健庵先生著也。今以迟暮之年，于学问迄无所就，而少年经世之志，亦消磨于仕宦之场，孤负先人明训，自惧亦自愧耳。《郡国利病书》购得钞本，宝藏之。

贾崧案：叶讱庵侍郎欲举亭林，亭林固辞，致书者三，遂不列荐剡。常熟吴龙锡有诗云："终南山下草连天，种放犹惭古史笺。到底不曾书鹤板，江南惟有顾书年。"

秦瀛《己未词科录》卷八，清嘉庆刻本

顾炎武　江藩

顾炎武，本名绛，乙酉改名炎武，字宁人，学者称为亭林先生。顾氏为江东望族，五代时由吴郡徙徐州，南宋时迁海门，已而复归吴下，遂为昆山人。其先世在明正德间，有工科给事中、广东按察使司佥事溱，溱之弟济刑科给事中，济生兵部侍郎广志，侍郎生左赞善绍芳及国子生绍芾，绍芳生官荫生同应，同应之仲子即炎武也。绍芾生同吉，早卒，聘王氏，未婚守节，以炎武为之后。

---

①原文为"诗有腐庸语，入雪一手则超"。

②原文无"永谋"二字。

炎武生而双瞳子，中白边黑，见者异之。读书一目十行。性耿介绝，不与世人交，独与里中归庄善，同游复社，相传有“归奇顾怪”之目。

母王，养炎武于襁褓中，抚育守节，事姑孝，曾断指疗姑疾。崇祯九年，直指王一鹗请旌于朝，报可。乙酉之夏，母王年六十，避兵常熟，谓炎武曰：“我虽妇人，然受国恩矣，设有大故，必死！”是时炎武方应昆山令杨永言之辟，与嘉定诸生吴其沆、归庄共起兵，奉故郧抚王永祚，以从夏文忠公于吴，江东授炎武兵部司务。事不克，永言遁去，其沆死之，炎武与庄脱走。母王氏不食卒，遗言后人勿事二姓。次年，闽中使至，以职方郎召，炎武念母氏未葬，辞不赴。次年，几豫吴胜兆之祸。葬事毕，将之海上，道梗不前。

庚寅，有怨家欲陷之，伪作商贾，由嘉禾窜京口，遂之金陵，谒孝陵，变姓名为蒋山佣。甲午，侨居神烈山下，遍游沿江一带，以观山川之胜。有三世仆陆恩，见炎武久不归，投身里豪家。炎武四谒孝陵回，持之甚急，恩欲告炎武通海，乃亟禽之，数其罪，沉之水。恩之婿某，复投里豪，谋报怨，以千金贿太守，告炎武通海，不系之讼曹，而系之奴家，甚危急。有为求救于钱谦益，谦益欲炎武自称门下而后许之。其人知不可，而恐失事机，乃私书一刺与之。炎武闻之，急索刺还，不得，列揭文于通衢以自白。谦益闻之，曰：“宁人何其卞也！”时有路舍人泽溥者，故相文贞公振飞之子，寓洞庭东山，识兵备使者，为之诉冤，其事遂解。

乃五谒孝陵，遂北行，垦田于章邱长白山下。戊戌，遍游北都，谒长陵以下，图而记之。次年，再谒十三陵，而念江南山水有未游者，复归，六谒孝陵，东游至会稽。次年，复北谒思陵攒宫，由太原、大同以入关，又北走至榆林。康熙甲辰，与李因笃同谒攒宫，为文以祭。往代州垦田，每言马伏波、田畴皆从塞上立业，欲居代北，曰：“使吾泽中有牛羊千，则江南不足怀矣。”然又苦其地寒，但经其始，使门人掌之。丁未，之淮上。次年，取道山东入京师。莱黄培之奴姜元衡告其主诗词悖逆，案多株连。又以吴人陈济生所辑《忠节录》，指为炎武作。炎武闻之，驰赴山左，自请系勘。李因笃为告急于有力者，亲往历下解之。狱释，复入京师，五谒思陵，从此策马往来河北诸边塞者十余年。丁巳，六谒思陵，后始卜居华阴，尝谓人曰：“遍观四方，惟秦人慕经学，重处士，持清议，而华阴绾毂关、河之口，虽足不出户，而能见天下之人，闻天下之事。一旦有警，入山守险，不十里之遥；若志在四方，一出关门，亦有建瓴之势。”乃定居焉。王征君山史筑斋延之。炎武置田五十亩于华下供晨夕。又饵沙苑、蒺藜而甘之，曰：“啖此久，不肉不茗可也。”盖以蒺藜苗佐餐，以子待茗，故有此语。

朝廷开明史馆，大学士孝感熊公锡履主馆事，以书招炎武，答曰：“愿以一死谢公。”戊午，词科诏下，诸公争欲致之，炎武作书与门人之在京师者，曰：“刀绳具在，无速我死。”次年，大修《明史》，诸公又欲荐之，乃贻书叶学士讱庵，请以身殉，得免。或曰：“先生盍亦听人一荐，荐而不出，其名愈高矣。”笑曰：“此所谓钓名者也。今夫妇人之失所天也，从一而终，之死靡慝，其心岂欲见知于人？若曰盍亦令人强委禽焉，而力拒之以明吾节，则吾未之闻矣。”昆山相国元文弟兄，炎武之甥也。尚书乾学未遇时，炎武振其困乏。至是一门鼎贵，以书迎之南归，为买田置宅，拒而不往。或叩之，答曰：“昔岁孤生，飘摇风雨；今兹亲串，崛起云霄。思归尼父之辕，恐近伯鸾之灶。且犹吾大夫，未见君子，徘徊渭川，以毕余年，足矣。”庚申，其妻没于家，寄诗挽之而已。次年，卒于华阴，年六十有九。无子，自立从子衍生为后。门人奉丧归葬。高弟子吴江潘耒收其遗书，序而传之。

撰述之书，有《左传杜解补正》三卷、《音论》三卷、《诗本音》十卷、《易音》三卷、《唐韵正》二十卷、《古音表》二卷、《韵补正》一卷、《营平二州地名记》一卷、《求古录》一卷、《金石文字记》六卷、《石经考》一卷、《日知录》三十卷，《天下郡国利病书》及《肇域志》二书未成。

炎武留心经世之术，游历所至，以二马二骡载书自随，至西北厄塞、东南海陬，必呼老兵退卒，谒其曲折，与平日所闻不合，即发书检勘。其所著《天下郡国利病书》，聚天下图经、历朝史籍，以及小说、笔记、明十三朝实录、公移、邸报之类有关于朝政民生者，酌古通今，旁推互证，不为空谈，期于致用。《肇域志》则专论山川要厄、边防战守之事。盖炎武周流西北垂三十年，边塞亭障，皆经目击，故能言之了了也。晚年笃志《六经》，精研深究。居华阴，有请讲学者，谢曰：“近日二曲以讲学得名，遂招逼迫，几致凶死。虽曰威武不屈，然而名之为累，则已甚矣。况东林覆辙，有进于此者乎？”有求文者，告之曰：“文不关于经术政事者，不足为也。韩文公起八代之衰，若但作《原道》《谏佛骨表》《平淮西碑》《张中丞传后叙》，而一切谀墓之文不作，岂不诚山斗乎？”在关中论学，曰：“诸君关学之余也。横渠、蓝田之教，以礼为先。孔子尝言‘博我以文，约之以礼’，而刘康公亦云‘民受天地之中以生，所谓命也，是以有动作礼义威仪之则以定命’。然则君子为学，舍礼何由？近来讲学之师，专以聚徒立帜为心，而其教不肃，方将赋《茅鸱》之不暇，何问其余哉？”

炎武生性兀傲，不谐于世，身本南人，好居北土。尝谓人曰：“性不能舟行食稻，而喜餐麦跨鞍。”又谓：“北方之人，饱食终日，无所用心；南方之人，群居终日，言不及义，好行小慧。”时人谓其评论切中南北学者之病。尝至京师，东海两学士延之夜饮，怒曰：“古人饮酒，卜昼不卜夜，世间惟淫奔、纳贿二者皆夜行之，岂有正人君子而夜行者乎？”其狷介嫉俗如此。于同时诸君子，虽以苦节推百泉、二曲，以经世之学推黎洲，至于论经评史，亦不苟同也。

节甫曰：记成之后，客有问于予曰：“有明一代，囿于性理，汩于制义，无一人知读古经注疏者。自黎洲起而振其颓波，亭林继之，于是承学之士知习古经义矣。所以阎百诗、胡朏明诸君子皆推挹南雷、昆山。今子不为之传，岂非数典而忘其祖欤？”予曰：“黎洲乃蕺山之学，矫良知之弊，以实践为主，亭林乃文清之裔，辨陆王之非，以朱子为宗，故两家之学皆深入宋儒之室，但以汉学为不可废耳，多骑墙之见、依违之言，岂真知灼见者哉？”

客曰：“二君以瑰异之质，负经世之才，思见用于当世，垂勋名于来叶。读书论道，重在大端，疏于末节，岂若抱残守缺之俗儒、寻章摘句之世士也哉？然黄氏辟《图》《书》之谬，知《尚书》古文之伪，顾氏审古韵之微，补《左传》杜注之遗，能为举世不为之时，谓非豪杰之士耶？国朝诸儒究《六经》奥旨，与两汉同风，二君实启之。菜瓜祭饮食之人，芹藻释瞽宗之奠，乃木本水源之意也。况若璩《四书释地》曲护紫阳，朏明《洪范正论》直讥刘向，于此则从宽假之条，于彼则严逾闲之辨，非有心轩轾者乎？”予曰：“甲申、乙酉之变，二君策名于波浪砺滩之上，窜身于榛莽穷谷之中，不顺天命，强挽人心，发蛙黾之怒，奋螳螂之臂，以乌合之众当王者之师，未有不败者矣。逮夫故土焦原横流毒浪之后，尚自负东林之党人，犹效西台之恸哭，虽前朝之遗老，实周室之顽民。当名编熏胥之条，岂能入儒林之传哉？”

客曰：“固哉，子之说也！我祖宗参化育之功，体生成之德，不但不加以诛戮，抑且招之使来，所以突围猛兽得以遁迹山林，漏网长鲸亦复呴濡江海，此伊古以来未有之宽仁厚泽也。我高宗纯皇帝御批《通鉴辑览》，乙酉一年不黜留都位号，唐、桂二主并为窃据续编。即钦定《明史》，亦仿《宋史》甲戌乙亥之例，大书而特书矣，是以祁彪佳、熊开元皆有列传。核二君事迹，祁、熊之流也。今子不尊圣人至公之心，而为拘牵之论，何所见之不广耶？”予曰：“噫，吾过矣！”退而辑二君事实，为书一卷，附于册后。

江藩《国朝汉学师承记》卷八，清嘉庆十七年刻本

顾炎武 钱林

顾炎武，字宁人，又字亭林，昆山人。本名绛，明赞善绍芳孙。年十四，补诸生。志操绝特，惟同里归庄与善，时号为“归奇顾怪”。炎武专心经书，该究精悉。《与友人论学》云：百余年来，其为学者，往往言性言心，茫然不得其解也。命与仁，夫子罕言；性与天道，子贡所未得闻。性命之理，著之《易传》，未尝数以语人。其答问士，则曰“行己有耻”。其为学，则曰“好古敏求”。其与门弟子言，但曰“允执厥中”。其告哀公明善之功，先之以博学。颜子几于圣人，犹曰“博我以文”。曾子而下，笃实无如子夏，其言仁，曰“博学而笃志，切问而近思”。今之君子则不然，聚宾客门人数十百人，与之言心言性，舍多学而识，以求一贯，置四海困穷，而讲危微精一，是其道高于孔子，而其弟子之贤于子贡也。孟子言心言性，亦谆谆矣，乃至万章、公孙丑、陈代、陈臻、周霄、彭更所问，孟子之所答，常在乎出处、去就、辞受、取与之间。是故性也，命也，天也，夫子之所罕言，而今之君子所恒言也；出处、去就、辞受、取与，孟子之所恒言，而今之君子所不言也。所谓圣人之道者如之何？曰“博学于文”，曰“行己有耻”。自一身以至于天下国家，皆学之事也；自子臣弟友以至于出入、往来、酬酢，皆有耻之事也。士不先言耻，则为无本之人；非好古多闻，则为空虚之学。以无本之

人，讲空虚之学，吾见其日从事于圣人，而去之弥远也。

又曰：今之理学不取诸五经《论语》，而资之语录，是之谓不知本。典谟爻象，此二帝三王之言也，《论语》《孝经》，此夫子之言也，文章在是，性与天道亦不外乎是，故曰“有德者必有言”。善乎游定夫之言曰：“不能文章，而欲闻性与天道，譬犹筑数仞之墙，而浮埃聚沫以为基，无是理矣。”后之君子，于下学之初，即谈性道，乃以文章为小技而不必用力，然则夫子不曰“其旨远，其辞文”乎？不曰“言之无文，行之不远”乎？曾子曰：“出辞气，斯远鄙倍矣。”尝见今讲学先生，从语录入门者多，不善于修辞，或乃反子贡之言以讥之曰：“夫子之言性与天道，可得而闻；夫子之文章，不可得而闻也。”

又曰：经学即理学也，舍经学而言理学，则其所谓理学，禅学也。

又曰：樊迟问仁，子曰：“居处恭，执事敬，与人忠。”司马牛问仁，子曰：“仁者其言也讱。”由是而充之“一日克己复礼”，有异道乎？今之君子，学未及乎樊迟、司马牛，而欲其说之高于颜、曾二子，是以终日言性与天道，而不知其堕于禅学也。

尝叹曰：北方之人，饱食终日，无所用心；南方之人，群居终日，言不及义，好行小慧。东海学士延之夜饮，怒曰：“古人饮酒，卜昼不卜夜。世间惟淫奔、纳贿二者夜行，岂有君子而夜行者乎？”

既壮，文学之会渐广，投止所及，莫不尊其名行，望尘请益。炎武虚怀切磋，因著《广师篇》云：学究天人，确乎不拔，吾不如王锡阐。读书为己，探赜洞微，吾不如杨雪臣。独精三《礼》，卓然经师，吾不如张尔岐。萧然物外，自得天机，吾不如傅山。坚苦力学，无师而成，吾不如李容。险阻备尝，与时屈伸，吾不如路安卿。博闻强记，群书之府，吾不如吴任臣。文章尔雅，宅心和厚，吾不如朱彝尊。好学不倦，笃于朋友，吾不如王宏撰。精心六书，信而好古，吾不如张弨。至于达而在位，其可称述者亦多有之，然非布衣所得议也。

在关中与诸子论学曰：诸君关学之余也。横渠、蓝田之教，以礼为先。孔子尝言“博学于文，约之以礼”，刘康公亦云“民受天地之中以生，所谓命也，是以有动作礼义威仪之则以定命”。君子为学，舍礼何由？近讲学诸师，聚徒立名，而其教不肃，方将赋《茅鸱》之不暇，何问其余哉？

炎武继母，王氏之女也，未嫁守节，姑病，断指以疗。崇祯中，有司请于朝，建坊旌之。甲申闻国变，绝食死，诫炎武勿更出仕。福王在南都，昆山令杨永言荐炎武为兵部司务，迁延未就，俄征为职方郎，亦不至。锐意耽学，自少至老，手不舍书。出门则以一骡二马捆书自随，过边塞亭障，呼老兵诣道边酒垆对坐痛饮，咨其风土，考其区域，若与平生所闻不合，发书详正，必无所疑而后已。马上无事，辄据鞍默诵诸经注疏，故友忽不相识，颇责斥之；或颠队坑谷，亦无悔也。兵后尽粥其产，将游海上，不果。避怨至京口，渡江谒孝陵，变姓名为蒋家佣。既归，复有怨之者陷以罪，几不得解。既而居章邱，治田舍长白山下，俄为土人所攘夺。乃游都中，至昌平，谒十三陵。东至会稽，复北谒思陵攒宫。往代州垦田，曰："使吾泽中有牛羊千，江南不足怀也。"未久，又之淮上。复入都，谒思陵。又往来河北边塞者十余年，凡谒孝陵六，谒思陵六。爱华阴之胜，遂定居焉。食沙苑蒺藜，甘之，曰："啖此久，不肉不茗可也。"身本南人，喜北方风土，尝曰："性不能行舟食稻，而喜餐麦跨鞍。"入国朝，荐博学鸿词，又荐修《明史》，皆辞。在京师邸舍，王士正曰："先生博学强记，请诵古乐府《蛱蝶行》，可乎？"即朗念一过，同坐皆惊。

善为诗，诗笔皆妙。有《亭林文集》六卷，《诗集》五卷。朱彝尊曰：复社诸君，多负文章经济，若顾宁人，嫓群《雅》而继《国风》者也。予尝分书题其柱云："入则孝，出则弟，守先王之道以待后学；诵其诗，读其书，友天下之士尚论古人。"其诗若《孝陵图》《天寿山》《衡王府》《邢州》《秀州》《井陉》诸诗，雄浑悲壮，汉、魏之遗音也。诗无长语，事必精当，词必古雅，杼山长老所云"清景当中，天地秋色"，庶几似之。有《古侠士歌》云："广柳车中人，异日河东守。空传鲁朱家，名字人知否？"尤得古意。《自大同至西口》有云："印盐和菜滑，桐乳入茶凝。"又极彩致也。

尝论嘉靖从祀之失，曰：古人每事必祭其始之人，耕之祭先农也，桑之祭先蚕也，学之祭先师也，一也。《旧唐书》太宗贞观二十一年二月壬申，诏以左邱明、卜子夏、公羊高、穀梁赤、伏胜、高堂生、戴圣、毛苌、孔安国、刘向、郑众、杜子春、马融、卢植、郑元、服虔、贾逵、何休、王肃、王弼、杜预、范甯等二十二人，代用其书，垂于国胄，自今有事于太学，并令配享宣尼庙堂，盖所以报其传注之功，迄乎宋之仁、英，未有改易，可谓得古人敬学尊师之意者矣。神宗元丰七年，始进荀况、扬雄、韩愈三人。此三人之书，虽有合于圣人，而无传注之功，不当祀也，祀之者为王安石配享、王雱从祀地也。理宗宝庆三年，进朱熹。淳祐元年，进周颐、张载、程颢、程颐。周颐者，惇颐也，避光庙讳，去“惇”字。景定二年，进张栻、吕祖谦。度宗咸淳三年，进邵雍、司马光。以今论之，惟程子之《易传》，朱子之《四书章句集注》《易本义》《诗传》，及蔡氏之《尚书集传》、胡氏之《春秋传》、陈氏之《礼记集说》，是所谓代用其书，垂于国胄者尔。南轩之《论语解》、东莱之《读书记》，抑又次之。又《太极图》《通书》《西铭》《正蒙》，亦羽翼六经之作也。至明嘉靖九年，欲以制礼之功，盖其丰昵之失，而逞私妄议，辄为出入，俱乖古人之旨。去戴圣、刘向、马融、贾逵、何休、王肃、王弼、杜预，又改郑众、卢植、郑元、服虔、范甯祀于其乡，二十二人之中，惟存九人。夫以一事之瑕，而废传经之祀，则宰我之短丧，冉有之聚敛，亦不当列于十哲乎？弃汉儒保残守缺之功，而奖末流论性谈天之学，于是语录之书日增月益，而五经之义委之榛芜，自明人之议从祀始也。

又论《易》“厉薰心”曰：慈溪黄氏震《日钞》曰：心者吾身之主宰，所以治事，而非治于事。惟随事谨省，则心自存，不待治之而后齐一也。孔子之教人也，曰“居处恭，执事敬，与人忠”。曾子曰：“吾日三省吾身：为人谋而不忠乎？与朋友交而不信乎？传不习乎？”不待言心而自贯通于动静之间者也。孟子不幸当人欲横流之会，始单出而为求放心之说，然其言曰：“君子以仁存心，以礼存心。”则心有所主，非虚空以治之也。至于斋心服形之老庄，一变而为坐脱立忘之禅学，乃始瞑目静坐，日夜仇视其心而禁治之，及治之愈急，而心愈乱，则曰：“易伏猛兽，难降寸心。”呜呼！人之有心，犹家之有主也，反禁切之，使不得有为，其不能无扰者，势也，而患心之难降与？《日钞》又曰：夫心之说有二：古人之所谓存心者，存此心于当用之地也。后世之所谓存心者，摄此心于空寂之境也。造化流行，无一息不运，人得之以为心，亦不容一息不运，岂空寂无用之物哉？世乃有游手浮食之徒，株坐摄念，亦曰存心，而士大夫溺于其言，亦将遗落世事，以独求其所谓心，迨其心迹冰炭，物我参商，所谓老子之弊，流为申、韩者，一人之身已兼备之，而欲尤人之不我应，得乎？此皆足以发明“厉熏心”之义，而周公先已系之于《易》矣。

又论心学之失云：《论语》一书，言心者三，曰“七十而从心所欲，不逾矩”，曰“回也其心三月不违仁”，曰“饱食终日，无所用心”。乃“操则存，舍则亡”之训，门人未之记，而独见于《孟子》。夫未学圣人之操心，而骤语夫从心，此即所谓“饱食终日，无所用心”，而旦昼之所为有梏亡之者矣。又云：《论语》“仁者安仁”，《集注》谢氏曰：“仁者心无内外、远近、精粗之间，非有所存而自不亡，非有所理而自不乱。”此皆庄、列之言，非吾儒之学。又云：《中庸章句》引程子之言曰：“此篇乃孔门传授心法。”亦是借用释氏之言，不可无酌。

又论“艮其限，列其夤”曰：学者之患，莫甚乎执一而不化，及其施之于事，有扞格而不通，则忿憧生而五情瞀乱，与众人之滑性而焚和者，相去盖无几矣。孔子恶果敢而窒者，非独处事也，为学亦然。告子“不动心”之学，至于不得于言，勿求于心，而孟子以为其弊必将如蹶趋者之反动其心，此“艮其限，列其夤”之说也。君子之学不然，廓然而大公，物来而顺应，故闻一善言，见一善行，若决江河，沛然莫之能御，而无薰心之厉矣。

又《朱子晚年定论》：《宋史·陆九渊传》云：九渊尝与朱子会鹅湖论辩所学，多不合。及守南康，九渊访之，朱子与至白鹿洞，九渊为讲“君子小人喻义利”一章，听者至泣下，朱子以为切中学者隐微深痼之病。至于“无极而太极”之辩，则贻书往来，论难不置焉。史言如此。而王文成所辑《朱子晚年定论》，今之学者多信之，不知当时罗文庄已尝与之书而辨之矣。其书曰：“详《朱子定论》之编，盖以其中岁以前所见未真，及晚年始克有悟，乃于其论学书牍三数十卷之内，摘此三十余条，其意皆主于向里者，以为得于既悟之余，而断其为定论，斯其所择，宜亦精矣。第不知所谓晚年者，断以何年为定？偶考得何叔京氏卒于淳熙乙未，时朱子年方四十有六，后二年丁酉而《论孟集注》《或问》始成。今有取于答何书者四通，以为晚年定论，至于《集注》《或问》，则以为中年未定之说，窃恐考之欠详而立论之太果也。又所取《答黄直卿》一书，监本止云‘此是向来差误’，别无‘定本’二字，今所编增此二字，而序中又变‘定’字为‘旧’字，却未详‘本’字所指。朱子有《答吕东莱》一书，尝及‘定本’之说，然非指《集注》《或问》也。凡此愚皆不能无疑，顾犹未足深论。窃以执事天资绝世，而日新不已，向来恍若有悟之后，自以为证诸五经、四子，沛然若决江河而放诸海，又以为精明的确，洞然无复可疑，某固信其非虚语也。然又以为独于朱子之说，有相抵牾，揆之于理，容有是邪？他说固未敢请，尝读《朱子文集》，其第三十二卷皆《与张南轩答问书》，内语合第四书亦自以为其于实体似益精明，因复取凡圣贤之书以及近世诸老之遗语，读而验之，则又无一不合，盖平日所疑而未白者，今皆不待安排，往往自见洒落处，与执事之所自序者，无一语不相似也。书中发其所见不为不明，而卷末一书提纲振领，尤为详尽，窃以为千圣相传之心学，殆无以出此矣，不知何故独不为执事所取，无亦偶然也邪？若以此二书为然，则《论孟集句》《学庸章句》《或问》，不容别有一般道理。如其以为未合，则是执事精明之见，决与朱子异矣。凡此三十余条者，不过姑取之以证成高论，而所谓先得我心之所同然者，安知不有毫厘之不同者为祟于其间，以成抵牾之大隙哉？又执事于朱子之后，特推草庐吴氏，以为见之尤真，而取其一说，以附三十余条之后。窃以草庐晚年所见端的与否，良未易知，盖吾儒昭昭之云，释氏亦每言之，毫厘之差，正在于此。即草庐所见，果有合于吾之所谓昭昭者，安知非其四十年间钻研文义之效，殆所谓真积力久而豁然贯通者也。盖虽以明道先生之高明纯粹，又蚤获亲炙于濂溪，以发其吟风弄月之趣，亦必反求诸六经而后得之，但其所禀邻于生知，闻一以知十，与他人极力于钻研者不同耳，又安得以前日之钻研文义为非，而以堕此科臼为悔。夫得鱼忘筌、得兔忘蹄可也，矜鱼、兔之获，而反追究筌、蹄，以为多事，其可乎哉？”

东莞陈建作《学蔀通辩》，取朱子《年谱》《行状》《文集》《语类》，及与陆氏兄弟往来书札，逐年编辑而为之辩曰：朱、陆早同晚异之实，二家谱、集具载甚明。近世东山赵汸《对江右六君子策》乃云：朱子《答项平父书》有去短集长之言，岂鹅湖之论，至是而有合邪？使其合并于晚岁，则其微言精义，必有契焉，而子静则既往矣。此朱、陆早异晚同之说所萌芽也。程篁墩因之，乃著《道一编》，分朱、陆异同为三节，始焉如冰炭之相反，中焉则疑信之相半，终焉若辅车之相倚。朱、陆早异晚同之说，于是乎成矣。王阳明因之，遂有《朱子晚年定论》之录，专取朱子议论与象山合者，与《道一编》辅车之说，正相唱和矣。凡此皆颠倒早晚，以弥缝陆学，而不顾矫诬朱子、诳误后学之深。故今编年以辩，而二家早晚之实，近儒颠倒之弊，举昭然矣。

又曰：朱子有朱子之定论，象山有象山之定论，不可强同。专务虚静，完养精神，此象山之定论也。主敬涵养，以立其本；读书穷理，以致其知；身体力行，以践其实，三者交修并尽，此朱子之定论也。乃或专言涵养，或专言穷理，或比言力行，则朱子因人之教，因病之药也。今乃指专言涵养者为定论，以附合于象山，其诬朱子甚矣。

又曰：赵东山所云，盖求朱、陆生前无可同之实，而殁后乃臆料其后会之必同，本欲安排早异而晚同，乃至说成生异而死同，可笑，可笑。如此岂不适所以彰朱、陆平生之未尝同，适自彰其牵合欺人之弊，奈何近世咸信之而莫能察也。

又曰：昔韩绛、吕惠卿代王安石执政，时号绛为“传法沙门”，惠卿为“护法善神”。愚谓近日继陆学而兴者，王阳明是“传法沙门”，程篁墩则“护法善神”也。宛平孙承泽谓阳明所编，其意欲借朱子以攻朱子。且吾夫子以天纵之圣，不以生知自居，而曰好古敏求，曰多闻多见，曰博文约礼，至老删述不休，犹欲假年学《易》。朱子一生效法孔子，进学必在致知，涵养必在主敬，德性在是，问学在是。如谬以朱子为支离，为晚悔，则是吾夫子所谓好古敏求、多闻多见、博文约礼，皆早年之支离，必如无言、无知、无能，为晚年自悔之定论也。以此观之，则晚年定论之刻，真为阳明舞文之书矣。盖自宏治、正德之际，天下之士厌常喜新，风气之变，已有所自来。而文成以绝世之资，倡其新说，鼓动海内，嘉靖以后，从王氏而诋朱子者，始接踵于人间。而王世贞发策，谓今之学者，偶有所窥，则欲尽发先儒之说而出其上，不学则借一贯之言以文其陋，无行则逃之性命之乡以使人不可诘，此三言者，尽当日之情事矣。故王门高弟为泰州王艮、龙溪王畿二人。泰州之学，一传而为颜山农均，再传而为罗近溪汝芳、赵大州贞吉。龙溪之学，一传而为何心隐本名梁汝元，再传而为李卓吾贽、陶石篑望龄。昔范武子论王弼、何晏二人之罪深于桀、纣，以为一时之患轻，历代之害重，自丧之恶小，迷众之罪大。而苏子瞻谓李斯乱天下，至于焚书坑儒，皆出于其师荀卿高谈异论而不顾者也。《困知》之记、《学蔀》之编，固今日中流之砥柱也。

炎武精音均之学，因明陈第所说通之，探检经传，大畅厥旨，撰《音论》三卷、《诗本音》十卷、《易音》三卷、《唐韵正》二十卷、《韵补正》一卷、《古音表》二卷，当世重之，名为“音学五书”。好涉览古今志乘略录，又参以目验，为《天下郡国利病书》百二十卷；其零残之说，别为《肇域志》，则依图经之例而著录者也。独《肇域志》散佚，良可惋惜。其《日知录》三十卷，说者谓可拟王伯厚《困学纪闻》。又有《九经误字》一卷、《二十一史年表》八十卷、《杜预左传集解补正》《石经考》《历代帝王宅京记》《营平二州地名记》《昌平山水记》《山东考古录》《京东考古录》《求古录》一卷、《金石文字记》六卷、《金石要例》《顾氏谱系考》一卷、《菰中随笔》《谲觚》《救文格论》《杂录》，总数十卷。世传《经世编》十二卷，托名炎武，则非炎武所为也。本朝称学有根柢者，以炎武为首。

妻殁于家，寄诗挽之而已。竟卒于华阴，年六十九。炎武无子，门人奉其丧归，葬昆山。吴江潘耒叙其遗书行于世。

全祖望曰：先生少落落有大志，耿介绝俗。自崇祯己卯后，历览二十一史、十三朝实录、天下图经、前辈文编、说部以及公移、邸钞之类，有关于民生利害者，随录之，旁推互证，务质之今日所可行，而不为泥古之空言，曰《天下郡国利病书》，未敢自信，其后周流西北且二十年，遍行边塞亭障，无不了了而始成。最精韵学，能据遗经以正六朝、唐人之失，据唐人以正宋人之失。欲追复三代以来之音，分部正帙，而究其所以不同，以知古今音学之变，其自吴才老而下廓如也。喜金石之文，到处搜访，谓其在汉、唐以前者，足与古经相参考，唐以后者，亦足与诸史相证明，盖自欧、赵、洪、王后，未有若先生之精者，则有曰《金石文字记》。晚益笃志六经，谓古今安得别有理学者，经学即理学也。自有舍经学以言理学者，而邪说起，不知舍经，则其所谓理学者，禅学也。故其本朱子之说，参之以慈溪黄东发《日钞》，所以归咎于上蔡、横浦、象山者甚峻。于同时诸公，虽以苦节推百泉、二曲，以经世之学推梨洲，而论学则皆不合。其书曰《下学指南》。或疑其言太过，是固非吾辈所敢遽定，然其谓经学即理学，则名言也。而《日知录》尤为先生终身精诣之书，凡经史之粹言具焉。华下诸生请讲学，谢之曰："近日二曲亦徒以讲学故得名，遂招逼迫，几致凶死。虽曰威武不屈，然名之为累，则已甚矣。又况东林覆辙，有进于此者乎？"徐尚书乾学兄弟，甥也，当其未遇，先生赈其乏，至是鼎贵，屡书迎先生南归，愿以别业居之，且买田以养，皆不至。或叩之，答曰："昔岁孤生，飘摇风雨，今兹亲串，崛起云霄。思归尼父之辕，恐近伯鸾之灶。徘徊渭川，毕余年，足矣。"无子，尚书为立从孙洪慎以承其祀。门人奉丧归，葬昆之千墩。

又曰：王高士石庵之言曰：亭林身负沉痛，思大揭其亲之志于天下，奔走流离，老而无子，其幽隐莫发，数十年靡诉之衷，曾不得快然一吐，而使后起少年，推以多闻博学，其辱已甚，安得不掉首故乡，甘于客死？噫，可痛也！

钱林《文献征存录》卷二，清咸丰八年有嘉树轩刻本

顾炎武传　阮元

顾炎武，字宁人，初名绛，昆山人。《己未词科录》《鲒埼亭集·亭林神道表》、李光地《榕村集》作长洲者，非。明赞善绍芳孙。《顾氏谱系考》。年十四为诸生。《昆山县志》《顾氏谱系考》。少耿介绝俗，不与人苟同，惟其同里归庄相善，相传有"归奇顾怪"之目。朱彝尊《静志居诗话》《鲒埼亭集》。

其论学以博学有耻为先，尝与友人论学云：百余年来之为学者，往往言心言性，而茫然不得其解也。命与仁，夫子所罕言；性与天道，子贡所未得闻。性命之理，著之《易传》，未尝数以语人。其答问士，则曰"行己有耻"；其为学，则曰"好古敏求"。其与门弟子言，但曰"允执厥中，四海困穷，天禄永终"。其告哀公明善之功，先之以博学。颜子几于圣人，犹曰"博我以文"。自曾子而下，笃实无若子夏，言仁则曰"博学而笃志，切问而近思"。今之君子则不然，聚宾客门人数十百人，与之言心言性，舍多学而识，以求一贯之方，置四海之困穷不言，而讲危微精一，是必其道高于夫子，而

其弟子之贤于子贡也，我弗敢知也。《孟子》一书，言心言性亦谆谆矣，乃至万章、公孙丑、陈代、陈臻、周霄、彭更之所问，与孟子之所答，常在乎出处、去就、辞受、取与之间。是故性也、命也、天也，夫子之所罕言，而今之君子之所恒言也。出处、去就、辞受、取予之辨，孔子、孟子之所恒言，而今之君子所罕言也。愚所谓圣人之道者如之何？曰“博学于文”，曰“行己有耻”。自一身以至于天下国家，皆学之事也；自子臣弟友以至出入、往来、辞受、取与之间，皆有耻之事也。士而不先言耻，则为无本之人；非好古多闻，则为空虚之学。以无本之人，而讲空虚之学，吾见其日从事于圣人，而去之弥远也。《亭林文集》。又曰：今之理学，禅学也，不取之五经、《论语》，而但资之语录，不知本矣。本集《与施闰章书》。其论文，非有关于经旨世务者，皆谓之巧言，不以措笔。《亭林文集》。

故炎武之学，大抵主于敛华就实，救弊扶衰。《县志》。凡国家典制、郡邑掌故、天文仪象、河漕兵农之属，《汤渭庵遗稿》。莫不穷究原委，考正得失。而又广交贤豪长者，虚怀商榷，不自满假。《县志》。作《广师篇》云：学究天人，确乎不拔，吾不如王锡阐。读书为己，探赜洞微，吾不如杨雪臣。独精三《礼》，卓然经师，吾不如张尔岐。萧然物外，自得天机，吾不如傅山。坚苦力学，无师而成，吾不如李容。险阻备尝，与时屈伸，吾不如路安卿。博闻强记，群书之府，吾不如吴任臣。文章尔雅，宅心和厚，吾不如朱彝尊。好学不倦，笃于朋友，吾不如王宏撰。精心六书，信而好古，吾不如张弨。至于达而在位，其可称述者亦多有之，然非布衣之所得议也。《亭林文集》。

炎武生平精力绝人，自少至老，无一刻离书。《县志》。国朝称学有根柢者，以炎武为最。《提要》。炎武撰《天下郡国利病书》百二十卷，历览诸史、图经、实录、文编、说部之类，取其关于民生利病者，且周流西北历二十年，其书始成。别有《肇域志》一编，则考索利病之［余］，合图经而成者。炎武精韵学，《鲒埼亭集》。撰《音论》三卷，言古韵者自明陈第，虽创辟榛芜，犹未邃密，至炎武乃推寻经传，探讨本原。又《诗本音》十卷，其书主陈第诗无协韵之说，不与吴棫补音争。亦全不用棫之例，但即本经之韵互考，且证以他书，明古音原作是读，非由迁就，故曰本音。又《易音》三卷，即

《周易》以求古音，考证精确。又《唐韵正》二十卷、《韵补正》一卷、《古音表》二卷，《提要》。皆能追复三代以来之音，分部正帙，而知其变，自吴才老而下廓如也。炎武又撰《金石文字记》《求古录》，与经史相证，欧、赵、洪、王不及其精。《鲒埼亭集》。而《日知录》三十卷，尤为炎武终身精诣之书，《鲒埼亭集》。盖积三十余年而后成，《提要》。凡经史、吏治、财赋、典礼、艺文之类，皆疏通考证之。潘耒本书序。炎武又以杜预《左传集解》时有阙失，作《杜解补正》三卷。其他著作有《石经考》一卷、《九经误字》一卷、并《提要》。《二十一史年表》八十卷、《历代帝王宅京记》二十卷、《亭林文集》六卷、《诗集》五卷、《营平二州地名记》一卷、《昌平山水记》一卷、《山东考古录》一卷、《京东考古录》一卷、《谲觚》一卷、《菰中随笔》一卷、《救文格论》一卷等书，《己未词科录》《提要》《府志》。并有补于学术世道。《县志》。

初，炎武嗣母王氏未嫁守节，尝断指疗姑，见本集《与叶讱庵及史馆诸君书》。于崇祯十年被旌。《年谱》。及闻帝亡，不食卒，诫炎武勿出仕。福王时昆山令杨永言方荐炎武为兵部司务，旋以职方郎召，未赴。既葬母，遂出游，历遭艰险。《鲒埼亭集》。所至之地，以二骡二马载书，遇边塞亭障，呼老卒询曲折，有与平日所闻不合，即于坊肆中发书对勘。或平原大野，则于鞍上默诵诸经注疏。在华阴与王宏撰等于云台观侧建朱子祠。《县志》。康熙间诏举博学鸿儒科，又修《明史》，大臣争荐之，并辞未赴。康熙二十一年卒于华阴，年六十九。无子，门人以其丧归，葬昆山。吴江潘耒叙其遗书行于世。《亭林集》《年谱》《鲒埼亭集》。

阮元《儒林传稿》卷一，清嘉庆刻本

顾炎武传　阮元

顾炎武，字宁人，初名绛，昆山人，明赞善绍芳孙。年十四，为诸生。耿介绝俗，不与人苟同，惟与同里归庄相善，相传有“归奇顾怪”之目。

其论学以博学有耻为先，尝与友人论学云：百余年来之为学者，往往言心言性，而茫然不得其解也。命与仁，夫子所罕言；性与天道，子贡所未得闻。性命之理，著之《易传》，未尝数以语人。其答问士，则曰“行己有耻”；其为学，则曰“好古敏求”，其与门弟子言，但曰“允执厥中，四海困穷，天禄永终”。其告哀公，明善之功，先之以博学。颜子几于圣人，犹曰“博我以文”。自曾子而下，笃实莫若子夏，言仁则曰“博学而笃志，切问而近思”。今之君子则不然，聚宾客门人数十百人，与之言心言性，舍多学而识，以求一贯之方，置四海之困穷不言，而讲“危微精一”，是必其道高于夫子，而其弟子之贤于子贡也，我弗敢知也。《孟子》一书，言心言性，亦谆谆矣，乃至万章、公孙丑、陈代、陈臻、周霄、彭更之所问，与孟子之所答，常在乎出处、去就、辞受、取与之间。是故性也，命也，天也，夫子之所罕言，而今之君子之所恒言也。出处、去就、辞受、取与之辨，孔子、孟子之所恒言，而今之君子所罕言也。愚所谓圣人之道者如之何？曰“博学于文”，曰“行己有耻”。自一身以至于天下国家，皆学之事也；自子臣弟友以至出入、往来、辞受、取与之间，皆有耻之事也。士而不先言耻，则为无本之人；非好古多闻，则为空虚之学。以无本之人，而讲空虚之学，吾见其日从事于圣人去之弥远也。又曰：今之理学，禅学也。不取之五经、《论语》，而但资之语录，不知本矣。其论文非有关于经旨世务者，皆谓之巧言，不以措笔。

故炎武之学，大抵主于敛华就实，救弊扶衰，凡国家典制、郡邑掌故、天文仪象、河漕兵农之属，莫不穷究原委，考正得失。而又广交贤豪长者，虚怀商榷，不自满假。作《广师篇》云：学究天人，确乎不拔，吾不如王锡阐。读书为己，探赜洞微，吾不如杨雪臣。独精三《礼》，卓然经师，吾不如张尔岐。萧然物外，自得天机，吾不如傅山。坚苦力学，无师而成，吾不如李容。险阻备尝，与时屈伸，吾不如路安卿。穆案：本集所举十人，皆称其字，此改称名，国史体也。而杨雪臣名瑀，路安卿名泽溥，独仍而不改，何也？博闻强记，群书之府，吾不如吴任臣。文章尔雅，宅心和厚，吾不如朱彝尊。好学不倦，笃于友朋，吾不如王宏撰。精心六书，信而好古，吾不如张弨。至于达而在位，其可称述者，亦多有之，然非布衣之所得议也。

炎武生平精力绝人，自少至老，无一刻离书，国朝称学有根柢者，以炎武为最。炎武撰《天下郡国利病书》一百二十卷，历览诸史、图经、实录、文编、说部之类，取其关于民生利病者，且周流西北，历二十年，其书始成。别有《肇域志》一编，则考索《利病》之余，合图经而成者。炎武精韵学，撰《音论》三卷，言古韵者，自明陈第虽创辟榛芜，犹未邃密，至炎武乃推寻经传，探讨本原；又《诗本音》十卷，其书主第诗无协韵之说，不与吴棫《本音》争，亦全不用补音之例，但即本经之韵互考，且证以他书，明古音原作是读，非有迁就，故曰本音；又《易音》三卷，即《周易》以求古音，考证精确；又《唐韵正》二十卷、《韵补正》一卷、《古音表》二卷，皆能追复三代以来之音，分部正帙，而知其变，自吴才老而下廓如也。炎武又撰《金石文字记》《求古录》与经史相证，欧、赵、洪、王不及其精。而《日知录》三十卷，尤为炎武终身精诣之书，盖积三十余年而后成，凡经史、吏治、财赋、典礼、艺文之类，皆疏通考证之。炎武又以《杜预左传集解》时有阙失，作《杜解补正》三卷。其他著作有《石经考》《二十一史年表》《历代帝王宅京记》《亭林文集》《诗集》《营平二州地名记》《昌平山水记》《山东考古录》《谲觚》《菰中随笔》《救文格论》等书，并有补于学术世道。

初，炎武嗣母王氏未嫁守节，尝断指疗姑，于崇祯十年被旌，及闻明亡，不食卒，诫炎武勿出仕。福王时，昆山令杨永言荐炎武为兵部司务，旋以职方郎召，皆未赴。既葬母，遂出游，历遭艰险。所至之地，以二骡二马载书，遇边塞亭障，呼老卒，询曲折，有与平日所闻不合，即于坊肆中发书对勘，或平原大野，则于鞍上默诵诸经注疏。在华阴，与王宏撰等于云台观侧建朱子祠。康熙间，诏举博学鸿儒科，又修《明史》，大臣争荐之，并辞未赴。康熙二十一年卒于华阴，年六十九。穆案：先生年七十卒于曲沃，此皆误。无子，门人以其丧归葬昆山，吴江潘耒叙其《遗书》行世。

张穆《顾亭林先生年谱》附录《国史儒林传》，清道光二十四年刻本

昆山顾先生　唐鉴

先生讳炎武，初名绛，号亭林。学主明体达用，经世济人。年十一，从其祖受《资治通鉴》，阅二年而卒业，由是贯通经史，上下古今。以卓荦不

群之才，抱俯仰无穷之志，足迹半天下，所交皆贤豪有道之士，而卒著书以老，使人追慕于简策之间而不能置。

夫先生之为通儒，人人能言之，而不知先生之所以通，不在外而在内，不在制度典礼而在学问思辨也。是以平心察理，事事求实，凡所论述，权度惟精，往往折衷于朱子。尝谓王文成所辑《朱子晚年定论》，今之学者多信之，不知当时罗文庄已尝与之书而辨之矣。其书曰："详《朱子定论》之编，盖以其中岁以前所见未真，及晚年始克有悟，乃于其论学书牍三数十卷之内，摘此三十余条，其意皆主于向里者，以为得于既悟之余，而断其为定论，斯其所择，宜亦精矣。第不知所谓晚年者断以何年为定？偶考得何叔京氏卒于淳熙乙未，时朱子年方四十有六，后二年丁酉而《论孟集注》《或问》始成。今有取于答何书者四通，以为晚年定论，至于《集注》《或问》，则以为中年未定之说，窃恐考之欠详而立论之太果也。又所取《答黄直卿》一书，监本止云'此是向来差误'，别无'定本'二字，今所编增此二字，而序中又变'定'字为'旧'字，却未详'本'字所指。朱子有《答吕东莱》一书，尝及定本之说，然非指《集注》《或问》也。凡此愚皆不能无疑，顾犹未足深论。窃以执事天姿绝世，而日新不已，向来恍若有悟之后，自以为证诸五经、四子，沛然若决江河而放诸海，又以为精明的确，洞然无复可疑，某固信其非虚语也。然又以为独于朱子之说，有相抵牾，揆之于理，容有是耶？他说固未敢请，尝读《朱子文集》，其第三十二卷皆与张南轩答问书。内第四书亦自以为其于实体似益精明，因复取凡圣贤之书以及近世诸老先生之遗语，读而验之，则又无一不合，盖平日所疑而未白者，今皆不待安排，往往自见洒落处，与执事之所自序者，无一语不相似也。书中发其所见，不为不明，而卷末一书，提纲振领，尤为详尽，窃以为千圣相传之心学，殆无以出此矣，不知何故独不为执事所取，毋亦偶然也耶？若以此二书为然，则《论孟集注》《学庸章句》《或问》，不容别有一般道理。如其以为未合，则是执事精明之见，决与朱子异矣。凡此三十余条者，不过姑取之以证成高论，而所谓先得我心之所同然者，安知不有毫厘之不同者为祟于其间，以成抵牾之大隙哉？又执事于朱子之后，特推草庐吴氏，以为见之尤真，而取其一说，以附三十余条之后。窃以草庐晚年所见端的与否，良未易知，盖吾儒昭昭之云，释氏亦每言之，毫厘之差，正在于此。即草庐所见，果有合于吾之所谓昭昭者，安知非其四十年间钻研文义之效，殆所谓真积力久而豁然贯通者也。盖虽以明道先生之高明纯粹，又蚤获亲炙于濂溪，以发其吟风弄月之趣，亦必反求诸六经而后得之。但其所禀邻于生知，闻一以知十，与他人极力于钻研者不同耳。又安得以前日之钻研文义为非，而以堕此科臼为悔？夫得鱼忘筌、得兔忘蹄可也，矜鱼、兔之获，而反追咎筌、蹄，以为多事，其可乎哉？”

东莞陈建作《学蔀通辩》，取朱子《年谱》《行状》《文集》《语类》及与陆氏兄弟往来书札，逐年编辑，而为之辩曰：朱、陆早同晚异之实，二家谱、集具载甚明。近世东山赵汸《对江右六君子策》乃云：朱子《答项平父书》有去短集长之语，岂鹅湖之论，至是而有合耶？使其合并于晚岁，则其微言精义，必有契焉，而子静则既往矣。此朱、陆早异晚同之说所萌芽也。程篁墩因之，乃著《道一编》，分朱、陆异同为三节：始焉如冰炭之相反，中焉则疑信之相半，终焉则辅车之相依。朱、陆早异晚同之说于是乎成矣。王阳明因之，遂有《朱子晚年定论》之录，专取朱子议论与象山合者，与《道一编》辅车之说正相倡和矣。凡此皆颠倒早晚，以弥缝陆学，而不顾矫诬朱子、诳误后学之深。故今编年以辩，而二家早晚之实，近儒颠倒之弊，举昭然矣。

又曰：朱子有朱子之定论，象山有象山之定论，不可强同。专务虚静，完养精神，此象山之定论也。主敬涵养，以立其本，读书穷理，以致其知，身体力行，以践其实，三者交修并尽，此朱子之定论也。乃或专言涵养，或专言穷理，或止言力行，则朱子因人之教，因病之药也。今乃指专言涵养者为定论，以附合于象山，其诬朱子甚矣。

又曰：赵东山所云，盖求朱、陆生前无可同之实，而没后乃臆料其后会之必同，本欲安排早异晚同，乃至说成生异死同，可笑，可笑！如此岂不适所以彰朱、陆平生之未尝同，适自彰其牵合欺人之弊，奈何近世咸信之而莫能察也。昔裴延龄掩有为无，指无为有，以欺人主，陆宣公谓其愚弄朝廷，甚于赵高指鹿为马。今篁墩辈分明掩有为无，指无为有，以欺弄后学，岂非吾道中之延龄哉？

又曰：昔韩绛、吕惠卿代王安石执政，时号绛为“传法沙门”，惠卿为“护法善神”。愚谓近日继陆学而兴者，王阳明是“传法沙门”，程篁墩则“护法善神”也。宛平孙氏谓阳明所编，其意欲借朱子以攻朱子。且吾夫子以天纵之圣，不以生知自居，而曰好古敏求，曰多闻多见，曰博文约礼，至老删述不休，犹欲假年学《易》。朱子一生效法孔子，进学必在致知，涵养必在主敬，德性在是，问学在是，如谬以朱子为支离，为晚悔，则是吾夫子所谓好古敏求、多闻多见、博文约礼，皆早年之支离，必如无言、无知、无能为晚年自悔之定论也。以此观之，则晚年定论之刻，真为阳明舞文之书矣。盖自宏治、正德之际，天下之士厌常喜新，风气之变，已有所自来。而文成以绝世之资，倡其新说，鼓动海内，嘉靖以后，从王氏而诋朱子者，始接踵于人间。而王尚书发策，谓今之学者，偶有所窥则欲尽发先儒之说而出其上，不学则借一贯之言以文其陋，无行则逃之性命之乡以使人不可诘。此三言者尽当日之情事矣。故王门高弟为泰州、龙溪二人。泰州之学一传而为颜山农，再传而为罗近溪、赵大洲。龙溪之学一传而为何心隐，再传而为李卓吾、陶石篑。昔范武子论王弼、何晏二人之罪深于桀、纣，以为一世之患轻，历代之害重，自丧之恶小，迷众之罪大。而苏子瞻谓李斯乱天下，至于焚书坑儒，皆出于其师荀卿高谈异论而不顾者也。《困知》之记、《学蔀》之编，固今日中流之砥柱矣。又《姑苏志》言姚荣国著书一卷，名曰《道余录》，专诋朱子。少师亡后，其友张洪谓人曰：“少师于我厚，今死矣，无以报之，但每见《道余录》，辄为焚弃。”少师之才不下于文成，而不能行其说者，少师当道德一、风俗同之日，而文成在世衰道微、邪说又作之时也。又嘉靖二年会试发策，谓朱、陆之论终以不合，而今之学者，顾欲强而同之，岂乐彼之径便而欲阴诋吾朱子之学与？究其用心，其与何澹、陈贾辈，亦岂大相远欤？至笔之简策，公肆诋訾，以求售其私，见礼官举祖宗朝故事，燔其书而禁斥之，得毋不可乎？此以知先生之所宗矣。

其平时论学，曰“博学于文”，曰“行己有耻”。自一身以至天下国家，皆学之事；自子臣弟友以至出入、往来、辞受、取与之间，皆有耻之事。不耻恶衣恶食，而耻匹夫匹妇之不被其泽，故曰“万物皆备于我矣，反身而诚”。又与友人书曰：《大学》言心不言性，《中庸》言性不言心。来教单提“心”字，而未竟其说，未敢漫为许可，以堕于上蔡、横浦、象山三家之学。窃以为圣人之道，下学上达之方，其行在孝弟忠信，其职在洒扫、应对、进退，其文在《诗》《书》、三《礼》《周易》《春秋》，其用之身在出处、辞受、取与，其施之天下在政令、教化、刑法。其所著之书，皆以拨乱反正，移风易俗，以驯至乎治平之用，而无益者不谈。一切诗、赋、铭、颂、赞、诔、序、记之文，皆谓之巧言，而不以措笔。其于世儒尽性至命之说，必归之有物有则，五行、五事之常，而不入于空虚之论。仆之所以为学者如此，以质诸大方之家，未免以为浅近而不足观，虽然，亦可以弗畔矣夫。

又《下学指南序》云：今之言学者，必求诸语录。语录之书始于二程，前此未有也。今之语录几于充栋矣，而淫于禅学者实多，然其学盖出于程门。故取慈溪黄氏《日钞》所摘谢氏、张氏、陆氏之言，以别其源流，而衷诸朱子之说。夫学程子而涉于禅者，上蔡也，横浦则以禅而入于儒，象山则自立一说以排千五百年之学者，而其所谓“收拾精神，扫去阶级”，亦无非禅之宗旨矣。后之学者，递相演述，大抵不出乎此，而其术愈深，其言愈巧，无复象山崖异之迹，而示人以易信。苟读此编，则知其说固源于宋之三家也。呜呼！在宋之时，一阴之姤也，其在于今，五阴之剥也。有能繇朱子之言，以达乎圣人下学之旨，则此一编者，其硕果之犹存也。孟子曰：“能言距杨、墨者，圣人之徒也。”得不望于后之人也夫！

其所著《日知录》，上篇经术，中篇治道，下篇博闻，共三十余卷，谓有王者起，将见诸行事，以跻斯世于治古之隆，而未敢为今人道也。所著《天下郡国利病书》，谓历览二十一史以及天下郡县志书、一代名公文集及章奏文册之类，有得即录，共成四十余帙，一为地舆之记，一为利病之书。乱后多散佚，亦或增补。而其书本不曾先定义例，又多往代之言，地势民风，与今不尽合。年老善忘，不能一一刊正，姑以初稿存之箧中，以待后之君子斟酌取舍云尔。《肇域志》则谓先取《一统志》，后取各省、府、州、县志，后取二十一史，参互书之。凡阅志书一千余部，本行不尽，则注之旁，旁又不尽，则别为一集曰“备录”。年来糊口四方，未遑删订，以成一家之书。叹精力之已衰，惧韦编之莫就，庶后之人有同志者，为续而传之，俾区区二十余年之苦心，不终泯没尔。其著《音学五书》，谓据唐人以正宋人之失，据古经以正沈氏、唐人之失，而三代以上之音，部分秩如，至赜而不可乱。乃列古今音之变，而究其所以不同，为《音论》二卷，考正三代以上之音。注三百五篇，为《诗本音》十卷。注《易》，为《易音》三卷。辨沈氏部分之误，而一一以古音定，为《唐韵正》二十卷。综古音为十部，为《古音表》二卷。自是而六经之文乃可读。其他诸子之书，离合有之，而不甚远也。天之未丧斯文，必有圣人复起，举今日之音而还之淳古者。子曰："吾自卫反鲁，然后乐正，雅、颂各得其所。"实有望于后之作者焉。又撰《金石文字记》《求古录》，与经史相证。又以杜预《左传集解》时有阙失，作《杜解补正》三卷。又有《石经考》《九经误字》《二十一史年表》《历代帝王宅京记》《亭林文集》《诗集》《营平二州地名记》《昌平山水记》《山东考古录》《京东考古录》《谲觚》《菰中随笔》《救文格论》等书。

先生精力绝人，自少至老，无一刻离书。所至之地，以二骡二马载书，遇边塞亭障，呼老卒询曲折，有与平日所闻不合，即发书对勘。康熙年间举博学鸿儒，又征修《明史》，并辞未赴。卒年六十九，无子。吴江潘耒叙其遗书行世。

唐鉴《学案小识》卷三《翼道学案》，清道光二十六年四砭斋刻本

顾绛　李聿求

顾炎武，原名绛，字宁人，号亭林，昆山人。目有双瞳子，中白而黑边。为人耿介绝俗，与里人归庄相善，有"归奇顾怪"之目。乙酉五月，奉母避兵。母未婚守节，以炎武为嗣子，崇祯九年旌表。至是其母曰："吾虽妇人，然受国恩矣，果有大故，我则死之。"炎武乃应知县杨永言之辟，与嘉定诸生吴其沆及归庄共起兵，奉故郧抚王永祚，以从考工主事夏允彝于吴。不克，永言走之，其沆死，炎武与庄幸而得脱，而其母遂不食卒，遗言莫事二姓。鲁王监国，授炎武兵部司务。明年，监国入闽，遣使以职方郎中召，欲与族父兵部郎中咸正赴之，念母未葬，不果。又明年，预吴胜兆密谋，欲朝监国于闽，道梗不得前。自是而后，抱故国之戚，焦原毒浪，日无

宁朁，遍游天下，六谒孝陵，再谒长陵，六谒思陵。所至之区，度地开垦以足用，卒于华阴。

外史曰：炎武尝谓古今安得别有所谓理学者，经学即理学也。自有舍经学以言理学者，而邪说以起。不知舍经学，则其所谓理学者，禅学也。学者或疑之，然而名言也。生有至性，学究天人，故其所著之书，皆可以治天下。善哉乎王高士不庵之言曰：炎武身负沉痛，思大揭其亲之志于天下，奔走流离，老而无子，其幽隐莫发，数十年靡诉之衷，曾不得快然一吐，而使后起少年，推以多闻博学，其辱已甚。安得不掉首故乡，甘于客死？噫，可痛也！其足以表炎武之志矣夫。

李聿求《鲁之春秋》卷十三，清咸丰刻本

顾炎武　徐鼒

顾炎武，字宁人，原名绛，或自署曰蒋山佣，学者称为亭林先生，昆山人。炎武少落落有大志，双瞳子，中白而边黑，人异之。与里中归庄善，共游复社，有“归奇顾怪”之目。乙酉夏，与昆山令杨永言、诸生吴其沆及归庄共起兵，奉故郧抚王永祚，浙东授为兵部司务。事败，永言行遁去，其沆死之，炎武与庄幸得脱，而母王氏遂不食卒，遗言后人勿事二姓。次年，闽中以职方司郎中召，母丧未葬，不果赴。明年，几豫吴胜兆之祸。庚寅，有怨家欲陷之，乃变衣冠，作商贾游，沿江上下览南都畿辅之胜。有三世仆曰陆恩，见其日出游，家中落，叛投里豪叶方恒，且欲告其通海状，炎武禽之，数其罪而沉诸河。叶讼之，狱急，归庄私为门生刺，为求救于故尚书钱谦益，炎武知之，索刺还，不得，乃列揭通衢以自白。会故相路振飞之子泽溥言诸兵备道，事得解。

炎武既不为乡里所善，乃复浩然出游，垦田章邱之长白山下。东北游畿甸，抵山海关外。次年，念江南山川有未尽者，复归，东游至会稽。已复由太原、大同入关中，北至榆林。与同志李因笃等二十余人，匄资垦田雁门之北、五台之东。自丁酉讫丁巳二十年间，六谒天寿山陵寝，谒孝陵、思陵者亦各六。中间浙江庄廷鑨私史、莱州黄培逆诗之狱，几不免，而皆以智自脱。初年故国之怀，耿耿未下，奔走四方，以求一当。既知无可为，而又不欲南归，谓秦人重处士，持清议，实他邦所少；华阴绾毂关、河之口，亦有事天下之资。乃定居焉，置田五十亩供晨夕。而东西开垦所入，则别储之。康熙间，诏举博学鸿词科，开局修《明史》，大臣多荐之，并以死辞。华下诸生请讲学，谢之曰："近日二曲徒以讲学得名，招逼迫几凶死。虽曰威武不屈，然名之为累，则已甚。又况东林覆辙之进于此乎？"

其论学则曰：孔子尝言"博我以文，约之以礼"，刘康公亦云"民受天地之中以生，所谓命也，是以有动作礼义威仪之则以定命"。然则君子为学，舍礼何由？近来讲学之师，专以聚徒立帜为心，而其教不肃。又与友人论学云：百余年来之为学者，往往言心言性，而茫然不得其解也。命与仁，夫子所罕言；性与天道，子贡所未得闻。性命之理，著之《易传》，未尝数以语人。其答问士则曰"行己有耻"，其为学则曰"好古敏求"。其与门弟子言，但曰"允执厥中，四海困穷，天禄永终"。其告哀公明善之功，先之以博学。颜子几于圣人，犹曰"博我以文"。自曾子而下，笃实莫若子夏，言仁则曰"博学而笃志，切问而近思"。今之君子则不然，聚宾客门人数十百人，与之言心言性，舍多学而识，以求一贯之方，置四海困穷不言，而讲危微精一，是必其道高于夫子，而其弟子之贤于子贡也，我弗敢知也。《孟子》一书，言心言性，亦谆谆矣，乃至万章、公孙丑、陈代、陈臻、周霄、彭更之所问，与孟子之所答，常在乎出处、去就、辞受、取与之间。是故性也，命也，天也，夫子之所罕言，而今之君子之所恒言也。出处、去就、辞受、取与之辨，孔子、孟子之所恒言，而今之君子所罕言也。愚所谓圣人之道者如之何？曰"博学于文"，曰"行己有耻"。自一身以至于天下国家，皆学之事也；自子臣弟友以至出入、往来、辞受、取与之间，皆有耻之事也。士而不先言耻，则为无本之人；非好古多闻，则为空虚之学。以无本之人，而讲空虚之学。吾见其日从事于圣人，去之弥远也。

又曰：今之理学，禅学也。不取之五经、《论语》，而但资之语录，不知本矣。其论文非有关于经旨世务者，皆谓之巧言，不以措笔。故炎武之学大抵主于敛华就实，救弊扶衰。凡国家典制、郡邑掌故、天文仪象、河漕兵农之属，莫不穷究原委，考正得失。而又广交贤豪长者，作《广师篇》云：

学究天人，确乎不拔，吾不如王锡阐。读书为己，探赜洞微，吾不如杨瑀。独精三《礼》，卓然经师，吾不如张尔岐。萧然物外，自得天机，吾不如傅山。坚苦力学，无师而成，吾不如李容。险阻备尝，与时屈伸，吾不如路泽溥。博闻强记，群书之府，吾不如吴任臣。文章尔雅，宅心和厚，吾不如朱彝尊。好学不倦，笃于友朋，吾不如王宏撰。精心六书，信而好古，吾不如张弨。其虚怀乐善如此。

生平精力绝人，自少至老，无一刻离书。所撰《天下郡国利病书》一百二十卷，历览诸史、图经、实录、文编、说部之类，取其关于民生利病者，且周流西北历二十年，其书始成。别有《肇域志》一编，则考索利病之余，合图经而成者。好言韵学，撰《音论》三卷、《诗本音》十卷，主明陈第诗无协韵之说，不与吴棫本音争，亦全不用补音之例，但即本经之韵互考，且证以他书，明古音原作是读，非有迁就，故曰本音。又即《周易》以求古音，作《易音》三卷。又《唐韵正》二十卷、《韵补正》一卷、《古音表》二卷，皆能追复三代以来之音，分部正帙，而知其变，自吴才老而下廓如也。谓金石之文可证经史，撰《金石文字记》《求古录》。以杜预《左传集解》时有阙失，作《杜解补正》三卷。其他著作有《石经考》《二十一史年表》《历代帝王宅京记》《亭林文集》《诗集》《营平二州地名记》《昌平山水记》《山东考古录》《谲觚》《菰中随笔》《救文格论》等书，并有补于学术世道。

每游以二马二骡载书自随，所至厄塞，呼老兵退卒询曲折，或与平昔所闻不合，即坊肆中发书对勘之。或径行平原大野，无足留意，则于鞍上默诵诸经注疏，遗忘则发书熟复之。既怀济世之才，而不得一遂，所至小试之垦田度地，累致千金，故随寓即饶足。尚书徐乾学兄弟，甥也，未遇时，卵翼之，至是鼎贵，为东南人士所宗，累书迎请南归，终不应。或叩之，对曰：“昔岁孤生，飘摇风雨，今兹亲串，崛起云霄。思归尼父之辕，恐近伯鸾之灶。且天仍梦梦，世尚滔滔，犹吾大夫，未见君子。徘徊渭川，以毕余年，足矣。”庚申，妻卒于里中，仅寄诗挽之。壬戌，竟客死曲沃，年七十。门人奉丧归葬昆山。吴江潘耒，弟子也，收其遗书，序而行之。

徐鼒《小腆纪传》卷五十三，清光绪金陵刻本

顾亭林先生事略　李元度

亭林先生，初名绛，字宁人，江南昆山人。乙酉改名炎武，自署蒋山佣。本生父同应，有同祖弟曰同吉，早世，聘王氏，未婚守志，以先生为之后。母夫人最孝，尝断指疗姑疾，崇祯九年旌于朝。丁亥夏，避兵常熟，年六十矣，谓先生曰："我虽妇人，然受国恩矣，遇变，我必死之。"于是先生方应邑令杨永言之辟，与嘉定吴其沆、同里归庄共起兵，奉故郧抚王永祚以从夏文忠允彝于吴中。鲁王监国，授先生兵部司务。事既不克，永言行遁去，其沆死之，先生与庄幸得脱。母夫人闻两京皆破，遂不食卒。遗命诫先生勿事二姓。次年，唐王起闽中，以职方郎召。先生欲赴之，念母未葬，不果。次年，几豫吴兆胜之祸，更欲赴海上，道梗不前。庚寅，有怨家欲陷之，乃变衣冠作商贾，游京口，又游禾中。次年，之旧都，谒孝陵。癸丑，再谒；其冬，又谒而图焉。顾氏有三世仆曰陆恩，叛投里豪。丁酉，先生四谒孝陵归，持之急，乃欲告先生通海。先生亟往擒之，数其罪，沉之水。仆婿复投里豪，以千金贿太守，欲杀先生，势危甚。有代乞援于钱牧斋者，牧斋欲先生自称门下，乃许之。其人知必不可，而惧失援，乃私自书刺与之。先生急索刺还，不得，则列揭通衢自白。牧斋亦笑曰："宁人之卞也！"会故相路文贞振飞之子泽溥为白其事。

于是先生浩然有去志，至是五谒孝陵，乃东行，垦田于章邱之长白山下以自给。戊戌，遍游北畿，出山海关，归至昌平，拜谒长陵以下。次年，再谒。又念江南山水有未尽者，复归，六谒孝陵，东游至会稽。次年，复北谒思陵，由太原、大同入关中，至榆林。是岁，浙中"史祸"作，先生幸得脱。甲辰，四谒思陵毕，垦田于雁门之北、五台之东。初，先生之居东也，其地湿，不欲久留。每言马伏波、田畴皆从塞上立业，欲居代北。尝曰："使吾泽中有牛羊千，江南不足怀也。"

然又苦其地寒，乃经营创始，使门人辈司之，而身出游。丁未，之淮上。次年，自山东入京师。莱之黄氏有奴告其主所作诗者，多株连；复以吴中陈济生所辑《忠义录》指为先生作，首之，书中有名者三百余人。先生闻之，驰赴山东，自请勘颂，系数月。富平李因笃亲至历下解之，狱白。复如京师，五谒思陵。自是往还河北诸边塞者凡十年。丁巳，六谒思陵，始卜居陕之华阴。始先生遍观四方，心耿耿未下，谓秦人慕经学，重处士，持清议，实他邦所少。而华阴绾毂关、河之口，虽足不出户，而能见天下之人，闻天下之事。有警，入山守险，不过十里之遥；若志在四方，则一出关门，亦有建瓴之便。乃定居焉。王征君宏撰筑室延之。先生置田五十亩于华下供晨夕，而东西开垦所入，别贮之以备有事。又饵沙苑蒺藜而甘之，曰："啖此久，不肉不茗可也。"熊公赐履方任史事，以书来招，答曰："愿以一死谢公，最下则逃之世外。"惧而止。戊午，鸿词科诏下，诸巨公争欲致之，先生以死辞。次年，修《明史》，又欲荐之。贻书叶学士方蔼，誓以身殉，始得免。

华下诸生请讲学，谢之曰："近日二曲徒以讲学故得名，遂招逼迫，几凶死。名之为累甚矣，况东林覆辙，有进于此者乎？"少读《宋史·刘忠肃传》，曰："士当以器识为先，一命为文人，无足观矣。"即终身谢绝应酬文字。李二曲求为其母传至再三，终谢之。尝曰："文不关于经术政理之大，不足为也。韩公起八代衰，若但作《原道》《谏佛骨表》《平淮西碑》《张中丞传后序》诸篇，而一切谀墓之文不作，岂不诚山斗乎？今犹未也。"其论学则曰："诸君关学之余也，横渠、蓝田之教以礼为先。孔子尝曰'博学于文，约之以礼'，而刘康公云'民受天地之中以生，所谓命也，是以有动作威仪之则'。然则君子为学，舍礼何由？近日讲学家专以聚徒立帜为心，而其教不肃，方将赋茅鸱之不暇，何问其余？"寻以乙未春出关，观伊洛、历嵩少，曰："五岳游其四矣。"会年饥，渡河至代北，复还华下。

先生既负用世之略，不得一遂，所至辄小试之。垦田度地，累致千金，故随寓即饶足。徐尚书乾学兄弟，甥也，未遇时，先生振其乏。至是鼎贵，为东南人士宗，累书迎先生南归，请居以别业，皆不至。庚申，其妇卒于昆山，寄诗挽之而已。康熙二十年，卒于华阴，年六十有九。无子，以从孙洪慎后。高弟吴江潘耒刊布其遗书。

先生耿介绝俗。双瞳子，中白而边黑，见者异之。最与归庄善，少共游复社，有"归奇顾怪"之目。于书无所不窥，尤留心经世学。历观廿一史、明十三朝实录、天下图经、说部以至公移邸钞之属，有关民生利害者，随录之，又参以躬所闻见，曰《天下郡国利病书》。别一编曰《肇域志》。最精韵学，能据遗经以正六朝、唐人之失，据唐人以正宋人之失，有《音学五书》。李文贞光地谓："自汉、晋以来所未有。"性喜金石文，所至必躬自搜访，有《金石文字记》。晚益笃志六经，谓："经学即理学也。自有舍经学言理学者，乃堕于禅学而不自知。"故持论悉本朱子之说，而归咎于上蔡、横浦、象山甚峻，有书曰《下学指南》。其平时论学，曰"博学于文"，曰"行己有耻"。谓自一身以至天下国家，皆学之事；自子臣弟友以至出入、往来、辞受、取与之间，皆有耻之事。不耻恶衣恶食，而耻匹夫匹妇之不被其泽，故曰"万物皆备于我矣，反身而诚"。其《日知录》三十卷，尤终身精诣之书，凡经史粹言皆具焉，自言有王者起，将以见诸行事，而跻斯世于古治之隆，而未敢为近人道也。

先生出游，以马二骡二载书随，所至厄塞，即呼老兵退卒询曲折，或与平日所闻不合，则即旅舍中发书勘之。或经行平原大野，无足措意，则马上嘿诵诸经注疏，偶有遗忘，即又发书熟复之。汪钝翁尝言："经学修明者，吾得顾子亭林、李子天生；内行醇备者，吾得魏子环极，梁子曰缉。"先生广之，曰："学究天人，确乎不拔，吾不如王寅旭。读书为己，探赜洞微，吾不如杨雪臣。独精三《礼》，卓然经师，吾不如张稷若。萧然物外，自得天机，吾不如傅青主。坚苦力学，无师而成，吾不如李中孚。险阻备尝，与时屈伸，吾不如路安卿。博闻强记，群书之府，吾不如吴任臣。文章尔雅，宅心和厚，吾不如朱锡鬯。好学不倦，笃于朋友，吾不如王山史。精心六书，信而好古，吾不如张力臣。"

所著书又有《左传杜解补正》《九经误字》《石经考》《吴韵补正》《昌平山水记》《山东考古录》《京东考古录》《亭林诗文集》及《二十一史年表》《历代帝王宅京记》，皆行于世。

李元度《国朝先正事略》卷二十七《名儒》，清同治刻本

顾炎武　叶衍兰

顾炎武初名绛，字宁人，号亭林，江苏昆山人。父同应，有文名，好义乐

施，从叔同吉，未婚夭。聘王氏，衰麻未归，逾一纪，先生始生，抚为嗣子。生有异禀，观书十行俱下。年十四补诸生，崇祯末，入复社，有名。与同邑归庄友善，皆耿介不浑，俗人以“归奇顾怪”目之。屡试不遇，见时事日非，遂弃去举业，屏居山中。取家藏经史、累朝实录及天下郡志、明代名人文集奏疏遍阅之，有得即录，积数十帙，名曰《天下郡国利病书》。福王立，以贡荐授兵部司务，未仕。嗣母王太安人初以贞孝旌表，及乙酉南都破，不食而卒，遗命子毋仕异代。唐王称号闽中，遥授职方司主事，亦不及赴。寻避讼尽鬻其产，寄居章邱，别治田舍，久而为土人攘夺，又迁山西，营书院一区。竹垞先生题其柱曰“入则孝，出则悌。守先王之道，以待后学。诵其诗，读其书，友天下之士，尚论古人。”盖实录也。侨居少暇辄周览山川，考古今治乱之迹，证以金石铭碣，著作不辍。尝五谒孝陵，两谒天寿山诸陵，四谒庄烈攒宫。康熙十八年诏举博学鸿词，廷臣将荐之，驰书坚辞，绝迹不至京二十一年。在曲沃正月八日坠马疾作，次日卒，年七十。所著有《古音表》二卷、《易音》三卷、《诗本音》十卷、《唐韵正》二十卷、《音论》二卷，统名《音学五书》。又《诗集》五卷、《文集》六卷、《日知录》三十二卷，并《左传杜解补正》《九经误字》《石经考》《金石文字记》《吴才老韵补正》《昌平山水记》等诸杂著，皆门人吴江潘耒梓行。其《天下郡国利病书》一百卷、《肇域志》一百卷及《二十一史年表》《历代宅京记》等书又百余卷，并藏其甥徐健庵尚书家。

叶衍兰辑《清代学者象传》第一集，民国十九年上海商务印书馆影印本

顾处士炎武　罗正钧

顾炎武，字宁人，江南昆山人。初应邑令杨永言之辟，与嘉定吴其沆、同里归庄共起兵，奉故郧抚王永祚，以从夏允彝于吴中。鲁王监国，授为兵部司务。事既不克，永祚行遁去，其沆死之，炎武与庄得脱。次年，唐王起闽中，以职方郎召，欲赴，不果。庚寅，有怨家欲陷之，乃变衣冠，作商贾，游京口。次年之旧都，谒孝陵。癸丑，再谒。其冬，又谒而图焉。有仆曰陆恩，叛投里豪。丁酉，四谒孝陵归，擒之，数其罪，沉之水。仆婿复投里

豪，以千金贿太守，求杀之。势危甚，会故相路振飞之子泽溥为白其事。乃东行垦田以自给。戊戌，游北畿，出山海关，至昌平，谒长陵以下。复归，六谒孝陵，东至会稽。次年，复北谒思陵，由太原、大同入关中，至榆林。甲辰，四谒思陵毕，垦田于雁门之北。丁未，之淮上。次年，自山东之京师。莱之黄氏奴以陈济生所辑《忠义录》，指为炎武作，首之，驰赴山东，请勘，系数月。富平李因笃亲至历下解之，狱白。复如京师，五谒思陵。自是往还河北诸塞者凡十年。丁巳，六谒思陵，始卜居陕之华阴。时有巨公方任史事，以书来招，答曰："愿以一死自谢，最下则逃之方外。"戊午，鸿词科诏下，诸巨公争欲致之，以死辞，得免。其论学则曰："诸君关学之绪余也，横渠、蓝田之教，以礼为先。孔子曰"博学于文，约之以礼"，而刘康公云"民受天地之中以生，是以有所谓命也，是以有动作威仪之则"。然则君子为学，舍礼何由？今日讲学家，专以聚徒立帜为心，而其教不肃，方将赋《茅鸱》之不暇，何问其他。晚益笃志六经，谓经学即理学也，自有舍经学言理学者，乃坠于禅学而不自知。康熙二十年，卒于华阴，年六十有九。所著有《天下郡国利病书》《肇域志》《日知录》《音学五书》《左传杜解补正》《九经误字》《石经考异》《亭林诗文集》诸书。《南疆绎史》。

正钧按：《耆旧集》邓氏显鹤云：《亭林诗集》有《楚僧元瑛谈湖南三十年事》七绝四首，弟一首云："共对禅灯说《楚辞》，《国殇》《山鬼》不胜悲。心伤衡岳祠前道，如见唐臣痛哭时。"正钧按：原注：《宋史·朱昂传》：父葆光，当梁氏篡唐，与唐旧臣颜荛、李涛辈挈家南渡，寓潭州。每正旦冬至，必序立南岳祠前，北望号恸，殆二十年。此四诗，次、三两首为陶密翁、杨长苍作，自注甚明。弟一首、弟四首未注何人，今以诗意观之，末首殆指些翁，弟一首则船山先生无疑也。录此见当日遗民故老心心相印如此。

罗正钧《船山师友记》卷十六，清光绪刻本

诗集资料

奉答宁人先生赠诗次韵　林古度

夙闻圣人言，老者曰安之。今世无圣人，久已弛四维。布内非不欲，有司非其时。予也每自省，平生生莫治。未能即仙去，学彼丁令威。踯躅尘市中，尝为俗所嗤。幸遇顾夫子，错爱赐温辞。有若古贤哲，恍尔是天随。忘形出至性，过从淮水湄。箧中寡庸言，著述颇累累。最要北游草，览之不胜披。笔墨类容貌，端然忠义姿。谒拜十三陵，以史而托诗。直是纪朝代，切志兴兹衰。旋当建功业，勿谓俟将来。老少不足论，儒雅真吾师。滔滔者斯世，赖有救孑遗。龙马与凤鸟，出图而来仪。

沈岱瞻纂《亭林先生同志赠言》，清光绪十一年朱氏槐庐家塾刊本

增挽顾宁人句　沈嘉客

今从何处访遗民，止有甘陵部下人。久矣泥涂嗟绛县，暂将渔钓老河滨。风吹元亮篱边菊，雨垫林宗郭外巾。好向《耆英传》里觅，饮味独抱一方春。

沈嘉客《西溪先生文集》卷三，清康熙三十九年沈寅清刻本

送顾宁人之吴兴　王潢

良史才名不可删，皇天命尔试诸艰。休言六代輘颜谢，直取三长驾马班。灿灿春华荣槁木，煌煌夏鼎烛神奸。书成自誓苕溪水，一片丹心告蒋山。

沈岱瞻纂《亭林先生同志赠言》，清光绪十一年朱氏槐庐家塾刊本

读顾亭林先生遗书一百韵　周龙藻

经术治之本，与世共隆替。故明中叶余，词林少根柢。区区雕虫流，敦槃奉渠帅。得华而丧实，有作徒琐碎。卮言互剽裂，繁文纷组织。持以备世用，千百无一二。若非醇儒生，何由豁氛曀。峨峨亭林公，犹幸灵光岿。幼

负颖异姿，万卷一览识。孳孳老不倦，精力穷六艺。惟汉有专门，家法代相继。抵排起后来，厥学日芜秽。拾沈象数亡，射覆《春秋》废。脱简及徒诗，挂漏孰补缀。《仪礼》束高阁，更新惊扫地。咄哉教化湮，公然用儒戏。举士习民风，转眼趋凋敝。俯仰三百年，坠绪只身寄。平生富学涉，妙在择其粹。儒先遗训存，煌煌乂安系。旨要胸中藏，触事具源委。朴斫资丹雘，垣墉待涂塈。片语切生民，动求长久利。列史廿一家，俱傅以经义。铨选倡停年，魁柄诿胥吏。赋重用不节，公私力并悴。人才荒游谈，言行半骫骳。营务耗虚名，册伍罕精锐。苍茫河渠书，南北迭奔溃。人心首不平，洚水安得治。居尝扼腕多，筹画寓深意。长短尺度明，轻重权衡备。斟酌今古间，缓急期有济。傥能挟之出，太平其立致。余波讨声韵，往往造超诣。周沈尚拘牵，刘黄极乖刺。溯洄三百篇，理准先河祭。以此正唐音，悉珠联玉比。再变而至道，阃奥信独契。诗文最矜重，予夺慎所自。山斗指韩公，辞诧谀墓费。水火同救民，洞澈天人际。上者扶名教，下者伸清议。物性析莠苗，支派辨泾渭。每当治乱防，反覆无畏避。能于寸管端，斗极回元气。所争国命关，岂供占毕计。羽翼六艺传，历历听鼓吹。下邑有愚夫，章句素自愧。一朝睹遗书，篝镫读再四。剿说与雷同，顿启重重蔽。寒芒五曜瞻，堪扫众星嘒。因言以论人，益觉顽懦砺。自飞翟泉鹅，乾坤忽鼎沸。草泽饶英雄，一障惜未试。白日堕虞渊，干戈遽内閧。时无伐获人，辜负报韩志。释甲来两京，痛定余残泪。愁绝《孝陵图》，感极《昌平记》。荆凡孰亡存，回首迷濠泗。矧乎丧乱频，邪正嗟倒植。头角自支撑，奸豪反睥睨。岸狱拜轩台，家国忧敢置。飘零兕虎途，辙迹方迢递。东海望波涛，西陲览形势。世运苟可回，未缺囊底智。叹息火井沉，衰焰嘘难炽。自拟不其山，礼堂写文字。志仁死则已，晚驾将安税。晞发灵均游，裾耻侯门曳。独于羁旅中，不妄咨利弊。殷勤胞与怀，绝少优游岁。妖谶迄龙蛇，一老天不遗。结愿汉儒林，竟与阅川逝。呜呼拨乱艰，数穷大道闭。那无扶摇风，纵此垂天翅。仲淹没隋代，贵与遘宋季。《元经》该且要，《通考》详且邃。即今《日知》编，一经复一纬。学《易》在庸言，无为虚渺滞。考《传》在实事，无为传凿恣。丧服补《顾命》，袭吉可无詈。乐章订《雅》《南》，诲淫可无累。至于三《礼》修，口诵必躬肄。民物遍整顿，何谢廊庙器。士归乡举良，官须久任畀。赋田九式平，简阅四郊萃。导川各有宜，同文别以类。经术快大行，风俗振古配。安知公绪言，不迟身后慰。吾孱失学久，与公生并世。道路万里长，未获函丈侍。顾未一得愚，颇慕穷经贵。昔贤统系垂，私淑乃成例。入室仗桓谭，尽发云亭秘。嵩华自云高，著脚庶渐企。身心肃斋祓，典籍严舆卫。欲求柄穗登，功定深耕概。谁谓驽骀庸，晞骥终非骥。謦欬几席傍，恐惧一篑弃。

徐世昌编《晚晴簃诗汇》卷五十一，民国退耕堂刻本

壬子仲春酬太原赵懿侯见赠并得东吴顾宁人寓太原寄音

白胤谦

并州春草绿，千里思悠哉。龙剑还堪拔，焦琴半已灰。诗酬元亮罢，书接幼安来。惆怅云山里，空令雁北回。

白胤谦《桑榆集·诗》卷三，清顺治刻康熙续刻雍正补刻本

宁人道兄归自燕出示近作　黄师正

几年离索动相思，多在停云落月时。访岳先成《登岱记》，入都争诵《谒陵诗》。史迁历览文章古，季札观风缟纻宜。独愧故人匏系久，天门日月未曾骑。

沈岱瞻纂《亭林先生同志赠言》，清光绪十一年朱氏槐庐家塾刊本

奉酬宁人广陵客舍见赠之作　黄师正

落木淮南惜岁余，纸窗灯火伴离居。云开睥睨过帆转，霜冷孤棱远磬疏。此日依僧仍贳酒，从来为客不歌鱼。山经水志关王略，岂为穷愁始著书。

异时忧患共艰难，何意今朝续旧欢。激烈歌声知近楚，繁华风物故称刊。关鸡拔剑中霄舞，走蠹摊书尽日看。却笑为儒头欲白，与君冠敝不须弹。

沈岱瞻纂《亭林先生同志赠言》，清光绪十一年朱氏槐庐家塾刊本

怀宁人客燕　黄师正

故都那可入，远览逞雄心。陵庙风尘满，关河雨雪深。寒驴歌出塞，倦鸟忆归林。若遇荆高饮，倾囊好赠金。

燕昭曾筑馆，只为报齐仇。君过金台下，能无故国忧？霸才窥景略，义士访田畴。望望龙文炯，留心过冀州。

沈岱瞻纂《亭林先生同志赠言》，清光绪十一年朱氏槐庐家塾刊本

岁暮杂诗六首　朱鹤龄

其三

蕞残何事尚拳拳，编缉偏教疾病缠。敝榻有缘同寄茧，清宵无梦到钧天。勤看魄影依窗入，倦听钟声向枕传。鼎鼎百年虚岁月，敢将述作比前贤？顾亭林、魏叔子称余经学诸书可为先儒羽翼，汪钝翁称余《毛诗通义》当与严氏《诗缉》并传，故云。

其五

知交海内一亭林，避爵飘然太华阴。久别芝颜成北客，时贻帐秘胜南金。亭林极推余书传左钞〔左传钞〕，为细校讹字，以所著百余条惠贻增入。龙蛇厄至谁能赎，山水人亡遂绝音。书种后来可得继，梦回枯眼泪霪霪。

朱鹤龄《愚庵小集》卷五，清康熙十年刻本

太原喜晤宁人先生赋赠四首　史可程

翰墨遥传十载余，却怜边郡识君初。空山羸马西风路，竹笈双驼万卷书。

门掩高槐旅舍幽，怪来细字写蝇头。中原遍作名山记，说到昌平必泪流。

孤剑初从塞北还，闻君处处有跻攀。并州一路俱云水，千里题诗到华山。

见君已是白头时，尘世茫茫问所之。我自归来甘闭户，相思频展扇头诗。

沈岱瞻纂《亭林先生同志赠言》，清光绪十一年朱氏槐庐家塾刊本

赠宁人社翁　史可程

儒术方趋贱，吾道竟安如。黎首蒙蒙动，乾坤岂遂虚。宗传留一线，群喙竞鸣余。所以古哲人，皇皇晚著书。客游与子亲，立谈愧我疏。凌寒孤出塞，济汾更需车。玄览搜星岳，夙志鄙众鱼。文字经讨论，犁然复皇初。筹时扩大猷，皭乎管晏除。愿弘无猝获，行迈日劳劬。伊余伤老大，得子心神舒。乘风寄远音，振策自踌躇。

沈岱瞻纂《亭林先生同志赠言》，清光绪十一年朱氏槐庐家塾刊本

宁人盟长答余诗云愿君无受惠受惠难负荷愿君无倦游倦游意蹉跎物老则息游何可长耶受惠难负荷君子哉言乎载赓一章寄谢宁人知不我遐弃也　史可程

孔说七十二，墨突不至黔。所由涂已广，利己一何廉。廓然观天道，阴符教我严，受命为孤蓬，乘风未得淹。饥来四方走，避惠如避钳。偶至逢人喜，事过心愈阽。束舟向皎日，安得以影潜。幸有同心侣，隐言无苟甜。展读未及终，汗浃敝衣沾。白藏适当令，羁怀属惔惔。资世何必多，俭德足自占。跽承仁者赠，拜手想三缄。

沈岱瞻纂《亭林先生同志赠言》，清光绪十一年朱氏槐庐家塾刊本

为李天生作十首 其八　傅山

南山塞天地，不屑小峰峦。灌薄冥苍翠，神仙谢羽翰。心原滂浩绰，胆岂大江寒。何事亭林老，朝西拟筑坛。宁人向山云："今日文章之事，当推天生为宗主。"历叙司此任者至牧斋，牧死，而江南无人胜此矣。

傅山《霜红龛集》卷九，清宣统三年丁氏刻本

晤言宁人先生还村途中叹息有诗　傅山

河山文物卷胡笳，落落黄尘载五车。方外不娴新世界，眼中偏认旧年家。乍惊白羽丹杨策，徐颔雕胡玉树花。诗咏十朋江万里，阁吾伦笔似枯槎。

徐嘉辑《顾亭林先生诗笺注》卷十一，清光绪二十三年徐氏味静斋刻本

复惠佳什再如赐韵　傅山

好音无一字，文彩会贲岩。正选高松坐，全忘小草镵。天涯之子对，真气不吾缄。秘读朝陵记，臣躬汗浃衫。

沈岱瞻纂《亭林先生同志赠言》，清光绪十一年朱氏槐庐家塾刊本

顾亭林从大同来暂过东昌　程先贞

一夕三年别，疏镫话旧游。长征还带剑，远望欲登楼。月落青山夜，云回紫塞秋。故乡何处是？此地即并州。

吾道看如此，天涯去住难。班荆留款坐，翦韭劝加餐。暮雨吟蛩切，秋风落雁寒。仲连台畔路，明日又漫漫。

徐世昌编《晚晴簃诗汇》卷十四，民国退耕堂刻本

谢亭林先生为余序诗二律　程先贞

羡尔才华冠友朋，寸心偏似玉壶冰。周行中土三千里，恸哭先朝十四陵。松麈玄言飞玉屑，竹冠白发见风棱。我诗自问无奇句，偶得标题价欲增。

草堂暂住往来朋，妙手轰雷又造冰。名字已忘同粟里，诗章频和似松陵。携将紫塞云千叠，并玩清宵月半棱。既出《昌平山水记》，一时气

色焕然增。

沈岱瞻纂《亭林先生同志赠言》，清光绪十一年朱氏槐庐家塾刊本

再次酬亭林先生将适山右　程先贞

小院空堂聚旧朋，一帘秋气冷于冰。幽人自比陶彭泽，诗客浑如杜少陵。灯烛清辉分粲粲，琵琶哀响拨棱棱。明朝歧路君将远，未有绨袍为尔增。

沈岱瞻纂《亭林先生同志赠言》，清光绪十一年朱氏槐庐家塾刊本

答亭林留别赴山右　程先贞

君是人间耐久朋，相看似玉复如冰。云山历历过三晋，风雨潇潇望二陵。簏底新书藏定本，匣中孤剑起寒棱。秋光到处堪留赏，马上题诗日日增。

沈岱瞻纂《亭林先生同志赠言》，清光绪十一年朱氏槐庐家塾刊本

陪宁人先生过苏禄国东王墓地近白草湾李景隆十二连城在焉　程先贞

万里遗魂滞此方，孤亭犹自焕奎章。衣冠特觐中朝主，玉帛何殊异姓王。月满苍松栖鹳雀，云连白草散牛羊。无端极目生遥慨，十二城边古战场。

沈岱瞻纂《亭林先生同志赠言》，清光绪十一年朱氏槐庐家塾刊本

寄亭林先生二首　程先贞

秋意被梧桐，回阴覆庭戺。悠悠我所思，乃在明湖水。萋斐彼何人，南冠絷钟子。援琴非不工，谁能察识此？黄鹄罹网罗，毛羽纷难理。何时远翱翔，一举横千里。

素书托锦鳞，远来报曲折。浩气迴无殊，缠绵字不灭。嗟惟夏侯生，千载传风烈。虽无次公贤，谈经正未辍。惭余老病身，崎岖路难越。尚赖梦魂通，随风度明月。

程先贞《海右陈人集》，清康熙三十五年刻本

答亭林平阳见寄　程先贞

西去怜君似转蓬，传来尺素到墙东。旷怀晋国云山远，回首吴门烟水空。世局频劳悲失马，天涯漫遣慕冥鸿。王孙何事归犹未，芳草凄凄满旧丛。

怀古遥应处处同，青鞋布袜御长风。犹闻采蕨思殷社，漫道歌薰入舜宫。山色千重遮冀北，河流万里下蒲东。看君行迈劬劳甚，五噫谁知庑下鸿。

程先贞《海右陈人集》卷下，清康熙刻本

恭祝亭林先生　刘泽溥

古道谁堪任？儒修独有真。果能勤澡浴，端可裕经纶。洙泗源非远，唐虞治易新。奈何时顿易，惟是志常伸。淹雅文章贵，温恭气象纯。澄江标练素，泰岱仰嶙峋。设教思归鲁，知几遂入秦。高风长遁世，化雨足生春。尽力辞三聘，安心固一贫。众争从正学，吾喜近仁人。问字叨良晤，称觞乐令辰。愿言康济事，信得绝埃尘。

沈岱瞻纂《亭林先生同志赠言》，清光绪十一年朱氏槐庐家塾刊本

偶来云中曹夫子署中得见亭林顾先生敬成俚言求正　王秉乘

□雅日陵替，芳规难遽陈。古处毕明义，欻然见斯人。砥□式金玉，扬马谁为邻？有生阅灾变，落魄存一身。矢志历九域，山川费讨询。利弊若观火，缕析时谆谆。风土及方言，传述独能真。岂不惜心力，从兹拯沉沦。遨

游销日月，霜雪怡贱贫。登岱见沧海，胸怀阔无垠。西来陟华顶，爽气接秋旻。关中富金石，搜罗讫汉秦。蒲坂入首阳，吊古求其仁。平水麓藐姑，肌肤或所亲。沿汾上霍岳，有周留明禋。太原没王气，清凉薄嶙峋。雁门称要塞，颓坏空城闉。东北尽山海，溯流环天津。慷慨论成败，浪浪泪沾襟。蓟门连天寿，陵寝生涘尘。攀髯恨无由，徘徊增酸辛。云烟护深曲，寂寥徒荆榛。足迹之所到，笔札随屈伸。孰不览胜迹，乃独求斯民。使人味其书，词微文尤驯。何必感愚顽，将以愧荐绅。逝将抵恒山，云中且停轮。吾师槜李杰，命世全其淳。司徒出某藩，殚心惟拊循。鸿雁渐已集，载息犹获薪。开合得名贤，蹑座诚嘉宾。甘雨作商霖，繁花次第新。万柳绕亭高，毵毵渐长春。忧时请太仓，活此辙中鳞。公余澹无事，后园日饮醇。小子燕竖儒，归曰念鲈莼。学步咏出塞，惊眼觌凤麟。合交信有时，不为疑者徇。生平肝膈言，倾吐安能嗔。筹策药石良，终久必见申。性勿縻好爵，圣贤亦人臣。征聘君已及，刀笔世所遵。藏山非表异，同好托松筠。

沈岱瞻纂《亭林先生同志赠言》，清光绪十一年朱氏槐庐家塾刊本

呈宁翁先生　张曾庆

闻道南州士，如翁迥绝伦。台垣征聘切，客馆著书新。琴啸华峰月，樽开渭水春。龙门今始觏，剑履好相亲。

海岳遨游日，幽寻卧翠屏。怀书藏华顶，挟策远朝廷。世仰人伦鉴，天悬处士星。山窗风雨夜，应有杖藜青。

沈岱瞻纂《亭林先生同志赠言》，清光绪十一年朱氏槐庐家塾刊本

顾宁人见过草堂得张元明手书　徐夜

江南有客来荒陂，手持一缄兼致辞。我闻整衣拜且展，中有故人书及诗。

张穆《顾亭林先生年谱·十五年戊戌》，清道光二十四年刻本

济南赠宁人先生　徐夜

穷秋摇落此相寻，吴下才名众所钦。一自驱车来北道，即今遗瑟操南音。浯溪颂具元颜笔，楚泽悲同屈宋吟。历览国风几万里，就中何处最伤心？

沈岱瞻纂《亭林先生同志赠言》，清光绪十一年朱氏槐庐家塾刊本

九日约宁人游黄山不果　徐夜

故国千年恨，他乡九日心。山陵余涕泪，风雨罢登临。异县传书远，经时怅别深。陶潜篱下意，谁复继高吟？

沈岱瞻纂《亭林先生同志赠言》，清光绪十一年朱氏槐庐家塾刊本

寄怀白门旧游又二十四首 其十七　钱澄之

忆别梅冈旧酒垆，怜君行脚海天孤。性难合处原知僻，迹太奇时渐近愚。为客久无颖士仆，随身惟有《孝陵图》。顾摹有《孝陵图》。白门相念癯禅外，谓旭初。更见南陔老病夫。顾宁人。

钱澄之《田间诗集》卷七《江上集》，清康熙刻本

戏赠顾宁人宁人于金陵纳姬置之清江浦至是姬得南归　归庄

同心初绾在秦淮，孤寄清江音问乖。虽异九秋婕妤怨，已如一月太常斋。占熊从此欢无极，弋雁何妨老自偕。不待王郎自迎接，西风今送入君怀。

归庄《归玄恭遗著》，民国十二年上海中华书局铅印本

次韵答顾宁人　归庄

风落蓬窗午梦醒，云山对案送遥青。轻轩游览娱黄发，陋室周旋谢

白丁。乍觉鱼龙入夜静，不愁松柏到秋零。山中猿鹤休相诮，扬子年年一草亭。

归庄《归玄恭遗著》，民国十二年上海中华书局铅印本

顾宁人去冬寄诗次韵答之　归庄

中材涉末流，动即生尤悔。祸机非一端，前年事几殆。譬若无维楫，孤舟涉沧澥。恬然卧舟中，旁人为震骇。有口自须言，非过何由改。皇天终爱材，涣然幸冰解。此首自叙。

忽闻吾友事，亦如涉大川。迢迢三千里，惟闻道路言。事起两相仇，客子宜得全。但忧吾友性，迂怪终不悛。远祸在人为，岂容独恃天。此世宜敛迹，知我惟龙泉。

贞松挺高冈，芳兰被皋隰。四皓老深山，贾生夭卑湿。人生何必同，要在有所立。近传我故人，株连竟囚絷。情事不能悉，犹幸狱未急。永叹愧良朋，救患非所及。

尺素从天来，乃在孟冬时。开缄得新咏，朗吟步阶墀。徐生从北还，亦多赞叹辞。宠辱不曾惊，面目只如斯。微闻谳狱者，此案在矜疑。著书犹未就，不愿脱囚累。

君诗古风调，应刘不能过。惟恐贤诸侯，或以礼为罗。将使江南产，有耀翻自他。南皮名建安，兰亭著永和。兴到不自禁，著述应更多。故人在庐中，相望隔山河。

归庄《归玄恭遗著》，民国十二年上海中华书局铅印本

顾秀才见访村居属余他往归后却寄名绛字宁人　归庄

蓬门萧瑟碧苔封，何自来过嘉客踪？负米偶然入市去，遂无粗饭款林宗。

归庄《归庄手写诗稿》，清稿本

中秋前十日淮浦送顾宁人归吴　归庄

两人先后客淮濆，萧瑟秋风又送君。难计程途将访友，尚淹朝夕更论文。广陵好破舟前浪，虎阜应穿屐底云。贾舶北来知不少，德音莫惜慰离群！

归庄《归庄手写诗稿》，清稿本

宁人柬来谓元白皮陆集中唱和赠答连篇累牍我与子交不减古人而诗篇往来殊少后世读其集者能无遗恨赋此却寄　归庄

同乡同学又同心，却少前贤唱和吟。他日贡王今管鲍，不须文字见交深。

归庄《归庄手写诗稿》，清稿本

宁人别后复来留滞旬日会面者再今知定行矣复往送之口占一绝句　归庄

重上河梁白日曛，征帆从此逐行云。羁人不作别离恶，常念良规如对君。

归庄《归庄手写诗稿》，清稿本

寄怀宁人　归庄

故人别去已三年，北望钟山信杳然。破尽万金一身在，青齐飘泊又幽燕。

知君已谢鲁朱家，此去无烦广柳车。城阙山河千古壮，可怜不是旧京华。

沈岱瞻纂《亭林先生同志赠言》，清光绪十一年朱氏槐庐家塾刊本

丁酉腊月八日在韭溪草堂奉怀宁人道兄联句三十二韵

归庄　戴笠　王仍　潘柽章

十年遭丧乱，朋好叹飘零。归。作客头将白，逢人眼未青。戴。年华嗟已

晚，风雨不堪听。王。坐对昆山玉，难呼钟岳灵。潘。彦先标誉望，元叹肃仪型。归。揽辔心千里，空囊腹五经。戴。野王收地志，士雅誓江汀。王。肝胆惟余剑，行藏总类萍。潘。苍茫南斗气，隐见少微星。归。雾豹文仍耀，云鸿影自冥。戴。有心尝险阻，无路拔膻腥。王。殊俗惊鸣镝，皇图览建瓶。潘。志坚追日渴，气迈遇风泠。归。荆楚淹王粲，辽东重管宁。戴。马蹄轻越国，鹏翼任图溟。王。羡尔游何壮，怜余户独扃。潘。书留公路浦，迹绝子云亭。归。余自今年夏在淮浦寄书。一别稀烹鲤，相思几落蓂。戴。话言犹历历，灯火故荧荧。王。论史追当日，高谈挟震霆。潘。孰知胸有库，不取说为铃。归。梁甫还成咏，燕然未勒铭。戴。瓜期愆鞅掌，兰祀少娉婷。王。翘首天边雁，伤心原上鸰。潘。亲朋愁带甲，家室祝添丁。归。于役知良苦，言归莫暂停。戴。石城新卜筑，吴苑旧林垌。王。有待瞻陵阙，重来葺户庭。戴。梅花春绕屋，竹叶酒盈瓶。王。此日乖河汉，思君异影形。戴。徒然望云树，聊复折芳馨。归。各有天涯思，相期共醉醒。潘。

沈岱瞻纂《亭林先生同志赠言》，清光绪十一年朱氏槐庐家塾刊本

答顾宁人　曹溶

北鄙寡同俦，中情正枯槁。谬蓄四方略，救溺甚援嫂。束缚无所施，空堂对衰草。有美三吴杰，险要动深讨。良马碧玉鞍，兴到踏丰镐。熯土既经时，行李湿秋潦。西南征调繁，万里赋纳槁。囊有本务书，利病满怀抱。采掇及细流，访我平城道。艰辛戈戟间，匡坐说苍昊。撞钟得洪音，大朴去纤缟。汲古沃其根，枝叶倍姣好。下视班张徒，炫目但虚藻。是月凉露零，长边静杲杲。旨酒偶一御，愁绪惄如捣。岂无千金药，惰僻使人老。外物丧真常，进德贵及早。戢君肝胆言，瞑眩足相保。自知良独难，民鉴以为考。

曹溶《静惕堂诗集》卷六，清雍正三年李维钧刻本

怀顾宁人游秦二首　曹溶

子午关前月，君看八度圆。定因朋好隔，不向酒垆眠。节暖催人柳，心孤泣杜鹃。西都新赋稿，驿使竟谁传？

怀贤宣室下，歇马灞陵东。一洒兴亡泪，谁云道路穷？冰霜曾梦草，秦汉几飞鸿。归日论碑碣，英华满橐中。

曹溶《静惕堂诗集》卷二十，清雍正三年李维钧刻本

送顾宁人游五台　曹溶

银鞍新自晋祠来，香草清凉问古台。断碣尚存宫篆湿，战兵初罢佛楼开。雁飞秋转诸天静，虎窟冰深万籁哀。礼斗峰前窥地胜，知君兼蓄济时才。

曹溶《静惕堂诗集》卷三十三，清雍正三年李维钧刻本

寄顾宁人都下　曹溶

彩笔羞从里社操，褐衣积日帝台高。眼中耆旧今谁在？陌上骅骝客自豪。□□山深曾雨泣，永和春暮各霜毛。予与宁人同生癸丑。亭成野史空留约，军幕无心倒浊醪。

曹溶《静惕堂诗集》卷三十五，清雍正三年李维钧刻本

哀顾宁人殁于华阴　曹溶

朔风栗洌未曾停，吹落关南处士星。车马未酬秦筑愤，宁人以避仇入北。文章足浣瘴云腥。贞心慢世冰花洁，异物摧人鹏鸟灵。幽魄故园招未得，只随华岳斗青荧。

曹溶《静惕堂诗集》卷三十七，清雍正三年李维钧刻本

送顾宁人入都　曹溶

倚歌匹马渡桑干，笑著羊裘六月寒。北望未酬知己泪，匣中风雨吊燕丹。

曹溶《静惕堂诗集》卷四十二，清雍正三年李维钧刻本

用宁人韵赠耀寰　曹溶

杯中两见白登春，风榭同君岸角巾。宫调幸传江左曲，莫将羌笛恼征人。

曹溶《静惕堂诗集》卷四十二，清雍正三年李维钧刻本

得宁人书寄汉唐碑刻至　曹溶

圭璋席上珍，不乐处幽翳。东游陟梁父，西与流沙际。稽古见斯人，旷野独挥涕。不逢故所欢，安救齿发敝。曜灵感推迁，长绳莫能系。跌荡车马间，史迁有遗制。临文助豪雄，考索表孤寄。知我嗜琳琅，穷搜到遥裔。济上剥荒苔，孔林出深瘗。龙蛇灿盈箱，仆夫走迢递。重令齐鲁邦，菁华冠六艺。斯篆俨云虬，扁刻或如蛎。谁云野火焚，想像猝难继。巍巍上圣傍，神奸亦相俪。末技苟成名，足以寿千世。况秉大道枢，绚等日星丽。及时当努力，撰述绍微系。君子相勖勤，金石有潜契。

沈岱瞻纂《亭林先生同志赠言》，清光绪十一年朱氏槐庐家塾刊本

次亭林先生见赠之作　卫蒿

神祖盛明际，艳煽方在旁。坚冰虽未至，阴凝已履霜。汉法戒不道，《春秋》谨无将。乃有入幕客，开门赍盗粮。挺击不可问，三子并封王。红丸速殂落，移宫似昭阳。椓人因窃柄，举国若皇皇。英烈如先帝，无以救衰亡。徒有殉国志，未造鸳鸯行。性命全乱世，于理亦无妨。读书期明善，敢

惜鬓发苍。著述追往迹，愿言依末光。

沈岱瞻纂《亭林先生同志赠言》，清光绪十一年朱氏槐庐家塾刊本

赠顾宁人　戴笠

十年仰止玉山隅，闻道移家近帝都。涕泪独陈天宝事，神灵长护《孝陵图》。著书岁月供迟暮，许国肝肠叹绝无。自悔不妨居庑下，海天相訊有吾徒。

沈岱瞻纂《亭林先生同志赠言》，清光绪十一年朱氏槐庐家塾刊本

二子篇贻顾宁人李天生　俞汝言

边郡诸侯谁好士，云中雁门称第一。同开幕府向阴山，共脱貂裘礼宾客。笳间鼓卧烽息烟，尊罍楚楚屏筝瑟。甲朝丙夜恣探论，如石投水胶在漆。邺下梁园彼一时，安论轩车与遗佚。就中宾客谁最奇？惟顾朱李无异辞。朱十自小我好友，顾李未面神为驰。关中博物因笃冠，操管滔滔濯江汉。刘曹沈宋未足多，古词郁郁星辰烂。东吴布衣顾炎武，山经星志指掌数。古文穿穴郾夹漈，冥搜碑版考《石鼓》。好奇尚侠大略同，李诗顾笔同千古。余来云中逾万里，贪与诸君共抵几。谁知聚散自有时，南北东西不并屣。李生贻我怀古篇，朱生书尺尝蝉连。游燕幸与顾子俱，我出顾入无后先。均是山泽姿，并为诸侯友。记程未尝隔千里，片席剧谈竟何有。乃知造物甚相忌，合并从容亦难偶。只今幕府一时歇，散去燕吴与秦粤。此生宁有聚首期，各自孤眠对秋月。不尔单父与吹台，高李杜陵俱异才。啸歌今昔乾坤开，英雄奚必非蒿莱。二子相见定有日，麟游凤舞何时哉？

沈季友《檇李诗系》卷二十四，清宣统三年刻本

赋送宁人先生　陈上年

同声隔岁赋离居，空谷跫然贲客车。海岳还高司马辙，风尘益富子云书。樽前烟雨饶相和，室里芝兰迥自如。渭水吴门方驾久，更来彼美说三闾。

行行此日尚瞻乌，努力名山在远途。楚璧不妨供独赏，衡门聊自慰潜夫。白云故傍朋簪盍，明月谁教缟带孤。此去秋山迟好会，传鱼早晚过中都。

沈岱瞻纂《亭林先生同志赠言》，清光绪十一年朱氏槐庐家塾刊本

顾宁人见寄辞家二律次韵酬之　葛芝

吾亦辞家欲浪游，萧然独驾五湖舟。东临沧海千峰碧，夜渡钱塘万壑秋。几处幽人为市卒，何方同调吊灵修。风吹芦荻乌啼柳，疑是青门有故侯。

不学穷途阮子悲，长游五岳是吾师。神龙蛰户三冬日，野鹤盘空千里时。勾漏丹砂无计就，匡庐莲社有心期。归来却笑陶彭泽，酒后依然忆五儿。

葛芝《卧龙山人集》卷五，清康熙九年自刻本

读蒋山佣元日谒陵诗感而有作　释尝明

高皇宫殿在山原，霜露凄清百草根。一介儒生循故事，普天臣子愧深恩。衣冠元日思班位，瞻拜当年想至尊。自昔滥陪牺罼后，于今愁绝限都门。

沈岱瞻纂《亭林先生同志赠言》，清光绪十一年朱氏槐庐家塾刊本

送宁人　施諲

歧路悲难定，亡家剩短吟。孤踪今去国，万死各伤心。欲杀随人意，思家托鸟音。平生重交结，谁复为挥金？

沈岱瞻纂《亭林先生同志赠言》，清光绪十一年朱氏槐庐家塾刊本

怀宁人　施諲

吁嗟蒋山佣，窜迹殊惨伤。避仇不计身，朝吟暮佯狂。入水慎风波，登山畏虎狼。按剑未敢鸣，凄恻道路旁。英雄尚千载，有用宁善藏。

沈岱瞻纂《亭林先生同志赠言》，清光绪十一年朱氏槐庐家塾刊本

赠宁人道兄 柴绍炳

之子吴中秀，薄游来西陵。缟纻相献酬，丽泽资贤朋。读书过刘向，识字比杨雄。论著穷三古，大雅从兹兴。小儒修边幅，夏虫难语冰。麈尾动清飙，天地失炎蒸。期牙千载后，落落谁知音？往复揽玄契，浩然一拊膺。晤歌图永夕，安得酒如渑。尽言非尺素，投分庶足称。

沈岱瞻纂《亭林先生同志赠言》，清光绪十一年朱氏槐庐家塾刊本

送顾宁人还钟山因寄金陵诸友 陈济生

钟山佳气郁神京，此日偏萦旅客情。幸有诗篇同悱恻，独留图画见峥嵘。千秋弓剑思皇祖，一代文章赖友生。君是两都裁赋手，可能遗事续休明？

沈岱瞻纂《亭林先生同志赠言》，清光绪十一年朱氏槐庐家塾刊本

秋日怀涂中先生亦亭林号 陈芳绩

故人蒙难去天涯，临别凄然对落花。见说鸡鸣出函谷，而今谁是鲁朱家？
山东自古多男子，濑水从来一妇人。莫漫将心托朋友，近时豪侠未全真。
九曲羊肠处处然，三营兔窟古称贤。英雄不局方隅地，云雨蛟龙始上天。
参商两地一知心，怅望秋天鸿雁音。把臂十年风雨夕，回思一度一沾襟。

沈岱瞻纂《亭林先生同志赠言》，清光绪十一年朱氏槐庐家塾刊本

寄顾宁人 施闰章

西泠别后兴何如，五见花开音信疏。避地远游寒出塞，穷年独坐夜钞书。洞庭山好家园在，陵寝诗传涕泪余。此日惟君高卧得，肯同冯铗叹无鱼。

施闰章《学余堂集·诗集》卷三十六，清康熙四十七年刻本

都下得亭林先生见寄书奉怀　施闰章

卜居从汧漫，作客古长安。抗志遗民在，论交直道难。辋川园里住，华岳掌边看。尚有家山梦，应知关塞寒。

旧迹满西京，高谈就友生。书曾搜鲁壁，诗已变秦声。多难余身健，新编计日成。别来头共白，望远不胜情。

沈岱瞻纂《亭林先生同志赠言》，清光绪十一年朱氏槐庐家塾刊本

宁人先生赠诗为先君子表章忠节敬成一律奉谢　刘在中

彦先才誉渺无俦，忽出菰芦作远游。归去应图山在壁，到来初识蜃为楼。萧家纪事操三管，驺子雄谈隘九州。更有表忠篇什在，缘君感激拊吴钩。

沈岱瞻纂《亭林先生同志赠言》，清光绪十一年朱氏槐庐家塾刊本

寄族叔亭林先生　顾湄

头白孤臣气拂膺，半生心事汉诸陵。蒋山图画昌平记，旅壁僧窗黯一灯。

廿年漂泊欲何依，怀古伤今事总非。落日那堪更回首，西风笠泽雁南飞。

凤雏龙首句难忘，片纸摩挲旧寄将。他日相逢追往昔，定应挥泪说都昌。乙未冬寄杨都昌并伊人三十韵，有“耆德推龙首，交游奖凤雏”句。

伏生经行重儒林，念我江村尚苦吟。千里一缄凭寄语，只教留得岁寒心。

沈岱瞻纂《亭林先生同志赠言》，清光绪十一年朱氏槐庐家塾刊本

庚子季秋赠别顾宁人社兄之会稽　杜濬

都门曾诺共之官，恰比前人解后欢。燕颔数奇天壤少，虎头痴绝古今难。布帆送客情何极，木榻留君计尚宽。一柬间关传小宋，禹陵消息去漫漫。

杜濬《湄湖吟》卷五，清康熙刻道光九年杜堮修补本

燕台观菊寄呈亭林先生　王弘撰

御水桥边秋叶黄，一枝寒菊度重阳。临风每忆陶元亮，恐负东篱晚节香。

沈岱瞻纂《亭林先生同志赠言》，清光绪十一年朱氏槐庐家塾刊本

寄亭林先生　王弘撰

衰晚幽栖十载余，行藏到此岂堪疏。故人自寄当归草，何处能容却聘书？

沈岱瞻纂《亭林先生同志赠言》，清光绪十一年朱氏槐庐家塾刊本

哭亭林先生六首戊辰　王弘撰

海内推明德，江东溯世家。传经忆刘向，博物藐张华。倚剑天之外，挥戈日已斜。蒋山松柏路，颢气不胜嗟。

先帝宾天日，孤臣誓墓时。攀髯悲不逮，仗策计何之？入鲁聊为稼，游秦共赋诗。蓟门回首处，今昔寸心知。

霜露空萦思，行藏只自怜。祭无王氏腊，书有晋家年。古殿中霄月，寒林几处烟。何曾恋山水，洒血记芊眠。

卷迹嚣尘表，弢光野水滨。无求追大隐，不器是先民。气以艰难壮，怀因诵读新。重逢面黧黑，垂老惜征尘。

天将兴礼乐，世已诵文章。一代才难尽，千秋恨正长。山空啼鸟寂，江渺暮云黄。披发琼楼侧，翻然下大荒。

晚计同栖隐，春风忽弃捐。空留安石屐，竟罢祖生鞭。间字亭犹在，衔杯榻遽悬。乾坤浑阒寂，吾泪日潸然。

沈岱瞻纂《亭林先生同志赠言》，清光绪十一年朱氏槐庐家塾刊本

再过亭林先生墓下作　王弘撰

三年客江东，两度抚君墓。野日滋宿草，秋花湿零露。缅维同心交，明誓金石固。稽古启愚昧，敏求祛冥悟。朝昏恒不遑，患难行我素。重访伯起市，更寻公超雾。惠然止吾庐，一似形影附。同泣鹿马石，手攀神烈树。倏更四十春，戚戚不忘故。畴昔梦云阙，白衣从玉辂。连蜷下大荒，偃蹇问天步。叹惜桑榆景，徘徊崦嵫暮。幽明事已非，生死情一诉。洒泪归山去，长辞西洲路。

沈岱瞻纂《亭林先生同志赠言》，清光绪十一年朱氏槐庐家塾刊本

三过亭林先生墓下作　王弘撰

与君长别九年矣，白马重来千里余。独拜荒丘凄宿草，更挥老泪问遗书。

为忆神期恒若存，谢康乐句。莫将封禅比文园。当年羊傅徒轻爵，何似龙门有外孙。

沈岱瞻纂《亭林先生同志赠言》，清光绪十一年朱氏槐庐家塾刊本

赠蒋山佣　张嵩

逆奴叛主终无赖，何况人间冯子都。客梦未安情自热，陵云遥望泪偏枯。千村怒气干霄汉，一片忠魂入画图。不道豪强能杀士，更无奇侠寄锟铻。

沈岱瞻纂《亭林先生同志赠言》，清光绪十一年朱氏槐庐家塾刊本

赋呈宁人先生　陈正

北来紫气接边城，遥傍江湖得此声。十载蒸尝通旧寝，孤臣涕泪近神京。风飘柏影当阶合，雨洗榴花照座明。每简奚囊观著述，雄才端似郑康成。

沈岱瞻纂《亭林先生同志赠言》，清光绪十一年朱氏槐庐家塾刊本

答亭林移书见存　吕章成

落日浮云掩太虚，闲乘旅馆步徐徐。无才久分同玄茧，有客俄传辱素书。闻向新亭追涕泪，更从宗国吊丘墟。□名不坠人间世，自是愁逢华子鱼。

沈岱瞻纂《亭林先生同志赠言》，清光绪十一年朱氏槐庐家塾刊本

读亭林谒陵诗　吕章成

□年孤剑指渔阳，漠漠京尘黯客装。三辅金汤霾白犊，□陵风雨走黄羊。谁来柴市寻遗碧，空对卢沟听□□。今日重翻天寿句，断肠声里几回肠。

沈岱瞻纂《亭林先生同志赠言》，清光绪十一年朱氏槐庐家塾刊本

雪霁霖瞻宅陪饮即席赋呈亭林先生　李源

华筵柏酒庆灵辰，座有名儒上国宾。羁旅几年常作客，招寻兹日喜逢人。风前裁胜吹金缕，雪后登高踏玉岑。讲《易》从君曾问字，烟霞不负此闲身。

沈岱瞻纂《亭林先生同志赠言》，清光绪十一年朱氏槐庐家塾刊本

怀顾宁人　汤濩

虎头应复让君痴，儒侠僧樵事事宜。千百《国风》存野记，十三陵树补新诗。音声小悟殊堪喜，姓字频更莫浪疑。怀友句成反自愧，半函烟雨隔秋思。

陈田《明诗纪事》辛签卷三十一，清陈氏听诗斋刻本

赠宁人　王炜

我已无家不可论，逢君多难复声吞。投竿东海黄尘起，抱璧中原白日昏。

天为才难增忍性，人因别远易销魂。樽前更诵当年句，流落江南意气存。

沈岱瞻纂《亭林先生同志赠言》，清光绪十一年朱氏槐庐家塾刊本

秋日怀宁人道长先生　王炜

孤穷迢递八荒游，肯逐轻肥与世谋。雪水菰芦谁吊影？蒋山风雨自深秋。已从敝笈留千古，欲向空原助一抔。满眼黄花无限酒，不知元亮可销忧？

沈岱瞻纂《亭林先生同志赠言》，清光绪十一年朱氏槐庐家塾刊本

得宁人书知在金陵奉寄　王炜

宇宙大如许，不能容顾生。胸怀蕴王略，徒为孤凤鸣。钟山一草庐，九鼎此中寄。白日照须眉，青管诛魑魅。伤心成逐客，一去无留迹。垂死脱仇锋，天为斯人惜。江水去悠悠，凭高往事愁。塞洪桥上客，清泪几时收？

沈岱瞻纂《亭林先生同志赠言》，清光绪十一年朱氏槐庐家塾刊本

恭赠亭林先生　刘肃

斯文谁可继？夫子独能振。语录日无尽，先生著有《日知录》。诗书老更亲。一灯开万卷，每事正纷论。著有《谲觚十事》。下学从先进，南车指后人。著有《下学指南》。周流环辙迹，陷溺赖陶钧。海内铎鸣久，关中雨化新。执经归大雅，负笈走群伦。卜筑身藏器，端居境出尘。幸逢泉石僻，得乐孔颜贫。鹿洞华峰下，鳣堂渭水滨。时议修华山书院，建朱子祠。斗山随几杖，斋舍倚松筠。近仿云台制，淳熙乙未，朱子曾有主管云台观之命。遥思沂水春。无言非载籍，有教佐成均。圣绪传应远，儒修派自真。光风树桃李，藻鉴斫荆榛。标准雅难动，科条简易遵。声名扬郡国，品诣冠儒绅。偶咏樽前月，常怀席上珍。沧桑何足问，道德永为邻。倘许门墙入，年年立雪频。

沈岱瞻纂《亭林先生同志赠言》，清光绪十一年朱氏槐庐家塾刊本

赠宁人　潘柽章

相对何须学楚囚，便当戮力向神州。但令舌在宁论辱，除却天崩不是忧。意气自惭河朔侠，行藏谁识下邳游？感君国士深期许，事业千秋尚可酬。

沈岱瞻纂《亭林先生同志赠言》，清光绪十一年朱氏槐庐家塾刊本

和张洮侯赠蒋山佣之作　潘柽章

寄我新诗如看檄，纷纷逆党见应羞。二心未伏丁公剑，不义因封子密侯。三泖潮声犹蓄怒，九峰黛色不开愁。只今□□何须较，早办沧浪一钓舟。

沈岱瞻纂《亭林先生同志赠言》，清光绪十一年朱氏槐庐家塾刊本

和宁人过安平君祠　潘柽章

驱马胶东落日横，依然祠庙有安平。却燕实荷三年□，脱兔全收七十城。修剑大冠惭辩士，火攻车战奈书生。只今岂少临淄掾，碌碌无人识姓名。

沈岱瞻纂《亭林先生同志赠言》，清光绪十一年朱氏槐庐家塾刊本

送宁人北游　潘柽章

征骑翩翩落叶深，知君此去有知音。宝刀自试中宵恨，老鹤谁怜万里心。登岱文应探玉简，游燕客岂市黄金。□歌击筑相逢地，还忆山中《梁父吟》。

沈岱瞻纂《亭林先生同志赠言》，清光绪十一年朱氏槐庐家塾刊本

答赠顾宁人　王士禄

东箭南金誉斐然，栖岩饮谷几经年。独怀太史名山志，别撰《河图括

地》篇。五岳携笻双屐外，千秋抵掌一尊前。何当衡宇襄阳共，愁绝羁人碧海边。

王士禄《十笏草堂诗选》卷六，清初刻增修本

送宁人先生　赵劻鼎

文学东吴杰，平生好远游。飞来太湖月，散作雁门秋。大道天人贯，遗民海岳留。相逢思惠教，无奈别悠悠。

沈岱瞻纂《亭林先生同志赠言》，清光绪十一年朱氏槐庐家塾刊本

送亭林先生二首　陈赤衷

天地何寥寂，支持不数人。斯文千古事，至德百年身。丧乱存遗老，江湖识旧臣。亭亭此硕果，留以庇吾民。

十载相思后，今朝觌面时。如何三五日，便尔别离为。故国千秋士，吾徒百世师。何由携一笈，旦晚共相随。

沈岱瞻纂《亭林先生同志赠言》，清光绪十一年朱氏槐庐家塾刊本

顾亭林卜居华山　杨端本

谷有图南卧，卜邻古洞幽。莲开犹十丈，松老自千秋。扪虱应难识，翔鸿未可求。不须丹诏至，野性白云留。

徐世昌编《晚晴簃诗汇》卷二十六，民国退耕堂刻本

点绛唇九日同顾宁人陆翼王登孙氏石台赋呈退翁少宰　朱彝尊

花径登台，旧时此地重阳宴。天涯相见，最喜翁犹健。　望极疏林，瑟瑟金风翦。凭阑遍，夕阳一片，送尽南飞雁。

朱彝尊《曝书亭集》卷二十五，清康熙五十三年刻本

哭顾亭林处士　屈大均

雁门相送后，秋色满边城。白日惟知暮，寒天讵肯明。才分南北路，便有死生情。皓首悲难待，黄河忽已清。甲子河清。

屈大均《翁山诗外》卷八，清康熙凌凤翔刻本

哭顾征君宁人炎武　屈大均

幽燕久客似辽东，絮帽天寒苦朔风。飞兔有人还不帝，伏龙于尔独称公。白头无子遗书散，黄石多年故冢空。留得《孝陵图》《记》在，教人涕泪哭遗忠。君有《孝陵图》及《昌平山水记》。

昌平山水是天留，海岳朝宗此帝丘。一代无人知日月，诸陵有尔即春秋。书生得尽惟哀痛，故老难存苦白头。遗骨故应园下葬，年年天寿守松楸。

招魂不返恨天涯，旅榇空归葬海沙。楚国两龚长不食，淮阳一老久无家。苍松岁晚孤生苦，白鹭天寒两鬓华。闻道五经多注释，不知谁为作侯芭？

登高忆共雁门间，北望京华洒泪还。白马小儿犹汉殿，青牛老子已秦关。河声不解消长恨，山色惟知老玉颜。耆旧只今零落尽，北邙松柏为君攀。

屈大均《翁山诗外》卷十七，清康熙凌凤翔刻本

送宁人先生之云中即大同府兼简曹侍郎　屈大均

丈夫贫贱相看老，岁寒松柏同枯草。发愤徒为风雅篇，羁孤又向燕云道。云中地苦难为情，匹马萧萧事远征。泪洒昭君青草墓，歌投都尉牧羊城。不嫁红颜厮养卒，何妨奇服曼胡缨。雕虫篆刻虽无用，一字褒讥臣子恐。君追孔氏著麟书，我学三闾持《橘颂》。云中魏尚旧宣威，今日曹公肃鼓旗。缓带投壶垂雅望，彩毫题赋掩晴晖。容仪欲见如琼树，书札相将隔紫微。八月龙沙飞急雪，中军置酒琵琶咽。令德高言相献酬，君欢好把驼酥啜。

沈岱瞻纂《亭林先生同志赠言》，清光绪十一年朱氏槐庐家塾刊本

又送宁人先生　屈大均

雁门北接长山路，尔去登临胜概多。天上三关横朔漠，云中八水会浑河。飘零且觅藏书洞，慷慨休听出塞歌。我欲金箱图五岳，相从先向曲阳过。曲阳县属顺德府。

沈岱瞻纂《亭林先生同志赠言》，清光绪十一年朱氏槐庐家塾刊本

都中慈仁寺赠别亭林先生　马鸣銮

风静秋高月复清，松间梵阁定钟声。故人乍见翻成别，乡信才通又送行。此夜歌当燕市酒，他时花落济南城。白头著就书千卷，犹是临邛重长卿。

沈岱瞻纂《亭林先生同志赠言》，清光绪十一年朱氏槐庐家塾刊本

怀舅氏　徐乾学

自别维亭二载余，风尘驱走近何如？伯鸾慷慨思浮海，正则羁愁未卜居。乱后相逢怜旧雨，客中多累是残书。何时归守先人墓，出入邀游下泽车。

徐乾学《憺园文集》卷四，清康熙三十六年冠山堂刻本

亭林先生税驾长源里第喜而有作　宋振麟

望远苦衔石，长河日弥弥。江介起遗风，津梁有根柢。范世得先觉，旷然发群昧。遂观五岳尊，复见六书体。琴樽区《雅》《颂》，渔佃列官礼。星光动五色，物象同昭洗。涉江采兰茝，怀古每流涕。蒹葭入秦水，零露何泥泥。偷光喜共壁，纳屦厕前邸。愿以饥渴怀，时时饮醇醴。

沈岱瞻纂《亭林先生同志赠言》，清光绪十一年朱氏槐庐家塾刊本

旧年宁人以无妄系济南走书报余辄驰往视之既而余以疾作还里承寄赠行三十韵今春相见保州重会蓟门奉答前诗广二十韵　李因笃

卧病三秋色，怀人五岳情。凉飙吹梦起，啄雀唤愁生。客返关中路，书传历下城。客秋有乡人至自济南，持先生书见示。倒衣初罢枕，垂涕复沾缨。巷伯诗难读，梁园狱已平。长吟归黯淡，别绪郁纵横。忆折前津柳，同炊古寺羹。前年与先生同客慈仁寺，余先别去。有孚谋且窒，无角兆先成。末世旌旄杂，周行坎窞并。莒莱矜野语，虞芮乱蝇声。欻棹江波大，潜扬海汐轻。时讼牍株累多人，旋与海上事并豁。群疑纷所出，众口漫多惊。智勇微夫子，艰危讵此行。奋身甘下吏，微服耻为氓。《易》传繇斯昉，《骚》歌比类明。经旬喧地圾，举国丐天晴。时地震又多霪雨。节至通蘋藻，先生在难，不废时祭。愁来忆弟兄。曾邀肝胆契，况忝雪霜盟。草茀虚炎月，云高隐暮旌。罢呼燕市酒，遄决蓟门程。戍角迷丹嶂，河阴护绿蘅。崩堤频淖马，废坞剩闻莺。水旱忧兼最，诛求惨自鸣。时道多流亡，别自有诗。此邦哀琐尾，何室厌香橙？触目难俱述，惊时已渐更。驰闻瀛隰尽，颇喜岱岚迎。膏沐谁遑理，壶飧欲就倾。畏涂晨上浊，羇邸夜班荆。续烛探行笥，联床敞外楹。年华穷不灭，《日录》老逾精。先生时成《日知录》若干卷。恨失登山约，嗟为抱瓮贞。徘徊违鲁赙，刘六如新故，未能往吊。邂逅合秦筝。阎天木乡人以事滞山左。阁访沧溟峻，泉怜趵突清。城中有李子鳞白云楼。狂涛终砥柱，直道益峥嵘。旅食悲寒及，归舟阻潦盈。依然垂橐去，率尔采薪婴。左次才弥拙，西还意若酲。贫非荒竹径，渴岂慕金茎。急难睽良友，端居惕远征。寸心如濩落，中夜几屏营。自得分鱼素，空教怨鹿苹。川原仍独往，伏腊互相衡。余东、西行役在十二月、六月。甫定他乡榻，俄从上日觥。先生以二月朔望日。好音随杖屦，佳会足公卿。律转坚冰解，春回早卉荣。敛才期近物，逃俗励修名。忽复追鞭弭，还来过帝京。每询邛邑树，谁荐寝园樱？进履耽逢石，将诗悚报琼。雍田关华好，为耦待躬耕。时先生与无异有华山卜筑之约。

先生初脱吴中陈济生启、祯两朝诗选之狱，复遭山左黄培诗狱株连之诬。时同志奔驰相急，于子德、山史为切。此诗子德作，而山史书之以遗先生。其诗与字皆足宝重于世。余曾摹存其迹于学古斋法帖中，今复录诗于此，俾后之君子，读之不徒赏其文翰之工，将必钦其友谊之隆为莫及也已。乾隆二十九年甲申秋八月廿五日，沈岱瞻书于栖贤里馆。

沈岱瞻纂《亭林先生同志赠言》，清光绪十一年朱氏槐庐家塾刊本

雁门邸中值宁人先生初度制二十韵以代洗爵　李因笃

海内求遗逸，如君气自豪。名成郎位晚，地阔少微高。已住长孤愤，相逢遽二毛。客身霜露浃，岁事豆笾劳。宿卫惟占斗，晨征遂渡濠。故宫歌黍稷，九庙达焄蒿。入世深肥遁，同群识劲操。尚怀游岳计，不问过江艘。车马随书局，乾坤到彩毫。丁年无旷日，乙夜有然膏。独树三吴帜，旁窥两汉涛。经邦筹利病，先生著有《天下郡国利病书》百廿卷。好古博风骚。负版悲天堑，班荆慰塞壕。乱离途迥别，今昔首重搔。暑雨留前席，昏灯对浊醪。落花余满袖，逝水各沾袍。白雪吹炎夏，丹经照蟹螯。幽贞恒坦坦，穷达任嚣嚣。莫讶声闻阔，曾知宠命褒。纻衣如可赋，堪比吕虔刀。

沈岱瞻纂《亭林先生同志赠言》，清光绪十一年朱氏槐庐家塾刊本

寄赠顾亭林先生四绝句　李因笃

八月闻君西入关，行行寓目尽名山。春河安稳桃花水，却阻东西雉子斑。
汾上愁云接汉宫，千年词赋自秋风。著书何似文中子，下榻兼知太史公。
西汉如无马郑群，六经何处叩羲文？师古箕裘归索隐，皇朝复见顾征君。
谁言凄壮本秦风，肯舍周南学小戎？君从酆鄗观王化，旧迹还留渭水东。

沈岱瞻纂《亭林先生同志赠言》，清光绪十一年朱氏槐庐家塾刊本

三月十二日有事于攒宫同顾征士炎武赋用来字　李因笃

再出松楸路，初将洒埽杯。百神春转肃，孤寝暮同哀。渚雁依灵藻，峰

霞拂绣苔。葱葱桥岳气，日向五云来。

沈岱瞻纂《亭林先生同志赠言》，清光绪十一年朱氏槐庐家塾刊本

春日得宁人书敬佩韦弦辄酬短句　李因笃

春水沿洄双鲤鱼，好修珍重数行书。幽芳出谷原多事，劲竹同根迥自如。北海翔鸿怀远道，南风采葛恋吾庐。兼闻绵上传经约，莫遣关门步屧疏。

沈岱瞻纂《亭林先生同志赠言》，清光绪十一年朱氏槐庐家塾刊本

长至后得宁人中秋历下贻书并赠诗奉答　李因笃

八月沧溟雁，南飞道路赊。椷书来楚水，客里见梅花。泰岱云何处？江湖日已迥。隴公终独往，懒问侍臣才。

沈岱瞻纂《亭林先生同志赠言》，清光绪十一年朱氏槐庐家塾刊本

亭林先生尊兄自秋适晋初冬得书知病新起且惊且喜阻雪及腊始专一走往候寄诗五章　李因笃

双屐遥怜埽径疏，朵云欣奉杖藜初。虽愁药物甘辞馈，不苦呻吟减著书。鸿雁分飞声远及，雪霜高卧岁将除。诘朝河外图传使，斋宿中庭拜所如。

涧树东连岳树深，相思北接太行岑。《蒹葭》倘触居关兴，《蟋蟀》偏工入冀吟。世易繁霜应有道，天留硕果定何心。晨星落落频蒿目，肯使寻盟负断金。

王路风流缟带长，霸图聊托晋初乡。遗音西国思千里，老眼中原泪数行。春逼梦随池草发，腊残清引阁梅芳。曾论徽祀虚笾豆，许傍新宫自筑堂。

水冻河梁客未还，教人雨雪怨空山。难同受性松根迥，更羡从飞雉子班。到处青藜恒照夜，何时紫气复临关？偶耕兼有吾庐约，南亩桑阴尽日闲。

五十知非似醉醒，柴门寂寞昼常迥。古人何可欺毛义，吾道将无愧管宁。

豳俗好风吹举趾，汉时明月照传经。鸣车整旆西归日，户外寒融柳色青。

沈岱瞻纂《亭林先生同志赠言》，清光绪十一年朱氏槐庐家塾刊本

咏怀五百字奉亭林先生　李因笃

少有四方志，临文生浩叹。肆其躬耕力，谬欲补宵旰。初授古《尚书》，都俞冀亲见。交臂多高侣，抗怀无近玩。每从诸耆旧，窃忧天下乱。虽蒙迂阔讥，中夜肠数转。岂难弃繻去，驰驱向弱冠。率由祖宗朝，不敢薄操缦。其时帝座清，颇睹王居涣。誓当奋前期，致身在云汉。历观昭代才，廷对乃居半。何得执末流，概云始非善。况夫论出处，今古亦递变。巢许生荒略，徜徉恣世玩。今焉隶博士，委贽同一贯。君臣义相属，天壤无所逭。要非如列国，乾坤既各判。竹帛与山林，优游从人便。垂翮未能舒，流氛忽遘患。天宇本辽阔，王室丁多难。乌号有遗悲，降割不少延。一为《黍离》吟，蹉跎岁已晏。从此辍弓招，卑栖向山涧。遥愧叩马节，偷存靦颜面。闭门治九经，溯流兼史传。孤注谢同人，失意甘狂狷。顾君缟带交，磊砢东南彦。束发早成名，中年仅得荐。先朝荐授兵部职方司。好奇穷河岳，足迹中原遍。细字粲蝇头，筐箧至千万。班荆雁门邸，倾囊出夙撰。慨然弟畜予，札侨风斯践。泣麟久不作，蛙鸣纷相扇。横议逐颓波，吾道存如线。侧闻正始音，黄钟垂古宪。大旨归《风骚》，旁求追爻象。持以告时贤，疑信乃滋蔓。聊取枕中秘，知希遽独擅。别来寒暑更，东行渤海岸。春水传双鱼，相思何缱绻。新诗益矍铄，抚时增凄惋。期余颇不细，治安操左券。比年歌《兔爰》，四国敝水旱。尚挽黄腄粟，未息昆明战。有星孛南箕，候火张西甸。胡为然积薪，甘作处堂燕。君才本通方，体用深组练。明堂备顾问，草泽储文献。河清倘可俟，着鞭谁当先？安能效平时，皓首美柔翰。

沈岱瞻纂《亭林先生同志赠言》，清光绪十一年朱氏槐庐家塾刊本

答顾征君保州见怀之作用来韵　李因笃

雁绕行峰侧，鱼传渭水湄。翻愁先夙驾，不及共临歧。夜雪怀人迥，春

堂人梦迟。躬耕千载事，努力赴同期。

沈岱瞻纂《亭林先生同志赠言》，清光绪十一年朱氏槐庐家塾刊本

讲易毕奉谢宁人先生　李因笃

世衰道微日，儒术几寝灭。东吴山泽间，有客饶高洁。抗志薄今人，凛凛秉大节。读书破万卷，学道追往哲。九经能阐明，《周易》尤精微。繄余本济伧，自顾惭薄劣。行年五十余，悔吝滋玷缺。荷君不遐遗，爱我忘丑拙。针芥颇相投，此中一寸折。年齿序雁行，实同弟子列。摄衽师席前，谈经聆霏屑。大义与微言，不惮日申说。淹贯兼经史，引喻通一切。斯理本难传，研究蒙初发。敢云无大过，愿学韦编绝。譬诸草木生，大小区以别。秋气正离离，雨余风清冽。松柏满荒园，苍翠如缀缬。尊酒恣讨论，二簋无甚设。放眼天地间，陶写邀明月。

沈岱瞻纂《亭林先生同志赠言》，清光绪十一年朱氏槐庐家塾刊本

简顾宁人处士　李绳远

昆山蕴奇秀，顾陆多英贤。先生振芳轨，继迹千载前。一举谢时俗，飘拂云窗眠。曾来济北住，聊税山东田。余从历下客，蓟门一停鞭。春风笑桃花，杨柳如翠烟。酒亭白玉壶，换去青铜钱。横桥跨卢沟，马首行自怜。芙蓉艳六月，期泛明湖船。济流七十二，趵突为名泉。挂瓢酌杯水，中情亦已宣。毋令负良觌，坐惜芳华年。

李绳远《寻壑外言》卷二，清康熙三十六年刻本

都门送宁人先生之永平　孙宝桐

纵横车马蓟门途，憔悴人如楚大夫。虚见子长观障塞，终怜元叹老江湖。楼台旧入《伽蓝记》，雨雪新成《督亢图》。海上诸侯能好客，莫愁边路出东都。

沈岱瞻纂《亭林先生同志赠言》，清光绪十一年朱氏槐庐家塾刊本

读顾亭林集二十四韵　唐孙华

胜国遗民在，贞心匪石坚。江湖万里逝，妻子一朝捐。玉马新朝去，铜驼故国怜。冬青栽陇上，麦饭洒陵前。举目周黎尽，伤心亳社迁。苍茫率旷野，汗漫落穷边。孤剑随身倚，征衫短后穿。狗屠寻伴侣，鸡塞访山川。哀曲闻翎雀，遗魂拜杜鹃。更无复楚地，终换姓刘天。设祭唐开府，逃名鲁仲连。毁形人莫识，谵语世难诠。家祀犹先腊，王春不署年。登山皋羽泪，泛海幼安船。竟向深岩老，羞从故里还。瞿硎甘隐遁，宾石肯周旋。气带幽并侠，身经羁旅便。须眉应不愧，要领幸能全。耿邓生平许，羲文晚业专。六经资讲授，八体辨沿缘。短砚磨将破，麻鞋走欲颠。春风绣岭树，秋草故宫烟。圣代褒忠义，高文托简编。大名知不灭，终并日星悬。

唐孙华《东江诗钞》卷六，清康熙刻本

九友诗天末寡谐追念畴昔倚烛作诗烛尽数之得九章未竟吾友也

其二　李良年

载笔谢生产，御车两书佣。叩门析疑义，毫发必见攻。举世便所习，嗟子独匆匆。昨者《日知录》，寄我楚南峰。昆山顾宁人炎武。

李稻塍《梅会诗选》一集卷八，清乾隆三十二年寸碧山堂刻本

怀顾宁人处士　李良年

藏书满天下，之子独间关。襆被穿云往，残碑拓险还。羊肠疑汉史，鸟迹辨嵩山。叹息草玄者，栖栖蓬户间。

李稻塍《梅会诗选》一集卷十，清乾隆三十二年寸碧山堂刻本

居庸关次顾亭林先生韵二首　王摅

曾闻蜀道上青天，陡绝居庸一线悬。险尽八陉将出塞，居庸为太行第八陉。徙来三郡本防边。汉建武十五年，徙雁门、代、上谷三郡民置常山、居庸以东。崎岖客路关城下，寥落人家戍垒前。剩有先朝陵寝在，伤心石马卧荒烟。

不尽浮岚接大荒，橐驼满地夕阳黄。西来山势临关险，北向城形抱塞长。将相无谋资寇盗，朝廷有道倚金汤。天涯羁客肠应断，迢递音书过白狼。

王摅《芦中集》卷七，民国五年钱耀伊钞本

呈母姨夫亭林先生四首　郁植

书种于今更属谁？壮心能却鬓边丝。里人谩进归耕计，诗伴徒传绝妙辞。天下名山寻欲遍，古来奇字问都知。不才敢论千秋事，流落京华喜得师。

惊喜相看问阿翁，少年联袂各头童。家从十五年前别，身在三千里外同。且注虫鱼潜砚北，任教车马过墙东。乡关耆旧多萧瑟，阅历如君道未穷。

风流家世玉山堂，不教乌衣姓氏芳。相宅多贤夸范宁，传经有后胜中郎。闲题甲子存年月，偶说交游尽老苍。最是天心怜硕果，劫灰长护鲁灵光。

屈指春风对雪华，一樽促膝话天涯。无心更蹈终南径，有分还栽杜曲花。新语著来闲陆贾，《玄经》草就待侯芭。莫愁枳棘充周道，举目西山日未斜。

沈岱瞻纂《亭林先生同志赠言》，清光绪十一年朱氏槐庐家塾刊本

哭亭林先生壬戌康熙二十一年　吕兆麟

可惜江南一巨儒，铎音远振教弘敷。宝阴午夜焚膏烛，训子经年检典

谟。先生临没时，尚课令子衍生书。梦绕韩原吾道丧，神游浍水大贤徂。累征怪得难为就，著作原期缵有虞。

沈岱瞻纂《亭林先生同志赠言》，清光绪十一年朱氏槐庐家塾刊本

留别亭林先生　万言

南归喜得遂初心，独有先生惜别深。录就古今征实义，书成天地发元音。避人长作燕台客，悯俗聊为楚泽吟。记取今朝分袂处，西山雪霁月钩临。

沈岱瞻纂《亭林先生同志赠言》，清光绪十一年朱氏槐庐家塾刊本

读顾亭林先生日知录是潘次耕刻于闽中者却赠　陈廷敬

遗文编旧录，制述继吾徒。诗乐吴公子，风骚楚大夫。闲情穷海峤，清论满江湖。万里山川路，离情似昔无？

陈廷敬《午亭文编》卷十七《今体诗》，清康熙四十七年林佶写刻本

恭呈顾老夫子　毛今凤

高轩忽过慰凄其，进退时中属我师。抗节不为东□□，论人独耻《北山移》。精研经术编常绝，激烈时忧策自□。至止十旬多训诲，春风著处不胜披。

沈岱瞻纂《亭林先生同志赠言》，清光绪十一年朱氏槐庐家塾刊本

赠茂引世兄亭林嗣子衍生　毛今凤

华岳风淳古，栖迟似不孤。仪型思大雅，居室谢三吴。负荷承家学，艰难识世途。勿为文史误，挟策献皇都。

沈岱瞻纂《亭林先生同志赠言》，清光绪十一年朱氏槐庐家塾刊本

奉别宁人先生　毛今凤

去年秋水落，君来话斋阁。今年虒山青，送君走虒亭。秋水春山曾几夕，别时已似隔畴昔。汾河活活草青青，雨泾云晶杏花白。故园松桂挂荒藤，我怅乡思归未能。羡君老健走天地，健笔犹勤午夜灯。往来秦晋多交好，到处争看伏胜老。讲帏不数汉田何，车笠欢迎躬洒埽。此行仍恋华山阿，莲峰明月古松多。桃花不似人间世，常有青云护薜萝。

沈岱瞻纂《亭林先生同志赠言》，清光绪十一年朱氏槐庐家塾刊本

奉送宁人先生之山右　沈三曾

三月春风漾柳堤，高人命驾手同携。青箱万卷随鸠杖，红雨千山送马蹄。卜筑欲攀莲岳顶，探奇直过太行西。龙门旧有文中席，好向桃源指路迷。

沈岱瞻纂《亭林先生同志赠言》，清光绪十一年朱氏槐庐家塾刊本

送朱锡鬯之济南在抚军署　其三　颜光敏

携手河桥怅去尘，历山遥望柳条春。讼庭尚有南冠客，时亭林以诏狱在济南。莫向燕台思故人。

颜光敏《乐圃集》卷七，清刻十子诗略本

怀顾宁人先生　颜光敏

君向东皋采蕨薇，我来秦苑绕芳菲。沙昏野戍长河远，日下空庭独鸟飞。道在只因人世困，名成莫惜鬓毛稀。相思更把《西征赋》，太华峰头望紫微。

沈岱瞻纂《亭林先生同志赠言》，清光绪十一年朱氏槐庐家塾刊本

送李天生还关中　潘耒

太华削三峰，横空势雄拔。百川赴洪河，渭水特清澈。泬寥金天气，河山互盘郁。寥寥隋唐后，关中少人物。千年得李君，英英万夫杰。灿烂龙泉锋，权奇渥洼骨。贯穿百氏书，经术尤洞达。磅礴为文章，紫澜溟涨阔。一诺千黄金，义分明霜雪。抵掌天下事，黑白在指末。高谈浩悬河，日夜不可竭。出则景略流，处为仲淹列。吾师顾亭林，名德今第一。停车华山阳，与君等胶漆。鄙生托末契，瑶草常远掇。未果负笈期，函关梦超忽。中朝渴求才，搜访到岩穴。鹤书并见征，虚声愧所窃。高堂有老亲，温凊未宜缺。陈情各致辞，异地同一辙。终然遭敦迫，后先赴京阙。握手风雪中，欣喜复悲咽。游鱼待泮冰，鼓鬣春江活。何期一上竿，掉尾不得脱。羡君胆坚刚，壮君气勇决。洒涕尚书省，银台屡排突。十上十不收，究乃叩紫闼。上云母龙钟，下云身单孑。金石开精诚，风雨助悲切。天高而听卑，炯炯见识察。恩诏许还山，归志竟莫夺。譬若独流泉，到海经百折。又如养由矢，射甲必彻札。国士信无双，于此见奇崛。我亦草疏章，怀之字磨灭。不能叫九阍，俯惭气疲薾。属有载笔事，朋侪相牵掣。史牒足坠闻，雅志愿补裰。但愁绪如麻，是非中胶轕。南董邈难追，縻禄肠内热。君今归故山，婆娑奉黄发。玉井莲千瓣，菖蒲根九节。采采供晨餐，德养使亲悦。吾师筑书堂，仿佛近箭栝。云台紫阳祠，气象甚弘豁。见君乐难支，管席谅不割。况有两聘君，左提复右挈。振衣仙掌巅，万事等蠓蠛。我须史书成，沧江鼓归枻。兴到西入关，岳图佩如玦。铁锁攀千寻，扪天弄明月。

潘耒《遂初堂集·诗集》卷三，清康熙刻本

访顾亭林先生遗书不得　潘耒

先生著《音学五书》刻于淮浦张力臣家。力臣亡，其子以板质于人，不可复问。

吾师精力罄残编，独溯元音遂古前。本托良朋校鱼鲁，宁知遗刻散云烟。

鼎沦泗水终归汉，鼓落陈仓竟到燕。此日侯芭漫惆怅，玄济千古定流传。

潘耒《遂初堂集·诗集》卷十四，清康熙刻本

己酉冬暮自淮阴抵平原谒宁翁先生敬述长律六十韵康熙八年　潘耒

耆德何寥落，人伦孰楷模？斯文知未坠，夫子实通儒。世德推江表，高名冠海隅。才猷鼎鼐重，器略庙堂须。妙誉归人杰，英姿识凤雏。风云迟绝足，羽翼碍天衢。版筑功名远，躬耕心事纡。劳劳悲击楫，渺渺叹乘桴。廿载中原客，单车万里驱。壮游频五岳，作赋几三都。汉塞云随雁，秦关月照榆。胸中百郡志，先生著有《肇域记》一百卷。掌上列边图。结客倾豪俊，论交尽顾厨。襟怀小天地，闻见隘寰区。学贯天人奥，身苞造化枢。大文经纬著，谠论古今胪。贾马宁方驾，班杨敢并趋。才高道乃契，心小圣为符。雅痛微言绝，深嗟学术殊。几年犁传注，百代扫榛芜。精理通爻象，鸿猷扩典谟。礼堂尊讲席，绛帐盛生徒。小子深瞻仰，通家自友于。追陪忆往岁，侍从足欢娱。嵇阮交原厚，陈雷好不渝。时时枉高驾，往往到菰芦。永漏杯同把，明灯笔共濡。情深等胶漆，调叶比笙竽。各矢青云志，只愁白日徂。龙蛇梦俄兆，鹏鸟谶堪吁。向子闻邻笛，王公忆酒垆。遥知悲宿草，无处奠生刍。落魄余文举，伶仃有少孤。素弦哀绝调，枯树惨同株。戢影依慈母，含辛对阿奴。向人颜慷慨，伏枕泪模糊。流浪来淮市，飘零客射湖。江关淹岁月，踪迹混泥涂。范叔绨袍尽，相如四壁无。三秋长旅食，半刺只穷途。讵敢题鹦鹉，那堪听鹧鸪。壮怀感马援，岐路畏杨朱。愁到思投笔，穷来未弃繻。橘宁为枳变，兰不效萧敷。把卷唯窥牖，编书亦截蒲。三冬曼倩惜，一榻幼安俱。汲古惭修绠，攻文愧小巫。孤生元谫陋，曲学况牵拘。窥豹非全目，雕虫岂壮夫。夙怀期负笈，雅志在悬弧。硕德惟刘董，儒宗有郑卢。龙门虽自峻，蠡测肯辞愚。问字侯芭去，传经服慎呼。嬴粮非早暮，命驾敢踟蹰。汶野黄云冻，沂山白草枯。只身经雨雪，远道涉崎岖。捧杖微诚遂，横经鄙愿输。驽骀还赖策，蓬草或堪扶。斧削资良匠，陶镕付大炉。垂恩何以报，感激一微躯。

湖州庄蓼塘史狱之祸时，稼堂先生兄力田亦牵引被戮。稼堂潜出淮上，依于亭林，遂执贽焉。此诗首叙亭林道德文章之盛，末叙负笈之诚，中叙亭林与其兄，见交谊之厚且深。痛兄之无辜，自伤己之流落，深文隐讳，以避时忌。其至性郁勃，血泪迸流，读之不觉令人酸鼻者。鲁山偶记。

沈岱瞻纂《亭林先生同志赠言》，清光绪十一年朱氏槐庐家塾刊本

呈亭林先生　潘耒

尼父志不达，浩然动归思。群材良斐然，裁成将待谁？回车订六籍，制作通神祇。三年致祥麟，大道以不隳。海内有先生，人伦之宗师。学惟天人贯，道乃污隆宜。严冬霜雪集，万木为之萎。孤根独岿然，知天未丧斯。周游遍五岳，历览环三垂。天地有大文，一一为搜披。成书藏名山，故里归何迟。下国寡良材，斧斤谅难施。区区园葵意，朝阳宁见知。何当裹粮去，万里相追随。泰岱峰峥嵘，日观路崄巇。一览小天下，慰此平生期。

潘耒《遂初堂集·诗集》卷十六《补遗》，清康熙刻本

题潜籁轩和韵　刘献廷

玉峰有高士，痛哭寿山隈。铁马夜千里，麻衣时一来。自从丹旐返，不复草堂开。珍重遗编在，沉吟日几回。

刘献廷《广阳诗集》卷下，清刘氏嘉业堂钞本

徐健庵夫子召饮梨花下即席同纪柏子朱锡鬯汪蛟门顾宁人严荪友　刘中柱

蓟门春已深，到眼繁花绝。突兀高楼前，双树俨成列。翩翩霓裳轻，莹莹玉壶澈。恍疑洛川神，一顾光皎洁。忆我故园中，芳菲定堪折。留滞京陌

尘，睹此伤久别。沾春为洗妆，幽芳卧明月。东风能几时，吹落空阶雪。

阮元纂《淮海英灵集》甲集卷二，清嘉庆三年小琅嬛仙馆刻本

杂诗八十二首用阮公咏怀韵 其七十四　先著

亭林有顾生，世变贞其贫。考订历代事，廓清千日尘。道丧志则孤，欲以身为殉。只字不自欺，著书异等伦。音学独为最，儒林此其真。金石记山川，性天根鬼神。避地死关中，归魂东海滨。顾宁人炎武。

先著《之溪老生集》卷八《药裹续集》下，清刻本

梦顾亭林先生二首　汪士鋐

我生已后期，未识先生面。何因入我梦，梦若素相见。彷佛秋气凉，长安酒价贱。醉酒侍郎家，宾朋满高宴。先生说今古，舌锋恣酣战。譬驰百万军，旌旗闪雷电。众从壁上观，睒睗神色变。余时侍其傍，一一记能遍。先生顾谓予：子读日几卷？予起谢不敏，酒阑犹缱绻。著书留梦中，觉来惊漏箭。

首阳薇已枯，东篱菊亦败。但闻先生名，少可而多怪。何忽昨梦中，不鄙谓自郐。示我书一编，令我心大快。平生富撰述，洪河纳沟浍。山水记园陵，金石穷倒薤。今为地下郎，岂余文字债。白首叹无儿，遗书更谁赖？幸有宅相贤，不使蠹鱼坏。窃发枕秘藏，三叹发聋聩。

汪士鋐《秋泉居士集》卷九，清乾隆刻本

题顾亭林遗集和汪安公编修　吴暻

野哭东风学采薇，累臣白首尚单衣。江山有恨忧天醉，草木无情长地肥。避吏赵岐谁共语，离家王粲不思归。只余帷盖兰亭旧，万卷凄凉辨是非。

沈德潜编选《国朝诗别裁集》卷十六，清乾隆二十五年教忠堂刻本

读亭林集　徐升初

张李豺狼殖，中原竟不支。栖栖一代老，惘惘九州之。著述干戈际，江山痛哭时。可怜秦灭后，辕固是经师。

徐升初《及墅集》，清刻本

写黄氏日钞作　范鹏

国是谁支仗大江，弦歌小小试南邦。青山埋碧人何处？遥夜寒芒出宝幢。东吴犹有顾亭林，可似先生卫道心？五百年来香一瓣，考亭学派到如今。

潘衍桐《两浙辅轩续录》卷十三，清光绪十七年浙江书局刻本

酬友人三首　其二　朱景英

亭林富著书，郡国详利病。竹垞亦作者，经义勤考证。地志宛溪裁，史表甬上订。诸子实卓荦，匪以俗言胜。援据罗邱坟，甄综匡马郑。渊渊群书府，绠汲后来盛。平生典校心，不愧刘子政。

邓显鹤纂《沅湘耆旧集》卷八十九，清道光二十年邓氏南村草堂刻本

茜墩访顾宁人先生故居　王昶

寒飙卷平原，落叶走长陌。谁知丛灌中，旧有名儒宅。抽思跂贤关，发愤穷圣籍。六艺广研覃，群言综繁赜。尚友在诗书，论交类草泽。颇羞子云居，欲侣田横客。志不忘刀绳，情岂慕旌帛。燕秦适莽苍，嵩华遍行役。终焉需于泥，洵矣介如石。惟此一亩宫，曾闻展函席。梁父空谣吟，平陵痛屯厄。衡茅迹已荒，著撰人争惜。鸡豚晓日红，凫雁沧江碧。再拜向遗墟，仰止何由释？

王昶《春融堂集》卷一，清嘉庆十二年塾南书舍刻本

秋柳用顾宁人韵　戚种言

芙蓉江上艳秋花，掩映衰杨傍水涯。对景不堪丝系马，怜情犹幸树巢鸦。风流张绪抛前事，归去陶潜认故家。夜静霜浓溪上立，枝枝梢挂月轮斜。

阮元、杨秉初《两浙𬨎轩录补遗》卷七，清嘉庆刻本

避地东村有自淮阴来者投余一缄乃昆山顾宁人先生所寄内附亡友徐存永书盖存永死已五年此书随先生自中土历塞外出入万里又复数年今始及见见不忍读读不忍尽日月□几何而存亡之感系之矣因泣题纸背幽质存永明答亭林先生　戚玾

散材落落笑山樗，托迹东阳旧草庐。万里清秋名士路，五年黄土故人书。文章典奥杨雄晚，糟粕沈冥阮籍疏。好我驱车何日到？遗编重与问相如。

沈岱瞻纂《亭林先生同志赠言》，清光绪十一年朱氏槐庐家塾刊本

梦谒顾亭林先生墓得句云芒鞋踏遍七州土竹杖横挑四岳云九州历其七五岳登其四先生语也醒时记忆遂足成之　韩是升

秋窗忽作通幽梦，载拜亭林有道坟。落笔便关天下计，跨驴常载古今文。芒鞋踏遍七州土，竹杖横挑四岳云。我是越江孤寄客，睡乡聊与奠斜曛。

韩是升《听钟楼诗稿》卷一，清嘉庆刻本

舟过昆山有感徐司寇乾学王司农鸿绪旧事率赋二绝句　其二
洪亮吉

人言太仆继南丰，微觉前贤面目同。我读亭林居士集，不求工处自能工。

洪亮吉《更生斋集·诗》卷八，清光绪授经堂刻洪北江全集本

昆山访亭林草堂及传是楼故址　洪亮吉

一百年前此县中，居然甥舅擅宗风。甘陵植党分南北，高密传经析异同。举世共推黄发叟，全家吾重黑头公。重来何止茅堂圮，万卷楼荒蔓草丛。

洪亮吉《更生斋集·诗续集》卷一，清光绪授经堂刻洪北江全集本

清湘老人孝陵图卷补书顾亭林诗于后并题　张锦芳

亭林诗本系于图，诗在图亡孰与摹？却赖残僧写堂寝，如同处士拜榛芜。蜿蜒云气山千叠，暗淡烟光树几株。樵采久闻申厉禁，墨痕空复认模糊。

张锦芳《逃虚阁诗集》卷六，清嘉庆六年刻本

二老吟·昆山顾炎武　赵怀玉

谁欤匹梨洲？亭林实并时。少即噪复社，顾怪而归奇。艰虞虽屡遘，载籍无不窥。周流二十年，携书以自随。民生悉利病，形势谙险夷。允为经世业，靡忝王者师。枢部甫有命，吴兵已难支。母兮殉首阳，遗训终身持。槐棘各思荐，刀绳誓不移。南北五谒陵，犹切攀髯悲。晚岁乐关中，卜筑终于斯。有甥方鼎贵，客死甘流离。徒留著述在，群以淹博推。茫茫千百年，谁是深相知？

赵怀玉《亦有生斋集·诗》卷二，清道光元年刻本

访煦斋侍郎于乐贤堂长话语及顾宁人郡国利病书劝煦斋购之
法式善

年华日以增，朋旧日以少。疏懒既成性，矧为笔墨扰。趣闲访故人，入

门见清筱。几时不相接，万竿出檐表。交深语无择，坐久月已皎。偶然念今昔，愧比倦飞鸟。时复投林木，思欲霜翮矫。

君今为大臣，翰墨特余事。当自际遇惜，隐合苍生意。作诗与饮酒，外务足捐弃。持盈古有诫，谨小斯为智。渊然一心安，推之四海被。世任逞毁誉，君子素其位。不闻春秋例，贤者方责备。

郡国伏利病，为政当周知。诊脉录成方，讵足称良医。顾无指授法，临药将何师。卓哉亭林子，群藉一一治。习俗某淳浇，山川某险夷。孤灯坐深室，灿然远近窥。吾身所系重，言非一人私。胸中留此书，事来辄应之。万物苟得所，衡泌吾乐饥。时至乐贤堂，切切还偲偲。

法式善《存素堂诗初集录存》卷十二，清嘉庆十二年王墉刻本

题顾亭林先生遗像卷　石韫玉

胜国留遗老，先民念古欢。著书闲岁月，入画古衣冠。世偶逢忧患，心常在治安。一生筹郡国，遗草尚丛残。

问讯公超市，山阿久寂寥。心期千载远，足迹九州遥。豹隐宁忘变，鸿飞不可招。河汾门下士，将相满兴朝。

兴废天心定，行藏士节坚。管宁聊避地，苌叔敢违天。瓠史存先进，楹书付后贤。一编《日知录》，绝笔盖棺年。

莽莽千墩野，荒邱宿草中。鹤归华表在，蝶化梦魂通。有后仍贻榖，无官亦教忠。他时两楹下，或与仲淹同。

石韫玉《独学庐稿·四稿》卷一，清写刻独学庐全稿本

顾宁人　石韫玉

世间处士，上应少微。求之当代，此君庶几。著书垂训，皆治乱机。谓王佐才，夫谁曰非？

石韫玉《独学庐稿·五稿》卷二，清写刻独学庐全稿本

读国初诸公文集成断句十二首 其三　李富孙

载书驴背去乡关，顾亭林李天生蜚声伯仲间。字字渊源根六籍，不沿宋学迥难攀。

李富孙《校经庼文稿》卷二，清道光刻本

题顾亭林先生像　陈文述

一代遗民录，千秋王佐才。管宁浮海去，伏胜授经来。忠孝平生志，沧桑故国哀。即今图画里，冰雪仰风裁。

陈文述《颐道堂诗选》卷十三，清嘉庆十二年刻道光增修本

晚抵南口 其三　斌良

亭林山水昌平记，快读遗编尚可征。黄瓦青杉冷云里，州民指说十三陵。

斌良《抱冲斋诗集》卷十三，清道光二十九年袁浦官署刻本

赠周信之中孚　宋翔凤

寒冬十二月，雨雪方雰雰。衣单肤生粟，袖缩手易皴。京华故人少，闭户无车轮。文章有深契，望衡得交君。君是东南儒，胸中罗典坟。亦褎经世术，一顾当空群。前年试拔萃，奇志郁不申。遂客长安中，著书度萧晨。我从西南来，乍埽衣上尘。逢君抵平素，自尔情弥亲。旧诗互相示，各各露性真。我词本粗放，君作殊清新。皆非偶然出，奚必分畦畛。更披他述作，卷弟何纷纶。修经事笔札，所获皆奇珍。所著《修经堂札记》四卷，议论皆精。竹垞考经义，撰录良苦辛。君能三往复，疏通益龂龂。要求椟中珠，不拾烧后薪。本朝儒林盛，特立推宁人。读书论其世，纪年一编陈。又著《顾亭林年谱》。我思亭林叟，述作多精醇。烦君集其要，从可知迷津。近时考据家，坠

叶同纷纷。饾饤适足厌，绝学谁则臻？今来得同志，斯道诚有因。我家慎交社，寂寞过百春。风流犹未沬，叹息怀先民。相期结时彦，友道从可振。可怜共贫贱，漂泊天涯身。儒冠顾悲喑，朱门望逡巡。但坚岁寒意，莫使磨而磷。短歌期君和，朔风满郊闉。

宋翔凤《忆山堂诗录》卷三，清嘉庆二十三年刻道光五年增修本

题周中孚亭林先生年谱后　宋翔凤

甲子曾题古岁名，遗民风节挹还清。翻君一卷旁行谱，增我高山仰止情。亭林先生一代遗民，旧君故国之思，溢于文词，故其书古甲子及古地名，可以知其苦心，非好奇也。

宋翔凤《忆山堂诗录》卷三，清嘉庆二十三年刻道光五年增修本

访顾亭林故居　张昌衢

直使风从百世闻，人间富贵等浮云。范滂岸狱辞贤母，左彻弓衣哭故君。书到公卿征旧史，字收金石富奇文。荒祠遗像清高在，一掬寒泉荐夕曛。

潘衍桐编《两浙辅轩续录》卷二十八，清光绪十七年浙江书局刻本

华麓访顾亭林先生读书故址　赵本敭

黄冠天地一身轻，白首关河万里行。莲社诗题晋处士，汉家名重鲁诸生。园林麦饭悬双泪，故国铜驼痛二京。为问江东几遗老，梨洲真不负初盟。

楼船闽粤控南瓯，龙驭遥从海上舟。烽火徒闻惊岭峤，江山何地问神州？著书绝塞王尼叹，投老无家向子游。华麓只今遗址在，日斜回首暮云愁。

徐世昌编《晚晴簃诗汇》卷一百二十，民国退耕堂刻本

亭林先生小象　钱仪吉

孤愤伤行迈，深几密退藏。急征辞海裔，穷士老咸阳。陵舄缠哀切，楹书待后长。至今传白眼，气貌郁苍凉。

徐世昌编《晚晴簃诗汇》卷一百十九，民国退耕堂刻本

顾亭林先生画像　韩崇

异表双瞳瞩太虚，清高遗像肃冠裾。传家忠孝沧桑泪，经世文章利病书。谢舅何甥分出处，周原鲁甸力耘锄。苍梧云断悲弓剑，两地陈词痛有余。

韩崇《宝铁斋诗录》，清道光二十九年刻本

读段氏说文解字注心部悳字下知徐楚金系传吴中顾氏黄氏各有影钞北宋之本不禁神往　苗夔

生平私淑心，亭林多纂辑。韵学接孔周，一语亮能执。世无扬子云，鬼笑仓颉泣。天未丧斯文，洨长秦灰拾。南唐徐楚金，《系传》成四十。汪刻落叶多，破碎不完葺。影宋闻顾黄，藏之等什袭。何当一借未，万拜与千揖。补天同娲皇，动地笑惊蛰。九泉谁修文，此举登几级。神爽秋毫巅，主宾阆风立。

徐世昌编《晚晴簃诗汇》卷一百三十五，民国退耕堂刻本

壬子秋九月初三日同人集亭林祠公饯子贞同年视学西蜀　苗夔

此去蚕丛入蜀程，送君因见古人情。锦江玉垒供吟啸，剑阁琴台待品评。仙篪此时岂健者，法元何处拜先生？查恂叔官成都，修扬子云墓，题曰“法元先生之墓”，见《铜鼓书堂集》。碧鸡金马归来日，记取登龙骨节铭。

徐世昌编《晚晴簃诗汇》卷一百三十五，民国退耕堂刻本

昆山过顾亭林先生故里　王荫槐

郡国关心利病陈，玉山遗老负经纶。河汾弟子兴唐室，辽海先生自汉民。落日荒陵挥涕泪，征车断碣访荆榛。高门宅相都零落，故里经过感替人。

徐世昌编《晚晴簃诗汇》卷一百二十五，民国退耕堂刻本

题顾亭林先生遗像二十二韵　潘道根

腐儒竞词章，俗吏弄文墨。六经成土羹，治道日荆棘。煌煌圣谟训，足民先足食。正德与厚生，敷治有良则。敷教有明刑，百官务分职。是维大文章，君臣互相饬。苟无《麟趾》仁，周官亦虚设。苟无关雎化，御于岂能得。坐言起可行，读书乃有识。猗欤顾先生，金声而玉色。学问探其原，治道同一洫。著书已满家，老病犹自力。其意欲施之，惜哉日已稷。空抱三代思，想见愤填臆。余生嗟已后，怀之心为蠹。风教不复古，江湖曷有极。经书利禄媒，吏治良苗螟。典型日已远，何人缅在昔。今日北风凉，穷巷雪花塞。整襟展画图，敬此巾一幅。风兮德何衰，斯贤不可即。再拜为题诗，掷笔三叹息。

潘道根《潘晚香日记》，复旦大学图书馆藏稿本

题顾亭林先生像　潘道根

三代而后，王霸杂糅。道统治统，划若鸿沟。理学经济，亦歧而二。吾道斯湮，谁职其志？千载著作，纷似牛毛。先生后出，天挺人豪。内圣外王，囊经括史。坐言起行，合乎道揆。圣有作焉，其言宜庸。胡存其说，道莫之宗。利病有书，日知有录。经纬天地，曾不三复。徒令儒生，训诂是争。比彼清谈，几于好名。何关道治，识者兴慨。买椟还珠，纷纷几辈。先生有知，能不嗟而？道无终晦，五百是期。

潘道根《潘晚香日记》，复旦大学图书馆藏稿本

顾亭林生日致祭慈仁寺有怀祁春浦相国　张祥河

皃翁化去公归去，主祭耆年独我推。地僻尚看仙蝶过谓太常仙蝶，天晴恰趁好花开。悬车朝政无由悉，坚壁诗坛有数才。三过留传方外契，戒师碑在最高台。公为戒师立碑。

张祥河《小重山房诗词全集·福禄鸳鸯集》，清道光刻光绪增修本

题顾亭林先生遗像　陆嵩

叹息遗民去不还，青衫黯淡想丰颜。著书慷慨文中子，却聘凄凉谢叠山。壮岁声名凌复社，暮年词赋动江关。吾宗高隐桴亭老，合许先生伯仲间。

陆嵩《意苕山馆诗稿》卷一，清光绪十八年陆润庠刻本

顾祠听雨图　宗稷辰

荒祠春雨我曾闻，夏日来听却有君。东海苍茫神不死，漫天涕泪洒愁云。

祁寯藻等撰《顾祠听雨图诗录》，清同治元年刻本

苗先路读段氏说文解字注心部字悳下知徐楚金系传姑苏黄氏顾氏各有影钞北宋足本假观之愿形诸咏叹可谓勤已次答以志同好　祁寯藻

洨长说六书，古文赖裒辑。亭林纂五书，音学允能执。俗儒乡壁造，汗简吞声泣。古音与今韵，错牾难收拾。休文变古音，得一遗其十。平水变唐韵，部分不可葺。审音以定韵，顾氏岂剿袭。君守小徐传，上追复下挹。抗声段金坛王高邮间，如雷启冬蛰。善本吾亦慕，升阶必由级。会当求双璧，幸勿嗟孤立。

祁寯藻《𫚭䜪亭集》卷二十三，清咸丰刻本

顾祠听雨图为王子梖鸿题并序　祁寯藻

亭林先生康熙初年曾寓京师慈仁寺。道光二十三年，何子贞编修绍基。匄资建祠于寺西偏。次年落成，同人致祭，自是岁以为常。张石州穆重辑《年谱》，刊行于世。

名冠《儒林传》，书尊学海堂。仪征阮文达公在史馆日，创纂《儒林传》，首载亭林，总制两粤，刊《国朝诸儒经解》于学海堂，亦以顾书为首。大贤关世运，余事付文章。两马游应倦，双松径未荒。至今过古寺，如谒郑公乡。

往者城南会，群儒步后尘。闻风神契久，听雨客来频。每读编年录，遥思垫角巾。云台留故事，侍坐有传人。亭林因朱子曾寄禄华州云台观，倡建祠堂。先生殁，遂奉以陪享。今顾祠附石州主，亦此意也。

祁寯藻《䜺䜻亭集·后集》卷三，清咸丰刻本

万道人寿祺为顾亭林先生写秋江别思小幅并自记卷尾有程氏瑶田两跋张石州重摹其嗣孝瞻持赠侄孙友直展卷慨然因为题后　祁寯藻

非僧非俗亦非儒，与物无求与世疏。名字浮沉再转注，乾坤浩荡一蘧庐。亭林又名圭年，自云再转注而得此名。道人自发秋江思，让叟还留晚岁书。独惜重摹无手跋，阳泉回望重踟躇。

祁寯藻《䜺䜻亭集·后集》卷六，清咸丰刻本

次韵宗涤甫顾祠修禊　祁寯藻

逃名谁识圭年老，别思秋江余画稿。吊鹤空归曲沃园，浮家莫问崇明岛。当时两马载书卷，周览中区恣搜讨。都门古寺偶停骖，历下东湖旋就道。至今遗迹人尚思，对客炊羹事堪考。以上见张石州所辑《顾谱》。离披书带想阶肥，郁勃虬枝动鳞爪。先生精灵何所寄？落叶荒榛不可埽。糟粕空将

蝨简求,弋罗仰视鸿飞藐。绣衣使者老给事,骑马避人焚谏草。犹登礼堂肃瞻谒,共荐溪毛勤采芼。《集韵·三十二皓》收“芼”字。觞咏恍依兰上里,云山直接花蒲保。昆山里居。群贤莲社答形影,是日陶凫乡前辈在坐。满坐龙门叹淑皓。春游城郭天气新,归路林花诗句好。猛思江海多旌旗,不觉风尘杂襟抱。郡国谁寻《利病书》,功名且试河山表。白头吟望独低垂,无复飞腾驰翰藻。

祁寯藻《䜩䜭亭集·后集》卷九,清咸丰刻本

闰五月二十八日王子梅鸿招集顾祠何子贞为亭林先生闰生日诗次韵奉答　祁寯藻

君归自东不遑憩,与客同修顾祠祭。再来匝月逢闰余,松下奉觞俨坐侍。笑君拄杖来谒师,急求扃钥已后期。先生生日亦可闰,它日当以诗传之。朝有飧燕家有集,古者上寿无专日。何况事师更无方,请君不必稽旧帙。

祁寯藻《䜩䜭亭集·后集》卷九,清咸丰刻本

万道人赠亭林秋江别思图藏润臣家卷末有石州诗注云子贞手摹置之顾祠今摹本已展转流传吾乡矣题句记之　祁寯藻

昔为逃名再转注,今看遗画几流传。石翁仙去蝯翁老,酹酒荒祠一惘然。

祁寯藻《䜩䜭亭集·后集》卷十一,清咸丰刻本

题顾亭林集　汪端

留得灵和秋柳句,攀条泪洒夕阳天。

汪端《自然好学斋集》,清道光刻本

顾祠雅集图为孔拔萃宪庚　陈庆镛

龙兴硕儒起，亭林开其先。抗志景前哲，学海障百川。著述遵郑孔，卓识继史迁。《郡国》察利病，《雕菰》留遗编。音韵订沈陆，金石穷搜罣。昔尝游齐鲁，载书到蓟燕。侯门绝干谒，奇气薄云天。慈仁有古寺，先生曾憩焉。炊羹共折柳，李子联吟肩。李子德与先生同客慈仁寺，诗有"忆折前津柳，同炊古寺羹"句。过化留陈迹，学者竟茫然。□我寓京邸，数至车轵穿。道州何公子，就中拓数椽。何子贞绍基倡，始鸠工建祠寺中。岁时得仰止，松桷新有梴。复来平定张，《年谱》详其巅。张石州穆为编《亭林年谱》。五月廿八日，拜祝申蜎渊。我每役告从，盥手奉吉蠲。自从南旋后，无复瞻几筵。朋侪亦云散，势如参商悬。何归而张死，斯举成浮烟。何子贞奉讳南归，而张石州已于己酉即世。幸闻续胜会，祀事礼莫愆。平定有著作，魏《志》桑《经》篇。石州著有《魏书·地形志》及《水经补注》诸书。生企先生德，死作先生缘。同人皆曰可，乃祔从明禋。时同人祔石州于祠之西房配祀。平定而有知，当亦慰九泉。巢父明德后，丹青劈云笺。孔明经经之，为属汪编修醖卿作图。竹箭东南会，瀛洲数群贤。松柏犹苍郁，嘉荐普豆笾。羹墙时或见，山斗常拳拳。

陈庆镛《籀经堂类稿》卷十，清光绪九年刻本

顾祠听雨图　汪暕

长松落落号远风，楼阁出没烟云中。风声雨声互回荡，惟觉环城树色相溟蒙。雷辊空堂电穿牖，磊落惟堪饮一斗。王郎跌荡矜少年，胸中自有诗千篇。蒲笺万幅不供写，醉倒独对长松眠，从渠唤作诗中仙。

祁寯藻等撰《顾祠听雨图诗录》，清同治元年刻本

别顾先生祠　何绍基

亭林先生祠，小子始营缮。繄惟城西偏，慈仁森佛殿。当时寺宇

宏，市集萃图卷。国初诸老儒，买书乘暇宴。先生结契广，侨寓置炉扇。至今双松下，仿佛见遗趼。承平二百载，光阴若流箭。古碣余断龟，空梁坠饥燕。我卜隙地宽，谓可灵爽奠。诸公闻此议，合作相呼忭。畚锸猥见属，木甓自遴拣。删芜出古树，明月夜来罥。祟祟屋三楹，烂烂秋一片。落成奉遗像，览揆洁盥荐。肃然道义容，警我尘土贱。车徐《谱》岁月，张子重论撰。江南大河北，余韵搜讨遍。张石州据车秋舲、徐星翁所撰《亭林年谱》合为定本，增益辨正甚博且精，携稿至山东、江南，搜得遗事诗文颇多。勒记待贞珉，仪征濡老砚。阮相国师记文，尚未寄到。冬霙倏已飘，春莺复来啭。次弟皆识职，初终矢无倦。持衡恩命被，万里指罗甸。登程复过祠，仰止有余眷。溯惟明代末，世苦龙蛇战。气节诚乃隆，兵将多不练。小儒独何为，俗学争相煽。语录饰陋窳，词章斗轻蒨。先生任道坚，千古系后先。研穷经史通，旷朗天人见。郁积忠孝怀，惨澹时世变。同时顾李阎，骖靳随靮韅。余子因人成，鞭镫亦相恋。经心执圣权，首启熙朝彦。兵刑礼乐尊，九数六书衍。汉宋包群流，周孔接一线。精光烁日星，果力策雷电。自非菰中人，孰开众目眩？钦惟纯庙年，四库盛编纂。万轴归文渊，千士萃秘院。仪征实后至，草创《儒林传》。论学采源流，全编有冕弁。奏御当先皇，乙览大称善。阮师撰拟《史馆儒林传》稿，以先生居首，至嘉庆初年，顾丈莼据稿立传，进书时即依原次。元气入人心，史笔非私擅。小子虽懵学，遗书早窥眄。洎与修史职，读传生叹羡。从来圣道大，青史资烂绚。微言察天地，正路化狂狷。功名与文章，因时见陶炼。惟兹下学事，万古有继禅。儒林道学分，宋史妄矜炫。六艺天道枢，班书《儒林传》语意。传例重班掾。先生冠儒林，狂澜植厓堰。君亲鉴吾身，学行须贯穿。愿从实践入，敢恃虚谈便。且当语黔士，庶弗规为瑱。再拜别先生，归来已寒霰。

何绍基《东洲草堂诗钞》卷九，清同治六年长沙无园刻本

怀都中友人 其二十三　何绍基

正学亭林实指南，儒林弟一传无惭。礼官幸有诸孙在，庙食何时孔庑

参？顾子份。

何绍基《东洲草堂诗钞》卷十三，清同治六年长沙无园刻本

春仲在济南题王子梅顾祠听雨图有唐井亭前重听雨之句时余将入都也昨子梅宴客祠中余以体中不适先归而同人大听其雨次日见诗舲题句戏次其韵　何绍基

空庭骤雨吾高卧，输与诸君寺里听。却看旧题翻失笑，开成古井竟通灵。

何绍基《东洲草堂诗钞》卷十八，清同治六年长沙无园刻本

顾祠秋祭日陈颂南王子怀苗仙露冯鲁川潘季玉杨缃云何愿船孔绣山公饯于云深松老之庐夜归得黎月乔送行诗次韵奉答并留别诸君子　何绍基

友朋何事怅离别？别后相期在名节。岂惟宫叩商必应，亦知松茂柏乃悦。亭林祠构今十年，海宇才杰争随肩。文词固勉根柢厚，风骨多有冰雪坚。时事艰难各努力，身世遇合仍关天。三秋雪山苦睽隔，一日檠敦欣接联。忆昨造膝语不浅，小臣自顾真惶然。此行忽似寥天鹤，翩然径指西南落。阙廷渐远悬梦寐，时局支撑要才略。菊花虽好风日澹，酒杯不停怀抱恶。史馆编摩已素食，輶轩敢谓竭臣力。月乔尤是知我者，翦烛分笺能几日？月乔来诗有句云："君胡连朝惨不悦。"君恩友谊何以酬，五夜月窗增转侧。

何绍基《东洲草堂诗钞》卷十四，清同治六年长沙无园刻本

题王子梅顾祠听雨图　何绍基

我昔初构顾君祠，思将朴学萃俦侣。士人能读亭林书，皆得春秋拜堂庑。仪征老笔作祠记，石州博访葺年谱。群贤高会无虚岁，三祀虔将成盛举。徐星伯丈张石州继逝苏赓堂陈颂南归，小子孑焉坛坫主。后来吕鹤田叶润

臣冯鲁川何愿船边瘦石，不坠风流肃樽俎。自余衔恤归湘山，旋忝乘轺莅巴土。十年行路困役车，四海军兴腾战鼓。传闻古寺就颓落，想到双松成怆楚。比来欣展王郎札，饰荒得自孔君绣山语。固然修坠事足欣，未免回思意增怃。人事无常有兴废，盛业不朽贯今古。读书所贵才识兼，不在词章绚巩组。愧余老恃炳烛光，且复闲随鸥鹭伍。烽烟扰扰隔吴越，儒术断断叹齐鲁。觚棱在望易春深，唐井亭前重听雨。时余将入都。

何绍基《东洲草堂诗钞》卷十八，清同治六年长沙无园刻本

朱伯韩孔绣山王少鹤叶润臣招集顾祠即题润臣城南买醉图后昨在历下为王子梅题顾祠听雨图故有末句　何绍基

清明已过春将老，试问前村有酒无？身退颇饶闲境界，时艰少得醉工夫。城南渐觉花心动，陇畔犹迟麦气苏。难得一樽容跌宕，顾祠听雨又成图。

何绍基《东洲草堂诗钞》卷十八，清同治六年长沙无园刻本

闰五月王子梅来都以廿八日宴客于顾祠余曰是亭林先生闰生日也辄成小诗书子梅顾祠听雨图卷后是日寿阳相国诗舲少宰皆有和作　何绍基

双松随时皆可憩，有祠随人皆可祭。祭不欲数数则烦，瞻企何妨日日侍。古人于亲于君师，上寿不必生日期。闰生日更非古礼，偶然高会适逢之。从今举觞月一集，不问是闰是生日。先生有灵应大笑，何不勤翻我书帙？

何绍基《东洲草堂诗钞》卷十八，清同治六年长沙无园刻本

次韵奉酬寿阳相国招饮松筠庵谏草堂见赠之作　何绍基

军兴十年竭刍稿，万落千村长荒草。惟有忠臣孝子心，照耀千秋光不扫。慈仁寺里亭林祠，昭阳单阏我新造。十七年来祀事肃，群借敬恭申宴好。寿阳相国人伦宗，谓此振兴关圣道。春秋主灌每夙临，天下学人尽倾

倒。榨子桥边乔木拱，椒山故庐天护保。改作招提奠神像，但有虔祀无赛祷。松筠庵字知谁题？可惜胡刘云坡、石庵未详讨。寿阳罢政已七载，日下典型成国老。济时群彦广延问，古贤遗迹勤搜考。驱车来过古桑下，庵中有忠愍手植桑。喜见南堂新栋橑。摩挲石版重惊叹，疏稿遂为千岁宝。张生固是芝鹤流，附此垂名不为夭。石刻两疏稿详余所作《张受之传》。小子衰回杨顾祠，皆与饰荒翦蓬葆。计从入蜀风烟生，未免忧时须发槁。频年游迹浪江海，多愧贤侯投纻缟。先生扮奖尤过情，顽璞何堪藉文缫。醉余狂论接苍莽，气与前贤通浑浩。坐中多是顾祠客，与祭双松有迟早。激昂乍可撼金石，涂抹何堪寿梨枣。屡劝刻诗文集。谏草堂前有丛竹，白月照之成荇藻。主人送客一客留，同参画禅证诗抱。客散后与先生茶话于冠英画室。愿韬月色成云阴，快祝祥霙降灵昊。

何绍基《东洲草堂诗钞》卷二十一，清同治六年长沙无园刻本

忆顾祠　何绍基

祠宇十丈见方。旁有唐井亭，余得开成五年井阑，置亭中。古双松在祠北。上下斜街，古名上下槐街。近年京师吟社，多在顾祠、长椿寺、松筠庵、寿阳第。

招贤自古说金台，昭代儒林顾子开。十丈地容祠宇峙，千年天护井铭来。经生岁释春秋菜，吟事街连上下槐。多难益彰斯道重，几人松院静衔杯。

何绍基《东洲草堂诗钞》卷二十三，清同治六年长沙无园刻本

百字令　其三　何绍基

顾祠初建，古双松庭院，聚英多士。都道与君谐际甚，一味虚怀而已。春几羞蘋，秋觚荐菊，文宴常如此。不知今日，骚坛谁执牛耳。

闻说时事方殷，胜流仍萃，海纳群川水。旧日画图诸玉貌，不数放翁吴市。我返家园，君归兜率，槩敦谁人事？禝觎亭长，俨灵光岿然是。

自癸卯春，余创建顾亭林祠，春秋及生日祭，朝彦皆集，然聚散无常，初事与祭者惟

寿阳相国尚在都耳。君亦寿阳门下士也。余有顾祠春禊、秋禊两图。

何绍基《东洲草堂诗钞》诗余，清同治六年长沙无园刻本

丁巳闰夏二十有八日集祠中祝先生生日也来会者祁春浦相国年丈张诗舲少宰师何子贞学使朱伯韩观察叶润臣孔绣山两阁读符南樵孝廉未至者王少隺也子贞诗先成和韵纪事　何绍基

蒙幼志学亭林叟，卅载诵守学海帙。乙夏春明祝公寿，今祭适逢闰生日。同召千岁隺归来，又向双松林下集。愿公生世歌于斯，宏展抱负施设之。痼疾会看一药起，仁政奚必三年期。海内兵荒痛神鬼，尊前儒疋真吾师。古今同此忠孝诚，虽死如生佛且侍。凡有功德于民者，虽蔬食菜羹瓜祭，祭余重听霖雨声，二老谈经祠下憩。

祁寯藻等撰《顾祠听雨图诗录》，清同治元年刻本

题孔经之宪庚顾祠雅集图即送归山左　曹楙坚

君家伯仲文中虎，长安共话联床雨。谓绣山令兄。群莺乱飞柳绵舞，记得江南买双橹。陈编埋头苦点注，拔十毋乃遗其五。君举拔萃科，都试被放。西陂南池在庭户，归去且作湖山主。亭林先生有祠宇，春秋神弦酌清酤。旧雨今雨来可数，可惜抟沙不能聚。毫端粲粲笔花吐，留与诗篇足千古。岱宗山色遍齐鲁，目送归鸿揽平莽。

曹楙坚《昙云阁诗集》卷八，清光绪三年曼陀罗馆刻本

顾祠听雨图　孔宪彝

偶来祠畔共小憩，生日逢闰莫重祭。酒酣趺坐双松旁，何异当年绛帷侍。先生德业真经师，后学尚友群相期。文章经济蕴怀愫，有才合令驱使之。王君载酒作雅集，尘事倥偬逢此日。且瞻画像读遗书，利病终须问篇帙。

祁寯藻等撰《顾祠听雨图诗录》，清同治元年刻本

往岁嘉平月十九群仙同祝坡公寿甲寅十二月坡公诞日陶凫香张诗舲两侍郎叶润臣阁读钱萍矼京卿张海门太史诸君同集王少隺农部斋　孙福清

绘图纪事各分题，韵事流传溯谁某。长安五月蒸炎歊，歔门谢客疏文酒。韩斋主人好事者，招邀同拜亭林叟。荒祠一角傍丛林，遗像清高古师友。少微坠地光烛天，俎豆名山道不朽。虚堂雨过神来歆，荐以蕨薇佐菱藕。庭松吼晚生怒涛，疑有虬龙窥户牖。俊余促坐快浮白，一洗风尘面深黝。座中张绪最少年，丰姿濯濯如春柳。石林叶与琅琊王，诗篇各炙公卿口。棣华况有孔林枝，文字缘深订交久。我生未读万卷书，斯会叨陪觉颜厚。磨蝎临宫何足论，飞鸿印雪诚知偶。待写禅房话雨图，当筵大有丹青手。忆昔顾祠展瓣香，谁其邀我何与张。道州持节平定死，继主其事推陈黄。侍御衔命归闽水，故人散尽无余子。我襄厥祀今三年，每莅祠堂感无已。冠裳接迹多英贤，文章经济相后先。隐居行义各有得，成仁二子悲躯捐。迩来与者日益少，祠宇倾颓满荒草。五月大雨祭欲废，六客相将荐萍藻。僧房幽静少人行，檐花十丈飞清声。纵谈痛饮不知醉，双松影落深杯横。夕阳忽下雨初止，客散驱车入城市。丛林回望碧云凉，快雨留人堪志喜。王君邀客写作图，寿阳相公援笔书。一朝韵事足千古，此雨足助人欢娱。人生聚散此可证，重来且待登高兴。请藏此卷付闲僧，萧寺雨声真可听。

祁寯藻等撰《顾祠听雨图诗录》，清同治元年刻本

朝天宫谒顾亭林先生祠　李祥

皇天存一老，蓄泪哭陪京。亡命遭狙伺，流庸避姓名。山仍神烈旧，宫近黎禾生。何似慈仁寺，蘋蘩荐上卿。

祁寯藻等撰《顾祠听雨图诗录》，清同治元年刻本

顾祠听雨图记　王鹄

彰义门内报恩寺，明之大慈仁寺也。寺内迤西，别院三楹，祀顾亭林先生。盖何子贞太史张石州明经所创建。春秋及先生生日，同人醵金致祭。继主其事者陈颂南侍御也。名公贤士，会者数十人，有不约而至者，一时称盛焉。乙卯五月二十有八日，先生生日，孔绣山舍人主祀事，鹄自山左来京师，晓至祠中。绣山继焉。时大雨滂沱，午犹未已。与绣山待客双松下，凉荫四合，修竹风戛作声，与松同韵。诸天籁起，洗然有出尘想。叶润臣阁读、陈仁卿上舍、孙稼亭大令、孔玉双孝廉前后至，遂冒雨拜。祠下亭水深尺许，祭毕而雨又催诗也。回首祠宇在水中央，西山湿翠，低回送客去。颜君朗如写图，寿阳相国年丈书首，同人各咏歌之。鹄既为记，并系以诗。

向晓慈仁寺里行，孤吟低首祝先生。九天风雨双从韵，清和云中老鹤声。

九原如作立朝端，宏济艰难策治安。此日景行深志学，不徒香火类祠官。

祁寯藻等撰《顾祠听雨图诗录》，清同治元年刻本

秋柳用顾宁人韵　王鈐

荣枯转眼总空花，只觉愁肠未有涯。计就染衣谁捣汁，才惭咏雪信涂鸦。寄情桃李欣同调，瞥见莼鲈叹别家，触景伤心摇落甚，雁行飞逐一枝斜。

阮元、杨秉初《两浙輶轩录补遗》卷七，清嘉庆刻本

和杜怀古 其五　汪士铎

介然清节殿遗民，绝壑冰霜不愿春。风阁亲朋召弓乘，骡车书卷历燕

秦。死烦犹子蒸尝奉，交遍儒林学术醇。壹惠与君堪共论，平生缟带少时人。顾绛。

汪士铎《悔翁诗钞》卷十一，清光绪张士珩味古斋刻本

论诗一百又五首 其一　林昌彝

偶阅近代诗家诗戏作，其人存者不与，未见者不与，见而无容轩轾者不与。自顺治至咸丰，成一百又五首，以视遗山、阮亭，又加赘焉。

胸罗列宿贯三壬，一首诗歌一字金。当代风骚谁领袖？开山独让顾亭林。昆山顾亭林炎武。

林昌彝《衣讔山房诗集》卷七，清同治二年广州刻本

何子贞饮顾祠因题润臣城南买醉卷子为次韵　朱琦

昨闻论诗贵独得，应有即有无即无。买醉城南爱叶仲，饯春狂气过云夫。已惊剑外传高足，还作遨头笑大苏。老辈风流知未远，青松红杏续为图。

朱琦《怡志堂诗初编》卷八，清咸丰七年刻本

绣山尝言王子梅欲得余诗因出顾祠听雨图为题长句　朱琦

一人一像藏顾祠，各拈一韵题一诗。丁未九月顾祠赠别绘同人小照留祠内。九日高会遽归去，回首已是十年期。当时好事何与张，后来词客琅邪王。泼墨作图卷飞雨，双松照影吟笙簧。僧寮瓦古短垣圮，独恨平子成先死。谓石洲。翰林仙人亦贬谪，旧交星散今余几。东山酌酒气犹豪，薛华长句风格高。惜哉风尘困棰楚，策蹇遽去如藏逃。春寒苦雨已二月，松花乱落如残雪。城西荒祠少人到，独对兹图叹幽绝。

朱琦《怡志堂诗初编》卷八，清咸丰七年刻本

张石舟与何子贞既构顾先生祠刻亭林年谱成因得睹蔡小石司业家藏万年少秋江别思图图作以赠亭林者也石舟与子贞各摹其画及识语并程氏易畴题跋装为卷石舟手书亭林赠万举人诗又所作次顾韵题此图诗补成顾祠秋祭诗并录于卷属赋诗得五言一首　胡焯

先生圣人徒，间世乃一逢。古音歙伶伦，调以嶰谷筒。四部付《日知》，百川导之东。郡国有利病，昭然发其蒙。平生求友心，择善得所从。如登东鲁堂，七十为齐踪。艰贞守薇蕨，九州一飞蓬。城南旧寄居，释家檐宇重。庑下想遗躅，摩挲见双松。二君实创议，构祠植垣墉。陈书会朋旧，荐馨申敬恭。纪年述遗事，传志备始终。因睹万生画，衰柳烟蒙蒙。当年渡江淮，藏名随市佣。诗画互酬赠，翩然两冥鸿。分摹各藏袭，仰止心无穷。维昔夫子圣，三千悉陶镕。六艺式古训，纤微逮鱼虫。盘薄际天人，今古为会通。规矩范身心，高明守中庸。勉以慥慥志，裕为经纶功。举措谓事业，知言能折冲。发之于音声，大乐鸣黄钟。论述开子史，伦物胥函容。生知与困学，入圣境则同。岂稍涉藩篱，而遂以自封。学者有通病，褊仄自矜崇。是己而非人，喧竞失至公。先生坦无私，孔教与折中。儒林二百年，皎月澄心胸。抚画诵遗诗，乡往夙所宗。学浅拾朴砾，追琢惭良工。因诗谂二君，惠言与摩砻。

徐世昌编《晚晴簃诗汇》卷一百四十三，民国退耕堂刻本

读亭林山人诗　张金镛

河流天上来，月魄海中皎。洪钟蓄奇响，大泽胎异宝。神龙具全体，于诗露一爪。旁皇成至文，喷薄吐元造。万事有根干，孤心斡幽窈。一身刀绳余，六合蓁莽扫。纷纷削椠家，竞夺化工巧。岂知大雅堂，厜㕒矗云表。

徐世昌编《晚晴簃诗汇》卷一百四十四，民国退耕堂刻本

四月三日同人祀顾亭林先生于报国寺遂为展禊之会赋五十韵

鲁一同

同昔来上都，惟宣庙中年。朝野方驩骚虞，红尘溢街廛。公卿多魁梧，折节能下贤。城南冠裳会，车马如波澜。江亭揖太行，佳气浮晴烟。锵锵鸣佩玉，肃肃陈豆笾。沽酒必芳醪，割击必肥鲜。妙墨永和姿，鸿文流觞篇。朝士或不与，与者疑登仙。以兹盛传播，亦复遭讥弹。中间隔世事，我又归田园。及乎嗣皇初，重道开经筵。庙谟急军食，教则师儒先。开国有大儒，遗文日经天。春秋肃将祀，庙貌巍如山。招揖九州士，牲醴陈阶堧。鲰生忝下风，拜跪中维虔。默想斯人徒，会合启贞元。颠倒王霸略，斟酌周孔编。实录甄累朝，形势穷九边。虽非王者师，将相盈其门。当时开太平，此老实仔肩。惜哉风教歇，文雅生灾患。祸始邪淫辞，又失教养源。中间吏治衰，武备余空荃。螯坏久西南，一决成溃川。江汉为荒蹊，吴楚无坚垣。震惊及畿郊，天弓始张弦。两载河朔清，恶首犹未骈。已觉元气苏，中外交驩阗。昨来拜阙下，金爵浮云端。新绿霭绿沟，繁红骄上阑。列肆璨珍璆，迟日明管弦。有时冲锋出，访旧沙尘间。官阀或已崇，门巷赫新迁。中惟叶与孔，矢志同咸酸。官米但易书，暇即空芳尊。故交已晨星，新交多英骞。再续城南游，先之陈炮燔。入门心恻怆，有庙无篱藩，地惧空王夺，司无典守存。大松起寒涛，西日低城阙。欻如精灵来，悯此生民艰。座中桂林客，五载疲戎轩。何况两国老，身荷三朝恩。努力佐中兴，扫荡清乾坤。

祁寯藻等撰《顾祠听雨图诗录》，清同治元年刻本

顾祠听雨图王子梅大令属题　李佐贤

曩在都门，每岁与顾祠雅会。今别来屡更岁琯矣，披图振触前游，不胜今昔之感。

雨势喷薄云模糊，淋漓水墨一纸铺。诗情画意两奇绝，写来并作听

雨图。顾祠近依慈仁寺,亭林先生芳躅寄。春秋俎豆报馨香,我亦屡交堂户事。一番雅会一题名,曾记涂鸦留姓字。余事文宴聚宾朋,雄辩高谈各树帜。纵横上下三千年,岂徒博物夸多识。旧游一梦几经秋,琅邪诗人图画留。披图郑重回环读,万感触绪纷交投。闻道年时乱兵扰,冷落祠堂余蔓草。双松依旧荫阶除,未识何人荐蘋藻。文举石林俱痛伤,孔绣山阁读叶润臣观察。何堪笛韵听山阳。寿阳憖遗老相国,祁春属世丈。岿然鲁殿存灵光。郁郁幽怀向谁托,旧雨今雨都离索。举头日近长安远,奋飞难跨云中鹤。吁嗟乎!明湖秋水清复清,狎述芦中鸥鹭盟。今夕与君重听雨,一樽鲁酒话春明。况值烽燀连海内,何时文宴乐升平。苍茫身世一俯仰,古抱今怀何限情。

李佐贤《石泉书屋诗钞》卷五,清同治四年刻本

鲍子年阁读属题顾祠听雨图　李佐贤

双松盘郁蛟龙舞,顾祠中藏傍琳宇。俎豆馨香祀事修,余情文宴偕宾侣。盛会不羡佛盈千,瑞应何啻星聚五。雄辩高谈四座惊,俯仰上下成今古。畴曩我忆春明游,雅会一度一名留。十年一别关津隔,雪泥鸿爪迷陈迹。化鹤重来丁令威,城郭犹是人已非。明远诗人示画卷,裙屐风流纷在眼。老眼摩挲旧梦醒,振触前尘兴非浅。更期高会年复年,永作长安盛事传。

李佐贤《石泉书屋诗钞》卷八,清同治四年刻本

辛酉暮春二十有八日与沈仲复秉成董研秋文焕两翰林王定甫拯农部黄翔云云鹄王霞举轩两库部同谒亭林先生祠会饮慈仁寺时冯鲁川志沂将赴庐州知府之行自热河未还后数日追至又饮仲复书楼聊以一诗呈诸君求和篇中有三数字叠韵敢据亭林先生语不以为拘云(节录)　朴珪寿

穹天覆大地,岱渊限青邱。声教本无外,封疆自殊区。击磬思襄师,

乘桴望鲁叟。父师税白马，鸿蒙事悠悠。而余生其间，足迹阻沟娄。半世方册里，梦想帝王州。及此奉使年，迟暮已白头。揽辔登周道，历览寓谘诹。浩荡心目开，曾无行迈愁。……怀哉先哲人，日下多朋俦。契托苔同岑，声应鼓响桴。尚论顾子学，轨道示我由。坐言起便行，实事是惟求。经学即理学，一言足千秋。先生古逸民，当时少等侔。绪论在家庭，我生袭箕裘。囊得张氏书，本末勤纂修。始知俎豆地，群贤划良筹。遗像肃清高，峨冠衣带褒。欲下瓣香拜，殷勤谁与谋？邂逅数君子，私淑学而优。天缘巧凑合，期我禅房幽。相揖谒先生，升堂衣便抠。笾实荐时品，爵酒献东刍。须臾微雨过，古屋风嗖嗖。……经济根经术，二者岂盾矛。礼乐配兵刑，曾非悬赘疣。高谈忽名教，陋儒徒欢咻。训诂与义理，交须如匹逑。总是顾氏徒，端绪细寻抽。总是瓛卿友，判非薰与莸。一扫门户见，致远深刻钩。

祁寯藻等撰《顾祠听雨图诗录》，清同治元年刻本

题万年少秋江别思卷子即用亭林赠万诗韵　张穆

此卷初归休宁程孟嘉，让堂老人为作跋，后归蔡太仆友石年丈。丁未冬，太仆长君小石司业见穆所撰《亭林年谱》载有此图，出卷索题。子贞同年手摹一本，将置之亭林祠堂，因为书顾诗于卷，又依韵和之，以应小石之属。时大寒节后二日也。

最苦元黄会，此身落世网。侧足宇宙间，无地堪长往。大江流日夜，秋心剧森爽。可怜大厦材，斤斧横夭枉。贾与僧等耳，无复儒生像。顾子经纶抱，名字寄遐想。流转久吴会，迟未亲尘鞅。万子定磊落，豪情代靡两。生平彼美思，清淮得片壤。风萍一朝合，铜驼泣榛莽。掔棹更相寻，草堂快抵掌。泚笔写秋清，浩渺搴书幌。咄嗟旧宾客，毅魄随夔魍。秋思果何许，时会靖板荡。尺幅落人间，名流重矜赏。祠宇岂吾私，前车戒标榜。子贞手摹此卷，将置之亭林祠堂，故结句云尔。

张穆《月斋诗文集·诗集》卷三，清咸丰八年祁寯藻刻本

丁未九日顾祠秋禊图得燕字戊申元日补作　张穆

康熙七年春，顾子客畿甸。三徐时里居，行縢倚僧院。琴剑一昔留，庙貌千载构。井亭初结构，檐竹已苍蒨。宋儒书百帙，唐人石一片。断手癸卯夏，何君实营缮。壁鲜画字蜗，梁来定巢燕。吾从何君后，岁时絜椒奠。岂有门户私，讲堂拟首善。将以证实学，觊或化辟喭。太息浮华士，凭虚事论撰。厉其雌黄吻，抗我山斗面。此风自何时，学术又一变。旧史遭涂乙，鸿章恣评选。谬学薪火熸，速化枵腹便。吾无力拯之，坐观丹碧绚。一卮酎顾子，敬申苹藻荐。遗书所沾丐，功足翼笺传。治乱古今彻，吏事自精炼。有时胥史籍，不让曾欧先。陶镕归实用，肯侈美服袨。永靖水火争，一洗裨贩贱。何君规模廓，结识多才彦。小子意量狭，交旧余狂狷。志同趣岂异，颖脱利钝见。硁硁朱御史，曾此共谈宴。因作赠行诗，触我归田羡。双松翠拂屋，阅人荣枯遍。回溯顾子游，又四戊申禅。相期求实事，无以规为瑱。

祁寯藻等撰《顾祠听雨图诗录》，清同治元年刻本

题明季诸人遗诗后·顾处士亭林集　蒋敦复

空山杜宇拜遗民，秦陇之间老此身。避地风霜先草木，著书经济独天人。白衣肯附征君录，皂帽应留故国尘。二祖十宗何处是？长陵秋祭孝陵春。

蒋敦复《啸古堂诗集》卷三，清光绪十一年王韬淞隐庐刻本

顾祠听雨图　潘曾绶

先生一去二百载，年谱编成忆石洲。朴学真传谁得髓，文章经济自千秋。横云山客渺何许，峨眉仙人今不来，惟有双松依旧在，萧萧风雨独徘徊。

子梅不见已经年，听雨图成寄一编。屈指登高佳节近，禅房读画倍情牵。

祁寯藻等撰《顾祠听雨图诗录》，清同治元年刻本

顾祠听雨图　张曦照

慈仁寺前风习习，双松横卷老龙泣。千军万马破空来，大雨盆倾打窗湿。 风声雨声两骤驰，同人正集顾君祠。顾君朴学继孔郑，淹雅足为儒林师。子贞太史建祠祀，春秋瞻拜聚多士。岁在乙卯仲夏时，车马重过长安市。馨香俎豆祝生辰，荐以萍藻孔舍人。六客相将冒雨至，软红不起车无尘。清醑奠毕间听雨，纵饮高谈日卓午。座中豪兴琅琊王，绘图快倩颜师古。图成题咏遍名贤，佳作林立如珠联。寿阳相国尤超绝，手笔不让许与燕。鲰生嗜古资绠汲，心香敬奉学海集。披图疑坐春风中，衣上征尘朝雨浥。

祁寯藻等撰《顾祠听雨图诗录》，清同治元年刻本

访顾亭林先生故居　叶名沣

吴苑论耆旧，如君盖世贤。关山穷辙迹，著作送余年。经纬鸿儒业，兴亡《肇域》篇。卜居曾此地，蔓草问荒椽。

叶名沣《敦夙好斋诗全集·初编》卷四《雁门集》，清光绪十六年叶兆纲刻本

题孔经之宪庚顾祠图册　叶名沣

每岁顾亭林先生生日，同人设祀祠中。今年五月二十八日至者十八人，经之与焉。祠在慈仁寺侧，先生旧居地也。

征君昔远适，曾止燕台下。寸衷准百代，著书自陶写。旧居拓祠宇，云物尚萧洒。自从经营暨，岁时罗尊斝。冉冉双丸中，故交日以寡。并坐得孔君，缋事托风雅。因悲三晋客，墓草行堪把。谓张石州穆曾编《顾先生年谱》。晖晖竹光妍，浩浩松籁泻。世尊默无言，西山峙遥野。

叶名沣《敦夙好斋诗全集·初编》卷十一《薇省集三》，清光绪十六年叶兆纲刻本

四月三日雨后慈仁寺顾祠展禊同集者凡十有九人　叶名沣

青山雨后绕城斜，主客风流感岁华。野意苍茫聊蹑履，浮生踪迹付抟沙。冠裳不负文章薮，俎豆犹存著录家。潘季玉捐置祭器，孔绣山相礼并著《祭仪图说》。酹罢菰中老居士，亭林先生著有《菰中随笔》。一觞相向听归雅。

叶名沣《敦夙好斋诗全集·初编》卷十二《薇省集四》，清光绪十六年叶兆纲刻本

三月十二日同人至大慈仁寺集顾亭林先生祠感而有作　叶名沣

城西大慈仁，经年别未久。驱车怯重游，往事心难剖。呜呼顾先生，绝学关枢纽。身后获馨祀，茅宇未盈亩。残僧日苦贫，不复给埽帚。颇闻昏黑间，穿窬兹逋薮。一星曾未终，规模恐难守。祠落成于道光癸卯年冬。东风荡春晴，初日照窗牖。孔君招我来，绣山舍人。再拜陈肴酒。馂余略仪文，高歌罄大斗。零蕊小桃妍，疏响寒篁朽。欹垣窜鼯鼪，败壁缀蝌蚪。心悲靖阳长，张石州别号靖阳亭长。祔主埋尘垢。何时共王荫之兵备东槐。吕，鹤田侍郎贤基，一堂罗脯糗。诸君隔幽明，不得展亲厚。蜀道走何郎，子贞学使绍基。螺江返陈叟。颂南御史庆镛。飘风散飞蓬，夜雨思翦韭。凡我同术人，黾勉敦尚友。休猒履綦烦，毋贻懵学咎。未雨亟绸缪，及时免蒿莠。景行此高山，幻象叹苍狗。出门一欷歔，何处蒲牢吼。

叶名沣《敦夙好斋诗全集·续编》卷一《薇省二集一》，清光绪十六年叶兆纲刻本

九日集慈仁寺顾亭林先生祠即事　叶名沣

秋到重阳风雨稀，携壶趁晓叩禅扉。拌将酩酊销愁思，且喜朋侪慰渴饥。槃敦词坛谁作健，莼鲈乡国梦都非。荒祠欲去频惆怅，一径松声黯夕晖。

叶名沣《敦夙好斋诗全集·续编》卷三《薇省二集三》，清光绪十六年叶兆纲刻本

七月十五日载酒至慈仁寺饬办素食与汪仲穆孔绣山两君议重修顾亭林先生祠　叶名沣

宿雨濯余燠，疏风忽清朝。延客却冠带，策骑寻僧寮。入门数松响，列佛层云交。湛湛凉露洁，亭亭初日高。寺有顾君屋，岁见棘蔓淆。经始孰云远，户牖倏已凋。聚散尘劫感，兴废薙木嘲。良朋二三子，同气笙竽调。休持米汁戒，用屏珍鲑嚣。围坐各长喟，望古心焉忉。挈榼更筮日，为乐期吾曹。

叶名沣《敦夙好斋诗全集·续编》卷四《薇省二集四》，清光绪十六年叶兆纲刻本

慈仁寺重修顾亭林先生祠同人于九日举行秋祭醵饮　叶名沣

祠屋三间傍老椿，扫除蛸户涤余榛。廊楹未具遗规在，风雨犹依古德邻。樽酒一堂申宿好，瓣香千载式先民。旧闻他日谁增记，岁月婵嫣视翠珉。朱伯韩作记，王少鹤察书，孔绣山置石，名沣助资摹勒，嵌诸祠壁。

叶名沣《敦夙好斋诗全集·续编》卷五《薇省二集五》，清光绪十六年叶兆纲刻本

三月三日顾先生祠致祭集饮　叶名沣

顾君旧祠宇，孰令委蒿蓬。今日冠裳集，斯文禊饮中。精灵犹逆旅，花木自春风。一片青山石，韩陵事许同。亭林先生祠在报国大慈仁寺侧，西室东向，三楹两庑各五，北以庋书板，南以备宴集。修成不数年，两庑皆隤圮，不复治。名沣因与汪仲穆、孔绣山议，稍陋旧制，甃砖为垣，其宲桷余材，悉以予寺僧，僧鸠工葺理，旬日而毕。朱伯韩为记，王少鹤书之，名沣捐资刻石，嵌诸祠壁。

叶名沣《敦夙好斋诗全集·续编》卷六《薇省二集六》，清光绪十六年叶兆纲刻本

闰月二十八日王子梅招集慈仁寺何子贞作诗纪事因次其韵

叶名沣

亭林先生生辰为五月二十八日，每岁设祭祠中，名沣必与焉。

解鞍松下晚来憩，三旬回溯祠屋祭。先生一去二百年，私淑幸许吾曹侍。昆山人士崇经师，俎豆未展悬弧期。生辰逢闰事亦偶，一觞聊复斟酌之。苍涛谡谡云阴集，折柳炊羹曾几日。西风催雨归掩门，兀坐挑镫叩残帙。江宁韩介孙官昆山儒学时，率同人建顾亭林先生祠，春秋致祭，而生日则未举也。介孙采得未刻文十五篇，出以见示。

叶名沣《敦夙好斋诗全集·续编》卷六《薇省二集六》，清光绪十六年叶兆纲刻本

都下慈仁寺有顾亭林先生祠每岁春秋禊及先生生日致祭余皆与其事夏初将出都适同人展禊事为余设饯固辞未赴望远有怀

叶名沣

樱桃芍药渐凋零，门外骊驹未肯停。禊饮畏逢离别地，僧寮竟作短长亭。往年余送人出都，常在此地。张陈交谊愁迟暮，俊及风流尚典型。独忆毗卢旧时阁，西山雨后绕阑青。

叶名沣《敦夙好斋诗全集·续编》卷十一《棒檄集》，清光绪十六年叶兆纲刻本

舟中望昆山　莫友芝

安舟凭午睡，睡起见昆山。婉娈如相识，扳跻苦未闲。故家余瓦砾，高冢漫榛菅。何以亭林叟，逌然天地间。

莫友芝《郘亭遗诗》卷八，清光绪刻本

丙午初冬寓居报国寺赋诗五首 其四　曾国藩

俗儒阁阁蛙乱鸣，亭林老子初金声。昌平山水委灰烬，可怜孤臣泪纵横。东西南北辙迹遍，断柯缺斧终无成。独有文书巨眼在，北斗丽天万古明。声音上溯三皇始，地志欲掩四子名。丈夫立言要须尔，击瓮拊缶乌足鸣。嗟余孱退昏庸百不力，付与四海刘传莹。

曾国藩《曾文正公诗文集·诗集》卷二，四部丛刊景清同治本

题顾祠修禊图　周寿昌

百年老屋存无几，杜陵千间竟谁芘。寓公远溯亭林生，古瓦荒凉问遗址。先生故里江之东，老来寻胜游关中。吾庐谁爱陶彭泽，旧庑曾依皋伯通。此间游迹如过鸟，岂有精庐生带草。一龛香火祀先生，好事转愁吾辈少。王君妙笔同辋川，剡藤三尺挥云烟。他时重访庞公宅，更作长安逸事传。

周寿昌《思益堂集·诗钞》卷四，清光绪十四年王先谦等刻本

绣山属为王子梅鸿题顾祠听雨图书感　王拯

我观胜国时，骏厉迩商俗。如何士气扬，不救国龄促。颇疑讲学弊，学子百书束。事至张空拳，冥心转如朴。昆山慨然起，朴学始开勖。天人独摩研，日月广裒录。高寻暨方圜，资用惟帛粟。万事孰权与，百王相继续。犁然在经策，暗室有明烛。昭代百年来，兹流实饶沃。畴人与经师，前后比踵足。其间造通圣，各自由偏曲。功惟许郑崇，论与程朱笃。阎朱江戴伦，境地日开斸。岂无或破碎，是有宜甄箓。京师时晏居，古寺寻芳躅。巍然祠宇成，香火征曹局。首事厥张穆石洲何绍基子贞，殷勤资畚挶。我时亦肩后，末座衣惨绿。如何十载余，世事自迓起。先亡怆平子石洲，配食宜杯渌。我昔一出还，时荐犹有属。春风来集奠，檐角晃朝旭。记从设祖筵，值我随戎櫜。伤哉淮蔡捷，翻作陈陶哭。世路遂崎岑，归人老踡跼。清晨偶来过，茂

草怜停瞩。堂龛虽幸存，楹桷已如襮。颓垣角砺牛，坏壁粪堆鸽。平叔颇一归，江湖重结束子贞。昔伤屐齿遻，今见筇枝独。舍人虽拮据，所愿乃空欲。偶携簪榼来，听雨倦车仆。吾宗为此图，毋亦志哀告。我怀伤时变，慷慨更击触。不见彼彦髦，衣冠纯录录。声文久拘挛，章缝成桎梏。胡哉诗书泽，致尔尺绳酷。驽车困太行，矫首怀骐騄。杨朱泣歧路，抗志宜仪蠋。时风本学术，救疾贵昌歜。未识起先生，吾衰定何赎。闻将醵同侪，洒扫荐杯菽。未能重兴作，一为除尘熇。

王拯《龙壁山房诗草》卷八《己未集》，清同治桂林杨博文堂刻本

九日顾祠修葺落成诸君邀集后至有作　王拯

旧筑同绵蕝，新功见塈茨。遗踪何显晦，此地复兴衰。荐菊筵重肃，题糕字定奇。双松曾故识，来对夕阳时。

王拯《龙壁山房诗草》卷八《己未集》，清同治桂林杨博文堂刻本

绣山润臣邀同招饮何子贞编修于顾祠侧步子贞韵　王拯

海棠开尽寒犹在，花事今年烂漫无。历落双松原老物，寂寥抔饮几狂夫。名山冰井看能守，时雨王师总待苏。经始未忘重感旧，为尹携酒合成图。

王拯《龙壁山房诗草》卷九《己未集》，清同治桂林杨博文堂刻本

叠顾祠韵投子贞　王拯

先生老至翻豪宕，笑我元龙意气无。时倚新声思玉局，数闻余论薄潜夫。书珍旧史头衔别，酒熟高邻鼻观苏。休负当时射雕手，筇枝五岳好身图。

王拯《龙壁山房诗草》卷九《己未集》，清同治桂林杨博文堂刻本

顾祠听雨图　张逢壬

早读亭林集，瞻祠愿未酬。其人高百代，此举足千秋。后学闻风起，僧寮听雨留。披图深景仰，雅韵剧绸缪。

祁寯藻等撰《顾祠听雨图诗录》，清同治元年刻本

章邱怀顾亭林先生　陈克家

泪尽冬青树上枝，田歌义等采薇词。老为北客心犹壮，隐异南阳事可师。结屋不愁无隙地，荷锄谁分枉清时。逸民旷发儒林藻，汗简长留百代思。

徐世昌编《晚晴簃诗汇》卷一百四十五，民国退耕堂刻本

顾祠听雨图　孔宪彀

蹇驴破帽来卢沟，黄尘十丈迷双眸。剌促胸怀生郁攸，故人招作城南游。城南古寺清且幽，闻之喜如鹰脱鞲。檐溜临晨雨声急，冲泥不惜衣襟湿。更蹑蜡屐戴大笠，此游不为看山出。来与亭林作生日。先生昭代薛文清，说经能接郑康成。出处大节昭贞珉，不独少微留曙星。寒泉一掬洗醁醽，莘莘俎豆陈芳馨。祝词妥侑通精诚，飒飒仿佛灵旗声。槛外修竹坐中士，翩翩张绪年华绮。风流喜对孙兴公，豪迈更逢王武子。舍人健笔凌云起，一洗人间筝琶声。长公诗意亦清美，吹篪敢道叶宫徵，且从他乡话桑梓。呜呼！公昔读书东海滨，东山相去犹比邻。流传著述存其真，菰中一卷墨华新。吉光片羽弥堪珍，披图光如颜色亲。玉虹楼已生埃尘，徒令话雨增酸辛。

祁寯藻等撰《顾祠听雨图诗录》，清同治元年刻本

北雅楼论诗新咏一百首录二十三一名论诗绝句 其一　金葆桢

忠爱萦怀百感增，亭林无愧大儒称。关河匹马秋风里，余事犹能逼少陵。顾亭林。

孙雄编《四朝诗史》乙集卷六，清宣统二年刻本

过曲沃宜园废址怀顾宁人先生　徐储

去国真怜著作才，穷愁投老此山隈。只今绛浍余清驶，想见先生洗砚来。

胡元琢、徐储纂《乾隆新修曲沃县志》，清乾隆二十三年刻本

谒顾先生祠　谢章铤

亭林古逸民，著书何沉痛。饱看十三朝，斜阳把酒送。颇讲后王师，讵恤平生空。空桑偶一宿，几筵此暂供。眷怀节母言，伤心明廷贡。回首昌平山，谒陵凡几梦。飘零谢乡里，首邱谁忍讽。旧时诸亲串，繁华虱逃缝。儒林文苑间，位置聊从众。石州侍香火，应知潜龙用。嗟彼阎征君，博洽不足共。平定张石州穆主附祀夹室。石州著顾、阎两年谱，以明向往之意。第顾之志节学术，似非阎所可比。

谢章铤《赌棋山庄集》诗九，清光绪十年刻本

城南以九日祭顾亭林先生为诗酒之会汪重穆孝廉暕邀之不果往作诗呈诸君子得九字三十四韵　锡缜

阳湖汪孝廉，招我作重九。云祭顾先生，尝得同心友。年年燕城南，名士曰某某。欲往行彳亍，不往情窃纠。终愧未读书，莫敢从其后。窃自发狂言，为君下浊酒。昆山之为学，明代皆非偶。实综汉与宋，独有其所有。上下数百年，自能挺不朽。同时诸君子，逊其大而久。后之考据家，字句权子母。欣或矜著作，但有文在手。欣或讲心性，但有学在口。陈言总浮泛，

厚禄博升斗。士而无事食，何如有功狗？昆山脱有知，当弗忍回首。侧闻诸君子，云扃披翰薮。榛楛成岂弟，棫朴供薪槱。匪唯列八厨，行将歌《四牡》。天下有利病，吾党献可否。能与时变通，宜在帝左右。方今民殿屎，多辟非天牖。吏罕知抚字，将罕知战守。鸿雁鸣嗸嗸，干城失赳赳。中原滋不竞，谁与堪执咎。缜也始为郎，地官事奔走。身言与书判，在在骨可丑。无才讵有用，论文未敢苟。眷焉望骚坛，岂得私敝帚。愿以诸君学，上为昆山寿。维时秋已深，涤场见农亩。新黄正菊花，残绿尚杨柳。求友鸟鸣嘤，式燕鱼丽罶。载肆《小雅》诗，录之畀汪穸。

锡缜《退复轩诗》卷二，清光绪刻本

题王小铁太守塑顾祠听雨图二首　沈寿榕

王郎示我顾祠图，题字光芒万斛珠。十六人中多老辈，八千里外忆皇都。亭台花木真如见，文采风流近有无。安得他年同此会，淋漓醉墨写狂奴。

修禊兰亭韵事传，后生端可继前贤。读书曾校《日知录》，蜀中有重刊《日知录》。数典应搜《月令》篇。风雨回头思旧梦，云山放眼拓雄边。当时自与山僧约，莫便开橱恐化仙。前图藏慈仁寺。

沈寿榕《玉笙楼诗录》卷八，清光绪九年刻增修本

题顾亭林先生诗集后　吴大廷

胜朝吴下一诸生，毕世栖栖旅客情。高蹈自希庞隐士，传经未让郑康成。昂藏大志期追古，忧患余年尚论兵。即诵诗歌亦奇健，犹能吐气截长鲸。

徐世昌编《晚晴簃诗汇》卷一百五十四，民国退耕堂刻本

迟盦三叠韵见示不益进而语益奇不觉叹服呼余曰紫芝主人又不禁失笑也勉事攀和谢不敏矣　翁同龢

紫芝三秀卉木灵，白龟千年古语聆。故人取此榜我室，自夸云篆天书

铭。杨濠叟书紫芝白龟之室赠我。老迟宪宪立紫庭，日草诏书笔未停。犹能余力发奇藻，尽破唐宋诗人扃。我如老妪倚灶陉，敢邀织女回轩軨。清词三叠发一笑，粲然重睹长眉青。城南顾祠我夙经，皃翁媛叟偕诗舲。拈新斗隽日不倦，时或野饮罗芳腥。今我与君并侍廷，同搔白发劳神形。自惭金谷非所习，东南民力嗟凋零。朝来大风欲冻瓶，纸窗尚敞司农厅。散衙轻车坐摇兀，真同尘海飘秋萍。

翁同龢《瓶庐诗稿》卷五，民国八年刻本

摹万年少赠顾亭林渡江图　翁同龢

湿西，沙门慧寿者，徐州万年少寿祺也。上章摄提格之岁，顾先生年三十八，为怨家倾陷，乃变衣冠作商贾，往来吴越间。明年，谒明孝陵，因至公路浦，而万君以避邳、徐之乱移家于此，遂与定交，有赠万举人诗。此图之作，正其时也。图今在梁节庵所。费屺怀临一本寄余，余又属俞金门摹之，置唐墅亭林书院，并录先生赠万举人诗于卷，而次韵敬题其后。

古今大炉韛，宇宙一置网。吁嗟元黄交，何地可长往。湿西信奇特，万年少自称湿西，非隰西也。"湿"即"漯"字。先生尤伉爽。轩轩鸾凤姿，未肯尺寸枉。六谒孝陵树，屡拜灵谷像。举世渺无人，浩然发遐想。南方习舆輂，我志在蹄鞅。草衣跨一骡，载书尚兼两。上穷皇古初，下历九州壤。经学续薪传，遗文剔榛莽。日知三十卷，治国指诸掌。皇天剥硕果，旅馆凄繐幌。斯图赠别时，故乡伺魍魉。鸱夷虽变名，室家方震荡。是时叛奴未得，家屡被劫。我读先生诗，惊叹杂吟赏。魂兮归语濂，祠堂豫题榜。唐墅语濂溪上，先生奉母之处尚在。拟于此建贞孝祠，而以先生侍侧。

翁同龢《瓶庐诗稿》卷八，民国八年刻本

再题渡江图次祁公韵　翁同龢

容台檄取遗书读，妄议经师是别传。排抵尊崇两无谓，前贤心事岂其然。余与潘公祖荫疏请以顾氏亭林、黄氏黎洲从祀文庙，礼部尚书徐公桐驳议，谓所学未醇，遂罢。

慈仁古寺成焦土，半亩荒祠更莫传。末坐少年今白首，每怀耆旧一凄然。京师顾先生祠，余随诸公后春秋会祠下，前后凡三十年。

翁同龢《瓶庐诗稿》卷八，民国八年刻本

慈仁寺谒顾亭林先生祠　施补华

蔓草枯杨断客魂，朅来烟寺阅朝昏。云霄不傍诸甥贵，涕泪难忘老母言。短鬓萧疏临易水，长歌慨慷赋夷门。山头棠树花争发，杜宇声声万古冤。先生至京师，即寓寺中。

地老天荒万事非，征书迢递此心违。远游关塞身将老，何处山陵泪独挥。著作必传羞待访，乡园虽好忍思归。双松谡谡经行处，唯有祠堂傍夕晖。

施补华《泽雅堂诗集》卷四，清同治刻本

新春二日独游慈仁寺谒顾祠　张之洞

悴节常苦寂，欢辰常厌嚣。东风悦士女，歌吹嬰春朝。街西独闲旷，不与游人遭。禅关惊卧尨，跫然破寂寥。庭阴贮余雪，浑莹不受雕。颓檐有冻溜，髡树无柔条。缁徒闭户睡，炉火细欲销。寺后有废邱，观阙见岧峣。梵容闃网户，赞颂遗先朝。何年庙市徙，求书琉璃窑。春灯照百货，车马如乘潮。双松适静性，仍伴枯僧寮。俨如鲁两生，偃蹇不可招。又似二诗老，倔强岛与郊。返景落樛干，态色出萧骚。笼袖且久立，已闻粥鼓敲。岂惟肝肺清，坐使荣观超。独畏菰中人，剥啄致讥嘲。亭林著有《菰中随笔》一卷，取东吴菰芦中人语。

张之洞《张文襄公全集》卷二百二十五《诗集二》，民国十七年张文襄公全集本

哀旧人　张之洞

北阎南顾祀儒宗，《大雅》《尚书》继相公。旧者不悲新者笑，朱书祠

额在蒿蓬。顾亭林祠，祁文端建于慈仁寺内，令子文恪复于寺内增设阎祠，今均毁。

张之洞《张文襄公全集》卷二百二十七《诗集四》，清宣统二年铅印本

论国朝古文绝句二十首 其九　陈作霖

史案牵连惨弟兄，天涯何苦赋遄征。亭林弟子传衣钵，游记多于马上成。潘耒。

陈作霖《可园诗存》卷二十二，清宣统元年刻增修本

送顾乡贤崇祀文庙恭纪二律　朱绍成

盛世仰唐虞，先崇一代儒。学维参汉宋，道必守程朱。利弊书犹在，华夷誉尽驰。馨香资帝德，万古颂神谟。

告庙须行礼，嗟哉我道孤。无由征典则，聊以献荛刍。只履殊堪宝，遗巾可想儒。老夫躬盛举，有杖不容扶。先生有遗履一只，是日以彩亭供置祠中。

朱绍成《慎节堂诗钞》，民国十五年铅印本

咏亭林先生遗履一只　朱绍成

履式双梁，色黄，纹有花，长盈尺，以平生考之，疑在崇祯之季也。

只履流传三百年，珍藏端赖子孙贤。色同黄娟长盈尺，疑在江南未定前。

曾闻足迹满尘寰，此履先生未出山。何以知之非臆测，晚年耕稼在函关。

朱绍成《慎节堂诗钞》，民国十五年铅印本

顾亭林墓前诗碑　万立钧

云气郁千墩，灵风啸墓门。经纶儒者冠，道德布衣尊。茔尚先朝赐，碑

无片石存。封题愧仓卒，再拜荐荃荪。

呜呼！是为大儒顾先生亭林之墓，过者必敬，樵牧者无侵，封树培修，守土官与乡人之责也。勒兹片石，敬告后人。[1]

录自顾亭林墓前诗碑，题目为编者所加

顾亭林　王先谦

枋得遗民愿竟偿，余生事业付绨缃。蒺藜从此甘沙苑，薇蕨无劳羡首阳。

王先谦《虚受堂诗存》卷十二，清光绪二十八年苏氏刻增修本

偶检阅架上明人诗漫赋录十四首 其十三　谭莹

燕台偶住客秦关，野史亭开不复还。清景当中秋色老，金元诗律首遗山。顾绛。

谭莹《乐志堂诗集》卷七，清咸丰九年吏隐园刻本

重建千墩顾亭林祠　缪荃孙

少年避祸去乡关，魂魄应随旅榇还。著作今为昭代冠，祠堂仍在水云间。关心农牧生涯足，隐恨君亲涕泪潸。伍庙鸿山三鼎峙，清风千古振尘寰。

缪荃孙《艺风堂文漫存·乙丁稿》卷一，清宣统二年刻本

读顾亭林先生书感而有作　何家琪

寸心天万世，六合清明开。风云积时代，日月相往来。地维隆西北，万里山横排。中突一华起，浑抱洪蒙胎。河水昆仑顶，毕气吞江淮。方海司出

[1]此为亭林墓前告诫碑文字。

纳，全脉为之回。士不遇三代，贤愚齐尘埃。反望古制复，假手凡庸才。清时召不起，老病完形骸。冬青屡相识，夜哭臣麻鞋。凄凄春雨苑，猎猎秋风台。匹马倦天下，著书空余哀。

徐世昌编《晚晴簃诗汇》卷一百七十，民国退耕堂刻本

顾亭林先生词　谭宗浚

几社浮华后，谈经挺此人。河汾耽著述，甪里托沉沦。夙负权奇计，兼全困辱身。里堂虽善诤，终不掩瑜珉。焦里堂《郡县议》谓亭林得行其志，其害甚于王安石。斯诚至言，然不足为亭林痛也。

谭宗浚《荔村草堂诗钞》卷十《僦屋集》，清光绪十八年廖廷相羊城刻本

行经冶城有感　袁昶

阁尚飞霞耸，人今堕雨稀。曾相设书局日，宾僚最盛。冶城春已半，未见一花飞。撰蒋山佣杖，褰王内史衣。清谈惧废务，祠榜有光辉。亭林顾先生尝寓此。

袁昶《于湖小集》诗四，清光绪袁氏水明楼刻本

偶书二绝　袁昶

宁人不复卞，乃投虞山剌。摆脱蒋山佣，遨游华阴市。

衣白山人也，食气落江湖。日与乔松辈，方外一胥疏。

袁昶《于湖小集》诗五，清光绪袁氏水明楼刻本

北游诗五章 其四　袁昶

亭林疏布士，其气雄万夫。当其十三陵，杜鹃拜何劬。每慕文渊牧，旷莽林野娱。昏谷量牛羊，世事百不如。名耻登荐牍，迹则淹神都。晚息华阴机，兹亦栖精庐。遗迹城西寺，浊醪荐双壶。溪毛怀近躅，泠泠何与朱。慈

仁寺顾先生祠堂。

袁昶《渐西村人初集》诗一，清光绪刻本

甲申江西学政陈宝琛奏请先儒黄宗羲顾炎武从祀文庙事下部议予拟奏有云世儒从语录入立讲学之名其理学皆儒先之余绪宗羲炎武从经学入不立讲学之名其理学接孔孟之真传格于礼臣不果上读两先生遗书为之太息各系小诗以志景仰

其一　马彦森

我怀顾处士，经师兼人师。第一有用儒，品识必先之。博学与有耻，肆力探旨归。早岁游复社，顾怪善归奇。苦为势家逼，出游始鲁齐。署曰蒋山佣，逃名久孤羁。中更遭无妄，南冠囚钟仪。天欲绵绝学，履险脱危机。孝陵凡六谒，泪血洒崦嵫。九州七游览，五岳四登窥。险要既备历，利弊亦周知。负书资考证，苔藓剔残碑。出入关塞间，秦晋更依依。始欲居祁南，筑堂山之陲。经史富插架，来者堪留贻。继又居华下，绾毂形胜宜。将以菟裘老，蒺藜甘如饴。总之不称意，小住复栖栖。胡马嘶北风，越鸟巢南枝。经世抱伟略，垦田小试之。自慨生不辰，借以著述垂。尤精音韵学，坠绪一线维。先生言理学，必以经学资。舍经以言理，恐堕禅学歧。末流聚徒帜，语录袭浮词。心性茫无解，不遑赋《茅鸱》。深味先生言，后学当蓍龟。在昔何太史，匄资为建祠。栋宇傍慈仁，俎豆备偶奇。我将往瞻拜，仰止心欷歔。

潘衍桐编《两浙輶轩续录》卷五十，清光绪十七年浙江书局刻本

题亭林先生诗集　阎镇珩

小雅怨衰姬，骚人愤覆楚。采蕨颂黄虞，西山节良苦。先生今逸民，义风迈前古。破家急国难，策马去乡土。流离杜拾遗，萧瑟庾开府。高歌出金石，商声满环堵。慷慨自至性，挥洒妙倾吐。文词既宏杰，道谊亦千橹。我览三百篇，盛衰略能数。黍离冠王风，忧思切君父。汉臣赋河梁，五言万

世祖。海天旄节寒，气不屈骄虏。谁与传兹编，药顽且砭鲁。俾还薄俗醇，邈然追三五。

阎镇珩《北岳山房诗文集·北岳山房诗集》卷一，清光绪三十一年刻本

题顾亭林集校本后　孙诒让

岂愿区区王佐学，苍鹅哀怨几人知。流离幸早一年死，不见天骄平郑时。万里文明空烈火，人间尚有采薇篇。临风掩卷忽长叹，亡国于今三百年。

孙诒让《籀庼遗文》，民国十五年石印本

题万年少赠顾亭林秋江别思图橅本并叙　孙诒让

江阴吴冠英所橅万年少赠顾亭林秋江别思图，经程易畴、张厚斋诸先生鉴赏题考，并精妙绝伦。原图今不知存佚。此虽传摹之本，然虎贲中郎，亦足令人神往。光绪辛卯三月，永嘉陆君佑臣持此属题，谨缀四绝句，以志眼福。

铜驼荆棘黯江东，雷雨经纶惜道穷。一舸鸱夷向江海，寥天何处弋冥鸿。山阳当日盛交游，经术张力臣阎潜丘亦胜流。别忍满江谁作伴，万株衰柳不胜秋。

万生奇士竟披缁，余事犹能作画师。寥落雄心留尺幅，何如盘礴解衣时。画图逡副几流传，秘轴埋沈二百年。赖有草窗能著录，却愁过眼总云烟。

周草窗云烟过眼录所收书画古迹极富，此卷为周自庵阁学旧物，阁学亦富弆藏，故以为况。此叙并诗录自籀公谱稿卷四。

孙诒让《籀庼遗文》，民国十五年石印本

祁子禾侍郎招祀顾亭林先生因嘱绘顾祠雅集图慨然有作
杨深秀

宣武城南慈仁寺，郁郁双松发寒翠。西南偏有亭林祠，寿阳侍郎董祀事。招集诸君作文游，饮福不为无名醉。使我为绘雅集图，图成再拜更题

字。有明中叶儒风陋，学术无用丛诟谇。高者盛传姚江衣，下者竞树竟陵帜。一二不学求举者，附会元镫务制义。亭林挺挺生东吴，其出愈晚学愈粹。万卷穷探古圣心，诸陵偏洒逸民泪。仇家任作叶方恒，门生肯伏钱谦益。南冠犹是庄烈臣，布衣不负贞孝志。称曰王佐曰经神，未必尽合先生意。国朝蔚蔚盛儒林，筚路篮缕功谁比。往者吾乡月斋老，排纂年谱豁蒙翳。吾乡张石州先生撰先生年谱。公家文端实倡首，醵金共买十弓地。建祠于今三十年，年年不废上丁祭。公也传经若韦平，未愧汉学一线寄。贱子举觞贡一言，迩者吾晋学稍弊。诗书既多束高阁，文章颇似饰鞶帨。青主匪莪复何人，临曲传先生山曲沃卫先生嗃皆亭林道义交。恐难再回高人辔。迤西更有潜邱祠，闻此语者愈生恚。惟愿公及我同人，益倡实学回风气。勿令枵腹谈经徒，滥厕国家春秋试。亭林先生如有灵，歆兹丹诚庶一至。

杨深秀《雪虚声堂诗钞》卷二，民国六年戊戌六君子遗集本

读顾亭林先生诗　皮锡瑞

归昌振奇律，不以文章名。洪钟合钧天，难为靡曼声。先生秉高节，旷世始一鸣。雅抱在三代，遥怀托东京。雄略不一试，晚节犹西行。关门辨气紫，陵树哭冬青。感时杜老叹，望阙骚人情。流落泰山芒，振掉碧海鲸。辞高绝虚伪，义激仍和平。永怀《大雅》作，弥念遗风清。

皮锡瑞《师伏堂诗草》卷二，清光绪三十年师伏堂刻本

顾宁人自孝陵来作孝陵图兼示诸忠义传赋赠二律　陈璧

柴门雨歇故人开，身带钟山紫气来。金盌人间知未出，玉龙天上说应回。冬青常为亲藩痛，麦饭尤深皇祖哀。风雪蓬蒿连瓦砾，仗君一笔扫荒苔。

废兴底事腹便便，班固能兼司马迁。惯作忠臣归汉传，兼收高士避秦篇。多时出谷寻邮笈，何日还山驾史船？我有归来三载泪，寄君五拜洒陵前。

陈璧《陈璧诗文集残稿》，清钞本

题顾亭林像　黄绍箕

审韵探碑绝业余，子云后世竟何如？荐绅坐论裨瀛外，辛苦亲编肇域书。河朔江南几大师，百年儒术渐支离。夏峰不作南雷死，瞻仰神姿一涕洟。

黄绍箕《鲜庵遗稿》，永嘉诗人祠堂丛刊本

秋暑索居案头惟亭林南雷两家诗时复展玩各题一章　郭曾炘

桑海多传变徵音，巨篇谁解读亭林。依然清庙明堂体，未肯亡明一寸心。

忠孝艰屯萃一身，梨洲世不数诗人。刊余华藻无宁拙，掬尽衷肠只是真。

徐世昌编《晚晴簃诗汇》卷一百七十二，民国十八年退耕堂刻本

戏用上下平韵作论诗绝句三十首止论本朝人及见者不论 其十　陈衍

太仓江左诗人夥，水绘红桥几胜流。红豆一双两黄叶，亭林学杜独悲秋。

陈衍《石遗室诗集》卷四，清刻本

谒亭林先生祠题壁　王德森

我生先生乡，习闻先生事。我读先生书，敬仰先生志。先生之志在忠孝，先生之事关风教。二百年来世变更，优孟衣冠登学校。师道如斯亦可悲，先生不死将何为，我思先生泪欲垂。

王德森《岁寒诗稿》，清光绪七年刻本

闻亭林梨洲船山三先生同时从祀孔子庙庭感而有作　王德林

先生名世士，胜国老遗民。绝学绵前圣，微言启后人。河山余涕泪，书卷阅风尘。衰乱今犹昔，何期俎豆新。

王德林《岁寒诗稿》，清光绪七年刻本

同力田过宁人寓　王仍

此日江天晚，吴门送别时。不堪将意气，苟且谢交知。山水他乡迥，乾坤一棹移。只今千里路，枫叶是相思。

沈岱瞻纂《亭林先生同志赠言》，清光绪十一年朱氏槐庐家塾刊本

奉祝亭林先生四首　杨端本

欲遂鹿门隐，买山太华巅。开轩临渭水，倚杖小秦川。道大乾坤隘，名高日月悬。惊人诗自有，曾否问青天？

谷有图南卧，卜邻古洞幽。莲开犹十丈，松老自千秋。扪虱应难识，翔鸿未可求。不须丹诏至，野性白云留。

艺苑雄江左，孤怀出世间。谈经吾道重，稽古宦情闲。梅鹤同晨夕，渔樵任往还。登临时极目，北望首阳山。

海岳真游倦，华峰岂慕仙。携来经世作，好贮此山传。水竹成茅屋，村岩买石田。愿闻关令尹，请著五千言。

沈岱瞻纂《亭林先生同志赠言》，清光绪十一年朱氏槐庐家塾刊本

题顾亭林先生小像　周思兼

地老天荒岁月深，奇才如此竟山林。传经独下千秋泪，历劫难灰百感心。滚滚穷尘聊托足，茫茫异代少知音。管宁高节苌宏血，都向《遗民传》

里寻。

潘衍桐编《两浙輶轩续录》卷二十五，清光绪十七年浙江书局刻本

慈云寺谒顾亭林先生祠　许国年

七十复何求，遗民第一流。日星慈母训，风雨孝陵秋。气节两朝冠，文章百代留。明夷箕子困，同志采薇俦。

梦梦凭谁问，滔滔尚可怜。先生与人书有云“世上滔滔，天犹梦梦。未见君子，犹吾大夫”之语。身逢天宝日，心在义熙年。俎豆终无替，须眉尚懔然。双松今古翠，祠有双松，数百年物也。常在一龛前。

潘衍桐编《两浙輶轩续录》卷四十二，清光绪十七年浙江书局刻本

秋柳和顾宁人先生　伍炳南

几时作絮压梨花，太息萧条水一涯。残叶小风辞系马，空枝落日点归鸦。恸余春泪灵和殿，淡遣诗心白傅家。再世孤忠坚似石，停篇想象月初斜。

张翰仪《湘雅摭残》卷六《伍炳南》，湖南省图书馆藏钞本

亭林先生祠落成于先生生日致祭赋此纪之　赵彦修

顾家家庙沿明季，曾伴朝天结数椽。朝天宫旧有顾氏先代祠，见亭林年谱。今奉其主于祠楼。易代经师隆胜享，一龛香火续前缘。传说慈仁祀最先，悬弧日奉瓣香虔。长干今仿长安例，岁取公家办祭钱。

神祠旧是读书堂，疏竹寒梅信晚芳。昔日故人今配食，仪真刘伯山、句容陈卓人、德清戴子高、仁和唐端甫，皆与配食。不禁清泪落椒浆。

陈作霖《可园诗话》：“顾亭林先生祠建于朝天宫东偏，盖汪悔翁助教、孙澄之太守之创议，而洪琴西都转成之者也。祠既立，仿京师慈仁寺之例，每岁于先生生日致祭。赵季枚教授有诗三绝记其事云云，时光绪壬午年五月二十八日也。”

赵彦修《三砚斋诗剩》，清光绪八年刻本

文集资料

复顾宁人　孙奇逢

自修来别后,于上谷邮寄台札至,嗣从公勇字中得闻在都音耗,知足迹所历与学问所得,于此著书,羽翼经传,真非浅学俗士所可窥其藩篱。仆虽衰老,窃为吾道之有人足赖也。顷接手教,殷殷提携之谊,不遗老夫,异地同心,深感大德。仆幼而有志,老无所成,中夜思维,汗流如雨。然念精神驰逐,意识横据,此心毫不能自主,尚敢言继绝学为世用哉?学无所得,已可概见。今岁扫除闻见,并心学《易》,妄欲稍窥四圣之道,以了余年。每有隙明,即手录□□义。念道翁博学有年,晰义独精,其返约之密义,望惠以示我。札中以章句、文辞、名教、器数若歉然,以为非道者,仆谓即章句、文辞、名教、器数以为道,则不可;舍章句、文辞、名教、器数以求道,则又不可也。程子曰:“圣学本天。”周子曰:“圣希天。”孔子以时习而法行健,原与天合体,乾坤易简之理,时物行生之道,无一不备。孟氏愿学孔子,只认出面目。孔孟教人家法,原在下学躬行上取齐,岂空谈心性,专事高远乎?札中所云舍博文好古而但言尊德性者,空虚之学;舍出处、去就、辞受取与而言志于道者,无本之人,此足觇合体用、一知行、达内外之旨。仆拜教多矣,音统何日可成?耄余得读此书,再有进益,未可知也。草复不既。闻驾驻小滩署中,史赤老近有音问否?便中幸示之为祝。

孙奇逢《孙征君日谱录存》卷二十八,清光绪十一年刻本

答顾宁人　沈嘉客

六年不通声问。客岁病榻中始接读札教,不知其所自,询之,则双鱼已杳然矣。异日者征之家人,则云寄自澹村,问澹村主人,又茫如也。去冬细侦之,则由秘至周,由夏至秘,由谢至夏,如此曲折,亦屡屡矣。然弟始洞然也。正思便邮以候兴居,而札教又下及矣。甚矣,弟之懒残,不足较也。弟老而病,病而垂没,倚床贴被,无他善状,惟有坚卧风烛中耳。过情之誉,匪所望于知己,颜甲十袭不足藏其惭恧也。恭读尊大人集,后生小子虽

不敢谬为然赞，然家学渊源，溯厥灵根，固应有其自也。但恨旦夕之人不能窥测其万一耳。近刻一束并仰和佳篇一纸，不可名为有韵之言，要不可不呈有道君子一笑也。伧父面目，固应尔尔，无足怪也。仁翁读之，自当匿笑不已矣。

沈嘉客《西溪先生文集》卷九，清康熙三十九年沈寅清刻本

与顾宁人书　王猷定

日从冗隙中快聆绪论，受教良多。仆自惭老马，不堪鞭策，而世之谬爱者，复欲强之历九折之坂而不已，此颜阖之所谓必败也。比者郁火上炎，病发两目，不能窥只字。昨稍平复，取足下《救文格论》读之，如饮良药。因思学人通病，在于读书寡识，不能观理，而又执心粗翘，急于见名。始不能疑何繇得悟如是者，安可与之上下今古，言文章得失之故乎？足下学殖既富，勤且敏矣，更心析秋毫，遇一事一物，如赴大敌，必以全力注之，此古人之所难也。但中有一二，则愿共商榷，未必有当，愿足下教之。

书云不当为人作传，仆向与钱牧斋先生言之，亦如足下云云也。退而思之，殊不尽然。古人輶轩所采，每据家乘以为国史，故太史公以司马家传纂入《史记》，范晔以邓禹传稿列于《汉书》，他如《庞娥传》为皇甫之私笔，《高士传》属中散之野编，推而至一家言，若华峤谨《汉典》、张勃《吴录》、魏澹《魏书》、车频《秦书》，王隐、何法盛十八家《晋史》，中间皆有列传，岂皆身列石渠金马之班，方可与银管麟角之席乎？且作者审时，孔子以尼山布衣痛世道之亡而作《春秋》，知与罪总不暇计。学者无孔子之圣，自不敢妄拟褒诛，然史有时不在朝而在野，兰台不能守经，草莽自当达变。不然，天下之忠魂贞魄，幽蔽泉壤，而姓名不著于后世，于后死奚赖焉？若曰志铭、行状亦足传矣，志铭、行状一家之私言也，其为人子孙者，求显其祖父，吾始得援其实而志之。苟其子孙之无求于吾，止当作传，不当作志状。若无子孙，无墓，又无生平履历之可纪，其大节不过数事，此可以为志状乎？故愚以为无妨作传者此也。

据论年号当以实书，窃谓义以事起，制因时变，故改元编年，在汉后遂

为正朔之巨典，尊卑正伪，于此攸分，倘杂用各国年号，岂所以大居正、定一尊乎？且后代与前朝不同，纪号较纪数略重，原不得以《春秋》侯国为例。盖《春秋》，鲁史也，有内外之殊，无上下之体，故郑僖四年、郑简元年，皆可彼此互言，相为主客。若《纲目》纪年，实以天子临庶邦，正统厌偏霸，冠裳未可倒置，真伪未可齐登。愚以为南北朝之诸君，唐末之十国，不妨分注年号，以明列土相敌，莫为君臣，乃若三国魏、吴，晋之十六国，宋之辽、金，自当统于所属，尊无二上，又乌得纷纭杂出，漫无纪纲乎？至天凤、地皇诸号，兹特新莽篡汉，海内无君，不得不姑以大号归之，亦从实以书，无碍正论也。

据云非三公不得称公，然楚叶公、白公皆大夫也，而称公。此而为僭，则齐亦有棠公矣，齐未尝称王而其臣得称公，何与？如以为楚之邑边吴，而特重其号，则吴亦边楚，何以不重其号耶？此说之不能相通者。汉高祖为亭长时，送徒骊山，中道多逋散，谓众曰："公等皆去，吾亦从此逝矣。"此以卑称公也。吕公欲以女妻高祖，其媪曰："公常欲奇此女，与贵人。"是以夫称公也。晁错议削六国，错父谓曰："公为政用事，人口议多怨公。"此以子称公也。毛遂指其十九人曰："公等碌碌。"陆贾谓其子曰："无久溷公。"古乐府题有《公无渡河》，非必皆三公，然后称公也。若所云沙门称公，如深公、远公类者，必以其名冠之，是矣。然公既定为三公之称，公侯释徒迥不相及，以王公之号，加之缁素之列，岂谓得其例乎？至云梁、陈以下僧乃有字，而人相与字之，不复称公，则杜甫之称旻公、赞公，又何以说耶？诸如此类，难以悉数。

仆尝薄古之文士，好为攻击者多矣，虽孟坚、蔚宗皆所不免。若欧阳之《与子固论氏族书》，以无文考究，不能周悉为恨，而晦庵之与象山、东莱折衷理学，往反至以十数，此皆意图相尽，非有所排笮也，知足下不以为罪。

王猷定《四照堂诗文集·文集》卷一，清康熙二十二年刻本

为顾宁人征天下书籍启　王猷定等

东吴顾宁人名炎武，驰声文苑垂三十年，其高祖刑科给事中讳济累疏直

言，载在武、世二庙实录。曾祖南京兵部右侍郎讳章志历任藩、臬、京兆，及掌南兵，疏更舡政、苏军卫二百年之困。本生祖左春坊左赞善讳绍芳、嗣祖太学讳绍芾、兄孝廉讳缃，并以诗文为海内所宗。嗣母王氏未嫁守节，奉旨旌表“贞孝”，及闻国变，不食而卒，天下称为贞烈。

宁人年十四为诸生，屡试不遇，由贡士两荐授枢曹，不就。自叹士人穷年株守一经，不复知国典朝章、官方民隐，以至试之行事而败绩失据，于是尽弃所习帖括，读书山中八九年，取天下府州县志书及一代奏疏、文集，遍阅之，凡一万二千余卷，复取二十一史并实录，一一考证，择其宜于今者，手录数十帙，名曰《天下郡国利病书》。遂游览天下山川风土，以质诸当世之大人先生。

昔司马子长遍游四方，乃成《史记》；范文正自秀才时，以天下为己任。若宁人者，其殆兼之。今且北学于中国，而同方之士知宁人者，敬为先之以言，冀当世大人先生，观宁人之文以察其志，而助之闻见以成其书，匪直一家之言，异日天下生民之福，其必由之矣。

同学王猷定于一、毛骙、顾有孝茂伦，吴江、王潢元倬，江宁、张愨洮侯，华亭、潘柽章力田，吴江、顾梦麟麟士，太仓、陆圻、吴炎愧庵，吴江、杨彝子常，常熟、黄师正帅先，建阳、汤濩圣弘，洞庭、万寿祺年少、杨瑀、王锡阐吴县、方文、归庄元恭、陈济生皇士，长洲、丁雄飞、吴任臣志伊，仁和、戴笠耘野，吴江公启。

右十年前友人所赠。自此绝江逾淮，东蹑劳山、不其，上岱岳，瞻孔林，停车淄右。入京师，自渔阳、辽西出山海关，还至昌平，谒天寿十三陵，出居庸，至土木。凡五阅岁而南归于吴，浮钱塘，登会稽。又出而北，度沂绝济，入京师，游盘山，历白檀，至古北口。折而南谒恒岳，逾井陉，抵太原。往来曲折二三万里，所览书又得万余卷，爰成《肇域记》，而著述亦稍稍成帙。然尚多纰漏，无以副友人之望。又如麟士、年少、菡生、于一诸君相继即世而不及见，念之尤为慨然。玄黓摄提格之阳月，顾炎武识。

沈岱瞻纂《亭林先生同志赠言》，清光绪十一年朱氏槐庐家塾刊本

赠顾征君亭林序　程先贞

东吴顾征君亭林先生，今之大儒，于书无所不读，习熟国家典制，以至人情物理，淹贯会通，折衷而守之，卓乎为经济之学者也。而失意于时，君子惜之。以故北游上国，历燕、赵之墟，上太行，渡黄河，出塞入关，极秦、晋之鄙，折而留滞于齐鲁间，皆得周览其名山大川，将以拟太史公之故事。

乃每过吾州，辄见访如侨札之欢，皋梁之托也。为余谈说经史，不惮娓娓。或留信宿，浃月经时，然后乃得去。因见其著述之富，汗牛充栋，要皆崇正黜邪，一轨于圣贤之微旨。抽关启钥，尽见其全。其辩详以核，其论典以要，其思平实以远，其义纯粹以精，本于经而不泥于昔闻，原于史而不拘于成说，多前贤所未明，一旦自我发之者。自汉、唐以来，诸儒林立。观其意思，略与郑康成、王文中辈相仿佛，皆能深造理窟，力追大雅，以斯文为己任者也。以视今之作者，不啻奏黄钟大吕于秋虫响答之前，其巨细不侔矣。假使先生得时而驾，为当代柱石，功业所至，不过封侯而止，其于闲先圣之道，以津逮将来，为天下后世之利，且孰得孰失乎？

今年结夏，于此与二三同人讲《易》，复得发其《日知录》一书观之，多考古论世之学，而其大旨在于明经术，扶王道，为之三叹服膺，劝其出以惠学者。此自亭林支峰蔓壑，余老病荒忽，书数语其后，附以不朽。必欲东观大海，尽十洲三岛之奇，则有先生所著之全书在，非一朝一夕所得而卒业者矣。余不佞，倘如豫之五爻，疾而不死，请得读书养气十年之后，文思少进，为先生细论之。

沈岱瞻纂《亭林先生同志赠言》，清光绪十一年朱氏槐庐家塾刊本

上顾宁人先生书　黄宗羲

百学幼侍家大人侧，家大人屈指当世人物，必曰八闽李元仲、江右黄雷岸、天中孙钟元、三吴归玄恭与先生五人而已。学固熟闻心识时切

愿见之怀，顾当是时家大人独抱遗经，屏迹荒山不与世接，学躬耕陇亩，朝夕饔飧，足迹不逾三十里，而五君子者，晨星落落，天各一方，虽仰止徒殷，不啻峨眉天半，何因得溯洄而从乎？癸卯以后家大人始复渡钱塘，学得追随杖屦，于是玄恭先生时通音耗，钟元先生以所著《理学宗传》，暨寿家祖母八十诗见寄，学窃念钟元先生、元仲先生年俱九十，雷岸先生约亦近八十，且俱遥隔数千里，旦夕在无不可知，此生胡能得见，而惟是玄恭先生与先生春秋方富，且近在吴会，或得从家大人后睹光颜、聆绪论，以慰生平之愿。乃未几而玄恭先生又即世，则是先民遗老中，家大人之所推服，与学之所愿见者，惟先生一人而已。去年夏，先母即世，学辈孽重罪深，无可复挽，因遍思当世大人能以如椽之笔留其姓氏者，止有先生。然闻先生踪迹多寄长安，且德高望隆，学自念贱寒末士，何由得通姓名于左右，以得先生一言乎？因叹与古人生不同时，其不能相遇，固无可如何，孰知当吾世而有如古人者焉，乃因缘蹇浅而其遇之之难，亦竟同于古人如此哉。冬间，忽得先生所寄家大人书暨所著《日知录·钱粮论》。伏而读之，真见先生之经术、文章、经济无一不具此，诚子固所谓数百年而有者也。今年万贞一南还，又备悉先生近状，且具道殷殷于家大人之意。学惊喜自贺，向自分以为必无阶以达于先生者，今而以家大人之臭味，知先生必能推其爱于先母与学也。既又念生平之欣悦仰慕者有五人焉，而四人者已不可复追矣，何幸犹得遇先生。倘先生而肯褒以一言，是天特留先生而赐先母以不朽也。兹逢徐果亭先生于海昌，云先生今在德州，许以便翼，胡能不叫呼攀援稽首哀吁于先生乎？谨撮先母行略于左。先母讳某，字宝林，余姚叶氏。曾祖讳选，嘉靖戊戌进士，累官工部郎中。祖讳逢春，嘉靖乙丑进士，累官郧阳知府。父讳宪祖，万历己未进士，累官广西按察使司。年十七归家大人，得奉事先祖忠端公者三月，忠端公投狱，县令祁逢吉疑其亡命，操兵到门，阖族逋逃，僮婢骇窜。家祖母计无所出，闷坐石臼中，独先母一人侍立在旁，不离尺寸。先祖正命寄家大人遗训一章，中有汝妇贤孝。古有用妇言而亡，亦有不用妇言而亡者，汝须知之，早见知于先祖如此。思庙诛奄，家大人负锁诉冤，得赠荫祭葬，而先母亦遂典衣鬻珥，两封马鬣，不烦官帑，崦嵫不返，家大人胥緼虞渊，挽留寒暑，而先母亦遂密藏匕首，以死自誓，绝不以夸父为迂，鲸蛎鱼鸿，家大人或授指南于张俭，或解相印于魏齐，而先母亦遂供复壁以饪饘资柳车之行李，必不以虞绷为拙，少时略通经史，有诗二帙，清新雅丽。时越中闺秀有以诗酒结社者，先母闻之蹙然，曰：“此伤风败俗之尤也。”即取己稿焚之，不留只字。先母为先外祖所钟爱，五六岁时雅量过成人。凡婢仆之有失误，或盂皿之毁伤，或花果之采摘，以先母为对，按察公即置不问。先母亦绝不辨明，一日有奴夫妇以事惧责，亦欲援先母以希免。先母怒曰：“凡汝辈有过误，一委于我，而我不与辨明者，以在汝可免罚，而在我不妨任受也。此何事亦委于我乎？”嘱按察公痛杖之。按察公益惊异焉。子三人，百药娶李氏、柳氏。次正谊，娶孙司农之女，继虞氏。次百学，聘王司马之女，娶孙氏。女三人，长适诸生朱林大理守之子。次适任子刘茂林都御史忠正公之冢孙。次适诸生朱沆孙。男三人：千顷、千子、千牛。孙女四人。先母生于万历己酉四月二十四日，卒于康熙丙辰六月八日，距生春秋六十有八。家大人曾以职方兼御史征例，封安人。以卒后中阴之尽，权厝化安山忠端公禁茔之侧。呜呼痛哉！总计先母一生所历，始以按察公爱女，来作侍御冢妇，高门旦开，钟鸣鼎食，何其盛也。忠端公殉节，家难频仍，外侮迭至，资产既已荡然，暨乎沧桑播徙，毒矢狂涛，飞章构党，无岁无有。兼之两遭回禄，七经迁徙。此时家计益可知矣，而先母上奉婺姑之菽水，下视诸雏之寒暖，外供宾客之卮匜。娶五妇、嫁三女，茹荼吞蓼，左撑右拄，恐恐焉，惟惧堤决澜颓，巢倾卵毁，以支持此衰危之门户，故不恤一身之尽瘁勤劬，凌夜侵晨，诸劳毕殚，而学辈顽蠢无知，只以为膝下之岁月方长，冀得一日之伸，自可少舒于末景。岂知前之日不可留，后之日不及待，而吾母已逝世矣。嗟乎！早知如此有子三人佣保街，卒亦可以养，何至使吾母力敝心枯，羽谯翮铩如此也。卒前之二日，犹自提携水一瓶、火一炉，以供奉家祖母之熏沐。呜呼痛哉！思至此，尚忍言哉。学辈之罪可胜诛哉！肺焦肝干追之不及，悔之无从矣。独是先母之贤孝，早定评于先祖，而所以相家大人又雅知大义，不惟备妇人之德，实且兼丈夫之风，真不愧为忠端公之冢妇、家大人之妃匹者也。今既幸遇先生，使不得先生片辞志其幽石，俾先母一生苦衷，付之冷焰，则学辈之罪，不益深乎？伏望先生鉴其思慕之久、迫切之诚，而哀之、悯之。干渎严威，语无伦次，不胜惶悚之至。

黄宗羲《学箕初稿》卷二，清康熙箭山铁镫轩刻本

答顾宁人书　张尔岐

自章邱得近清光，数闻绪论，兼得读诸作，固已私意先生所学有异世俗，非仅文章之士已也。时亦欲出所缉缀以求削正，不特小巫气尽，而旧稿多为诸同人所点注，未遑更写，姑俟后期。嗣是历聘之迹，自北徂西，所居僻陋，莫得确耗，流传之口，时杂异同，仰向徒殷，积诚莫达。去岁春初，辱承德音，及惠《韵谱》，因急图一晤，而流传者云已为有力者礼致以去。逮五月上旬，乃知其谬，削牍仰酬，而行旌又出矣。五六年来，愿见之切，而相遇之难如此。其所以愿见者，非敢效世俗过从虚仪，亦欲商略道术之同异，决所学之当否耳。

今夏同学艾兄携所赐教函及论学书、干禄字样至，喜慰莫胜，反复流览，乃信昔所私意者之不谬。教言训励谆切，多所奖牖，且示以康成、泰山、徂徕三先生之遗烈，而期之修述，此岂猥陋敢希万一。虽然，自有识来，于六经亦尝稍涉其流矣，见诸儒先之言经者，后先继出，注疏之典核，程朱之深醇，《大全》《蒙引》之语详，而择精似已各极其至，今欲修而述之，未知当于何处著手。学者苟能席其成业，尊所闻而行所知，上者可至于圣贤，下者亦足以效一官，济一隅，名一善而无难。私谓士生今日，欲倡正学于天下，似不必多所著述，正当以笃志力行为先务耳，不识高明以为何如？论学书粹然儒者之言，特拈“博学”“行己”二事以为学鹄，确当不易，真足砭好高无实之病。“行己有耻”一语，更觉切至学之真伪。只以行己为断，行己果有耻也，博学固以考辨得失，即言心言性，亦非宛语；行己未必果有耻也，言心言性固恍惚无据，即博学亦未免玩物丧志之失。此愚见所以于一语中更服此语之有裨世教也。弟老矣，于博学已无及，敢不益励其耻，以终余年乎？

在愚见又有欲质者。性命之理，夫子固未尝轻以示人，其所与门弟子

详言而谆复者，何一非性命之显设散见者欤？苟于博学有耻真实践履，自当因标见本，合散知总，心性天命，将有不待言而庶几一遇者。故性命之理，腾说不可也，未始不可默喻，侈于人不可也，未始不可验诸己；强探力索于一日不可也，未始不可优裕渐渍以俟自悟。如谓于学人分上了无交涉，是将格尽天下之理，而反遗身以内之理也，恐其知有所未至，则行亦有所未尽，将令异学之直指本体，反得夸耀所长，诱吾党以去，此又留心世教者之所当虑也。寡昧之质，乐求师资，不敢苟异，亦不敢苟同，惟幸裁正。

拙作本欲请教，既承近日不作文字，遂亦不敢复以此等相渎。所以然者，欲先生永不破除此戒耳。独《中庸论》一篇，似与《论学书》旨有偶似者，谨录奉览，倘肯一涉笔绳削乎？良晤何期，惟为道自爱为祈。

张尔岐《蒿庵集》卷一，清乾隆三十八年胡德琳刻本

送顾宁人北游序　归庄

余与宁人交二十五年矣，其他同学相与，或二十年，或十余年，盖未尝有经岁之别也。今于宁人之北游也，而不能无感慨焉。宁人故世家，崇祯之末，祖父蠡源先生暨兄孝廉捐馆，一时丧荒，赋徭蝟集，以遗田八百亩典叶公子，券价仅当田之半，仍靳不与。阅二载，宁人请求无虑百次，乃少畀之，至十之六而逢国变。公子者素倚父与伯父之势，凌夺里中，其产逼邻宁人，见顾氏势衰，本蓄意吞之。而宁人自母亡后，绝迹居山中不出，同人不平，代为之请，公子意弗善也。适宁人之仆陆恩得罪于主，公子钩致之，令诬宁人不轨，将兴大狱，以除顾氏。事泄，宁人率亲友掩其仆，执而棰之死。其同谋者惧，告公子，公子挺身出与宁人讼，执宁人囚诸奴家，胁令自裁。同人走叩宪副行提，始出宁人。比刑官以狱上，宁人杀无罪奴，拟城旦。宪副与公子年家，然心知是狱冤，又知郡之官吏上下大小无非公子人者，乃移狱云间，守坐宁人杀有罪奴，拟杖而已。公子忿怒，遣刺客戕宁人。宁人走金陵，刺客及之太平门外，击之，伤首坠驴，会救得免。而叛奴之党受公子指，纠数十人乘间劫宁人家，尽其累世之传以去。

宁人度与公子讼，力不胜，则浩然有远行，而同人之知宁人者，携尊榼

送之。酒半，归子作而言曰："宁人之出也，其将为伍员之奔吴乎？范雎之入秦乎？吾辈所以望宁人者不在此。夫宣尼圣也，犹且遭魋畏匡，文王仁也，不殄厥愠。宁人之学有本而树立有素，使穷年读书山中，天下谁复知宁人者？今且登涉名山大川，历传列国，以广其志而大其声施，焉知今日困厄，非宁人行道于天下之发轫乎？"若曰："怨仇是寻，非贤人之志；别离是念，非良友之情。"于是同人曰："善，请歌以壮其行。"而归子为之序。

归庄《归玄恭遗著》，民国十二年上海中华书局铅印本

与顾宁人　归庄

戊申春夏之交，闻兄以山左荐绅相仇之事连及，时适有海陵之行，无从问得确耗。秋间还，从令甥处知兄遂不免犴狱，私心忧之。未几，而得所寄书及六诗，读之深叹兄之善处忧患。张元节之亡命，虽幸免祸，君子讥之。兄乃自诣狱，不惟举动光明，揆之事理，亦自宜尔。盖两姓交恶，而委罪于兄，兄身出则事白，事白则身全，兄之慷慨就狱，乃精于脱祸者也。但不知出狱之后，复栖迟何所？弟前书中戏诘三窟，后察之，亦不甚确，惟济上一窟是实，而又闻为人所卖。趯趯毚兔，幸脱于罗，将仍依此窟，抑复别寻窟乎？一笑。

六诗已和得奉览，其中"迂怪不悛"及"江南乐土"等语，初非因此事而发，盖别有为。兄前书自言精于音韵之学，著书已成，弟未及见，但友人颇传兄论音韵必宗上古，谓孔子未免有误，此语大骇人听。因此度兄学益博，僻益甚，将不独音韵为然，其他议论，倘或类此，不亦迂怪之甚者乎？郤子语迂，单子知其不免，况又加之以怪乎？此平生故人所以切切忧之，愿兄抑贤智之过，以就中庸也。

向读所寄山陵诗，忠义感激，使人泣下。顾兄之去坟墓十余年矣，初因避仇，势非得已。岁月既久，怨仇已释，且今年仇家已尽室赴任，更无所虑。柳子厚窜南方，惟以不得上邱墓为恨，谓其祖先曾不若马医夏畦之鬼，犹得享岁时之祭。彼以得罪不能归，兄今欲归，其孰御之，独无邱墓之思乎？此又平生故人所悬悬于怀者也。和诗不免局于短篇，未能尽达所怀，故复及之。

令子定已长成，曾再索三索否？弟则屡抱山简之痛，方深伯道之悲也。年来笔耕，仅能糊口，虽不闭户，亦难远游。惟去岁为先太仆遗集事，与季侍御相商，一渡长江耳。诗古文以乏人缮写，不能远寄，刻文一首呈览。立斋太史北上，草此。附候便羽，幸惠德音。

归庄《归玄恭遗著》，民国十二年上海中华书局铅印本

答顾宁人书　毛先舒

辛岁湖干把酒，商略古今，实获闻所未闻。同人咸共，快心豁抱，不独仆如发幪也。至今追味昔游，恨不得大君子时时把袂作欢剧耳。伏览诸新刻及誓约力谢人事，以期不朽。仲舒之于《春秋》，仲任之于《论衡》，执事有焉。仆忧戚之余，荒散笔墨，向若有叹，输攻无缘。奈何！奈何！据列宋平水刘渊《礼部韵略》目，政是唐韵。盖孙愐虽唐人，其韵部考之唐诗，颇有不相符处。如孙韵严凡同用，而刘韵则以严属盐，以凡属咸。今唐人诗中用韵，政与刘符，其余亦率如此。然则谓礼部韵非唐韵，何耶？特唐人用韵并殷于真，而刘氏并殷于文，此为参差耳。向仆已尝辩之，而虎臣亦著有说。今匆匆，未及录寄。何时复面，尽悉委曲。大著如悬国门，乞先邮示，使鄙人得快睹武库。幸甚。率报不宣。

毛先舒《巽书》卷五，清康熙刻思古堂十四种书本

复施愚山侍讲　王弘撰

李子德归，接华札，并读扇头佳咏，如亲承意旨，所谓辞寄清婉，有逾平日，但奖借过情，非所敢任耳。欲作一和篇，思遏手蒙，遂复中辍。家茂衍至，再捧手教，草茅衰病，何足比数，而先生笃念不忘乃尔邪？自分一丘一壑，可毕余生，而今每为徭赋所追，不免拮据，唯是与顾亭林先生共数晨夕，得日闻所未闻，差足自娱。而亭林明道正谊，弟实奉若神明蓍蔡，不第服膺其问学之精博已也。承念及，即为转致，今有复书附上。弟孤陋寡闻，略知史事。先生指南之论，亦善谑矣。关西民力已竭，运饷千里之外，兼以

蜀道之险，米一石遂费至十二金。今年犹可撦柱，明年若不更计，则其患有不可言者。不审庙堂之上，何以筹之邪？

王弘撰《砥斋集》卷八下，清康熙十四年刻本

复汤荆岘侍讲　王弘撰

羁迹都门，无一好怀，惟得式瞻仪型，慰夙昔企思之私，为一快耳。史事千秋大业，今朝廷所简皆名士户儒，而学行瀼醇如先生数公者，尤不易觏，真可为得人，庆矣！先生初志虽不及此，然既在其位，此义亦何可负也。弘撰以不才，又衰病侵寻，西归以来，益复惫甚，唯是与顾亭林先生朝夕同处，以古道相砥，优游山水之间，差足娱耳。中孚去频阳而还故里，高节逾厉。子德奉事母唯谨，深居简出，绝无轩冕态。昨枉顾山堂，从者一老仆而已，致足嘉也。

王弘撰《砥斋集》卷八下，清康熙十四年刻本

寄颜修来吏部　王弘撰

曩在都门，承执事远念，兼示佳稿，而实未至弟处，遂不获讽诵，亦无从効他山之石，非敢自外也。弟西归以来，益厌人事，且衰病日增，唯闭门却埽，幸得亭林先生朝夕晤对，亲近经师，或可收桑榆之效，此外俱等之浮云流水耳。执事有为之学，大用之才，苍生属望方殷，然时至今日难言矣。进退之际，必思之烂熟，所恨远离，不得一闻高论耳。

王弘撰《砥斋集》卷八下，清康熙十四年刻本

答顾宁人先生书　汪琬

与天生相见语次，知长者比来动履清吉，著述益多，殊慰印止。继又得手教，所以奖励鄙拙过实，万不敢当。礼教废坏久矣，傥蒙先生斟酌今古，原本礼经，而又上不倍国家之制，下不失风俗之宜，用以扶翼人伦，开示后

学，甚善！甚善！

别纸所论康王之诰，辨冕服为逾年即位之礼，依据最明，援引最悉。愚尝证诸《春秋》昭十年七月，晋侯彪卒，九月，叔孙如晋，葬平公，诸侯之大夫欲因见新君，叔向辞之曰“孤斩焉，衰绖之中，其以嘉服见，则丧礼未毕；其以丧服见，是重受吊也”云云。盖故君未逾年，则新君不敢即位，故其辞委婉如此也。是时晋伯已衰，三月而葬，既不免失之太渴，而君臣犹能恪守此礼，以拒列国诸大夫，不可谓非叔向力也。至若康王盛时，方欲以礼教治天下，岂有居丧之初，顾肯躬蹈非礼，如所服冕服，如所称予一人者乎？则是太保之见，反出叔向下也，窃不胜惑之。今读先生此辨，亦可以息后儒之喙矣。惜不能起苏公九泉，与相往复耳。叹服！叹服！

琬山居读书九年，差觉自惬，此番进退狼狈，当不免有识掩口，不审先生何以诲之？时节严寒，伏惟为道自爱。不宣。

汪琬《钝翁续稿》卷十二，清康熙刻本

答顾宁人书　王律

久不得音问，忽领翰教，如亲謦咳，喜跃之极，不觉凄然。先生明年七十，弟今五十六矣。会面何时，尚不可知，回忆旧游，真同梦寐，不待秉烛相对也。承谕《音学五书》，以续《三百篇》以来久绝之传。别示有与李天生一书，意者其即斯旨乎？《日知录》未定稿，旧曾见过，经术、治道、博文，皆本之诸家疏论，及史中钩纠隐缪，而参以独得之见，见诸行事，信为可征，非舞迓鼓者所能梦见也。至谓拙集历数今昔，恐先生异日诗文之不传，而教以明道救世，弟固已奉先生旧日之教，诗文只字不挂时选矣，岂反欲先生以诗文见。萍庵诗序未及此者，以先生之人既非世所易知，诗文所见皆所不必存，恐世之玄晏，自以为知先生，而即以此称其人，吠声群噪，徒使故人痛心抱恨。暨乎百年论定，吾两人久已朽化，先生非愿没世无称者，故人于此，宁不感而长恸哉？学问必至性命方有归宿。既建朱子祠堂，定举讲席，主之者谁？闻关中有李先生中孚，讲朱子之学，是其人乎？弟旧有答高汇旃先生中唐三十问，愿为正之，可以征弟所诣。游于羿之彀中，以救世为言，卒至大负初心，身亲并辱，不为有识者所齿，则弟所不敢出也。

先生已七十，欲省太夫人墓及建祠，即当举行，勿更缓，倘再少需，恐事有不可知。苟得相见于两峰之间，追论昔年所志，不独快吐别来胸臆，当尽发先生之覆、山川障塞所记，并旧欲授弟十二卷之诗，一一从先生指讲，然后受而藏之，即不得亲见于身，异日转付两家解事子弟，以遗后世，亦吾党不幸中之幸，不识果如愿否耳。

因客娄东，家子如久不通问，伊人在乡，近未晤。家母今年八十三矣，仲秋病甚危，幸已平复。适自敝里出，兼接瑶函，恐岁首还里，别无鸿便。此候，遂以奉闻，想先生亦为弟喜也。伏惟加餐，不胜私祝。

王律《鸿逸堂稿》卷四，清初吕士鵔、吕士鹤刻本

答顾宁人先生三篇　李颙

来书云：承教，谓“体用”二字出于佛书，似不然。《易》曰：“阴阳合德，而刚柔有体。”又曰：“显诸仁，藏诸用。”此天地之体用也。《记》曰：“礼时为大，顺次之，体次之。”又曰：“降兴上下之神，而凝是精粗之体。”又曰：“无体之礼，上下和同。”有子曰：“礼之用，和为贵。”此人事之体用也。经传之文，言体言用者多矣，未有对举为言者尔。若佛书如《四十二章经》《金光明经》，西域元来之书，亦何尝有“体用”二字？晋、宋以下演之为论，始有此字，彼之窃我，非我之藉彼也，岂得援儒而入于墨乎？如以为考证未确，希再示之。

顷偶话及“体用”二字，正以见异说入人之深。虽以吾儒贤者，亦习见习闻，间亦借以立论解书。如体用一源，“费隐”训注，一唱百和，浸假成习，非援儒而入墨也。《系辞》暨《礼记》“礼者，体也”等语，言体言用者固多，然皆就事言事，拈体或不及用，语用则遗夫体，初未尝兼举并称，如内外、本末、形影之不相离。有之，实自佛书始。西来佛书，岂止《四十二章经》《金光明经》未尝有此二字，即《楞严》《楞伽》《圆觉》《金刚》《法华》《般若》《孔雀》《华严》《涅槃》《遗教》《维摩诘》诸经，亦何尝有此二字。然西来佛书虽无此二字，而中国佛书，卢惠能实始标此二字。

惠能，禅林之所谓六祖也，其解《金刚经》，以为“金者性之体，刚者性之用”；又见于所说《法宝坛经》，敷衍阐扬，谆恳详备。既而临济、曹洞、法眼、云门、沩仰诸宗，咸祖其说，流播既广，士君子亦往往引作谈柄，久之遂成定本。学者喜谈乐道，不复察其渊源所自矣。然天地间道理，有前圣之所未言而后贤始言之者，吾儒之所未言而异学偶言之者，但取其益身心、便修证斯已耳。正如肃慎之矢，氐、羌之鸾，卜人之丹砂，权扶之玉目，中国之人世宝之，亦何尝以其出于异域，举而弃之，讳而辩之也。来教谓如考证未确，不妨再订，窃以为确矣。今无论出于佛书儒书，但论其何体何用，如“明道存心以为体，经世宰物以为用”，则体为真体，用为实用，此二字出于儒书固可，即出于佛书亦无不可。苟内不足以明道存心，外不足以经世宰物，则体为虚体，用为无用，此二字出于佛书固不可，出于儒书亦岂可乎？鄙见若斯，然欤？否欤？

又

来书云：来示一通，读之深为佩服。“体用”二字，既经传之所有，用之何害？其他如“活泼泼地”“鞭辟近里”之类，则语不雅驯，后学必不可用。而《中庸章句》“体用”之云，则已见于《喜怒哀乐》一节，非始于《费隐章》也。至若所谓“内典”二字，不知何出，始见于《宋史·李沆传》，疑唐末五代始有此语，岂可出于学士大夫之口？推其立言之旨，盖将内释而外吾儒，犹告子之外义也，犹东汉之人以七纬为内学，以六经为外学也。《庄子》之书有所谓外物、外生、外天下者，即来教所谓“驰心虚寂”也，而君子合内外之道者，固将以彼为内乎？

“体用”二字相连并称，不但六经之所未有，即《十三经注疏》亦未有也。以之解经作传，始于朱子，一见于《未发》节，再见于《费隐》暨《一贯忠恕》章。其《文集》《语类》二编所载，尤不一而足。“活泼泼地”乃纯公偶举禅语形容道体，“鞭辟近里”亦借以导人敛华就实，似无甚害。若以语不雅驯，则“活泼泼地”可讳，而“鞭辟近里”一言，实吾人顶门针、对症药，此则必不可讳，不惟不可讳，且宜揭之座右，出入观省，书之于绅，触目警心。“内典”二字出于萧梁之世，是时武帝崇佛，一时士大夫从风而靡，以儒书为“外尽人事”，佛书则“内了心性”，“内典”之目，遂昉于此。历隋、唐、宋、元以至于明，凡言及佛书，多以是呼之，视汉人以《元命苞》《援神契》等七纬为内，尤不啻内之内矣。然亦彼自内其内，非吾儒之所谓内也。彼之所谓内，可内而不可外；吾儒之所谓内，内焉而圣，外焉而王，纲常藉以维持，乾坤恃以不毁，又岂可同年而语？故“内典”之呼，出于士君子之口，诚非所宜，当以为戒。《庄子》“外物”“外生”“外天地”，良亦忘形脱累之谓，似非虚寂之谓也。《老子》言“致虚极，守静笃”，《庄子·齐物论》成心有见而不虚之谓，未成心则真性虚圆，天地同量，此后世谈虚之始。然与佛氏之虚寂，又自不同。盖老、庄之虚，是虚其心，而犹未虚其理；佛氏之虚寂，则虚其心而并欲虚其理。舍其昭昭而返其冥冥，虽则寂然不动，而究不足以开物成务，以通天下之故。此佛氏所以败常乱伦，而有心世道者，不得不为之辨正也。

又

来书云：生平不读佛书，如《金刚经解》之类，未曾见也。然“体用”二字并举而言，不始于此。魏伯阳《参同契》首章云：“春夏据内体，秋冬当外用。”伯阳，东汉人也，在惠能之前，是则并举体用，始于伯阳，而惠能用之，朱子亦用之耳。朱子少时尝注《参同契》，而刚柔为表里，亦见于《参同契》之首章，惟“精粗”字出《乐记》。此虽非要义，然不可以朱子为用惠能之书也。至于明道存心、经世宰物之论，及表章《崇正辨》《困知记》二书，吾无间然。

不读佛书固善，然吾人只为一己之进修，则六经、四子及濂、洛、关、闽遗编，尽足受用；若欲研学术同异，折衷二氏似是之非，以一道德而砥狂澜，释典、玄藏亦不可不一寓目。辟如鞫盗者，苟不得其赃之所在，何以定罪？《参同契》，道家修仙之书也，禅家之所不肯阅，兼惠能生平绝不识字，亦不能阅，其所从入不繇语言文字，解经演法，直抒胸臆，而谓用之《参同》，窃所未安。朱子弱冠未受学延平时，尝从僧开谦之游，以故蚤闻其说。《参同》之注，乃训定《四书》多年之后，六十八岁党禁正炽之际。蔡西山起解道州，朱子率及门百余人饯于萧寺，濒别犹以《参同》疑义相质，事在庆元二年冬，非少时注也。况伯阳本纳甲作《参同》，所云“二用无爻位，周流游六虚”，及“春夏秋冬，内体外用”之言，皆修炼工夫次第，非若惠能之专明心性、朱子之专为全体大用而发也。然此本无大关，辩乎其所不必辩，假令辩尽古今疑误字句，究与自己身心有何干涉？程子有言：“学也者，使人求于本也，不求于本而求于末，非圣人之学也。”何谓求于末？考详略、采异同是也。而《淮南子》亦谓“精神越于外，而事复反之”，是失之于本而索之于末，蔽其玄光而求知于耳目也。区区年逾知命，所急实不在此，因长者赐教，谊不容默。悚甚！愧甚！

李颙《二曲集》卷十六《书一》，清康熙三十三年高尔公刻后印本

答顾宁人书　汤斌

前岁山史自关中见访，询及交游名贤，即曰吴郡顾先生品高学博，国家典制、郡邑掌故、天文历象、河漕兵农之属，无不洞悉原委，坐而言，起而可见诸行事，真当今第一有用儒者也。复晤甫草、元礼，往往言与山史同。某私心向往，冀或旦暮遇之。屏居邱园，过从稀简，又足迹久不及四方，度无从奉教左右。一旦承先生手翰远及，若以某为可与言者，感愧何如！吾道之衰久矣，得大力阐明，岂非斯人之幸？

承谕近日言学者溺于空虚无当，最中今日流弊。窃谓孔门七十子，称颜子最为好学，孔子所与终日言而不违者，今《论语》所载，不过问仁、问为邦两章而已，言仁以视听言动合礼为目，为邦以虞、夏、商、周制度为准，喟然一叹，亦以博文约礼为夫子之善诱，则圣贤之学，非空虚无当也明矣。至曰“一贯”，曰“无言”，总见圣学“全体大用”“内外合一”“动静无非道妙”，亦非虚空之说所可假借。阳明“良知”，实从万死一生得此把柄，当时确有实用，今人不求所以致之之方，而虚作一番光景玩弄，故流弊无穷。某妄谓今日无真紫阳，亦未必有真阳明也。

大刻精确，有裨世道，敬服，敬服！惜不能得《日知录》尽读之，何时面聆台教，闻所未闻乎？

汤斌《汤子遗书》卷五《答顾宁人书》，清同治九年汤氏祠堂重刻本

与顾亭林书　王锡阐

次耕南来，致手教及见怀之作，并道起居平安，甚慰。闻将下筑西河，施讲席、勒石经，彼都人士何修得此。然不知与一二知己弦诵其中耶？行且踞高座，集生徒，明吾道邪，教思无穷，俭德避难，宜何处而两全？石经当署岁月否？先生为千古垂训，亮不草草，幸以教我。自白沙、姚江倡学以来，糟粕六籍，刍狗圣贤，贻祸已极。而其曾玄支裔日增月盛，南宗北派面目虽殊，其实隐相祖述，以隐惑人心，不至学士大夫尽为魑魅罔两，其势不止。仆素怀拯溺救焚之志，而僻处索居，自数人而外，无可与语。以先生之才识，为北方所宗信，必能障洪流而驱猛兽。韩氏谓“孟子功不在禹下”，仆日于先生望之。次耕乃为饥驱，势不能挽，相见之日，望道之早归，以慰其高堂之心。《日知录》高深广博。《钱粮论》精切详明，有关学术民瘼甚巨。钦服！钦服！别十余寒暑，隔绝数千里。遭变故，历夷险，不得相候问，耿耿私怀，非径尺赫蹄可尽，唯次耕能口述也。

王锡阐《晓庵先生文集》卷二，清光绪九年重刊本

与顾宁人书　朱彝尊

太原客馆，两辱赐书，赠以长律二百言，久未得报。去夏过代州，遇翁山、天生，道足下盛称仆古文辞，谓出朝宗、于一之上。仆之于文，譬犹秋蝉候蛩，仅能远去秽滓，以自鸣其风露焉尔。夫人所尚不同，则文亦异焉，足下谓仆之文异乎二子可也，而岂遂过之与？亟欲就见足下，自讼其短。

既至京师，而足下已去。见所撰《诗本音》，谓《三百篇》无叶韵，自仆思之，圣人复起，岂有易于足下之所云乎？继见足下与武子书，论“苓”字音义之讹，证以《简兮》《采苓》之诗，且广引《定之方中》《卢令》《车辚》诸篇，凡零、令等字，悉当读若邻，足下之用心，可谓勤矣。然仆窃有疑焉。《采苓》之诗曰：“采苓采苓，首阳之颠。”释者谓苓，蘦也，今甘草是也。而枚乘曰“蔓草芳苓”，李善注《文选》，以为苓古莲字。仆因是悟

向者笺释之误，盖苓之为莲，犹夫茄之为荷尔。莲，水花也，而采于山巅，五沃之土产莲，而首阳至瘠之地，正以喻人言之不足信也。而郑氏以为首阳山之上信有苓矣，岂不谬哉？扬雄之颂赵充国也，曰“明灵维宣，戎有先灵”，而《汉书》金城有令居郡，则零、令等字，古之人类读若怜，而非邻矣。夫邻之与怜，其音虽通，然亦不可不辨。闻足下将携是书刻之淮上，故以是闻于左右。仆之言本无足采，足下试因其言而详绎焉，亦未必无小补也。

朱彝尊《曝书亭集》卷三十一，清康熙五十三年刻本

寄顾宁人先生书　陈僖

壬子在都门，承先生枉顾，次日报谒不值，又二日上一书订晤，而先生行矣。既而读先生《日知录》，又拟寄一书，卒忽忽不果。此番羁都下，每同青主、山史两先生盘桓，复深悉先生所学所立。嗟乎，天地如故，圣贤未死，赖有先生一辈人，而仆竟未得一识山斗，半生来真虚度此岁月，是何异禽鸟兽属之食息于世上也哉？可叹亦可怜也。

侧闻先生论交甚严，有议其太峻者，愚窃以为不然。天下只有出处两路，出者行道，处者守道。行者可以与世浮沉，夫既曰守，非有坚定之力不可者，故峻其门墙，坚其籓篱，孟子之所谓不得已也。然而有说焉。两路中无所关系之人毋论，若皆出于一本而分其途，则皆读书而好名者也。如交游徒以其迹，则处只宜与处言守，而出不与焉，安知处者不有所以妙于行、出者不有所以贞于守也？安知簑笠之热心，不逊于风尘之冷眼也？安知西山之薇蕨，不变而为终南之荟蔚？又安知釜鱼幕燕，非即鸿冥豹隐也？人不易知，知人亦不易。孔子曰“察其所安”，正谓此耳。先生龙凤其德，土木其形，天下有心人闻其名，仰若日星，得其言，荣于华衮，思一坐春风为幸者，实繁有徒。望先生宽以收之，慎以察之。先生倘纳刍荛之言，而慎之又慎，察而又察，不惟嘉与斯人之意，不患不弘，即门墙过峻，籓篱过坚，千百世后，亦无执简议之者矣。便羽布候，伏惟垂照焉。

陈僖《燕山草堂集》卷一，清康熙刻本

与舅氏亭林先生论姓氏书　徐乾学

古之人有姓而又有氏，姓以统其同，氏以别其异。男子称氏，女子称姓。男子有事于其国者也，称于国人，见于策书者，不一书而足也，不详其氏，无以别其人。女子则称于国人，见于策书者罕矣，从同焉，无害也。若今日之男子称名，而女子但称其姓，固亦犹行古之道也。

《左氏》所载三桓、七穆之系，其粲然可考者矣。至战国而世卿之族尽亡，所用者皆游说之士，而谱牒亦稍稍废。至秦而后遂不复讲，于是以姓氏混而为一，而姓之多遂至于累千万，而氏族之法一变。于是有因事而改，若陶之朱公；有避仇而改，若秦之张禄；赐姓而改，若汉之刘敬；冒人姓，若汉之卫青；省二字伪一字，若王孙、夏侯之类，各省而用其一，于是并其得姓之本失之，而姓亦不可辨矣。然六朝至唐，犹重谱牒，南推王、谢，北右崔、卢。唐时氏族之书，胪列甚具，上推其先，往往累二三十世可考，然已有傅会之误，如洪容斋之论沈隐侯者。至五代干戈之后，朝无世臣，家鲜完谱。金、元以后，姓氏之学亡矣。古来言氏族者，莫如郑夹漈，其所撰列，盖亦颇得其源流，然亦有未合者，拘于例而不能阙其疑也。且如窦氏，乌知其不为地也，而必曰后缗逃出自窦，然则赵武可氏之曰“袴”乎？闻人氏乌知其不为人字也，而必曰“少正卯，鲁之闻人”，然则子产之后氏曰“惠人”，乐正子之后氏曰“善人”，曰“信人”，可乎？《左氏》以官为氏，则宋有左师，楚有左尹、左史、左徒，秦有左庶长，乌知其为谁也？而必曰楚左史倚相之后，又以作《春秋传》之左丘明系之。古人以王父字为氏，不闻以王父名也。楚鬻拳名拳，乌知卫之人不有字拳者，而曰卫大夫拳弥即楚鬻拳之后？郑穆公名兰，乌知他国之人不有字兰，若楚之子兰者，而曰郑穆公之支庶而用其王父之名？如此之类，比比皆是，并穿凿傅会，承前人之误而未之厘革者也。

今欲勒成一书，传之于后，当有次第。鄙见先考定黄帝至殷、周见于经传者，录出为一则。次及春秋时人，当用《左传》《国语》为一则。次六国、秦时人，用《史记》《战国策》为一则。自汉以下仿此。其不见正史，而见他书者，各附其则之末。其并时代不得，或并其名不得，而但见于《急就章》等书者，别为一则，以附其后。务令不漏不紊，既毕而后考其源流，略为辨论，使姓从其人，人从其代，人著其始见之人，代著其始见之代，信以传信，疑以传疑，其亦可矣。如所云“逃出自窦”等语，虽甚不通，而韩碑已用之，亦须载其说于下，以俟驳正。凡引书俱备录其书，如《世本》《风俗通》之类；凡引注俱备录其人，如“臣瓒曰”“师古曰”之类。此种工夫，极为详密，非先生不能为。聊陈瞽议，以助百一，并望有以教我。

徐乾学《憺园文集》卷三十四，清康熙刻冠山堂本

题舅氏亭林先生钱粮论后　徐乾学

舅氏亭林先生，学博而识精，于天文、河渠、礼乐、兵农、钱谷之故，上下古今，洞悉原委。数往来畿辅、齐、鲁、秦、晋间，盱衡时事。间有所作《钱粮论》二篇，至为痛切，仲长统《昌言》、崔实《政论》之俦匹也。国家嘉惠元元，靡所不至，而强寓之内，未能家给人足，大司农亦以财用乏绌为忧。揆厥所由，非理财制用之道，有当变通者与？自《管子》有“金生粟死”之论，而历代以来钱谷之值，亦互为低昂。汉章帝时谷贵，县官给用不足，尚书张林上言谷所以贵，由钱贱故也，可一取布帛为租。杜氏《通典》载唐度支岁计之数，“粟则二千五百余万石，布绢绵则二千七百余万端屯匹，钱则二百余万贯”，未尝有银，唯岭南诸郡土贡乃有银，多至百两，少者二十两尔。而宪宗诏曰：“天下有银之山必有铜，铜者有资于鼓铸，银者无益于生人。自今五岭以北，采银一两者流，他州官吏治罪。”方回《古今考》言宋时之田，“所在科敷不同，有夏税绢，有绵，有秋苗米，有折帛钱，有义仓米，有绢米，有免役钱，有盐钱”，亦未有银也。南唐宋齐丘尝云：“督民见钱与金银，求国富庶，所谓拥彗救火，挠水求清。”而宋景德中知袁州何蒙上言本州赋税，请以金折纳。上曰：“若是则尽废农耕矣。”不许。盖昔人之论如此，不知银之为用，何以偏重于今日如此之甚也。

自愚论之，本色之米，今日亦不异于前代，惟布绢则非天下之通产，欲如唐宋之代，无地不织，无户不绢，非以二三十年之功，教之蚕织，其势有

所不能。而钱法之弊起于广铸，自明末至今，五十年来，炉座日繁，鼓扇未歇，日进之利归之炉头局官，而钱品愈杂，历代传流之货，悉皆销毁。今虽停止外铸，悉并京师二局，而开采既绝，人间无所得铜，榷关之官遂以买铜为苦。某昨岁对策，谓须得公忠强干之臣，权万物之有无，计百姓之赢绌，而为之变通，盖实本于先生之论。呜呼！今日司国计者，不可不三复斯篇也。

徐乾学《憺园文集》卷三十六，清康熙刻冠山堂本

与顾宁人　李绳远

寤寐景行，垂二十载，长安客邸得觐清辉，慰快何可言。然住都门，越旬而叩斋奉诲者，不过两时而已。尘劳之逼人，可矜也。既以首夏之望达济郡。凡先生将有事于德章州邑者，业与郡公历言之，且捧大司成良书志不忘矣。惟是某至济后，接有舍间来信，须暂还故里。遂与岭表管鹾者同行，日间又拟策蹇，逾淮涉江，曩日临岐之言，某皆已婉致，何时惠然此间，未有不为声应者也。适从鸿便遥布，惟先生垂鉴。

李绳远《寻壑外言》卷五，清康熙三十六年刻本

与顾宁人　李良年

客春黔阳，一缄奉候，想入记室，自后驱车关塞，不觉逾年，朔气愁人。每忆江乡景物，恨不能奋飞，与先生共话莺黄柳碧间也。迩来道体何似？肺病想不复作，甚念之。弟新正入都，为诸公所留，遂下司勋之榻。屈指邗江系缆，又在来春，为耿耿耳。所携台札一一致到，阮亭匆匆属笔。前贻锡鬯物面致久矣，今馆于东抚君，甚善也。好风南来时，赐远音，以慰翘切。

李良年《秋锦上房外集》卷二，清康熙三十五年刻乾隆二十四年续刻本

与刘超宗书　阎若璩

蔡传：徐之川莫大于淮，徐之浸莫大于沂。愚谓淮海惟扬州，扬州之域北至淮，不过言其疆界所至，淮不曾泛滥为患扬州，但在徐耳，故徐曰“其乂”。此最易了了，先生得无过求之耶？宁人著有字书五种，托力臣缮写授梓，力臣曾寄一样本来，果博且精，不可及也。尝私愿此地缙绅有如马宛斯其人者，文学中有如傅青主、顾宁人其人者，使后生小子感奋兴起，绍明古学，直追金华、嘉定诸先生之遗风，岂不盛哉，岂不快哉！

阎若璩《潜邱札记》卷六，清文渊阁四库全书本

与戴唐器书　方球

承询大加讨论：读当《广韵》，以其备也；作诗须《韵会》，以上平十五、下平十五、上声三十、去声三十、入声十七，适得古今之宜。若《广韵》上平十六、下平十六、上声三十一、去声三十三、入声十九，今作诗者遵用之乎？即宋《礼部韵略》上下平、上、入三声同《韵会》，而去声三十一，今作诗者遵用之乎？惟今俗本韵书，上声二十九，漏去二十五拯，则不可从耳。复读顾氏《音学五书》，心花怒生，背汗浃出，前辈所谓譬如美人经时再见，转觉眄睐有异耳。不知新城王侍郎，何以痛扫，几无一足取正，恐能诗未必通韵学也。又考《正韵》凡例云：平水刘氏上平十五韵、下平十五韵、上声三十韵、去声三十韵、入声十七韵，共一百七韵。黄氏《韵会》本之，只查《韵会》看便已。

阎若璩《潜邱札记》卷六，清文渊阁四库全书本

顾亭林先生六十寿序　潘耒

贤人君子之生于世，其亨屯穷达之数，类不能必之于天，而独有人焉。屯而不困，穷而不厄，若为天之所留以有待者，此其人于世何如也？在

《剥》之上九，其象为“硕果不食”，而《复》之彖曰：“复，其见天地之心乎？”《剥》之上九，非《复》之初九也，然非此剥而不尽之一阳，即无以为复生一阳之根柢。是故华落而实存，冬之实，春之华也；薪尽而火传，暮之火，晨之薪也。汉自党人议起，海内名德，网罗略尽，而郑康成独全于禁锢之余，黄巾不入其里，徒众数千人，昭烈修弟子礼，所注经籍，百代宗之。隋承南北之季，纲纪文章荡然，文中子挺生其时，慨然有弘济苍生之志，献策不用，家居著书，咏歌先王遗风，河、汾之间，才俊如云，卒赞贞观太平之治。是二人者，皆不显于当年，而或传诸书，或传诸人，以昌其业于奕世之后，可不谓天乎？盖阴阳之数，剥不极则不复，而剥既尽，则疑于无阳，是故剥、复之际，消长绝续之间，天心所由见也。其在《序卦》也，不受剥以坤而受剥以复；其在人也，当天地闭塞之时，而有特立不惧、遁世无闷之君子。霰雪集而不凋者，松柏之所以待春也；风雨晦而不熄者，膏火之所以待晨也，是可以答天心矣。

吾师亭林先生，负名世之资，学贯天人，而遭罹厄，会崎岖戎马之间，颠沛岸狱之下，濒危者数矣，卒自全。客游二十岁，穷边绝塞，靡险不经，而筋力不怠，今六十矣，精明强固，无减壮年。是先生之得于天者独厚，故天特重困之，而又曲全之，使不踬不颠，为剥而不尽之阳，以待七日之来复也。天心可见而不可测，莘野之耕，渭滨之钓，此天之不可必者也。著书立言，教育英材，此天之可必者也。先生亦操其可必者待之而已，吾侪又何疑焉？

先生之学邃于经术，而又洞达当世之故，其言核而通，大而有体。要所著书，上自经籍、图史、方舆、音律，下至名物、器数，元元本本，至精至悉，有功后学，不在康成下，而浩博闳深，有过于今日所传《文中子》之书。特年来栖栖旷野，充箱盈簏，多未成之书，又遭乱漂迫，迄无定居，四方来学者辄谢去，故其书未大显，从游不如昔人之多。盖康成隐不其之山而遍注六经，文中子归老河汾而门人日进。先生辙迹几遍天下，自兹以往，且卜筑山巅水湄，买田而隐，辑其见闻以成未完之书，亦将无辞以谢来学之士。耒虽驽下，海内英贤，岂无王基、崔琰、魏徵、房玄龄其人者，出而光大先生之业？是耒之幸也夫，是天下之幸也夫！

潘耒《遂初堂文集》卷十，清康熙刻本

书顾宁人先生传后　刘绍攽

余既为先生传，已见家刺史乃大云甲申之难，先生欲以身殉，太夫人止之，曰：尔父早世，无他子，吾称未亡人者数十年，抚尔为宗祐计，敢以节炫乡里哉？顾蒙国恩，特表其间，义当从庄烈帝于地下，尔幼而孤，可无死。先生勉受教，太夫人自缢先祠旁。先生姊妻三，徐父乃乱时掠去，非结褵者。康熙十七年，开大科，先生自都返，与朱竹垞遇河上，劝勿行。竹垞不可，先生遽登车去。刺史家淮安，其父，常从先生游，故云。郑石幢曰：此韩子所谓发潜德之幽光也。若其古朴苍坚，视书张中丞传后，尤为上之。

刘绍攽《九畹古文》卷九，清乾隆八年传经堂刻本

正学论五　程晋芳

有儒者，有学人。儒者读书不过多，而皆得其精，以内治其心，外治其事。学人旁搜博览，靡所不通，而以经史为归，期适用而已。儒者、学人合而为一则为大儒，世不多觏也。国朝以来，有三儒焉，曰汤文正斌、陆清献陇其、杨文定名时。清献之立朝治人，可以无憾矣，所微惜者，攻陆、王太过，犹堕道学习气也。若潜庵、宾实，则昭昭乎与日月并行，玉粹金坚，吾无间然矣。而或者犹恨二公著述不多，无以辅翼经传。夫颜渊、仲弓之贤，固尝有著述耶？必经传辅翼而后称贤，则匡衡、马融为贤于龚舍、王烈耶？

三大儒之外，有三学人焉，曰处士顾亭林炎武、黄黎洲宗羲、大学士李安溪光地。安溪之学为最醇，仕太平之时，事仁圣之主，其所施行皆有用无弊，而人不以大儒归之者，以其心术之微，多作用也。亭林、黎洲博极群书，其于古今治乱兴废得失之数，皆融贯于胸中，因笔之于书，以为世世法。然亭林生于明末，目击宽弛之弊，思以严厉矫之，说近申、韩，几不自觉，使其术行，必有硗确不安处。幸而不试，故人宝其言。而要之不可尽废，在审所用之而已。黎洲于出处进退大端，言之可谓确矣，而其主意，以

为不封建、不井田则世不可以治，此则迂生习见，不宜出于学人之口。乌有经天纬地之才，而不能达权通变者乎？

前乎三人者，有程云庄焉，金正希、蔡维立之师也，当时如念台、石斋辈皆尊服之，谓是三代以下第一人。鼎革之后逃于禅，今其书具在。其高明广大之识，信乎为旷世材，而举拂清言，诋谋二氏，究适依其门户宗事儒者，亦已戾其大端。贤哲不世出，间一见焉，而其归也，不必由川以达海，岂不重可惜乎？今之学者，不必求为过高之行，亦无烦多读未见之书，惟是行己有耻，自盟幽独之中，孝弟慈惠以自将，希贤希圣，不躐等以进，则亦庶乎其可矣。

程晋芳《勉行堂文集》卷一，清嘉庆二十五年刻本

读日知录　程晋芳

乾隆癸酉，余应京兆试归，舟中读顾氏《日知录》，尽六卷而达淮安。自是家事劳攘，不暇论定。越二十年壬辰夏，养疴京邸，始厘订之，凡六阅月而卒业，甚矣！读书之难也！由明以上，迄于秦、汉，儒家者流，学博而精，所见者大，坐而言可起而行者，殆无几人。惟亭林及黄子梨洲，于书无所不通，而又能得古圣贤之用心，于修己治人之术，独探其要，其所论述，实有可见诸行事者。然不患其书不传，患在后之人以为言言可信，将悉举而行之，更易成宪，日趋于综核烦琐而不觉，是又不可不辨也。亭林欲以米绢易银、行均田、改选法之数者，有必不能行，有行之而必不能无弊；其可行者，惟学校贡举耳。虽然，岂易言哉。不徐徐有以易之，鲜有不溃败决裂者。梨洲则必欲复封建井田，此则童孺皆知其不可矣。真儒不世出，而同时并生，言可为后世法，犹或错杂纰缪若是，后之人其何赖焉？古之名臣，如萧、曹、丙、魏、房、杜、韩、范辈，其读书正不必若后儒之多且精，而知天下之不可妄动也，则相与优游宁谧之，以无事为治，而天下卒无不治。譬之人身，劳勚倦瘝之余，闭关习静，屏退私欲，使从容舒展，而百病可除。苟无以养之，虽日服补益之剂，而劳勚不休，则病犹未减也，况施之攻伐之剂哉？王荆公、方正学皆以信古太深，自是太过，悮人家国，此吾辈所宜

慎也。至其所论正人心、厚风俗、省刑薄、敛练武、修文则，自唐、虞、三代以还，万世由之而无弊者也。太原阎伯诗有《补正日知录》一卷，所见者犹小。余故论定之，毋使不善读书者，以两先生为口实焉。

程晋芳《勉行堂文集》卷四，清嘉庆二十五年刻本

郡县议议　焦循

顾亭林致书黄梨洲云："炎武中年以前，不过从诸文士之后，积以岁月，穷探古今，于圣贤六经之旨、国家治乱之原、生民根本之计，渐有所窥。"其自任如此，于是尊之者以为亭林非文章之士而王佐之才也。余则惑焉。余家塾有其所著《日知录》，少时阅之，其摘录古书，足以备掌故考核，固犹是文章之习焉尔。今偶于浙人所选文集中，见其所为《郡县议》九篇，自诩之词曰："后之君苟欲厚民生，强国势，则必用吾言。"细揆之，其谬戾不可胜言。幸而亭林以文士老死，万一有用于世，而得行其说，其害有甚于王安石之行新法。新法之弊已著，无不随声以詈，而亭林之说，则惜其不仕于世，以大展其学。吾为亭林幸，又为尊亭林者太息焉。

古之所以行封建者，一以酬功臣，一以存故国，天下安之也。且建一国，则其属有卿，有大夫，有士，而学校之立、司马之升不废也。使突于黎庶中，指一人以与之国而世之，三代以来，未闻有是也。今天下之县数千，而举数千人使世为令，田赋悉归之，此数千人者，果皆足以辟土地、治田野、蕃树木、修沟洫、固城郭、实仓廪、兴学校、屏贼盗乎？果皆能使人民乐业乎？亭林之言曰："使天下之为县令者，不得迁，又不得归，其身与县终，子孙世世处之。不职者流，贪以败官者杀。"不诚小儿语邪？夫才难，孔子所叹也，中人以下，全视乎驱使省察以为贤否。天下之势，以三十年言之，大约生才不过数十人耳。今以县令数千余人，而人人期其才，安得数千百龚、黄以应之也？缘不知其才而试之三年，而后即真，吾恐纷纷然试之不已，而所谓厚民生、强国势者，无日而定。无已，又设太守三年一代，御史一年一代。叶正则谓官无封建，吏有封建者，此则大吏无封建，小吏有封建，令之子贤而不得为太守、御史，令之子不肖而不难于为令。非令之子孙，布衣草

野之士得为太守、御史，加于令之上而察之，而太守、御史之子孙，又不得如县令之世有其官，其戾于古而不当于事情，可无烦言而自诎。不谓宁人素有经济王佐之名，而立论乃若此其悖也。其说固必不能行于世，然学者诎于其名，或不察其言也。议之，以为听言者例。

焦循《雕菰集》卷十二，清道光四年岭南节署刻本

阮芸台先生手札　阮元

里堂老姊丈启。月来公事少闲之时，读大著《易学》大略，实为石破天惊。昔顾亭林自负古音，以为天之未丧斯文，必有圣人复起，未免太过。兹之处处从实测而得，圣人复起，洵不易斯言矣。昨张古愚太守持去读之，亦极诧极叹也。惟望早为勒成。乡塾中如有写手，乞代钞一部，所有纸笔钱若干，在慕三兄处支取，此属。弟前年在京曾作《太极说》一篇，今以呈政，乞为改正。近江西省中有翻刻宋十行本注疏之议，未知能成否也。愚弟阮元顿首。

焦循《易章句·书》，清江都焦氏刻雕菰楼易学本

读亭林遗书　包世臣

乾隆壬子，白门书贾新雕《日知录》出，予翻阅首册，始知亭林之名，爱其书，力不能购。嘉庆辛酉，客芜湖，为从游姚季光著《说储》二篇。壬戌，至常州，主李申耆家，出稿本质之，申耆手为缮清，以为其说多与《日知录》相出入。因得尽读《日知录》三十卷，叹为经国硕猷，足以起江河日下之人心风俗，而大为之防。唯摘章句以说经，及畸零证据，犹未免经生射策之习，欲删移其半，别为外篇，以重其书而未果。嗣游扬州，得见《唐韵正》五书，心伟绝业，而非所好也。又得《郡国利病书》读之，征录赅备，如医家流之有《本草纲目》，足为《日知录》之佐使。迨展侧吴、越，近世闻人之书，大都得寓目。窃以为百余年来，言学者必首推亭林，亭林书必首推《日知录》。继闻亭林有《诗文集》，求之不可得。今岁家食，见黄脩存藏

《亭林遗书》十种，《诗文集》备在。假归读之，乃知所著又有《肇域志》，其稿不知尚在人间否？

而集中自述《日知录》之辞，有曰："意在拨乱涤污，法古用夏，启多闻于来学，待一治于后王。"又曰："有王者起，将以见诸行事，以跻斯世于治古之隆。"又曰："平生之志与业，皆在其中。""道之隆污，各以其时。"使后王"得以酌取，其亦可以毕区区之愿矣"。然后知予之所以信亭林者，乃即亭林之所以自信，宜其立说之多符合也。如《日知录》所载"自古有亡国，无亡天下"。国亡，卿大夫之责也；天下亡，则士与有责焉。集中所载"天生豪杰，必有所任"。"拯斯人于涂炭，为万世开太平，此吾辈之任也。"又曰："引古筹今，亦吾儒经世之用。然今日之事，兴一利便添一害，如欲行沁水之转般，则河南必扰；开胶、莱之运道，则山东必乱。"又曰："目击世趣，方知治乱之关，必在人心风俗。而所以转移人心，整饬风俗，则教化纲纪，为不可阙矣。百年必世养之而不足，一朝一夕败之而有余。"至哉言乎，可以俟诸百世而不惑矣！

亭林之自序曰："少为帖括二十年，已而学为诗古文，以其间纂记故事，年至四十，斐然欲有所作。又十余年，读书日以益多，而后悔其向者立言之非。"恳恳乎其不我欺也。予年十八，即罢帖括之业，而力求吾儒所当有事者。佣书负米，经三数十年，颇能远伤廉之取，不枉己以求合，辛苦颠踬而不悔。兹读亭林诗文，按其岁月，核其行检，辨进修之日，深信立言之有本，使励志之士得以倚而自坚，读其集而《日知录》乃以益重，则信乎其近世学者之首也。

亭林耳目至广，记诵绝人，勤于笔札，至老不倦，于以参较错互，辨正讹谬。其学能举大而不遗么细，沾溉小儒，自饾饤一得之勤，以及考证、声韵、金石、舆地名家者十数而不止，上者推演以自植，下者裨贩而谀闻，是亭林之所长也。予少小鲜所闻见，雅善遗忘，唯以食贫居贱，知民间所疾苦，则心求所以振起而补救之者。稍长困于奔走，涉世事，读官书，则知求所以致弊之故而澄其源。又知举事骇众则败成，常求顺人情，去太甚，默运转移而不觉，必能自信也。而后载笔，然犹必时察事变，稍有窒碍，则不惜详更节目，要于必可举行以无误后世，是予之所长也。

至于诗文一艺，结习同深。亭林之诗导源历下，沿西昆、玉溪、杜陵以窥柴桑，予则托始供奉，溯康乐、平原以达步兵、东阿，而弛负于曲江、杜陵。亭林诗从声色入，予诗从臭味入。言必有物，风云月露，不得涉其毫沈，是则所同也。亭林之文，宗考亭以跻南丰，以其立志远而读书多，更事数，时时有独到语，为曾、朱两家所未及。予为文能发事物之情状，窥见至隐，有如面谈，繁或千言，短则数语，因类付形，达意而止，是则千虑之一，抑亦有不敢多让者。

要之，亭林之学成于责实，予之学出于导虚。使得周旋几席，以上下其论议，则予可免凭臆之讥，而亭林亦少术疏之诮矣。亭林见《韵补》而自伤谫陋独学，欲求如才老者与之讲习，则明六经之读，复三代之旧，夫岂其难？则予读《亭林遗书》，而不能不重为之叹息者，亦无怪矣。

包世臣《艺舟双楫》卷一，清道光安吴四种本

书亭林原姓后　包世臣

亭林之言曰："男子称氏，女子称姓。氏可变，姓不可变。氏所以为男别，姓所以为女防。"其说伟矣。然谓"自秦以后，以氏为姓，以姓称男，而周制亡，而族类乱"，则失实。又谓"最贵者国君。国君无氏，不称氏，称国"，而引"践土之载书"以为说。独不闻《尚书》称"齐侯吕伋"乎？女子嫁于国君，则称姓，冠之以国，如姜芈、息妫；于大夫，则称姓，冠之以大夫之氏，如赵姬、庐蒲姜。独不闻《春秋》之书"夫人妇姜氏""夫人子氏"乎？《左传》曰："天子建德，因生以赐姓，祚之土而命之氏。"《国语》曰："帝嘉禹德，赐姓曰姒，氏曰有夏。胙四岳国，赐姓曰姜，氏曰有吕。"又曰："黄帝之子二十五人，其得姓者十二。"《史记》曰："自黄帝至舜、禹，皆同姓而异其国号，以彰明德。故帝禹为夏后而别氏，姓姒氏，契为商，姓子氏，弃为周，姓姬氏。"又曰：舜为庶人时，尧妻之二女，居于妫、汭，其后因为氏，姓妫氏。至周武王求舜后，得妫满。是姓亦可曰氏，而男子得称姓。记曰："六世，亲属竭矣，其庶姓别于上。"郑氏曰："始祖为正姓，高祖为庶姓。"是氏亦可曰姓。是故姓氏者，对文为别，散文则通，以氏为姓，以姓称男，不自秦以后始

也。敬宗合族以尊祖，固先王为治之大经，而源远末分，其势有不可系而一者，是故黄帝十二姓皆同源。周公定百世不通婚之道，只以治其后，不以更其前。然而“骊姬”“吴孟子”即见于周公、唐叔之裔。族类之乱，又可独责之秦乎哉？亭林之说，所谓“善西施之容无益吾面”者也。

《小倦游阁集》卷十八《正集》十八，清小倦游阁钞本

读顾亭林先生文集　张宗泰

国朝诸儒，有讲性理之学，有讲地理之学，有讲律算之学，又有贪多务得、好以博辨纵横见长者。亭林先生挺生其间，独喜讲开物成务之学。《文集》六卷，其论学宗旨，则始之“博学于文”以植其基，继之“行己有耻”以严其范。举凡文之不关于六经之旨、当世之务者，则一切不为。盖先生目击明季诸儒空衍心性之无裨于实用，而且徒酿门户水火之争，故其持论，宁是非好恶不谐于俗，而决不肯稍回其所见以徇物。间尝论古今人物，有一世之人，有百世之人，若先生则刻刻抱救世变俗之深衷，故不徒为一时之人心计，而实为千百世之人心计，所谓百世以俟圣人而不惑者欤？

集中惟《郡县论》谓县只设一令，合五六县置一太守，督抚司道悉罢去，恐非先王建国，大小相维之意。《音学五书》论谓圣人复起，必举今日之音而还之淳古，亦恐迂阔难行。至《音学五书》，按之止得三十八卷，而《答曾庭闻书》作四十卷，当是举成数言之耳。

张宗泰《鲁岩所学集》卷十二，清道光三十年刻本

读亭林先生诗集　张宗泰

亭林先生诗集五卷，按年编次，其纪年用《尔雅》岁阳岁名，以干支核之，始于甲申，终于辛酉，盖历二十有九年而成集。而壬寅有《五十初度》诗，由壬寅逆数至甲申，则先生年三十二岁也。由甲申下数至辛酉，盖六十九岁而卒，与全谢山所作墓表恰合。

此五卷之诗，先生一生山川之游历、友朋之酬答，与夫再蒙大难，

一一可得其梗概。其编次亦云不苟矣。先生诗落落自将，略不依傍前人，而诗中所用故事，有非耳目所习见者，辄分注于诗后，令读者即其事而循览其指意之所在，其例亦最善。惟三卷《与江南诸子别》诗，注引《晋书·王尼传》：尼起居惟在一车，尝叹曰：“沧海横流，处不安也。”意谓海内变乱日甚，故居处不能安也。此衍一“处”字，误作“处处不安也”。《宋六陵》诗，注引洪兴祖《楚辞补注》，误作“洪祖兴”。此二条尚烦更正云。

张宗泰《鲁岩所学集》卷十二，清道光三十年刻本

书鲒埼亭集亭林先生墓表后　宋翔凤

亭林先生一生学问行诣，可以接迹孟、荀，比肩贾、董，包举一世，牖迪后贤，其功匪细。至于运丁世故，志节皎然，则同时数君子尚有相为辉映者；若求其立言，俱瞠乎后矣。全氏作墓表，能见及此，故据事直书，识力不在马、班之下。亦见全氏于先生著述，实能通体寻究，以成此文。

亭林著《音学五书》，自命绝业。《中庸》言“修道之谓教”。道者，人所由之道，教以传道，由字以知其音，由音以知其义，皆教之事也。音在口耳，古今易变，不通古音则不知古义，而六经之意俱晦。故叶韵出，而古字古言皆如重译，乡壁虚造日滋。先生探索于若灭若没间，然后合古今为一家，见圣贤于一室。后之传亭林者辄略此事，是见浅也。

其云“双瞳子，边黑中白”，余见亭林先生遗象，方袍幅巾，面目须眉，冲和夷粹，不异常人，盖在胜国时年三十许所画。其后南北往来，炊粱跨卫，风沙涉历，渐见老丑。其顺治庚寅岁诗所云“稍稍去鬓毛，改容作商贾。却念五年来，守此良辛苦”，盖自是乃改服也。又沧桑以后，昔之侈谈忠孝者，靡不蹉跌，稠人广坐，付之白眼，故钮氏《觚剩》有“貌极丑怪，性复严峻”之语。钮氏于康熙丙辰岁识亭林先生，已六十四，宜其丑怪。钮氏又云：陆舒城常言：“人眼俱白外黑中，惟我舅祖两眼俱白中黑外。”非习见不知其形容之确。是白中黑外，非一见所能知，固非边黑中白之说也。如形状生成，则钮氏曾见亭林，何必引陆语以证乎？

又《亭林集·与李霖瞻书》云：“犹子衍生随其师至关中，稍知礼法，

不好嬉戏，竟立以为子。而昆山从弟子严连得二孙，又令荆妻抱其一，以为殇儿之后。”是亭林既有继子，又有继孙。身客关中，其妻自在故里，故继子在关中而继孙则在昆山，皆生时所定。徐健庵尚书以有疑殇子不当立后者，故作《立孙议》以证其是，文存《憺园集》中，非身后为立孙也。徐《议》云“舅氏亭林先生立从子洪慎子世枢为孙”，是所继为洪慎之子，尚书为先生自出，所言自不诬。此表云“卒于华阴，无子，徐尚书为立从孙洪慎，以从其祀”，是误记徐语。以近代通儒，人间记载历历可按，犹讹错至此，则前史所言，其淆乱者，正不知凡几，是可慨矣。道光八年六月十五日。

宋翔凤《朴学斋文录》卷三，清浮溪精舍丛书本

西溪草庐诗序（节录） 陶澍

曩余浚吴淞往来嘉定，江上门人淡星亭方为邑宰，余询以邑之良士，知有张子吟楼、黄子西溪者，皆好善、敦古谊，每乡里有义举，必先至为之倡。……汝成顷又重刻顾亭林先生《日知录》，加以笺释。夫亭林气节足媲陶庵，其学问文章亦与震川分行而并峙。闻其墓在昆山城外，不封不树，为若敖氏之馁。前此余在吴门，未及表章，至今缺然以为憾，亦有能继张子、黄子而起者乎？夫诗以道性、情性，情之至者，将尚友贤人君子于千载之上，而同其欣戚，此诗之本也。黄子之诗，则既得之矣。余又因其子之重刊《日知录》，不能无念于亭林也。

陶澍《陶文毅公全集》卷三十七，清道光二十年两淮淮北士民刻本

亭林先生像赞 钱仪吉

守先王之道，平百世之政。介于石而知几，维松柏独也正。壮无南阳之遇主，晚为礼堂之写定。百二河山，十三陵阙。去父母之邦而老于行，曰有命。

钱仪吉《衎石斋记事稿》卷九，清道光刻咸丰增修光绪钱彝甫印本

东洲草堂诗叙　苗夔

岁癸卯，子贞集同人，匄资创建亭林顾先生祠于城西慈仁寺西隅隙地。每岁春秋及先生生日，皆举祀事。尝有春禊、秋禊二图，同人多赋诗纪事，讫今计之。前此与祭者汤海秋、徐星翁已逝，苏赓堂、陈颂南、许印林、王臒轩、冯敬亭、赵伯厚、朱伯韩、郑浣香、叶东翁、王子怀、杨墨、林子言兄弟皆先后归里，罗椒生、朱亮甫、庄卫生、魏默深俱外擢。后至者来往无定，惟余与石舟、子贞，则每举咸在。余之学私淑亭林，子贞、石舟则皆读亭林书而仰止行止者也。

吴昌绶《顾祠小志》，民国十一年朱印本

书李榕村顾宁人先生小传后　汤修业

修业成童时，追随先君子京邸，侧闻前辈道及顾宁人先生姓氏，心窃向往。弱冠后，从先君子南归，日与乡之文献相接，亦无不称先生之学问、气节者，而张丈鹿泉述其流寓齐鲁间轶事尤详，每酒阑灯灺，娓娓而谈，令人击节起舞。友人处借阅《苏州府志》，则宁人先生有传在焉。而约斋许丈示我以《九畹古文》，复见其别传，与苏志大有异同，颇可参考。惜乎两传俱未钞录。岁月荏苒，忽忽二十余年，一乡典刑相继下世，而后嗣凋零，书种亦少。《苏州府志》尚可购求，问所谓《九畹古文》，一时竟不可得矣。近日复客京师，与苕溪丁小山孝廉共寓吴苏泉进士处，小山因出示李榕村所作小传，俯仰今昔，枨触不少。小山博闻强识，而虚怀若谷，惟恐不及，闻修业谈及《九畹古文》，谆谆下问，深以无从搜索为憾。修业遂略述乡曲之所闻，并识九畹之姓氏。九畹姓刘氏，名绍攽，字继贡，陕西三原人，雍正乙卯拔贡，历任州县，乾隆年间曾荐举阳城马周者也。时戊戌夏五毗陵后学汤修业。

汤修业《赖古斋文集》卷一，清道光九年张氏刻本

郑小谷藏顾亭林墨迹书后　谭莹

亭林先生学洞天人，情缠坟典，开来继往，绝后超前。湛甘泉格物之通，原惭其笃实；丘琼台《衍义》之补，总愧其精深。讵如豆之合黄，岂是丹而非素。绝无成见，实本虚心。购专集于曲红，缺两序而兼录。谨严缜密，飞动郁盘。宛然虞、褚之典型，略具钟、王之法度。端非信手，夫岂惬心。我朝硕学，好诋前明。曾非庄昶之迂，尽如杨慎之驳。原难低首，殆鲜完肤。矧以碧玉派流，类同禅悦；散钱学问，端异史才。先生泛览流观，兼收并蓄。目曾周翫，手自补治。别寄津梁之遐想，先除门户之结习。转因藏弆，足概生平已。小谷比部偶获其书，另装此册。盥薇展对，属草题还。慰兰茝之微忱，记榆枌之佳话。至谓道腴耽味，文笔兼娴。忘汉宋之町畦，臻杜、韩之阃奥。曲红勋阀，先生自逊之；曲红辞翰，先生当俪之。推初盛文章弁冕瓣香，宜逮岭南；觅《郡国利病》图编手迹，仍存浙右。

谭莹《乐志堂文集·续集》卷二，清咸丰二年吏隐园刻本

顾亭林先生祠告文　汪士铎

先生纲维人纪，冠冕儒林，虽值无讳之朝，尚乏有司之祀。兹地祠贻司马，庸近钟山，松柏之节不凋，禾黍之悲已久。缅昔沧波无极，犹思精卫之填，凤鸟已仪，独下杜鹃之拜。山河不改，日月其除。至于去国羁栖，垂心著作。音分八类，并二百六部唐韵之书；俗问九州，纂一十五省肇域之志。由声通诂，陈古刺今，不仅齐鲁之读攸分，山川之典能说已也。今者哲人虽萎，流风犹存。西瞻华岳，难寻山史之旧堂；北眺慈仁，请续子贞之故事。先生在上，后学所师。尚享。

汪士铎《汪梅村先生集·外集》，清光绪七年刻本

顾亭林先生祠祔祀诸贤安位告文　汪士铎

盖闻石室流芳，名山有不朽之业；少微耀采，处士本逸民之心。惟先生百世仪型，三仁孤躅。劲节寡偶，绝学无伦。国史冠于儒林，慈仁崇以秩祀。虽薪期传火，而德竟无邻。将斯文之在兹，亦来绪之莫绍。夫年谱待车、张而订，遗书赖毛、黄之笺。上测高深，咸竭心智。今兹荐馨之典，敢忘侑食之人。爰罗邦域之群英，譬负门墙；而执贽敬练令日，敢告不蠲。於戏，高矣美矣，难窥先生采鳖之衷；仰之钻之，庶遂诸贤化蟫之愿。荃宰既寄，私淑孔多。尚享。

汪士铎《汪梅村先生集·外集》，清光绪七年刻本

顾亭林先生祠记　朱琦

道光二十三年十月何子贞绍基、张石洲穆创建顾先生祠于广宁门慈仁寺之西南隅。既讫工，子贞纪以诗，石洲又辑先生年谱刊之。大指以先生之学，博综经史，究极天人，王霸古今治乱之故。其载之《日知录》《郡国利病》诸书，不为空言。说者谓先生倡导绝学，庶几如汉经师，可百世祀者。先生以征不起，尝一至京师，憩慈仁寺。爰即其地，规度为祠，揭虔妥灵，设木主以祀。其祀春秋及先生生日，岁三举。又刊先生象壁间，象为阳湖张仲远曜孙摹。先生族孙份又出先生中年遗像，别为长卷，置祠内。岁甲辰二月，始释奠，自苗夔以次十四人书名卷末，琦亦与焉。为之主者，何、张二君也。于是岁以为恒祭，必书。后三年，琦谒假归。未几，子贞以母忧归。石洲病卒。三十年十月，以石洲附祀先生右夹室，其事边袠石、何愿船、黄子寿、陈颂南迭主之，最后则孔君叙仲，然自是与祭者浸希矣，不及曩昔之盛。当是时，海内方厌兵，士夫岌岌，不暇修文，而愿船以荐赴军，袠石出为巡道南阳，琦及颂南先后被命督乡团。又数年，琦谒选来都，是为今天子御极之六年。其春大比，天下士英彦辐辏，于是集先生祠补修禊事，事复盛。会者三十三人，为诗歌咏之。酒半，感喟今昔，又以先

生祠日久陊剥，藩夷级摧，越月，孔叙仲、叶润臣、汪仲穆诸君议新之，寺僧出子贞书一纸，载建祠事綦核。先是，祠三楹，两庑格五，其北以庋《宋元学案》书版，南以备游谯。东南有小亭，下覆开成石井阑，庖湢具焉，今皆芜不治。爰如子贞书，与寺僧约，甃砖为垣，稍狭前制，其榱桷余材，悉推以予之，别藏《学案》于寺之侧室。工既蒇，属琦为记，又丐王君定甫书之石。先生名绛，后更名炎武，世称亭林先生。其言行之著者已详石洲所辑《年谱》中，不复赘云。咸丰六年丙辰十月，后学桂林朱琦记，马平王锡振书。

顾先生祠，今慈仁寺侧西室，东向三楹，中龛祀先生主，右夹室以张穆石洲配，如旧规。其前庭丈甃砖为垣，旧左右庑、东南开成井上亭，皆颓圮不复治。余材榱桷瓴甓推之寺僧。僧因吾材而为今垣。其议则记，所谓缘子贞手书，与僧约狭前制而为之也。祠中吴县潘曾玮置祭器，今汉阳叶名沣捐石刻记，皆合书。呜呼！以前贤游迹所寄而景祀之，罔敢废焉，后可考已。王锡振记又书。

吴昌绶《顾祠小志》，民国十一年朱印本

昆山顾亭林先生祠记书后　朱琦

咸丰二年，韩君介孙教谕昆山，既于玉山讲院之左建顾先生祠而为之记，且召诸生语曰：诸生生长先生之乡，其学先生之学乎？先生之学，自汉而约之宋，以方闻质行、实事求是为归，不为性命空谭。自其少时，即负绝人之姿，九经诸史，略能背诵。晚游关、陕，历河、济、燕、冀间，交其贤豪长者，考其山川风俗利病。笃老嗜学，未尝一日废书。行必载书自随，有一疑义，必反复参考，援古证今，求其至当而后止。先生尝自云："读书有所得，辄记之，其有不合，时复改定。"积三十余年，为《日知录》及《郡国利病书》，盖自道所得也。又以孙愐《唐韵》及宋《广韵》，其中部分不能无失，后人以意分合增减，舛讹殊甚，乃证之《诗》《易》及子史，为《音学五书》。自是六经之文可读，沈氏之误一以古音正之。尝与人云"学必自小学入"，而与俗儒守章句不适世用有别。吏治、财赋、典礼、舆地之属，皆探源竟委，能见其大。而于礼教之衰迟、风俗之颓敝，尤孜孜规切。潘耒谓“有明三百年一人”，不诬也。

近世学者颇知趋向先生，而吾友张石洲始为先生年谱，道光二十三年，道州何子贞又同石洲创为先生祠于京师慈仁寺之西南隅。后十三年，为咸丰六年，琦又为先生祠记，而介孙于昆山适建先生祠。前后数年间，南北若合符契，朴学滋盛矣。

介孙名印，江南人，将为县令近畿。先是，介孙少依其舅丞于浚，先大夫时为浚令，因是识介孙。彼此嬉游稚昧，介孙独能记忆，且少余一岁，忽忽今五十年。去秋见介孙，问以所学，则曰：“吾师顾先生者。”出祠记，叹异之。既幸其有合，且曰：“吾两人少同游，长同术业，及今又同为顾先生祠记也，盍书《昆山祠记》后？”于是为识数语，且揭先生为学之大指，并阮太傅《祠记》暨琦所为碑文，贻昆人汇刊之。咸丰七年十二月。

朱琦《怡志堂文初编》卷六，清同治四年运甓轩刻本

亭林年谱题词　张穆

谨案：本朝学业之盛，亭林先生实牖启之，而洞古今，明治要，学识该贯，卒亦无能及先生之大者。闻仪征阮相国、桐城胡雒君虔尝为先生撰次年谱，惜未之见。大兴徐先生松钩稽诗文集，依年排纂，写有定本，属为厘正，会何太史绍基自金陵来，携有上元车明经守谦号秋舲所辑谱，互用勘校，车氏差详，盖车本之昆山吴广文映奎号银帆，而吴又本之先生嗣子衍生也。道光二十三年，穆与太史创议匄赀，为先生建祠堂于京师慈仁寺西偏。既考太史谓穆曰：先生踪迹甚奇，学者或不尽知子，盍比而叙之，以诒后进乎？爰综两谱之异同，傅以各书所纪语，务求详事期核实世之景行先生者，尚其有考，于斯岁在昭阳单阏，五月朔日识。敬案：此篇据先生校改本录存，与刻本小异。

张穆《㞦斋诗文集·文集》卷三，清咸丰八年祁寯藻刻本

亭林先生祠落成公祭文　张穆

先生生当叔季，业贯汉唐，学堪为王者师，志非以名山老。身甘荒遁，慰九原忠孝之心；时际云霞，洒六谒园陵之泪。北征初赋，策二马以来游；东道既通，馈十飧而恐后。咨民生之利病，邑乘必搜；究厄塞之险夷，边亭亲历。采山炼冶，喻半生尚论之精勤；订韵谐声，发万古同文之要眇。况乎志存淑世，娄构书堂；雅慕伏波，厉精田牧。皋比不拥，惩东林复社之末流；墨突未黔，弃濂泾桑庄如敝屣。惟慈仁之古寺，曾作寓公；计伟节之遄行，适在明日。诵孔德炊羹之句，下榻何频；缅无异筑室之谋，顾庐宛在。荆榛乍启，觞豆初蠲；规陋云台，典同石室。所觊云车风马，肸蚃来临；庶几学海儒林，精神不朽。尚飨。

张穆《月斋诗文集·文集》卷六，清咸丰八年祁寯藻刻本

亭林先生生日公祭文　张穆

先生行成忠孝，学洞古今，惩末造之蹈虚，进吾徒以考实。凡今代文苑儒林之彦，敬佩遗书；合天下束脩尚友之怀，思隆美报。专祠式启，吉祀祇蠲，敢因载诞之辰，奉荐迎神之曲。虽蓟门却馈，痛援往例于灵均；而石室修仪，展效拜经于荣绪。尚其陟降，鉴此悃忱。尚飨。

张穆《月斋诗文集·文集》卷六，清咸丰八年祁寯藻刻本

与许印林书 其七　张穆

印林仁兄大人阁下：楩伯到京得手书，敬悉济上近踪及家园乐事，且忻且慰。次室杞人云云，针砭至切，敢不拜教。弟亦非竟昧此义，而德往往有不能自已者，一则因身居辇下，见闻较切，一则念吾辈既曾读数行书，若竟置天下于不问，将所学何事，故每辄发狂不禁耳，然究系出位之谋，吾兄所云乃正论也。至堂先生新擢甘臬，缺分较两淮更属清苦。……“许

书”总部刻成，既望惠读，“桂书”亦望将样本寄数本来慰我饥渴。夏来与子贞共成顾先生祠堂之事，鸠工庀材子贞任之，刻已告竣。弟为更订《年谱》谋并梓之存板祠中，惟旧谱虽有星翁及车秋舲二谱，而疏舛挂漏都所不免，弟为弥缝补苴，差既细密矣，而独念亭林在西北日久，西北人朴，不知宝重其手迹，倘多得，如修来先生家所藏尺札数十通，必更能于无字句处证出伟绩也，此则仍有待于后贤耳。

张穆《与许印林书》，中国国家图书馆藏稿本

慈仁寺展禊诗汇叙　冯志沂

慈仁寺亭林先生祠创自何子贞太史、张石州大令。甲辰春，释奠之始，石州即邀余襄祀事，嗣是春秋及先生生日之祭，皆与焉。己酉子贞以典试出都，石州即以是岁殇顾祠之祭。主之者有相识不相识，而余之至与否视之。癸丑余以从军之太原，明年奉讳归里。丁巳再入都，闻祠圮于雨，韩斋主人与同人葺而新之。辛酉秋，余又将出都，韩斋手一编示余，曰：慈仁寺展禊诗汇者，盖丙辰四月韩斋集同人祭顾先生祠，与者多一时名卿魁儒，称极盛焉。是日各有诗纪事，韩斋将汇而刻之。且曰是会独无子，子其叙之。夫顾祠之祭久矣，自韩斋为之主，而有是刻，此会遂可以无穷。事之显晦，岂不以人耶？独是卷中，如伯韩、润臣、翰臣、青士、颖叔、叔起、仲山、颂臣、杏农、翔云、汀鹭、少鹤诸君，余皆识之。今其人已不能皆存，存者或散之四方，其居京师者，余又将舍之而去。山阳鲁通甫，乙未同年也，心仪之，数年未得一见，闻其老且病，未知会合之日。今叙是编，其亦何以为怀也。咸丰十一年七月。

冯志沂《微尚斋诗集续集·适适斋文集》卷二，清同治九年董文涣刻本

亭林先生生日会客记　孙衣言

今年五月二十有八日，亭林先生之生辰，同人集祭于慈仁寺先生祠，会者无锡秦炳文，洪洞王轩、董麟，歙鲍康，寿阳刘汝弼，河间王应孚，乐平

汪元庆，丹徒戴燮元，盐山刘淮熇，仁和王堃，上元端木埰。始与祭者，泾阳张师勄、番禺许其光、无锡孙勛烈、洪洞董文灿、天津徐士銮、瑞安孙衣言，而大农罗公惇衍有事未至，使衣言摄祭事。

始顾先生祠初成，余实在京师，予友孔绣山、叶润臣、朱伯韩屡要予一拜先生，予未敢往也。咸丰八年，予自内廷出领郡，先师祁文端公屡召予与王侍郎茂荫、王户部拯、林工部寿图、蒋府丞达在慈仁寺饮酒，因得一谒顾祠，然皆未及与祭。今年春，以选人至京师，则文端公下世已二年，王侍郎、蒋府丞亦先后亡，工部官秦中，户部归桂林。适逢先生之生辰，得从诸君子后，以祭先生。既卒事，同年鲍侍读子年以故事出先生画像卷，命为题名。展卷读之，则文端公及旧游诸君子之遗墨多在，而二十年来题名卷中者，类多文章卓荦之士，衣言亦往往得见之，何其盛也！昔李固为汉太尉，每大朝会，见左右侍中多少年，而旧时老臣无一存者，即欷歔感叹，以为国家之忧。今兹顾祠之会，盖亦不能无老成凋谢之感矣。

虽然，时运不息者也，气化日新者也。先生丁明之季，其时已无可为，然未尝一日忘天下，常欲有所兴革损益，以蕲复于三代、两汉之盛，其具于书者，往往而可行也。今国家多事，虽不能如二十年前之盛于有为。然自顾祠之初成道光癸卯、甲辰之间，世事之变，固已萌柿其间矣。使上之人怵惕惟厉，以求贤才，修政事为心，下之人发愤为雄，以崇廉耻，知古今为务。至今二三十年，而谓中国之聪明材力，必不足以得志于天下，谁其信之？汉武帝雄才大略，威行绝国，我圣祖、高宗武功之盛，殆有过之。至如文、景之宽仁恭俭，孝宣之综核名实，以内自治，而无伤我中国之元气者，先生三致意焉。其事固非旷绝而不可几，我君我相，其恶可不及时振厉，而士之在下者，其亦恶可苟焉以自恕也？今天下幅员万里，明天子在上，诸大臣奋于功业，星罗而棋布，视先生所遭何如耶？而衣言幸得从二三子，拜先生之祠，瞻仰先生之遗貌，其当思所以无愧于先生，岂徒以为相从饮酒修饰故事而已哉！同治戊辰七月书于袁氏居。

孙衣言《逊学斋文钞》卷二，清同治刻增修本

董比部所藏亭林先生大像跋　孙衣言

亭林先生小像卷在慈仁寺者，顾氏家藏物，此则洪洞董比部麟所藏朱埜云笔，盖就小像展拓为之，其笔墨不及顾氏卷之精，而儒重秀伟之气，令人肃然矣。同治七年五月二十八日，先生之生辰，鲍子年侍读集同人致祭于先生祠堂，而比部亦移奉此像于慈仁寺之北堂，同人皆得瞻仰焉。先生之卒，于今垂二百年，而其遗貌之传，犹令人敬爱，思辟咡请业于其旁而不可得。盖古之正人庄士，其有遗思于后世，类如此也。于是同集者无锡秦炳文仪亭、洪洞王轩霞举、番禺许其光涑文、寿阳阎汝弼梦岩、河间王应孚信夫、乐平汪元庆泉孙、无锡孙勋烈伯瑜、天津徐士銮苑卿、丹徒戴燮元肖梅、盐山刘湝焴星岑、仁和王堃小铁、上元端木埰子畴、泾阳张师劬念慈、瑞安孙衣言勤西及比部之弟文灿芸龛，凡十有五人，而衣言复为之跋。

孙衣言《逊学斋文钞》卷九，清同治刻增修本

书日知录论时文各条后（节录）　刘毓崧

世之言制义者，述其体裁则曰代圣贤立言，推其源本则曰以经史为根柢，古文为楷模。然能为此言者极多，能践此言者甚少，岂特以其于圣贤之道，仅传诸口耳而不体诸身心哉？又岂特以其于经史古文，仅托诸空谈而不求诸实际哉？盖以制义之体裁源本，彼固未尝研究，无怪乎终身由之而不知其道也。近代通儒洞彻古圣贤之微言大义者，莫过于顾亭林先生，其经史古文之学，固属博大闳深，即制义之体裁，亦必穷源探本。盖先生虽不屑以制义鸣，而制义之本末源流，惟先生辨之最审，虽专门名家者不能逮也。观于《日知录》论制艺各条，体裁皆溯明初之制，其谓明初《四书》疑问，系问经中疑义，取其就疑义剖析，即宋、元时之经疑。卷十六“经义论策”条云：“《太祖实录》：‘洪武三年八月，京师及各行省开乡试，初场《四书》疑问，本经义及《四书》义各一道。’”自注云：“元制有《四书》疑、本经疑，洪武三年开科，以《大学》‘古之欲明明德于天下者’二节、《孟子》‘道在迩而求诸远’一节合为一题，问二书所言平

天下大指同异，此即宋时之法。”此制义体裁近于经解之证也。

刘毓崧《通义堂文集》卷十四，民国求恕斋丛书本

顾亭林先生像赞并序　张星鉴

东洞庭席君元禧，占籍昆山，得乡贤亭林先生像，摹之以伸景仰之意，而属星鉴为文以赞。

洪惟我国家甄灵奠宇，耀夏威荒，而又宽天网，恢汪度，俾有明遗老心全箕、颍，业阐章逢，自非遭际泰和，鲜克遂其高节者矣。先生秉黄中之性，希素王之道。值元二之年，擅无双之举。皋牢百氏，贯串群言。《滂喜》《凡将》，声音是正；桑《经》班《志》，郡国条分。咸号㟪门，著成部秩。王仲任有云：“鸿儒金玉。”其先生之谓欤？席君家传清德，代有楹书，博采通人，勤求古义，访祠堂于故里，想謦欬于遗容，斐然之思，不能自已者也。爰取旧家之帛素，摹成汉代之衣冠，下索荒言，附诸像后。夫乐陵、曼倩、孝若，兴异代之思；东府、希冯、子渊，有古贤之颂。而况地居桑梓，学绍师承者乎？前修如在，恍接光灵，披是图者，观感当何如也？再拜而为赞曰：

吴淞之滨，大儒笃生。学有自得，语录廓清。拟以河汾也，不入隋家之史；拟以高密也，生丁汉季之年。蒿庵叟礼经一编，苏门老躬耕百泉。先生出而冠群贤，文章忠孝独能全。

张星鉴《仰萧楼文集》卷一，清光绪六年刻本

顾祠纪祭卷代林方伯　谢章铤

噫，某不谒顾祠十有三年矣，匪独生平瓣香，有惭怀抱，而此十三年中，时事之迁流，故交之零落，回首燕云，辄深遐喟。今春重入国门，望祠下马，短础长垣，皆作离别可怜之色，而乔松坠枝，断篱委地，毗卢阁下，亦无明心竖拂之人。彼教犹然，而吾道之寂寞可思也。适先生生日，汪君泉孙相招陪祀，既饮福，复属题名于卷，所谓有其举之莫敢废也。虽然，先生力谢云霄，不阶亲串，而《肇域志》《郡国利病书》著述所传，几溺独迫。

嗟乎，穷老一布衣耳，而其自任如此。不纳垢于身，不忘情于物，后世之有志天下者，视此矣。泉孙主祠事久而恪，其得朴学数人与之共事，则所以为古人继长增高者，又岂徒岁事勿废已哉！犹忆某官陕时，筱坞朝夕相见，子年入川，亦接杯酒。偻指京华旧事，窃叹方今多故，不知尚有几人私淑先生者。今二君欣聚一方，其居与顾祠相望，则左提右挈，倡明学术于日下者，其有意乎？是日会者，若而人例得备书。光绪丙子。

谢章铤《赌棋山庄集》文六，清光绪刻本

合刻归顾朱三先生年谱序　俞樾

古人重国故。所谓国故者，郑康成谓若周有周公、鲁有孔子，凡释奠于学，则必祭之。后世学宫之祀乡贤，其昉此乎？夫十步之内必有芳草，十室之邑必有忠信，况高山景行，人所向往。是以过大梁者，伫想夷门；游九原者，流连随会。表彰前哲，宏奖方来，意深远矣！

昆山在吴郡一大县也，地有山水之胜，为人文所萃，前言往行，炳彪载籍，而若归震川、顾亭林、朱柏庐三先生，则尤著者也。震川先生之文，二百年来犹在人口，而其原本道德，根柢六经，实足追配韩、欧，非徒以文名倾天下者。至亭林先生之学，有体有用，综贯百家，上下千载，于朝章国典、民风土俗，历历言之；其讲求古音，发明古义，亦足为本朝诸大儒道其先路，无论言汉学言宋学，而皆以先生为一大宗。柏庐先生名迹稍晦，然其人实卓然一代醇儒，以父节孝先生死难，弃诸生冠服，称“朱布衣”，居乡教授。以博学宏辞荐，不就。其律己严，其接物恕，其教学者必以诚，古所称躬行不怠之君子，先生有焉。是三先生者，虽出处不必同，而学行则同，其在昆邑，皆古所谓国故者也。

金君螺青宰是邑，缅怀三先生之遗风而不可见，访其生平行事，得邑人孙守中岱所为《震川先生年谱》、吴止狷映奎所为《亭林先生年谱》，乃合而刻之。以柏庐先生未有年谱，而先生所撰《毋欺录》，自顺治十五年始，至康熙三十七年止，其明年先生即捐馆舍，此四十年中，按年编纂，本末略具，是即先生之谱也，乃刻此录与归、顾两谱并行。于是三先生事迹，粲然可见矣。昔贾生常叹俗吏惟以簿书期会为事，螺青一行作吏，即惓惓于是邦之文献，访先哲遗书而表襮之，可谓知所本矣。余与螺青有连，素闻其通达治体，长于为政，而此一举也，尤非俗吏所能为，学道爱人，于此征之矣。邑之人士沐浴于弦歌之化，又闻乡先生之风而兴起焉，学术修明，人材辈起，皆基于此。此螺青刻三先生谱之本心，亦即古人祀国故之遗意也夫！

俞樾《春在堂杂文三编》卷三，清光绪二十五年刻春在堂全书本

陆存斋仪顾堂集序　俞樾

有明一代学术衰息，不如唐、宋远甚。及其季也，亭林先生崛起，本经术而发为经世之学，遂卓然为一大儒。近世学者，徒见其《杜解补正》诸书，为阮文达采列《皇清经解》之首，遂奉亭林为我朝治汉学之先河，而不知此未足以尽亭林也。

吾郡存斋陆君所学，以朱子为宗，而又深病世之稗贩《语录》、掇拾《大全》者，号为宗朱，而适以叛朱，因于国初诸大儒中，独于亭林先生有深契焉。其言曰："学者也，上究今古兴衰之故，中通宇宙利病之情，下严身心义利之界，在本朝则亭林、稼书是也。"又曰："亭林之学，一本朱子而痛斥阳明。其才足以拨乱而反正，其行足以廉顽而立懦，至其教人以'博我以文''行己有耻'二句为准，尤足以持时局而正人心。"君所言如是，其所宗尚可知。故以仪顾名其堂，而即以名其集。今读其集，议论纯正，根柢渊深，信有如潘次耕叙亭林先生书所谓"综贯百家，上下千载，详考得失，断之于心，学博而识精，理到而辞达"者。至于一名一物，考订精详，亡简逸句，搜辑无漏，则又亭林先生所以开汉学先河者也。宜先生以仪顾名堂，而即以名集矣。

君之殁也，余为志其墓，言君既优于学，又优于仕，仕学兼优，斯为古之君子。一时颇以为知言。越数岁，而君之子诚伯昆仲又以《仪顾堂集》求序。余惟君往年曾蒙天语褒嘉，有"著作甚多，学问甚好"之谕，然则异时重开四库馆，此集必在甄录之列，岂待余言为重？惟表君学术所从出，使读是集者，相与讲求经世之学，勿使外人驾其异说，反笑我经术之迂疏，

此则吾道之光，亦世道之幸也。君此外所著书，尚有九百二十余卷，备载墓志，兹不论云。

俞樾《春在堂杂文六编》卷八，清光绪二十五年刻春在堂全书本

徐宾华味静斋诗文序　俞樾

尝谓有明一代，自中叶以后，诗文两事，并皆衰息。诗则依傍门户，文则剽窃字句，文运诗运，殆与国运俱衰。有崛起而为一代之殿者，其亭林先生乎！先生学有本原，其文皆不苟作，诗则格律清整，意义遥深，当时黄梨洲虽与齐名，所著《明夷待访录》先生亦颇推许，然以诗文论，固不逮也。国朝文教昌明，巨儒辈出，论经学、论小学无不奉先生为先河。至论诗文，若尧峰，若桐城，若新城，若秀水，皆雄视一代，无愧古之作者。然与先生门径微有别矣。

今岁初冬，有以山阳徐君宾华《顾诗笺注》见示者，不特章笺句释，且依据正史，旁引明季稗乘小说，以证明事迹，使读其诗者有以论其世而知其人，洵亭林功臣也。又以君所著《味静斋诗文稿》各四大册见示。余读其文，质直而有味，清疏而有物，纪载时事，敷陈义理，无不曲尽；又读其诗，声情之激越，意思之缠绵，非近时作者所能及，殆皆师法亭林者欤？近作有《拟顾亭林海上诗》，或谓宜自标题目，不必拟顾，斯言诚是。然君诗文之脱胎亭林，则居可见矣。亭林以亡国之遗，感怀身世，故《海上》诗有“夷门愁杀老侯嬴”之句。君则优游于阑干苜蓿间，且以清才博学，高据讲堂一席，名山之福，正未有艾。余盖深许君之诗若文之能为亭林先生也，余又深幸君之遭遇之能不为亭林先生也。君门下士如有潘次耕其人，傥许我为知言乎？

俞樾《春在堂杂文六编》补遗卷一，清光绪二十五年刻春在堂全书本

顾亭林先生祠祝文　陈作霖

盖闻文翁石室，扬先哲之清芬，陶令柴桑，抗逸民之介节。惟先生江

东绝学，胜国孤忠，步武三仁，仪型百世，挺松筠之操，极禾黍之悲。沧海横流，精卫之填何及；蜀天万里，杜鹃之拜徒劳。过京邑而眷怀，下六谒思陵之泪；辞征书而辟地，高不事异姓之心。至于抗志圣贤，垂情典籍，宗横渠、蓝田之教，以礼为先；辟上蔡、象山之歧，与禅相近。九州俗别成《郡国利病》之书，八类音分正唐宋沿讹之韵。网罗今古，考证山川，通经济性理为一家，判器识艺文为二致。固不独守先待后，《日知录》集其大成；余泽流风，蒋山佣署其别号已也。兹者山河无恙，正朔久更，国史冠以《儒林》，慈仁肇其禋祀。谨练吉日，敬荐瓣香。呜呼！祠筑冶城，采鳖之衷如见；堂瞻山史，化蟫之愿常存。斯文在兹，后进所仰。

陈作霖《可园文存》卷十六，清宣统元年刻增修本

拟顾炎武从祀议　陆心源

圣人没而微言绝，七十子之徒各以所闻相授受。其弊也，沉溺章句，大义茫然，至五季而其弊极矣。宋儒出而圣人之道复明，程朱之学由博而返约，自粗以及精，体明矣必达之用，经通矣必修之行。其弊也，空谈心性，不求实学，甚则以聚徒为市道，以讲学为利阶，至明季而其弊极矣。顾炎武出而圣人之道复明。炎武不争坛坫，不立门户，其学一以朱子为宗，深然胡世宁阳明“多一讲学”之言，在华阴建朱子祠，以示趋向。尝谓经学即理学也，自有舍经学以言理学者，乃堕于禅学而不知。其《与人论学书》曰：“所谓圣人之道者，曰‘博我以文’，曰‘行己有耻’。自一身至于天下国家，皆学之事；自子臣弟友以至出入、往来、辞受、取与之间，皆有耻之事。不耻恶衣恶食，而耻匹夫匹妇之不被其泽，故曰‘万物皆备于我矣，反身而诚’。士不先言耻，则为无本之人；非好古而多闻，则为空虚之学。以无本之人，而谈空虚之学，吾见其日从事于圣人，而去之弥远也。”又曰：“圣人之道，下学上达之方，其行在孝弟忠信，其职在洒扫、应对、进退，其文在《诗》《书》、三《礼》《周易》《春秋》，其用之身在出处、辞受、取与，其施之天下在政令、教化、刑法，其所著之书，皆以拨乱反正，移风易俗，以驯致乎太平之治，而无益者不谈。”“其于尽性致命之说，必归之有物有则，五行五事之常，而不

入空虚之论。”炎武之自述其所以为学者如此。大哉斯言，虽圣人不易矣！

生平耿介绝俗，尤笃于忠孝大节，母王遗命戒以勿仕，遂屡聘不出。自以曾受明职，尝六谒孝陵，六谒思陵，以申其故国之悲。病明季学者入于狂禅，因取《黄氏日钞》所摘谢氏、张氏、陆氏之言，而折衷于朱子，曰《下学指南》。屡观诸史、《明实录》以及天下图经、说部，凡有关民生利害者，随录之，为《天下郡国利病书》。又《日知录》三十卷，尤为生平精诣之作，自言“有王者起，将以见诸行事，跻斯世于古治之隆，而未敢为近人道也”。

臣窃谓汉、唐以来儒者，或精训诂，或明性理，或工文章，各得圣人之一端。若夫经行并修，体用兼备，求之往昔，代不数人，国初诸儒惟炎武可以当之。皇上中兴以来，丰功伟烈，半出名儒，盖炎武有以开其先也。或者谓炎武明室遗臣，理宜避忌，臣谓明臣黄道周负隅屈强，抗我颜行；故儒孙奇逢助守容城，曾撑螳臂。我宣宗成皇帝特允礼臣之请，从祀孔子庙廷。炎武虽抱不仕之节，实为盛世之民，伏读《国史儒林传》，列于诸儒之首；钦定《四库全书》，收其著作甚多。儒者自全其高节，圣世廓然而大公，列之祀典，夫何疑焉？谨议。

陆心源《仪顾堂集》卷三，清光绪刻本

顾亭林先生移祀苏太义园春祭题名书后　叶昌炽

士大夫官于京朝，祀其乡之先哲，以为瞽宗礼也。若夫亭林先生之有祠，自何子贞、苗仙露诸公始，则非一乡之祀，而学先生之学者尸而祝之，以附于私淑之徒者也。祠成于道光癸卯，在城西慈仁寺，双松幢幢，毗卢阁畔，春秋舍菜，冠缨駇遝。先生族孙份以所藏遗象，装池成卷，凡预于豆笾之列者，皆题名其后。道州使蜀，以此卷付陈颂南、何愿船两公。厥后曲阜孔绣山、长沙周荇农、歙县鲍子年、洪洞董研樵、吾乡端木子畴递司存之。子畴先生既殁，祀事阙如者四载。壬辰十月，同郡许鹤巢比部复约同人补行秋祭。是日与祭者二十六人，皆吾乡人也。昌炽甫释褐，亦得从骏奔之后。今鹤丈墓草已宿，而先生之祠宇亦无下车修蘋蘩之荐者。

《诗》曰：“高山仰止，景行行止。”又曰：“维桑与梓，必恭敬止。”先生之学，虽为海内学人所宗仰，而吾乡之人，尤宜有先河之义。永定门外十里庄，吾吴义阡在焉，祀范文正于此。同年顾康民比部于役欧洲，洎归，以为如先生者，宜与文正并祀，询谋于众，将移先生栗主，敬奉飨堂庑下，每岁春秋祭文正日，别设一祭，以妥以侑，以为乡之人矜式，甚盛举也。夫以文正光辅有宋，相业炳然，先生则丁明末造，栖栖桑沧之交，其遭际不同。然文正与胡安定阐明正学，濂、洛之绪，实始滥觞。先生博贯天人，讲求经世，遂开熙朝一代儒林之统，可不谓先后同揆哉？合而祀之，谁曰不宜？是日与祭者某某，昌炽病，不克与祭。既成礼，康民书来，命昌炽为文书其后。时光绪戊戌□月□日。

叶昌炽《奇觚庼文集》卷中，民国十年刻本

顾黄王三儒从祀文庙议　陈衍

窃见文庙从祀诸先贤先儒，自孔子、孟子弟子，宋代周、程、张、朱、邵六子，以及其所传各弟子外，往往鼎革易代之际，显则有蒙难艰贞之节，晦则有传经抱道之儒，若秦、汉间之伏生、毛公、高堂生，东、西汉间之杜子春，东汉、三国间之郑康成，隋、唐间之王通，宋、元间之文天祥、陆秀夫、赵复、许衡、金履祥、吴澄，明末国初之黄道周、刘宗周、孙奇逢、陆世仪、张履祥辈，皆获与于两庑之列，而王夫之、黄宗羲、顾炎武三儒至今阙然。前有奏请者，均遭议驳。礼臣之意，殆以王、黄二儒曾事鲁王、桂王，炎武虽受唐王之召而未往，然皆惓怀故国，之死靡他，揆之孙奇逢、陆世仪、张履祥始终晦迹者，微有不同，方诸黄道周、刘宗周国亡死殉者，亦觉有异，故迟回审慎，未敢议准，因就其著述，特用苛求欤？不知微、箕、比干，心同迹异，孔子许以三仁；文天祥、陆秀夫先后死节，谢枋得不逼使北行，则犹可以不死。故三儒之迹，孙奇逢、陆世仪、张履祥之迹也；三儒之心，黄道周、刘宗周之心也。

礼臣驳黄、顾二儒，谓笃信好古则有余，纯粹以精则不足。夫纯粹精乃孔子赞干德之辞，未易遽及。孔子自谓信而好古，窃比老彭。又言“我非生而知之者，好古敏以求之者也”。又曰“笃信好学，守死善道”。孔子之自道而许人者，不过如此。黄、顾二儒，既当之无愧色，亦足以从祀庙廷矣。王夫之发愤著书，有楚屈原之遗风，《潇湘怨》诸词，亦《九歌》之流亚。礼臣谓其著录，《四库》及存目各书，均有纯驳互见之处，此不过考证之有疏密而已。从祀诸大儒中，如刘宗周之《周易古文钞》《四书学案》，孙奇逢之《四书近指》，陆陇其之《古文尚书考》，陆世仪之《思辨录辑要》，《四库书提要》皆有遗议，而于张栻之《癸巳论语解》《癸巳孟子说》，王柏之《书疑》，陈澔之《礼记集说》，吕坤之《四礼疑》，纠正尤多。而诸儒之生平学行，既已大醇，则固无碍于从祀也，王夫之何独不然？荀子有言，能“以夫千岁之道自持者，斯命为千岁之信士”。故先圣先师祀于瞽宗上庠，与《祭法》法施于民以劳，定国以死勤事，及乡先生没而祭社者不同。今黄道周、刘宗周、孙奇逢、陆世仪、张履祥均已从祀，而三儒未获议准，似于崇儒重道之大公，有所未尽，理合具议咨请贵部察核施行。谨议。

右议由学部尚书荣华卿协揆命作稿，上，大失意旨，荣公意主驳也。后广雅相国在枢廷，乃力持议准。衍记。

陈衍《石遗室文集》卷六，清光绪三十一年刻石遗室丛书本

广顾亭林言考前代史书中国不如外国义　郭立山

《史记·秦本纪》缪公问由余曰：“中国以诗书礼乐法度为政，然时尚乱，今戎狄无此，何以为治，不亦难乎？”由余笑曰：“此乃中国所以乱也。夫自上圣黄帝作为礼乐法度，身以先之，仅以小治。及其后世，日以骄淫阻法度之威，以责督于下，下罢极则以仁义怨望其上，上下交争怨而相篡弑，至于灭宗，皆以此类也。夫夷狄不然，上含纯德以遇其下，下怀忠信以事其上，一国之政，犹一身之治，不知所以治，此真圣人之治也。”夷人诋中国始见于此。史公愤时民穷财殚，而帝饰以儒术，故有取焉。然后世中国之所以弱，夷狄之所以强，举由于此，莫能易其说也。

金大定十三年，世宗谓宰臣曰：“会宁乃国家兴王之地，自迁都永安，女真人寖忘旧风。朕少时尝见女真风俗，迄今不忘。今之燕饮音乐，皆习汉风，

盖备礼也，非朕心所好。东宫不知女真风俗，以朕故犹尚存之，恐异时一变此风，非长久之计。甚欲一至会宁，使子孙得见旧俗，庶几效之。”又尝御睿思殿，命歌女真词，顾谓皇太子诸王曰：“朕思先朝所行之事，未尝暂忘，故时听此词，亦欲令汝辈知之。汝辈自幼惟习汉人风气，不知女真纯实之风，至于文字语言，或不通晓，是忘本也。汝辈当体朕意，至于子孙，亦当遵朕教诫。”外国主儆其臣民子孙染汉人气习，始见于此。时宋承文治之敝，日事虚侨，故金世宗惧染其气习，纯庙称其体前型而裕来兹，思虑最为深远。

盖我朝稼穑开基，崇本绌末，而兢兢以染汉人气习为戒。明季之敝，殆逾于宋，而兴朝纯实之风，可媲于周。亭林先生亲见如此，故愤激而有中国风俗不如外国之言，其实一承其敝，一值其纯耳。使亭林而在今日，当有感于由余之言矣。噫！

江标辑《沅湘通艺录》卷二，清光绪二十三年刻本

明儒王船山黄梨洲顾亭林从祀孔庙论　黄节

金仁山以宋之遗民，隐居金华，终身不仕。及其卒也，史氏立传，属之元代。比及国朝雍正二年，从祀两庑，则跻之于元儒之次。孙夏峰著《理学宗传》，以仁山殿陈潜室之后，书之曰“宋儒”。夫仁山卒于元成宗大德七年，去宋之亡也殆三十年矣，夏峰书之曰“宋儒”，岂非以仁山固心乎宋者？其不忘故国，则从其志而书之，取以维名教，异内外，而大《春秋》之防，斯夏峰之深意欤？是故许衡，元儒也，自谓为虚名所累，语其子死后勿请谥，勿立碑，但书“许某之墓”四字而已。衡顾自讳其为元儒，何哉？犹夏峰所以书仁山之深意也。由是而商辂续《纲目》，则于许衡之卒，削其官而不书；由是而丘濬著《大学衍义补》，则谓许衡不宜从祀孔庙。其于许衡，皆甚不满意者，何哉？亦犹夏峰所以书仁山之深意也。呜呼！其所以维名教，异内外，而大《春秋》之防，盖如此尔。

王船山、黄梨洲、顾亭林三先生，生当晚明，躬遇国变，高蹈不仕，完发以终。语其志节，何让仁山，语其道德学术，则位之两庑，诚无愧色。虽然，若船山、梨洲、亭林，其所遭际与仁山同，仁山固心乎宋者，船山、梨

洲、亭林则心乎明者。夏峰书仁山曰“宋儒”，后之人书船山、梨洲、亭林曰“明儒”，此固三先生之灵，式凭之而歆飨之，否则非所以尊三先生也。然而《国史儒林传》，表列三先生，唐鉴著《国朝学案小识》，近人易顺鼎著《国朝学案》目录，皆表列三先生之名，而不名之曰“明儒”。易氏并谓三先生宜皆从祀孔庙。比者赵侍御奏请以三先生从祀孔庙，曰为所以光道学，崇国粹。他日以夏峰从祀之例处之，则必位置于国朝儒者之次，有大异乎夏峰之所以书仁山者，此可决也。夫出处之大，名节所关，苟不以正，则其见绝于圣贤，宁待蓍蔡。

船山、梨洲、亭林，其于前明果无一命之寄也，则其位置于国朝儒者之次，虽拂乎三先生平素之志节，然论者犹无以难之。乃船山则崇祯壬午举人，桂王时曾授行人司行人，固明之职官也。梨洲则天启癸亥诸生，鲁王时曾授左佥都御史，固明之职官也。亭林则天启丙寅诸生，唐王时曾授兵部职方司主事，固明之职官也。以出处而论，则三先生皆为明之职官。若夫船山自题其墓曰“明遗臣”，梨洲自序《行朝录》曰“左副都御史”，亭林《谒攒宫》文自称曰“臣炎武”。以三先生之心志而论，则皆不愿为二姓之臣民。夫以其为明之职官也，而位置于国朝儒者之次，则其名为失实；以其自称为明臣也，而祀之以国朝儒者，则其鬼亦不歆。两庑群贤，为人伦世道之师表，奈何不正其名，乃隆以死后之典礼，而夺其生前之志节，谓于人伦世道有补乎？恐益之敝也。

虽然，今之是非，有大异乎人者，不必为世道人伦计也，但借前人以为之傀儡，而徇其一时之智术而已。明臣谢铎论吴澄从祀曰：“澄著述不为不多，行检则不无可议。生长于淳祐，贡举于咸淳，受宋之恩者已如此；其久为国子司业，为翰林学士，历元之官者乃如彼其荣。迹其所为，曾不及洛邑之顽民，何敢望首阳之高士？昔人谓其专务圣贤之学，卓然进退之际，不识圣贤之于进退，果如是否乎？如是而犹在从祀之列，臣固不能以无惑。”于是而澄之祀卒罢。是澄之进退不足以从两庑先儒之后，彰彰明也。使澄而不仕于元，则其位置当在宋儒之次，而不得目以为元儒，又彰彰明也。船山、梨洲、亭林，生明之季，而为明之举人诸生也，与澄之于宋同，特其大节不屈，则非澄之所能及，奈何以元澄之例，而元船山、梨洲、亭林乎？然而明之黜澄也，而国初又复跻之，今两庑犹容澄一席地，故曰是非有大异乎人者，此也。

夫三先生从祀两庑，而位置于国朝儒者之次，非今之奏请者所得而位置之，亦非今之议礼者所得而位置之也，其源盖由国史。国史既国朝之，则今之议礼者不得而明之。然而国史固未尝不以三先生为明臣也，《儒林传稿·凡例》云：王夫之，前明举人，在桂王时曾为行人司行人。黄宗羲，前明布衣，鲁王时曾授左佥都御史。明亡入我朝，皆未仕，著书以老。今列于《儒林传》中，而据实书其在明事迹者，据历代史传及《续通志》例也。由此观之，则当时史馆诸臣，固未尝不以三先生为明臣者，特以其终于本朝，则入其名于国史，而其实仍属诸明，故曰"据实而书"者，此也。夫当日史臣留大义于微辞，则议礼者宜明大义于今日。虽三先生志节无待议礼者之表扬，亦无关于从祀与否之轻重，而有不可诬蔑者，其于世道人伦，以云裨益，或庶几耳。

独是吾犹不能无憾者，史馆诸臣传三先生于国史，虽有微辞，而百世后谁能谅之？观于《元史》之传仁山，至今无有正其失者，吾惧三先生亦蹈仁山之覆，后之人必无有以正今日国史之失，斯则不得不以咎当日史臣矣。夫国史者，所以示万世，非仅一代之纪录而已。吾意当日史臣，不能位置三先生于《明史》，犹当援《宋史·周三臣传》例，为三先生立《明三儒传》，何至屈西山之节，而与陆陇其、汤斌等相先后乎？嗟夫！夏峰书仁山以宋儒，而国史之传夏峰，未尝书夏峰以明儒，即两庑之位置，亦侪夏峰于陆、汤诸人之列，当日议礼者不闻有所纠正，阅百数十年而船山、梨洲、亭林又蹈其覆，人伦世道，亦何赖矣。究其源则《元史》之有仁山，故国史之有夏峰、船山、梨洲、亭林所由来也。呜呼！数百年而莫之或正矣。

昔者徐鼒撰《小腆纪年》，书船山曰"明以举人王夫之为行人司行人"，书梨洲曰"明以诸生黄宗羲为兵部职方主事"，书亭林曰"明征诸生顾炎武为职方司郎中"。又从而论之曰："宁人恪守母训，不事二姓，迹其弓剑桥山之拜，牛羊塞上之吟，盖欲以子房报韩之心，为端木存鲁之计。身负沉痛，思大揭其亲之志于天下，奔走流离，幽隐莫发，数十年靡诉之衷，曾不得快然一吐。而使后起少年推以多闻博学，其辱已甚。"呜呼！然则今日之尊三先生者，毋辱之斯可矣。呜呼！然则后之书三先生者，若徐鼒之书法斯可矣。

《国粹学报》1907年9月第3卷第9期

序跋提要

书顾宁人昌平山水记后　王炜

《昌平山水记》二卷，昆山顾绛宁人著。予别宁人二十二年，宁人寄予三书，沉其一。是记则从伊人得观借录者。其作记之意，与援引载籍，可以稽考故迹，备实用不论。独念宁人身抱大痛，太夫人王以贞女持服拊育宁人，续仲从君上承蠡源先生之系，卒以大义不食死。宁人不能以其学奋身鳞翼，大揭亲志于天下，老而无子，奔走流离，至与后起少年，以高文博学为海内称，而其幽隐莫发，数十年靡诉之衷，曾不得快然一吐于行墨间，使天下知其母子之任纲常持世道有如此者，为可哀耳。予尝谓王道不明于天下，圣学可尽于吾身。宁人则以为吾身之显晦在天，博观天下以求吾之志在我，故走齐、鲁并燕、赵，历晋、豫、秦中，东迄辽左，西抵榆林，此其所观不少矣，第不知亦能得其志否耶？昌平一州之所记已如此，彼齐、鲁、燕、赵、晋、豫、秦、辽独无以动其记载耶？宁人之学尤长于史，此记亦史类。予犹记其家难时，出诸史籍并蠡源先生手录时事如《三朝纪事阙文》之类，尽以赠潘；又指其自注诗十二卷，谓予曰："此史也，他日当付子。"丙申夏别于南陔堂，予索之，则前留他所，又不知此诗今尚存否耶？宁人老矣，无子嗣矣，亲不能扬，志不能遂矣！予每过昆山，为之不怡者累日。使宁人而归望两峰，即当恸绝，更何问兄弟亲故，与追论往事，是安得不宁去故乡，而甘于客死哉！噫，可痛也！

王炜《鸿逸堂稿》卷四，清初吕士鵕、吕士鹤刻本

顾亭林先生集序　朱用纯

天以五行生万物，地以五岳奠万方，圣人以五经教万世，其功同也。盖圣人禀五行之秀，钟五岳之灵，故能于天地之心无所不体，天地之用无所不达，而以其五经辅成天地生之奠之之功。然圣人之得志于时者，类皆敷五教以为治。其作为五经，以为五教，又皆圣人不得志于时者之所为也。故后之君子，抱道秉义，无所施于世，不得已而立说著书以垂后者，要皆

不越乎五经之范围。然或得其温柔敦厚，或得其疏通知远，或得其洁静精微，或得其恭俭庄敬，或得其属辞比事，正所谓圣人之道大而博，学者不能遍观尽识，而皆得其性之所近而已。

吾乡亭林顾先生，以经纶天造、恢张帝略、衽席民生之学，而履天圮地裂、国破家倾、流离奔走，靡有宁宇之遇，然其遇固极时数之奇穷，其学则极古今所大备，盖遇不足挫其所学，学适以惬其所遇。故其轨辙之至，贤豪归之，学士师之，罔不担簦负笈，风靡景附而网罗之。所获讲论之所发，投报之所言，辑而为书，散而为文，盖不啻千百卷。顾好之者往往争相传诵，争相乞假，以故多所放失。晚乃殁于山右，其子衍生仅于羁旅之中，倥偬之际，收拾百一，囊而奉之。先生之从弟岩、犹子洪慎扶丧南返，又稍稍搜访，乃以示余，而委余为序。

余谢之曰："先生一生游历，几遍天下，所交魁人杰士，亦几遍天下，而犹未有序之者，余何人，敢赞一辞？"乃强之再四，因受读卒业，而叹先生之学赡矣，先生之文伟矣！其砥砺末俗之浇讹，则得之《诗》者多；辨论国家之治体，则得之《书》者多；穷析义理之精深，则得之《易》者多；是是非非不容偏假，则得之《春秋》者多；事事物物不苟凌杂，则得之《礼经》者多。然此犹分别义类而言也，若其沉浸乎百籍，贯穿乎百代，则所为千百卷者，亦何篇何章，非《诗》《书》《易》《礼》《春秋》之意趣洋溢于笔墨之间。盖自圣门文学为科，而说者谓著之词章者为文，博其探索者为学。窃以为秦、汉以来，如先生之文者有矣，未有能如先生之学者也。然苟未有能如先生之学，则虽谓未有能如先生之文可也。若夫先生时与道左，用无可显，因以其岁月驰驱齐、鲁、燕、赵、秦、晋之邦，江山云物，陶冶胸襟，而一写于著述。如昌黎谓子厚穷不极，其文学词章必不能自力以致必传于后，虽使子厚为将相于一时，孰得孰失，必有能辨之者。又如马宾王谓司马子长南浮江淮，北过大梁，西使巴蜀，东适乎夫子之乡，而睹车服礼器之盛，故其文纵横出没，万变无穷。此皆仅与文章家较彼此之短长，非所以论先生。先生之学，后世苟有能用之者，虽以之经纶天造、恢张帝略、衽席民生而翼五经，以达天地之用，何多让焉，何多让焉！

吴金澜等纂修《光绪昆新两县续修合志》卷四十六，清光绪六年刊本

历代帝王宅京记序　徐元文

自古帝王维系天下,以人和不以地利,而卜都定鼎,计及万世,必相天下之势而厚集之。周之盛也,元公营洛以备时巡,而丰镐之故都未之有易,洎乎宣幽,王灵不替。至于平王,举祖宗之故地而弃之秦,黍离之所以降为王风也。柳子厚谓:周之亡久矣,徒建空名于诸侯之上耳。夫以文武成康功德之在人,宜若设险守国,可以无庸,而大势一失,不能复振,岂非得全者昌,失全者亡,古之帝者必居上游,其以此哉。汉娄敬之言,赖张良力赞成之。唐武德中,遣使按行樊邓,将徙都焉,因秦王之谏而止。宋都大梁,谋徙而弗果也。太祖曰:不出百年,天下民力竭矣。其后果致偏安。有识之士谓:明成祖不迁北平,则南都未可以二百四十年而无事。由是言之,天下之势,自西而东,自北而南,建瓴之喻,振古如兹,于今为烈矣。

舅氏亭林先生,天授高才,继古人绝学,当明之末,欲有所树立,迄不得试,乃退著书以自见。有曰《肇域志》者,囊括《一统志》、二十一史及天下府、州、县之志书而成者也。继又摘其有关政事者,为《天下郡国利病书》。而复汇从来京都沿革之故,参互考订,辑成是编,共二十卷,名曰"历代帝王宅京记"。

夙尝请之,而未肯出诸笥也。岁之壬戌,先生捐馆,简阅遗书,则是编存焉。念曩者大廷对策,谬荷先帝国士之知。先生勖语:必有体国经野之心,而后可以登山临水,必有济世安民之识,而后可以考古论今。元文虽不敏,请事斯语,迄今三十年,未之敢忘。兹者,恭膺天眷,承乏纶扉,常恐有负先生之教,下负所学,即上负圣朝,因不揣固陋,序而归诸其嗣。呜呼!在德不在险,自古言之,而冀都好风水之说,顾出自朱子,则先生是编固俟后圣而不惑也夫。昆山徐元文谨序。

《亭林先生遗书汇辑·历代帝王宅京记》,清光绪十四年朱氏槐庐家塾刊本

日知录序　潘耒

有通儒之学，有俗儒之学。学者将以明体适用也，综贯百家，上下千载，详考其得失之故，而断之于心，笔之于书，朝章国典，民风土俗，元元本本，无不洞悉，其术足以匡时，其言足以救世，是谓通儒之学。若夫雕琢辞章，缀辑故实，或高谈而不根，或剿说而无当，浅深不同，同为俗学而已矣。自宋迄元，人尚实学，若郑渔仲、王伯厚、魏鹤山、马贵与之流，著述具在，皆博极古今，通达治体，曷尝有空疏无本之学哉？明代人才辈出，而学问远不如古。自其少时鼓箧读书，规模次第已大失古人之意，名成年长，虽欲学而无及。间有豪隽之士，不安于固陋，而思崭然自见者，又或采其华而弃其实，识其小而遗其大，若唐荆川、杨用修、王弇州、郑端简号称博通者，可屈指数，然其去古人有间矣。

昆山顾宁人先生，生长世族，少负绝异之资，潜心古学，九经诸史，略能背诵。尤留心当世之故，实录、奏报，手自抄节，经世要务，一一讲求。当明末年，奋欲有所自树，而迄不得试，穷约以老，然忧天闵人之志，未尝少衰，事关民生国命者，必穷源溯本，讨论其所以然。足迹半天下，所至交其贤豪长者，考其山川、风俗、疾苦、利病，如指诸掌。精力绝人，无他嗜好，自少至老，未尝一日废书。出必载书数簏自随，旅店少休，披寻搜讨，曾无倦色。有一疑义，反覆参考，必归于至当；有一独见，援古证今，必畅其说而后止。当代文人才士甚多，然语学问，必敛衽推顾先生。凡制度典礼有不能明者，必质诸先生；坠文轶事有不知者，必征诸先生。先生手画口诵，探源竟委，人人各得其意去。天下无贤不肖，皆知先生为通儒也。

先生著书不一种，此《日知录》则其稽古有得，随时札记，久而类次成书者。凡经义、史学、官方、吏治、财赋、典礼、舆地、艺文之属，一一疏通其源流，考正其谬误。至于叹礼教之衰迟，伤风俗之颓败，则古称先，规切时弊，尤为深切著明，学博而识精，理到而辞达。是书也，意惟宋元名儒能为之，明三百年来，殆未有也。

耒少从先生游,尝手授是书。先生没,复从其家求得手稿,较勘再三,缮写成帙,与先生之甥刑部尚书徐公健庵、大学士徐公立斋谋刻之而未果。二公继没,耒念是书不可以无传,携至闽中,年友汪悔斋赠以买山之资,举畀建阳丞葛受箕,鸠工刻之以行世。呜呼!先生非一世之人,此书非一世之书也。魏司马朗复井田之议,至易代而后行;元虞集京东水利之策,至异世而见用。立言不为一时,录中固已言之矣。异日有整顿民物之责者,读是书而憬然觉悟,采用其说,见诸施行,于世道人心实非小补。如第以考据之精详、文辞之博辨,叹服而称述焉,则非先生所以著此书之意也。

潘耒《遂初堂集·文集》卷六,清康熙刻本

书金石文字记后　潘耒

古金石刻,不独文词之典雅、字画之工妙为可爱玩,而先贤事迹、前代制度不详于史者,往往著见焉,其有资于博闻多识不细矣。而其为物散在天地间,日亡日少。好古之士荟萃成书者十数家,收之博而辨之精,无若欧、赵二录。欧录之目千,赵录二千,皆据其实有者籍记之,他书循名泛列,固不辨其存亡也。亭林先师实甚好古,游辙所至,旁搜博采,著成此书,惟就碑刻现存及收得拓本者录之,得三百余通。其数少于欧、赵,而考论详核,不啻过之。夫今之去宋仅五百余年,而十亡七八,则过此以往,又当何如?以彼亡佚者为可惜,则其幸而存者,可不知宝重哉?耒夙有此好,孜孜访求,所得有在兹编之外,并欧、赵所未录者,不忍使其无闻,谨附载于后,以见古碑之亡于通都大邑,而留于荒村穷谷者,尚多有之。搜罗表章,无令泯灭,是所望于后之君子。

潘耒《遂初堂集·文集》卷十一,清康熙刻本

菰中随笔序　何焯

亭林先生老而好学,遇事之有关于学术治道者,皆细书札记,述往俟

来，其用意岂止博闻强记蕲胜于不说学者哉？身殁后，遗书悉归于东海相国，然不知爱惜，或为人取去。此《菰中随笔》一册，余于友人案间得之，视如天球大图，时一省览，以警惰偷，南北奔走，未尝不以自随也。先生所著《区言》五十卷，皆述治天下之要，余曾在相国处见一帙言治河事，亦如此细书者，不识能宝藏否？若遂付之鼠啮虫穿，不惟有负先生，而亦重生民之不幸矣。庚午仲秋之月，后学何焯识。

何焯《义门先生集》卷一，清道光三十年姑苏刻本

日知录二则并按语　张坊

春秋时，晋国本都翼，在今之翼城。及昭侯封文侯弟桓叔于曲沃，桓叔之孙灭翼，而代为晋侯都曲沃，在今闻喜县（汉志，闻喜故曲沃）。其子献公城绛居之，在今太平之南绛州之北（今太平县南二十五里城址犹存）。历惠、怀、文、襄、灵、成六公，至景公迁于新田，在今曲沃县（杜氏曰，新田今平阳绛邑县是，后魏始名曲沃），当汾浍二水之间，于是命新田为绛，而以其故都之绛为故绛。此晋国前后四都之故迹也。

晋自都绛之后，遂以曲沃为下国（僖公十年狐突适下国），然其宗庙在焉。考悼公之立（成公十八年），大夫逆于清源（杜氏曰，河东闻喜北有清源），是次郊外。庚午盟而入，辛巳朝于武宫，是入曲沃而朝于庙。二月乙酉朔，即位于朝，是至绛都。而平公之立（襄公十六年）亦云改服修宫烝于曲沃，但不知其后何以遂为栾氏之邑。而栾盈之入绛，范宣子执魏献子之手，赂之以曲沃（襄公二十三年）。夫以宗邑而与之，其臣听其所自为，端氏之封，屯留之徒，其所由来者渐矣。

按顾宁人先生，江左宿儒，足迹遍山右，晚寓曲沃数年，卒于城南韩进士宣之宜园，所著《日知录》，闻皆成于其家。晋省他处考古精确，独晋国四都故迹及曲沃论，未免拘于后世志乘之传讹，《前汉书》之应邵解，《后汉书》之郡国志，及《诗经》《春秋》《国语》《史记》等书之注疏也。夫晋本霸国，载籍独详，稽古得实，阅历斯明。周公灭唐成王以封叔虞，在今翼城西之古唐城（翼西二十里，详《史记》），旋都于翼，亦在翼之古晋城（即

今故城村西）。子燮以南有晋水改为晋侯，并未迁都，何至北逾太原（详《史记》《竹书》）？穆侯迁都于绛，殇文、昭侯即都今之翼治，抚临绛山，表里山河形势最美（详《诗谱》《水经注》）。昭侯又迁于翼，改绛为翼。孝、鄂、哀、小晋侯仍在晋城旧都（详《左传》《国语》）。曲沃武公既并晋国，始徙于绛。献公北广其城，又命之为绛，九年始城绛都，历献、惠、怀、文、襄、灵、成、景九十五年。故绛之霸都，固非太平南、绛州北之晋城，而更非今绛县古聚邑之车箱城（详《诗谱》《水经注》、杜注、孔疏、《后五都征》）。是于唐晋于绛翼故绛，五都而实三都，皆在翼城之境。唐叔曾孙成侯迁都于曲沃，厉、靖、僖、献五世，在今曲沃城南二里沃国故城，而非汉武所改桐乡之闻喜（详《诗谱》、杜注“沿革”志“曲沃征”）。景公迁于新田，既今邑侯马镇，秦汉后之绛县、绛邑县治地，历厉、悼、平、昭、顷、定、出、哀、幽、烈、孝、靖十三公，终于魏、赵、韩三分，而非今曲沃之新城（背汾面浍，西则两川交会，详“新田征”）。是曲沃、新田两都皆在曲沃之境。合观之，七百三十二年间，晋凡六迁，不只四都，当为唐、晋、曲沃、绛、翼、故绛、新田，七都而宝则五都也。盖天下郡邑，古来不尽建都立国之地，即有无何足重轻。然学者考古，必求其真，以讹传信，反以启识者之疑。余非好辨，但历官此地一十五年，邻封公事周览所至，即古征今，亲为考证如此，故不得不为后人指明耳。先生有灵，当不河汉余言也夫。（前邑侯张坊志）

韩子泰等纂《光绪续修曲沃县志》卷三十一《艺文志·碑记》，清光绪六年刻本

跋金石文字记　钱大昕

昆山顾氏论开成石经缺笔之例，自高宗至明皇以祧庙而不讳，信矣。至文宗讳“涵”而不缺笔，则引古者卒哭乃讳，以证生不当讳，此考之未审而强为之辞也。秦汉以后，御名未有不避者，故汉宣帝诏曰：“闻古天子之名难知而易讳也，今百姓多上书触讳以犯罪者，朕甚怜之，其更讳询。诸触讳在令前者，赦之。”许叔重《说文》于安帝名亦称上讳。即以唐事言之，章怀太子注《后汉书》，于“治”字皆改易。明皇时杨隆礼改名崇礼，宪宗时陆淳改名质，曷尝有生不讳之令乎？文宗本名涵，及即位改名昂，既有改

名，则旧名固在不讳之条。九经无“昂”字，设有之，亦必缺笔也。亭林偶未检《唐史本纪》，以意揣度，遂有此失。

钱大昕《潜研堂文集》卷三十，清嘉庆十一年刻本

历代帝王宅京记序　钱大昕

《历代帝王宅京记》二十卷，顾亭林先生所编次也。自古封建之世，天子不私其土，所自治者，邦畿千里而已，是为天子之国；其曰天下者，合诸侯之国言之也。天子自治其畿内，而群侯朝觐奉职，莫敢违天子之政令，故曰国治而后天下平，又曰天下之本在国。当是时，天子所宅曰邑、曰都、曰京师，但取四方职贡道里之均，不必据形势以为固也。秦汉以来，改封建为郡县，寸地尺天，咸统于天子，遂无国与天下之分。而卜都之议，尤重以周，盖土地广而政事繁，规模异于先古，则居中驭外，必有高屋建瓴水之势，而控扼之方、输挽之便，皆当筹及焉。昔郑夹漈作《通志》，于历代郡县略而不书，而独立“都邑”一门，宅都之所系，岂浅鲜哉。此编所列，较之夹漈尤备，洵读史家不可少之书。先生精于舆地之学，所著有《肇域志》《郡国利病书》，并此而三，然世间皆未有刊本。吴君道久购得此稿，亟欲梓以行世，其表章先贤、嘉惠来学之意，洵足多矣。嘉庆丁巳中秋日，竹汀居士钱大昕书。

邓邦述《寒瘦山房鬻存善本书目》卷七，民国十九年群碧楼邓氏家刻本

跋天下郡国利病书　钱大昕

亭林先生博学通儒，所撰述行世者皆有关于世道风俗，非仅以该洽见长，唯《天下郡国利病书》未有刊本，外间传写，以意分析，失其元第，然犹珍为枕中之秘。顷荛圃孝廉购得传是楼旧藏本卅四册，识是先生手迹。蝇头小楷，密比行间，想见昔贤用心专勤，不肯假手钞胥，故能卓然成一家言也。荛圃其善藏之。壬子十月廿四日竹汀居士钱大昕题。

乙卯春再阅于读未见书斋，其中仍不无出自钞胥手者，而朱笔校改皆

先生手定。予向所题识未免粗疏，而又题年月兼以自识。大昕又记。

顾炎武《天下郡国利病书》，昆山图书馆藏清稿本

书日知录原本后　陈梓

稼堂刊本当时急于问世，任臆点窜，大可惜也。幸余外氏与亭林先生交，得录原本。此复庵先生所手校者，其叙次亦与今本绝异，尝语遂野诸侄，宜什袭宝之，待有力而登之梨枣，则大快矣。然《日知》气节、典故而已，杨园遗集，明道之书也，蜀山疲弊精血，幸而告竣，一旦以讹言灾于祝融，则稼堂之点窜，犹顾氏之功臣也。

陈梓《删后文集》卷十二，清嘉庆二十年重刻本

亭林先生余集序　彭绍升

予年十六时，应童子试，至昆山。仲兄自家省余，一日，偕出游于市，见抄本《亭林集》一帙，兄得而售之以授予。予阅其文，中多点窜，意先生所手定。以既刻本校之，其所佚者十余篇，盖编集时为门人所削者也。然先生生平忠孝大节，实具见于此，其不可以无传也。爰录而序之曰：文之至者必根于天性，古之人忠孝之实郁于中，磅礴于外，明而为日月，怒而为雷霆，流而为江湖，其气充乎天地，故天地间气之所之，莫非其文之所著也。其有不容已于言者，于以自宣其忠孝之实，而其文亦遂与天地之气上下同流，亘古而不息。稽古唐、虞、三代、禹、皋陶、益、稷之谟，伊、周之训诰，大小雅正变之诗尚矣，下至屈原、贾生、刘子政、诸葛孔明、陆敬舆、刘去华、陈同甫、文宋瑞、郑所南诸公，其生平未尝求工于文，不过道其意所欲言而止。而后之人读其文，往往感愤流涕，不能自已，若生当其时而身其忧患者。盖忠孝之实无间于人人，唯此诸公能先得我心之所同然耳，而岂一人一世之事哉？亭林顾先生闲代通儒，有扶世立教之志，而生逢革命，无所发抒，孤忠磊磊，至老不渝。其所为文，至于家国存亡之际，慷慨伤怀，天性激发，以视屈原、贾生，未知其孰先而孰后也。先生尝受官唐王，时见于

文，故编集者不能无隐避。然伏观《明史》，凡明臣之自靖于诸王者，皆大书而表之。我朝教忠之意，至深远矣。彼区区务为隐讳者，岂足以识大公之道，昭然为万古立臣子之大防也哉？昔所南《心史》沉古井中，垂三百年而复出于世，今先生没且百年，而斯文乃属于予，是殆有不偶然者。《诗》曰：“民之秉彝，好是懿德。”吾侪亦勉而求尽乎忠孝之实，以副先生扶世立教之志，则先生之言虽不效于时，其有功于后世为何如也？乾隆三十八年，冬十月，长洲后学彭绍升序。

顾炎武《亭林文集》，清乾隆三十八年山隐居刻本

跋天下郡国利病书　黄丕烈

昆山顾亭林先生著作富矣。予所见刊本，惟《左传杜解补正》《九经误字》《石经考》《金石文字记》《音学五书》《吴才老韵补正》《日知录》《谲觚十事》《昌平山水记》《山东考古录》《京东考古录》《救文格论》、杂著、《诗集》、《文集》数余种而已。其传写行世者，自《天下郡国利病书》外不多见。间读其《文集》，有《天下郡国利病书序》《肇域志序》。窃疑两书何以一存一佚。书之显晦，殆有幸有不幸耶？

乾隆己酉九秋，友人张秋塘以《天下郡国利病书》原稿示余，共三十四册，蝇头小楷，密缀行间，楮墨具有古气。秋塘谓余曰：“此亭林真迹也，盍宝之？”余留阅一夕。至《山东省》，见卷首部页不全，书中文义亦有残阙，遂掩卷就寝而罢。明晨，秋塘索书甚急，因还之。然余犹不忍舍是书也，往晤秋塘，秋塘备述是书原委，云是传是楼旧物。而徐后归诸顾，顾后归诸王，此书乃得自王莲泾家。盖莲泾素藏书，而健庵系亭林之甥，其为原稿无疑。即有残阙，安知非即亭林序中所云“乱后多有散佚”者乎？重询是书，已归蒋春皋处，余方悔前此之不即归之也。

阅岁至壬子春，有五柳居书友携是书来。余且惊且喜，叩其故，知以古帖从春皋易得，方悟人各有所好，春皋所好在古帖，而是书不甚惜。予所好在古书，而是书得复来。遂以白镪数十金易之。是书本数与《苏州府志》艺文门所引子衍生曰“今传写本三十四册”之说相合。每本旁有小数，自一至

三十四，惟缺第十四本。兹之强分十五为十四者，定系后人伪作。每本部页标“某省”或“某府”字样。序次先后起自北直而苏松、常镇、江宁、庐州、安庆、凤、宁、徽、淮、徐、扬、河南、山东、山西、陕西、四川、浙江、江西、湖广、福建、广东、广西、云南、贵州、交趾、西南夷、九边四夷而止。他省不分府、南直独分者，盖亭林籍隶南直，纪载加详，与省府有上中下之别，恐卷帙繁重，故分之也。每本有“备录”字，始犹未得其解。覆案《肇域志序》有云“本行不尽则注之旁，旁又不尽则别为一集，曰备录”，则此书与《肇域志》相出入，亦未可知。否则如《利病书序》所云“有得即录，共成四十余帙。一为舆地之记，一为利病之书”，两书本合而存之与？至于《府志》载是书为一百卷，而外间传写本又强分一百二十卷。今观原稿，并无卷次，则分卷之说俱不足信。且各省先后传写，本不复如原稿次第，故取对多所不同。即所缺之第十四本，或居十三本《河南省》之后，而所缺在河南。或居十五本《山东省》之前，而所缺在山东，皆不得而知之也。今十五本从新店浅云云起，决非完书。取传写本相对，《山东省》有起处数页，《河南省》亦于起处多两页。余为录入，非敢伪为也，亦补其所当补耳。他若每本部页悉仍其旧，至某省某府以及“备录”二字其为亭林手书与否？任人以字迹辨之，可也。本数多寡，已分三十四为六十，有原稿部页别之，仍可弗乱。噫！古来地理书何限，地理书之不全，而仍宝于世者，又何限。后魏郦道元之《水经注》、唐李吉甫之《元和郡县志》、宋乐史之《太平寰宇记》、王存之《元丰九域志》、元岳璘所修之《一统志》，皆是也。何尝必求其全也哉。向使如外间传写之本，强分卷数，以托于全，几如无缝天衣，已失庐山面目，殊不思亭林自序中原以为初稿，未即成完书也。乌乎可！余今得是书，以还亭林之旧观，以正俗本之讹谬，余有之，抑岂惟余之幸耶？敢不宝而藏之，以俟后之能读是书、能用是书者。乾隆岁在元黓困敦阳月上弦前一日，听松轩主人书。

顾炎武《天下郡国利病书》，昆山图书馆藏清稿本

历代宅京记序　阮元

宁人顾氏，崎岖南北，所考山川、都邑、城郭、宫室，皆出自实践。当先生盛游之时，尝以一骡二马载书自随，所至扼塞，即呼老兵土民，询其曲折。或与平日所闻不合，则即坊肆中发书而对勘之。或经行平原大野，无足留意，于鞍上默诵诸经注疏，偶有遗忘，则又发书而熟读之，其精审如此。

先生撰《肇域志》未成，其稿本散出四方者，双行夹注，颇难雠校。至《郡国利病书》，流传虽多，然强半为抄手割落，而四库书中又仅列之存目，民间无从是正。惟此本《宅京记》为先生族裔孙顾竹楼所藏，王树畦同年携以示余，厘订修整，具有条理，不似《肇域志》之烦矣。然此书阁本有之，或者取而校订其异同，不亦更善乎！扬州后学阮元叙。

顾炎武《历代宅京记》，清嘉庆十三年来贤堂刻本

顾亭林先生肇域志跋　阮元

明末诸儒多留心经世之务，顾亭林先生所著有《天下郡国利病书》及《肇域志》，故世之推亭林者，以为经济胜于经史。然天下政治随时措宜，史志、县志可变通而不可拘泥，观《日知录》所论，已或有矫枉过中之处，若其见于设施，果百利无一弊欤？《四库书提要》论亭林之学经史为长，此至论，未可为腐儒道。此《肇域志》稿本未成之书，其志愿所规画者甚大，而《方舆纪要》实已括之。亭林生长离乱，奔走戎马，阅书数万卷，手不辍录，观此帙密行细书，无一笔率略，始叹古人精力过人，志趣远大。世之习科条而无学术、守章句而无经世之具者，皆未足与于此也。

阮元《揅经室集·三集》卷四，清道光刻本

别本求古录一卷写本　周中孚

国朝顾炎武撰。炎武，字宁人，号亭林，昆山人。《四库全书》著录，乃两淮盐政采进本。其书上自汉《曹全碑》，下至明建文《霍山碑》，凡五十六种，每刻必载全文。是本种数适合，而编次无序，所有考释亦甚寥寥，未能如两淮本之详明也。或不学者随意钞录，不顾时代，并不求完善，苟且了事，谬称全帙耳。版心具有“全帙”二字。然是本虽非原本，其序尚是原序，今取《金石文字记》核之，前后俱属相同，惟中一段太异，知是书当属《金石文字记》之初稿，至成书后，易以今名，并改窜旧序为新序，故书中考释亦多与《金石文字记》大同小异，后来潘稼堂刻《遗书》，亦不收入也。《亭林文集》亦无《求古录自序》。顾其中碑刻有不见于记者，如加青帝懿号诏、御祝文、苏轼题名、敕赐昭裕公碑、晋祠宋人题名、吕惠卿诗记、霍山中镇庙宋阮纲诗、元赵毂诗、宋颁庄子牒、永寿王诗、神宗赐文彦博诗、文潞公记、金王庭筠诗、司马公祠堂诗碣、司马温公墓志，计十五种，虽为当时所弃，而后人得之，亦足有资于考证，则此书宜其与《金石文字记》并行于后代矣。惜是本未能重加订正，以复《四库》著录本之旧耳。

周中孚《郑堂读书记》卷三十四《史部二十》，民国吴兴丛书本

金石文字记六卷亭林遗书本　周中孚

国朝顾炎武撰。《四库全书》著录。亭林好访求古人金石之文，以其事多与史书相证明，可以阐幽表微，补阙正误，不但词翰之工而已。以故所至名山巨镇，祠庙伽蓝之迹，无不寻求其可读者，必手自钞录，并抉剔史传，发挥经典，多有欧、赵两家之所未具者。自商、周以迄五季，凡三百余种，俱详加博考，不为意必之谈，其无可考者，具其立石年月及撰书人名氏而已。其卷末为识，余则并考，及宋元诸刻及明霍山庙建文一碑，又有诸碑别体字一篇，附载于后。其自序曾经所至之地，岂无挂漏，又望后人之同好者继我而录之也。是以其门人吴江潘稼堂耒复于兹编之外，并欧、赵所

未录者，为之补遗二十四种。《借月山房汇钞》亦收入之。

周中孚《郑堂读书记》卷三十四《史部二十》，民国吴兴丛书本

石经考一卷亭林遗书本　周中孚

国朝顾炎武撰。四库全书著录。案亭林《金石文字记》于汉唐石经考证最详，而不及历代，因复专勒是编，凡分十有二目：曰总序，曰汉石经，曰魏石经，曰晋石经，曰石经历代存毁之迹，曰杂著论跋，曰唐明皇御书孝经，曰唐石经，曰蜀石经，曰宋开封石经，曰宋高宗御书石经，曰晁公武石刻古文尚书，皆汇辑群书，具详其沿革异同。大略极为精核，间有疏舛，亦千百之一耳。后来诸家递加考证，益臻美备，而亭林实有创始之功焉。借月山房汇钞亦收入之。

周中孚《郑堂读书记》卷三十四《史部二十》，民国吴兴丛书本

音学五书五种原刊本　周中孚

国朝顾炎武撰。炎武，初名绛，字宁人，号亭林，昆山人。《四库全书》著录。按自明陈季立以后，始启古音之门径。亭林得其端绪，因即《广韵》一编，旁通其说，作《音学五书》，凡三十八卷。自谓《诗》《易》二经各为之音，以其经也，故列于《唐韵正》之前。学者读之，则必先《唐韵正》而次及《诗》《易》二书，明乎其所以变，而后三百五篇与卦爻彖象之文可读也。以上《答李子德书》。前有自撰《总序》三篇，《答李子德因笃书》一篇，又有崇祯癸未曹能始学佺序一篇，题曰“音学五书叙”，实即“诗本音叙”，以其作于明末，故取以冠首而改其标题也。余既以五书各记于小学类韵书之属，而复总别其目于此：《音论》三卷、《诗本音》十卷、《易音》三卷、《唐韵正》二十卷、《古音表》一卷。

周中孚《郑堂读书记》卷五十九子部十之八，民国吴兴丛书本

郡国利病书一百二十卷写本　周中孚

国朝顾炎武撰。履贯见经部春秋类。《四库全书》存目，作《天下郡国利病书》。是本无“天下”二字，盖传写有不同也。亭林在明季时，采摭二十一史、明代《实录》、天下府州县志及诸家奏疏、文集之类，凡有关于舆地与夫利病者，录成是编。首为舆地山川总论、司府州县卫所同名，次为两京十三司，又次为边备、河套、西域、交趾、海外诸国，而所入贡互市终焉。卷帙浩繁，入国朝后，多有散佚，乃重加增补。然自序称其书“本不曾先定义例，又多往代之言，地势民风与今不合，年老善忘，不能一一刊正，姑存之，以待后之君子斟酌去取”，盖未经订定之稿本，故同异兼收，矛盾不免。若专为郡国利病而言，则以此编而折中于昭代官修诸书，亦有助于经济也。其自序作于康熙壬寅，时亭林年甫五十，而曰年老善忘，何欤？

周中孚《郑堂读书记·补逸》卷十一，民国吴兴丛书本

历代宅京记二十卷旧钞本　周中孚

国朝顾炎武撰。履贯见经部春秋类。《四库全书》著录，作《历代帝王宅京记》，盖所据写本如是也。亭林尝囊括二十一史、明代《实录》《一统志》及天下府州县志，成《肇域志》，继又摘其关于政事者，成《郡国利病书》。此复汇辑上起三皇、下迄元代建都之制，参互考订，成是编。凡总序二卷，关中四卷，洛阳三卷，成都一卷，邺二卷，建康、云中各一卷，晋阳、太原、大名合一卷，临潢、幽州各一卷，辽阳、大定、会宁、开平合一卷。其于历代都邑建置沿革，以及城郭宫室、郊庙寺观俱备载之，本末赅具，采择考证均极精详。其体例虽仿程氏《雍录》、宋氏《长安志》，而程、宋二家专及西都，是书则上下数千载间，三十余代，无不贯穿，为尤难也。前有康熙庚午徐立斋元文序，后有其子衍生跋。向无刊版，传钞之本多脱误异同，至嘉庆戊辰，其五世从孙锡祉始为刻之，刻本前有阮云台元序。

周中孚《郑堂读书记·补逸》卷十三，民国吴兴丛书本

日知录跋　吴寿旸

亭林先生《日知录》初本八卷，后附《谲觚十事》。符山堂刻。先生书前云："愚自少读书，有所得辄记之，其有不合时复改定，或古人先我而有者则遂削之。积三十余年，乃成一编，取子夏之言，名曰《日知录》，以正后之君子。"又自序："上章阉茂之岁，刻此八卷。历今六七年，老而益进，始悔向日学之不博，见之不卓，其中疏漏，往往而有，而其书已行于世，不可掩。渐次增改，得二十余卷，欲更刻之，而犹未敢自以为定，先以旧本质之同志。"云云。先君子书第八卷"九州"条下云："某按此二则，今刻全本《日知录》中不载，殆因阎百诗有驳正之语，故亭林遂削去之耶？详见《潜邱札记》。"

又

右潘稼堂先生刻三十二卷，先君子以初本校，并有按语，又录阎潜邱《补正》及同邑许仲韦先生评语于上。

又旧钞本

右钞本三十二卷，先君以校刻本颇多增益，书后云："丙午秋日，得此书以志憙。"简庄征君借校记云："戊辰夏，自吴门至虞山，较阅一过。"

吴寿旸《拜经楼藏书题跋记》卷四《诸子杂家》，清道光二十七年刻本

菰中随笔跋　吴寿旸

右钞本三卷，先君子校阅，有按语。复经胡雒君、陈简庄二征君借阅，雒君先生有粘签数十条。后附《诗律蒙告》数叶，先君书云："自称《诗律蒙告》一卷，而此只寥寥数条，恐非全本。"

吴寿旸《拜经楼藏书题跋记》卷四《诸子杂家》，清道光二十七年刻本

书亭林答王山史与王仲复两书后　包世臣

《答山史书》略曰：仲复之言，自是寻常之见。虽然，何辱之有？《小星》《江汜》列之诗，纪叔姬列之《春秋》。虽今之媵，与古之娣侄不同，然父母所爱，没身敬之不衰，况此五十余年之苦节乎？使人谓诸母为尊公媵者，其位也；其取重于后人而为之受吊者，其德也。君子以广大之心，裁物制事，当不尽以仲复之言为然。将葬，及墓，当自西而上，不敢当中道。其反也，虞于别室，设座不立主，期而焚之。先祖有二妾，炎武所逮事，其亡也，葬之域外。此固江南士大夫家之成例，而亦《周官·冢人》或前或后之遗法。今诸母之丧，为位受吊，加于常仪，以报之足矣。若遂欲袝之同穴，进列于左右之次，窃以为非宜。

包世臣曰：无异别字山史，与亭林为道义交，所事予不悉原委，仲复之书亦未见。玩亭林两书，似仲复欲无异以嗣母礼为张氏发丧，讳言妾媵，而无异质其是否于礼宗者也。《礼》“齐衰三年”章“慈母如母”，《传》曰：“贵父之命也。”“衰绖五月”章“君子子为庶母慈己者”，《传》曰：“以慈己加也。”郑氏申之曰：“若慈母不命，则亦服庶母慈己之服。”“缌麻三月”章“乳母”，《传》曰：“以名服也。”郑氏申之曰：“谓养子者有他故，贱者代之慈己。”《礼》曰：“为慈母后者，为庶母可也，为祖庶母可也。”亭林以无异由兄子出嗣，与妾子殊科，又自明祖颁行《慈孝录》后，为庶母皆衰期而父妾则无服。亭林于此，名以父妾则心实不安，名以庶母则衰期有令，故变其文曰“诸母”。然郑氏注“诸母不漱裳”曰：“诸母，庶母也。”此其意有所穷，而辞不能不遁者也。无异嗣父既没，而太君犹住世二十五年，是其殁也，年不过强艾之间，张齿正盛，则其嗣无异在张称未正之后可知也。其入嗣也，太君必命之，其父母必命之。以四龄之孩提为人后，揆以人情，张虽贤淑，不命为母子，太君及其父母之心，能必张之顾复鞠育不殊所生耶？古人有长于嫂而报以母服者，君子不非也。叔嫂于礼亦无服之亲耳。今张以稺妾矢志嗣藐诸以延祀，奉垂白以尽年，天祚节孝，使无异年未六十已抱曾孙，而亭林且必使之不得与贱者代之慈己者同服，是则予之所不能解也。

节录自包世臣《小倦游阁集》卷十八《正集十八》，清小倦游阁钞本

亭林文稿文录引　李祖陶

顾亭林先生一代奇人，其学博而精，其志坚而确，其才可以有为于天下，而其所著之书则欲为法于后王。诗、古文、词，不屑措意者也。其《与人书》有曰：凡文之不关于六经之旨、当时之务者，一切不为。又曰：韩文公文起八代之衰，若但作《原道》《原毁》《争臣论》《平淮西碑》《张中丞传后序》诸篇，而一切铭状尽谢绝，则诚近代之泰山北斗矣，今犹未敢许也。可以想见生平之自命矣。然其学既博且精，则其于理无不熟；其志既坚而确，则其于力无不果；其才既足有为于天下，则必不为无用之空言；其书既欲为法于后王，则其溢于文者必皆可传而可诵。而又运以深心，行以大力，振以高格，出以简裁，有王介甫之老健而去其横，有苏子瞻之畅达而无其荡，即以文论，当时以旗鼓自雄者，亦未能或之先也。今录其尤者为二卷，虽多寥寥短篇，实胜他家之洋洋大幅。盖辨学术，正人心，定经制，明出处，言立而德与功皆具。书札间用骈俪，格尤古云。上高李祖陶。

李祖陶《国朝文录》卷一《能学士文集录》，清道光十九年瑞州府凤仪书院刻本

顾氏日知录跋　吴兰修

国初顾亭林、阎百诗、朱竹垞诸公岿然并起，而亭林其尤也。生平周流西北垂三十年，所至载书自随，每有所得，辄记之，成《日知录》三十二卷，余录四卷，于经义、史学、天象、地舆、典礼、兵制及政事、风俗之得失，靡不综贯。但引据浩繁，不无舛误。如辨岳顶无字碑为汉武所立，而不知《汉书·武帝纪》注已载碑文，此姜西溟《湛园札记》所驳也。谓单名以偏旁排行，如卫瓘、卫玠之类，而不知《晋书》玠乃瓘之孙，此阎百诗《潜

丘札记》所驳也。谓《诗》除二南《七月》、正雅、三颂之外，皆不入乐，而不知季札观乐，列国之风并奏，此全谢山《经史问答》所驳也。谓随会不与晋文同时，而不知《左传》城濮之役，士会摄右，士会即随会，此钱辛楣《养新录》所驳也。谓韦昭注《国语》，凡“庄”字犹避汉明帝讳作“严”，为意存忠厚，而不知其沿袭旧文，疏于检点，此赵云松《陔余丛考》所驳也。谓《禹贡》东迤北会于汇，盖指固城、石臼等湖，而不知《正义》引郑云“东迤者为南江”，郑氏读东迤为句，南江北会于具区，故曰“北会于汇”，此阮宫保《浙江图考》所驳也。皆切中亭林之失。至谓幽、并、营三州在《禹贡》九州岛之外，幽则今涿、易以北至塞外地，并在今忻、代以北至塞外地，营则今辽东大宁地。按《尔疋》《释文》引郑康成曰：“舜以青州越海而分齐为营州，冀州南北太远，分卫为并州，燕以北为幽州，并旧为十二州。”《元和郡县》志太原府下引王肃曰：“舜为冀州之地太广，分置并州。”汉、唐诸家迄无异议。且《周礼》幽州泽薮曰“貕养”，注“在长广”，即今登州府莱阳县地。“其浸菑、时”，注“菑出莱芜，时出般阳”，即今济南府淄川县地。则幽州岂仅涿、易以北乎？并州泽薮曰“昭余祁”，注“在邬”，今汾州府介休县地。则并州非暨忻、代以南乎？又谓：“宣房既筑，导河北行，复禹旧迹，而梁、楚之地，自汉至唐，河不为害者几及千年。”按《汉书·沟洫志》自塞宣房后，河复北决于馆陶，分为屯氏河，东北经魏郡、清河、信都、渤海入海。元帝永光五年，河决清河、灵、鸣犊口，而屯氏河绝。成帝建始四年，河决于馆陶及东都金堤，泛溢兖、豫，入平原、千乘、济南，凡灌四郡三十二县。河平三年，河复决平原，流入济南、千乘。鸿嘉四年，渤海、信都河水溢，灌县邑三十一。据此，则百年之间，已经五决，此皆好骋议论，而不顾其背驰者。然而大纯小疵，终无害其宏博耳。亭林著作等身，《音学五书》尤有裨于声韵。惟《天下郡国利病书》，顾无伦次，盖钞辑各省府县图经、文册、邸报以备编撰者，惜乎其未及成书也。

徐世昌等编《清儒学案》卷一百三十二，民国二十八年北京修绠堂刻本

书亭林集后　彭蕴章

亭林欲以岁贡作令称职者世其官，盖寓封建于郡县之中也。其欲废科举，则有鉴于明季党援之患也。又年未四十，虽举不仕，曰所以息天下躁进之心也。夫三代多世官，抱道之士，伏处者不少矣。故废科举即所以息躁进，又有鉴于明季用人太骤也。昔江西某乡生神童，少年登第，倾动一时，乡之父老督课子弟益严，子弟多夭亡。名利之相耀，其害可胜言哉！

彭蕴章《归朴龛丛稿》卷十，清同治刻彭文敬公全集本

书顾亭林音学五书后　彭蕴章

予来闽南，闻操土音者呼“俞”为“尤”，呼“周”为“俞”，而始知“虞”“尤”相通，乃天籁也。夫古无四声之辨，亦无音韵之书，信口歌谣，自然合节，非所谓天籁乎？自吴棫《韵补》至邵长蘅《韵略》，所谓古韵通者，其说不同，迄无定论。如江韵惟“邦”字通“阳”，昌黎《平淮西碑》可证，余字未见通者。因“邦”字而遂谓“江”可通“阳”，非也；谓阳韵为古无通，亦非也。读是书，可得指归矣。

彭蕴章《归朴龛丛稿》卷十，清同治刻彭文敬公全集本

昆山顾氏日知录跋　曾钊

《日知录》三十二卷，昆山顾亭林先生撰。先生之学不专一家，然颇有是末师而非往古者，如谓司空因穴居而名，谓二《南》、《豳》诗皆非《风》，谓二《南》即“雅南”之南，谓“小人所腓”义取“随车而动”，谓“以其绥复”不当破字为“绥”，谓“皇帝辇出房”为秦仪，郑注《书》“出庙入庙”皆步，据《书》云“王朝步自周”，则王之步不但于庙云云，皆考之未确者也。

何以明之？《周礼疏·序》引郑尚书《注》：“初，尧冬官为共工，舜举

禹治水，尧知其有圣德，必成功，故改命司空，以官名宠异之。”据此，则司空即共工，名异实同。又《孟子》“上者为巢，下者为营窟”，此在未命禹之时。《书》称禹功曰：“平水土。”则职本与匠人营宫室不同，其改名司空者，“空”从工声，“空”“工”可通借。薛尚功《钟鼎彝器款识》“司工”释作“司空”。故尧因宠异禹，遂取同声字，改其官名耳，焉得谓取穴居义乎？

《周南》《召南》《豳》诗皆称《风》，盖七十子之微言也。《诗序》：“《关雎》麟趾之化，王者之风。”“《鹊巢》驺虞之德，诸侯之风。”郑《诗谱》：“《风》有《周南》《召南》。”《周礼》注《豳》诗：“《豳风》，《七月》也。”“此《风》而言《诗》者，《诗》总名也。”据此则焉得谓二《南》及《豳》非《风》乎？

二《南》以化行南国名，若《小雅》以雅以南。毛《传》：“南夷之乐曰任。”盖任、南同声，故名。任为南，宋儒不解，混而一之，岂足据以疵旧说乎？

“小人所腓”，郑《笺》读“腓”为“芘”。盖戎车小人所芘，即《豳风》“敦彼独宿，亦在车下”是也。又“腓”从“非”声，“芘”从“比”声，古音“非”“比”相近。《书》“剕辟”，《史记·周本纪》作“髌”。《公羊》襄二十九年《疏》引《郑驳异义》：剕，皋陶改作膑。则从非声者可从宾。《禹贡》“蠙珠”，《说文》引宋宏说：“淮水出玭珠。”是“比”与“宾”同声，亦可与“非”同声。郑读《诗》“腓”作“芘”，盖声音通转之学。宋儒乃谓小人随车而动，如足之腓，岂知“腓”在《易·象》为躁动，而非随动，岂足据以释《诗》乎？

《杂记》“以其绥复”，郑读“绥”为“緌”。《周礼·天官》：夏采“以乘车建绥复于四郊”。《注》：“绥故《书》作旞，杜子春读为绥。”郑谓“绥”为“緌”之误，盖《说文》无“旞”，当即“旞”字，郑读为“緌”，礼家古通耳。“杜”作“绥”，乃传写之失，非杜以为车绥也。不然者，杜岂不知绥非可建之物？又诸侯大夫升车得有绥，王者履乘石，何绥之有？然则郑虽破字，要岂无据乎？《周礼》“巾车象路以朝”，“司常道车建旞”，注：“道车，象路也。”“道仆掌驭象路，以朝夕燕出入。”据此，则王在宫以道车行，非秦仪矣，所异者辇耳。

又《王风谱》《正义》引郑注《尚书》曰："从镐京行至于丰，就告文王庙。"《曲礼正义》引曰："告文王庙，则告武王可知。"《史记·鲁世家》《集解》引曰"步行也，堂下谓之步。丰、镐异邑而言步者，告武王庙即行，出庙入庙不以远，为父恭也"云云，则当时成王以疾为恭，故不竢车而行，本非常制，安得据以谓周制王之步不但于庙乎？

大抵先生以经世自命，故长于史，至于说经，则韵学最深，其他训诂，或尚有未精考者，非学之不博也。盖先生以宋儒为归，所未通，然后上求于汉，又未尝致力《说文》，至以李仁父《五音韵谱》为徐铉所定，此其所以疏也。嗟乎，以先生学之淹贯，一不守古训，其疏舛犹如此，孰谓汉儒可轻议哉？钊不敏，嗜先生《音学五书》最笃，而于此书有不从者，不敢阿所好也，爰条书其后，以谂学者。

曾钊《面城楼集钞》卷二，清光绪十二年学海堂丛刻本

日知录集释叙　黄汝成

自明体达用之学不修，儁生巨材日事纂述，而鸿通瑰异之资，遂率隳败于词章训诂、襞绩破碎之中。汉时经术修明，贤哲著书，大都采择传记百家，论说时政与己志而已。魏、晋以降，著录始广。唐以后，遂歧分为数家。其善者，自典章经制，文物度数，以及佛老之书，徼裔之迹，莫不明其因革损益，巨细本末，号称繁博。然求其坐而言，可起而行，修诸身心，达于政事者，不数觏焉。昆山顾亭林先生，质敏而学勤，谊醇而节峻，出处贞亮，固已合于大贤。虽遭明末丧乱，迁徙流离，而撰述不废。先后成书二百余卷，闳廓奥赜，咸职体要，而智力尤瘁者，此也。其言经史之微文大义，良法善政，务推礼乐德刑之本，以达质文否泰之迁嬗，错综其理，会通其旨。至于赋税、田亩、职官、选举、钱币、权量、水利、河渠、漕运、盐铁、人材、军旅，凡关家国之制，皆洞悉其所由盛衰利弊，而慨然著其化裁通变之道，词尤切至明白。其余考辨，亦极赅洽。《易》曰："言天下之至赜而不可恶也，言天下之至动而不可乱也。"又曰："困者，德之辨也。"《传》曰："仁人之言，其利溥哉！"岂非善成其鸿通瑰异之资，而毕出于体用焉哉！元、

明诸儒，其流失喜空言心性，凡讲说经世之事者，则又迂执寡要。先生因时立言，颇综核名实，意虽救偏，而议极峻正直，俟诸百世不惑，而使天下晓然于儒术之果可尊信者也。汝成钻孿是书，屡易寒暑。又得潘检讨删饰元本，阎征君、沈鸿博、钱宫詹、杨大令四家校本。先生讨论既夥，不能无少少渗漏，四家引申辩证，亦得失互见，然实为是书羽翼也。用博采诸家疏说传注名物、古制、时务者，条比其下。伏处海滨，见闻孤陋，又耆硕著书富邃，而义无可附，则亦阙诸，窃虑踳驳有逾简略。呜呼！学识远不逮先生毛发，而欲以微埃涓流，上益海岱之崇深，抑愚且妄矣。然先生之体用具在，学者循其唐涂，以窥贤圣制作之精，则区区私淑之心，识小之惜，或不重为世所诟病者矣。书凡三十二卷，篇帙次第，略不改易。集释条目，诸贤名氏、里爵，具列于后，而辄著其大指于篇。

先生著述闳通，是书理道尤博，学术政治，皆综隆替，视彼窾言，奚啻瓶智。自康熙三十四年，吴江潘检讨刻于闽中。流行既久，刊阙多讹，潜丘诸君，皆有斠正。今兹《集释》，即缘为权舆，复广加钩析，脱字既增，误文亦削。诸君别著，论纂虽殊，指意可并，则亦附诸。至先生所纂《金石文字记》《山东考古录》《石经考》《五经同异》《音学五书》《郡国利病书》《亭林诗文集》《菰中随笔》等书，凡藉参稽，亟为决择，若异径庭，不引诠训。至汉、唐及明，经史传纪，诸子杂家，皆先生博综穿穴，兹更无事骈枝，凡所称引，率断自先生同时及后贤所述。先生问学浩博，论说深远，专综大纲，或忘识小。诸家辨驳，其无关闳旨者勿论。间有异同，转滋歧舛，用援郑诂《礼经》、颜注汉史之例，拾遗元文，参以私测，更列众言加之融释。诸经训纂，众史传志，其文可互通者，悉随先生所录疏明。至义类所触，或摭实略虚，或舍新征旧。又逸书别史，诸子百家，分见少殊，援引斯异，亦随所列之文，所据之本，略事钩甄，以祛抵滞。

先生负经世之志，著资治之书，举措更张，言尤慨切。第世异盛衰，则论贵参伍；求栋买毂，何殊区霿。爰竭颛愚，略疏偏激，不为掉磬，闲陈一孔，虽会几深，终惭和缪。又先生留心时务，奏议文书，事关利害，皆入简编。今有发明，广为采厕，著书诚尚雅驯，立说亦争要领，或节录其篇，或咸登其论，理势恐失其真，辞气多仍其笔，亦准全书，惟求实事。至于词原曲喻，隐多未正，既辄舛驰，阙疑云尔。

世嬗岁迁，学者辈出，参考古今，蔚成宏杰。其论治体要道，经术文章，器识虽殊，穿并则一。闲著名理，有出先生论述外者，既综疏列。至于考证诸家，意主搜罗，凡所引称，时至缴绕，今入注文，但取证明，奚事炫博，辄加删节，归诸简核。若语有繁略，理无醇疵，既列其凡，不广附丽。

疏说既繁，主名难一，氏族不署，淆舛易滋。然或同籍系罔辨，纂言既异，存亡须分。著录始辑注文，但称某氏，惟氏同则殊以官，谥同则加以地。其他区异，恉亦准斯。至同时材哲，则概著其名。事取标题，义无轩轾，第上相位崇，守土分别，兼获师承，宜谨书策，少变其文，复同前例。叔重解字，引贾逵之说，书官以尊；康成治《诗》，重毛公之贤，称笺自下。爰式先儒，用慎操翰。

徐世昌等编《清儒学案》卷七，民国二十八年北京修绠堂刻本

跋蔡岭香藏张力臣与顾亭林十一札卷　何绍基

蔡岭香藏张力臣与顾亭林十一札卷。瞿木夫旧藏，今归蔡岭香。

此张力臣与亭林先生十一札，为两小卷，木夫谓“十札”者，偶误也。以时事先后考之：去岁自往南买太史连，为第一札；今岁因台旌不定，为第二札；八月二日接手札，为第三札；前奉寄二札，为第四札；今岁前寄台札三封俱到，为第五札；接历下手教，为第六札；弨以冬春遘疾，为第七札；蒙寄楼桑诗，为第八札；前岁出门之后，为第九札；客岁孟浪出游，为第十札；料理大著付程使去后，为第十一札。第一札云：“前札见有《广韵》正讹一册，命标出刻附卷末。”此先生既刻《广韵》后也，正讹盖力臣所著，故复云：“拟稿未半，因疾而辍。”今此书未见刻本，不解何以中止，岂所著未精耶？又云：“所钉六本，后五本皆八九十叶，头本叙文、音论共四十叶。”后五本，即指《广韵》。札中复云：“《广韵》之淹没已久，先生特著《音论》阐发，乃为学者指迷。”知当日《音论》列《广韵》前，所谓“叙文”，即刻《广韵》之序也。今本《音论》分三卷，计九十叶，是先生后来所增矣。又云：“弨见先生刻先世诗文，孝思深至。按先生《钞书自叙》云：

‘自炎武之先人，皆通经学古，亦往往为诗文，本生祖赞善公文集，至数百篇’，此即先生所刻之先集欤？”第二、第三、第四札，俱不详刻书事，惟第三札有“《广韵》正讹连以疾辍，尚未卒业”之语。第五札有云：“闻无端牵缠，不胜悬结”，其为康熙七年山左狱事无疑。云“今春印出《广韵》百部”，是刻《广韵》初成时也。第六札云：“接历下手教，知陷害一事审时已得吐气。”此与前札相先后。后云“寄所作《瘗鹤铭辨》”，而先生诗有《寄张文学》，诗注中及所寄《鹤铭辨》，乃在康熙十年重光大渊献，或编诗之误，或容寄后，诗迟作也。第七札云：“大驾已至山左，想事毕即南来”，此盖康熙八年再至济南，案始结也，与第八札云“无端牵缠，遂至周岁”意正同。若先生先后屡游山左，无所谓“事毕”也。《楼桑庙》诗作于屠维作噩，正康熙八年也。第九札云“闻将刻《音学五书》，诚不朽大业”，又云“客夏先生寿登六旬”，然则此札在康熙十二年，先生六十一岁，将刻《音学五书》者，《音论》及《诗》、《易音》已先刻，至是将刻《唐韵正》，而始有“五书”之名也。第十札云：“将刻《音学五书》尤宜亟公海内，弨虽为病困，校雠尚可效劳。”此意数数言之，亦知先生刻是书非其父子莫能助也。又有云“《广韵后叙》并改正处，当即料理”者，按：所刻《广韵》，前有陈上年叙，署康熙六年，有云：“顾征君据唐人以正宋韵之失，据古经以正唐韵之失。所著有《音论》《诗本音》《易音》《唐韵正》《古音表》。”是先生刻《广韵》时，其五书已俱就绪，而是时始刻《广韵》。乃撰亭林年谱者谓“康熙六年，先生五十五岁，开雕《音学五书》于淮上”者，其误显然矣。《广韵后序》者，潘稼堂重刻《广韵》序云：“先师深明音学，实始表章，此书刻之淮上。然其所见乃内府刊本已经删削者，久而觉其书之不完，作后叙以志遗憾。”按：后叙不见于文集中，大要误以宋陈彭年等重修《广韵》为足本，而以此所据为删削本。不知重修本冗蔓，为丁度所讥，先生误为颠倒，而竹垞、稼堂亦同其失。后序不存《文集》，殆先生后来自订《文集》时已觉其误，而汰之乎？第十一札云：“料理大著”，盖已刻之《音论》也。云：“冬暮大驾南旋，弨或亦可归，即当校刻《唐韵正》，何快如之！”后来五书刻成，当尚多往复商议，惜存札止此也。年谱：先生于五十五岁、六十一岁两次南归，以后不复南涉江、淮。力臣虽日望其南，实则驰书相商，绝少面质。归元恭与先生书谓其“无邱墓之思”，其理亦殊不可解也。第九札又云：“闻于山右将起训堂，聚天下之书，更为宇内第一盛事。”按：张蒿庵自叙墓志云：“所著《仪礼郑注句读》，遇昆山顾宁人录一本，藏山西祁县所立书堂。”《静志居诗话》：宁人于山西营书院一区，尽取家中所藏十四经、二十一史暨明累朝实录插签。又健庵兄弟征书启言：“先生又尝欲作书堂于西河之介休，聚天下之书藏之，以贻后之学者。”先生所志如此，宜力臣思负笈以从也。札中又有“借钞《金石录》及《集古录》”之语，犹可想见当日得书愈难，故读书愈勤。如亭林未见宋本《说文》，乃能作《音学五书》，而今之满架图书不著丹铅者，为可慨也！先生自撰《音学五书叙》曰：“盖尝四顾踌躇，几欲分之，几欲合之，然后胪而为五。”今读此十一札，亦可见著书之苦心矣。余于癸卯集同人匄资建顾先生祠于慈仁寺之西隅。读《国史儒林传》，力臣附入《亭林传》，因思以力臣附祀于顾祠，迄未定议。同年友张石舟重辑《亭林年谱》，于刻书年岁，以此札订之，颇有未确处。惜石舟遽作古人，不及同展此卷，订正年谱之疵也。庚戌春日居慈仁寺古双松下，即亭林入都寓居处，适岭香从江南来，携示此卷，草草为跋于尾。

何绍基《东洲草堂文钞》卷十一《题跋》，清光绪刻本

顾祠听雨图诗录序　王鹄

昔晤张石洲何子贞两先生于京师，知有建顾先生祠议。乙卯秋祭，石洲已长往，子贞主讲山东，同孔绣山、叶润臣两阁读于雨中敬祀，画图作诗。丁巳闰夏，鹄祝先生生日，诸公集于祠时，又听雨，会者皆有诗，及今才六易春秋耳。张冢宰师、符南樵孝廉、叶润臣皆归道山，子贞学使、朱伯韩侍御先后归其乡，不知何时重见之。祁年丈引疾数年，今承恩召，孔绣山玉双昆仲清宦轿饥，而鹄也贫病患难，兵燹流离，几无生矣，乃幸更生。今伏处菰芦中，重展是卷，俯仰间身世苍茫，不禁今昔存亡之感也。拟寄绣山，藏之祠中，又闻冢宰师画双松，悬之寺壁，今佚去。时方小东刺史、宫子行大令录卷中诗，梓以传之，因思先生寓慈仁之年，春二月即有

济南之行，患难困厄，于此为甚，迨今二百十有八年矣。今华下、昆山皆有祠，考先生寓济南书局及《山东考古录》，桑庄度岁《刈禾长白山下》诗，魂其乐归来乎！昔先大人拟于明湖铁公祠或长白山范文正公祠左右建祠祀之，有志未逮，鹄他日能继之否也？感慨系之。世有品学志行如先生者，出抚斯苍生，佐圣天子，治益求治，则先生之心庶可一慰欤。

祁寯藻等撰《顾祠听雨图诗录》，清同治元年刻本

校刻肇域志商例　汪士铎

地理之学，原本《禹贡》。两《汉志》《禹贡》首疆域，四至八到也，次山川，次土贡、赋役，次贡道、附属国、次山水、支派，次任土作贡，而终以修身祇德、分土锡姓、德化远讫。班《志》益以沿革、风土，续志益以考古，此后惟《新唐志》益以沟渠、水利，宋金志益以镇堡，《元志》广及四裔，而《隋志》《旧唐志》县下备列沿革，《新唐志》详及府军守捉及羁縻军府，备一代之制，皆地理之要领也。《通典》《通考》上及列代，故体例小有变更，而实不越诸志范围。《元和志》言大川去郡县道里，亦前志所未及。《寰宇记》沿刘昭补注之例，而泛滥及于祠庙、鬼神、游览、词章之用，不可为典要。《元丰志》太为简略，惟详及镇堡为优。欧《记》仅南渡一隅，然大段如王氏志皆属简洁，此外皆侈游览，无足观也。《山经》之外，惟《水经注》为考古宗师，虽意尚词华，语征神怪，倘芟其芜累，撷其菁英，则故渎故城，条理秩秩，某山某水，准望明晰，可称绝作。士生今日，欲知两汉、魏晋以迄唐代北土故实者，舍此莫由也。《方舆纪要》专论兵事，为地理家空前绝后之作，可与郦氏称二大家，此皆无间言。《肇域志》《天下郡国利弊书》，则亭林先生未成之书，远不能与宛溪匹。然若有大力者，取《明一统志》《明会典》及本朝《一统志》、嘉庆十七年重修《会典》及《户部则例》《工部则例》，以今日新添改府、厅、州、县为主，详及贡赋、沟渠、村镇、营堡、丱冶，所在风土物产、道途之琐，分列小注，则成一吏治之书，与上二者，为三不朽矣。今条其宜检之书于下，重今时人书，次明人，次宋、辽、金、元人，次唐、五代，次上古、三代、两汉，

最末则魏晋、六朝人之书。

汪士铎《汪梅村先生集》卷九，清光绪七年刻本

日知录跋　张杓

亭林先生挟经世之才，怀匡时之志，慨然以世道人心为己任。所著《天下郡国利病书》，于廿一史外，博采天下图经及有明一代实录，下至公移、邸报，凡有关民生利害者，悉萃录之，旁推互证，务质之今日所可行，而不为泥古之说，诚古今一大著作也。书凡三十二卷，《余录》四卷，乃先生读书有得，随笔记录之文，尤生平精诣所在。自经史而外，凡国家政治，大而典礼财赋，小而馆舍邮亭，无不援据典籍，疏通其源流，而考论其得失。至于风俗之败坏，世教之陵迟，则陈古讽今，尤三太息。盖先生目击明季之政，故不觉言之深痛如此。虽其中考经之失，如幽、并、营三州不在禹贡九州之内；考史之失，如宣房既筑，导河北行，而梁、楚之地无水灾之类，皆不免疏舛。又讥《说文》穿凿，至谓武后制字，荆公作书，皆滥觞于许氏，立言亦过当。阎百诗、钱辛楣先后纠正之，均足为先生诤友。要之，先生之才体用兼备，固不屑屑以考订见长，而亦不徒以经生自命也。即以经学论，书中所录，及世所传《五经同异》，类皆折中众说，不名一家者。是先生学期心得，不尚苟同，而亦非立异，正不必于马、郑、程、朱之间，为先生强分主奴也。论者不察，乃据《音学五书》谓古音复萌自先生始，遂推先生为汉学；或又以《下学指南》一书，谓先生尊信朱子，力辨上蔡、横浦、象山诸人之非，因目先生为宋儒。议论哓哓，自以为推崇先生者至矣，而恶足当先生意哉！

贺长龄《皇朝经世文编》卷二《学术二》，清光绪十二年思补楼重校本

跋音论　陈澧

亭林先生云："自汉魏以上之书，并无言韵者，知此字必起于晋宋以下，晋陆机《文赋》曰：收百世之阙文，采千载之遗韵。文人言韵，始见于

此。”澧按：尹文子云‘韵商而舍徵’，此韵字之见于先秦古书者，亭林偶未考耳。王复斋《钟鼎款识》：楚曾侯钟有訇字，说者以为韵字。然犹不能无疑，不若尹文子之可据也。

焦弱侯《笔乘》有“古诗无叶音”一条，考证精确，不下于陈季立。焦与陈同时，未知二人孰先倡此说也。亭林论古诗无叶音，只引陈季立之说，后之言古音者，但知有季立，罕知弱侯者矣。焦云：“诗有古韵、今韵，古韵久不传，学者于《毛诗》、《离骚》，皆以今韵读之。其有不合则强为之音，曰此叶也。予意不然。如‘驺虞’，一虞也，既音‘牙’，而叶‘葭’与‘豝’，又音五红反，而叶‘蓬’与‘豵’。‘好仇’，一仇也，既音‘求’，而叶‘鸠’与‘州’，又音渠之反，而叶‘逵’。如此，则东亦可音西，南亦可音北，上亦可音下，前亦可音后，凡字皆无正呼，凡诗皆无正字矣，岂理也哉？如‘下’今在‘祃’押，而古皆作‘虎’音：《击鼓》云‘于林之下’，上韵为‘爰居爰处’；《凯风》云‘在浚之下’，下韵为‘母氏劳苦’；《大雅·绵》‘至于岐下’，上韵云‘率西水浒’之类也。‘服’今在‘屋’押，而古皆作‘迫’音：《关雎》云‘寤寐思服’，下韵‘辗转反侧’；《有狐》云‘之子无服’，上韵为‘在彼淇侧’；《骚经》‘非时俗之所服’，下韵为‘依彭咸之遗则’；《大戴记》孝昭冠词‘始加昭明之元服’，下韵‘崇积文武之宠德’之类也。‘降’今在‘绛’押，而古皆作‘攻’音：《草虫》云‘我心则降’，下韵为‘忧心忡忡’；《骚经》‘惟庚寅吾以降’，上韵为‘朕皇考曰伯庸’之类也。‘泽’今在‘陌’押，而古皆作‘铎’音：《无衣》云‘与子同泽’，下韵为‘与子偕作’；《郊特牲》‘草木归其泽’，上韵为‘水归其壑，昆虫无作’之类也。此等不可殚举，使非古韵而自以意叶之，则‘下’何皆音‘虎’，‘服’何皆音‘迫’，‘降’何皆音‘攻’，‘泽’何皆音‘铎’，而无一字作他音者耶？《离骚》汉魏去诗人不远，故其用韵皆同世儒徒以耳目所不逮，而凿空附会，良可叹矣。予儿朗生五岁时，方诵《国风》。问曰：然则‘驺虞’‘好仇’当作何音？余曰：‘葭’与‘豝’为一韵，‘蓬’与‘豵’为一韵。‘吁嗟乎驺虞’一句，自为余音，不必叶也。如‘麟之趾’，‘趾’与‘子’为韵，‘麟之定’，‘定’与‘姓’为韵。‘吁嗟麟兮’一句，亦不必叶也。《殷其靁》《黍离》《北门》章末语不入韵，皆此例也。《兔罝》‘仇’与‘逵’同韵，盖‘逵’古一音‘求’。王粲《从军诗》：‘鸡鸣达四境，黍稷盈原畴。馆宅充廛里，士女满庄馗。’‘馗’即‘逵’，九交之道也。不知‘逵’亦音‘求’，而改‘仇’为渠之反，以叶之迁就之曲说也。”

陈澧《东塾集》卷四，清光绪十八年菊坡精舍刻本

顾亭林手钞曲江集湛甘泉邱琼山两序跋　陈澧

郑小谷比部所藏《曲江集》，前有亭林先生手钞湛甘泉、邱琼山两序。湛序前阙六行，盖所据之本亦残阙，故仍之也。比部以《曲江集》易得，而亭林手书难得，故移出之，装为册子，以示同人。澧读《亭林集》，有《钞书自序》，述其祖训曰："著书不如钞书。"又自言客游四方，有贤主人以书相示者，或手钞，或募人钞之。然则钞书乃顾氏家学，亭林所恪守者。观此二序，楷法精谨，则凡所钞书，皆可想见矣。抑钞书之说有二：有钞而读之，有读而钞之。钞而读之者，《钞书自序》之说是也。读而钞之者，《日知录》《天下郡国利病书》，皆其读书时钞录群书而成一家之书。其学之博洽，乃或为古人之书所不及，此则钞书著书合而为一，盖钞书之极功矣。

比部谓澧宗仰亭林，宜有所论。澧愚陋，徒有宗仰之心耳，所论则未必当也，尚望有以教之。湛甘泉序云："吾所学则白沙先生，白沙之学，圣人之心学也，颜、孟、周、孔、文、武、商汤、尧、舜之正传也。以文献公之才，其可以与于此矣乎？其王道之学，存于文集者未少概见焉，何也？"澧读此窃有所不解。夫既不满于文献文集若此，则何必刻之而序之哉？《日知录》云：近世喜言心学，陷于禅学而不自知。然则甘泉之序，亭林必不以为然，特以此集既有此序，则钞之而已矣。凡学术不同者，往往相恶，亭林不喜心学而犹钞甘泉此序，又足见其无门户之见，为不可及也。

陈澧《东塾集》卷四，清光绪十八年菊坡精舍刻本

天下郡国利病书稿本　莫友芝

国朝顾炎武撰，乃钞集志乘史传未成之稿。道光间，成都龙万育得其副本刊之，凡百二十卷，此其元本也。同治丁卯九月客苏城，有持兴化人家藏来售，因获观之。皆细行杂钞，不出一手，以朱笔校改误字，其每件后时有零星小件，则行书密行增入，无误字，然则朱改及行书或亭林

笔也。末有黄丕烈跋云："乾隆己酉九秋，友人张秋塘以《天下郡国利病书》原稿示余，共三十四册。曰：此亭林真迹也。余留阅。至《山东省》，见卷首叶不全，书中文义亦有残阙，还之。徐晤秋塘，云：'是书是传是楼旧物，后归顾归王，此乃得自王莲泾家。其残阙者，安知非即亭林序所云乱后多有散佚者乎？'时书已归蒋春皋，余甚悔前此之不即收也。壬子秋，有五柳居书友携是书来，亟以数十金易之。是书本数与《苏州府志》艺文门载传写本三十四册之说相合，每本旁有小数一至三十四，唯缺第十四本，今之强分十五为十四者，定系后人伪作。每本部叶标'某省'或'某府'字样，次序先后起自北直而苏、松、常、镇、江宁、庐州、安庆、凤宁、徽、淮、徐、扬、河南、山东、山西、陕西、四川、浙江、江西、湖广、福建、广东、广西、云南、贵州、交趾、西南夷、九边、四夷而止。他省不分府，南直独分者，亭林籍南直，纪载加详故也。每本有备录字，案《肇域志序》有云：'本行不尽则注之旁，旁又不尽则别为一集，曰备录。'则此书与《肇域志》相出入。否则如《利病书序》所云'有得即录，共成四十余帙，一为舆地之记，一为利病之书，两书本合而存之与'。至《府志》载是书为一百卷，而外间传写又分一百二十卷，今观原稿并无卷次，则分卷之说俱不足信。且各省先后传写本不复如原稿次第，即所缺之第十四本，或居十三本《河南省》之后，而缺在河南，或居十五本《山东省》之前，而所缺在山东，皆不得而知之也。今十五本从'新店浅'云云起，决非完书。传写本《山东省》有起处数叶，《河南省》亦于起处多两叶，余为录入，其本数已分三十四为六十，有原稿部叶别之，仍可弗乱。"

莫友芝《宋元旧本书经眼录》卷三，清同治刻本

校刊亭林先生遗著缘起　朱记荣

国朝诸儒行谊之高，著述之富，其推昆山顾亭林先生。《国史·儒林传》先生褎然居首，海内学者翕然崇之，无异词焉。顾先生生平著述凡三四十种，今盛行于世者，惟《音学五书》《天下郡国利病书》《日知录》及吴江潘次耕检讨所刊《亭林遗书十种》。此外诸著或有单行本，或有丛书

所载零种，或未曾刊行、仅见钞本者，然皆虽传不显，学者每以为憾。记荣少好读先生之书，既重刊潘氏所行之十种，又欲搜辑未刊之本及零种之刊虽传不显者，陆续付梓，以尽潘氏未竟之绪。年来所获而付梓者亦十余种，急为公诸同好。后当随得随刊，不计年月远近。要以世间有存者，冀得旦暮遇之，毕刊而后已者亦十余种，急为公诸同好。后当随得随阅，不计年月远近，要以世间有存者翼得旦暮遇之毕刊而后已。然先生生平用功之久，部帙之大且博，至今尚未刊行者尚有《肇域记》一书，乾嘉间诸先达多有见全稿，皆蝇头小楷，每页上下左右多有补记，均以未易校刊难之。又有谓其要者已见于顾宛溪《读史方舆纪要》，此书似可不刊为辞。乾嘉时此稿存归安许氏，道光间又归海宁蒋氏，咸丰间为余姚朱久香阁学学所有。同治初元节相湘乡曾公总制两江，金陵开官书局，又有桂芗亭观察亦设书局，工于活字印本。时朱阁学督学安徽，以公事时与曾公会晤。曾公因假原稿，属书局募人钞录副本，将用活字版摆印，以广流传，钞工久之乃就。戊辰之秋，曾公调督直隶，庚午冬再督两江。此书有当事者不察，故迟迟未举。壬申春，曾公薨于任所，摆印之举遂作罢论。今原稿尚存朱氏，副本尚存书局，又合肥蒯氏及松江韩氏均有钞本。记荣尝体察之，此书非刊版之维艰，实校勘精善之维艰。今欲刊此种，必先得精通古今史学舆地者数人。仍假朱氏原稿及书局副本参互考订，凡有疑似，各为札记，附于本书之末，而顾氏原稿不改一字，庶为得之。记荣年来俗务分心，此举又非一人之力所能卒办。谨记所知，以质海内服膺顾氏之君子，而有力者为之，则有功于艺林多矣。光绪乙酉夏六月后学吴县朱记荣槐庐甫谨识。

朱记荣、席威辑《亭林先生遗书汇辑》，清光绪十一年朱氏校经山房刻本

亭林遗书跋　席威

右亭林先生著述之可考者如此。蒙按平定张石洲撰次先生年谱，云本之上元车秋舲，车又本之昆山吴止狷，而吴氏则本之先生抚子衍生。张《谱》已刊入《粤雅堂丛书》，兹特将吴《谱》校刊，从其朔也。顾张《谱》胪列各种外，云尚有先生勘定之书曰《西安府儒学碑目》，见先生

《文集》；曰勘定《家训》《近儒名论甲集》，见先生手迹；曰纂录《易解》，程、朱各自为书，见《答汪苕文书》；曰纂录《南都时事》，见《与戴耘野书》；曰点定荀悦《汉纪》，见潘稼堂《重刻汉纪序》；曰《区言》五十卷、《治河事》一帙，见何义门《菰中随笔序》；曰《备录》，见《江左十五子诗选注》；又尝欲编辑《姓氏书》，见《日知录》。呜呼，先生当明社既屋，高首阳之节，访求遗民逸老，足迹遍穷边绝塞，王氏山史所谓义士不合于时以游为隐者也。迹其操行之峻，撰述之富，与楚中王船山先生相辉映。而王先生遗书经湘乡相国及介弟沅圃爵帅开局校雠，克观厥成。近彭尚书复创建船山书院，为后进楷模，彬彬称盛。独先生撰著，每散见于各丛书及单行本，未有全书，蒙窃憾焉。夫表章先贤，矜式来者，乡邦后进之责也。况先生国史立传，褎然居首，生平著作，列入《四库》，学术之纯正，实为有宋朱子后一人，开汤、陆之先声，为儒林之冠冕，正子舆氏所谓百世之师也。不揣固陋，广为搜辑，惟卷帙既繁，集资非易，谨先将已刻者行世，余当陆续刊布，用摅私淑之愿云。后学青浦席威谨识。

朱记荣、席威辑《顾亭林先生遗书》，清光绪三十二年汇印本

书顾亭林先生文集后　方宗伯

亭林先生《与友人书》，谓学者当行己有耻，博学于文，此先生为学之大旨也。观其立节砥行，通经致用，洵无愧于其言。然矫明儒空言心性之过，而遂以言心言性为厉禁，此又其学之蔽也。夫尧、舜以来，圣贤相传之学，莫非求全其心性而已。孔子曰“行己有耻”，亦耻其或亏于心性也。又曰“博学于文”，亦所以求明夫心性之理也。外行己博学，而空言心性，其害为过高而无实。然使不知求心性之大原，而第曰“博学于文”，则亦不过博物之君子已耳；第曰“行己有耻”，则又不过狷介自守、不屑不洁之士已耳。逐末而忘本，治外而遗内，语用而不及体，将不胜其支离矫饰之弊，岂孔、颜之所谓哉？管、商、申、韩之论治，荀、扬之论学，其原皆由不明心性之本，然而但务制于外，故不胜其弊。明儒自白沙、阳明以后，末流之失在

空言心性，非学者不当言心性，而必以为厉禁也。

夫舍多学而识，以求一贯之方，置四海困穷不言，而终日讲危微精一之说，是为不务下学而欲上达，不求实际而事清谈，先生讥之是也。然使不求一贯之旨，而终身于多学而识，不知危微精一之功，则虽忧四海之困穷，明德未明，又何以为新民之本？见有溺于井者，遂从而塞之，而不知其为日用饮食之不可离。先生之言，毋乃类是与？又谓但当著书，不当讲学，为去名务实之意，是但见讲学之弊，而不知著书之害，其务名去实更甚。

国朝二百年来，学者多流于支离杂博，与程、朱为水火，其大旨皆祖先生之说。心性之汩没，日甚一日，或亦先生立言过当，有以启之者与？子贡论棘子成曰："夫子之说君子也，驷不及舌。"信哉！

方宗诚《柏堂集》次编卷二，清光绪六年刻本

亭林诗集校正跋　孙诒让

《亭林诗集》六卷，传校原钞稿本，潘稼堂刻本并为五卷。以潘刻本勘之，得佚诗十有八篇。潘刻所有而文字殊异者，又逾百事。潘刻亦有初印及重修之异，修版本阙字殊夥，初印本并与原钞本同，今不备校。谨校写为一卷。

呜呼！兰畹剩馥，桑海大哀。凄迷填海之心，寥落佐王之学。景炎跸去，空伤桂管之虫沙；义熙年湮，犹署柴桑之甲子。捃兹一掬之煤炱，恐化三年之碧血。偶付掌录，读之涕零。后之览者，倘亦亮其存楚之志，而恕其吠尧之罪乎？兰陵荀羕。

集外诗注中间有佚事，张氏顾先生年谱咸失载，疑石洲亦未睹原钞本也。羕又记。

此跋录自《经微室遗集》卷三。《籀公谱稿》将其置于光绪二十四年。

孙诒让《籀庼遗文》，民国十五年石印本

题顾亭林集校本后　孙诒让

岂愿区区王佐学，苍鹅哀怨几人知。流离幸早一年死，不见天骄平

郑时。万里文明空烈火，人间尚有采薇篇。临风掩卷忽长叹，亡国于今三百年。

此诗录自《籀公谱稿》卷五。该谱稿将其置于光绪二十四年，并云："顾诗校记一卷后，附跋二则，诗二首，有上海国学保存会所刻古学丛刊本，今存。"

孙诒让《籀庼遗文》，民国十五年石印本

亭林遗书后序　陈其荣

学以通乎经史者为大，斯有体有用，内充外腓，而发为文章，亦足以经世而宰物，夫岂若宗守汉、宋者，各胶于成说哉。亭林顾先生自为诸生时，蚤慨夫士人穷年株守一经，不复知国典朝章、官方民隐，追试之行事，而进退失据者，良由学识之隘而不通也。于是尽弃其帖括旧习，读书山中，思有以考古而通今，而犹思闻见之不广也。乃更北游上国，过燕、赵，上太行，渡黄河，出入关塞，极秦、晋之鄙，而淹留于齐、鲁之间，所以周览夫名山大川，以扩其怀抱，非效太史公之故事乎？知其学之洞达乎经济者，有自来矣。盖先生于国家典制、郡邑掌故、天文仪象、河漕兵农之属，靡不贯通，下至金石古文、音韵小学，尤所精究，斯其学之大而精为奚若乎？迄今读其文，则质实明辨，并有补于学术世道；读其诗，则隶事精确，措词古雅，直欲追步乎古人，非学有本原，乌能至此？第先生著述凡数十种，传世者固多，而散佚亦复不少。今汇而刻之，览是编者，尤足以考见生平之行谊，与其考核之精详，及朋友所以引重者焉。刻既竣，寄书属序其端，爰述其大略如此，亦借以表其企慕之忱云尔。

光绪十一年秋八月，嘉兴后学陈其荣谨序于武林戴园之白云池馆。

朱记荣、席威辑《顾亭林先生遗书》，清光绪三十二年汇印本

顾亭林文集跋　王国维

先生《文集》《诗集》，皆手自编定。《文集》与《诗集》本各五卷，至第六卷则次耕先生所增辑，故与全集体例不符，其编次亦不如前五卷之善。全

谢山谓《诗文集》皆次耕编辑者，误也。此事至微，惟明眼人能辨之。

先生于康熙己未十八年。作《春雨》诗曰：“平生好修辞，著集逾十卷。”此《诗文集》十卷为手编之证，其云逾十卷者，亦约言之耳。

王国维《观堂别集》卷三，民国十六年海宁王氏铅印本

菰中随笔跋 叶东明

此阙里孔昭薰校刊《菰中随笔》一卷，护页有平定张月斋穆题记，云：“《亭林随笔》一卷，真迹存曲阜孔氏，近始付梓。其中精核语大都已采入《日知录》。余特鳞爪耳。然良工不示人以璞。璞者，著书之椎轮大辂也。穆读此，窃有会于著书之法焉。故弥足珍贵云。道光庚子，汉阳叶氏转赠，装成谨志卷首。十月十二日，穆记。”书衣有月斋题“菰中随笔”四字，书中有题记三处。序首有“月斋藏书”四字，白文方印，书首有“靖阳亭长”四字，白文方印，“月斋居士”四字，朱文方印。又有“汉阳叶名沣润臣甫印”九字，白文方印。检《四库全书总目》子部杂家类存目三，载：《菰中随笔》三卷，两淮盐政采进本。提要云：国朝顾炎武撰。炎武本精考证之学，此编以读书所得，随时记载，旁及常言俗谚，亦及生平问答之语，亦琐碎记入。虽亦有资参考者，然编次不伦，饾饤无绪。当为偶录稿本，后人以名重存之耳云云。与此本卷数不合，盖顾氏随笔札记之原稿，有先后增订、多寡之不同也。又检傅沅叔年伯学使增湘《藏园群书题记》，有写本《菰中随笔》三卷。云题东武顾宁人炎武著，后《诗律蒙告》一卷，及亭林著书目。黄荛圃家抄本，前有同学王潢等二十人为亭林征书启，书衣为荛圃手题，后有跋六行。别有曲阜孔宪庚跋、孔宪彝跋，叶名沣、何庆涵题字。副页粘有何庆涵小柬。盖蝯叟之子，曾假此录副也。按：《菰中随笔》有玉虹楼刻本。近时《亭林遗书》中复刊之。然核其文字，迥然不同。且只得一卷，当别为一书。据《四库存目》标明三卷，此本正与之合。盖先生读书所得，随手摘记，以备遗忘供采，择文字丛脞，初无义例。平生札录，必不止一册。四库馆臣所见当即此本。而玉虹楼所刻，亦非赝品也。故人吴松邻曾为考订始末，附志篇末，并嘱余刊传之。他时当校录一通，授之梓人，附诸《双鉴楼

丛书》之后，以偿此宿诺。兹将诸人跋语录之左方，其征书启著书目亦胪列其后。庶治顾氏学者得以参证焉云云。是顾氏此书本有一卷、三卷两本。一卷本真迹为孔昭薰所藏，据以付刊，世称玉虹楼刻本，今此本是也。三卷本真迹藏于孔宪庚。所有黄荛圃、叶润臣、何伯源题字叶，何均录有副本，谋欲刊行而未果者也。此本有润臣舍人印记，盖孔氏刊成后，以一本相赠润臣舍人，又赠之月斋。其传授源流固甚明晰也。月斋之书，归于道州何蝯叟绍基东洲草堂者甚多。此本则余从蝯叟后人所得，别有一抄本，亦蝯叟所藏，为友人任子拱宸购去。盖即从孔氏所藏黄荛圃所抄录出者，安得并归插架，合浦珠还，则大快事矣。辛未二月叶东明。

顾炎武《菰中随笔》卷首，清乾隆孔氏玉虹楼刻本

菰中随笔跋　叶启勋

孔昭熏刊本《菰中随笔》一卷。此书原有三卷、一卷两本。三卷本未经梓行。此一卷本虽已刊行，而传本极少。旧为润臣舍人所藏，以赠石州大令，转入子贞太史家。余得之其曾孙诒恺手中。首有大令手跋，书面题字，书根所号，均大令手笔也。元和惠定宇征君栋《松崖笔记》云：《菰中随笔》曰“赵普永兴之幕僚陆秀夫淮东之记室”一条，为此本所未载。则征君所见，非此本矣。三卷本，太史家亦有之。他日安得并为余有一勘其同异耶？书此俟之。辛未十月二十三日叶启勋志。

顾炎武《菰中随笔》卷首，清乾隆孔氏玉虹楼刻本

顾亭林先生年谱序　金吴澜

经学与治术相表里也。自来说经者，不外汉宋两家。宗汉者，专精训诂。宗宋者，高谈名理。分门别户，入主出奴。而究其言之有裨于民生日用者，十不得一焉。乌睹所谓治术哉？昆山顾亭林先生博学多闻，为海内名公巨卿所景仰。其身虽未尝仕进，而其所著书皆足以阐天人之奥，综朝野之规，析山川民物之源流，挈礼乐兵农之要领。巍乎，焕乎，洵可谓文章经济

相表里者已！澜自丙子岁来宰是邑，谒先生之祠，登其堂，访其后人，而先生之遗风余泽渺焉寡存。澜恐先生之毕生事实日久失传也。询诸里人李明经迈堂，得吴止狷映奎所编年谱一册，诵览之余，益心向往之。顾上元车千龄、平定州张后洲均编先生年谱，刊板行世。石洲本近又为南海伍氏刻入《粤雅堂丛书》，他如湖州周中孚亦有职方年谱之辑。惟无稿本，徒存其目于周君墓志耳。是谱也尚未刊行，辗转传钞，舛错颇多。爰倩陈霄卓、王子兰、张铁崖、三广文、李芸谱大令、李子驿主政，澜再四校对，付诸手民，以竟止狷未竟之志，亦庶几先生之清徽硕望，与先生所著各书并传不朽云尔。光绪四年秋七月嘉兴金吴澜谨序于玉峰署中薇红蕉绿山房。

《归顾朱三先生年谱合刻》序言，清光绪六年刻本

肇域志序跋　成蓉镜等

顾氏原书二十册，据歙程易畴先生跋，已阙北直隶及四川、江西两布政司。此册为余姚朱久香阁学所藏，即蒋寅昉评事所钞之本，江宁汪梅村先生跋所言又阙广西者也。湘乡相国欲以活字板行之，爰依其式，凡上下方及旁注均搀入，而略以意分为卷，凡江南十一、浙江二、山东八、山西五、河南四、湖广三、陕西十、云南二、贵州一、广东二、福建二，共五十卷。同治己巳秋八月，宝应成蓉镜谨识。

按先生《郡国利病书》序，同时尚有《舆地记》一编。此志疑即初名《舆地记》者也。其荟萃诸史，首尾蚕头数十余万言，细行密注，非他人所能传写，宜此志不甚传于世。今为许君周生得之，可宝也。昔王晋卿藏《莲花经》七卷，如箸粗，东坡题云："卷之盈握，沙界已周，读未终篇，目力可废。"彼或疑鬼工幻客所为，而是书廿册出自大儒手迹，岂不尤奇绝哉？嘉庆五年庚申冬十一月，钱唐后学梁同书观，并补录先生《自序》，而识其后。时年七十有九。

明末诸儒多留心经世之务。顾君亭林所著有《天下郡国利病书》及

《肇域志》。故世之推亭林者，以为经济胜于经史。然天下政治，随时制宜，史志、县志可参核而不可拘泥。观《日知录》所论，已间有矫枉过中之处，若其见于设施，果百利无一弊欤？《四库书提要》论亭林之学，经史为长，此至论，未可为浅人道也。此《肇域志》稿本，未成之书。其志愿所规画者甚大，而《方舆纪要》实能成其志。亭林生长乱离之后，奔走戎马间，阅书数万卷，手不辍录。此帙密行细书，无一笔率略，始叹古人学力过人，志趣远大，世之习科条而无学术，及守章句而无经世之具者，皆未足语于此也。德清许积卿同年持此相示，因识数语归之。嘉庆三年正月十日仪征阮元书于揅经室。

此书为许周生驾部所藏，驾部与曼云先兄同嘉庆己未进士，余因得晤教，嗣读《鉴止水斋集》，益深景仰，己未榜中人，多硕学名流，以驾部为最。惜此稿当时驾部不及编校而行，此后恐无人能问津者，但属其家珍守而已。道光丙午暮春，小住武林题记。福州梁章钜。

亭林先生之学，有体有用，观其集中论生员、郡县诸篇，洞悉时务，盖通经足用之才也。惜乎以胜国诸生、皤皤遗老，隐居没世已耳。使其大用，佐王者以致太平，绰乎其有余裕，即出而旬宣四国，以经术饰吏事，安知今之必异于古所云也。著书甚多，详载《苏州府志》中，卷帙多者有《天下郡国利病书》，然藏书家间有钞本《肇域志》若干卷，外间流传转写者，止山东布政司一属，往在都门，曾钞一册，余书遍访无之。今许君积卿得其手录稿本二十册，蝇头细书，阙者北直隶及江西、四川两布政司耳。此书未经脱稿，世间当无第二本。积卿好学深思，不为俗儒记诵之学，宜此书为积卿得之。余观顾祖禹《方舆纪要》，每方必有专序，大致言其形胜扼塞，论宜都、宜据、宜守及用兵制敌得失之故；而是书之言疆域建制，殆与《方舆纪要》相表里。至于体国经野、理财治安之道，至纤至悉，详其沿革，陈其利害，亦经世之宝书也。积卿得之，岂偶然耶？余因念物之聚散离合，离散之久，必聚而合之一人。吾乡程自邑在明中叶逊华山，作古诗四十首，王弇洲称之，谓元人王安道有《华山图》四十幅，诗如其数。今图失而诗存刻本，然子诗胜安道远矣，于是为长歌赠之。同时有朱子价作序，详其事，越二百余年，余偶收得朱序，已又得弇洲所赠诗，今年复得自邑诗长卷，三事皆所自书墨迹，其尤异者。安道之图与诗，弇洲时所久失者，今尚存二十幅，余得及见之。此岂非离者之必合耶？余疑亭林此书所阙三属，或尚在人间，宝物终当合并，异日仍为积卿所得，亦事之未可知者耳。嘉庆三年六月二十四日歙程瑶田书后，时年七十有四。

吾乡耆硕顾亭林先生著述最富，于地理之学，尤所究心。此《志》乃未定稿本，大约与《郡国利病书》等，而世所罕见，德清许氏得之历三世矣。夫前朝遗老，若金孝章、徐俟斋手迹，虽片楮残缣，人知宝贵，矧此之粲然者欤？道光丙午后学吴钟骏识。

余钦周生订忘年交，博学好古，购善书不惜价，收藏甚富。此《肇域志》世所希有。癸未菊秋望后，余至武林，寓陔华堂，嗣君君脩出此乞跋，因得重观。不见周生已三年矣，走笔之次为之慨然。之定识，时年七十又六，道光二十九年己酉十月二十日昆明赵光观。

此书专记地舆形势沿革，每篇之末，间及时事，如论漕耗、备倭寇之类，与《郡国利病书》同义。《郡国利病书》传钞颇众，此则先生手录初稿，采取尤富，安得好学深思者排类而传刻之，以竟先生用世之志也。道光癸未春二月，南海吴荣光借观于浙江按察使署之怀清堂，并识卷端。

福山鹿泽长观。

后学南海罗文俊敬观。

道光丁未嘉平望日东武刘喜海观于藩署之蓬峦轩。

道光癸未二月花朝后二日，顺德张青选观于柏署之怀清堂。

金匮孙尔准观。

桐城李宗传观。

甲申冬月，归安姚樟观。

丙戌秋八月,沈益观于五三精舍,高垲同观。

丁亥八月,娄张允垂观。

乙未冬十月,乌程郑祖琛观。

右亭林先生《肇域志》手稿二十本,吾友德清许君周生所藏也。"此书自崇祯己卯起,先取《一统志》,后取各省府州县志,后取二十一史,参互书之,凡阅志书一千余部。本行不尽,则注之旁,旁又不尽,则别为一集,曰'备录'。"先生之自序如是。盖先生己卯秋闱放后,慨然负经世之志,作《天下郡国利病书》,凡古今治乱得失之原、民生疾苦乐利之故,厘然毕具,而是书则专纪舆地,与《利病书》殊义。然所详者,郡县沿革、山川厄塞、兵事成败,以及赋税户口之多寡、官职驿铺之省置,而名胜人物不与焉。是当与《利病书》相辅以行,非《元和志》以下之仅为地志者可拟也。虔生平笃嗜先生书,尝作《顾氏遗书录叙》,复采其事迹作《年谱》一卷。先生书无刻本者,必访求之。若《宅京记》《求古录》《营平地名记》见之于文澜阁;《菰中随笔》见于归安丁氏;杭州书肆则得见《利病书》;至《肇域志》竹垞叹其繁富,而惜其散佚矣。乾隆癸丑正月,周生公车过桐城,告虔曰:"予得《肇域》于广南。"予闻之欣喜忘寝食,阅四年乃得借其书读之。其格式与序所言正合,知此本为手稿无疑。惟缺北直隶与江西、四川两布政司,备录一集当在此部内,而无从区择之。又前无序目,盖亦不全之稿。然其宏博浩衍,拾其余剩,足以自雄,况部帙之丰若是乎?是书每本计四十余叶,叶三十行,行五十余字,小如蝇头,雅健无一率笔,每行夹缝旁注之字尤精妙。昔人见王荆公《周礼义》,笔迹如斜风细雨。嗟乎!观是书者,可以知先生之人与学矣。先生著书至富,其最盛者曰《日知录》《下学指南》。今《日知录》既家有其书矣,独《下学指南》仅著录于传是楼,求之十余年不可得。又闻有《北平古今记》八卷,仿《三辅黄图》之例而作者。吴越为藏书渊薮,以周生博闻好古,倘求而得之,其不远千里而告我也。周生以虔习于顾氏,故属为之跋。希世之实,非其人不能畜,乃率书数语以归之。嘉庆丁巳三月,桐城胡虔识于浙江藩署之四照楼。

此跋当时别书于纸，道光丁亥四月君脩属补录卷首，海阳孙承勋记。

德清许周生驾部所藏顾亭林先生《肇域志》手稿凡廿册，驾部子延敬出以示椿，其本末详妥，具载梁学士同书、阮督部元、程教谕瑶田、胡征士虔及驾部自作诸跋中。椿尝收得吴江吴兆宜所辑本朝《一统志案说》，为出亭林稿本。兆宜乡人顾我锜作序，谓徐尚书乾学奉敕著书时，多采用其说。今按《案说》，虽间引此志中语，然甚希略，语意又不类其书，盖不尽本亭林，吴氏题为亭林者，误也。予向以《案说》示张鹾使青选，未及改正而鹾使以活字板印行于邗上。今当据此以证前误。或谓亭林经济之学不如经史，其说发自纪河间，经济诚不可以空言议，然天下容有能言而行之未尽善者，未有不能言而所行乃与古合。且谓经济不出于经史，则正昔人所谓歧而二之者也。向者之言，得无有可思者乎？胡君谓备录一集当在此部内，而无从区择。今按首册后所列自山水以下诸子目，疑即所谓备录者矣。道光丁亥八月娄姚椿跋。

此书目力精审，尚可细视。若得通博勤敏者数人，当不难排纂成书，惜乎阮公官浙抚时，不以属诂经精舍诸人士一编校也。椿又识。

道光丁亥中秋日，桂林吕璜观。

道光丁亥九月，南丰谭祖同、锡洪观，并识于钱塘清平山麓之江鸿阁。

己酉仲春朔越三日，阳湖赵朴庭敬观于宝研斋。

亭林先生讲求经世之学，纂《天下郡国利病书》，又为《帝王宅京记》及《肇域志》。《宅京记》《利病书》有传本，惟《肇域志》不多见。乾隆五十八年岁，在癸丑，庆宗得先生手书稿本于粤东李氏，盖李之先自吴门购归者，中阙北直隶、江西、四川三省，存者凡二十册，册或四十余翻，或三十余翻，无卷帙之分。每郡县记沿革形势，先后错见。盖先生流览诸书，随手札记之初稿也。后来或有所增损，别为定本与否，不可得知。所引书自史传、地志外，文集、说部各百余种。蝇头细楷，无一误笔，深谨之气溢于行间，使观者神为之敛。书虽未成，体例略具，大要主于谨严，不矜考据，不泛援引，所详者皆利弊中之事。先生盖有慨于志舆地者之华而鲜实，故作此以为将来之法则，庆宗学识不足辅翼先生书，当以视四方君子共表扬之，庶先生苦心不至归于泯没耳。后学德清许庆宗跋。

尝论古今舆地之书，或繁或简，各视其体裁之宜，以传为不朽之作，简至《澉水》《武功》《朝邑》三书，当矣。然只一邑一区，未足以综辑方舆之大也。至如《太平寰宇记》，采掇详备，至一百九十三卷之多，允足资厘订而溯源流。倘令常、康、韩三君执笔为之，能终安于里漏乎？顾简则一于精审之法，而繁则务为淹博之观，自非荟萃群书，殚数十年之心力为之，未易出一编以证今垂后，故或书成未半，而天不假年，即裒然成书矣。或且兵燹风霜，辄多散佚。昔贤所谓传不传未可知者，良可兴慨。虽然孤诣独造，积久弥彰，如亭林先生《肇域志》手稿二十册，世无副本，原稿亦疑其阙如，乃自吴中流入于粤，复自粤还藏于浙，高阳世守，墨迹如新，读之觉先生自序所云廿年苦心不终泯没，于兹愈信。惟念躬遭乱离，著书终老而髦年细楷，结体谨严，亦可见学养既粹，神明不衰，其诣力之坚定、心志之优闲，较之邠卿复壁注《孟》尤为敻卓，又岂得于繁简之间，沾沾论其文字云尔哉？时道光癸卯闰七月既望，刘韵珂谨识于浙江抚署之静舫。

亭林先生此书始末见梁学士同书、阮太傅元、程教授瑶田、胡征士虔及先师春木先生诸跋中。亭林之学，讲求实是，不持门户。其所欲为者，思破去涯岸，为一王之法，而阮氏跋中，因及《日知录》，谓所论不能无弊，不知先生立论救时，使生于今时，任大枋其所设施者，亦必别有变通之术，阮氏晰于文义，恃其考订之长，盖亦拘于章句之见，用相訾謷，乃欲掩而上之，侈矣。独先师谓此书非顾氏原本，疑不尽然。今细按手迹，与先生他书无稍异，即稿首学士补录原序，核以书中体例，亦无不合。昔山谷见温公《通鉴》手稿数百卷，皆蝇头细楷，颠倒涂抹而无一笔作草。此稿亦与相等，人皆苦其难阅，故先师惜阮氏宦浙抚日未及编校为恨，先生书之大者为《郡国利病书》，而此稿实与为表里。《利病书》近时有以活字板摆行者，象济尝于元和韩氏借读之。此书人惮其难辨，向无副本。适吾友将寅昉评事君属代为访求，乃得介高中翰文学沅，请于其主许季仁明经集钞胥十余人，即高氏之静拙轩分帙部录。会天大暑，穷日夜力，挥汗手校，凡两阅月毕功，而象济实总其事，其前后参错涂抹之处，皆区而秩之。于是先生之书，始可卒读。评事之笃好古籍，中翰之力任表章，明经之不私所宝，其事皆可风者。书凡二十册，其后半多有“玉峰”小印，而《一统志》中采用其说甚稀，疑前半诸帙徐氏所未见也。先是先师阅是稿时，尝录其山水子目，而张鹾使云巢尝为印行，是为道光丁亥。乃阅二十八年之久，而象济以兵戈戎马之余，得录此清本，以遂先师未竟之志，而顾以限于日力，欲仅取吾浙一帙，先为纂录，谋刊行之。先生有灵，其亦引为知己也欤？咸丰甲寅孟秋，秀水杨象济记。仁和吴恒书。

按春翁疑非顾氏原本者，系指《一统志》按说而言，非谓此书也。原跋具在，利叔特未细读耳。燕识。

甲寅伏日缮此本，炎歊为厉，同人笔不停缀，若忘其汗之浃背也。利叔朱墨在手，穷数十书夜之力，反复勘之，余以目眵不能辨细字，命儿子硕麐从利叔斠对，匝月讫工。此后讨论、修饰、润色，不知更属何人，余谓非亭林复生不办。闰秋中元，高学沅跋。

序

亭林先生《肇域志》，德清许积卿驾部所藏，余少游北地，浙中仅一至，未得见也。亡友刘廉方曾见之，为余言。咸丰辛酉秀水杨利叔又言海宁蒋寅昉评事钞录一本。是年腊月寅昉避寇乱，由沪上来鄂，赁宅武昌城中，与寓馆望楹，乃得识寅昉，出是书读之。书凡百余万言，其体例、目录未及编定，又阙北直隶及江西、四川两布政司，则《自序》所云：未遑删订，成一家之书。叹精力之已衰，惧韦编之莫就，冀后之同志续而传之者也。又云：“取各省、府、州、县志，后取二十一史参互书之，凡阅志一千余部，本行不尽，则注之旁，旁又不尽，则别为一集，曰备录。”今按书中旁行夹注，细密繁衍。据梁学士、阮相国、胡征士诸跋，咸以为先生手书，工整雅健，无一率笔，而所谓备录者，不知已并录此书内耶？抑尚另为卷帙耶？若已并录书内，则自序所云当在未经并录之先，否则备录当另为一集也。梁学士曰：按先生《郡国利病书》序，同时尚有《舆地记》一编。此《志》疑即初名《舆地记》，据此则与《郡国利病书》同时纂集，一究生民之利病、治乱之得失，一考建置沿革之规，山川形势、兵事成败之要，意各有所主也。昔先大夫尝以顾氏《方舆纪要》不能无讹误，思有以正之，乃为直省建置议并为分合诸图。李先生兆洛叹为精确，留读久不归，李先生殁，遂失之。余尝欲继先志取《方舆纪要》校其讹误，少苦衣食奔走，长复浮沉下吏，寇乱频蹙，锋镝仓皇，所志迄未能遂，忽忽老将至矣。今获读此书，益叹古人于流离戎马之间，著书不辍，其志趣之远大，精力之过人，断非薄劣下学所能仰企者也。寅昉笃志勤学，多交海内读书好古之士，请合同志数人，取《方舆纪要》《郡国利病书》与此书相勘，撷其英华，去其繁衍，弥其阙佚，校其讹误，勒为一书，以终亭林先生之志，为拨乱致治者取法。余虽日即衰迈，亦欲挟铅椠以从事其间。寅昉倘以为然，愿奋力以成之。夫亦海内学者所祷祀而乐观其成，先生必将默助于九京也。同治元年春正月，阳湖张曜孙识。

亭林先生遭时离乱，传食四方，会萃群书，以便行箧观览。此与《郡国利病书》同属稿本，惟贤而有力者，合二书采之、芟之，以成先生一家之学，不必绳以吉甫王存之体，亦不必绳以乐史之体，犹近日耒谷《说文》不容以二徐本相绳，亦不必以严、段之说相绳也。同治元年寅昉主政，出以相视，较诸跋又阙广西布政司一省，然叶已千三百八十八翻，为字约二百六十余万，与驾部原跋不差池，何以独缺耶？道光丁未，平定张石洲方为山西杨墨林刊未刊书，是时顾祠落成，先生《年谱》亦印就，如见是书，必为校刊，惜乎其不之见也。岂物之显晦有时耶？余嗜好与先生同，而遭乱无子亦同，行将溯沔，由少习道蓝田入秦中，又与先生同，寅昉亦罹兵戈，恐无刊此书力矣。借观数日，而识其向慕之意如此。江宁汪士铎。

桂氏书今日照许印林刊之，别有许云虬《方舆纪要考证》，杨至堂侍郎谋刊之，未果。今存济宁李氏，与此同宝书也。士铎又记。

士铎又案：此先生未成稿本，必条理使各秩如，方可授梓，亦不必补所阙四省也。原钞本字如蚁足，行至数十字，目眊不能谛视，然惜其为舆地类苑，且无统志广载人物之繁，所引书今多未之见，兹幸钞成清本，故欲理之，使各归其郡县，免前后错出杂沓之弊，然后以聚珍板印行，以惠后之修志者，先生当亦首肯也。同治八年九月识于无不悔斋。

顾炎武《肇域志》，清钞本

顾先生祠会祭题名第一卷子光绪乙亥七月重装，吴郁生敬题签

亭林先生小像。

亭林先生遗象。后学何绍基敬题。

亭林先生中年以前小像。后学岑锺陵敬橅。

一代大儒，学贯天人；隐居求志，比迹河汾。吾家向藏亭林公小像。道光戊子已摹，勒吴郡名贤祠阁石，兹蓉庄伯父倩青浦岑君枫芗重摹，命德即录名贤祠赞语于后。辛丑孟春，七世侄孙淳德敬书。

此亭林先生中年小像。沧浪亭石刻及车秋舲谱皆据此摹入。先生族孙少瑛礼部复以此轴见示，因即请少瑛捐置祠堂，付寺僧守之，嗣凡同人之与祭者，即题名于后，永为故事。

道光二十三年癸卯十月建祠堂成。

二十四年甲辰二月二十五日，初祭。与祭者苗夔、陈庆镛、何绍基、苏廷魁、汤鹏、朱琦、罗惇衍、庄受祺、冯桂芬、赵振祚、张穆、冯志沂、潘曾玮、杨尚志。是日并为颂南祝五十寿。颂南，陈君庆镛字也。

三月□日，许瀚以公车至都，特设一祭，以亡友俞君理初、陈君东之、沈君子惇、张君亨甫配祀。

五月二十八日，先生生日。与祭者苗夔、王梓材、魏源、陈庆镛、朱右曾、朱琦、庄受祺、罗惇衍、黄经、赵振祚、张穆、冯志沂、潘曾玮、边浴礼、翁同书、商昌志。时子贞典试贵州出京。

九月初九日，秋祭者叶志诜、郑复光、苗夔、陈庆镛、王茂荫、朱右曾、庄受祺、汪澡、马沅、赵振祚、张穆、罗惇衍、冯志沂、潘曾玮、杨尚

志、顾份。份，先生族孙，即前所称少瑛礼部也。

二十五年三月二十九日，春祭。与祭者魏源、王梓材、何绍基、赵振祚、张穆、杨尚文、杨尚志、潘曾玮。

五月廿八日，先生生日。与祭者叶志诜、郑复光、魏源、王梓材、陈庆镛、朱右尊、朱琦、何绍基、李光彦、王茂荫、徐鼒、翁同书、边浴礼、张曜孙、庄受祺、林昌彝、赵振祚、张穆、杨尚文、冯志沂、罗惇衍、冯桂芬、潘曾玮、汪藻、杨尚志、刘传莹。

九月九日，秋祭。与祭者叶志诜、严正基、陈庆镛、王楚材、郑复光、王柏心、王茂荫、韩韵海、杨尚文、徐鼒、边浴礼、赵振祚、冯桂芬、张穆、庄受祺、罗惇衍、汪藻、冯志沂、李杭、杨尚志、张黼荣。子贞持伯母服，不与祭。

二十六年二月廿又五日，春祭。与祭者徐松、叶志诜、陈庆镛、陶际尧、严正基、郑复光、梅曾亮、王楚材、戴絅孙、刘位坦、黎光曙、何绍基、赵振祚、张穆、罗惇衍、潘曾玮、吴嘉宾、王茂荫、蒋德馨、韩泰苹、翁同书、汪廷儒、边浴礼、冯志沂、杨尚文、乔松年、何秋涛、刘传莹、孙鼎臣、杨尚志、何庆涵。时徐星伯将出守榆林，陈颂南将归漳江，是日又为颂南生日，均可记也。祭毕，书之者沈兆霖、星伯、松。字颂南再见。

五月二十八日，先生生日，与祭者叶志诜，郑复光，陈庆镛，何绍基，张穆，赵振祚，杨尚文、尚志。浣香与先生同生日，同人称祝，并为颂南作饯。颂南行有日矣。

秋九月廿有一日，秋祭。与祭者叶志诜、郑复光、张穆、赵振祚、庄受祺、潘曾玮、冯志沂、何秋涛、祝坚、何绍基、王茂荫、杨尚志。

道光廿有七年春三月廿有六日，春祭。与祭者叶志诜东乡、苗夔仙露、刘位坦宽夫、黎吉云原名光曙樾乔、吴嘉宾子序、何绍基子贞、翁同书药房、张穆石舟、潘曾玮季玉、王茂荫子怀、冯志沂鲁川、边浴礼瘦石、何秋涛顾船、林昌彝芗溪。初次与祭者，吕贤基鹤田、陈兰第淮生、甘熙石安、吕佺孙尧仙、李清凤古廉、魏大纲条珊、张荣组润农、包慎言孟开、汪士铎梅村、陈金城念亭、阮恩海南川、洪齮孙子龄、陈辂朴生、王轩霞举、吴保恒、刘翰清开生、杨炳春漱芸、孔宪彝绣山、傅昶青余、丁寿昌、杨然敬铁星。时杨墨林兄弟暂归灵石，郑浣香同去，庄卫生出守福宁，赵伯厚有母丧，皆不与祭。

五月廿八日，先生生日。与祭者汉阳叶东乡志诜、肃宁苗先路夔、上元梅伯言曾亮、道州何子贞绍基、桂林朱伯韩琦、歙王子怀茂荫、旌德吕鹤田贤基、仁和魏条珊大纲、阳湖吕尧仙佺孙、常熟翁药房同书、仁和邵蕙西懿辰、代冯鲁川志沂、善化孙芝房鼎臣、汉阳刘茮云传莹、吴潘玉泉曾玮、句容陈卓人立、任邱边袖石浴礼、山阳丁饴伯寿昌、贵筑黄子寿彭年、安邱曹荔唐尊彝、晋宁李廉石延恩、光泽何愿船秋涛。

重九日，秋祭。与祭者叶志诜、苗夔、戴絅孙、陈兰第、何绍基、王茂荫、吕贤基、刘位坦、钱步文、李恩庆、方允镮、魏大纲、边浴礼、吕佺孙、潘曾玮、孙鼎臣、刘传莹、胡卓、徐鼒、黄彭年、祁之镠、杨炳光、蒋德馨、乔松年、冯志沂、何秋涛、张穆、张辛、吴儁，凡二十九人。初次与祭者八人，钱步文、字冬士，官户部，仁和人。李恩庆、字寄云，官给事中，汉军籍。方允镮、字印生，官编修，歙人。胡焯、字光伯，官编修，武陵人。杨炳光、字蔼亭，举人，介休人。张辛、字受之，嘉兴人。吴儁。字冠英，江荫人。是会也，并饯朱侍御琦还桂林，以陶公九日闲居诗字分韵，倩吴儁为写图。

二十八年三月廿九日，春祭者苗夔、何绍基、王茂荫、方允镮、潘曾玮、冯志沂、何秋涛。时石州期服，不与祭。

五月廿八日，先生生日。与祭者栖霞牟大令房、河间苗明经夔、上元马农部沅、道州何太史绍基、平定张大令穆、旌德吕给谏贤基、仁和钱农部步文、阳湖吕编修佺孙、常熟翁编修同书、句容陈刑部立、武陵胡编修焯、吴潘太常曾玮、任邱边编修浴礼、歙县方侍御允镮、善化孙编修鼎臣、代州冯刑部志沂、桐乡金编修鹤清、光泽何刑部秋涛。

重九日，秋祭。与祭者黎吉云、马沅、吕贤基、何绍基、钱步文、方允镮、叶名沣、顾份、顾文彬、汪庭儒、陈立、冯志沂、边浴礼、胡焯、金鹤清、孙鼎、徐鼒、黄彭年、何秋涛。时樾乔侍御将旋里，兼为祖席于是，仙露将赴济南学，幕先归河间治任，石州适郊外未还，皆未与祭。樾乔，吉云字也，初名光曙，后更今名。

道光廿九年三月初一日，上巳春祭。与祭者钱步文、路慎庄、方允镮、吕贤基、何绍基、顾份、胡焯、张穆、顾文彬、冯桂芬、蒋德馨、冯志沂、乔松年、徐玉丰、潘曾玮、何秋涛、黄彭年。慎庄号小洲，盩厔人，丙申进士，官工科给事中，时将赴南河，初次与祭。

五月廿八日，先生生日。适何子贞编修奉命主广东乡试，以是日出京，同人公饯之。与祭者三十二人，戴絅孙、马沅、钱步文、王庆云、刘位坦、蔡宗茂、阮福、王东槐、方允镮、吕贤基、胡焯、凌玉垣、顾份、郑敦谨、李承霖、冯桂芬、边浴礼、孔宪彝、邬鸿逵、汪廷儒、徐玉丰、梁元桂、沈葆桢、顾文彬、张穆、叶名沣、杨炳光、冯志沂、潘曾玮、金鹤清、何秋涛、黄彭年。初次与祭者十一人，王庆云雁汀，闽县人，官通政司副使；蔡宗茂小石，官国子监司业，万年少《秋江别思》卷子，其所藏也；阮福赐卿，新选平凉府知府，仪征太傅之仲子也；王东槐荫之，滕县人，官户科给事中；凌玉垣笛舟，长沙人，工部主事；郑敦谨小山，长沙人，官刑部员外郎；李承霖雨人，丹徒人，官翰院修撰；孔宪彝绣山，曲阜人，官内阁中书；邬鸿逵畊南，大兴生员；梁元桂馨士，恩平人，官户部主事；沈葆桢幼丹，侯官人，翰林院庶吉士，子贞己亥科典试福建所取士也。

九月九日，秋祭。与祭者题名于左：平定张穆石洲、元和顾文彬子山、武林胡焯光伯、光泽何秋涛愿船、钱唐钱步文冬士、介休杨炳光蔼亭、吴县冯桂芬林一、汉阳黄教镕子治、代州冯志沂鲁川、任邱边浴礼袖石、歙县方允镮印生、曲阜孔宪彝宗甫、仪征汪廷儒醇卿、大兴刘铨富子重、昭武杨宝臣寅山。不到三人：嘉兴沈瑶浣霞、恩平梁元桂馨士、徐沟乔松年鹤济。

道光三十年，春祭未举行。五月廿八日，先生生日。与祭者王庆云、陈金城、方允镮、吕贤基、胡焯、杨彝珍、汪廷儒、孔宪彝、邵懿辰、徐鼒、孔宪庚、叶名沣、边浴礼、顾文彬、冯志沂、金鹤清、何秋涛、黄彭年。不到者，王东槐、冯桂芬、钱步文、徐玉丰、陈立、罗惇衍、潘曾玮、孙鼎臣、顾份。时何绍基丁忧旋里，亦不与祭。张石洲先于廿九年十月卒，别设一祭于室中奠之。

九月九日，秋祭，仍以石州配祀。与祭者苗仙簏、商抑之、吕鹤、方子佩、叶润臣、孔绣山、左景乔、胡光伯、边袖石、孙芝房、金翰皋、徐彝舟、钱冬士、丁饴伯、顾少瑛、冯鲁川、顾子山、潘季玉、何愿船，凡十有九人。是日王荫之学士出守衡州，不克与祭；王雁汀詹事、汪醇卿编修、邵位西章京、陈焯人刑部皆以事不至。左君初与祭。

十月十日，为石州设主于先生祠之右夹室，特设一祭。与祭者苗夔、吕贤基、商昌、冯志沂、何秋涛、吴承、吴念。二吴皆鲁川之甥，其季即石州弟子也。

咸丰元年三月廿二日，春祭。与祭者苗夔、王锡振、方允镮、苏廷魁、陈庆镛、罗惇衍、钱步文、孔宪彝、左宗植、潘曾玮、陈立、徐鼒、顾文彬、冯志沂、叶名沣、杨宝臣、何秋涛、黄彭年。时少鹤农部将从征岭右，兼为祖饯。是日期而未至者，包慎言、王庆云、吕贤基、何焯、孙鼎臣、顾份、金鹤清、边浴礼、黄彭年也。吕锦文后至，并记之。

咸丰二年，潘曾玮捐置祭器成。四月三日，始举祭，陈俎豆之仪。主鬯者方允镮，执事者顾文彬、胡焯、孔宪彝、孔庆鉽、潘曾玮、徐志导、孙鼎臣、丁寿昌、顾份、江开、戴钧衡。与祭者，钱步文、徐鼒、乔松年、叶名沣、吴昆田、鲁一同、林昌彝、陈克家、符葆森、吕锦文，凡二十二人。以疾未至者，苗夔、何秋涛也。

是年秋七月，何绍基服阕入都。八月奉命视蜀学，将戒行。敬以画象卷付陈颂南侍御、何愿船比部。是日廿二日颂南、愿船、润臣、缃芸同饯我于侍御斋中，李文贞公故赐第也。并苗仙鹿七十。

壬子秋九月初三日，同人集亭林祠，公饯子贞同年视学西蜀，愚不能无诗，因为句云：此去蚕丛入蜀程，送君因见古人情。锦江玉垒供吟啸，剑阁琴台待品评。仙篚此时岂健者，法元何处拜先生。查恂叔官成都，修扬子云墓，题曰：法元先生之墓。见《铜鼓书堂集》。碧鸡金马归来日，记取登龙骨节铭。因手疾不能书，丑恶万状。苗夔。

是日与祭者苗夔、何绍基、王茂荫、陈庆镛、潘曾玮、冯志沂、何秋涛、杨宝臣、钱步文也。孔宪彝以在制不与祭。

咸丰三年九月十六日，秋祭。与祭者陈庆镛、阮福、林昌彝、潘祖荫。是日期而不至者王茂荫、潘曾玮、顾文彬、孙衣言、吕锦文也。孔宪彝以在制不与祭。

十六日，公祭亭林先生，并为阮太守福、林教授昌彝饯道。是时阮将赴湖北府任，林以进三禅通释，蒙恩赏授教授。越日十七，余被恩命，饬令回籍办理团练。十九日，召对养心殿，天语谆谆，谕以即速起程，启行有日即以此卷送交孔舍人宪彝，届期仍集是举。陈庆镛识。

咸丰甲寅三月十二日，春祭。与祭者陶樑、郑复光、阮福、叶名沣、顾文彬，凡五人。陶樑，长洲人，官内阁学士，初次与祭。孔宪彝在制，不与祭。复光记。

五月廿八日，先生生日。与祭者郑复光、吴昆田、叶名沣、顾文彬、边浴礼、周寿昌、袁芳瑛。期而不至者，陶樑、张祥河。孔宪彝在制不与祭。周寿昌，长沙人，官翰林院侍读。袁芳瑛，湘潭人，由御史简放江苏知府，初次与祭者。边浴礼由给谏出守归德，是日为郑复光生日，并记之。袁芳瑛书。

九月九日，秋祭。与祭者李清凤古廉、叶名沣润臣、吴昆田稼轩、顾文彬子山、张炳炎午楷、彭克仪研双、孔宪彝绣山、吴式芬子苾。期而不至者，张祥河诗舲、王锡振少鹤。张丙夔、彭克仪、吴式芬均初与祭。式芬并记。

咸丰乙卯三月朔日，春祭。与者陶樑、李清凤、顾文彬、吴昆田、彭克仪、孔宪彝。初次与祭者德兴杨重雅，官河南道御史；上元何兆瀛，官户部郎中；嘉善孙福清，官候选知县；金匮侯桢，丙午科举人；仪征卞宝第，官刑部主事；婺源江人镜，官内阁中书；桃源尹耕云，官礼部主事。期而未至者：刘源灏、叶名沣、蒋超伯、蒋兆鲲、丁寿祺。先至者宗稷辰也。顾文彬时简放湖北知府，行有日矣，并记之。文彬书。

五月廿八日，先生生日。与祭者叶名沣、孔宪彝、孙福清、王鸿、张瑛、孔宪瑴。是日大雨，至暮稍霁。期而不至者，李凤清［清凤］、潘祖荫、彭克仪、毕庭杰也。王鸿，天津人，张瑛，常熟人，俱监生。孔宪瑴，曲阜人，举人，初次与祭。

重九，秋祭。与者陶樑、叶名沣、孙福清、汪暕、祁世长、王大堉、丁寿昌、丁寿祺、孔宪彝、陆秉枢、蒋继洙、王宪成、孙长安。期而不至者，刘翰清、刘达善、彭克仪、陈立也。汪暕，阳湖人，举人；祁世长，寿阳人，官工部员外郎；王大堉，长洲人，监生；丁寿祺，山阳人，官内阁中书；陆秉枢，桐乡人，官山东道监察御史；蒋继洙，曲阜人，工部主事；王宪成，常熟人，官刑部员外郎；孙长安，桐城人，监生，皆初次与祭。蒋继洙书。

咸丰六年四月三日，春祭。与祭者陶樑，朱琦，汪暕，符保森，鲁一同，何兆瀛，徐志导，尹耕云，叶名沣，孔宪彝、宪瑴，丁寿祺，刘翰清，卞宝第，祁世长。初次与祭者，华亭张祥河诗舲，江宁吴国俊伯钧，闽刘存仁炯甫、林寿图颖叔，阳湖冯承熙，畊亭杨传第汀芦，镇洋毕庭杰容伯，仪征吴庆增琴涌，曲阜郑晓如子斌，江都蒋超伯叔起，德化蔡寿祺梅庵，罗田陈昌纶凝甫，归州王树桐琴轩，蓟州黄云鹄翔云，商邱陈重小蕃，望江倪文蔚豹岑。期而未至者：宗稷辰、司马钟、刘倬龙、启端、吕儁孙、汪滋树、丁寿昌、王锡振也。是日叶润臣、孔绣山两舍人并为展禊之会，将属司马绣谷为图，而同人赋诗焉。一同识。

五月廿八日，先生生日。与者陶樑，汪暕，叶名沣，符葆森，蔡寿祺，祁世长，杨传第，刘存仁，王树同，黄云鹄，蒋继洙，孔宪彝、宪瑴，陈昌纶，倪文蔚。期而不至者，张祥河、宗稷辰、朱琦、徐志导、王锡振、林寿图、何兆瀛、尹耕云、卞宝第、丁寿昌、寿祺、蒋超伯、刘瀚清、冯承熙也。文蔚谨识。

重九日，秋祭。与祭者陶樑、宗稷辰、汪暕、叶名沣、尹耕云、卞宝第、符葆森、蔡寿祺、郑晓如、倪文蔚、冯承熙、陈昌纶、孔宪彝。初次与祭者，汉阳叶恩颐，荫生；桐城刘翊泰，户部郎中；临桂梁承光，内阁中书；阳湖朱仪训，工部主事；滕县王宜勗，荫袭骑都尉。期而不至者，张祥河、徐志导、何兆瀛、祁世长、杨传第、黄云鹄也。尹耕云谨识。

咸丰七年三月三日，春祭。与祭者陶樑、朱琦、叶名沣、汪暕、刘存仁、王锡振、林寿图、尹耕云、卞宝第、丁寿昌、符葆森、蔡寿祺、倪文蔚、冯承熙、杨传第、蒋继洙、孔宪彝、梁承光、宗稷辰。初次与祭者，张祥荣、翁同龢、高继珩、方鼎锐、许宗衡、姚觐元、胡珽、端木埰。期而不至者，张祥河、徐志导、何兆瀛、丁寿祺、蒋超伯、祁世长、叶恩颐、刘翊泰、黄云鹄、段承实也。诸君子以稷辰有东河之役，属书于卷。

五月廿八日，先生生日。与祭者陶樑、张祥河、宗稷辰、何绍基、汪暕、叶名沣、林寿图、陈立、何兆瀛、尹耕云、符葆森、蔡寿祺、蒋继洙、孔宪彝、高继珩、方鼎锐、晁贻端初到、王荫昌初到、王应孚、李佐贤、朱鉴成、黄贻楫、何庆涵、张大枏、刘存仁、王宪成、王珠照，应孚至大枏皆初到。期而未至者，祁寯藻、朱琦、王锡振、卞宝第、丁寿昌、杨传第、叶恩颐、黄云鹤、翁同龢、许宗衡、姚觐元。是时天气甚热，绍基游上房山归，十指似马棰。孔秀山强令题名，乃软劣如小孩儿写红鸡公，可笑叹也。

重九日，秋祭。与祭者祁寯藻、何绍基、朱琦、王锡振、林寿图、王轩、尹耕云、卞宝第、丁寿昌、祁世长、冯志沂、蔡寿祺、杨传第、蒋继洙、孔宪彝、方鼎锐、祁之镠、王宪成、孙鼎臣、姚承舆、韩印、钟鼎、谭廷献、吴怀珍、李汝钧、张沄、李寿蓉、徐树铭。期而未至者，张祥河、汪暕、叶名沣、陈立、何兆瀛、丁寿、蒋超伯、倪文蔚、叶恩颐、黄云鹄、翁同龢、许宗衡、姚觐元、吴荣、李佐贤、朱鉴成、黄贻楫、何庆涵、张大枏、郭志融。自姚承舆以下皆初次与祭。同人属桂林朱琦题名，与者凡二十八人，未至者十九人。既题，既以此卷付林水部寿图、丁农部寿昌，届期举行，并记之。

咸丰八年三月三日，与祭者高继珩、祁世长、孔宪彝、方鼎锐、倪文蔚、谭廷献、王轩、李汝钧、冯志沂、林寿图、丁寿昌、吴式训。初次与祭者，丹徒庄忠棫、高安朱景淳。期而未至者，祁寯藻、张祥河、朱琦、杨传第、王锡振、陈立、尹耕云、卞宝第、蒋继洙、许宗衡、李佐贤、王宪成、丁寿祺、吴大廷、钟鼎。寿图书。

五月廿八日，与祭者孔宪彝、蒋继洙、祁世长、庄忠棫、丁寿昌、翁同龢、林寿图、李佐贤。初次与者，丁寿辰。期而不至者，祁寯藻、方鼎锐、倪文蔚、谭廷献、李汝钧、冯志沂、张丙炎。利津李佐贤书。

九月十二日，与祭者李佐贤、孔宪庚、祁世长、杨传第、叶恩颐、卞宝第、陈立、李汝钧、冯志沂、倪文蔚、王宪成、张大枏、王轩、林寿图、丁寿昌、丁寿祺。初次与祭者，周成。期而未至者，张祥河、王茂荫、汤修、孔宪彝、吴昆田、张丙炎、王锡振、何兆瀛、尹耕云、方鼎锐、蒋超伯、蒋继洙、许宗衡、姚承舆、吴式训、庄忠棫、钟鼎、庄赓熙。书者丁寿祺。即以此卷付陈卓人、李子衡两比部，届期举行，并记之。

咸丰九年四月六日，与祭者祁世长、吴昆田、孔宪彝、卞宝第、李佐贤、丁寿昌、周成、江人镜、李汝钧、王宪成、冯桂芬。初次与祭者，冯誉骥、严辰、杨绍和、鲍康。期而不至者，张祥河，蒋继洙、吴儁、赵宗德、黄云鹄、景其濬也。冯桂芬书。

五月廿八日，与祭者王宪成，冯桂芬，冯誉骥，祁世长，卞宝第，丁寿昌，孔宪彝、宪彀，王轩，周成，李汝钧，方德麟。期而不至者，张祥河、汤修、丁寿祺、严辰、吴儁、王珠照、张丙炎、杨荣绪、江人镜、景其濬、但培良、杨少鹤绍和也。既题名，即以此卷付卞颂臣比部、祁子禾水部，届期举行，并记之。桐城方德麟书。

九月十二日，秋祭。与祭者张祥河，潘曾绶，尹耕云，王锡振，林寿图，蒋超伯，方鼎锐，冯志沂，丁寿祺，李佐贤、孔宪彝、宪彀，鲍康，周成，江人镜，黄贻楫，祁世长，卞宝第。初与祭者，杨仲愉。期而未至者，祁寯藻、汤修、冯誉骥、丁寿昌、赵宗德、杨荣绪、蒋继洙、王轩、李汝钧、庄赓熙、李恩绂。既题名，以此卷交孔玉双农部、蒋叔起比部，届期举行。是日并祭叶润臣，观察尹杏农为文并记。仪征方鼎锐书。

咸丰十年闰月三日，春祭。与祭者张祥河、冯志沂、蒋继洙、祁世长、丁寿昌、严辰、鲍康、陶彦寿、黄云鹄、李汝钧、卞宝第、尹耕云、陈昌纶、方朝觐、孔宪彝、张曦照、方濬益、蒋超伯、孔宪彀。期而不至者，祁寯藻，冯誉骥，潘曾绶、曾玮，张茂辰，方鼎锐，王轩，杨仲愉，江人镜，王宪成，杨绍龢，陈文田，何兆瀛，章永康也。方朝觐字子观，官兵部主事，安徽桐城人。方濬，字子听，安徽定远人；张曦照，字海初，江宁举人，皆初与祭。祭毕，以此卷付李子衡比部、丁颐伯农部，届期举行。志沂题记。

五月廿八日，先生生日。与祭者王轩、孔宪彀、丁寿祺、陶彦寿、李汝钧、祁世长、严辰。期而未至者，祁寯藻、张祥河、张茂辰、汤修、冯誉骥、潘曾绶、潘曾玮、王拯、方鼎锐、冯志沂、杨仲愉、江人镜、王宪成、翁同龢、杨绍和、卞宝第、何兆瀛、尹耕云、章永康、孔宪彝也。祭毕，即以此卷付王霞举驾部、陶曼生比部，届期举行。桐乡严辰书。

咸丰十年，秋祭未举行。

十一年三月三日，春祭。与祭者张祥河、陆□□、林寿图、冯志沂、王宪成、翁同龢、孔宪彝、孔宪彀、严辰、陶彦寿、王轩、张茂辰。期而未至者，冯誉骥、潘曾绶、祁世长、丁寿昌、何兆瀛、王拯、刘雄福、董麟、姜锺喆。初次与祭者：沈秉成，官编修；董文焕，官检讨；王轩，期服不与祭。既题名，以此卷付翁叔平、董研秋，届期举行。是日太常仙蝶适至，并记之。华亭张祥河书。

三月廿八日，以朝鲜使臣朴珪寿求谒祠，特设一祭。珪寿字瓛卿，官其国礼部侍郎，充行在同安副使。雅慕先生之学，及读石州所撰《年谱》，尤切景仰。入都，与沈仲复、董研秋游，同来拜展。同人至者，王拯定甫、黄云鹄翔云、王轩霞，与轩以期服不与祭。期未至者，许宗衡、董麟、冯志沂，冯时外转庐州守赴行在未还也。王轩记，拯书。是日快雨，立夏甫一日也。

五月二十八日，先生生日。与祭者张祥河，姚承舆，杨宝臣，孔宪彝、宪瑴，王拯，王宪成，潘祖荫，王轩，董麟，董文焕，翁同龢，张茂辰。是日，冯鲁川、蒋叔起两太守未至，并记之。

咸丰十一年，秋祭未举行。

同治元年四月三日，补行春祭。与祭者孔宪彝、鲍康、沈秉成、王轩、冯承熙、陶彦寿、董麟、董文焕。初与祭者，吴县陈昌年，字淩舫，官兵部郎中。期而未至者，祁嶲藻、王宪成、林寿图、孔宪庚。是日祁世长、浚玉与祭。执事者王少鹤、董云舫。少鹤以春闱分校未与。祭毕，以此卷付鲍子年舍人、沈仲复编修，届期举行。时久旱新雨，并记之。阳湖冯承熙书。

五月廿八日，先生生日，与祭者孔宪彝、祁世长、陶彦寿、王轩、董文焕、陈昌年、鲍康。初次与祭者：如山，字□九，满洲人，官湖北候补道；薛春藜，字淮生，金椒人，官山东道御史；范鸣龢，字鹤生，武昌人，官内阁中书。期而未至者，祁嶲藻、翁同龢、董麟、沈秉成。既题名，以此卷付陈菱舫驾部、范鹤生舍人，届期举行。子年属王轩书。

重九前二日，秋祭。与祭者孔宪彝、林寿图、王轩、秦炳文、鲍康、范鸣龢。初次与祭者：滨州杜翰，字继园，前工部侍郎；安州陈嶲，字西峰，官内阁侍读、记名御史。期而不至者，祁世长、陈昌年也。既题名，即以此卷付陈西峰阁读鲍子年舍人，届期举行。是日微雨，并记之。鸣龢书。

同治二年四月三日，补行春祭。与祭者罗惇衍、林寿图、孔宪彝、陈嶲、秦炳文、王轩、鲍康、丁寿昌、祁世长。初次与祭者，袁开第，字杏林，玉田人，官内阁中书；韩耀光，字仲弢，洪洞人，壬戌孝廉；尹继美，字湜轩，永新人，己未孝廉。期而未至者，祁寯藻、陈昌年也。既题名，以此卷付杏村舍人、丁颐伯侍御，届期举行。罗惇衍书。

五月二十八日，先生生日。与祭者罗惇衍、林寿图、陈寯、杨宝臣、王轩、丁寿昌、鲍康、韩耀光、孔宪彀、祁世长、董文焕、袁开第、杨仲愈。期而不至者，祁寯藻也。时孔绣阁读以暴疾猝逝，弗获再与祭，不胜邻笛之感。是日雨，既题名，以此卷付林颖叔京兆、董砚樵太史。杨仲愈书。

重九日，秋祭。与祭者苏廷魁、秦炳文、鲍康、陶彦寿、孙孝先、沈秉成、杨仲愈、董文焕、端木埰、阎汝弼、方鼎锐、林寿图、许宗衡，凡十九人。祭毕，以此卷付孙教授与宗衡，待次年春祭举行。是日诸公既以事未书名，三年上巳春祭日，宗衡补书之。

同治三年上巳日，春祭。与祭者罗惇衍、潘曾绶、王拯、卞宝第、沈秉成、丁寿昌、祁世长、王轩、鲍康、张丙炎、董文焕、端木埰、阎汝弼、孙孝先、许宗衡、黄云鹄。初次与祭者：顺天府教授芮绳斋继宗，丰润人；兵部主事徐诗舲诚，歙县人。祭毕，以此卷付张午桥暨云鹄，届期举行。云鹄识。

五月二十八日，先生生日。展期六月六日。与祭者罗惇衍、许宗衡、卞宝第、黄云鹄、陶彦寿、范鸣龢、董文涣、鲍康。初次与祭者：安肃袁鸿翥，字春帆，官内阁侍读；长沙张沄，字竹汀，官刑部郎中。既题名，以此卷付董研秋检讨及康，届期举行。鲍康书。

九月十九日，秋祭。与祭者罗惇衍、许宗衡、卞宝第、陶彦寿、孔宪庚、董文涣、鲍康。初次与祭者：唐昆基，字霞畔，海州人，官候补知府；张之洞，字孝达，南皮人，官编修。期而未至者，祁寯藻也。既题名，以此卷付树生尚书，届期举行。张之洞书。

同治四年四月四日，春祭。与祭者罗惇衍、秦炳文、陶彦寿、黄云鹄、董文涣、祁世长、阎汝弼、鲍康。期而未至者，祁寯藻、许宗衡也。既题名，以此卷付陶曼生太守、秦谊亭学正，届期举行。董文涣书。

五月廿八日，先生生日。与祭者罗惇衍、张沄、丁寿祺、董文涣、孔宪彀、秦炳文、陶彦寿、王应孚、鲍康。初次与祭者：无锡朱厚基，字籽三，官兵部主事；无锡朱福基，字友山，官翰林院庶吉士；无锡王绎，字莘锄，官户部主事。期而未至者，祁寯藻、高梓也。既题名，以此卷付树生、玉双，届期举行。是日微雨，因并记之。罗惇衍书。

九月九日，秋祭。与祭者罗惇衍、张丙炎、祁世长、董文涣、翁同龢、张之洞、鲍康、阎汝弼、孔宪彀、王应孚。期而未至者，祁寯藻也。既题名，以此卷付翁叔平中允及康，届期举行。是日孔玉双约同人登毗庐阁，眺西山晴雪，因并记之。鲍康书。

五年三月三日，春祭。与祭者罗惇衍、王轩、陶彦寿、董麟、董文涣、祁世长、鲍康、阎汝弼、孔宪彀、王应孚。期而未至者，祁寯藻、翁同龢也。既题名，仍以此卷付鲍子年舍人。寯藻书，时年柒十有四。

五月廿八日，先生生日。与祭者唐昆基、张丙炎、祁世长、董麟、鲍康、王轩、阎汝弼。初次与祭者：定远方濬师，字子严，官内阁侍读；乐平汪元庆，字泉孙；盐山刘溎焴，字星岑，山阳何其杰，字俊卿，均官内阁中书。期而未到者，祁寯藻、罗惇衍、陶彦寿、董文涣、孙宪彀、王应孚也。时三坛新雨，大沛甘霖，因并记之。子年属汪元庆书。

九月十九日，秋祭。与祭者罗惇衍、阎汝弼、端木埰、王轩、董麟、董文涣、陶彦寿、汪元庆、王应孚、孔宪彀、何其杰、刘溎焴、唐昆基、鲍康、张丙炎、戴燮元、袁保龄。戴、袁皆初次与祭。燮元字少梅，丹徒人；保龄字子九，项城人。同官内阁中书。期而不至者，何兆瀛、卞宝第也。卞时由京兆尹调豫藩之命。先六日，祁文端公薨于邸，弟世长以居忧未至，因并志之。丙炎书。

六年三月三日，春祭。与祭者罗惇衍、唐昆基、王轩、秦炳文、阎汝弼、鲍康、刘溎焴、何其杰、端木埰、袁保龄。初次与祭者：袁保恒，字筱隝，项城人，官候补京卿；钱贽，字惇卿，仁和人，官内阁中书；鲍功枚，字达夫，歙州人，官户部主事；张师劬，字念慈，泾阳人，官工部主事。期而未至者，董麟、董文涣也。时唐霞耕太守将有汴梁之行，同人即以为饯。既题名，仍以此卷付鲍子年侍读，届期举行。袁保恒书。

五月廿八日，先生生日。与祭者阎汝弼、秦炳文、袁保恒、王轩、董麟、董文涣、鲍康、孙宪彀、汪元庆、钱贽、戴燮元、刘溎焴、何其杰。初次与祭者：仁和许善长，字季仁；蓬莱慕荣榦，字慈鹤；常熟翁曾翰，字海珊；仁和王堃，字小铁，均官内阁中书。铅山熊有筠，字东美，官刑部主事。期而未至者，罗惇衍、王应孚也。子年属许善长书。

先生有《肇域志》手稿廿册，藏予家四世矣。每册约三十页，每页约廿余行，蝇头细字，一笔不苟。续增者旁眉几满，读之恒苦目力不继。咸丰庚申岁，粤逆陷，杭州家藏书四十余厨，散佚无有存者。或者先生有灵，默为呵护，此书尚在人间。窃愿海内同志留心咨访，什袭藏之，庶不灭先生苦心，借以补予疏漏之过，幸甚。善长再记。

九月十九日，秋祭。与祭者罗惇衍、袁保恒、张丙炎、董文涣、秦炳文、王轩、陶彦寿、孔宪瑴、阎汝弼、方濬师、鲍康、钱贽、戴燮元、刘湝熺、何其杰、端木埰。初次与祭者，慈溪陈兆翰西林，官内阁中书。时董研秋太史特简甘凉道，同人即于是日公饯，并记之。子年属端木埰书。

五月廿八日，先生生日。与祭诸人：季李仁舍人，已题名于前。越时堃纪以诗，周寿阳相国慈仁寺古柏古槐原韵，鲍子年侍读属补书于后。王堃并记：亭林先生古博学，招提祠祀岁遍三。慈仁高会此第一，巡襟怀旧参伽蓝。前辈鲍叔熟掌故，胸期渊奥师庄明。冠缨角逐美人海，谁其嗜古能高谈。经学于今少研究，马郑遗义畴孳含。拜公祠下钦公学，文章经术威名堪。展披画卷识遗像，枕葄书史情沉酣。大儒巾裾气浩浩，神仙眉鬓风毵毵。卷中题名类贡俊，吭怔嗫嚅心怀惭。同人觞咏各有托，我耽岩壑情尤甘。追寻古懽联雅会，词坛控□谁为骖。此卷庋藏不轻见，情弛翰墨能忌贪。经时记忆复赋此，蘸笔长愿随禅庵。

同治柒年四月三日，春祭。与祭者袁保恒、秦炳文、董麟、祁之镕、陶彦寿、鲍康、王应孚、刘湝熺、王堃、端木埰。初次与祭者：陈文田，字砚卿，前内阁中书，今官刑部主事，陈文霦，字蕉生，亦内阁中书，俱泰州人；杨仪成，字子赓，官兵部郎中。孙宪瑴以礼闱分校，熊有筠以期服，均不与祭。期而未至者，王轩、汪元庆、戴燮元、翁曾翰、陈兆翰、袁保龄也。子年属秦谊亭、王小铁各绘图纪事。是日雨，并记之。陈文霦书。

今年五月二十有八日，亭林先生之生辰，同人集祭于慈仁寺先生祠。会者无锡秦炳文，洪洞王轩、董麟，歙鲍康，寿阳阎汝弼，河间王应孚，乐平汪元庆，丹徒戴燮元，盐山刘湝熺，仁和王堃，上元端木埰。始与祭者，泾阳张师劬、番禺许其光、无锡孙勋烈、洪洞董文灿、天津徐士銮、瑞安孙衣言。而大农罗惇衍有事未至,使衣言摄祭事。

始顾先生祠初成,余实在京师,予友孔绣山、叶润臣、朱伯韩屡要予一拜先生,予未敢往也。咸丰八年,予自内廷出领郡,先师祁文公端屡召予与王侍郎茂荫、王户部拯、林工部寿图、蒋府丞达在慈仁寺饮酒,因得一谒顾祠,然皆未及与祭。今年春,以选人至京师,则文端公下世已二年。王侍郎、蒋府丞亦先后亡,工部官秦中,户部归桂林。适逢先生之生辰,得从诸君子后,以祭先生。既卒事,同年鲍侍读子年以故事出先生画像卷,命为题名。展卷读之,则文端公及旧游诸君子之遗墨多在,而二十年题名卷中者,类多文章卓荦之士,衣言亦往往得见之,何其盛也。昔李固为汉太尉,每大朝会,见左右侍中多少年,而旧时老臣无一存者,即欷歔感叹,以为国家之忧。今兹顾祠之会,盖亦不能无老成凋谢之感矣。虽然,时运不息者也,气化日新者也。先生丁明之季,其时已无可为,然未尝一日忘天下,常欲有所兴革损益,以蕲复于三代两汉之盛。其具于书者,往往而可行也。今国家多事,虽不能为廿年前之易于有为,然自顾祠之初成,道光癸卯、甲辰之间,世事之变,固已萌柹其间矣。使上之人怵惕惟厉,以求贤才,修政事为心,下之人发愤为雄,以崇廉耻,知古今为务,至二三十年,而谓中国之聪明材力必不足以得志于天下,谁其信之?汉武帝雄才大略,威行绝国,我圣祖、高宗武功之盛,殆有过之。至如文景之宽仁恭俭,孝宣之综核名实,以内自治而无伤我中国之元气者,先生三致意焉。其事固非旷绝而不可几。我君我相,其恶可不及时振厉,而士之在下者,其亦恶可苟焉以自恕也。今天下幅员万里,明天子在上,诸大臣奋于功业,星罗而棋布,其视先生所遭何如耶?而衣言幸得从二三子拜先生之祠,瞻仰先生之遗貌,其当思所以无愧于先生,岂徒以为相从饮酒、修饰故事而已哉?同治戊辰七月,瑞安孙衣言书于袁氏居。

“至今二三十年”“至”下夺“今”字,衣言又记。

十月初二日,补行春秋祭,与祭者王轩、秦炳文、阎汝弼、陶彦寿、祁之镠、王应孚、鲍康、汪元庆、黄贻楫、孙勋烈、翁曾翰、王堃、端木埰、董文灿、袁保龄。初次与祭者,浑源张观准,字叔平,官编修。期而未到者,罗惇衍、许其光也。其光继室顾恭人其先与先生同族,是日恭人病,医不时至,故其光不果来，书之以志吾过。其光记。

鲍子年属秦谊亭、王小铁各绘一图，乞同人题咏，不揣固陋，先录于卷以就正焉：太行山势若云屯，欲买耕畬教子孙。唐魏遗民空想像，河汾高足溯渊源。当年宅相科名盛，今日先生俎豆尊。莫谡雄豪非宋学，洮西结客可同论。其光再题。

同治八年三月三日，春祭。与祭者罗惇衍、周寿昌、许其光、张丙炎、秦炳文、陶彦寿、董麟、阎汝弼、王应孚、鲍康、黄贻楫、汪元庆、徐士銮、陈文田、刘滙熇、王堃、翁曾翰、端木埰、董文灿、熊有筠。初次与祭者，歙鲍恩绶，字印亭，丁卯举人，官内阁中书。子年侍读之□子也。予自咸丰甲寅之祭后，旋以艰归，遂不复与。距今已十有六年。卷中存人强半凋谢，不胜山阳邻笛之感。此番主祠事者，为子年侍读。是日侍读以外孙病，殆眷眷心目而终事弥恪，是古贤所称，不以小戚坠礼者。与祭凡二十有一人，可云极盛，有其□之莫敢废也。岂不存乎人哉？寿昌谨记。

亭林先生《肇域志》一书，旧藏钱塘许氏，寿昌于道光甲午寓杭州，曾一见之。其书系先生手辑，草书细字，旁行斜上以朱笔勾点，间有涂乙。凡郡邑内乡邻里社、十里五里小地名，无不备载，险隘扼塞，一览而知。自方志地理者所不能及，惟江南等处芜载，冢墓寺观分于《皇览》等书，而他省皆无之。此体系之尚未定者也，又中阙山东、江西、广西等省，必得补辑。先生前有小序数行，亦自云：尚未成书，留待后世有志之士。此书真本闻粤寇陷浙第二次始被毁弃，幸海昌蒋寅昉曾录副本，行次朱点俱照原稿，几可敓真。同治元年，予在武昌遇蒋君，借屯书在寓中两月，因恐孤本有失，属同年严渭春中丞，照缮一副册，并属舍弟寿祺用朱笔照点一通。中丞征属寿昌补订成书，校刊以传，未几去官，遂不果。惜哉！然其书在人间已有两册矣，目许君前跋，并笺于此。寿昌再记。

五月廿八日，先生生日。与祭者罗惇衍、许其光、周寿昌、秦炳文、祁之镠、张丙炎、祁世长、张观准、董麟、鲍康、王应孚、黄贻楫、徐士銮、翁曾翰、王昉、端木埰、董文灿、袁保龄、鲍恩绶。初次与祭者：和州鲍源深，字华潭，丁未翰林，官工部侍郎；上元孙文川，字澂之，官教谕。期而未至者，阎汝弼、汪元庆、陈文田、刘滙熇、熊有筠、杨仪成也。时杨海琴观察入觐来都,许涑文出守粤西,沈仲复分巡常镇,同人即于是日祖饯,而海琴、仲复以事不果至,因并记之。子年属黄贻楫书。

小铁各绘《顾祠雅集图》,遍乞同人题咏,一存祠中,一存余处,以为异日雪泥之证。己巳八月,余亦出守夔州,不复与执豆笾之役,念之辄怅,然倘他年重入都门,瞻拜祠宇,而卷中诸君子或驰驱皇路,或偃仰名山,所晤对者未必皆我故人。蕉雨之思,其何能一日去怀耶?鲍康记。

九月九日,秋祭,与祭者鲍康、秦炳文、周寿昌、鲍源深、董麟、张丙炎、黄贻楫、陈文田、翁曾翰、王堃、端木埰、董文灿、袁保龄、杨仪成、熊有筠、鲍恩绶。罗惇衍以奉讳旋顺清,许其光以出守赴广西,皆不与祭。此卷自乙丑岁存家,子年侍读处阅五春秋,时出领夔郡,将出都,以卷付董云舫农部,又曾倩秦谊亭、王小铁绘《顾祠雅集图》卷各一,至是以一卷并付云舫,以一卷携行箧,因并识之。鲍源深书。

同治九年庚午三月十二日,春祭,与祭者宋晋、乔松年、潘曾绶、鲍源深、周寿昌、秦炳文、陈文田、祁世长、王应孚、徐士銮、王堃、刘溎焴、鲍恩绶、陈彝、张丙炎,凡十有五人。宋晋,字雪帆,溧阳人,甲辰进士,官内阁学士;陈彝字六舟,仪征人,朴生孝廉之弟也,名辂,丁未春与祭。壬戌进士,官编修,皆初次与祭。乔鹤修侍郎新拜总督仓场之命,距壬子与祭后已十有八年矣。去秋鲍子年太守赴蜀,以此卷付董云舫比部,二月,比部奉讳返晋,遂以此卷付丙炎,因并识之。

五月二十八日,为先生诞辰。与祭者祁世长、秦炳文、汪元庆、袁保龄、刘溎焴、黄贻楫、鲍恩绶、严玉森、张丙炎、宋晋,共十人。张午桥接收是卷后主祀事者两次,今拜广州太守之命,行有日矣,仍出此卷交子年。同年,令侄中翰收藏并识。庚午重九前四日,濑江宋晋书。

张午桥太守将赴广州,以此卷付鲍印亭中翰。印亭复嘱元庆收藏目司祀事。时同治九年重阳前四日也。乐平汪元庆识。

同治九年九月廿一日,秋祭。与祭者宋晋、秦炳文、黄彭年、王堃、祁世长、汪元庆、王应孚、黄贻楫、刘溎焴、端木埰、袁保龄。初次与祭者:宝丰马绍训,字小玉;新城耿士伟,字鹤牵;邘陵高其操,字守吾,皆官内阁中书。期而不至者,周寿昌、陈文田。彭年自道光戊申与祭,迄今廿有八年。咸丰癸丑归田，不与祭者六十有八年矣。同人以彭年与祭最早，今题名。墟社难追汉晋年，孤臣空抱宅京篇。清祠寐历双松下，留取芳名照后贤。先生取建炎建武之意更名。　　廿八年前溯旧游，后来接迹尽英流。仲圭画手今犹在，秋禊重纂第几图。吴冠莫画《顾祠秋禊图》，今存何道州家。　　潜邱青主皆同调，七至太原殊有情。我对天门独惆怅，月斋墓草已纵横。时予将有山右之行，石洲殁，祀顾祠已廿年矣，为之慨然。题名既毕，率缀小诗纪事。彭年。是日并为鲍华谭学使，张午桥、江蓉舫两太守饯别，华谭以事东至。

同治十年二月初九日，春祭。与祭者宋晋、潘曾绶、祁世长、秦炳文、陈文田、黄贻楫、王堃、端木埰、袁保龄、马绍训、汪元庆。初次与祭者：爰邑曹炽昌，字崔屿，官工部主事候官；杨浚，字雪沧，官内阁中书。期而未至者，乔松年、周寿昌、姚觐元、王应孚、徐士銮、何其杰、耿士伟也。时杨庆伯广访来京，旋拜陈臬甘肃之命，同人借以祖饯，因事未至，并志之。乐平汪元庆书。

今年五月二十有八日，为亭林先生诞辰，同人集慈仁寺之先生祠，修祀事。会者宋晋、周寿昌、秦炳文、姚觐元、祁世长、王应孚、黄贻楫、刘湝焴、戴燮元、王堃、陈文霈、袁保龄、马绍训、高其操、汪元庆、董文涣。期而未至者，潘曾绶、张之洞、端木埰也。涣自丁巳备兵甘凉，出都后不与祭者，迄今阅三载矣。回忆咸丰辛丑初谒先生祠，其时卷中为王定甫、冯鲁川、林颖沛、许海烁、王顾斋、杨缃芸、王蓉州、黄翔云。诸君子皆一时文章卓荦之士，今率先后散失，而涣以选人入都，犹获执笾豆役，从诸君子后瞻仰先生遗像，可不谓幸乎！既卒事，泉孙太守以故事，出先生遗像卷，命为题名。涣固亦乐之，独是涣畴昔获知于海内贤士豪俊，泛游之情方殷，而睽离之后兼以凋谢。其姓氏俱在此卷，文章勋业并有可述，而涣猥以驽惫，佯存与名其间，日月逾迈，蹉跎如故。展读是卷，其为可感叹而愧恧者，又何如也？时立秋前一日。洪洞董文涣书于研樵山房旧居。

九月十九日，秋祭。与祭者宋晋、周寿昌、董文涣、戴燮元、唐昆基、秦炳文、王应孚、汪元庆、王堃、端木埰、袁保龄、马绍训、高其操、祁世长。初次与祭者，吴县顾肇熙，字缉廷，官工部主事。期而未至者，潘曾莹、曾绶、张之洞、姚觐元、曹炽昌、陈文田、文霈、徐士銮、黄贻楫、刘湝焴、耿士伟也。是日公饯乔鹤修河帅、鲍华潭中丞。鹤修到而华潭以事未至，并志之。寿阳祁世长书。

同治十一年三月廿四日，春祭，与祭者宋晋、祁世长、杨宝臣、秦炳文、陈文彬、孙宪毂、徐士銮、黄贻楫、王堃、顾肇熙、戴燮元、袁保龄、马绍训、阎汝弼、汪元庆、王应孚。初次与祭者，江村顾怀壬，字象之，官内阁中书。期而未至者，潘曾莹、曾绶，周寿昌，张之洞，陶彦寿，陈文田，范鸣龢，朱仪训，王縡，慕容幹，刘湗焴，高其操也。时董岘嶕有备兵之命，同人即以是日公饯，并记之。泉孙属王应孚书。

五月廿八日，先生生日。与祭者宋晋、杨宝臣、秦炳文、陈文田、阎汝弼、朱仪训、黄贻楫、刘湗焴、王堃、戴燮元、顾怀壬、王应孚、董文灿、汪元庆、顾肇熙。期而未至者，周寿昌、陈文霨、王縡、袁保龄、马绍训也。祁子龢学士先期三日奉督学皖之命，同人借以祖饯，并记之。泉孙属顾肇熙书。

同治壬申九月，朝鲜进贺正使朴珪寿再到京师，与副使成彝镐、书状官姜文馨同来谒祠。时值秋祭，得与会祭诸君子订交，信可乐也。然念辛丑同拜诸友，或在远仕，或墓草已宿，今昔之感不能已也。朴珪寿识。

同治十有一年九月晦，宋学士晋暨同人集顾先生祠。秋蔬盈握，清泉一尊，奉南丰之瓣香，致西山之爽气。于时雁臣来宾，隼旗出祖，凡百执事，同不祗恪。既彻而燕乃修。题名故事，桐柏侍祠之属；例出其爵，兰亭修禊之序。系诗以人礼也。田。惟栾公立社尸祝于乡，石相建祠化行一国。若规鸿都而置学，崇布衣而飨法。绵历千祀，窅乎不闻。至如购柳诚逊之书，标题货贝；辨白香山之句，增价鸡林。亦或名满寓内，风动区外。然而单于求见，魏应代之；回纥惧呼，郭公尚在。求其馨香，百世膜拜。一堂往牒具存，未之有也。

先生暂游辽左，遂返章丘，尤如皂帽之长行，已共青山而终老。而乃歌谣伯起，争识关西；凭吊诚连，移情海上。履綦虽沫，弦诵如新，叶语至今，象来致福。美矣盛矣，蔑以加矣。于戏！体大思精，宣诚之作；山高水长，严陵之风。登斯堂者，慨慕高冠流连，礼器毋泛，托于北面弟子，而自居于西家愚支也。是日与祭者，宋晋、周寿昌、杨宝臣、徐士銮、张师劬、汪元庆、孙宪觳、黄贻楫、戴燮元、顾怀壬、董文灿、马绍训、王应孚、高其操、文田及弟文霦。初次与祭者，吴孙吴编修大澂，清卿徐武部炳烈绍圃，任邱边水部保揘拙存，曲阜孔舍人庆辅斐轩。期而不至者，鲍康、袁保龄、翁曾翰、王堃、顾肇熙。外臣与祭者，朝鲜判中枢府事朴珪寿瓛卿、户部侍郎成彝镐叙斋、宏文馆校理姜文馨兰圃。瓛卿于咸丰癸丑谒祠，星一终矣，复来与祭，亦盛事也。时苑卿出守天台，念慈亦以太守赴中州，需次即于是日祖道并饯之。江北陈文田谨记。

皇帝御极之十有一年秋九月，大婚礼成，颁恩诏于天下，朝鲜陪臣判中枢府事朴珪寿，户部侍郎成彝镐，充进贺正副使暨书状官、宏文馆校理姜文馨来朝京师。是月晦，适举行顾亭林先生祠秋祭，宋雪帆学士主祭事，与者十有八人。先是，朴瓛卿中枢于咸丰十一年充先皇帝行在问安，副使至京曾求谒祠，同人为特设一祭。兹复来请，遂偕成叙斋侍郎、姜兰卿校理与祭。祀毕，胙饮笔谈不倦。因属朴中枢题名于画像卷后，陈砚芗比部既备题同人名，为文记其事矣。燮元复继之以诗曰：

维太岁壬申九月晦日，秋高天气清，顾祠修展谒。江左宋学士，肃禋洁斋祓。济济联冠裳，瀛洲人十八。朝鲜二三子，学古人心折。趋跄俎豆间，执礼罔或失。饮福洽孔□，涵醉逸兴发。娓娓资笔谈，朴子动追忆。在昔辛丑春，车恢扈天跸。曾一拜公祠，道貌快良觌。忽忽星一终，再来慰肌渴。中间与祀人，或远官或卒。抚卷念旧游，怆怀感今昔。而我矍然思，请为话颠末。往在咸丰朝，四方每盗贼。今皇践阼初，周召勤夹弼。垂帘奉两宫，抱一天下式。五星联为珠，日月合成璧。一时将帅臣，俾恭行天罚。北靖燕赵齐，南平楚吴越。元恶既授首，余氛扫东粤。阅今十一载，中原息兵革。关陇暨滇黔，指顾小丑灭。良田列祖宗，深仁兼厚法。我皇亶聪明，显光扬大烈。武偃文益修，朝野萃贤逸。亭林一代儒，天人学贯绝。问者奋然兴，顽廉懦志立。吾徒与古稽，砥砺在学术。匪仅编盍簪，故事资修饰。归告尔贤藩，礼让以为国。天子方明圣，忠信行蛮貊。凡百敬在位，勖载述所识。语罢饮既终，三子逡巡出。日夕我亦归，挑灯载诸笔。古润州戴燮元。

同治十二年癸丑三月九日，春祭。与祭者潘曾绶、陈文田、孙宪觳、朱仪训、王应孚、刘溎焴、王堃、徐炳烈、董文灿、马绍训、孔庆辅、鲍恩绶、汪元庆、熊有筠。祀事既毕，胙饮于慈仁寺杂树支屋，系在侵阶，曾阴积空群籁哉？□余于泉孙流连松下久之始去，是日清明，泉孙属题名，因并记之。熊有筠书。

五月廿八日，先生生日。与祭者十六人，为溧阳宋晋，长沙周寿昌，泰州陈文田，寿阳阎汝弼，曲阜孙宪毂，阳湖朱仪训，洪洞董麟、董文灿，晋江黄贻楫，仁和王堃，铅山熊有筠，歙鲍恩绶，鄢陵高其操，江都顾怀壬，任邱边保桎，乐平汪元庆也。

康出守夔州，不与祀事者，三年于兹矣。忆己巳秋，诸君子赋诗赠行，题《雅集图》殆遍，勖勉之意良厚，而端木子畴同年有“勇退望归舷”句，尤获我心。去年夏，幸解组旋都门，今秋九月廿五日，殆重与执笾豆之役。周荇农谓，宜兼祀阎百诗先生，以两先生学术志趣并同，复同游日下也。同人佥曰：可。拟于明年春祭举行。汪泉孙属康题名，即为是卷跋尾。顾、阎并祀，当别作一卷子，用志雪泥。陈砚香愿为之记，洵盛举矣。是日与祭者：宋晋、董麟、汪元庆、陈文田、阎汝弼、孙宪毂、朱仪训、王应孚、徐炳烈、刘湝焴、王堃、高其操、顾怀壬。及康凡十有六人。初次与祭者：陈福绥，字筱农，山东荣成人，户部员外郎；张翊宸，字枫廷，江苏铜山人，候选郎中。独康侄恩绶以事，不果至。鲍康记。

康于卷中题名以素不工书，辄倩陈寅生写之，是跋乃自写鸦涂，可哂。又识。

顾先生祠会祭题名第二卷子

同治十三年春三月廿有九日，公祭顾亭林先生。与者鲍康、周寿昌、阎汝弼、孔宪毂、朱仪训、王应孚、黄贻楫、徐炳烈、刘湝焴、王堃、何其杰、袁保龄、杨浚、顾怀壬、高其操、孔庆辅、边保桎、陈福绥、张翊宸、汪元庆，凡廿人。祀事既毕，饮胙题名。酒酣意恰，议及于慈仁寺另择一室，祀阎百诗先生，春秋及生日三致祭，并别制一卷子以纪其事。秋间举行，俟有余资，再行建祠。亦同人私淑之意。因附记之，乐平汪元庆书。

五月廿八日，先生生日，展期六月六日举行。与祭者董麟、汪元庆、黄贻楫、刘湛焴、鲍恩绂、顾怀壬、边保樫。后至者陈福绥。是日康以小疾不克到祝，文中仍署康名，前卷题已遍，康曾跋尾，属别制一卷子。汪泉孙题耑，遇生日不祭张石洲。石洲乃同时友，即春秋二祭亦宜易为三揖之礼，缘与祭每高年仆仆亟拜，石洲有知，亦岂安乎？周荇农谓。

国朝经学，顾、阎称最，惟并祀亦未尽善，当自今年秋始于别室设位祭之，题名一如顾祠例，同人复有择隙地建阎先生祠之议。陈砚香欣然作募启，落成尚有待，而瓣香前喆，良足多也。他日两祠并峙，俎豆莘莘，如有补《日下旧闻》《春明梦余录》者载及之，亦一时佳话焉。歙鲍康记。年老目昏，书不成字。

古重阳后一日，别舒一座祀阎先生，笾豆如制。越丨日，复有事丁顾先生祠，与祭者周寿昌、鲍康、董麟、汪元庆、阎汝弼、孙宪彀、朱仪训、王应孚、徐炳烈、董文灿、边保樫、陈福绥、李郁华、张翊宸、皇甫治、汪熙、陈文田，凡十七人。时云舫由比部郎出守，饮帐之欢亦足纪也。江北陈文田识。

光绪二年二月十三日，春祭。与祭者周寿昌、翁同龢、鲍康、杨宝臣、阎汝弼、孙宪彀、李郁华、边保樫、陈福绥、鲍恩绂、汪熙、汪元庆、袁保恒、保龄。初与祭者：毛旭熙，字煦初，河南武陟州人，官吏部尚书；何维仆，字诗孙，湖南道州人，绍基孙，官内阁中书。保恒同治七年四月奉命之山东，随同剿贼，贼平，八月还京师，复奉命之陕西督饷。光绪元年七月回京供职，今复与祭。袁保恒记。

噫！寿图不谒顾祠十有三年矣，匪独生平瓣香有惭怀抱。而此十三年中时事之迁流，故交之零落，回首笼云，辄深感喟。今春重入国门，望祠下马，短础长垣，皆作离别可怜之色。而乔松坠枝，断篱委地，毗庐阁下，亦无明心竖拂之人。彼教犹然，而吾道之寂寞可思也。适先生生日，汪君泉孙相招陪祀，阮饮福复属题名于卷，所谓有其举之，莫敢废也。虽然先生力谢云霄，不阶亲串，而《肇域志》《郡国利病书》著述所传，饥溺独迫。嗟呼！穹老一布衣耳。而其自任乃如此，不纳身于垢，不忘情于物，后世之有志天下者，视此无。泉孙主事久，而恪其得朴学，数人与之共事，则所以为古人继长增高者，又岂徒岁祀无瘊已哉？犹忆寿图官陕时，筱坞朝夕相见，子年入川，亦接杯酒偻指。京畿旧事，窃叹方今多故，不知尚有几人私淑先生者？今二君欣聚一方，其居与顾祠相望，则左提右携，倡明学术，步日下……此处一直写去，不应晓识。而见为治术者，其有意乎？是日会者，鲍子年康、罗讦庭嘉福、陈研香文田、袁筱坞保恒、子久保龄、杨雪沧浚、黄济川贻楫、董芸鑫文灿、汪慧生熙、鲍印亭恩绶、汪泉孙元庆。例得称书。光绪丙子五月，闽州林颖叔寿图记。

光绪二年八月，余将出守铜仁，仍以祀事归。子年、鲍康经理，卷并存焉。乐平汪元庆泉孙识。

光绪二年九月初六日，秋祭。与祭者周寿昌，罗嘉福，林寿图，鲍康，陈文田，孔宪毂，朱仪训，黄贻楫，杨浚，李郁华，刘滙熇，高其操，孔庆辅，边保桱，皇甫治，汪熙，何维朴，袁保恒、保龄，徐桐，凡廿人，时汪泉孙方奉命出守铜仁，泉孙司祀事久，必诚必慎。是日分馂神惠，同人即于斯设祖帐焉。子年属并记之。襄平徐桐识。

光绪三年四月十八日，补行春祭。与祭者罗嘉福、刘滙熇、高其操、边保桱、祁世长，凡五人。春暮世长归自皖江，鲍子年以久病属世长司祀事。愧未能焉。寿阳祁世长识。

光绪三年九月廿五日，秋祭。与祭者袁保龄、保恒，陈文田，黄贻楫，边保桱，汪熙，王应孚，贾璜，王汝纯，祁世长。端木埰自江东来京，不与者五载矣。谨志。

光绪四年三月十四日，春祭。与祭者戴燮元、孔宪毂、陈文田、边保桱、何维朴、陈福绶、贾璜、王汝纯、祁世长。端木埰谨志。

光绪四年五月廿八日，顾先生生日。与祭者戴燮元、孔宪毂、陈文田、贾璜、王汝纯、祁世长。初次与祭者，闻喜杨深秀也。是年九月二十一日秋祭，古黎端木埰补志。

光绪五年闰三月初八日，春祭。与祭者徐树铭、秦焕、孔宪毂、黄贻楫、朱仪训、曾金章、王汝纯、王应孚、陈福绶、贾璜、鲍恩绶、端木埰、何维朴。到而未饮福者，张之洞、黄国瑾也。道州何维朴谨识。

光绪五年五月廿八日，顾先生诞辰。致祭与者孙宪毂、庆辅、袁保龄、王汝纯、陈福绶、鲍恩绶。初次与祭者，大兴查恩绶。至而未饮福者，黄国瑾。期而未至者，周寿昌、徐桐、翁同龢、范鸣龢、陈文田、张之洞、张观准、李用清、曾金章、朱仪训、王应孚、秦焕、李耀奎、边保樫、王先谦、何维朴、贾璜也。祁世长、黄贻楫皆以期服不与祭，其不约而至又不行礼者则蔡寿祺。越三日，六月癸卯朔端木埰谨识。

光绪五月［年］十月初九日，秋祭。与者陈文田、朱仪训、王汝纯、边保樫、袁保龄、曾金章、鲍恩绶、何维朴。是日去阎先生诞辰不十日，同人共酌，并日行礼祭之。明日为寿圣节，夜待漏不寐，秉烛记此书成，月满西窗矣。古黎阳端木埰谨识。

光绪六年四月二十五日，春祭。与祭者袁保龄、廖寿丰、端木埰、陈文田、鲍恩绶、陈福绥、王汝纯。初次与祭者，永宁韦业祥、临桂龙继栋。期而未至者，周寿昌、徐桐、翁同龢、张之洞、王先谦、边保樫、孔宪瑴、曾金章、查恩绥、孔庆辅、何维朴、王应孚、朱仪训、黄国瑾、黄贻果、张观准、贾璜。是日祁世长主之，龙继栋谨识。

光绪庚辰五月廿八日，顾先生生日，致祭、与祭者袁保龄、黄国瑾、陈福绥、龙继栋、王汝纯、贾璜、祁世长。期而未至者，周寿昌、徐桐、张之洞、王先谦、廖寿丰、孔宪瑴、端木埰、陈文田、曾金章、鲍恩绶、孔庆辅、何维朴、王应孚、朱仪训、黄贻果、张观准。与饮福者，蔡寿祺。期会也，业祥独后至，黄再同先行礼去。祁子和以外廷差供去。且还矣，骏奔之际，滋悚惕焉。马韦业祥谨识。

九月廿六日，秋祭。与者王应孚、陈文田、袁保龄、曾金章、张观准、陈福绥、龙继栋、王汝纯、贾璜。初次与祭者，陈宝琛、李暎、何福堃、何乃莹、杜瑞麟、王鹏运。祭而未饮福者，朱仪训、黄国瑾、李暎。是日祁世长主之，端木埰谨识。

光绪七年辛巳九月己未晦，秋祭。与祭者徐桐、廖寿丰、王应孚、朱仪训、李暎、杜瑞麟、王汝纯、贾璜、何福堃、王鹏运。主者祁世长，未饮福者黄国瑾。是年春祭以孝贞显皇后大丧百日期内停止举行，生日祭经同人公议停止。是日饮福后，端木埰谨志。

光绪八年壬午四月二日，补行春祭。祁世长主之，与祭者徐树铭、徐桐、孔宪瑴、端木埰、王应孚、刘湗焴、鲍恩绶、何维朴、朱仪训、陈福绥、李暎、杜瑞凝、杜瑞麟、王汝纯、何福堃、陈宝琛。初次与祭者,南皮张之美、吴县许庚飏、盂州田国俊、孝感余联沅。宝琛识。

十月癸丑,补行秋祭。与者李暎、陈文田、杜瑞凝、何福堃、王汝纯、鲍恩绶。未饮福者何维朴、黄国瑾也。越四日,丁丑,端木埰秉烛记。

光绪九年,岁在癸未,四月七日,端木舍人以补行顾祠春祭,招致同侣,届期至者八人,树铭至慈仁寺时,则舍人展肃祠事久矣。顷之,李侍御暎澄斋、朱侍御仪训燮臣、王郎中应孚信甫、王汝纯、何福堃寿萱、杜瑞凝树田甫偕来,并将事如旧仪,并于夹室拜揖石洲先生之位,莫不俨恪。盖祀之前日雨,是日雨止,祠前槐柳青翳,阒无点尘,群芳作花,松翠如洗。先生有灵,或亦顾而乐之。祠壁嵌先生画像,志清而神穆,朱野云所旧藏,共瞻仰焉。石润而黝,居位之右,衣冠古处,如公尸然,又肃然久之。燎所之阳,东垣之南,则李唐幽洲王夫人之墓碣存焉。往时承祭,诸先辈所徘徊于其下者也。逮今岂立无恙,完者可诵,阙者可辨,摩挲古石,远想长怀,而出土犹新,又先生重石录所未备者矣。寺西北隅曰藏云洞者,故侯相曾文正公所题也。庐堂三楹,南乡轩敞,左右复室,幽静澄澈,可坐可宿。侯相数往来其间,距先生寓兹寺时盖二百年。额字劲遒,数年前及见之,是故僧戒公所求。今徒众无知其事者矣,祠之建,肇自癸卯,明年甲辰乃行礼,及今凡四十年。此四十年中,刀兵旱潦遍海内外,海内才杰奋兴,贤豪并起,遂有江海清夷、日月开朗之目。盖读书而实求诸心术,治术者为每挚饮沉默,精研微契,审固枢要,洞中事理,建为法勋,发为道业,不敢苟焉,以驰取为务,亦不□粲焉。以诡谲为高盖,其所从来远矣。树铭以乙巳至京师,又十二年丁丑,因皂芗前辈诗舲少宰、道州何先生之约,乃获与祠事。其年五月,复与生日之祭,乃获列名卷中。而李户部寿蓉、张刑部沄亦咸在。是时文宴之盛,士大夫景仰。前哲固惟恐以不与兹会为耻,盖平生诵法先生书,人争自濯磨,沾胸流馥,不忍忘所自来殷殷然,瓣香之奉未能已,焉有举而倡之循守焉?弗忍失坠也。今先生之道与日月俱新,有志者方思尽求先生书读之,以资世用,则又岂以与斯会与否为进退,而其拳拳于祠事,若端木诸君子者,不可敬爱乎?先生书惟《肇域志》未流播士林,丁卯冬初,树铭供淞江途中晤九香前辈,知此书稿本已寄,曾相付金陵书局。

嗣晤侯相语，则以援引诸文，非逐加雠校，恐未足为定本。然则亦此书副本焉。钞手诚不无讹脱也，文正归道山，是书无存，未卒之业，岂无补辑之成完书者乎？广西南界越裳，控滇黔、跨岭峤，险隘扼塞，原志所未及。尤今日所尝加意者矣。是日期而不至者十八人，周荇农前辈寿昌以小疾告，孔玉珊侍御以事告，何诗荪舍人维朴以家祭告，不与而以有事告，事讫仍至者，则王比部应甫也。越数日，黄子寿廉访彭年，慨然以未及与斯会为怅怅，留黐黍之资而去云。树铭记。

九月十一日，秋祭。与祭者孔宪彀、王应甫、陈文田、何福堃、彭銮、许玉瑑、鲍恩绶、陈福绶、贾璜、端木埰。初与祭者，吕辉新，吾先生裔也。黄国瑾得张殷斋先生四十一岁小像，画手即绘顾先生像之江阴吴生。是日持来与诸君展拜。谨记。

道光甲辰春，始祀亭林顾先生于慈仁寺之西偏。越四年，霈霖始与祭。又二年，石洲张先生游，霈霖以事未与斯祭。光绪乙酉春三月初七日，重与祭于是，距己丑且三十七年矣。霈霖初名炳光，是日与祭者端木埰、祁世长、杜瑞凝、袁世勋、贾璜、何乃莹。祭而未饮福者，黄国瑾。期而未至，王仁堪、罗文彬。杨霈霖属何乃莹书。

乙丑十月十五日，补行秋祭。与者孔宪彀、端木埰、杨霈霖、彭銮、许玉瑑、王鹏运、鲍恩绶、贾璜、何乃莹、袁世勋、黄贻楫。是岁爰初，贻楫重来京师，距昔卷中列名已七年矣。学不加进，灵仰先生，握管颜汗。贻楫谨记。

丙戌四月廿七日，补行春祭。与者端木埰、祁世长、李用清、黄国瑾、陈福绶、许玉瑑、朱一新、顾肇熙、黄贻楫、彭銮、王鹏运、袁世勋、王濬中、王安中、丁乃安、王颂慰、李作霖及仁堪凡十八人。披展题名，先交勤公，始以道光己丑与祀事，即仁堪始生岁也。景仰先法益深悚敬。闽州王仁堪题记。

光绪十年三月初五日，春祭。与祭者端木埰、田国俊、王应孚、黄国瑾、余联沅、鲍恩绶、许玉瑑。初与祭者，缪荃孙、朱一新、周銮诒、樊增祥也。荇农周先生以疾不克来，遣其孙衍龄来代，且致金八两。樊增祥谨记。

十一月廿四日补行秋祭，与者孔宪彀、祁世长。

十一月廿四日，补行秋祭。与者孔宪彀、祁世长、端木埰、鲍恩绶、何福坤、何乃莹、贾璜、许玉瑑、朱一新、黄国瑾、杜瑞麟。与而未饮福，袁世勋。初与者，贵阳罗文彬也。王应孚时出守九江，就饯之先。期行未至，黄国瑾。是日携沈石田、文衡山《双松卷子》及万年少《午翳神女》小幅来同观，沈文卷以前后两庚子岁作，乃其大父琴隖公与其外大父镏太守宽夫藏者。两公皆顾祠卷中人，同时诸者题录咏褒然成帙卷矣。万即为亭林先生画《秋江别思》卷者，故蔡司业小石藏。见道光廿九年题名。今又见此幅，固由物聚所称抑美，盖因先生而益传矣。是皆足记也。时阁学陈宝琛方疏请以先生从祀孔庙，部议有极之者，余官词曹，争之不能得草行具矣。阮思先生名实自在天壤间，请者不加益尼者，若不加损即争之，亦犹未免多事也。聊用志之，罗文彬谨记。篆书。

丙戌十月初七日，补行秋祭，与者祁世长、端木埰、孔宪彀、白恒、朱一新、王仁堪、贾璜、何乃莹、陈福绶、王鹏运、彭銮、许玉瑑、鲍恩绶、陈兴冏。宪彀适简肇阳罗道，是日公饯于此。

光绪庚亥之春，文慰归自岭南，病痊入觐。三月廿日，同人举行顾亭林先生春祭，招集慈仁寺，以文慰甫从外来，属为祭酒，且题名焉，固辞不获。是日与者汪泉孙庆元、白简侯桓、祁子和世长、陈弼宸兴冏、黄再桐国瑾、缪小山荃孙、岳凤吾嗣仪、赵培因、杜澍田瑞凝、贾小云瑛、王粹甫汝纯、陈小农福绶、王幼霞鹏运、端木子畴埰、缪柚岑祐孙。期而未至者，王仁堪、祝维城、杨霈霖、何乃莹、袁世勋、彭銮、许玉瑑、鲍恩绶。祭毕未饮福者，祁子和、白简侯、岳凤吾。因忆咸丰丙辰四月三日，孔绣山舍人有展禊之约，始与斯会，嗣是每祭必至。己未居母忧出都，故乡烽火，南北奔驰。同治庚午回京供职，旋即出守荆州，久尘外吏，计不与斯会廿有九年矣。展阅丙辰题名，惟子和世丈与文慰系彼时与祭之人。旧雨晨星，零落几尽，寺中殿宇荒秽，薪木毁伤，不无今昔之感。而先生祠堂，独以春秋享祀，灵光岿然，则诸君子羽翼斯文之力，诚足多也。子畴同年主事久，不懈益虔，谨题以归之。望江倪文蔚。

光绪丁亥九月廿五日，顾祠秋祭。至者祁世长、彭銮、王鹏运、鲍恩绶、陈福寿、丁乃安、端木埰、许玉瑑。初次与祭者，江西祝维城。共九人。

期而未至者，王汝纯、罗文彬、陈兴冋也。越日，玉璪谨记。

戊子三月十八日，春祭。与者祁世长、汪元庆、廖寿丰、王汝纯、白桓、王鹏运、黄绍箕、罗文彬、何福堃、端木埰、陈福绶。

是岁十月廿三日，秋祭。与者陈福绶、丁乃安、黄绍箕、王仁东、刘家荫、贾璜、鲍恩绶、罗文彬、汪元庆、何福堃、乃莹、余联沅、袁世勋、端木埰，并为泉孙太守饯。玉璪于壬午春始与祭，时主其事者为寿阳祁文恪公及子畴前辈。己丑而后子畴、文恪相继殂谢，阙事祀者四年。玉璪惧旧典之遂废，爰与里人之官京朝者，于壬辰十月之廿五日补行秋祭。与者汪侍郎鸣銮，陆庶子润庠，殷给谏李尧，戴吏部锡钧，李礼部玉瓒，邹礼部嘉来，汪比部凤池，潘比部祖年，李比部传治，彭户部毂孙，曹兵部允源，庞编修鸿文、鸿书，秦编修绶章、夔扬，曹编修福元，邹编修福保，叶编修昌炽，费编修念兹，江编修标，叶中书寿松，董光禄宝諴，徐舍人鼎襄、鼎康，李上舍昌禄及玉璪，凡二十六人。期而未至者，翁尚书同龢、检讨吴斌、编修郁生、王户部颂蔚、余吏部钟颖、顾比部肇新、殷比部柏龄、张典簿廷銮也。玉琢记，念慈书。并补录戊子岁春秋与祭题名。

士大夫官于京朝，祀其乡之先哲以为瞽宗，礼也。若夫亭林先生之有祠，自何子贞、苗仙露诸公始，则非一乡之祀，而学先生之学者尸而祝之，以付于私淑之徒者也。祠成于道光癸卯，在城西慈仁寺双松幢之毗庐阁畔，春秋舍菜，冠缨駇遝。先生族孙份以所藏遗象装池成卷，凡预于豆笾之列者，皆题名其后。道州供蜀以此卷付陈颂南、何愿船两公，厥后曲阜孔绣山、长沙周荅农、歙州鲍子年、洪洞董研樵、吾乡端木子畴递司存之。子畴先生既殁，祀事阙如者四载。壬辰十月，同郡许鹤巢比部复约同人补行秋祭，是日与祭者廿六人，始皆为吾乡人。昌炽甫释褐，亦得从骏奔之列。今鹤丈墓草已宿，而先生之祠宇亦无下车修蘋蘩之荐者。《诗》曰：高山仰止，景行行止。《诗》曰：维桑与梓，必恭敬止。先生之学，虽为海内所宗仰，而吾乡之人尤宜有先河之义。永定门外十里庄，吾吴义阡在焉，祀范文正于此。同年，顾康民比部于役欧洲，洎归，以为如先生者宜与文正并祀。询谋于众，移先生栗主，敬奉飨堂庑下，每岁春秋祭，文正日别设一祭，以妥以侑，以为乡之人矜式，甚盛举也。夫以文正光辅有宋，相业炳然，先生则丁明末造，栖栖桑海之交，其遭际不同，然文正与胡安定阐明正学，濂洛之绪实始滥觞；先生博贯天人，讲求经世，遂开熙朝一代儒林之统，可不谓先后同揆哉？合而祀之，谁曰不宜？是日与祭者，陶助教惟琛、王农部清穆、殷比部柏龄、沈部锡珪、李比部传治、汪水部朝模、汪比部凤池、汪编修凤藻、费兵部德保、潘水部盛年、周司务宗雒、陶绍曾、吴瀛；公车孝廉章钰、范祎、陶维城、朱修爵、唐继盛、孙宗华、孙锡华、张一麐、申获元、蒋炳章、蒋栎瀚、蒋栎熙、陈宗元、顾其义、施荣复及康民之子彦龙。昌炽以病期而未赴，阮成礼、康民函来，命为文纪其缘始。时光绪戊戌三月，长洲叶昌炽谨记。

光绪廿四年戊戌九月廿三日，同人集十里庄祭范文正公，后并祭亭林先生于西庑。润庠曾于壬辰冬祭先生于慈仁寺，及今又六年矣。人事变迁，先生栗主亦移于此，或可承飨矣乎？是日同与祭者，戴吏部锡钧、李比部传治、汪比部凤池、吴编修荫培、顾比部肇新、曹编修福元、江编修凤梁、潘水部盛年、顾中翰彦龙，共十人。元和陆润庠十一月朔日补记，时官祭酒。

己亥春三月廿三日，祭顾先生。与者陆祭酒润庠、陶助教惟琛、戴吏部锡钧、孙吏部培元、唐农部文治、陶农部见曾、李礼部士瓒、邹礼部嘉来、费兵部德保、汪比部凤池、汪兵部荣宝、顾比部肇新、顾舍人彦龙、吴编修郁生。同人属郁生题记。

程易畤记亭林先生别名一事云：万寿祺后为沙门，号素道人，图《秋江别思》送顾宁人。自淮阴渡江归唐市，并记其事于卷末。其言曰：顾子名圭年，自云“予再转注而得此名”云云。按《昆山志》，先生初名绛，后改名炎武，今称圭年，云再转注，是至此三易其名矣。先生诗集中有《赠万举人诗》，纪年辛卯，是年先生卅九岁，至晚年著书，犹自名炎武。是虽转注名圭年，而未尝以自谓也。故邑志及《明诗综》皆逸圭年之名。今于破画跋尾中见之，因记以告人。己亥五月录此则于题名后，以志轶闻。郁生。

光绪二十五年九月二十六日，苏太义园例举秋祭，遂有事于亭林先生祠。盖先生遗像移祀于此五年矣。是日与祭者，苏州元和陆阁学润庠，汪刑部凤池、弟编修凤梁、侄兵部莹宝；长洲戴太守锡钧，彭户部泰士，汪工部朝模，潘工部盛年；吴县曹编修福元，顾刑部肇新、子内阁中书彦龙，陶户部见曾、弟绍曾，邹礼部嘉来，费兵部德保，周司务宗雒。新阳李编修传元以衔期未到，命其子家诩、家诜来代；太仓吴学正昌宴，镇阳陆刑部增炜，崇明王户部清穆，嘉定秦绶章挈其侄曾贤、子曾荣与执事焉，凡二十有四人，例得称书如右。绶章自庚寅官东师至壬辰岁始与行秋祭礼，拜先生遗像于慈城西慈仁寺，其时祀废不举者已阅四年，苏郡许丈鹤巢约同志议复之，实为乡人专事祀先生之始。逾年许丈殁，祀亦中辍。寒泉秋菊，故事阙如，而僧寮荒陊，亦不足以昭妥侑，同人慨焉，谋所以永先生之祀者，佥曰：惟苏太义园宜园故祀范文正公，春秋将事乡人咸会，爰洁右庑，奉先生像，别设一祀，岁以为常。主其事者，顾刑部肇新也。其原委俱详，叶编修昌炽记中，而此卷实与为终始。高山之仰，祭社之思，桑梓敬恭，庶于此永奉香火云尔。己亥十月，秦绶章谨识。时官翰林院侍讲学士。

光绪二十八年壬寅四月初五日，举行春祭。自移祀亭林先生于苏太谊园，肇新执豆笾之事，同人即以先生小像及历代题名卷子归之，典型如在，纸墨常新，赓续收藏，罔敢失坠。庚子春祭未及题名，而拳匪事起，京师俶扰，敝庐日逼烽火，不得已徙孥京外，肇新则从庆邸于城北，随议各国和约。事定归来，家徒四壁，旧时书画，尽付劫灰。独此卷缄縢宛然，展视之，完好如故。此则先生呵护之灵，其精神光气自有不可磨灭之处，非典守者所能为功也。仗国威灵，中外修睦，銮舆返轸，钟灵不惊。范文正公与先生祀事亦暂辍复举，妥侑之余，弥深兢惕。肇新由郎中擢授外部右丞，自维驽钝，无补时艰。惟愿乡之人读先生之书，景先生之行，松柏后凋于岁寒，鸡鸣不已于风雨，则此卷之长留天地间者，肇新亦得附骥名彰，托先生以不朽，得非幸欤？是日与祭者，陆总宪润庠、汪侍御凤池、弟编修凤梁、邹外部嘉来、潘农部其相、徐农部世同、席驾部淦、李比部传治、汪水部朝模、韩大令兆魁、张大令世瑜、陶大令彬、金大令国桢、陆大坊、顾肇新男彦龙，共十六人。肇新并记。

十月初四日，举行秋祭。与祭者汪凤池、弟凤梁，邹福保，邹嘉来，李士瓒，席淦，李传治，殷柏龄，沈锡珪，陆增炜，汪钟霖，陶联善，顾肇新男彦龙，共十三人。肇新识。

光绪廿九年癸卯四月初八日，举行春祭。上溯先生祠宇落成于道光二十三年癸卯，至今适甲子一周。是日与祭者陆总宪润庠、邹侍讲福保、汪侍御凤池、弟编修凤梁，邹外部嘉来，徐农部世同，潘中书承谋，汪太尉开祉，蒋刺史栎熙，程大令遐师，马大令德骥，孙孝廉昌烜，顾肇新，男阁读彦龙，共十四人。肇新识。时署侍郎。

癸卯九月二十五日秋祭，与祭者陆总宪润庠、顾侍郎肇新、汪侍御凤池、弟编修凤梁、邹侍读福保、吴编修荫培、李礼部士瓒、邹外部嘉来、潘编修昌煦。昌煦以本年授职，初得追随诸老辈与执豆笾之役，记此志抃。

光绪卅年甲辰三月十三日，苏太同乡集于永定门外十里庄之义园，以一少牢祭范文正公，复用特牲祭顾亭林先生于西庑。祭毕，顾肇新侍郎以顾祠题名卷授增炜使记之。卷有二，一卷首装岑枫芗所绘顾先生遗像，道州何子贞题其端，盖创始于道光廿年。其第二卷则歙鲍子年所续也。卷中题者多知名士。庚子之乱，侍郎寓庐毁于兵，书籍荡然，而此卷完好如故。天殆怜先生之无后，而假手于一同姓者使保守焉。增炜戊戌始通籍，时慈仁寺之祠已废，不获睹诸名公俎豆觞咏之盛。己亥岁与秋祭，得见此卷，至今又五六年。抚今思昔，慨然有不能已于言者。嗟呼！士君子读书穹理固物，以大有为，幸而为文正际有宋之盛，以相业光于时。不幸而为先生，丁明季之乱，仅以著作传于世。然隐居求志、行义达道，学固不以穷达异也。观先生于亡国之后，且好学而志不衰，使生今世界交通文明开辟之日，其志当益大，其学当益宏，必不至墨守其训诂词章之旧，而斥科学为无用。如今所谓顽固者语也，吾乡人。吾乡人其亦志先生之所志，学先生之所学，而为之奋然起兴焉，固不徒春䘵秋尝崇拜之而已也。是日也，雨后潦甚，至者共十人：顾肇新、汪凤池、邹嘉来、顾彦龙、潘承谋、朱钧弼、徐世同、陶联善、葛其芳、陆增炜。例书名未至者，不备书。增炜谨记。

经济不从学术而出者，其经济不真；学术不由品节而来者，其学术亦讹。今天下之士，抵掌谭时务，或援笔立言，听其议论娓娓然，览其所著书洋洋然，未尝不可震铄一时，而于世道人心之故，则日漓而日坏。呜呼！人事愈杂，世变愈奇。譬彼舟流不知所届，物思所以挽救于兹一则，莫如式之以真有品节、真有学术、真有经济之人。余于先生之书服膺不倦，家藏《日知录》及亭林十种初印精本，多手加丹黄，时时展读，反复涵咏，慨然想见其为人，而恒以不及执鞭为恨。仅每岁于谊园中拜祀先生之日，追随同乡诸君子之后，瞻拜遗容。诗曰：“高山仰止，景行行止。”又曰：“维桑与梓，必恭敬止。”窃于此穆然寄遐思焉。甲辰九月廿五日秋祭，礼成。吾乡顾侍郎肇新属余题名于其后，计是日与祭者，侍郎外京朝官则有吴国学郁生，汪侍御凤池，吴揆文荫培，汪编修凤藻、凤梁，邹部郎嘉来，顾侍郎彦龙，陆主政增炜，叶主政士荃，秦主政曾源，吴舍人燕绍，朱司务钧弼，及余凡十四人。外官则有秦大令毓麒、黄大令肇桢、黄鹾尹祖瀛，凡三人。共一十七人。元和邹福保记，时官侍讲。

乙巳三月初七日，与祭者顾康民侍郎肇新、邹咏春侍讲福保、汪芝房编修凤藻、汪兰楣编修凤梁、邹紫东外部嘉来、张诵清农部茂炯、徐君善农部世同、秦心逵驾部曾源、韩莪生驾部仁祖、叶叔谦比部士铨、肖泽之比部之润、吴寄荃内翰燕绍、潘轶仲内翰承谋、江儁侠内翰保传、严小秋理问国寿、孙云裳指挥凤彩、朱寿丞司务钧弼、顾汝言比部彦龙，及余凡十九人。时余年六十有五，官总宪，八月十三日补书。元和凤石陆润庠记。泽之已于前一月病亡，附识于此，用示不忘慨叹云。

乙巳九月二十四日，秋祭。与祭者顾肇新、邹福保、邹福伟、叶士荃、吴燕绍、陆增炜、顾彦龙、张茂炯、潘承谋、孙昌垣、陶绍曾、邹应宪、吴郁生，凡十三人。郁生题名。

丙午三月二十一日，吾乡人春祭亭林先生于十里庄。是日薄雨初霁，驱疲骡行泥淖中，御者又失途，故祥鑅最后至，至则陆尚书润庠、顾侍郎肇新、潘中翰承谋、张农部茂炯、徐农部世同、顾驾部彦龙、秦驾部曾源、叶比部士荃、陆比部大湘、朱水部修爵、吴司马昌燕、蒋司马国寿、陈刺史恩梓、徐县尉棣年、孙县尉家杰均祭毕，分座饮胙。侍郎见祥鑅至，遂导以谒范文正公，复展拜先生于西庑，乃相与会饮。祥鑅往读先生书，至“天下兴亡，匹夫有责”数语，辄不禁中宵起舞，及乙未应礼部试，戊戌通籍，分农曹，皆以饥驱，南北来往无常。春秋修荐，不获与于骏奔之列。癸卯调商部，壬辰补官后始决意留京供职。人事牵率及合，乃初与祭。维时肖煐夫侍读将出守大同，吴颖芝撰文将出守廉州，程友三大全将之官平乐。席散，遂定公饯之举。秋八月，侍郎嘱题名卷末，因补记之。

丙午秋九月十一日，同人秋祭亭林先生。礼成，表叔顾康民侍郎以祠卷题名属之嘉来，逾两月而康丈病，病两月遂逝。而此卷置座右，尚未扨命。每一展览，辄为泫然。溯自壬辰后，慈仁之祀不举已数年，康丈惧旧典之遂废，始倡议移先生栗主于苏太谊园，所以尸祝前贤，俾乡之人有所矜式，甚盛事也。每春秋将祭，躬执笾豆，必诚必恪，逮后洊跻乡贰从□鲜□而度肃祠事不懈，益虔。盖康丈读先生之书，景先生之行，瓣香之本固未能已，乃以时艰尽瘁，遽骑箕尾，不获久主祀典。抚今追昔，可慨为何如耶？迩者汝言表弟以春祭届期索此卷归，爰勉书数语以志，感并书汝言之善，继先志循守焉，而勿失坠也。是日与祭者顾侍郎外为、潘盛年、汪凤池、朱钧弼、陈恩梓、潘承谋、单镇、瞿树华、孙昌烜、陶绍曾、陶联善、朱国寿、刘传达、吴燕绍、曹元忠、费德保、顾彦龙暨嘉来，凡十有八人。丁未春三月，邹嘉来补记。

黼昔年读曲阜孔绣山先生所刊顾祠题名记，心窃慕之。居淮安时，尝与诸寓公访慈仁顾祠，例为拜诗社祀。阎百诗先生以淮为潜邱旧游地也，然终以未得拜顾祠为恨。客岁入都，知祀事之废，垂二十年矣，今春访慈仁寺故址，则门墙已易，祠宇萧条，一僧应门，问以先生像刻及题名卷子事，茫然莫对，怅怅而返。顷与乡之人秋祭十里庄范、顾二公祠，始悉移祀原委，并获读此卷，积年倾想，一旦遇之，欢喜无量。窃谓先生为一代大儒，凡在学人所当景仰，与寻常乡先生之祭于社者不同。今笾豆之事域于吾乡，转□之所以尊先生也。今海内竞言新学功利之士，推波助澜，经术儒道不绝如线，而一二老师宿儒则又惩羹吹齑，独善其身，不问世事，二者如水炭之不相入。坐会斯道益孤，可为太息，安得如先生者负通经致用之学以溯世觉民，自任挽此既倒之狂澜耶？《诗》曰："高山仰止，景行行止。"向向之私，曷维其已。慈仁之祠，虽曰荒落而老屋犹在，栗主俨然，苟修而举之，与十里之祠巍然并峙，春秋良日，肃事明禋，瞻印高风，商量旧学，或亦维持世道之助乎？丁未九月，吴县后学蒋黼记。

光绪卅有三年三月廿三日，春祭。与祭者吴郁生，邹嘉来及子应蕙、侄应苍，汪凤藻、凤梁兄弟，沈锡珪，胡玉缙，潘承谋，费德保，秦曾源，朱修爵，徐世同，陈恩梓，陶绍曾，陶联善，朱钧弼，严国寿，张象斌，凡十九人。

九月二十一日，秋祭。与祭者十二人，邹嘉来及子应蕙，沈锡珪，徐世同，孙昌烜、鸿烜兄弟，徐之钧，秦曾源，陶绍曾，陶联善，张象斌，蒋黼也。到祠观礼以丁忧不与祭者，顾彦龙也。三十四年三月，蒋黼补书。

顾先生祠会祭题名弟三卷子

光绪戊申三月二十六日，春祭。与者邹颉文吏部应苍、胡绥之学部玉缙、董楙堂学部瑞椿、张诵清度部茂炯、唐仲芳法部治鉴、单束笙农部镇、潘省安农部承谋、严小秋司马国寿、陶述之绍曾，陶乐修大令联善，张上之二尹象斌及彦龙，凡十二人。溯自祠祀迁入苏太谊园，历届春秋致祭，皆先侍郎躬执笾豆，倦恪将事至今，赖以不废。自前年冬，先公弃养，同人佥以典守祠祭，唯彦龙为宜，彦龙虽无状，其敢不勉承先志，俾垂久远。读参中先公题志，纸墨犹湿，謦欬已非，不禁泫然泣下。同日吴州顾彦龙谨识。

光绪戊申之岁，言官疏请先生从祀孔庙，礼臣议奏命下准行。十月之朔，吾乡人例祀先生于永定门外十里庄，于是始行中祀礼。礼成，题是日与祭者之名于卷，为长洲陶绍曾暨侄联善，元和吾师胡玉缙、陈恩梓、吴州邹嘉来暨侄应苍、朱修爵、严国寿、邹祖荫、顾彦龙，震泽吴燕铭、徐世泽，崇明孙昌烜及承谋，凡十有四人。承谋自官京师，春秋致祭，每得从乡先达后执笾豆之役，正太史公所谓“心向往之”也。虽然，时局变迁，先生不作，而后念志先生之学者，求先生于儒林传中，是岂先生之志也哉？吴州后学潘承谋谨识。

昔阮文达辑《国史儒林传》，以亭林先生首列，人曰儒林而已。近朝廷允言官之请，从祀两庑，人亦曰从祀而已。玉缙则谓先生具古今绝大学问，绝大经济，实开光绪以来变法之原，而尤合立宪之精意。如云“圣人者，用天下之私，以成一人之公而天下治”。又云“世之君子，必曰有公而无私，此后代之美言，非先王之至训，非所谓欲求公德，必先养成私德者乎”？又曰“‘天下有道，则庶人不议’，然则政教风俗非尽善，即许庶人之议，故盘庚之诰曰‘无或敢伏小人之攸箴’，而国有大疑，卜诸庶民之从违”。又云“保国者，其君其臣肉食者谋之，保天下者，匹夫之贱与有责焉，非所谓人民得孜参政权者乎？其他发□此意者尚多。盖立宪者三代以上之政体也，专制者秦汉以下之政体也。《书·益稷》“慎乃宪”，某氏传云“宪法也”。天子率臣下为起治之事，当慎汝法度，是当时之君臣同受范于法度之中，概可想见。迄春秋时，然明欲毁乡校而子产弗从；战国时，诸侯尽告周籍，而孟氏有民贵君轻之说。秦皇混一天下，自以德包三皇，功兼五帝，并以为归，于是专制政体始成。汉高代秦时，孙通杂采秦制起朝仪，高祖始曰度吾所能，行为之终，曰吾乃今日知为皇帝之贵，于是专制政体历晋魏六朝，唐宋元明而未之易。是专制者□于周季，成于秦汉，而非三代上之政体也。先生抗心希古，尝谓天下之事，有言在一时，而其致见于数十百年之后者。故潘次耕纂《日知录序》，盛称其经济而绝文达，犹以为非笃论，则时机之尚有待也。惟我德宗景皇帝，聪明神武，慨然创行宪政，遗诏尤谆谆于预备，先生之言将大效。先是，戊戌新政，凡所变易，浅见曰西法；西法试细考之何，莫非先生所已引其绪？或备列其方者乎？上有圣君而下之贤生，乃生于二百余年以前，岂非盛世哉？今者时局日危，非行宪法不足以图存。所愿诵先生之言者，即志先生之志，勿护已短而昧人长。先生尝谓历九州之风俗，考前代之史书，中国不如外国者有之，外国之能胜于中国者，惟其简易而已也。勿嫉学堂而恋科举，先生尝谓八股之言等于焚书，败坏人才甚于咸阳所坑也。勿外经术而谈理学。先生尝谓舍经学而言理学则邪说以起，理学即禅学也，勿以模棱为能事。先生尝谓张禹之正汉、李林甫之正唐，勿以利禄为私图。先生尝恶卑者积俸以取迁除，巧者斗捷以营津要，勿以词章为绝技。先生尝读判忠肃一命，为文人无足观矣之言，便绝酬文字，以养其器识。其先是感喟者，先生以饱食终日、无所用心为北方学人之通病，群居终日、言不及义为南方学人之通病，凡在后学，尤当有则改而无则勉。庶人才日出而内政修，而外交善，而国基乃得巩固。玉缙虽无状，而业为先生乡后进，亦不敢不勉之也。非然者，儒林而已，从祀而已，于先生曾不加益，又奚论乎同人之私祀哉？己酉三月二十七日春祭，礼毕，爰书所见于此，计是日与祭者，吴郁生、邹嘉来、秦绶章、唐洽鉴、董瑞椿、蒋黼、邹应苍、张象斌、陈恩梓、陶绍曾、陶联善、沈锡珪、顾彦聪、潘承谋及玉缙，承谋子家洵，虽未成丁，亦阮行礼例，得备书，都十有六人云。宣统纪元四月，元和胡玉缙谨记。

宣统元年己酉九月四日秋祭，与祭者秦绶章、邹嘉来、王同愈、胡玉缙、严国寿、徐世泽、杨赓元、陈恩梓、唐洽鉴、邹祖荫、陶绍曾、董瑞椿、朱修爵、彭庚孙、潘承谋，都十五人。

庚戌三月八日春祭，与祭者邹嘉来、应苍、胡玉缙、陶绍曾、联善、邹祖荫、程起鹏、陆□、□宗林、秦曾源、彭汶孙、庚孙、潘承谋、王仁俊，都十四人。

昔在光绪庚寅，贵筑黄陶楼师属编亭林先生《舆地全书》，以《肇域志》《郡国利病书》《宅京》《京东考古录》《山东考古录》诸书及《日知录》《文集》中关涉舆地者，分省辑入。惟《肇域志》系抄本，密行细楷，眉评尤精，陶师谓从仪征阮氏本传录者，后曾敦劝先以抄本录副，本已告成，凡签注斠记，多在副本，为分省编辑地也。而阮氏传录之本，则一字未敢增损，有所献疑，另为札记，为单行刻印地也。是年冬，陶师移藩湖北，十二月四日谢宾客，再同世兄奔丧哀毁，旋故。亭林先生地舆各编，南皮张文襄公属谢孝廉钟英为之校理，亦未付刊。后屡询《肇域志》于秦生世兄，亦未述告。是书之往来于胸中者，垂二十年矣。去岁夏，故友严以盛之子启丰来见，后往报谒，则阮氏传录本二十厚册适见于案头。为之大喜。后昔用朱书札记，亦仁[1]旧贯，附于册尾，不知是稿何以归诸严氏，安得海内同志相助，为理段诸迪庄部郎集资付刻，则先生未刊之盛著，不致散佚，亦可完陶师未竟之志矣。谨馨香祷祀以求之。宣统二年九月初六日，王仁俊记。

王仁俊《正学堂杂著》，中国国家图书馆藏稿本

① 写本作此，当为“仍”字之误。

左传杜解补正三卷通行本

国朝顾炎武撰。炎武一名绛，字宁人，昆山人。博极群书，精于考证，国初称学有根柢者，以炎武为最。李光地尝为作《小传》，今载《榕村集》中。是书以杜预《左传集解》时有缺失，而贾逵、服虔之注、乐逊之《春秋序义》今又不传，于是博稽载籍，作为此书。至邵宝《左觿》等书，苟有合者，亦皆采辑。若“室如悬罄”，取诸《国语》；“肉谓之羹”，取诸《尔雅》；“车之有辅”，取诸《吕览》；“田禄其子”，取诸《楚词》；“千亩原之在晋州”，取诸郑康成；“祏为庙主”，取之《说文》；“石四为鼓”，取诸王肃《家语注》；“祝其之为莱芜”，取诸《水经注》。凡此之类，皆有根据。其他推求文义，研究诂训，亦多得左氏之意。昔隋刘炫作《杜解规过》，其书不传，惟散见孔颖达《正义》中。然孔疏之例，务主一家，故凡炫所规，皆遭排斥，一字一句无不刘曲而杜直，未协至公。炎武甚重《杜解》，而又能弥缝其阙失。可谓扫除门户，能持是非之平矣。近时惠栋作《左传补注》，纠正此书“龙凉”一条，“大司马固”一条，“文马百驷”一条，“使封人虑事”一条，“遇艮之八”一条，“豆区釜钟”一条。然其中“文马”之说，究以炎武为是。栋又摘其引古《春秋左氏说》，但举《汉书·五行志》之名，又摘其“礼为邻国阙”一条，用服虔之说而不著所自。案征引佚书，当以所载之书为据。栋引世本不标《史记注》，引京相璠土地名不标《水经注》，正体例之疏，未可反讥炎武。至“服虔”一条，当由偶忘出典。栋注“昭公二十九年，赋晋国一鼓铁”，证以王肃《家语注》，亦明冯时可之说，未标时可之名也，是固不以掠美论矣。

《四库全书总目》卷二十九经部二十九，清乾隆六十年武英殿刻本

九经误字一卷内府藏本

国朝顾炎武撰。炎武有《左传杜解补正》，已著录。是书以明国子监所刊诸经，字多讹脱，而坊刻之误，又甚于监本，乃考《石经》及诸旧刻作

为此书。其中所摘监本、坊本之误，诸经尚不过一二字，惟《仪礼》脱误比诸经尤甚。如《士昏礼》“视诸衿鞶”下脱“婿之绥，姆辞曰，未教，不足与为礼也”十四字；《乡射礼》“各以其物获”下脱“士鹿中翿旌以获”七字；《燕礼》“享于门外东方”下脱“其牲狗也”四字；《特牲馈食礼》“长皆答拜”下脱“举觯者，祭卒觯拜，长皆答拜”十一字，“振之三”下脱“以授尸坐取箪兴”七字。其一两字之脱，尚十九处。皆赖炎武此书校明，今本得以补正，则于典籍不为无功矣。惟所引《石经》“子朝奔郊”四字，字体与唐不类。考《左传》昭公二十二年“王师军于京楚，辛丑伐京”注云“京楚子朝所在”，又昭公二十三年“王子朝入于尹”注云“自京入尹氏之邑”。则子朝无奔郊之事，此四字为王尧惠等妄加，明矣。炎武亦复采之，未免泥古之过，然不以一眚掩也。

《四库全书总目》卷三十三经部三十三，清乾隆六十年武英殿刻本

音论三卷安徽巡抚采进本

国朝顾炎武撰。炎武有《左传杜解补正》，已著录。自陈第作《毛诗古音考》《屈宋古音义》，而古音之门径始明。然创辟榛芜，犹未及研求邃密。至炎武乃探讨本原，推寻经传，作《音学五书》以正之，此其《五书》之一也。上卷分三篇：一、古曰音，今曰韵；二、韵书之始；三、唐宋韵谱异同。中卷分六篇：一、古人韵缓，不烦改字；二、古诗无叶音；三、四声之始；四、古人四声一贯；五、入为闰声；六、近代入声之误。下卷分六篇：一、六书转注之解；二、先儒两声各义之说不尽然；三、反切之始；四、南北朝反语；五、反切之名；六、读若。共十五篇，皆引据古人之说以相证验。中惟所论入声，变乱旧法，未为甚确；余皆原原本本，足以订俗学之讹，盖五书之纲领也。书成于崇祯癸未，其时旧本《集韵》与别本《广韵》皆尚未出，故不知唐宋部分之异同由于陈彭年、丁度。又唐《封演闻见记》其时亦未刊行，故亦不知唐人官韵定自许敬宗。然全书持论精博，百余年来言韵学者，虽愈阐愈密，或出于炎武所论之外，而发明古义，则自陈第之后，炎武屹为正宗。陈万策《近道斋集》有《李光地小传》，称光地音学受之炎武。

又万策作《李光地诗集后序》称："光地推炎武音学，妙契古先。故所注古音，不用吴棫《韵补》，而用炎武《诗本音》。"则是书之为善本可概见矣。

《四库全书总目》卷四十二经部四十二，清乾隆六十年武英殿刻本

诗本音十卷安徽巡抚采进本

国朝顾炎武撰。《音学五书》之二也。其书主陈第诗无叶韵之说，不与吴棫《补音》争，而亦全不用棫之例。但即本经所用之音互相参考，证以他书，明古音原作是读，非由迁就，故曰"本音"。每诗皆全列经文，而注其音于句下。今韵合者，注曰：《广韵》某部。与今音异者，即注曰：古音某。大抵密于陈第，而疏于江永，故永作《古韵标准》，驳正此书者颇多。然合者十九，不合者十一。南宋以来，随意叶读之谬论，至此始一一廓清，厥功甚巨。当以永书辅此书，不能以永书废此书也。若毛奇龄之逞博争胜，务与炎武相诘难，则文人相轻之习，益不为定论矣。

《四库全书总目》卷四十二经部四十二，清乾隆六十年武英殿刻本

易音三卷安徽巡抚采进本

国朝顾炎武撰。《音学五书》之三也。其书即《周易》以求古音。上卷为《彖辞》《爻辞》，中卷为《彖传》《象传》，下卷为《系辞》《文言》《说卦》《杂卦》。其音往往与《诗》不同，又或往往不韵。故炎武所注，凡与《诗》音不同者，皆以为偶用方音；而不韵者，则阙焉。考《春秋传》所载《繇词》，无不有韵，说者以为《连山》《归藏》之文。然汉儒所传，不过《周易》，而《史记》载大横之兆，其《繇》亦然。意卜筮家别有其书，如焦赣《易林》之类，非《易》之本书。而《易》之本书，则如周秦诸子之书，或韵或不韵，本无定体。其韵或杂方音，亦不能尽求其读。故《彖词》《爻词》不韵者多，韵者亦间有；《十翼》则韵者固多，而不韵者亦错出其间，非如《诗》三百篇协咏歌，被管弦，非韵不可以成章也。炎武于不可韵者，如《乾》之九二、九四，中隔一爻，谓义相承则韵相承之类，未免穿凿。又

如六十四卦《彖辞》，惟四卦有韵，殆出偶合。标以为例，亦未免附会。然其考核精确者，则于古音亦多有裨，固可存为旁证焉。

《四库全书总目》卷四十二经部四十二，清乾隆六十年武英殿刻本

唐韵正二十卷安徽巡抚采进本

国朝顾炎武撰。《音学五书》之四也。其书以古音正《唐韵》之讹。书首有凡例曰："凡韵中之字，今音与古音同者，即不注。其不同者，乃韵谱相传之误，则注云'古音某'，并引经传之文以证之。其一韵皆同，而中有数字之误，则止就数字注之，一东是也。一韵皆误，则每字注之，四江是也。同者半，则同者注其略，不同者注其详，且明其本。二韵而误并为一，五支是也。一韵皆同无误，则不注，二冬、三钟是也。"盖逐字以求古音，当移出者移而出，当移入者移而入。视他家谬执今韵言古音、但知有字之当入而不知有字之当出，以至今古纠牵不可究诘者，其体例特为明晰。与所作《韵补正》皆为善本。然《韵补》误叶古音，可谓之正；至《唐韵》则本为四声而设，非言古韵之书，声随世移，是变非误，概名曰正，于义未协。是则炎武泥古之过，其偏亦不可不知也。

《四库全书总目》卷四十二经部四十二，清乾隆六十年武英殿刻本

古音表二卷安徽巡抚采进本

国朝顾炎武撰。《音学五书》之五也。凡分十部：以东、冬、钟、江为第一，支、脂、之、微、齐、佳、皆、灰、咍为第二，鱼、虞、模、侯为第三，真、谆、臻、文、殷、元、魂、痕、寒、桓、删、山、先、仙为第四，萧、宵、肴、豪、幽为第五，歌、戈、麻为第六，阳、唐为第七，耕、清、青为第八，蒸、登为第九，侵、覃、谈、盐、添、咸、衔、严、凡为第十。皆以平声为部首，而三声随之。其移入之字与割并之部，即附见其中。考以古法，多相吻合。惟入声割裂分配，其说甚辨；然变乱旧部，论者终有异同。其门人潘耒作《类音》八卷，深为李光地《榕村语录》所诟厉，其滥觞即从此书也。以与所著五书共

为卷帙，当并存以具一家之言。且其配隶古音，实有足纠吴棫以来之谬者，故仍录备参考焉。

《四库全书总目》卷四十二经部四十二，清乾隆六十年武英殿刻本

韵补正一卷安徽巡抚采进本

国朝顾炎武撰。案：《宋志》吴棫有《毛诗叶韵补音》十卷，又《韵补》五卷。自朱子作《诗集传》用其《毛诗叶韵补音》，儒者因朱子而不敢议棫，又因《毛诗叶韵补音》并不敢议其《韵补》。炎武此书，于棫虽亦委曲回护，有“安得如才老者与之论韵”之言，然所作《诗本音》，已不从棫说。至于此书，则更一一纠弹，不少假借。盖攻《韵补》者，其本旨推棫者其巽词也。案：《朱子语录》称吴才老《补音》甚详，然亦有推不去者，则朱子于棫之书，原不谓尽无遗议。马端临《经籍考》特录朱子此条于《毛诗叶韵补音》之下，亦具有深心。炎武此书，绝不为叫嚣攻击之词；但于古音叶读之舛误、今韵通用之乖方，各为别白注之，而得失自见。可谓不悖是非之正，亦不涉门户之争者矣。

《四库全书总目提要》卷四十二经部四十二，清乾隆六十年武英殿刻本

顾氏谱系考一卷两江总督采进本

国朝顾炎武撰。炎武有《左传杜解补正》，已著录。是书于顾氏世系考据最详。然姓氏之书，最为丛杂，自唐以后，谱学失传。掇拾残文，未必源流尽合，姑存其说可也。

《四库全书总目》卷六十三史部十九，清乾隆六十年武英殿刻本

历代帝王宅京记二十卷湖北巡抚采进本

国朝顾炎武撰。所录皆历代建都之制。上起伏羲，下讫于元，仿《雍录》《长安志》体例，备载其城郭、宫室、都邑、寺观及建置年月事迹。前为总论

二卷，后十八卷则各按时代胪载本末。征引详赅，考据亦颇精审。盖地理之学，炎武素所长也。此书写本不一。浙江所采进者，仅总序二卷。而较之此本，则多“唐代宗时广德元年十月吐蕃犯京畿上幸陕州”一条，“元顺帝至元二十五年改南京路为汴京路、北京路为武平路、西京路为大同路、东京路为辽阳路”一条。盖旧无刊板，辗转传钞，讹缺异同，固所不能免尔。

《四库全书总目》卷六十八史部二十四，清乾隆六十年武英殿刻本

营平二州地名记一卷两淮盐政采进本

国朝顾炎武撰。炎武有《春秋杜解补正》，已著录。按：《尔雅》“营州”，孙炎注以为殷制，孔颖达《尚书疏》谓舜十二州有营州，殷本虞制，分青州地为之。凡在辽水东者东至朝鲜之境，皆古营州地也。平州，即今永平府，在虞时亦为营州地。秦时为右北平、辽西地。后汉洎晋皆为辽西地。后汉末，公孙度自号平州牧，于是平州之名始见于史。炎武游永平时，郡人以志属之。炎武未应其求，因摭古来营、平二州故实，纂为六卷付之，题曰“营平二州史事”，今其书不存。此书出自惠栋红豆斋，惟载二州古地名，至五代而止。又仅一卷，意其为六卷之一也。其中“卑耳之溪”一条，既引《管子》，最后一页又载俞儿一事全文，当是随笔杂钞，失于删削。不但非其完书，并为未定之稿本矣。然炎武娴于地理，所纂述多可依据。书虽残缺，要于考证之学不为无补焉。

《四库全书总目》卷七十史部二十六，清乾隆六十年武英殿刻本

天下郡国利病书一百二十卷两江总督采进本

国朝顾炎武撰。炎武有《左传杜解补正》，已著录。是书盖杂取天下府、州、县志书及历代奏疏、文集并明代实录，辑录成编。其中采掇旧文，同异兼收，间有矛盾之处。编次亦绝无体例。盖未成之稿本也。

《四库全书总目》卷七十二史部二十八，清乾隆六十年武英殿刻本

昌平山水记二卷两江总督采进本

国朝顾炎武撰。炎武有《左传杜解补正》，已著录。炎武博极群书，足迹几遍天下，故最明于地理之学。是书虽第举一隅，然辨证皆多精确。惟长城以外为炎武目所未经，所叙特多舛误。如称塞外有凤州，不知苏辙诗所云"兴州东谷凤州西"者，乃回忆乡关之语，《唐书》《辽志》塞外均无凤州之名也。又如古北口之杨业祠，炎武据《宋史》辨其伪，然刘敞、苏辙皆有过业祠诗，在托克托修史之前几二百载，必执后代传闻以驳当年之目见，亦过泥史传之失也。

《四库全书总目》卷七十六史部三十二，清乾隆六十年武英殿刻本

山东考古录一卷大学士英廉家藏本

旧本题国朝顾炎武撰。载吴震方《说铃》中。然《说铃》载炎武书四种，其三皆杂剽《日知录》，而此书之文独《日知录》所不载。末题"辛丑腊望日庚申，是日立春"字。盖作于顺治十八年。考王士祯《居易录》，记炎武尝预修《山东通志》，或是时所遗稿本，亦未可知也。

《四库全书总目》卷七十七史部三十三，清乾隆六十年武英殿刻本

京东考古录一卷大学士英廉家藏本

旧本题国朝顾炎武撰。载吴震方《说铃》中。其文皆见炎武所撰《日知录》及《昌平山水记》。殆震方剿取别行，伪立此名也。

《四库全书总目》卷七十七史部三十三，清乾隆六十年武英殿刻本

谲觚一卷两江总督采进本

国朝顾炎武撰。时有乐安李焕章，伪称与炎武书，驳正地理十事，故

炎武作是书以辨之。其论孟尝君之封于薛及临淄之非营邱诸条，皆于地理之学有所补正。

《四库全书总目》卷七十七史部三十三，清乾隆六十年武英殿刻本

求古录一卷两淮盐政采进本

国朝顾炎武撰。炎武有《左传杜解补正》，已著录。炎武性好远游，足迹几遍天下，搜金石之文，手自钞纂，凡已见方志者不录，现有拓本者不录，近代文集尚存者不录。上自汉《曹全碑》，下至明建文《霍山碑》，共得五十五种。每刻必载全文，盖用洪适《隶释》之例，仍皆志其地理，考其建立之由，古字篆隶，一一注释。其中官职、年月，多可与正史相参。如荼荼、凖准、张弡等字，亦可以补正字书之讹。炎武别有《金石文字记》，但载跋尾，不若此编之详明也。惟《曹全碑》题“中平二年十月丙辰造”，以《后汉书》考之，《灵帝本纪》是年十月有庚寅，距丙辰前二十六日；《天文志》是年十月有癸亥，距丙辰后七日，其间不得有丙辰，颇疑是碑之伪。据《潜研堂金石文跋尾》，以长历推之，始知是年十月丙申朔，丙辰为月之二十一日，癸亥为月之二十八日，实无庚寅。并证以《谯敏碑》，称中平二年三月九日戊寅，《灵帝本纪》及《五行志》并称中平三年五月壬辰晦，干支日数，一一相符，乃本纪之误，非碑之伪。炎武犹未及详辨，是则考证之偶疏耳。

《四库全书总目》卷八十六史部四十二，清乾隆六十年武英殿刻本

金石文字记六卷两淮马裕家藏本

国朝顾炎武撰。前有炎武自序，谓抉剔史传，发挥经典，颇有欧阳、赵氏二录之所未具者。今观其书，裒所见汉以来碑刻，以时代为次，每条下各缀以跋。其无跋者，亦具其立石年月、撰书人姓名。证据今古，辨正讹误，较《集古》《金石》二录实为精核，亦非过自标置也。所录凡三百余种。后又有炎武门人吴江潘耒补遗二十余种。碑字间有异者，又别为摘录于末，亦犹洪适《隶释》每碑之后摘录今古异文某字为某之遗意。《潜研

堂金石文跋尾》尝摘其舛误六条。一曰《齐陇东王孝感颂》，炎武未见其碑额，臆题为《孝子郭巨墓碑》。一曰唐《寂照和尚碑》，本无刻石年月，炎武误记为开成六年正月，且未考开成无六年。一曰元《赐冥福禅院地土牒》，赵延寿、范延光皆押字，炎武视之未审，误以为无押字。一曰《周中书侍郎平章事景范碑》，本行书，而炎武以为正书，本题孙崇望书，而炎武失载其名，皆中其失。一曰后汉荡阴令《张迁颂》，炎武误以既且二字合为暨字。一曰后汉州从事《尹宙碑》，书巨鹿为巨鏕，证以《广韵注》《后魏吊比干文》及《北史》，皆作巨鏕，炎武误谓不当从金。案《张迁颂碑》拓本，既且二字，截然不属，炎武诚为武断。然字画分明，而文义终不可解，当从阙疑。《金石文跋尾》所释，亦未为至确。至于巨鹿之鹿，自《史记》以下，古书皆不从金，《说文》亦不载鏕字，自《玉篇》始载之，其为顾野王原本，或为孙强所加，或为宋《大广益会玉篇》所窜入，已均不可知。然其注曰"巨鹿，乡名，俗作鏕"，则从金，实俗书，具有明证。北朝多行俗字，《颜氏家训》尝言之。此书亦颇摘其讹。北魏人书，似不可据为典要。《广韵注》尤不甚可凭。如开卷东字注，谓东宫复姓，齐有大夫东宫得臣，亦可据以驳《左传》乎？是固未足以服炎武也。惟其斥石鼓之伪，谓不足侪于二雅，未免勇于非古。释校官之碑，谓东汉时有校官，亦未免疏于考据。是则失之臆断者耳。然在近世著录金石家，其本末源流，灿然明白，终未能或之先也。

《四库全书总目》卷八十六史部四十二，清乾隆六十年武英殿刻本

石经考一卷两淮马裕家藏本

国朝顾炎武撰。考石经七种，裴頠所书者无传，开元以下所刻亦无异议，惟汉、魏二种，以《后汉书·儒林传》之讹，遂使一字、三字争如聚讼。欧阳修作《集古录》，疑不能明。赵明诚作《金石录》，洪适作《隶释》，始详为核定，以一字为汉，三字为魏。然考证虽精，而引据未广，论者尚有所疑。炎武此书，博列众说，互相参较。其中如据卫恒《书势》，以为三字石经非邯郸淳所书。又据《周书·宣帝纪》《隋书·刘焯传》，以正《经籍志》

自郧载入长安之误，尤为发前人所未发。至于洪适《隶续》尚有汉《仪礼》一碑，魏三体石经数碑，又开封石经虽已汩于河水，然世传拓本尚有二碑。炎武偶然未考，竟置不言，是则千虑一失耳。

《四库全书总目》卷八十六史部四十二，清乾隆六十年武英殿刻本

日知录三十二卷内府藏本

国朝顾炎武撰。炎武有《左传杜解补正》，已著录。是书前有自记，称："自少读书，有所得，辄记之。其有不合时复改定，或古人先我而有者，则遂削之。积三十余年，乃成一编。"盖其一生精力所注也。书中不分门目，而编次先后则略以类从。大抵前七卷皆论经义，八卷至十二卷皆论政事，十三卷论世风，十四卷、十五卷论礼制，十六卷、十七卷皆论科举，十八卷至二十一卷皆论艺文，二十二卷至二十四卷杂论名义，二十五卷论古事真妄，二十六卷论史法，二十七卷论注书，二十八卷论杂事，二十九卷论兵及外国事，三十卷论天象、术数，三十一卷论地理，三十二卷为杂考证。炎武学有本原，博赡而能通贯。每一事必详其始末，参以证佐而后笔之于书。故引据浩繁，而抵牾者少。非如杨慎、焦竑诸人偶然涉猎，得一义之异同，知其一而不知其二者。阎若璩作《潜邱札记》，尝补正此书五十余条。若璩之婿沈俨，特著其事于序中。赵执信作若璩墓志，亦特书其事。若璩博极群书，睥睨一代，虽王士祯诸人尚谓不足当抨击。独于诘难此书，沾沾自喜，则其引炎武为重可概见矣。然所驳或当或否，亦互见短长，要不足为炎武病也。惟炎武生于明末，喜谈经世之务，激于时事，慨然以复古为志。其说或迂而难行，或愎而过锐。观所作《音学五书后序》，至谓"圣人复起，必举今日之音而还之淳古"。是岂可行之事乎？潘耒作是书序，乃盛称其经济，而以考据精详为末务，殆非笃论矣。

《四库全书总目》卷一百十九子部二十九，清乾隆六十年武英殿刻本

菰中随笔三卷两淮盐政采进本

国朝顾炎武撰。炎武有《左传杜解补正》，已著录。炎武本精考证之学，此编以读书所得，随时记载。旁及常言俗谚，及生平问答之语，亦琐碎记入。虽亦有足资参考者，然编次不伦，饾饤无绪。当为偶录稿本，后人以名重存之耳。

《四库全书总目》卷一百二十六子部三十六，清乾隆六十年武英殿刻本

救文格论一卷杂录一卷大学士英廉购进本

国朝顾炎武撰。载吴震方《说铃》中。然皆炎武《日知录》之文。潘耒作《日知录序》，题“康熙乙亥”；徐倬作《说铃序》，题“康熙乙酉”。是《日知录》已刻十年，乃有《说铃》，不应剽剟割裂，别立书名。考毛先舒《潠书》，有《与炎武札》，称“承示《救文格论》，《考古》《日知》二录”云云。则炎武原有此书别行于世，后乃编入《日知录》中。此犹据初本刻之耳。

《四库全书总目》卷一百二十六子部三十六，清乾隆六十年武英殿刻本

经世篇十二卷编修汪如藻家藏本

旧本题昆山顾炎武撰。其书门类悉依场屋策目，每目一篇。附以诸家杂说，颇为弇陋。盖应科举者抄撮类书为之，而坊贾托名于炎武也。

《四库全书总目》卷一百三十九子部四十九，清乾隆六十年武英殿刻本

笔记诗话

山志　王弘撰

序　叶封

曩余获交昆山顾亭林先生，亭林于当世士多否少可，独亟称华阴王山史先生。已山史至京师，余一见辄心仪之，顾匆匆别去。比亭林就居山史之家，两人皆好学敦行，志相得也。康熙壬戌岁莫，余客扬州，山史亦来。则先是出游将盈二稔，闻亭林之殁且周岁矣。同寓萧寺，朝夕过从，接其言论风旨，往往酬答无倦，或至丙夜不休。得读《正学隅见述》及《山志》，乃知山史诚醇儒，其学有本，固非徒博文强识已也。山史不弃余，爰以《山志》二集属余序。余唯天地之间皆物也，有物必有则。朱子云："则者，法也，法即理也。自夫人不能求尽其理，真知既蔽，私智萌生。于是毫厘差谬，得失衡决，万物之理，胥以淆矣。"山史之言曰："为学当以平心静气为第一义，揆之于理，度之于心，惟求其是而已，求其事之有征者而已。"夫平心以观理，复征事以合宜，执两端而用其中，斯知有定鉴，而物无遁情焉。今观此集，自天人性命之微，古今治乱之大，以及六艺百家之嵬琐，飞潜动植之散殊，无不折衷其要，考正其讹。或以纪见闻，或以昭品骘，夫非有灼然于中者，能言之凿凿不爽乎？山史著述甚富，兹特其外篇耳。然其言已若此，使亭林而在，必无间然。或者仅以说部目之，殆未深知君子之所养也已。（序）

顾亭林

顾亭林，古所谓义士不合于时，以游为隐者也。丰姿不扬，而留心经术。胸中富有日新，不易窥测。下笔为文，直入唐、宋大家之室。至讲明音韵，克传绝绪。他所为《日知录》《金石文字记》《天下利病》诸书，卷帙之积，几于等身。朝野倾慕之。行谊甚高，而与人过严。诗文矜重，心所不欲，虽百计求之，终不可得。或以是致怨，亭林弗顾也。居恒自奉极俭，辞受之际，颇有权衡。四方之游，必以图书自随。手所钞录，皆作蝇头行楷，万字如一。每见予辈或宴饮终日，辄为攒眉，客退必戒曰："可惜，一日虚度矣。"其勤厉如此。所著《昌平山水记》二卷，巨细咸存，尺寸不爽，凡亲历对证，三易稿矣，而亭林犹以为未惬。正使博闻强记，或尚有人，而精详不苟，未见其伦也。

丁巳秋九月初三日，亭林入关，主于予家，将同作买山之计。频阳郭九芝明府闻之，以书来，曰："忆前岁之冬，与先生坐张鹿洲将军席上，辨《尊经阁记》。今已再历春秋，而张将军丘首故园及期矣。世事蜉蝣，可胜浩叹。朱太史晚年好学，文章卓然有体。一旦溘逝，关中丧一名绅。弟与天生凭吊陨涕，哀不自禁。闻先生迩年潜修，十倍曩昔，德进名藏，甚得古处乐道之益，私衷甚为牟悦。今闻顾宁人先生已抵山居，宁人命世宿儒，道驾俨然，非无所期而至止。关学不振已久，斯其为大兴之日耶？"予复之曰："《尊经阁记》大要是行六经皆我注脚之绪。茅鹿门谓：'程、朱所不及。'弟谓：'程、朱正不宜为耳。'知先生有未忘于怀者，而弟亦执其愚见如故也。朱山辉忽捐宾客，闻之惊悼弥句。弟少耽声色，好雕虫之技，年近五十始归正学。今幸宁人先生不弃，正欲策励驽钝，收效桑榆。但以有室家之累，不能脱去俗务，方自悲悔无及。先生誉逾其实，只增赧悚耳。"（初集·卷三）

顾亭林征君卒

辛酉秋，予至嘉兴访曹秋岳司农，相见即致悼亭林之殁为文献之惜。予曰："亭林无恙，尚在予家。予来时，亭林亦有山西之行。"秋岳且惊且喜。逾年壬戌夏，予在海州接阎百诗手札云："亭林于春初殁于曲沃。"予为位而哭之恸。秋，予西归，取道扬州，将往昆山。过淮安，见张力臣云："亭林之柩尚未归，不知何以淹滞于彼。"深以不获抚柩一哭为憾。又怪亭林未殁，江南何以遽有此问。搦管偶记，涕下沾衿。（二集·卷二）

反切

古有双声音纽，下元有反切，后人以反字不祥，易作翻字。实则慢声、急声古已有之，谓始于番书，故名翻者非也。切韵以分别亲切为义，《礼部韵略》云："音韵展转相协谓之反，亦作翻，两字相摩以成声韵谓之切。又南北朝以上皆谓之反，唐则谓之切。”顾亭林《音论》博引经传，明反语不始于汉末神珙。《四声五音九弄反纽图》序云：“梁沈约创立纽字之图，其卷内之字，或以翻代反，或以纽代反。”是反、切、翻、纽，其实一也，讳反字，是唐以后事。而音之有反切，不当独让之缁流也。亭林云：“反切之语，自汉以上即已有之。”宋沈括谓：“古语已有二声合为一字者，如‘不可’为‘叵’，‘何不’为‘盍’，‘如是’为‘尔’，‘而已’为‘耳’，‘之乎’为‘诸’。”郑樵谓：“慢声为二，急声为一。慢声为‘者焉’，急声为‘旃’。慢声为‘者与’，急声为‘诸’。慢声为‘而已’，急声为‘耳’。慢声为‘之矣’，急声为‘只’是也。”然则二合、三合之字，梵音亦未必非得法于华音也。（二集·卷五）

王弘撰《山志》，清乾隆五十三年刻本

古夫于亭杂录　王士禛

《扪虱新话》载：“蔡相当国日，适有美阙两选，人竞欲得之。蔡曰：‘能诵卢仝《月蚀》诗乎？’一耆年者应声而诵，如瓶泻水，一座尽倾。蔡大喜。遂得美除。”近日昆山顾炎武宁人，号强记。在京师，一日会于邸舍，予谓之曰：“先生博学强记，请诵古乐府《蛱蝶行》一过，当拜服。”顾即琅琅背诵，不失一字。盖此篇声字相杂，无句读，又无文理可寻，最为难读故也。

王士禛《古夫于亭杂录》卷四，清光绪啸园丛书本

坚瓠集续集　褚人获

贿中为猪

太仓顾宁人言一夕梦入文庙，见猪一队，数几及千，押之者乌纱大衣，若广文先生也。中有一猪独人面未改，近视则其故姐夫孝廉刘某，骇问何以致此，泣曰：“生前因行贿得中累罚为猪，以祀先圣。凡累累同行者，皆吾等辈耳。”噫！欺圣盗名，罚固允当。但目前营营苟得者不少，恐先圣亦不可胜食也。

褚人获《坚瓠集续集》卷二，清康熙刻本

榕村续语录　李光地

诗文（节录）

顾亭林《音学五书》是不朽之书，今之知之者鲜。顾亭林足迹几遍天下，而本乡昆腔家所谓度曲须知忽略未见，无惑乎怪骂退之错用韵。此圣人察迩言也，夫毛稚黄之论本此。余问：“算学通于性与天道否？”曰：“天下岂有性道外的事物？如谓五性不足统天下之万事，则五声亦不能统天下之万声。如阿、厄、依、乌、于，彼此往来相求，相反相切，而万声无不尽于是。盖古人只讲喉、舌、齿、唇，无出口音，‘于’字便无。古人念‘雨’字皆作‘五’字，‘余’字皆作‘吾’字，所以‘麻’字皆作‘模’字。出口音率是夷狄入中国始有之，大约如高响耳。‘阿’字今入麻，古亦念，似古方人之所云恶者。顾宁人辨之极是。天下总是五件便包括得万件，如五行便包尽天下之物，喜怒哀乐便尽天下之情，皆是。”

本朝如梅定九之历学，不特精中西之法，能表章出周髀，为西法不能外，及顾宁人韵书，真不刊之业，千古杰出，前贤未之有也。毛大可作书驳宁人韵书，浅陋至甚，所谓不自知分量者。毛稚黄书却与宁人互相发。宁人吴人，而不知唱曲。稚黄则本之度曲须知，可叶之管弦矣，然稚黄又不知天地元音。元音惟本朝得之。音声起于歌麻，反切起于影晓，本朝起于外地。徐文定及西洋人讲求一度越千古之历，而本朝用之。自古以来，韵学不知有元音，而本朝合之，非偶然者。人须知古韵，又知唐韵，又须知今所用韵。凡学问皆须如此。

顾宁人《音学五书》不过《韵学》一节，人能于书学考订妥当，亦是一要紧事。须是兼通篆籀，不是注释篆籀，明白此，然后才可通如今楷书之不可通处。如古字“之”字下着“心”字，谓之志，心之所之也。“之”字下着“日”字，谓之时，日之所之也。如今楷字“志”字上作“士。”若作“士”尤不可，上画长便失之。旹，时，上作“山”，因篆字“之”字似山也，不然妄求解便差。王荆公费尽心力字字着解，便是可笑处。须知六书当分作两大股看，便易明白。一曰象形，如日月之类。有形所不能似者，二曰指事，如一上加卜为上，一下加卜为下之类。又事所不能尽指者，三曰会意，如止戈为武之类。此三者皆以形起义也。至意所不能尽会，则四曰谐声，因南地名水曰江，而以工配水以谐之；因北地名水曰河，而以可配水以谐之；西北人名水曰渭，而以胃配水以谐之。如因工、可、胃而求解，岂不可笑？声所不能尽谐者，则五曰转注。六曰假借，即一字而另用，又音相同而借用。如“哉生魄”，《汉书》皆作“霸”，“霸”“魄”相近故也。此三者皆以声起义也。

李光地《榕村续语录》卷二十，清光绪傅氏园刻本

无邪堂答问　朱一新

仿司马谈《论六家要指》，综论国朝诸儒学术，曰：亭林、南雷倡导来学，身世即有可议，何至若江甘泉之贬哉？

评曰：二人身世皆无可议。其初受官于唐、鲁二王也同，其后却聘而不出也亦同，一则屡谒明陵，一则乞师日本，君臣之义，皆无所阙。亭林虽抱母氏之隐痛，而身未入闽，南雷当翁洲破时，早离行间，终身肥遁，足报故主。论其生平之大节，固无可轩轾也。至如郑堂所论，意别有在，彼不喜二先生之学，故假殷顽以阴斥之。抑知胜朝殉节诸人，乾隆时表章备至，郑堂独未之闻耶？要之，夏峰、梨洲、亭林三人，少年时皆近游侠之为，其才皆足以用世，终老山林，非其本志，究能以名义自持，则读书讲学之效也。江氏书议论乖谬，采摭亦未备，有能踵而为之者，仿学案之例，兼收汉、宋，甚盛业也。郑堂论二先生之学，谓非真知灼见。昔章惇赴召，人问以新政所先者，惇曰：“司马光奸邪，当首辨之。”郑堂之识，盖亦类此，故君子慎其所习。（卷二）

朱永观字光甫，南宁人问：昆山顾氏，桐乡张氏，平湖、太仓二陆氏之学同欤？

答：亭林、桴亭虽皆重实学，皆主经世，然其为学宗旨不同。平湖、桐乡尤与亭林异趣。桴亭学问淹贯，于宋儒中兼取东莱、永嘉之长。《思辨》一编，言经济者甚多，而不为迂远难行之论，天文、舆地、律吕、礼乐、河漕、兵制、农田、水利，无不究心，而一归于儒术。盖朱子为学之方，本自

如此，观《语类》《文集》可见也。国初诸儒，宗朱子而得其精意者，在上则李文贞，在下则桴亭，皆非佔毕与空疏可比。天算、音韵、律吕之学，桴亭虽不及文贞之深，而践履纯懿尤过之。清献论学之正，律己之严，致用之醇实，固不待言；至研穷义理，剖毫析芒，则诸儒皆不能逮。其学专宗程朱，即濂溪、明道亦不甚取，盖有鉴于明末心学流弊，故辨别至严，此乃其时为之，后人不得以是为疑也。杨园宗旨甚正，操履甚粹，《经正录》《备忘录》诸编，多自得之言，集中若与何商隐、屠子高、沈德孚诸书，议论皆透辟。惟精博稍不逮二陆。亭林敦尚风节，与夏峰同，论学颇重事功，略与永嘉相近。生平史学深于经学，而刚介之节，得诸孟子者尤多。其书沾溉艺林，为功甚大，但持论间有粗疏偏激处，读者亦不可不知。后来汉学家重其书，但取其能考订耳，此则叶公之好龙，郑人之买椟。国初儒术极盛，自诸儒外，若浙东之有黄梨洲，湖南、北之有王船山、胡石庄，乾嘉以来，求如其比者，邈不可得矣。梨洲淹洽犹在亭林之上，心得处亦过之，而偏激殆有甚焉。吾浙继梨洲而兴者，后惟全谢山，其学其人皆可敬。石庄遗书仅见《绎志》《读书说》。《读书说》即《绎志》之余，其中精理名言尚复不少。二书自比于徐氏《中论》《颜氏家训》，《家训》安能及此，《中论》或庶几耳。至如颜、李之学，虽多偏驳，刘继庄虽以闻见为主，尚少内心，而气象博大，皆非后来所及。（继庄书只见《广阳杂记》，多识国初遗事，有论学者，精博过于颜、李。第颜、李之书未见元本，今本乃戴子高所订，恐未免以己意为去取耳。）罗台山集中有《答杨迈公书》，论雍、乾以前儒术。台山好治释典，言不雅驯，而此独确当。（卷五）

朱一新《无邪堂答问》，清光绪二十一年广雅局刻本

遗民诗　卓尔堪

目录

顾炎武字宁人，昆山名儒。识高学博，有不屑屑章句之志。常游四方，得江山之助，其气益豪。著《日知录》诸书行世。

卓尔堪《遗民诗》卷五，清康熙近青堂刻本

柳南续笔　王应奎

虞邑流寓

贤人君子之所至，争攀举以为重，此志乘之所以有“流寓”也。吾邑有应载者三人，向未采录，殊为缺典，因标其梗概，以俟后之修志者。龚诩，字大章，昆山人。靖难兵破南京金川门，先生时为守戍卒，大哭恸云。会按籍勿伍，法令甚严。先生夜走常熟之任阳，投马、陈二氏，匿大囤中。即圃中读书，焚膏继晷，多所纂述。越二十余年，禁稍解，乃仍归故里。周文襄公高其品，两荐为学官，坚不应。年八十有八卒。事详《梅花草堂人物志》，及《列朝诗小传》。

顾炎武，字宁人，昆山人。乙酉之夏，奉母避兵于常熟之语濂泾，见亭林集与馆中诸公书。又云：“余少居昆山、常熟之间。”见《日知录》《行盐》一条。又徐司寇《憺园集》有《家兄孚若诗序》，中云：“舅氏亭林先生，避兵常熟之穷乡，兄往依之。”意司寇所谓穷乡者，即语濂泾也。而《亭林集》中，又有常熟归生晟陈生芳绩书来以诗答之之作，其诗云：“十载江村二子偕，相逢每咏步兵怀。”所谓“江村”，非即语濂泾而何？则知先生之寓居于常熟，始自乙酉岁，后遂久淹于此，故云十载也。刘永锡，字尔钦，号剩庵，魏县人，中崇祯丙子乡试，选长洲学教谕。鼎革后，不复归，隐于阳城湖之滨，以卖席自给，见者呼“席先生”。钱尚书念其穷，招之往，不应。越几年，竟饿死。事详沈归愚学博刘先生传。而释石林《寄巢集》中有《和刘剩庵七护》诗，其小序云：“先生隐于南沙之毕泽，四壁萧然，晏如也。为七护诗以寄意，余高其人，和其诗，仅达意而已。”按毕泽在常熟之东南，其地濒阳城湖云。

王应奎《柳南续笔》卷四，清借月山房汇钞本

五种遗规　陈弘谋

顾亭林日知录

先生名炎武，字宁人，昆山人。

宏谋按：亭林先生为近代通儒，贯穿经史，得其领要，故所见者大，所规者远，坐而言，起而行，《日知录》一书，其庶几乎。全书皆至理名言，援古证今，而皆一衷于道者也。偶录数则，以为世俗训。近世停丧、火葬二事，不仁不孝，莫大于此。先生之论，痛快切挚，读此而不惕然起者，虽谓之无人心，可矣。（卷二）

宏谋按：《日知录》所载政事，皆探本之论，而义正词严，是非可否之间，不少假借，所谓较若画一者是已。至叙述往迹，上下千百年，了如指掌，皆有独知独见，岂徒以博物见长哉？先生毕生未尝一日历仕路，而所论治道，皆亲切得理，规模宏远，巨细不遗，由其平时读书，随处体认，与世俗记诵词章之学，无裨世用者不同耳。（卷下）

陈宏谋《五种遗规》，清乾隆培远堂汇钞本

巢林笔谈　龚炜

顾亭林言经学

顾亭林先生尝言："五经有大全，而经学衰矣。宜广集宋、元说经诸书，无论当否，悉贮之。"先生无书不读，而识力又高，宜其为此说也。愚以经衰于阙略，亦未始不晦于太广。若无论当否悉贮之，正恐识力不定者易误。

龚炜《巢林笔谈》卷四，清乾隆三十年蓼怀阁刻本

十七史商榷　王鸣盛

唐以前音学诸书（节录）

宁人宿傅青主家，晨未起，青主呼曰："汀芒矣。"宁人怪而问之，青主笑曰："子平日好谈古音，今何忽自昧之乎？"宁人亦不觉失笑。古音"天"呼若"汀"，"明"呼若"芒"，故青主以此戏之。然则古可好不可泥也。

王鸣盛《十七史商榷》卷八十二，清乾隆五十二年洞泾草堂刻本

蛾术编　王鸣盛

古今韵通押

向来韵书，只有近体之韵，如二冬下注“与钟同用”是也。而古诗之通用者，从无著为律令，使人遵守。吴才老杂采古人之文，以为韵补，纠纷谬误，岂足为法？赖顾亭林《音学五书》及《韵补正》，条理井井，学者当一意遵守，作颂、赞、箴、铭诸体，必求上不戾于顾氏古音，下可贯于唐人唐韵者，通而用之。

王鸣盛《蛾术编》卷七十五说集一，清道光二十一年楷堂刻本

十驾斋养新录　钱大昕

顾宁人

顾宁人《文集》初印本有《读隋书》一篇，本马贵与之说，载在《文献通考》。宁人手钞之意，欲采入《日知录》，潘次耕误认为顾作，乃以《读隋书》为题，收入集中。今本无此篇，以它文易之，则次耕已觉其谬矣。（卷十六）

文字不苟作

顾宁人曰：“文须有益于天下后世。若怪力乱神之事，无稽之言，剿袭之说，谀佞之文，有损于己，无益于人，多一篇多一篇之损矣。”处患难者，勿为怨天尤人之言；处贵显者，勿为矜己傲物之言；论学术，勿为非圣悖道之言；评人物，勿为党同丑正之言。（附余录·卷十八）

钱大昕《十驾斋养新录》，清嘉庆刻本

疑年录　钱大昕

顾宁人七十炎武。明万历四十一年癸丑生。康熙二十一年壬戌卒。全祖

望云年六十九，卒于辛酉岁。误也。今据《昆山志》。

钱大昕《疑年录》卷四，清嘉庆刻本

尖阳丛笔　吴骞

《宅京记》二十卷为亭林晚年所成之书，盖踵《肇域志》及《郡国利病书》而成者。卒后，昆山徐相国从遗书中检得，始为之序，时庚午之春也。末有亭林嗣子衍生跋云："先府君著书数种，俱有自序，载入集中。兹编告成最晚，甫脱稿，府君捐馆，徐相国遣人取去。自念云泥势阻，无能往索。至相国归田后，始获检还，复录二本，一贻潘太史，一赠靖逆侯。不肖某泣血志。"观跋意，似有所不满于相国者。然予观此记，上自三皇，而下讫于元，有明一代皆不及，或疑为亭林未成之书。又按立斋序，谓《肇域志》《天下郡国利病书》《历代宅京记》皆本之二十一史及《一统志》、天下郡县府州诸志，是三书皆至元而上，初非未成也。

吴骞《尖阳丛笔》卷六，清钞本

逊志堂杂钞　吴翌凤

昆山顾亭林先生，名绛，字宁人，后更名炎武。与同邑归庄齐名，两人皆耿介不溷俗，乡人有"归奇顾怪"之目。顾兵后尽鬻其产，寄居章邱，别治田舍。久而为土人攘夺，乃又迁于山西，营书院一区，尽取家中所藏《十三经》、二十一史暨明累朝实录，插签于架，暇辄周览山川，考古今治乱之迹，证以金石铭碣。著书盈簏，没后，吴江弟子潘耒刊行，惟《肇域志》卷帙最繁，未经雕刻。归字元恭，善行草书，尝题其斋居柱云："入其室，空空如也；问其人，嚣嚣然曰。"乡党传之以为笑端。其名字屡改，崇祯中忽请于学使者，更名祚明。自是以后，或称归妹，或称归乎来，表字或称元功，或称园公，或称县弓，恒轩其自号，亦号普明头陀，又号鏖鏊巨山人。世目为狂士。

吴翌凤《逊志堂杂钞》丙集，清光绪十三年吴县朱氏刻槐庐丛书本

己未词科录　秦瀛

关中李隐君容之父信吾翁，讳可从，崇祯壬午佐制府汪忠烈乔年剿贼，襄阳城陷，翁从忠烈死之，隐君方三岁。既壮，以母在，不获觅骨。及母殁，至襄阳号泣以祭，泪尽血继，观者哀之。襄人刘宗洙割腴田立茔兆，私谥忠武，竖碑祠祀，以慰孝思。邑令张永中表于道，曰义林祠。碑告成之夕，群工未寝，忽鬼声大作，众皆震慄。永中作《襄城记异》，顾亭林炎武题云："踯躅荒郊酹一尊，白杨青火近黄昏。终天不返收崤骨，异代仍招复楚魂。少室愁云随独雁，颍桥哀水助啼猿。五千貂锦皆忠义，孰似南山孝子门。"《兰村笔乘》。(卷十一)

顾宁人与吾友归元恭同里闬，元恭守乡曲，而宁人出游四方，所至垦田自给，其甥徐健庵劝之归，不肯归。当事欲招致史馆，亦坚辞不赴。元恭尝邀同社诸君子会于影园，余以病不果往，而元恭旋殁。余以诗哭之，又为文祭之曰："先生道丧，士习懦愞。孔子有言，必也狂狷。归奇顾怪，一时之选。渔猎子史，贯穿经传。志高气盛，雄杰魁岸。顾游四方，燕塞秦甸。君独闭门，枯守笔砚。跅弛不羁，俗人笑姗。抱太仆文，搜萝拾捃。胡忽陨亡，逝如飞电。"《微云堂杂记》。(卷十二)

徐东痴与顾亭林、王端士、费此度诸名士，于康熙己未当事皆欲以鸿博荐举，俱力辞不就。王渔洋与东痴为中表兄弟，称其诗近陶渊明、孟东野。辛亥秋，余邀翁覃溪学士过筠圃草堂，阅旧本书，有东痴、渔洋手校《边仲子诗本》，内跋语二则，东痴墨书，渔洋朱书。学士摹成神似，今藏余斋，题者甚众。《诗龛杂志》。瀛按：先生《九日得顾宁人书》诗云："故国千年恨，它乡九日心。山陵余涕泪，风雨罢登临。"读此诗可知其愿以遗民终矣。它人但称其和新城《秋柳》诗，以为远胜原唱，尚未为知先生者。(卷十二)

秦瀛《己未词科录》，清嘉庆刻本

蠡勺编　凌扬藻

亭林余集

长洲彭允初言少应童子试，于市得钞本《亭林集》一帙，中多点窜，乃先生所手定。既以刻本校之，其十余篇皆佚，不著录，盖编集时门人所削去者也。然先生生平忠孝大节，实具于此，爰重录而叙之。又曰：先生尝受官唐王时，见于文，故编集者不能无隐避。然伏观《明史》，凡明臣之自靖于诸王者，皆大书而表之。我朝教忠之意，至深远矣。彼区区务为隐讳者，岂足以识大公至正之道乎！则是十余篇书，不患其不传。是十余篇者传，而后先生扶世立教之志，得大慁而无憾。则先生之言，虽不获效于当时，其有功于后世何如也。见《二林居集》。

国初名儒之最

《松心日录》曰：国初名儒，予最服膺顾亭林先生。先生之学博矣，而无考据家傅会穿凿、蔓引琐碎之病。先生之行修矣，而无讲学家分门别户、党同伐异之习；先生之才识优矣，而无纵横家矜才逞智、剑拔弩张之态。所著《日知录》一书，举经史子集之要，统修齐治平之全，择精语详，扶世翼教。其学为有用之学，其言皆有本之言。孔子所谓博学于文，约之以礼。孟子所谓守先王之道，以待后之学者。若先生者庶乎足以当之矣。读《国朝诗人征略》，叹南山先得我心用刺取之。

凌扬藻《蠡勺编》卷三十七，清岭南遗书本

国朝经师经义目录　伍崇曜

伍跋（节录）

右《国朝汉学师承记》八卷，附录《国朝经师经义目录》一卷，国朝江藩撰。洪惟昭代经学修明，定鼎之初，顾亭林、胡朏明、阎百诗诸先生崛起，远绍两汉诸儒之坠绪，笃实淳懿，恪守师法，承先启后，私淑有人，实宋、元、明以来所未有。郑堂特著此书,国朝经师学行出处,著撰绪论,搜括靡遗,洵盛业也。阮文达《定香亭笔谈》称元和惠征君定宇经学冠天下,郑堂于惠氏弟子余君仲林,尽得其传;洪北江《诗话》亦称其学有师法;《珠湖草堂笔记》则称是书极有史家体裁。郑堂久在阮文达幕府,文达撰《国史儒林传》稿,第一次顾亭林居首,第二次黄梨洲居首;而是书以两先生编于卷末,以不纯宗汉学也,亦可见其体例之严。……咸丰甲寅夏五朔日,南海伍崇曜谨跋。

伍崇曜《国朝经师经义目录》,清光绪二十二年刻本

蕙櫋杂记　严元照

顾宁人《肇域志》唯有钞本行世,许积卿兵部曾得其手稿廿册,予曾见之。字极细,行款亦密,笔笔不苟。又尝于山舟侍讲处,见其尺牍书法正同。

严元照《蕙櫋杂记》,清劳权钞本

啸亭续录　昭梿

顾亭林诗

顾亭林先生博雅醇儒,考核古今,为本朝之冠。然其咏古诗有“名弧石勒诛”之句。按史,石虎时,燕人馈虎弓矢,其太史王波命赠蜀使,以矜幅员之广。蜀主寿命史臣书曰:“肃慎供其楛矢。”虎闻之大怒,因族诛王波,非赵主勒时事,而先生误用之。信乎!考古之难也。

昭梿《啸亭续录》卷五,清钞本

国朝诗人征略　张维屏

顾炎武(节录)

国初名儒,余最服膺顾亭林先生。先生之学博矣,而无考据家傅会穿

凿、蔓引琐碎之病；先生之行修矣，而无讲学家分门别户、党同伐异之习；先生之才识优矣，而无从横家矜才逞智、剑拔弩张之态。所著《日知录》一书，举经史子集之要，统修齐治平之全，择精语详，扶世翼教，其学为有用之学，其言皆有本之言。孔子所谓“博学于文，约之以礼”，孟子所谓“守先王之道，以待后之学者”，若先生者，庶乎足以当之矣。《松心日录》。

《天下郡国利病书》卷帙繁重，校勘未详，其中误字不少。余尝欲取《方舆纪要》与此书互勘，而撮二书之要，合为一编，刻巾箱本以便行箧。《松轩随笔》。

《亭林集·嵩山诗》本八韵，盖竹垞删为五律，而《别裁》因之。“石开重出启”，“重”改“曾”，盖亦竹垞所订。《听松庐诗话》。

亭林先生诗多沉雄悲壮之作，偶记一律云：“长看白日下芜城，又见孤槎海上横。感慨河山追失计，艰难戎马发深情。崩车断簇周千亩，蔓草枯杨汉二京。今日大梁非旧国，夷门愁杀老侯嬴。”真气喷溢于字句间，盖得杜之神，而非袭其貌者所可比也。同上。

张维屏《国朝诗人征略》卷三，清道光十年刻本

乡园忆旧录　王培荀

顾亭林，原名绛，更名炎武，以事系历下。事白，上宪重其人，延修《山东通志》，而主笔者别有人，先生列名而已。渔洋谓列传中名臣多所刊削，甚为纰缪，异日必当更正。《通志序》则吾淄高念东先生所作，后来续修者曾阅一过，未暇考，果补入否？亭林寄居章邱，东土好古之士多与交，久之田舍为人夺去，乃迁于山西。朱竹垞题其柱云：“入则孝，出则弟，守先王之道，以待后学；诵其诗，读其书，友天下之士，尚论古人。”当之无愧。其诗亦有高踞万仞、俯视群流之概。《龙门》云：“亘地黄河出，开天此一门。千秋凭大禹，万里下昆仑。入庙焄蒿接，临流想像存。无人书壁问，倚马日将昏。”

王培荀《乡园忆旧录》卷一，清道光二十五年刻本

养一斋诗话　潘德舆

明诗不可以轻心抑之也。明开基诗，吾深畏一人焉，曰刘诚意；明遗民诗，吾深畏一人焉，曰顾亭林。诚意之诗苍深，亭林之诗坚实，皆非以诗为诗者，而其诗境直黄河、太华之高阔也。首尾两家谁与抗手？抑明诗者，盍自较其所作乎？

吾学诗数十年，近始悟诗境全贵“质实”二字。盖诗本是文采上事，若不以质实为贵，则文济以文，文胜则靡矣。吾取虞道园之诗者，以其质也；取顾亭林之诗者，以其实也。亭林作诗不如道园之富，然字字皆实，此“修辞立诚”之旨也。竹垞、归愚选明诗，皆及亭林，皆未尝尊为诗家高境，盖二公学诗见地犹为文采所囿耳。

潘德舆《养一斋诗话》卷三，清道光十六年徐宝善刻本

养吉斋余录　吴振棫

顾亭林先生博极今古，每往来道路，载书满车，朝夕读不辍。其少时以春夏温经，请文学中声音鸿畅者四人，设左右座，置注疏本于前。先生居中，其前亦置经本，使一人诵而己听之。遇有字句不同，或偶忘者，详问而辨论之。读二十纸易一人，四人周而复始。计一日温书二百纸，《十三经》毕，则温三史，或南北史。故先生之学，习熟而不遗纤悉如此。

吴振棫《养吉斋余录》卷九，清光绪刻本

吹网录　叶廷琯

亭林年谱有沿误处

《亭林先生年谱》一卷，道光癸卯平定张石州明经穆据车秋舲、徐星伯所辑两本参合而成，曾携稿至山东、江南，搜得遗事、诗文、尺牍甚多，用以辨正增益，洵为精博。徐《谱》未刻，余未见，就车《谱》所载，石州尚间

有沿误，未为改正者。如顺治十四年丁酉，纪先生年四十五岁至济南与张稷若定交，原注：稷若名尔岐，号蒿庵，济阳诸生。为稷若作《仪礼郑注句读序》。余按：《亭林诗集》有过张贡士尔岐一律，起句云："缁帷白室睹风标，为叹斯人久寂寥。"落句云："窃喜得逢黄叔度，频来听讲不辞遥。"味其词意，皆似初见时语，而其诗编在旃蒙单阏闰五月十日之后。故诗中又有"济水夏寒清见底"之语，则是作于康熙十四年乙卯夏，其非丁酉年定交可知。且车《谱》于丁酉年注，亦自引长山刘果庵孔怀所作《蒿庵集序》，云："癸丑八月，余有事济上，始识先生于紫薇署中。时吴门顾宁人在座，先生谓之曰：'壬寅于阳邱读君《古易序》，非为此君乎？'宁人颔之。"观此知不独果庵始识蒿庵，即亭林亦似初会晤者。故蒿庵以十年前所见《古易序》问之。按：此序今不见于《亭林文集》及《余集》。自癸丑八月相识后，至乙卯夏已越两载，始行过访，赋诗以赠，特作叹美喜幸之词，益可证其非丁酉年定交也。至作序之不在丁酉年，更有显然可见者。蒿庵自序《仪礼郑注句读》，言此书成于庚戌年，而刘果庵于癸丑夏见《蒿庵集》内，此序尚自标为"仪礼郑注节释"。至甲寅夏，以手录此书，属其参订，始易名为"仪礼郑注句读"，则亭林撰序，必更在刘序之后，安得移之蒿庵未成此书以前十余年乎？石州仍车氏之误不改，未免少疏矣。又年谱后附全谢山所撰《亭林先生神道表》，有云：戊午大科诏下，诸公争欲致之。先生豫令诸门人之在京者辞曰：刀绳具在，无速我死。石州案语谓先生之辞大科，乃二徐之力。谢山盖误以黎洲之事例之。余谓《亭林集》中有《寄次耕时被荐在燕》诗，云："或有金马客，问余可共登。为言顾彦先，惟办刀与绳。"谢山是用此诗语意，非无根杜撰，未可竟訾其误。他若陈生芳绩据《亭林余集》：陈君志铭，乃处士鼎和之孙。而石州误以为子，亦宜改正。石州此谱，为二百年来仅有之作。余非敢吹垢索瘢，正以其大体既醇，更愿为去微瑕，以归粹美耳。

叶廷琯《吹网录》卷四，清同治八年刻本

冷庐杂识　陆以湉

顾亭林先生之母王氏，崇祯时，旌表节孝，即《明史·列女传》所称王贞女也。先生有《与叶讱庵书》,辞荐举云:“先妣国亡绝粒,以女子而蹈首阳之烈。临终遗命,有‘无仕异代’之言,载于志状。故人人可出,而炎武必不可出矣。记曰:‘将贻父母令名,必果;将贻父母羞辱,必不果。’七十老翁何所求?正欠一死!若必相逼,则以身殉之矣!一死而先妣之大节愈彰于天下,使不类之子得附以成名,此亦人生难得之遭逢也。”盖其辞决,而其志弥可哀矣。(卷二)

顾亭林狱事,志乘未详,见于《与颜吏部光敏书》,特录其略。先是苏州沈天甫、施明、夏麟奇、吕中伪造《忠节录》,托名已故祭酒陈仁锡讥毁本朝,罗列江南北之名士巨室,以为挟害之具;又伪造原任阁辅吴甡一序,诈其子中书吴元莱银二千两。事发,刑部定谳,即将沈天甫等斩决。此康熙五年中事也。次年,莱州即墨黄指挥培之仆姜元衡删易此书,增入黄氏唱和诗,控其主与兄弟子侄作诗诽谤本朝,又与顾亭林搜辑诸人诗,皆有讪语。处士于七年二月在京师闻之,即出都抵济南,幽絷半年。因援沈天甫故牍,谓姜元衡所控之书,即沈天甫等陷人之书,事旋解,株连二十余人均得开释。处士赋诗六章纪其事,有“伟节不西行,大祸何由解”之句。又末章云:“天门詄荡荡,日月相经过。下闵黄雀微,一旦决网罗。平生所识人,劳苦云无他。骑虎不知危,闻之元彦和。尚念田昼言,此举岂足多。永言矢一心,不变同山河。”《诗集》中皆不载,详见颜氏家藏尺牍。(卷五)

陆以湉《冷庐杂识》,清咸丰六年刻本

射鹰楼诗话　林昌彝

五言长排非才力雄大者不能作,元微之最服膺少陵长篇排律,元遗山论诗讥之,云:“排比铺张特一途,藩篱如此亦区区。少陵自有连城璧,怎奈微之识碔砆。”余谓少陵长排独步古今,盛唐以后几成逸响。前明薛君采亦喜为之,雅炼有余,而雄浩不足。宋、元、明而后,惟本朝顾亭林、朱竹垞二家,可以直接少陵,他人不足多也。

…………

世谓说经之士多不能诗，以考据之学与词章相妨。余谓不然。近代经学极盛，而奄有经学、词章之长者，国初则顾亭林炎武也，朱竹垞彝尊也，毛西河大可也，继之者朱竹君筠也，邵二云晋涵也，孙渊如星衍也，洪稚存亮吉也，阮芸台元也，罗台山有高也，王白田懋竑也，桂未谷馥也，焦里堂循也，叶润臣名澧也，魏默深源也，何子贞师绍基也，吾乡则龚海峰景瀚也，林畅园茂春也，谢甸男震也，陈恭甫寿祺先生也。诸君经术湛深，其于诗或追踪汉、魏，或抗衡唐、宋，谁谓说经之士必不以诗见乎？（卷七）

昆山顾亭林先生昔侨寓京师城西偏，即今之慈仁寺也。道州何子贞师就旧址为营顾祠，俾同志知所仰止。每值顾先生诞辰，余从道州师及诸同辈拜瞻祠下。师尝有诗记之云："亭林先生祠，小子始营缮。繄惟城西偏，慈仁森佛殿。当时寺宇宏，市集萃图卷。国初诸老儒，买书乘暇宴。先生结契广，侨寓置垆扇。至今双松下，仿佛见遗跰。承平二百载，光阴若流箭。古碣余断龟，空樑堕饥燕。我卜隙地宽，谓可灵来奠。诸公闻此议，合作相呼忭。畚锸猥见属，木甓自遴捡。删芜出古树，明月夜来罥。崇崇屋三楹，烂烂秋一片。落成奉遗像，览揆洁盥荐。肃然道义容，警我尘土贱。车徐《谱》岁月，张子重论馔。江南大河北，余韵搜讨遍。"张石州据车秋舲、徐星翁所撰《亭林年谱》，合为定本，增益辨证，甚博且精。携稿至山东、江南，搜得遗事诗文颇多。师诗全首真朴浑厚，今采其大略，以觇梗概云。（卷八）

昆山顾先生亭林古、近体诗，沉着雄厚，深得杜骨，其诗可为前明诗家之后劲，本朝诗家之开山。余最喜其《海上》七律四诗，云："日入空山海气侵，秋光千里自登临。十年天地干戈老，四海苍生痛哭深。水涌神山来白马，云浮仙阙见黄金。此中何处无人世，只恐难酬烈士心。　满地关河一望哀，江天烽火照胥台。名王白马江东去，故国降旛海上来。秦望云空阳鸟散，冶山天远朔风回。楼船见说军容盛，左次犹虚授钺才。　南营乍浦北南沙，终古提封属汉家。万里风烟通日本，一军旗鼓向天涯。谓去夏诚国公刘孔昭也。楼船已奉征蛮敕，博望空乘泛海查。　愁绝王师看不到，寒涛东起日西斜。　长看白日下芜城，又见孤云海上生。感慨河山追失计，艰难戎马发深情。埋轮拗镞周千亩，蔓草枯杨汉二京。今日大梁非旧国，夷门愁杀老侯嬴。”四诗无限悲浑，故独超千古，直接老杜。（卷十八）

林昌彝《射鹰楼诗话》，清咸丰元年刻本

东塾读书记　陈澧

子夏曰：“日知其所亡，月无忘其所能。”读之似甚浅近，然二者实学问之定法也。于稽其类，则知新者知也，温故者无忘也；知及之者知也，仁能守之者无忘也；择善者知也，固执者无忘也；深造者知也，自得之者无忘也；知斯二者知也，弗去者无忘也；平旦之气者知也，操则存者无忘也。《四书》之理皆如此。顾亭林著书名曰《日知录》，甚有意。（卷二）

国朝诸儒，小学度越千古，其始由于顾亭林作《音学五书》。亭林之意，惟欲今人识古音，乃古音明而古义往往因之而明，此亭林始愿不及者也。盖字形、字音所以载字义者也，诸儒读《说文》而识字形，读《音学五书》而识字音，其识字义乃自然之理。此犹生于三代之世，识其文字及语音，自识其所言之意也。吾辈生诸老先生之后，实为厚幸。读其书二三年，无不通晓，不须更费心力。但持此以读经，可以通经矣；即不能通经，而但通小学，亦非俗士矣。（卷十一）

陈澧《东塾读书记》，清光绪刻本

小腆纪年附考　徐鼒

明征诸生顾炎武为职方司郎中，以母丧，辞不赴。

炎武，字宁人，原名绛，或自署曰蒋山佣，学者称为亭林先生。年十三，援纳谷寄学例为附生。少落落有大志，耿介绝俗，双瞳子中白而边黑，人异之，于书无所不窥。乙酉夏，奉母避兵常熟之郊，应昆山令杨永言之征，与诸生吴其沆及归庄共起兵，奉故郧抚王永祚，浙东授为兵部司务事。既不克，永言行遁去，其沆死之，炎武与庄幸得脱。而母王氏遂不食卒，遗言后人勿事二姓。是年，闽中以职方司郎中召，母丧未葬，不果赴，余详纪传。

臣鼒曰：有明学者萃心力于制举文，其高者则证心性，争朱、陆，举先圣诗书六艺兵刑钱谷有用之学置为糟粕，门户错出而人才亦日卑。炎武尝太息天下乏材以致败坏，故究心经术，实事求是，而资力超迈，百倍常人，为数百年儒林巨擘。旧列国史儒林传，兹独书之为明诸生者，何哉？炎武恪守母训，不事二姓，迹其弓剑桥山之拜，牛羊塞上之吟，盖欲以子房报韩之心，为端木存鲁之计。故国之戚，每饭不忘，而沉几已久，更事尝多，知天命人心之有归，不欲以移山填海之为，贻宗族乡党之祸，甘于箕子之蒙难，无为苌叔之违天，故管幼安客死辽东，陶靖节终于宋代。善乎王高士不庵之言曰："宁人身负沉痛，思大揭其亲之志于天下，奔走流离，老而无子，其幽隐莫发数十年靡诉之衷，曾不得快然一吐，而使后起少年，推以多闻博学，其辱已甚，安得不掉首故乡，甘于客死。"噫！可痛也。

徐鼒《小腆纪年附考》卷十一，清咸丰十一年刻本

求阙斋日记类钞　曾国藩

与作梅邕谈当今之世，富贵无所图，功名亦断难就，惟有自正其心以维风俗，或可补救于万一。所谓正心者，曰厚曰实。厚者恕也，仁也；己欲立而立人，己欲达而达人；己所不欲，勿施于人；存心之厚，可以少正天下浇薄之风。实者不说大话，不说虚名，不行驾空之事，不谈过高之理，如此可以少正天下浮伪之习。因引顾亭林所称"匹夫之贱，与有责焉"者以勉之。庚申九月。

…………

周弢甫将赴上海催饷，余勉之以维持风教，勿自菲薄，引顾亭林《日知录》"匹夫之贱，与有责焉"一节以勖之。辛酉十一月。

曾国藩《求阙斋日记类钞》卷上，清光绪二年传忠书局刻本

止园笔谈　史梦兰

昆山顾亭林炎武，少有大志，耿介绝俗，双瞳子，中白而边黑，见者异之，与里中归庄善，共游复社，时有“归奇顾怪”之目。其游也，以二马二骡载书自随，所至厄塞，呼老兵退卒，询其曲折，或与平日所闻不合，则即坊肆中发书而对勘之，或径行平原大野，无足留意，则于鞍上嘿诵诸经注疏，偶有遗忘，则即坊肆中发书而熟复之。戊午大科诏下，当路争欲致之，先生豫令门人之在京者辞曰：“刀绳具在，无速我死。”次年大修《明史》，当路又欲特荐之，贻书叶学士讱庵，请以身殉，得免。或曰：“先生盍亦听人一荐，荐而不出，其名愈高矣。”先生笑曰：“此所谓钓名者也，夫妇人之失所天也，从一而终之，死靡慝其心，岂欲见知于人？若曰盍亦令人强委禽焉，而力拒之以明节，则吾未之闻矣。”

史梦兰《止园笔谈》卷一，清光绪四年刻本

越缦堂日记　李慈铭

谲觚

清顾炎武撰。阅顾亭林《谲觚》凡十条。其自序言见时刻尺牍，有乐安李象先名焕章《与顾宁人书》，辨正地理十事，然未尝有往复之札。又札中言仆读其所著《乘州人物志》《李氏八世谱》而深许之，仆亦未尝见此二书。其所辨十事，仆所著书中有其五事，然似道听而为之说；又或以仆之说为李君之说，则李君亦未见鄙书，故出其所见以质之。其书先列李原书，而后为辨正。象先诸说，似亦博辨有志于古，而多引别史或近时地志，皆涉无据之谈，又好逞臆武断。然如言临朐之逢山，据《汉书·地理志》临朐有逢山祠，则逢山自以逢伯陵得名，非由逢萌一条，亭林亦称之。又言周封太公于营邱一条，亭林谓《史记》言其地泻卤，人民寡，而以封尚父者，盖周初有千八百国，中原之地无闲土，故封止于此。象先谓千八百国，当伐纣后自有变置。殷都朝歌，千里内不免改王畿为侯国；周都镐京，千里内不免改侯国为王畿。涧东瀍西，皆有诸侯，营雒以后，安能各守其地？言亦近理。盖亦当时之矫矫者。亭林于地理为专门，所辨自皆精当，固非象先所能敌也。同治戊辰十一月廿三日。

顾亭林年谱

清张穆撰。隆福寺书贾取《顾亭林年谱》来。亭林学识绝代，石舟之谱，专搜琐屑，于其用世本意，及沧桑时事，俱属茫如。昔人谓作谱之才，须与其人相称，诚知言也。同治壬申五月十五日。

李慈铭《越缦堂日记》，清稿本

藻川堂谭艺 邓绎

顾亭林、李二曲皆古之狷者，故其学术不同，而性情相若，款门相视，欢若一人焉。黄梨洲、王船山，其天下之狂者乎？二人者趋向不同，而皆有迈往出群之气焉。梨洲、船山，学术之狂者也，朝宗、冰叔则文章之狂者也，皆天下所莫能及。虽然，学术可以兼文章，文章不能兼学术，梨洲、船山之品量，所以轧侯、魏而上之也乎。（比兴篇）

元、明文章以宋为原，故不能抗衡汉、唐，而视宋亦不逮远甚。前明文章尤不若元人之淳实，盖科举之学乱之也。国朝辞学又不逮明，其源近自震川、桐城止耳。故纵横若侯、魏、姜氏，已足雄视一代。然侯、魏皆胜国之遗，而梨洲、亭林、船山三君子亦皆前代之佚民也。是三君者，不独以辞学名，而经术之气盎然简编，又非侯、魏、姜氏之所得并。船山持史论虽偏宕，然廉悍遒郁，树骨森然，是其不可朽者；而博大兼诸子之长，其渊源所及，不自宋、元、明而止也。学者有志千载，其必卓荦风观，大畜于六经、子、史之文章，沉浸融释，久积而盛出之，然后可哉。

…………

顾亭林曰：“昔之说《易》者，无虑数十百家，如仆之孤陋，而所见及写录唐、宋人之书，亦有十数家。”黄梨洲曰：“以予之固陋，所见传注《诗》

《书》《春秋》皆数十家,三《礼》颇少,《仪礼》《周礼》十余家,《礼记》自卫湜以外,亦十余家;《周易》百余家,可谓多矣。”观黄、顾之所言,则梨洲览诵之该博,有过于亭林者矣。而《日知录》之精约,则若有过于梨洲之所为者。而二先生同为明季国初文献之宗,则天下公论如是。阎百诗曰:“梨洲、亭林两先生,皆所谓上下三千年,纵横一万里者。”知言之士,岂徒以记诵之多寡,而定古人之优劣也夫!(日月篇)

江表浮薄之风,盛于袁氏,其论诗也,犹知借亭林、梨洲以为重。夫黄、顾之于诗,非专家矣,然其学有渊源,支流亦盛,非乾嘉以来辞人、学人之所敢望也。江表词章之学,浸淫至今,推袁者众,又敢望黄、顾之余风也乎?故训之家搜残举碎,固袁氏之所不屑,而指为糟粕者也;而逐响者咸效为之,宜为诗古文辞者之靡靡日衰,而举归于桐城之末习也。(三代篇)

邓绎《藻川堂谭艺》,清光绪十四年刻本

郎潜纪闻初笔　陈康祺

顾亭林先生峻厉

亭林先生尝曰:“北方之人,饱食终日,无所用心。南方之人,群居终日,言不及义,好行小慧。”其甥东海学士延之夜饮,怒曰:“古人饮酒卜昼不卜夜,世间惟淫奔、纳贿二者夜行,岂有君子而夜行者乎?”其峻厉若此。(卷三)

顾亭林先生勤学

亭林先生自少至老,手不释书,出门则以一骡二马,捆书自随。遇边塞亭障,呼老兵诣道边酒垆,对坐痛饮,咨其风土,考其区域。若与平生所闻不合,发书详正,必无所疑乃已。马上无事,輙据鞍默诵诸经注疏,遇故友若不相识,或颠坠崖谷,亦无悔也。精勤至此,宜所诣渊涵博大,莫与抗衡与。(卷三)

郎亭林先生寿序

寿序谀词，自前明归震川始入文稿。然每观近今名人集中，偶载一二，亦罕有不溢美者。本朝惟潘次耕检讨耒《亭林先生六十序》，颇有关系。其言曰："汉自党人议起，海内名德，网罗殆尽，而郑康成独全于禁锢之余，黄巾不入其里，徒众数千人，昭烈修弟子礼，所注经籍，百代宗之。隋季纲纪文章荡然，文中子挺生其时，慨然有宏济之志，献策不用，家居著书，河汾之间，才俊如云，卒赞贞观太平之治。"以此比拟亭林，方见命世大儒，遭罹厄会，实由天厌明德，留此寒泉硕果，借以开兴朝文运之先，非如李二曲、王船山，律己坚贞，仅仅守采薇之节者可比。然非先生，莫能当此也。今世文士识力若潘次耕者，容或易遇，而所撰题目，非肉食贵官，即词赋名士，或竟语录札记之儒者，以及多牛足谷之富翁。碑铭志传，无一人可传文之人，但求文能传人之文，执笔浩叹，又岂独寿序然与。按：检讨《遂初堂集》亭林寿序后，有《戴耘野六十寿序》末段有"噫嘻悲矣！岂不痛哉"等语。施之今人，其子孙肯饰于屏幛乎？即此，见寿序之不可为。（卷七）

顾阎李诸公之㧑谦

亭林先生《广师篇》云："学究天人，确乎不拔，吾不如王锡阐。读书为己，探颐洞微，吾不如杨雪臣。独精三礼，卓然经师，吾不如张尔岐。萧然物外，自得天机，吾不如傅山。坚苦力学，无师而成，吾不如李容颙。险阻备尝，与时屈伸，吾不如路安卿。博闻强记，群书之府，吾不如吴任臣。文章尔雅，宅心和厚，吾不如朱彝尊。好学不倦，笃于朋友，吾不如王宏撰。精心六书，信而好古，吾不如张弨。"百诗先生论人物，尝称吴志伊之博览，徐胜力之强记，自问不如。吾乡李杲堂先生，最心折万氏家学，尝云："粹然有得，造次儒者，吾不如公择。事古而信，笃志不分，吾不如季野。"杭大宗太史亦自谓："吾经学不如吴东壁，史学不如全谢山，诗学不如厉樊榭。"数公皆经术湛精，文章淹贯，尚乐集思广益，㧑谦自下如此。今乡里晚学，粗识径涂，便谓朋辈中莫可与语，志高气溢，宜其画矣。（卷八）

昆山徐太夫人教子之严

昆山三徐之太夫人，亭林先生女弟也。世称其教子极严，课诵恒至夜午不辍。三徐既贵，每奉命握文柄，太夫人必以矢慎矢公、甄擢寒畯为勖。太夫人未六十，立斋已登九列，持节秦中，所识拔多知名士。健庵以编修总裁北闱，果亭以编修典试吾浙，亦无愧金篦玉尺，皆母教也。太夫人三子，皆登鼎甲。一女归长洲申菽旆，中江南省元。锦韬象服，牙笏盈床，国初至今将三百年，闺闱中尚无与比肩者。（卷九）

陈康祺《郎潜纪闻初笔》，清光绪六年刻本

郎潜纪闻三笔　陈康祺

李天生讥顾亭林好讲古音

亭林先生西游，主李天生家。一日，亭林卧未起，天生谓之曰：“汀芒矣。”亭林愕然。天生曰：“子好讲古音，尚不知天应读汀，明应读芒耶？”亭林为之大笑。盖嗜古之不可泥古也。

陈康祺《郎潜纪闻三笔》卷十二，清光绪六年刻本

郎潜纪闻四笔　陈康祺

顾炎武论谭吉璁

《鹤征录》引亭林先生语云：“舟石勤于读经。叩其书斋，插架《十三经注疏》，手施朱墨，始终无一误句。我行天下，仅见此人。”舟石者，嘉兴谭吉璁也，以监生补宏文院撰文中书，后守登州。方亭林以莱州黄培狱牵连，自投下济南府狱，走书京师，报平生故人，详述讼事始末，后果仗诸公力，获脱于难。书中屡称“谭年翁”及“舟老”者，盖即其人。是舟石非特勤学有恒，大可师法，即风谊亦卓卓可传也。（卷一）

可惜一日虚度

亭林先生每见朋辈或宴饮终日，辄为攒眉。客退必戒曰：“可惜一日虚

度矣。”其勤励如此。见王宏撰《山志》。(卷二)

顾炎武读书法

亭林先生年少时，教授乡里，每年以春夏温经。约士友中声音宏敞者四人，设左右坐，各置注疏本于前，先生居中，其前亦置经本，使一人诵。而同人听之，遇其中字句不同，或有疑义者，详问而辨论之。凡读二十纸，则易一人，周而复始，计一日温书一百纸。《十三经》毕，接温三史，或南北史。亭林之学，宜其精熟而博通也。此法较吾乡程氏《分年课程》，尤为切密，开门授徒者，盍取则焉？(卷四)

陈康祺《郎潜纪闻四笔》，清光绪六年刻本

壬癸藏札记　陈康祺

王渔洋《古夫于亭杂录》云：近日顾宁人号强记。一日会于京师邸舍，予谓之曰：先生博学强记，请诵古乐府《蛱蝶行》一过，当拜服。顾琅琅背诵，不失一字。康祺窃谓记诵特学问之一端，座有顾宁人，乃仅仅以《蛱蝶行》相难，其拜服宁人，亦仅在能背诵《蛱蝶行》。此渔洋所以卒为文人与。

陈康祺《壬癸藏札记》卷十一，清光绪刻本

筱园诗话　朱庭珍

本朝汉学最盛，皆经术湛深，考据淹博，宗康成而不满程、朱，诗文则非所长也。兼能诗者，顾宁人、毛西河、朱竹垞、阮芸台诸公而已。惟竹垞诗古文皆成一家言，兼精填词，诗尤雄视一代，品在渔阳、荔裳、愚山之上，洵通才也。西河诗文皆次乘。宁人诗甚高老，但不脱七子面目气习，其用典使事，最精确切，当以读书多，故能擅长。芸台先生诗长于古体，近体殊弱，五古似韦、柳，七古似苏、陆，佳作颇有可传，亦清才也。此外如阎百诗、惠定宇、钱竹汀、杭大宗、顾栋高、朱竹君、陈见复、戴东原，则经学考据之业，自足千秋，诗均不工矣。

国初遗老，如湖北杜茶村《变雅堂诗》，古体粗率颓唐，劣恶已甚，直门外汉耳。近体枯槁粗硬肤廓者，与前明闽诗郑继夫同病，皆不善学杜者也。佳作则颇有气骨，时诣老境。顾黄公与茶村同乡齐名，所著《白茅堂集》，虽贪多芜杂，然较胜茶村，尚多雅音。山西顾宁人、傅青主二征君，以顾为优，诗甚高老雄整，虽不脱七子气习，然使事运典，确切不移，分寸悉合，可谓精当，此则过于七子。青主《霜红庵集》亦有气格，而逊顾一筹。徐州阎古古尔梅独工七律，对仗极齐整，时有生气，亦颇能造警句，惟粗率廓落处太多耳。如西泠十子中，则毛稚黄、陆丽京二人，尤为矫矫，然格局殊不高大，多染宋习，其余更造诣浅矣。

朱庭珍《筱园诗话》卷二，清光绪十年刻本

椒生随笔　王之春

顾亭林征君

汪彦石献玗题《顾亭林像诗小序》云："昔王半山非马更《孔子世家》，而近儒钱潜研亦论《宋史》创立道学传之非。其言曰：'史学之例，凡道德文章显著者，各有专传，其列于儒林、文苑者，皆其次焉者也。孔子与七十二弟子，《史记》未尝列于儒林也。汉之董仲舒，唐之韩愈皆自有传，元儒无出许衡、吴澄之右者，亦自为传。愚以为周、程、张、朱五子宜合为一传。自五子而外，则入之儒林可矣。'又，金刘祁《归潜志》：'魏徵辈修《隋史》，不为文中子立传，将毋以既拟其师于圣人，欲列于传，恐小之。欲援《孔子世家》之例，而《隋史》无他世家，故皆不纪，以为其师之名不待史而传乎？'玗按：郑康成不入《后汉书·儒林传》，亦尊之儒林之上。窃疑世之论亭林者，辄以儒林遗民概之，于史家之例似未有合。"云云。非必定为亭林专计也，而有益于道学已不少矣。

王之春《椒生随笔》卷六，清光绪七年上洋文艺斋刻本

艺风堂杂钞 缪荃孙

徐乾学征书启

舅氏顾宁人先生，年逾六十，笃志五经，欲作书堂于西河之介山，聚天下之书藏之，以贻后之学者。昔李公择于庐山五老峰下白石庵藏书九千余卷，名曰李氏山房。江自任以官守之暇，筑阁于麻姑山，购经史诸书藏之。李惟寅、邓本受二道士实共成其事。此二贤者，或寓诸兰若之居，或佐以黄冠之力，岂若郑公礼堂、刘瓛学舍而又不为一家之蓄，俟诸三代之英者乎？伏维先达名公、好事君子，如有前代刻板善本及抄本经史有用之书，或送之堂中，或借来录副，庶传习有资，坟典不坠，可胜冀幸之至。昆山徐乾学、秉义、元文谨启。（卷六）

顾亭林

顾亭林，古所谓义士不合于时，以游为隐者也。居恒侍奉极俭。辞受之际，颇有权衡。四方之游，必以图书自随，手所钞录，皆作蝇头行楷，万字如一。每见予辈或宴饮终日，辄为攒眉。客退，必戒曰："可惜一日虚度矣！"其勤厉如此。（卷七）

缪荃孙《艺风堂杂钞》，清抄本

珊瑚舌雕谈初笔顾亭林北游事由 缪荃孙

顾亭林炎武，字宁人，原名绛，昆山故世家也。年十四为诸生，屡试不遇，由贡士两荐授枢曹，不就。崇祯之末，祖父蠡源先生暨兄讳缃孝廉君捐馆，一时丧荒，赋徭蝟集，以遗田八百亩典于叶公子，券价仅当田之半，仍靳不与。阅二载，宁人请求无虑百次，乃少畀之，至十之六，遽逢国变。公子者素倚其父与伯之势，凌夺里中，其产与宁人田界逼邻，见顾氏势衰，蓄意吞之。而宁人自母殁后，绝迹居山中，同人不平，代为之请，公子意弗善也。适宁人之仆陆恩得罪于主，公子钩致之，令诬宁人不轨，将兴大狱，以除顾氏。事泄，宁人率亲友掩其仆，执而棰之死。其同谋者惧，奔告公子，公子挺身出与宁人讼，执宁人囚诸家奴室，胁令自裁。同人走叩宪副行提，始出宁人。比刑官以狱上，坐宁人杀无罪奴，拟城旦。宪副与公子年家，然心知是狱冤，又知郡之官吏上下大小无非公子人者，乃移狱云间，守坐宁人杀有罪奴，拟杖而已。公子忿怒，遣刺戕宁人。宁人走金陵，刺客及之太平门外，击之，伤首坠驴，会救得免。而叛奴之党受公子指纠，数十人乘间劫宁人家，尽其累世之传以去。宁人度与公子讼，力不胜，则浩然有远行。同人之知宁人者，携尊榼送之郊。此说得详于顾涤庵师。

许起《珊瑚舌雕谈初笔》卷七，清光绪十一年木活字印本

蕉廊脞录　吴庆坻

顺治辛卯，亭林先生以行贾至淮上，访万年少于隰西草堂，自称名曰书年，自谓从原字再转注而成，此音盖寓逃名意也。年少方变服为缁流，名曰慧寿，临别绘《秋江别思图》赠亭林，各题诗卷中。图后为程易畴所藏，易畴有跋。后又归蔡友石。道光间，张石州属江阴吴儁重摹，手录顾、万诗及程跋，又自题一诗于上，置之顾祠。原图转入叶润臣，所重摹之图，展转复出厂肆，归武清朱九丹。光绪之季，士鉴乃得之。又何子贞年丈亦尝摹此图，盖从友石之子小石所借摹者。《东洲草堂诗钞》于创建顾祠及岁时祀事皆有诗，独绘图事无一字及之。而胡光伯焯跋吴画卷，有云“月斋、子贞各摹其画”。祁文端诗亦有“石翁仙去蝯翁老”之句。杨芷姓《雪桥诗话》载之颇详。今吴画幸存，何画不知尚在人间否？

吴庆坻《蕉廊脞录》卷七，民国求恕斋丛书本

明诗纪事　陈田

顾炎武十九首

炎武初名绛，字宁人，昆山人。福王时授兵部司务。唐王立，除兵部主

事。光绪三十四年，从祀孔庙。有《亭林诗集》五卷。

…………

《明三十家诗选》：亭林诗凭吊沧桑，语多激楚，茹芝采蕨之志，黍离麦秀之悲，渊深朴茂，直合靖节、浣花为一手，岂宋谷音、月泉诸人所能伯仲哉。

田按：亭林五谒孝陵，四谒攒宫，辞大科，却特荐，之死靡他，遁世无悔，为明末之完人，启圣朝之硕学。其诗包孕群材，扶持风教，点窜经籍字句，尤见雅裁。

陈田《明诗纪事》辛签卷十三，清陈氏听诗斋刻本

晚晴簃诗汇　徐世昌

诗话：亭林博学笃行，直大方严。有清诸学，训诂、考订、音韵、金石、舆地各有专家，远胜前代，其端皆自亭林开之。儒生讲经世之学，亦以亭林为职志。而推本程、朱，求合六经之旨，以勤学问、谨践履为本，正人心、厚风俗为用，空谈性理，悬为大戒，所见尤在同时理学诸公之上。诗初自七子入，进而益上，心摹手追，惟在少陵敦厚深微，亦足弁冕一代。

徐世昌《晚晴簃诗汇》卷十一，民国退耕堂刻本

清儒学案　徐世昌

兰泉学案

又闻顾亭林先生少时，每年以春夏温经，请文学中声音宏敞者四人，设左右坐，置注疏本于前；先生居中，其前亦置经本。使一人诵，而己听之，遇其中字句不同或偶忘者，详问而辨论之。凡读二十纸，再易一人。四人周而复始，计一日温书二百纸。《十三经》毕，接温三史或南北史。故亭林先生之学，如此习熟，而纤悉不遗也。广陵多聪颖士，幸足下以此教之，毋遽务躐等速成、矜奇炫博之学，则几矣。（卷八十一）

九江学案

先生曰："顾亭林读书亡明之际，抗节西山，《日知录》遗书，繇体及

用，简其大法，当可行于天下，而先王之道必不衰。”

…………

先生曰：“《皇清经解》，阮文达之所诒也，殆裨于经矣，虽然何偏之甚也！顾亭林之学，不分于汉、宋也，今采其说，尊宋者芟焉。如《日知录》于《易》谓‘不有程《传》，大谊何繇而明虖”之类，今不采。书以国朝为目，当时之儒，非皆汉学也，若方灵皋者流，乃一言之不录也。（卷一百七十一）

湘乡学案

我朝学者，以顾亭林为宗，国史《儒林传》裒然冠首。吾读其书，言及礼俗教化，则毅然有守先待后、舍我其谁之志，何其壮也！（卷一百七十七）

徐世昌等编《清儒学案》，民国二十八年北京修绠堂刻本

国朝书人辑略　震钧

周济字保绪，一字介存，号止庵，江苏荆溪人。嘉庆乙丑进士，官淮安府教授，于诸杂艺无不长。其持论好独出自己，尝谓《史记》叙事胜《左传》，于诗称陶、杜，然痛诋谢康乐，而以近人顾炎武之诗为少陵后一人。书学王大令，画以北宋为宗，意主不同于俗。《荆溪县志》

震钧《国朝书人辑略》卷八，清光绪三十四年刻本

五百石洞天挥麈　邱炜萲

屈翁山《杜曲谒杜子美先生祠》尝有句云：“一代悲歌成国史，二《南》风化在骚人。”及闻昆山顾宁人炎武卒，遽哭之云：“一代无人知日月，诸陵有尔即春秋。”词意隐隐相同，推崇可谓至极，亦当时特识也。

屈、顾二公诗学，皆从杜出，其一种悲凉肮脏之意，早已相视而莫逆矣。屈终以此名家，顾则志在经世，其所自信，固有大乎诗之为者。旧与黄梨洲书云：“伏念炎武自中年以前，不过从诸文士之后，注虫鱼，吟风月而

已。积以岁月，穷探古今，然后知后海先河，为山覆篑，而于圣贤六经之旨，国家治乱之原，生民根本之计，渐有所窥。”又云：“天下之事，有其识者未必遭其时，而当其时者或无其识。古之君子所以著书待后有王者起得而师之。然而《易》‘穷则变，变则通，通则久’，圣人复起而不易吾言，可预信于今日也。炎武以管见为《日知录》一书，窃自幸其中所论，同于先生者十之六七。”据此顾于晚年不但不欲以诗鸣，且昔之孜孜为韵学、金石学者，皆在悔余，而独幸其《日知录》之有同志，宜翁山之推许不遑也。

顾宁人先生，一名绛，号曰亭林，学者称亭林先生，卒年六十九，无子。所著书如《天下郡国利病书》《肇域志》皆精要，《日知录》尤其最精者。《钦定四库提要》著录称其“学有本原，博赡通贯，引据浩繁，抵牾者少。”近代番禺张南山、太守维屏著《诗人征略》尤为服膺，尝曰：“《日知录》一书，孔子之博文约礼，孟子之守先待后，皆在乎是矣！”人谓其知言。

顾亭林先生炎武两目中白旁黑，读书十行俱下。性耿介，不与时世偶，俗儒不识也。与归先生庄莫逆，或呼为归奇顾怪云。

邱炜萲《五百石洞天挥麈》卷一，清光绪二十五年邱氏粤垣刻本

无尽庵诗话　周实

顾亭林先生数谒孝陵，绘有《少陵图》，并题五古一章，载集中。嗣阅粤之张药房《逃虚阁集》，知先生《孝陵图》久失。而清湘老人有橅本，药房尝题一律于卷末云云。今清湘本亦不知存没矣。

周实《无尽庵诗话》，民国元年上海国光印刷所铅印本

日记年表

历年纪略　李颙

康熙二年癸卯

十月朔，东吴顾宁人来访。顾博物宏通，学如郑樵，先生与之从容盘桓，上下古今，靡不辨订。既而叹曰：“尧舜之知，而不遍物，急先务也。吾人当务之急，原自有在，若舍而不务，惟骛精神于上下古今之间，正昔人所谓‘抛却自家无尽藏，沿门持钵效贫儿’也。”顾为之怃然。

康熙十四年乙卯

是冬，顾宁人书来。顾自癸卯盩厔别后，虽足迹遍天下，而音问时寄，至是闻先生流寓富平，寄书略云：“先生龙德而隐，确乎不拔，真吾道所倚为长城，同人所望为山斗者也。今讲学之士，其笃信而深造者，惟先生。异日‘九畴’之访，‘丹书’之受，必有可以赞后王而垂来学者。侧闻卜筑频阳，管幼安复见于兹。弟将策蹇渭上，一叙阔悰也。”

康熙十六年丁巳

是冬，顾宁人自山右来访，因寓军寨之北，密迩先生，时至卧室盘桓，语必达旦。

康熙二十一年壬戌

先生向在富平，与顾宁人语及《宋鉴》，谓朱子尝列衔主管华山云台观，则云台观宜为祠以祀。至是，宁人移寓华下，倡修祠堂肖像，以书询先生朱子冠服之制。其略云：“华令迟君纳弟言，谋为朱子祠堂之举，卜于云台观之右，捐俸百金。弟以鹾台所赠四十金佐之。百堵皆作，堂庑门垣备制而已。祠中兼用主像，遵先生前论，主题曰‘太师徽国文公朱子神位’。像合用林下冠服。敢乞先生考订指示。”先生为之图，详列其说以贻。

李颙《二曲集》卷四十五，清康熙三十二年王心敬刻本

二曲先生年谱　李颙

康熙二年

十月朔，东吴顾宁人来访。顾博物宏通，学如郑樵。先生与之从容盘桓，上下古今，靡不辩订。既而叹曰："尧舜之知，而不遍物，急先务也。吾人当务之急，原自有在，若舍而不务，惟骛精神于上下古今之间，正昔人所谓'抛却自家无尽藏，沿门持钵效贫儿'也。"顾为之怃然。《纪略》：《昆山志》：顾炎武初名绛，字忠清，后改今名，字宁人，号亭林。年十四为诸生，入复社，有名。见时多故，遂弃去举业，讲求经世之学。福王立，以贡荐授兵部司务，闽中遥授职方主事，皆不及赴。寻避讼累，尽鬻其产，寄居章邱，别治田产，久而为土人攘夺。又迁山西，所在携书数簏自随。尝五谒孝陵，两谒天寿山、十三陵，四谒庄烈攒宫。惓惓故国之思，终身如一日。至华阴，与友人王山史、李子德辈于云台观侧建朱子祠，其向往先哲如此。康熙戊午，诏举博学鸿词，廷臣将荐之，炎武以"嗣母王国亡绝粒，遗命无事异代"驰书坚辞。卒于曲沃，年七十。著有《音学五书》《文集》《诗集》《左传杜解补正》《九经误字》《石经考》《金石文字记》《吴才老韵补正》《昌平山水记》《天下郡国利病书》《肇域记》《二十一史年表》《历代宅京记》。

李颙《二曲先生年谱》，民国刻关中三李年谱本

陆稼书先生年谱定本　吴光酉等

顾宁人炎武，昆山人。其尤也。顾宁人有《日知录》，多发先儒所未发。（卷上·四十八岁）

李公天生来会。先生云："朴实君子也。"叩其所学，极留心程朱。尝纂辑《大全》《或问》《蒙引》《存疑》《浅说》，谓之"四书五删"。又言顾宁人亦曾住富平，其学亦尚程朱。近日所续《日知录》，多论学之言，与前刻不同。（卷上·四十九岁）

阎公百诗来会。阎名若璩，淮安人。先生亦许其博雅。言顾宁人今已不在，所著《音学五音》，方在刊刻。（卷上·五十四岁）

吴光酉等《陆稼书先生年谱定本》，清雍正乾隆增修本

阎潜丘先生年谱　张穆

钱《传》："昆山顾先生炎武游太原，以所撰《日知录》相质，即为改定数条，顾虚心从之。"《疏证》卷六上"壬子冬，客太原，顾宁人向余称朱谋㙔《水经注笺》，为三百年一部书。余退而读之，殊有未然"云云。又卷七"忆余晤宁人，壬子冬，曾问古文《尚书》还当疑否，曰否"云云。《札记》"顾宁人论幽、并、营三州，在《禹贡》九州之外。余时同客太原，面质正曰：此不过从肇者始也臆度耳，其实《周礼·职方氏》：'并州，其泽薮曰昭余祁。'昭余祁在今介休县东北三十二里，俗名邬城泊。吾与君所共游历者，非石岭关以南乎"云云。又《南雷哀词》：顾，余遇之太原，持论岳岳不少阿，久乃屈服我。（三十七岁）

张穆《阎潜丘先生年谱》，清道光二十七年寿阳祁氏刻本

黄梨洲先生年谱　黄炳垕

顾宁人先生炎武寓书于公，以所著《日知录》呈请评弹。（六十七岁）

黄炳垕《黄梨洲年谱》卷下，清同治十二年刻本

傅青主先生年谱　段朝端

（康熙）二年癸卯五十七岁

昆山顾宁人炎武访先生于松庄。《文献征存录》：顾炎武，字宁人，又字亭林，昆山人。年十四补诸生，国朝荐博学鸿词，又荐修《明史》，皆辞。卒于华阴，年六十九。张穆《亭林年谱》：癸卯，至太原访傅青主处士。赠五律一章，先生依韵答之。两诗各见本集。《十七史商榷》：昔顾宁人宿傅青主家，晨未起，青主曰："汀芒矣。"宁人怪而问

之。青主笑曰："子平日好谈古音，今何忽自昧之乎？"宁人亦不觉失笑。古音天呼若汀，明呼若芒，故青主以此戏之。亭林《广师篇》："萧然物外，自得天机，吾不如傅青主。"

段朝端《傅青主先生年谱》，清宣统三年丁氏刻霜红龛集本

养知书屋日记　郭嵩焘

（光绪二年四月）初四日

裕时卿枉过早饭。偕同石翘、云生游慈仁寺。寺为成化中敕修，九莲菩萨像在焉。旧像无存，现补绘一像。有成化御碑、乾隆丙子御制诗碑。右殿张《地狱变相图》，今卷置大殿中。殿后有窑变观音，乾隆内子御制记文刻观音座下，称孙国敉《燕都流览记》载其事。寺后北冈有藏云洞、得月轩诸胜。上为见山台，亦名北台，皆学戒禅师所建。西山在其右，东悬巨镜以纳山色。寿阳祁文端署联云：青山如画，明镜非台。而学戒为之偈曰：西边东边俱见山，真境幻境无两般；两般都由一心造，心在有山无山间。学戒墓在北冈前，不封不树，祁文端撰碑文其上而建亭焉。右为阎先生祠，祀阎百诗先生。庙前右屋为顾先生祠，祀顾亭林先生，何子贞、张石洲所建造也。朱伯韩为作记，王少鹤书。记中所述孔绣山、何愿船、叶润臣，今无一存者矣。子贞为祠联云：矜式后来，国史儒林第一传；流连遗迹，慈仁禅院古双松。旁为张石洲祠，祁文端联云：绝学绍脩，著两谱以见志；遗书写定，成一家之名言。盖石洲曾撰顾亭林、阎百诗两谱，所著有《月斋诗文集》《蒙古游牧记》《魏延昌地形志》，皆已刊行也。祠前有开成井阑石，亦子贞所得之民家，移置祠旁者也。寺僧聚真陪游。祁文端寓居山茨，有诗幅云：蝴蝶穿畦去复来，小池新汲也潆洄；绿阴才到东窗下，历历水花都自开。顾祠有亭林先生像，张仲远所摹；顾先生族孙名份者，又出所藏亭林先生中年像，装成手卷置祠中。还饮石翘保安寺寓舍。就荇农前辈诊脉。

郭嵩焘《养知书屋日记》，湖南省图书馆藏稿本

邓和简公日记　邓华熙

(光绪八年)正月廿三

题顾祠听雨图赠澄江王太守筱铁堃　亭林先生祠在京师

昭代有名儒，鹿城钟浚哲。经济与文章，体用天人彻。著作等百王，自比稷与契。后学慕前贤，频荐馨香烈。每逢祓禊辰，冠盖灵祠谒。山川时出云，甘澍随施□。神灵示微意，苍生望汝切。慎勿忆山林，猥云高志节。雷雨待经纶，勉哉吾筱铁。

邓华熙《邓和简公日记》卷四，中山大学图书馆藏稿本

海珊日记　翁曾翰

(同治八年九月)重九日

晴，热。晨入署，票部五、通三。午初散，出城赴报国寺，同人公祭亭林先生，集者十四人，鲍年翁主祭，即日将图卷及直年公费等事交董蓉舫接管。未正饭，饭罢登高阁眺望，旋散。贺刘树君太守。丁宝桢奏，青州兵丁误刺太守王汝讷殒命，得旨确查实情具奏。

翁曾翰《海珊日记》，中国国家图书馆藏稿本

兰骈馆日记　张佩纶

(光绪十八年八月)二十七日

晴。复载之书。午后，赞臣来话。阅《亭林遗书》。亭林诗颇得杜意，文亦不俗，品学俱第一流故也。《郡县论》九篇，言之反复郑重，不免迂阔难行，转起儒无益于人之诟病，以此知立言之不易。

张佩纶《兰骈馆日记》，上海图书馆藏稿本

忘山庐日记　孙宝瑄

（光绪三十三年九月）二十日

晴。起坐窗间，弄笔札，将遗二我。俄缮就，即付奴子送去。观亭林《金石文字记》，又览《亭林年谱》。亭林寿至七十始终，其生平足迹所历遍北五省，且至关塞外。所友者，关中李二曲、苏门孙夏峰及朱彝尊、李因笃诸君，皆宿儒也。饭后，二我复札，至则属余饮食起居加意珍摄也。

览亭林《山东考古录》终卷，倦极而眠，亦不成寐。晡，起作复邻居书，未卒槁，报至观之，称日领事照会朱抚云：奉日本政府之命，欲在吉林交涉局设立监督。朱抚大怒，还其照会。现正交涉此事，日本无礼一至此哉。

孙宝瑄《忘山庐日记》，上海图书馆藏清钞本

档案官书

清高宗实录

谕：据杨魁奏，赣榆县民韦昭、禀首伊侄韦玉振，为父刊刻行述内，有于佃户之贫者，赦不加息，并赦屡年积欠之语，殊属狂悖。而行述内，叙其祖著有《松西堂稿》，因委员赴其家，查无别项违悖，讯明《松西堂稿》，亦已无存。惟家谱内云：山东日照县人丁椒圃有传，已飞咨国泰，密饬查覆，一面带犯至苏确审。又据宝山县职员范起凤，呈控堂弟范起鹄，串窃书籍，因有应缴违碍禁书，被其挟制等情，必因为人查出，假称被失，并据该州解到书籍，查有现在应缴之禁书《亭林集》等数种，即委员赴其家，严查有无狂悖著作，及别项应缴禁书，提齐人证，至苏审究。等语。所办殊属过当，即此可以见杨魁之不能实心办事也。查缴违碍书籍，屡谕各督抚实力稽查，而伊等率以具文塞责，即如徐述夔所作逆词，狂悖显然，且刊板已久，该抚并未豫行查出，及被人告发，陶易尚欲为之消弭。若非刘墉据实具奏，几至漏网。然亦因其诗有“明朝期振翮，一举去清都”之句，借朝夕之朝，作朝代之朝，且不言到清都，而云去清都，显有欲兴明朝，去本朝之意。而其余悖逆词句，不可枚举，实为罪大恶极，是以提犯解京，命廷臣集讯，定徐述夔等以大逆不道之罪。律陶易以故纵大逆之条，以正人心而肃法纪，此因实有逆词足据，故不可不办也。今杨魁因前案之失，意存惶惑，遇有控首逆词之案，不论其事之轻重，纷纷提讯，株累多人，自以为办理认真，而不知其过当，以饰其前次之不能查察徐述夔逆词等之罪。夫韦昭控告伊侄韦玉振，于伊父行述内，叙其自免佃户之租，擅用赦字，于理固不宜用，但此外并无悖逆之迹，岂可因一赦字，遂坐以大逆重罪乎。至各处违碍应毁书籍，各省现在陆续查缴，但经缴出，其迟早原所不计，若始终隐匿不交，后经发觉，即不能复为宽贷，并当视其所藏之书，系何等违碍，以定罪名耳，至此等控首之人，不过闻有蔡嘉树告徐食田一案，遂尔效尤挟制，以快其私，非实心尊君亲上也，现经审明蔡嘉树，因徐食田不允赎田，挟嫌出告，其心亦为私而非为公，且徐述夔书籍，刊刻已十余年，蔡嘉树自必早有闻见，若非近时涉讼之隙，彼仍隐忍不言。以此论之，蔡嘉树原不能无罪，第因所控逆词不妄，既办逆案，不必究及原首之人，是以从宽免议耳，设此后复有首告逆案之人，该督抚即应悉心研鞫，辨其真伪，如虚，仍当治以反坐之罪，据实具奏，使奸顽知警，不敢妄行，若如杨魁，则怨家欲图倾陷者，片纸一投，而被控之身家已破，拖累无辜，成何政体，且告讦之风，伊于何底乎。况如徐述夔之逆词，久经刊印，地方官理应切实访查，本不待他人之出首，各督抚又不可因此旨，而因噎废食耳，朕综理庶务，从不豫存成见，其情真罪当者，必不稍事姑容，其事属虚诬者，更不肯略使屈抑，且从不为已甚之举，致滋流弊而长刁风。杨魁经朕简用有年，岂尚不能仰体朕意乎？杨魁著交部议处，并将此通谕中外知之。（乾隆四十三年十月辛巳）

《清高宗实录》卷一千六十九，中国第一历史档案馆藏稿本

清宣宗实录

予故河南郏县知县孙珩、商城县知县周振之、四川重庆府知府汪日宣、福建漳浦县知县周锡龄、泉州府学教授郑兼才、浙江杭嘉湖道前任湖北襄阳县知县窦欲峻，入祀名宦祠。贵州故兴义县学训导张廷佂、江苏故生员顾炎武、安徽建德县知县贡震、江西故陕西从阳县知县周崧晓、广西故贡生陆喜云、廪生陆庆明、陕西故生员张秉直、浙江故贡生崇炳、福建故候补内阁中书高树勋，入祀乡贤祠，从总督宝兴、裕泰、裕谦、巡抚牛鉴、吴文镕、贺长龄、钱宝琛、梁章钜、富呢扬阿、刘韵珂请也。（道光二十一年十二月戊戌）

《清宣宗实录》卷三百六十四，中国第一历史档案馆藏稿本

清德宗实录

乙卯。谕内阁：前因陈宝琛奏请将黄宗羲、顾炎武从祀文庙，当令礼部议奏。本日据该部会同大学士九卿具奏，请毋庸从祀。又据潘祖荫等另

奏，请旨准行各一折。著大学士六部九卿翰詹科道，再行详议具奏。（卷二百二十·光绪十一年十一月乙卯）

谕内阁：前因礼部会奏议驳陈宝琛奏请以黄宗羲、顾炎武从祀文庙，与尚书潘祖荫等另折请准从祀，意见两歧。当令大学士六部九卿翰詹科道详议具奏。兹据额勒和布等仰稽列圣垂谟，参考廷臣议论，请仍照礼臣原奏议驳等语。黄宗羲、顾炎武，即著毋庸从祀文庙，仍准其入祀乡贤，以重明禋而昭矜式。（卷二百二十四·光绪十二年二月己卯）

又奏：顾炎武、黄宗羲、王夫之三儒从祀，朝议赞成者十之八。礼部半年尚未覆奏，请饬从速定议。并扩充两庑，厘定位次。下部议。（卷五百七十九·光绪三十三年九月庚子

礼部奏：请准先儒江苏昆山顾炎武、湖南衡阳王夫之、浙江余姚黄宗羲，从祀先师孔子庙廷。从之。（卷五百九十六，光绪三十四年九月甲申）

《清德宗实录》，中国第一历史档案馆藏稿本

请将先儒黄宗羲顾炎武从祀文庙由（光绪十年三月二十四日）

陈宝琛

内阁学士兼礼部侍郎衔江西学正臣陈宝琛跪奏为请将先儒从祀文庙以崇实学以励人才事。臣伏读道光九年御旨：“先儒升祔学宫，祀典至巨，必其人学术精纯，经纶卓越，方可俎豆馨香，用昭崇报。钦此。”又咸丰十年廷议：“著书立说，羽翼经传，真能实践躬行者，准其奏请从祀。”是则循名核实，两庑非可幸邀而显微阐幽一时，必求至当。滥列不可，湮没尤不可也。兹臣谨查浙江余姚县先儒黄宗羲、江苏昆山县先儒顾炎武，皆以胜朝之遗献，蔚为昭代之儒宗。宗羲为明御史尊素之子，炎武为明赞善绍芳之孙，家传忠孝，学有渊源。而生当明季，经术荒芜，

或囿于性理之空言，或汩于制义之俗体，汉注唐疏弃置不谈。宗羲倡之于前，炎武继之于后，承学之士，始习百经。而其时若阎若璩、胡渭、顾祖禹、惠周惕之辈，其后若王鸣盛、钱大昕、江永、戴震之徒，莫不闻风兴起，由浅逮深，炳然述作，与古用功。臣窃谓祖宗栽培之厚，景运欣合之隆，必有英绝领袖之才，为之辟草昧之气，开文治之先。彼宗羲、炎武者，或亦彼苍于明社将屋之时，笃生此人，以备我国家起化之用欤。绵蕞之功，滥觞之业，幸际盛明，似不容置之不论也。且宗羲传刘宗周之教，矫良知之末派，以慎独为归。炎武与李光地相知，办陆王之几微，以紫阳为的。两家之学，皆深入于宋儒，而又能抉许、郑之精，刊贾、孔之误，初不以抱残守缺为止境，尤无考据家之流弊，是可贵耳。谨按《钦定四库全书总目》采宗羲之书，多至十有四种，采炎武之书，多至二十有二种，大抵引天下为己任，以圣贤为我师，大则窥制作之原，小亦备见闻之饬。《提要》谓宗羲究心事理，不为空疏无用之谈；谓炎武博赡通贯，学有根柢，为国初最。非所谓羽翼经传，又真能躬行者乎？所以同治二年问明儒吕枏、方孝孺从祀之议，礼臣前引《学案》，援据师说，皆以宗羲之言为指归。《国史儒林传》于二百年之余，得八十人之选，而炎武褎然冠其首，宗羲巍然接其列。是其生平久经论定，以言其学则明体达用，以言其人则立懦廉顽。至其进退之适宜，文章之不苟传，志可微允无遗议，殆与学术精纯、经纶卓越之谕旨两相脗合，以之附祀春秋，庶几无惭崇报矣。方今世变所趋，士气渐斁，侥幸科举，废弃诗书。其或粗通训诂，则妄訾宋儒；略识时务，又迂视王道。人才之盛衰，肇于学术，若得宗羲、炎武二人，树之风声，动其观感，天下咸晓然于学问经济自有本源，理非空谈，功无速化，行己以有耻为质，读书以有用为程，则功名不贻气节之羞，而风俗可受师儒之益，其转移教化，谅非浅鲜，盖不独有光学校已也。臣愚昧之见，是否有当，伏祈皇太后、皇上圣鉴训示施行，谨奏。

光绪十年四月二十二日军机大臣奉旨：礼部议奏。钦此。

台北故宫博物院藏军机处档折件，文献编号：故机127301

奏为遵议江西学政陈宝琛奏请先儒黄宗羲顾炎武从祀文庙请旨准行事（光绪十一年十一月二十一日）

潘祖荫等

署兵部尚书臣潘祖荫等跪奏，为遵议先儒从祀请旨准行恭折覆陈仰祈圣鉴事。窃臣等准礼部咨以前任江西学政陈宝琛奏请，以故儒黄宗羲、顾炎武从祀文庙。钦奉谕旨，命臣等赴内阁会议。臣等谨案，从祀之典，古无所见，《礼记·文王世子》：“凡学，春官，释奠于其先师，秋冬亦如之。”又“凡始立学，必先释奠于先圣先师”。郑玄注：先圣，周公若孔子；先师，汉《礼》有高堂生，《乐》有制氏，《诗》有毛公，《书》有伏生，亿可以为之。此为言从祀之始，汉魏以还，阙焉未举。唐贞观二十二年诏左邱明等总二十二座，春秋二仲，行释之奠礼。继遂以周公配成王，而以孔子为先圣。此为定从祀之始。推原事始，盖本乐祖瞽宗之义。凡从祀先圣者，皆博士弟子所从承学，转相授受之本师，没则各以其师附祀。所谓：“将习其道，必各祭其师。”证之古谊，斯为最合。濂洛诸贤，挺生宋代，卓然为世大师。元明以来，迭为增祀，亦因士习其教，故以崇德为报功。追契始初，并非相悖，厥后请祀纷纷，无关兹义。我朝礼教昌明，动循古法。道光九年，特旨不准李容从祀。盖惧空谈心性者冒越其间，实与唐人创始之心若合符节。臣等远遵古义，近禀圣谟，谨核黄宗羲、顾炎武之生平及素所，服习该故儒之遗书，窃谓宗羲、炎武皆有传经之功、卫道之力、崇正遏邪之实效，敢举其合于从祀之谊者，条列上闻，不厌烦渎，一一为我皇太后、皇上陈之。

我朝文治昌明，经师辈出，诸经各有专家，专家各有疏义。精研小学，淹贯群经者，尤难指数。盖自三代以来，经学至国朝而极盛，而上溯渊源，并推至黄宗羲、顾炎武而止。即至辨书古文之伪，发古韵之微，深通天算，博稽地理，凡朴学之专门，皆该二儒之遗绪。迄今著述，炳在人寰。传授既繁，渊源有在，是凡读其书、习其言者，皆以该二儒为转相授受之本师。故道光年间，京朝各官特建顾炎武祠于京师，春秋祀事，直省学人咸为执事，迄今不绝，盖亦未有之创举矣。臣等以为人心所在即定论，所凭各省名臣达官实不乏人，何以区区独祀该故儒？此即所谓：“将习其道，必各祭其师。”皆发于人心之不自觉。臣等准之古谊，以为黄宗羲、顾炎武当从祀者。此其一。

然仅合古谊而有乖今制，臣等亦不敢妄请。伏读道光九年圣训：先儒升祔学宫，祀典至巨，必其人学术精纯，经纶卓越，方可以俎豆馨香，用昭崇报。又咸丰十年议准从祀先儒，应以阐明圣学，传授道统为断。臣等查黄宗羲编定《明儒学案》，综二百年学术升降之原，会通融贯。虽出自蕺山，而于姚江末派痛予斥绝，故河东、姚江两得其正。创修《宋元学案》，条分派别，只斥邪而扶正，不伐异而党同。其称朱子谓："致广大，尽精微，综罗百代，推挹可云极至。"顾炎武不立讲学之名，而有蹈道之实。其论学之旨，谓圣人之道，曰"博学于文"，曰"行己有耻"。又谓："今之理学，禅学也。不取之《论语》五经，而但资之语录，不知本矣。"故所学一以肫笃精实，而无嚣张之气、门户之私。至其推崇朱子，其所著《日知录》皆可覆按，夫亦足以当学术精纯之目矣！然犹未证诸实效也。明季心学盛行，颜山农、何心隐、李贽之徒，标目狂禅，荡无礼法，细行不谨，束书不观，学术既坏，国运随之。黄宗羲排斥其根株，顾炎武痛绝其支蔓，盖自二儒兴而禅学息矣，禅学息而朴学起矣。绝续之交，固由景运之隆，亦该故儒教泽之力。所谓阐明圣学，传授道统者，非欤？至于经纶卓越之称，该二儒皆以经济交推，特以身丁末，运心在胜朝，自不能奋进昌期，各抒伟略。然如顾炎武《日知录》所载：正定之辖，五州二十七县；苏州之粮，三百三万八千石；正定止一十万石。王者则壤成赋，岂有大小轻重之不同若此者？后之王者，审形势以制郡县，则土田以起征科，乃平天下之先务，此即列圣减定苏松浮粮及增设直隶州改并州县之议。其他鉴明人之失，开我朝之法者，不可枚举，而《肇域志》《宅京记》诸书具有深意，尤非徒为舆地之学。盖与宗羲《明夷待访录》同为经济家必资之书矣。夫空言经济能欺一时，而不能垂之后世；至流传二百余年，而读者犹思取法，则其非空言经济可知矣。臣等准之今制，以黄宗羲、顾炎武当从祀者又其一。

凡若此而无列圣钦定之评，犹未敢遽定也。黄宗羲、顾炎武经四库著录之书，原案已经详列；提要褒许之语，学者无不周知，臣等勿庸复为引叙。惟钦定《国史儒林传》，于《黄宗羲传》内称其上下古今，穿穴群言，自天文地志、九流百家之教无不精研；又称宗羲之学出于蕺山间诚意慎独之说，缜密平实。于《顾炎武传》内谓其敛华就实，扶弊救衰；又谓国朝学有根柢以炎武为最；至于篇末特笔，谓其在华阴于云台观侧建朱子祠，则隐然以紫阳嫡派归之矣。如谓《四库提要》中有一二纠正之语，遂即寝议，此正不然，《提要》为叙录之体，意在解题，系专为一书而发，非是统论全学。譬如《诗》有正变，《书》有真伪，而至今并尊为经，未尝有所偏废。远者无论矣，臣等即就国朝之得与从祀者言之，如陆世仪《思辨录》，《提要》则谓其不免迂阔之失；陆陇其《问学录》，《提要》则谓其过于主持；孙奇逢《四书近指》，《提要》则谓其不免高明之病；至张伯行所著理学各书，斥入儒家存目，一字不登。向使当时礼臣必据《提要》之辞以为论定诸儒之案，则陆世仪等即不应俎豆于两庑矣。汤斌，国朝从祀之儒之至纯至正者也，而其推黄宗羲之词曰："黄先生论学如大禹导水导山，脉络分明。吾党之斗杓也，其与顾炎武书谓吾道之衰久矣。得大力阐明，岂非斯人之幸。"兹数语者，苟非宗羲、炎武，孰敢当此？苟非汤斌深知宗羲、炎武，亦何能发此？况汤斌在史馆得黄宗羲一书，谓《宋史》之《道学传》，乃元人之陋，遂示于众，而即去之，其志同道合可略见也。圣君之评如此，贤臣之评如此，殆几几乎无可致疑矣。此臣等准之成宪，以为黄宗羲、顾炎武当从祀者又其一。

以上三端，容有未尽之语，而初无溢美之词，俎豆馨香，洵无愧色。乃者礼臣具稿，力从驳议，臣等实不敢苟立异同，亦不敢随声附和。即如陈宝琛疏中有宗羲倡于前，炎武继于后二语，查二人生既同时，初无先后之分；学又异派，更无倡继之说，该学政措词偶误，臣等亦不曲为之讳然。因此而遂谓其不明学术，因并斥其所请之人则固不可也。臣等稽之古训，求之舆论，以为该故儒之从祀实顺人心，而不达成例。况我皇上缉熙典学，正当审辨学术以风示天下，将因以求，所谓师以贤得民，儒以道得民者，以为平治天下之本。是该故儒从祀之典，似亦系乎时政，而非徒滋议言论者。已臣等公同商酌，拟请旨准将黄宗羲、顾炎武从祀文庙。倘因祀典重大，未能骤定，应请旨饬下大学士、六部九卿、翰詹科道再行详议具奏。臣等系请祀之员，并请回避所有。臣等会议另折具奏缘由，谨合词恭折覆奏伏乞皇太后、皇上圣鉴，谨奏。

光绪十一年十一月二十一日

署兵部尚书臣潘祖荫

工部尚书管理国子监事务臣翁同龢

户部左侍郎臣孙诒经

户部右侍郎臣孙家鼐

通政使司通政使臣周家楣

国子监祭酒臣宗室盛昱

左春坊左庶子署国子监祭酒臣龙湛霖

国子监司业臣奎明

右春坊右中允署国子监司业臣陈秉和

中国第一历史档案馆藏录副奏折，档号：03-7209-006

奏为遵章会议江西学政陈宝琛奏请将先儒黄宗羲顾炎武从祀文庙一折事（光绪十一年十一月二十一日） 李鸿章等

大学士臣李鸿章等谨奏，为遵照章程会议具奏事，内阁钞出江西学政陈宝琛奏请先儒黄宗羲、顾炎武从祀文庙一折。光绪十年四月二十二日军机大臣奉旨，礼部议奏，钦此。钦遵到部。臣等查同治二年礼部奏准袝飨庙廷，祀典至巨。咸丰十年闰三月大学士军机大臣遵旨议定，嗣后从祀文庙，应以阐明圣学，传授道统为断。特恐各省官绅未能深悉历次所奉谕旨，纷纷陈请从祀，殊非慎重之道，应请饬下各直省督抚、学政恪遵十年定章，不得滥请从祀文庙，并不准援案，如为文庙中必应从祀之先贤先儒，方准该督抚会同学政详加考核，奏明请旨并将其人生平著述事迹送部查核。其钦定书籍中引用若干条，论赞若干条；先儒书籍中引用若干条，论赞若干条，一并详细造册送部，不得仅据空言率行陈请。均请饬下大学士、九卿、国子监会同礼部议奏等因在案。兹据原奏内称先儒黄宗羲、顾炎武皆以胜朝之遗献，蔚为昭代之儒宗，家传忠孝，学有渊源。而生当明季经术荒芜，汉注唐疏，弃置不谈。宗羲倡之于前，炎武继之于后，承学之士始习古经。且宗羲矫良知之末派，以慎独为归；炎武辨陆王之几微，以紫阳为的。而又能抉许、郑之精，刊贾、孔之误，不以抱残守缺为止境，尤无考据家之流弊。《钦定四库全书总目》采宗羲之书，多至十有四种；采炎武之书，多至二十二种。《提要》谓宗羲，推究事理，不为空疏无用之谈；炎武博瞻通贯，学有根柢。《国史儒林传》，炎武冠其首，宗羲接其列，是其生平久经论定，以之附祀春秋，庶几无惭崇报等语。当经臣部行文江苏、浙江各巡抚咨取书籍，兹于本年八月间，据浙江巡抚将黄宗羲所著书九种、顾炎武所著书五种咨送前来，臣等谨案《钦定四库全书提要》于宗羲所著《孟子师说》，谓其多阐发良知之旨，然推究事理亦不尽，主姚江之说；于《易学象数论》，谓其究心象数，非但据理空谈，惟河图洛书、泥宋薛季宣之说，矫枉过直；于《深衣考》，谓其变乱旧诂，多所乖谬；于《二程学案》，谓其盛谈伊洛姚江之根柢终在；于《明儒学案》，谓其生于姚江，欲抑王尊薛则不甘，欲抑薛尊王则不敢。故于薛之徒，阳为引重，而阴致微词；于王之徒，外示击排，而中存调护，犹胜国门户之余风。此外如《今水经》各种，大抵谓其搜罗考据，有密有疏。于炎武所著《左传杜解补正》，谓其多得左氏之意，能弥杜解缺失；于《日知录》，谓其积三十余年，而成为一生精力所注，博瞻而能通贯。然炎武生于明末，喜谈经世之务，其说或迂而难行，或愎而过锐。潘耒作序，乃盛称其经济，以考据精详为末务，殆非笃论。于《天下郡国利病书》，谓其采掇旧文，同异兼收，间有矛盾，编次亦绝无体例。此外如《音学》《石经考》各种，大抵谓其考核精确，亦有附会泥古之处。是该故儒著作早经高宗纯皇帝鉴定于《四库全书》中分别弃取，并于《提要》中辨其纯驳是非，圣谟久垂定论。又查道光九年奉上谕，礼部议准，御史牛鑑奏请，以李容从祀文庙一折：先儒升祔学宫，祀典至巨，必其人学术精纯，经纶卓越，方可俎豆馨香，用昭崇报。若仅著述家言阐心性，未有躬行实践，超越等伦，列祀乡贤已足彰褒旌之义，岂宜升祔庙廷，稍滋冒滥？综核李容生平，学行虽足为闾党矜式，然似此者，亦不乏人，何能尽登两庑？该部请如，该御史所奏准其从祀文庙之处着毋庸议，钦此。天语煌煌，允宜遵守。今黄宗羲、顾炎武《国史儒林传》载其生平学行，亦仅著述家言，未有躬行实践，似不足当阐明圣学，传授道统之目。臣等公同商酌，该学政请将黄宗羲、顾炎武从祀文庙之处，拟毋庸议。惟该故儒等志节矫然，博瞻通贯，足为闾党矜式，应准其入祀乡贤，以彰褒旌。所有臣等会议缘由，是否有当，伏候训示遵行。除署兵部尚书潘祖荫、工部尚书翁同龢、署吏部左侍郎通政使司通政使周家楣、户部左侍郎署礼部左侍郎诒经、户部右侍郎孙家鼐、署都察院左副都御史徐树铭、国子监祭酒宗室盛昱、署祭酒龙湛霖、司业奎明署司业陈秉和，另折具奏，是以均未列衔，外再此折，系礼部主稿，合并声明为此，谨奏请旨。

光绪十一年十一月二十一日

大学士臣李鸿章（直隶总督）

大学士臣额勒和布

协办大学士吏部尚书臣恩承

协办大学士户部尚书臣阎敬铭

吏部尚书臣徐桐

左侍郎臣松溎

左侍郎臣许应骙（学差）

右侍郎臣熙敬

右侍郎臣李鸿藻

户部尚书公臣崇绮（假）

左侍郎臣嵩申

右侍郎臣景善

礼部尚书署刑部尚书臣宗室延煦

尚书臣毕道远

左侍郎署刑部右侍郎臣文晖

左侍郎臣徐郙（未到任）

署左侍郎臣周德润（差）

右侍郎臣宗室敬信

右侍郎臣童华

兵部尚书臣乌拉喜崇阿

尚书臣彭玉麟（未到任）

左侍郎臣耀年

左侍郎臣黄体芳（未到任）

署左侍郎刑部左侍郎臣薛允升

右侍郎臣师曾
右侍郎臣曾纪泽（未到任）
署右侍郎工部右侍郎臣徐用仪
刑部尚书臣锡珍（差）
尚书臣张之万
左侍郎臣宗室桂全
右侍郎臣贵恒（学差）
右侍郎臣许庚身
工部尚书臣宗室福锟
左侍郎臣乌拉布
左侍郎臣孙毓汶
左侍郎臣清安
都察院左都御史臣宗室奎润
左都御史臣祁世长
左副都御史臣英煦
左副都御史臣宗室志元
左副都御史臣吴大澂（差）
署左副都御史大理寺卿臣沈源深（试差）
左副都御史臣白桓
通政使司通政使臣崇礼
副使臣奕秋
副使臣冯光勋
参议臣溥顾
参议臣陈希龄
大理寺卿臣明桂
少卿臣郭勒敏布（差）
少卿臣冯尔昌

中国第一历史档案馆藏录副奏折，档号：03-7209-005

奏为遵旨会议故儒黄宗羲顾炎武从祀文庙事（光绪十二年二月十五日） 额勒和布等

大学士臣额勒和布等跪奏，为遵旨再行详议具奏恭折仰祈圣鉴事。窃臣等前奉谕旨，以前江西学政陈宝琛奏请以故儒黄宗羲、顾炎武从祀文庙，命廷臣集议，经礼部会同臣等奏驳，同日尚书臣潘祖荫等另折请准从祀，复奉上谕，大学士、六部、九卿、翰詹科道再行详议具奏，钦此。臣等复虚衷详核，博采群议，窃维两庑从祀，典礼至重，自非德行、学问醇深粹美，公论允符，未可滥尘俎豆。伏查尚书潘祖荫等另奏，于该二儒之著述经济，综举三端，酌古准今，推崇备至，亦实具阐扬朴学，挽回空陋之深衷。然礼臣原议于《钦定四库全书提要》辨驳该二儒著作各条详加征引，并仰稽圣训，参核定章，以为天语煌煌，允宜遵守，该二儒学术亦仅著述家言，未有躬行实践，不足当阐明圣学，传授道统之目。惟志节矫然，博赡通贯，足为闾党矜式，宜停其庑配，准祀乡贤，洵属立议持平，众心允协。盖论说纷歧，必衷诸圣。我朝旌善褒忠，崇儒重道，馨香之报，不止一途，而惟庑祀一层，至为严重。伏查雍正二年世宗宪皇帝厘正祀典，特颁明谕：先儒从祀文庙，关系学术人心，必详加考订，折衷尽善，庶使万世遵守。其时请祀两庑之戴圣、何休、郑众、卢植、服虔、陆贽、韩琦，或有功经学，或动业昭垂，悉从罢议。迨道光以来，援案请祀者渐多。宣宗成皇帝于礼部准祀李容一折复降谕旨谓：似此者，亦不乏人，何能尽登两庑？特予驳斥。嗣是咸丰十年，礼部议祀明儒曹端，奉文宗显皇帝朱批：大学士军机大臣另行妥议，并酌定以后从祀章程，不可漫无限制，遵例不准援案，钦此。洎同治二年御史刘毓楠奏：祔祀新章过严，请再行覆议。复奉上谕：推该御史之意，必将举古人之讲学著书者悉登之两庑之列，而平日躬行实践，师法圣贤，实为身后从祀之计。议论殊属迂谬，所奏著毋庸议，钦此。仰见列圣垂谟，因祔祀渐多，豫防流失，纶音申戒，至再至三，而文宗显皇帝不准援案之谕，尤于后来议礼者举此例，彼较短絜长，臆见各殊，纷纷聚讼之弊，先几洞瞩，曲折靡遗。况我国家文教昌隆，硕儒林立，汉宋两学，并臻极盛，若其著述瑕疵，曾经钦定鉴别，而学术之精纯，经纶之卓越，又未能悉符众望者，逐渐推广请祀，实非所以慎重明禋，臣等仰稽圣谕之周详。参考同官之议论，窃见黄宗羲、顾炎武二儒之学，笃信好古则有余，纯粹以精则未足，其请祀文庙之处，仍照礼臣原奏议驳，而博通淹贯，足以矜式后学，亦如原议，仍请准其入祀乡贤，以示优崇，而昭区别。所有臣等遵旨覆议缘由，谨缮折具陈，伏乞皇太后、皇上圣鉴训示遵行。再尚书翁同龢等另折具奏，故未列衔，此折系内阁主稿，合并声明，谨奏。

光绪十二年二月十五日

大学士臣额勒和布、臣阎敬铭、臣恩承

协办大学士臣宗室福锟、臣张之万

内阁学士臣庆福、臣恩棠、臣文兴、臣续昌

侍读学士臣凤山、臣延禧、臣志颜、臣良培、臣福楙、臣奎焕、臣林维源、臣李端遇

吏部尚书臣锡珍、臣徐桐（入阁）

左侍郎臣松溎

右侍郎臣熙敬、臣李鸿藻（入阁）

户部左侍郎臣嵩申

右侍郎臣景善

礼部尚书臣毕道远

左侍郎臣文晖、臣徐郙

右侍郎臣宗室敬信、臣童华（差）

兵部尚书臣乌拉喜崇阿

署尚书臣许庚身

左侍郎臣耀年

右侍郎臣师曾、臣廖寿恒

刑部尚书臣宗室麟书

左侍郎臣宗室桂全（差）、臣薛允升

工部尚书臣宗室昆冈

左侍郎臣乌拉布（入阁）、臣孙毓汶（假）

右侍郎臣清安（差）、臣徐用仪（差）

理藩院右侍郎臣岳林

都察院左都御史臣宗室奎润（差）、臣祁世长（差）

左副都御史臣英煦（差）、宗室志元（差）

署左副都御史臣徐树铭

左副都御史臣白桓（差）

通政使司通政使臣崇礼

副使臣宗室奕秋、臣冯光勋（入阁）

参议臣宗室溥顾、臣陈希龄

大理寺卿臣明桂

少卿臣冯尔昌

翰林院侍读学士臣宗室良贵、臣裕德

侍讲学士臣宗室会章、臣宗室霍穆欢

詹事府詹事臣宝昌、臣李端棻

少詹事臣承翰

顺天府府尹臣沈秉成

府丞臣何桂芳

太常寺卿臣宗室丰烈

光禄寺少卿臣景沣、臣杨泽山

太仆寺卿臣爱廉、臣赵佑宸

少卿臣荣惠、臣延茂

鸿胪寺卿臣文治

少卿臣宗室桂勋、臣陈锦

国子监司业臣崇文、臣奎明

钦天监监正臣恩明、臣杜春融

左监副臣联奎、臣井卫垣

右监副臣恩禄、臣王青照

吏科掌印给事中臣觉罗三德、臣孔宪彀

给事中臣桂年、臣刘恩溥

户科掌印给事中臣文纲、臣洪良品
给事中臣恩明、臣张人骏
礼科掌印给事中臣叶荫昉
给事中臣文敬
兵科掌印给事中臣札拉丰阿、臣马相如
给事中臣阿克敦、臣汪仲洵
刑科掌印给事中臣顺龄、臣李鸿逵
给事中臣宗室文英、臣胡隆洵
工科掌印给事中臣国秀、臣邬纯嘏
给事中臣润惠、臣章耀廷
掌京畿道监察御史臣赵时熙
御史臣觉罗钰昌、臣翟伯恒
掌河南道监察御史臣舒普、臣曾培祺
御史臣文杰、臣黄煦
掌江南道监察御史臣恩霖、臣何崇光
御史臣恩焘、臣魏乃勷、臣寿庆、臣刘纶襄、臣富亮、臣周信之
掌浙江道监察御史臣达崇阿、臣冯应寿
御史臣穆特亨额、臣李士琨
掌山西道监察御史臣觉罗舒恩
御史臣吴寿龄、臣凤英、臣殷如璋
掌山东道监察御史臣爱兴阿
御史臣文海、臣熊景钊、臣庆祥、臣殷李尧
掌陕西道监察御史臣俊乂、臣王赓荣
御史臣耆安
掌湖广道监察御史臣隆恩、臣方汝绍
御史臣宗室增济、臣金寿松
掌江西道监察御史臣本贵、臣贵贤
御史臣良弼、臣张炳琳
掌福建道监察御史臣庆绵、臣汪正元

御史臣宗室托佛欢、臣吴协中
掌四川道监察御史臣唐椿森
掌广东道监察御史臣恩隆、臣谢祖源
掌广西道监察御史臣宗室祥祐、臣张廷燎
掌云南道监察御史臣韫德、臣张元普
掌贵州道监察御史臣英朴、臣郑嵩龄

中国第一历史档案馆藏录副奏折，档号：03-5543-022

奏为遵旨会议故儒黄宗羲顾炎武从祀文庙事（光绪十二年二月十五日） 翁同龢等

户部尚书臣翁同龢等跪奏，为遵旨会议事。谨案：从祀孔子庙廷乃国家表章先儒、昌明正学之巨典，我朝硕儒顾炎武、黄宗羲皆原本忠孝，实事求是，一洗明季空谈心性之弊，古圣遗经，赖以不坠。其生平学行著于国史，彰于载记，服习于天下学士大夫，臣等前折中既备陈之。今大学士等仍照礼部原奏议驳有该二儒仅著述家言，非有躬行实践之语，臣等固不敢矫同立异，致涉纷争，亦不敢疵议前儒，随声附和。其应否从祀之处，敬候宸断，为此另折覆陈，伏乞皇太后、皇上圣鉴，谨奏。

光绪十二年二月十五日

户部尚书臣翁同龢
工部尚书臣潘祖荫
署吏部左侍郎通政使司通政使臣周家楣（假）
户部左侍郎臣孙诒经（假）
户部右侍郎臣孙家鼐
国子监祭酒臣盛昱
署国子监祭酒臣龙湛霖

中国第一历史档案馆藏录副奏折，档号：03-5543-021

奏为遵旨会议故儒黄宗羲顾炎武从祀文庙事(光绪十二年二月十五日) 尚贤等

内阁学士礼部侍郎臣尚贤等跪奏,为遵旨详议先儒从祀,恭候宸断,仰祈圣鉴事。窃前江西学政陈宝琛奏请,以故儒黄宗羲、顾炎武从祀文庙,命廷臣集议,经礼部会同大学士等奏驳。同日,尚书潘祖荫等另折请准从祀。复奉上谕大学士、六部九卿、翰詹科道再行详议具奏,钦此。臣等遵赴内阁会议,见大学士等具稿仍照礼部原奏议驳,臣等前次未经与议,今钦奉谕旨,亦在会议之列,有不能已于言者,谨为皇太后、皇上陈之。臣等谨案黄宗羲、顾炎武学术经济,陈宝琛原奏与潘祖荫等覆奏,言之綦详,无俟臣等再为胪列。其合于从祀之谊,潘祖荫等条举三说,于古义、今制、成宪,博稽详证,无可致疑,亦无俟臣等复为引申。今见阁臣等覆议之疏,所称论说纷歧,必衷诸圣洵,属至当不易之论。其称潘祖荫等另奏,于该二儒之著述经济,综举三端,酌古准今,推崇备至,亦实具阐扬朴学、挽回空陋之深衷。然则阁臣于潘祖荫等所议,未尝不以为然。况潘祖荫等所议,由古义、今制而准之成宪者,即衷圣之说也。所称皇上缉熙典学,正当审辨学术,风示天下,以为平治之本,似亦系乎时政等语,尤能仰体世宗宪皇帝所谓先儒从祀关系学术人心之论,此又衷圣之深心而非徒滋议论者。已阁臣等议称黄宗羲、顾炎武二儒之学,笃信好古则有余,纯粹以精则未足。臣等伏念孔子集群圣之大成,其生平自任不过曰"信而好古",又曰"好古敏求"。夫孔子所谓好古云者,即尧舜以来相传之道统。既称该二儒为笃信好古,其能阐明圣学可知。至云纯粹以精,不独近世,从祀诸儒,发其书而指摘之,未必绝无可议。经学如许郑,理学如程朱,可谓卓绝千古矣,间有罅漏,亦不能无待于后人之纠绳,即孔门弟子见道各有浅深之分,课心岂无精粗之别?孟子亚圣也,韩愈所称自尧舜以来孔子传之孟子,固醇乎?醇者也。而程子则以为才有英气,便有圭角,英气甚害事,如冰与水,精之不能遽比诸王,然而孟子之身,任道统许郑之经学、程朱之理学，千百年来无异辞也。盖不能以偏端之瑕疵，概没其全体之精粹；更不能以一二语之过当，而不察其救时维世之苦心。潘祖荫等固已辨之明矣，何足为二儒病即质之列圣钦定之评？又何问乎臣等，详阅潘祖荫等之奏，意在振兴实学、力救空疏。礼臣与阁臣之议，意在慎重明禋，严防推广。持论不必尽同，其为尊崇圣学、维持道统之心未尝或异。我朝稽古右文，汉宋两学，固已并臻极盛，然如该二儒之学术经纶具有本末，实非寻常著述家言可比。近年各省实学稍替，士习渐浮表，二儒以为准的，显可为纲常名教之防隐，亦为学问身心之助。若准其庑配而复申明，咸丰十年从祀章程又何至有逐渐推广之虑。况品学苟非允协人心，即礼臣定议，廷臣苟同，亦必特予驳斥。道光年间成案自在也，臣等详加考核，公同商酌。拟仍请旨，准将黄宗羲、顾炎武从祀文庙，以崇正学而顺舆情，恭候宸断。所有臣等会议，另折具奏缘由，谨合词覆陈，是否有当，伏乞皇太后、皇上圣鉴，谨奏。

光绪十二年二月十五日

内阁学士兼礼部侍郎衔臣尚贤

内阁学士兼礼部侍郎衔臣汪鸣鉴

翰林院侍读学士臣李文田

翰林院侍讲学士臣梁耀枢

翰林院侍讲学士臣恽彦彬

詹事府詹事臣臧济臣

陕西道监察御史臣朱一新

中国第一历史档案馆藏录副奏折，档号：03-5543-020

奏为遵旨会议故儒黄宗羲顾炎武从祀文庙事（光绪十二年二月十五日）　徐致祥

太常寺少卿臣徐致祥跪奏，为遵旨会议，恭折仰祈圣鉴事。窃臣奉旨与议故儒黄宗羲、顾炎武究竟应否从祀，诸臣议准议驳各执一是。顾臣窃有进者，国家之治乱系乎学术之邪正，学术之邪正由乎朝廷之取舍。方今习尚纷歧，气节流为卑靡，机变百出，人心日即浇漓。挽颓风而维世教，臣愚以为不仅在增祀一二先儒也。恭读道光十九年上谕：著翰林院敬谨推阐。圣谕内“黜异端以崇正学”一条，拟撰有韵之文，进呈钦定，颁发各省，俾民间童年诵习，潜移默化，以端风俗而正人心，钦此。议以异端不黜，则正学不昌，况今圣学日新，缉熙念典，尤须别择精严，防闲非僻，凡有以奇巧诡异之说进者，一切报罢，并罪其人。庶士大夫竞相观感，恪守师承，蒸蒸焉砥砺于实学。以上副圣朝黜邪崇正之意，而列祖列宗慎重庙祀、尊崇道统之深衷，益昭然若揭矣。至黄宗羲、顾炎武二儒学问气节，授受源流，具详陈宝琛原奏并诸臣原议各折内，毋庸赘陈。迂拙之见，是否有当，伏乞皇太后、皇上圣鉴，谨奏。

光绪十二年二月十五日

中国第一历史档案馆藏录副奏折，档号：03-5543-019

奏请以王夫之黄宗羲顾炎武三儒从祀文庙请一并俞允（光绪三十四年九月初一日） 徐定超

协理京畿道监察御史臣徐定超跪奏，为三儒从祀拟请一并俞允，以彰公道而崇正学，恭折仰祈圣鉴事。窃御史赵启霖上年奏请王夫之、黄宗羲、顾炎武三儒从祀一折奉旨交礼部议奏钦此。嗣经礼部钦遵奏准，由各部院呈递说帖，旋据所递说帖，谓三儒均应从祀者，十之九；不应从祀者，十之一。兹闻礼部拟将顾炎武奏请从祀，王夫之、黄宗羲应否从祀恭候宸断等因。窃念三儒学行具见于钦定《国史儒林传》，传中均无微词；三儒所著各书，《四库》大半著录，海内士大夫家置一编，奉为导师。遂开我朝超唐轶宋之学派，核与阐明圣学、传授道统之例相符，早在圣明洞鉴之中。特光绪初年，诸臣先后奏请三儒从祀，屡议未定，此次会议谓应从祀者又居多数，可见公道在人，久而弥著。皇太后、皇上仰稽成宪，俯顺群情，自以崇圣学、正人心为本，更无俟臣之琐渎。第闻阁臣孙家鼐亦谓黄宗羲不应从祀，慎重俎豆，持之有故，老成谋国，非不既谨且严也。然孙家鼐前与潘祖荫遵议黄宗羲、顾炎武应准从祀，又与翁同龢等遵议黄宗羲、顾炎武应否从祀，公同具折，恭候宸断。前案具存，何以前后之言如出两人？闻其意因黄宗羲《明夷待访录·原君篇》以桀纣之暴为当诛，不必规规于君臣之义，谓其著述总以革命为分，所当然与孔子平生心志不能相合；且恐启奸雄窥窃之心，长俗儒浮嚣之习，不得引孟子君贵民轻，戒战国人君骄满之意以相解，未便入于从祀之列等语。臣窃以为不然。《孟子》曰："残贼之人，谓之一夫。闻诛一夫，纣矣，未闻弑君也。"《易》曰："汤武革命，顺乎天而应乎人。"凡此皆见于正经，颁于学校。数千年来，童而习之，至于垂老，正所以戢奸雄窥窃之心，平俗儒浮嚣之习者。今乃谓援据《易》与《孟子》之宗羲，以启窥窃、长浮嚣，未免深文周内矣。且宗羲所言，正因末代人君之骄满过于战国之诸侯，故庄言君道以儆之止，与孟子责难于君之意吻合，何必引其言以相解耶？《史记·儒林传》博士辕固与黄生议汤武事，争论于景帝前，帝但谓言学者无言汤武不为愚，未闻黜辕固于博士之列，可知儒者推求学理本为帝王之所许。恭读世宗圣训有云："为君臣者，当思食民之食，衣民之衣，乃置民间疾苦于不问，诚天地之大罪人也。"大哉皇言，至公至正。宗羲《原君篇》之语，实与符合，该阁臣不应忽不记忆也。况孟子学孔子者，宗羲学孟子以学孔子者，其忠于胜国，与孔子所称之夷齐相等；其所辑宋元明学案又能阐明道统、折衷尼山，乌在其与孔子心志不能相合耶？至近年，有一种革命之袤说，乃略涉东西文者所剿袭，实未一见宗羲之书，若读其书，想见其人，忠爱之心勃然而起，岂有此种谬说乎？傥谓其说启于宗羲，独不思宗羲之书行之二百余年矣，前二百年，人传其学，何以绝无此说乎？则孙家鼐所谓恐有流弊者，诚不免于过虑也。总之宗羲之学，原本忠孝师事，明臣刘宗周尤能张大其绪，宗周已于道光二年从祀矣，宗羲立身本末，丝毫无亏，应予从祀，当代已有公论，似不宜以有为而发之辞，遂欲没其立言不朽之实。且当此群言淆乱之秋，追崇正学，数大儒以翼教明伦，实于世道人心煞有关系，则礼部议准之顾炎武固应从祀，即黄宗羲亦应与王夫之一并从祀，庶足以昭大公而广圣教。是否有当，谨恭折具陈，伏乞皇太后、皇上圣鉴训示，谨奏。

光绪三十四年九月初一日

台北故宫博物院藏军机处档折件，文献编号：166135

奏为先儒王夫之黄宗羲顾炎武从祀文庙请旨准行(光绪三十四年九月初一日) 严修等

学部左侍郎臣严修等跪奏,为先儒从祀请旨准行恭折仰祈圣鉴事。光绪三十三年正月二十八日,御史赵启霖奏请将先儒王夫之、黄宗羲、顾炎武从祀文庙一折,奉旨,礼部议奏,钦此。嗣经该部奏明,先由在京各衙门将应准应驳之处各抒所见,开具说帖送交礼部,再行详议具奏等因。在案各衙门开送说帖到部凡二十六件,主准者二十一件,不下案语者一件,主驳者仅有四件,众论多同,已可概见。复准该部咨于前月初六日。臣等赴内阁会议,见礼臣具稿拟奏,请以顾炎武从祀文庙,王夫之、黄宗羲应否从祀恭候圣裁。臣等谨按炎武升祔盈廷,已无异议。查夫之从祀始于光绪二年八月,署礼部左侍郎郭嵩焘之奏;光绪二十一年十一月,前湖北学政孔祥霖复经奏请。均格于时议,事不克行。宗羲从祀始于光绪十年江西学政陈宝琛之奏。廷臣议驳署兵部尚书潘祖荫等,援据古今从祀通义合辞,陈请仍为廷议驳斥。核其先后驳斥之辞,于夫之则引原任大学士曾国藩序文内"著述太繁,纯驳互见"之言。于宗羲则谓"仅著述家言,未有躬行实践";又谓其笃信好古则有余,纯粹以精则未足。经郭嵩焘于议驳后,奏请饬部存案以俟论定;并称夫之发明程朱遗旨,博大精深,元明诸儒罕能及者。尝与曾国藩辨论夫之遗书纯驳之旨,国藩亦谓纯驳互见在考证之疏密,无关学术之精微。潘祖荫等援据古今从祀通义,力称宗羲与炎武皆有传经之功、卫道之力、崇正黜邪之实效,俎豆馨香,洵无愧色。内阁学士尚贤等奏陈先儒学术经济具有本末,实非寻常著述家言可比。各等语可见当时驳议本非定评,虽巨典之膺,犹有所待。而从祀私议见于通人撰述者,何可胜举,人心所同,即定论所在。臣等诠述众说,上稽累叶圣训,敬为我皇太后、皇上详陈之伏读。

雍正二年圣训:孔子为万世师表,祔飨诸贤有羽翼圣经、扶持名教之功。道光九年圣训:先儒升祔学宫,祀典至巨,必其人学术精纯、经纶卓越,方可俎豆馨香,用昭崇报。咸丰十年:部臣议准先儒从祀,应以阐明圣学、传授道统为断。臣等窃见：我朝经学昌明，远轶前代，筚路蓝缕，二儒实开其先。夫之诠释经文多出新义，足补传笺古注之遗；宗羲究心象数，穷极事理，持论皆有依据。综所述作，夫之说经之书，《四库》著录者有《易书诗稗疏》各四卷，《易诗考异》各一卷，《春秋稗疏》二卷；宗羲之书收入《四库》者十四种，类皆实事求是、穿穴群言，有功于经者甚大。是其羽翼圣经，早经列圣鉴定。至其平生学行，则散见其所著书，并官私传志，与后儒尚论举其大者，皆有可征。夫之精力所萃，在《正蒙》一书，谓“张子之学，上承孔孟之志，下救来兹之失。故推本《西铭》民胞物与之义”。《注〈正蒙〉》九卷更为《思问录》，内、外二篇皆本隐之显、原始要终。所著《四书训义》，笃守《章句》。至《〈周易〉内传》，读四书大全说，发明精蕴，亦足补朱义所未备。宗羲受学刘宗周，闻诚意慎独之说，缜密平实，于王守仁末派痛斥至严。所著《孟子师说》亦不尽主守仁之说，教学者必先穷经读史，谓“读书不多无以证理之变化，多而不求诸心则为俗学”。所辑宋元明儒学案志七百年儒学源流，推崇朱子，有致广、尽大精微、综罗百代之语。近年《奏定学堂章程》所列著学案于人伦道德科夫，使天下学子诵读其书，则关系于学术之故，早在圣明洞鉴之中。

综观二儒学派，夫之笃守闽学而兼统于横渠，宗羲虽出姚江而实亦祖述朱子，其学术渊源之章章者如此。夫之《噩梦》一书于明世政治之失，补救綦详；《读通鉴·叙论》亦谓推本得失之源，以求合于圣治之本。宗羲博通淹贯，自天文地志、九流百家，靡不精研，所著《留书》《明夷待访录》则王佐之略，顾炎武叹为“三代之治可复者也”。近时推行新政，多所更张，以二儒之遗书证之，如尚兵学、崇教育、罢科举、通君民、重宰相、用辟召、破资格、设乡官、复两汉三老啬夫之职，所谓甄采各国之良规者，二儒实先言之。盖二儒皆具经世之才，只以生不逢时，功业无所表见，乃一托于撰著。故其言关于朝政民生实多，鉴明人之失，隐然欲以待。

圣人之兴，自国初迄今，颇多采用其经纶大略之行世者。如此方明之亡，诸王崎岖江海，势无可为。而夫之、宗羲各自惓惓于其故主，且夫之刺体以赎亲死，宗羲袖椎以报父仇，忠孝大节，炳若日星。夫之遗书中严斥异端，尤三复于人禽之辨；宗羲所为碑志则表章国难，诸人甚力，至遗老之以方外自晦者，虽有托而逃，亦不少宽。二儒挽明季之颓风，开国朝之朴学。三百年来，其学愈显，读其书，想见其人，犹可廉顽立懦，其有功名教之不可没者如此。夫圣学备载于六经道统，一系于名教学术，莫精于抉；群经之大义经纶，莫大于兴百世之人心。臣等窃以为二儒学行，上符圣训羽翼圣经、扶持名教、学术精纯、经纶卓越之目；下合部臣阐明圣学、传授道统之议。征诸载籍断然可信已。至于近人所苛论者，不过二端：一则前议引《提要》中一二纠正之语也，著作之学自孟子以后不无小疵，历观钦定之书，凡前代及国朝曾邀旷典之哲评论所及，类多微言，如朱子《四书或问》则谓其与《集解》多所抵牾；张栻《癸巳孟子说》则谓其辞有感愤，亦为南渡而发征。诸御纂诸经，于《易》不全用程传，于《诗》不全用朱传，其故可知。盖辑书之体固应尔也。即以夫之《周易稗疏》而言，谓其训禽为获，不免附会，而终许为征实之学；宗羲《周易象数》，谓其以河图为图经，未免主持太过，然辨论精详，可谓有功易道。仰稽钦定之评，虽稍有辨正，终归嘉许，未尝故从其刻，若必吹毛求疵，则孙奇逢、陆陇其、陆世仪、张伯行诸儒又岂无遗议哉？此其无可疑者一也。一则毛举其书中愤激之语，而加之锻炼也。明季朝政刻核无亲，二儒目睹奄寺擅权，毒痛海内，发为悚论，反复咨嗟。读其书者，令人忠爱之心油然而生。论者每以夫之《黄书》、宗羲《明夷待访录》谓多不择之言，深虑以辞害意、贻人口实；而于宗羲之《原君》《原臣》篇不谅其心攻之尤力。不知夫之《黄书》之作乃鉴于明季弊政，规画治世之大纲，依据古义有为；而发宗羲之言，皆原本周孔，而用意尤与孟子相近。孟子阐民贵之义，陈易位之旨，所以警战国暴君之放恣；宗羲有主客之喻，有仆妾师友之说，所以救洪永专制之流失。因时立论，正复相同。且读书贵能贯通，勿泥章句。《明夷待访录》二十二篇始于《原君》《原臣》，终于《奄宦》，前后语皆相应。观于《奄宦》上下篇痛言骄君谄臣之失，可知《原君》《原臣》多为奄祸而发。使其躬值昌期，涵濡仁政，其立说自必不同，可断言也。总之二儒惟于君臣之伦，视之至重，故责难之义深切著明，以其行事证之，效忠一姓、百折不回，夫岂薄纲常而昧大义者所可借口哉？此其无可疑者二也。

恭读雍正二年圣训批韩琦诸人不令从祀，而咸丰二年则特许韩琦从祀东庑，且谓无违宪庙之旨，仰见表章儒术之心，仍寓与时消息之意。方今新学日盛，礼教寖衰，若夫之、宗羲之志节忠贞，实足以辟乱党无君之邪说，经史博洽尤可以彰，保存国粹之正宗。以之从祀，犁然有当于人心。持议既久，宜有定论。拟请与顾炎武同升祔庙廷，光昭正学，洵于世道人心，关系匪浅。臣等愚昧之见是否有当，谨恭折具陈，伏乞皇太后、皇上圣鉴训示，谨奏。

光绪三十四年九月初一日

学部左侍郎臣严修

学部右侍郎臣宗室宝熙

署邮传部左侍郎内阁学士臣吴郁生

花翎大理院正卿臣定成

二品顶戴大理院少卿臣刘若曾

台北故宫博物院藏军机处档折件，文献编号：166150

为遵办准将顾炎武王夫之黄宗羲从祀文庙事饬南部县（光绪三十四年十二月） 保宁府衙

礼部咨祠祭司案呈本部会议，覆御史赵启霖奏请先儒王夫之、顾炎武、黄宗羲谨祀文庙一折，于光绪三十四年九月初一日奏。原折留中。初二日军机处片交礼部：军机大臣面奉御旨，礼部会奏遵议先儒从祀，分别请旨一折。顾炎武、王夫之、黄宗羲均著从祀文庙，钦此。相应刷印。原奏移咨各省抚等，特行所属所有应行添设牌位之处，遵旨办理可也。计原奏等因。咨院、行司移道檄府，奉此合就札行。为此札仰该显一体遵办。此札计粘单一纸。

右札南部县准此

光绪三十四年十二月

南部县档案，南部县档案馆藏清稿本

奏为三儒从祀惟顾炎武学问较纯王黄之学各有偏驳不宜从祀（光绪三十四年）

再光绪初年，曾有请以黄宗羲、王夫之从祀者，彼时礼部议驳原任工部尚书潘祖荫等，拟准。臣曾随同书诺，至今思之，犹深愧怍，深服当时礼臣议驳具有深意。今既有所见，尤不敢回护前误。至黄宗羲以著书立说，偏驳不纯，谓为不宜从祀，若王夫之之著述，其偏驳亦与黄宗羲等。原任大学士曾国藩搜采其书，刊刻以示后学，其中删截无数违悖之字，故其书空格极多，文义不全，不仅胡虏夷狄等字已也在。曾国藩取长弃短，刊布其书则可；文字既不可全以示人，则其人亦未便入于从祀之列。三人之中惟顾炎武之学问较为精粹，若专准顾炎武从祀似可举行，谨附片具陈，伏乞圣鉴，谨奏。

台北故宫博物院藏军机处档折件，文献编号：166136

大清光绪新法令

礼部会奏遵议先儒从祀请旨裁定折

上年正月二十八日，准军机处片交。御史赵启霖奏请将国初大儒王夫之、黄宗羲、顾炎武从祀文庙一折。奉旨，礼部议奏，钦此。钦遵到部，臣等谨按古无所谓从祀也，惟《礼记·文王世子》云：“凡学，春秋释奠于其先师”。郑注：若汉，《礼》有高堂生，《乐》有制氏，《诗》有毛公，《书》有伏生，亿可以为之。由汉时尚无从祀之事，故举立在学官置有博士者，亿度为之。至唐贞观间，始定配享，而伏胜、高堂生、毛苌悉预其列，且有代用其书垂于国胄之诏，尽取祭义祀先贤于西学注。先贤有道德王所使教国子者之义就周制祀于学者，以当袝享庙廷，似亦相近，而当时经典，即以德行、道艺为言，后世凡议从祀所当恪守。是以我朝定制，亦遵斯道。伏读道光九年圣训：先儒升袝学宫，祀典至巨，必其人学术精纯，经纶卓越，方可俎豆馨香，用昭崇报。咸丰十年臣部议奏：先儒从祀，亦以阐明圣学，传授道统为断。谕旨允准，著于功令。今考王夫之、黄宗羲、顾炎武等，生当明季，鉴宋以后讲学家空谈性命、不根故训之弊，毅然以穷经为天下倡，而后德性、问学，尊道并行。臣等尝谓我朝经学昌明，比踪两汉，实由东南之间，炎武、宗羲最为大师，宗派流衍，驯至于遍天下。夫之著书行世较晚，而咸丰同治以来中兴名臣大半奋迹衡湘，则亦未始非其乡先生教泽之所留贻。若援明臣宋濂、孔子庙堂议学者，各祭其先师，非其师弗学，非其学弗祭之义，则两庑之间，早当位置。乃道光时朝士大夫议建炎武祠于京师，春秋致祭，而宗羲、夫之，仅祀于其乡者，非弟子之忘其先师也。抑夫之、宗羲之于炎武，其学不无轩轾于其间。臣等因是求之祖训，而钦定《国史儒林传》以炎武为首，宗羲、夫之次之。尝称宗羲之学，出于蕺山，阐诚意慎独之说，缜密平实；又称夫之神契张载正蒙之说，演为《思问录》内、外二篇；而于炎武称敛华就实，扶弊救衰，国朝学有根柢者，以炎武为最。似该故儒等学派久在列圣洞鉴之。中又求之士论，而道光间两广总督阮元所刊《皇清经解》首列炎武《左传杜解补正》《易诗本音》《日知录》诸书；至近年江苏学政王先谦奏刻《经解续编》，以夫之《周易诗经春秋四书稗疏》次炎武《九经误字》之后；而管学大臣张百熙等奏定京师大学堂章程，亦以宗羲所辑宋元明儒学案列入伦理科中，似该故儒等著述录于通人达士者亦已流传不废。盖该故儒等皆有阐明圣学、传授道统之功，而炎武尤醇乎其醇者。独其从祀文庙二百年来，尚与夫之、宗羲同无定论，以至于今，亦议礼诸臣责无可辞者也。往者署礼部左侍郎郭嵩焘、湖北学政孔祥霖先后奏请夫之从祀；江西学政陈宝琛又奏请宗羲、炎武从祀。均经臣部议驳在案。臣等向闻斯议，知前部臣之慎重明禋也，乃取该故儒等全书以考其言，而炎武所著《宅京记》《肇域志》《郡国利病书》，所言皆天下大计，卓然名论；惟夫之所著《黄书》，其《原极》诸篇既托旨于《春秋》；宗羲所著《明夷待访录》，其《原君》《原臣》诸篇复取义于《孟子》，狃于所见，似近偏激意。夫瞽宗俎豆，矜式方来，恐学子昧于论世知人，将以夫之、宗羲为口实，至于流传刊本，间留墨匡，疑涉指斥，或为该故儒病，则祖宗之世早垂明训。恭绎雍正十一年四月上谕：本朝人刊写书籍，凡遇胡虏夷狄等字，每作空白，嗣后仍蹈前辙，将此等字样空白及更换者，照大不敬律治罪。仰见圣朝如天之度，向不以文字语言罪人，岂有转设文网以绳前朝遗老，断可知也。是以此次奉旨交议御史赵启霖奏请夫之、宗羲、炎武从祀文庙，升主配食，于礼为大，诚宜博访周咨，以求至当，于是奏请仿照会议政务处章程，移会各衙门，将该故儒等应准应驳之处，开具说帖，送交臣部核议具奏，奉旨依议，旋经各署堂司，开送说帖都二十六件，其主夫之、宗羲、炎武并准从祀者十居其九，臣等以为是非听诸天下，固见公论于人心，予夺出于朝廷，尤待折衷于宸断。昔在汉世，尝诏诸儒讲五经同异，太子太傅萧望之等平奏其事，孝宣称制临决，著于前史，后世礼议虽佚，及读《通典》所载宣帝诸制，犹想见汉家圣学之盛，独隆千古。今释奠学官，事关大典，傥仿石渠之例，重修甘露故事，以复圣天子议礼之上仪，洵千载一时之遇也。用敢不揣冒昧，拟将顾炎武从祀，请旨准行。其王夫之、黄宗羲应否与顾炎武一律从祀之处，恭候圣裁训示谨奏。光绪三十四年九月初二日奉旨一道已恭录卷首。

《大清光绪新法令》，清宣统上海商务印书馆刊本

东华续录

陈宝琛奏：道光九年谕旨："先儒升祔学宫，祀典至巨，必其人学术精纯，经纶卓越，方可俎豆馨香，用照崇报，钦此。"又咸丰十年廷议："著书立说，羽翼经传，真能实践躬行者，准具奏请从祀。"是则循名核实，两庑非可幸邀；而显征阐幽，一时必求至当。滥列不可，湮没尤不可也。

兹臣谨查浙江余姚县先儒黄宗羲、江苏昆山县先儒顾炎武，皆以胜朝之遗献，蔚为昭代之儒宗。宗羲为明御史尊素之子，炎武为明赞善绍芳之后，家传忠孝，学有渊源。而生当明季，经术荒芜，或囿于性理之空言，或汩于制义之俗体，汉注唐疏，弃置不谈。宗羲倡之于前，炎武继之于后，承学之士，始习百经。而其时若阎若璩、胡渭、顾祖禹、〔惠〕周惕之辈，其后若王鸣盛、钱大昕、江永、戴震之徒，莫不闻风兴起，由浅逮深，炳然述作，与古同功。臣窃谓祖宗栽培之厚，景运欣合之隆，必有英绝领袖之才，为之辟草昧之气，开文治之光，宗羲、炎武，或亦彼苍于明社将屋之时，笃

生此人，以备我国家起化之用欤？绵蕞之功，滥觞之业，幸际盛明，似不容置之不论也。

且宗羲传刘宗周之教，矫良知之末派，以慎独为归；炎武与李光地相知，辨陆、王之几微，以紫阳为的。两家之学，皆深入于宋儒，而又能抉许、郑之精，判贾、孔之误，初不以抱残守缺为止境，尤无考据家之流弊，是可贵耳。谨按《钦定四库全书总目》采宗羲之书，多至十有四种，采炎武之书，多至二十有二种，大抵引天下为己任，以圣贤为我师，大则窥制作之原，小亦备见闻之助。《提要》谓宗羲究心事理，不为空疏无用之谈；谓炎武博赡通贯，学有根柢，为国初最。非所谓羽翼经传，又真能躬行者乎？所以同治二年间，明儒吕柟、方孝孺从祀之议，礼臣前引《学案》，援据师说，皆以宗羲之言为指归。《国史儒林传》于二百年之余，得八十人之选，而炎武褎然冠其首，宗羲巍然接其列。是其生平久经论定，以言其学则明体达用，以言其人则立懦廉顽。至其进退之适宜，文章之不苟，传志可征，允无遗议，殆与学术精纯、经纶卓越之谕旨两相吻合，以之附祀春秋，庶几无惭崇报矣。

方今世变所趋，士气渐斁，侥幸科举，废弃诗书。其或粗通训诂，则妄詈宋儒；略识时务，又迂视王道。人才之盛衰，肇于学术。若得宗羲、炎武二人，树之风声，动其观感，天下咸晓然于学问经济自有本源，理非空谈，功无速化，行己以有耻为质，读书以有用为程，则功名不贻气节之羞，而风俗可受师儒之益，其转移教化，谅非浅鲜，盖不独有光学校已也。得旨："礼部议奏。"（光绪六十）

癸丑，李鸿章等奏内阁钞出江西学政陈宝琛奏请将先儒黄宗羲、顾炎武从祀文庙一折。光绪十年四月二十二日，军机大臣奉旨："礼部议奏，钦此。"钦遵到部。臣等查同治二年礼部奏准，袝飨庙廷，祀典至巨，咸丰十年闰三月，大学士军机大臣遵旨议定，嗣后从祀文庙，应以阐明圣学，传授道统为断。特恐各省官绅，未能深悉历次所奉谕旨，纷纷陈请从祀，殊非慎重之道。应请饬下各直省督抚学政，恪遵十年定章，不得滥请从祀文庙，并不准援案，如为文庙中必应从祀之先贤先儒，方准该督抚会同学政详加考核，奏明请旨，并将其人生平、著述、事迹送部查核。其钦定书籍中引用若干条，论赞若干条，先儒中引用若干条，论赞若干条，一并详细造册送部，不得仅据空言，率行陈请。均请饬下大学士、九卿、国子监，会同礼部议奏，等因在案。

兹据原奏内称，先儒黄宗羲、顾炎武皆以胜朝之遗献，蔚为昭代之儒宗，家传忠孝，学有渊源。而生当明季，经术荒芜，汉注唐疏，弃置不谈。宗羲倡之于前，炎武继之于后，承学之士，始习古经。且宗羲矫良知之末派，以慎独为归；炎武辨陆、王之几微，以紫阳为的。而又能抉许、郑之精，判贾、孔之误，不以抱残守缺为止境，尤无考据家之流弊。《钦定四库全书总目》采宗羲之书多至十有四种，采炎武之书多至二十二种。《提要》谓宗羲推究事理，不为空疏无用之谈；炎武博瞻通贯，学有根柢。《国史儒林》，炎武冠其首，宗羲接其列。是其生平久经论定，以之附祀春秋，庶几无惭崇报等语。当经臣部行文江苏、浙江各巡抚，咨取书籍。兹于本年八月间，据浙江巡抚将黄宗羲所著书九种，顾炎武所著书五种，咨送前来。

臣等谨按《钦定四库全书提要》，于宗羲所著《孟子师说》，谓其“多阐发良知之旨”，然推究事理，亦不尽主姚江之说。于《易学象数论》，谓其究心象数，非但据理空谈，惟《河图》《洛书》，泥宋薛季宣之说，矫枉过直。于《深衣考》，谓其变乱旧诂，多所乖谬。于王、程《学案》，谓其盛谈伊川、姚江之根柢终在。于《明儒学案》，谓其“生于姚江，欲抑王尊薛则不甘、欲抑薛尊王则不敢，故于薛之徒阳为引重，而阴致微词于王之徒，外事击排而中存调护”，犹有“胜国门户之余风”。此外如《今水经》各种，大抵谓其搜罗考据，有密有疏。于炎武所著《左传杜解补正》，谓其多得左氏之意，能弥杜《解》阙失。于《日知录》，谓为“积三十余年而为一书”，精力所注，博赡而能通贯。然“炎武生于明末，喜谈经世之务，其说或迂而难行，或愎而过锐”。“潘耒作序，乃盛称其经济，以考据精详为末务，殆非笃论”。于《天下郡国利病书》，谓其“采掇旧文，同异兼收，间有矛盾，编次亦绝无体例”。此外如《音学》《石经》各种，大抵谓其考核精确，亦有附会泥古之处。是该故儒著作，早经高宗纯皇帝鉴定，于《四库全书》中分别弃取，并于《提要》中辨其纯驳是非，圣谟久垂定论。

又道光九年奉上谕："礼部议准御史牛鉴奏请以李容从祀文庙一折。先儒升祔学宫，祀典至巨，必其人学术精纯，经纶卓越，方可俎豆馨香，用昭崇报。若仅著述家言，阐明心性，未有躬行实践，超越等伦，列祀乡贤，已足彰褒旌之义，岂宜升祔庙廷，稍滋冒滥。综核李容生平学行，虽足为闾党矜式，然似此者亦不乏人，何能尽登两庑。该部请如该御史所奏准其从祀文庙之处，著毋庸议。钦此。"天语煌煌，允宜遵守。

今黄宗羲、顾炎武，《国史儒林传》载其生平学行，亦仅著述家言，未有躬行实践，似不足当阐明圣学、传授道统之目。臣等公同商酌，该学政请将黄宗羲、顾炎武从祀文庙之处，拟毋庸议。惟该故儒等志节矫然，博赡通贯，足为闾党矜式，应准其入祀乡贤，以彰褒旌。

潘祖荫等奏：

臣等准礼部咨，以前任江西学政陈宝琛奏请以故儒黄宗羲、顾炎武从祀文庙，钦奉谕旨，命臣等赴内阁会议。臣等谨按，从祀之典，古无所见，《礼记·文王世子》："凡学，春官释奠于其先师，秋冬亦如之。"又：凡始立学，必先释奠于先圣先师。郑玄注："先圣，周公若孔子。先师，汉《礼》有高堂生，《乐》有制氏，《诗》有毛公，《书》有伏生，亿可以为之。"此为言从祀之始。汉、魏以还，阙焉未举。唐贞观二十二年诏，左邱明等总二十二座，春秋二仲行释奠之礼；继遂以周公配成王，而以孔子为先圣，此为定从祀之始。推原事始，盖本乐祖瞽宗之义，凡从祀先圣者，皆博士弟子所从承学转相授受之本师，没则各以其师附祀。所谓将习其道，必各祭其师，证之古谊，斯为最合。濂、洛诸贤，挺生宋代，卓然为世大师。元、明以来，迭为增祀，亦因士习其教，故以崇德为报功。追契始初，并非相悖。厥后请祀纷纷，无关兹义。我朝礼教昌明，动循古法，道光九年，特旨不准李容从祀，盖惧空谈心性者冒越其间，实与唐人创始之心若合符节。臣等远遵其义，近懔圣谟，谨核黄宗羲、顾炎武之生平，及素所服习该故儒之遗书，窃谓宗羲、炎武皆有传经之功、卫道之力、崇正遏邪之实效，敢举其合于从祀之谊者，条列上闻，不厌烦渎，一一为我皇太后、皇上陈之。

我朝文治昌明，经师辈出，诸经各有专家，各有疏义，精研小学，淹贯群经者，尤难指数。盖自三代以来，经学至国朝而极盛，而上溯渊源，并推至黄宗羲、顾炎武而止。即至辨《书》古文之伪，发古韵之微，深通天算，博稽地理，凡朴学之专门，皆该二儒之遗绪。迄今著述炳在人寰，传授既繁，渊源有在。是凡读其书、习其言者，皆以该二儒为转相授受之本师。故道光年间，京朝各官特建顾炎武祠于京师，春秋祀事，直省学人，咸为执事，迄今不绝，盖亦本有之创举矣。臣等以为人心所在，即定论所凭。各省名臣达宦，实不乏人，何以区区独祀该故儒，此即所谓将习其道，必各祭其师，皆发于人心之不自觉。臣等准之古谊，以为黄宗羲、顾炎武当从祀者，此其一。

然仅合古谊，而相乖今制，臣等亦不敢妄请。伏读道光九年圣训："先儒升祔学宫，祀典至巨，必其人学术精纯，经纶卓越，方可以俎豆馨香，用昭崇报。"又咸丰十年议准，从祀先儒，应以阐明圣学、传受道统为断。臣等查黄宗羲编定《明儒学案》，综二百年学术升降之原，会通融贯，虽出自蕺山，而于姚江末派痛予斥绝，故河东、姚江两得其正；创修《宋元学案》，条分派别，只斥邪而扶正，不伐异而党同，其称朱子，谓"致广大，尽精微，综罗百代"，推挹可云极至。顾炎武不立讲学之名，而有蹈道之实，其论学之旨，谓圣人之道曰"博学于文"，曰"行己有耻"；又谓今之理学，禅学也，不取之《论语》、五经，而但资之语录，不知本矣。故所学一以肫笃精实，而无嚣张之气、门户之私，至推崇朱子，其所著《日知录》皆可覆案。夫亦足以当学术精纯之目矣，然犹未正诸实效也。明季心学盛行，颜山农、何心隐、李贽之徒标目狂禅，荡无礼法，细行不谨，束书不观，学术既坏，国运随之。黄宗羲排斥其根株，顾炎武痛绝其支蔓，自二儒兴而禅学息矣，禅学息而朴学起矣。绝续之交，固由景运之隆，亦该故儒教泽之力，所谓阐明圣学、传授道统者非欤？至于经纶卓越之称，该二儒皆以经济交推，特以身丁末运，心在胜朝，自不能奋迹昌期，各抒伟略。如顾炎武《日知录》所载，正定之辖五州二十七县，苏州之辖一州七县，而苏州之粮三百三万八千石，正定止一十万石，王者则壤成赋，岂有大小轻重之不同若此者？后之王者，审形势以制郡县，则土壤以起征科，乃平天下之先务。此即列圣减定苏、松浮粮及增设直隶州、改并州县之议。其他鉴明人之失，开我朝之法者，不可枚举。而《肇域志》《宅京记》诸书，具有深意，尤非徒舆地之学，盖与宗羲《明夷待访录》同为经济家必资之书矣。夫空言经济，能欺一时而不能垂之后世，至流传二百余年而读者犹思取法，则其非空谈经济可知矣。臣等准之今制，以为黄宗羲、顾炎武当从祀者，又其一。

凡若此而无列圣钦定之评，犹未敢遽定也。黄宗羲、顾炎武经《四库》著录之原书，案已经详列《提要》褒许之语，学者无不周知，臣等毋庸复为引叙。惟钦定《国史儒林传》于《黄宗羲传》内，称其上下古今，穿穴群言，自天文、地志、九流百家之言，无不精研；又称宗羲之学出于蕺山，闻诚意慎独之说，缜密平实。于《顾炎武传》内，谓其敛华就实，扶弊救衰；又谓国朝学有根柢，以炎武为最。至篇末特笔，谓其在华阴于云台观侧建朱子祠，则隐然以紫阳嫡派归之矣。如谓《四库提要》中有一二纠正之语，遂即寝议，此正不然。《提要》为叙录之体，意在解题，系专为一书而发，非是统论全书。譬如《诗》有正变，《书》有真伪，而至今并筹为经，未尝有所偏废。远者无论矣，臣等即就国朝之得从祀者言之，如陆世仪《思辨录》，《提要》则谓其不免迂阔之失；陆陇其《问学录》，《提要》则谓其过于主持；孙奇逢《四书近指》，《提要》则谓其不免高明之病；至张伯行所著理学各书，斥入儒家存目，一字不登。向使当时礼臣必据《提要》之辞以为论定诸儒之案，则陆世仪等即不应俎豆于两庑矣。汤斌，国朝从祀之儒之至纯至正者也，而推黄宗羲之词曰："黄先生论学，如大禹导水导山，脉络分明，吾党之斗杓。"至其与顾炎武书，谓："道之衰久矣，得大力阐明，岂非斯人之幸？"兹数语者，苟非宗羲、炎武，孰敢当此？苟非汤斌深知宗羲、炎武，亦何能发此？况汤斌在史馆得黄宗羲一书，谓《宋史》之《道学传》乃元人之陋，遂示于众而即去之，其志同道合略见也。圣君之评如此，贤臣之评如此，殆几乎无可致疑矣。此臣等准之成宪，以为黄宗羲、顾炎武当从祀者，又其一。

以上三端，容有未尽之语，而初无溢美之词，俎豆馨香，洵无愧色。乃者礼臣具稿，力从驳议，臣等实不敢苟立异同，亦不敢随事附和。即如陈宝琛疏中有"宗羲倡于前，炎武继于后"二语，查二人生既同时，初无先后之分，学又异派，更无倡继之说，该学政措词偶误，臣等亦不曲为之讳，然因此而遂谓其不明学术，因并斥其所请之人，则固不可也。

臣等稽之古训，求之舆论，以为该故儒之从祀，实顺人心而不违成例。

况我皇上缉熙典学，正当审辨学术，以风示天下，将因以求所谓“师以贤得民”“儒以道得民”者，以为平治天下之本，是该故儒从祀之典，似亦系乎时政，而非徒滋议论者已。臣等公同商酌，拟请旨准将黄宗羲、顾炎武从祀文庙。倘因祀典重大，未能骤定，应请旨饬下大学士、六部、九卿、翰、詹、科、道再行详议具奏。

上谕：前因陈宝琛奏请将黄宗羲、顾炎武从祀文庙，当令礼部议奏，本日据该部会同大学士、九卿具奏，请毋庸从祀，又据潘祖荫等另奏请旨准行各一折，著大学士、六部、九卿、翰、詹、科、道再行详议具奏。(光绪七十三)

额勒和布等奏：

臣等前奉谕旨，以前江西学政陈宝琛奏请以故儒黄宗羲、顾炎武从祀文庙，命廷臣集议。经礼部会同臣等奏驳，同日尚书臣潘祖荫等另折请准从祀，复奉上谕：“大学士、六部、九卿、翰、詹、科、道再行详议具奏。钦此。”臣等复虚衷详核，博采群议，窃维两庑从祀，典礼至重，自非德行学问，醇深粹美，公论允符，未可滥尘俎豆。伏查尚书潘祖荫等另奏，于该二儒之著述经济，综举三端，酌古准今，推崇备至，亦实具阐扬朴学、挽回空陋之深衷。然礼臣原议，于《钦定四库全书提要》辨驳该二儒著作各条，详加征引，并仰稽圣训，参核定章，以为“天语煌煌，允宜遵守”。该二儒学术亦仅著述家言，未有躬行实践，不足当阐明圣学、传授道统之目。惟志节矫然，博赡通贯，足为闾党矜式，宜停其庑配，准祀乡贤，洵属立议持平，众心允协。

盖论说纷歧，必衷诸圣。我庙旌善褒忠，崇儒重道，馨香之报，不止一途。而惟庑祀一层，至为严重。伏查雍正二年，世宗宪皇帝厘正祀典，特颁明谕，谓先儒从祀文庙，关系学术人心，必详加考订，折衷尽善，庶使万世遵守。其时从祀两庑之戴圣、何休、郑众、卢植、服虔、陆贽、韩琦，或有功经学，或勋业昭垂，悉从罢议。迨道光以来，援案请祀者渐多。宣宗成皇帝于礼部准祀李容一折复降谕旨，谓似此者亦不乏人，何能尽登两庑，特予驳斥。是以咸丰十年，礼部议祀明儒曹端，奉文宗显皇帝朱批：

“大学士军机大臣另行妥议，并酌定以后从祀章程，不可漫无限制，遵例不准援案。钦此。”洎同治三年，御史刘毓楠奏祔祀新章过严，请再行复议。复奉上谕：“推该御史之意，必将举古人之讲学著书者悉登之两庑之列，而平日躬行实践，师法圣贤，实为身后从祀之计，议论殊属迂谬，所奏著毋庸议。钦此。”

仰见列圣垂谋，因祔祀渐多，豫防流失，纶音申戒，至再至三。而文宗显皇帝不准援案之谕，尤于后来议祀者举此例彼、较短絜长、臆见各殊、纷纷聚众之弊，先几洞瞩，曲折靡遗。况我国家文教昌明，硕儒林立，汉、宋两学，并臻极盛。若其著述瑕疵，曾经钦定鉴别，而学术之精纯、经纶之卓越，又未能悉符众望者，遂渐推广请祀，实非所以慎重明禋。臣等仰稽圣谕之周详，参考同官之议论，窃见黄宗羲、顾炎武二儒之学，笃信好古则有余，纯粹以精则不足。其请祀文庙之处，仍照礼臣原奏议驳；而博通淹贯，足以矜式后学，亦如原议，仍请准其入祀乡贤，以示优崇而昭区别。

上谕：前因礼部会奏议驳陈宝琛奏请以黄宗羲、顾炎武从祀文庙，与尚书潘祖阴等另折请准从祀，意见两歧，当令大学士、六部、九卿、翰、詹、科、道详议具奏。兹据额勒和布等仰稽列圣垂谟，参考廷臣议论，请照礼臣原奏议驳等语，黄宗羲、顾炎武即著毋庸从祀文庙，仍准其入祀乡贤，以重明禋而昭矜式。（光绪一百二十）

九月癸未，礼部奏：上年正月二十八日，准军机处片交，御史赵启霖奏请将国初大儒王夫之、黄宗羲、顾炎武从祀文庙一折。奉旨：“礼部议奏。钦此。”钦遵到部。臣等谨按古无所谓从祀也，惟《礼记·文王世子》云：“凡学，春官释奠于其先师。”郑《注》：若汉，《礼》有高堂生，《乐》有制氏，《诗》有毛公，《书》有伏生，亿可以为之。由汉时尚无从祀之事，故举立在学官置有博士者，亿度为之。至唐贞观间，始定配享，而伏胜、高堂生、毛苌悉预其列。且有“代用其书，垂于国胄”之诏，尽取《祭义》“祀先贤于西学”注“先贤有道德王所使教国子者”之义，就周制祀于学者，以当祔享庙廷，似亦相近。而当时经典，即以德行道艺为言，后世凡议从祀，所当恪守，是以我朝定制，亦遵斯道。伏读道光九年圣训，先儒升祔学宫，祀典至巨，必其人学术精纯，经纶卓越，方可俎豆馨香，用昭崇报。咸丰十年，臣部议奏先儒从祀，亦以阐明圣学、传授道统为断。谕旨允准，著于功令。

今考王夫之、黄宗羲、顾炎武等，生当明季，鉴宋以后讲学家空谈性命、不根故训之弊，毅然以穷经为天下倡，而后德性问学，尊道并行。臣等尝谓我朝经学昌明，比踪两汉，实由东南之间，炎武、宗羲最为大师，宗派流衍，驯至遍于天下。夫之著书行世较晚，而咸丰、同治以来，中兴名臣，大半奋迹衡湘，则亦未始非其乡先生教泽之所留贻。若援明臣宋濂孔子庙堂议“学者各祭其先师，非其师弗学，非其学弗祭”之义，两庑之间，早当位置。乃道光朝士大夫议建炎武祠于京师，春秋致祭，而宗羲、夫之仅祀于其乡者，非弟子之忘其先师也，抑夫之、宗羲之于炎武，其学不无轩轾于其间。臣等因是求之祖训，而钦定《国史儒林传》以炎武为首，宗羲、夫之次之。尝称宗羲之学出于蕺山，阐诚意慎独之说，缜密平实；又称夫之神契张载《正蒙》之说，演为《思问录》内、外二篇；而于炎武称敛华就实，扶弊救衰，国朝学有根柢者，以炎武为最。似该故儒等学派，久在列圣洞鉴之中。又求之士论，而道光间两广总督阮元所刊《皇清经解》，首列炎武《左传杜解补正》，易、诗《本音》，《日知录》诸书。至近年江苏学政王先谦奏刻《经解续编》，以夫之《周易》《诗经》《春秋》《四书稗疏》，次炎武《九经误字》之后；而管学大臣张百熙等奏定京师大学堂章程，亦以宗羲所辑宋元、明儒《学案》列入伦理科中。似该故儒等著述，录于通人达士者，亦已流传不废。盖该故儒等皆有阐明圣学、传授道统之功，而炎武尤醇乎其醇者。独其从祀文庙二百年来，尚与夫之、宗羲同无定论，以至于今，亦议礼诸臣责无可辞者也。

往者署礼部侍郎郭嵩焘、湖北学政孔祥霖先后奏请夫之从祀，江西学政陈宝琛又奏请宗羲、炎武从祀，均经臣部议驳在案。臣等向闻斯议，知前部臣之慎重明禋也，乃取该故儒等全书以考其言，而炎武所著《宅京记》《肇域志》《郡国利病书》，所言皆天下大计，卓然名论。惟夫之所著《黄书》，其《原极》诸篇，既托旨于《春秋》；宗羲所著《明夷待访录》，其《原君》《原臣》诸篇，复取义于《孟子》，狃于所见，似近偏激。瞽宗俎豆，矜式方来，恐学子昧于论世知人，将以夫之、宗羲为口实；至于流传刊本，间留墨匡，疑涉指斥，或为该故儒病，则祖宗之世，早垂明训。恭绎雍正十一年四月上谕，本朝人刊写书籍，凡遇“胡虏”“夷狄”等字，每作空白，嗣后仍蹈前辙，将此等字样空白及更换者，照大不敬律治罪。仰见圣朝如天之度，向不以文字语言罪人，岂有转设文网以绳前朝遗老，断可知也。是以此次奉旨，交议御史赵启霖奏请夫之、宗羲、炎武从祀文庙，升主配食，于礼为大，诚宜博访周咨，以求至当。于是奏请仿照会议政务章程，移会各衙门，将该故儒等应准应驳之处，开具说帖，送交臣部核议具奏。奉旨依议，旋经各署堂司开送说帖都二十六件，其主夫之、宗羲、炎武并准从祀者，十居其九。

臣等以为是非听诸天下，固见公论于人心，予夺出于朝廷，尤待折衷于宸断。昔在汉世，尝诏诸儒讲五经同异，太子太傅萧望之等平奏其事，孝宣称制临决，著于前史。后世礼议虽佚，及读《通典》所载宣帝诸制，犹想见汉家圣学之盛，独隆千古。今释奠学宫，事关大典，傥仿石渠之例，重修甘露故事，以复圣天子议礼之上仪，洵千载一时之遇也。用敢不揣冒昧，拟将顾炎武从祀，请旨准行。其王夫之、黄宗羲应否与顾炎武一律从祀之处，恭候圣裁。

军机大臣奉旨：“礼部会奏遵议先儒从祀分别请旨一折，顾炎武、王夫之、黄宗羲均著从祀文庙。”（光绪二百二十）

王先谦《东华续录》，清光绪十年长沙王氏刻本

清续文献通考

十一年谕：“前因陈宝琛奏请将黄宗羲、顾炎武从祀文庙，当令礼部议奏。据该部会同大学士、九卿具奏，请毋庸从祀。又据潘祖荫等另奏，请旨准行。著大学士、六部、九卿、翰、詹、科、道再行详议，具奏。”十二年谕：“前因礼部会奏议较陈宝琛奏请以黄宗羲、顾炎武从祀文庙，与尚书潘祖荫等另折请准从祀，意见两歧，当令大学士等议奏。兹据额勒和布等仰稽列圣垂谟，参考廷臣议论，请照礼臣原奏议驳等语，黄宗羲、顾炎武即著毋庸从祀文庙，仍准其入乡贤，以重明禋而昭矜式。”三十四年，以荷

属华侨建立文庙，颁给御书扁额。又礼部奏：上年御史赵启霖奏请将国初大儒王夫之、黄宗羲、顾炎武从祀文庙一折，交臣等议奏。考王夫之、黄宗羲、顾炎武等生当明季，鉴宋以后讲学家空谈性命、不根故训之弊，毅然以穷经为天下倡，而后德性问学，尊道并行。此次奉旨交议，诚宜博访周咨，以求至当。于是奏请仿照会议政务章程，移会各衙门，将该故儒等应准应驳之处，开具说帖，送交臣部核议奏。奉谕旨允准。旋经各署堂司开送说帖都二十六条，其主夫之、宗羲、炎武并准从祀者十居其九。臣等以为是非听诸天下，固见公论于人心，予夺出于朝廷，尤待折衷于宸断。拟将顾炎武从祀，请旨准行。其王夫之、黄宗羲应否与顾炎武一律从祀之处，恭候圣裁。奉旨："礼部会奏遵议先儒从祀分别请旨一折，顾炎武、王夫之、黄宗羲均著从祀文庙。东庑夫之位列孙奇逢之次，炎武位列王夫之之次，西庑宗羲位列黄道周之次。"

刘锦藻编《清续文献通考》卷九十八《学校考》五，民国十年刊本

方志资料

乾隆江南通志

顾炎武，字宁人，昆山人，贡生。少负异质，笃志古学，九经、诸史皆能背诵。生平足迹半天下，所至考其山川、风俗、疾苦、利病，如指诸掌。凡所论著，皆上下古今，贯串精核，卓然成一家言，当代咸服为通儒。于六书音义，尤有独得。李光地以为自汉、晋以来所未有。学者称亭林先生。

《乾隆江南通志》卷一百六十三《人物志》，清乾隆元年刻本

乾隆新修曲沃县志

顾炎武，字宁人，昆山人，初名绛，字亭林。慕卫嵩为人，往来邑中，尝读书韩宣之宜园，相传《日知录》即宜园所编纂也。后卒老于此，宣为之返其柩。

《乾隆新修曲沃县志》卷三十四，清乾隆二十三年敦好堂全书本

乾隆华阴县志

顾炎武，字宁人，吴之昆山人。康熙初入关，至华遂为卜居之计。王宏撰馆于其家，构屋数楹，颜之曰“顾庐”以处焉。宁人博通淹贯，以著述自雄。与富平李因笃、朝邑王建常、盩厔李中孚交善。诸人皆老宿硕儒，考古论学未尝不互相规益也，后复返吴。顾炎武《与侄书》。新正已移至华下。祠堂书院之事，虽皆秦人为之，然吾亦须自买堡中书室一所，水田四十五亩，为飧飧之计。秦人慕经学，重处士，持清议，实与他省不同。黄精松花山中所产沙苑蒺藜，止隔一水，终日服饵，便可不肉不茗。今年三月乘道途之无虞，及筋力之未倦，出崤函、观伊洛、历嵩少，亦有一二好学之士闻风愿交，但中土饥荒，不能久留，遂旋车而西矣。彼中经营方始，固不能久留于外也。顾炎武《与王虹友书》。流寓关华已及二载，幸得栖迟泉石，不与弓旌，而此中一二绅韦颇知重道，管幼安之客，公孙惟说六经之旨，乐正裘之友，献子初无百乘之家，若使戎马不生，弦歌无辍，即

此可为优游卒岁之地矣。

《乾隆华阴县志》卷十，民国十七年铅印本

乾隆汾州府志

顾炎武，字宁人，昆山人。以贡生荐授兵部司务，再荐职方司主事，未仕。其学上接汉、唐考核之儒，所著有《音学五书》《肇域志》《天下郡国利病书》《日知录》《亭林集》等书。尝寓汾阳县。其《金石文字记》所载大相里齐天保三年《相里寺碑》、郭社村唐乾封二年《郭君碑》、文侯村唐上元二年《上柱国任君碑》、小相里唐《上骑都尉相里瑞碑》、晋天福五年《建雄节度使相里金碑》，皆身至其地摹拓者。又有诗，见《艺文》。

《乾隆汾州府志》卷十二《流寓》，清乾隆三十六年刻本

嘉庆大清一统志

顾炎武，昆山人，贡生。笃志古学，邃于经史，足迹半天下。浏览山川风俗，考核得失利病，上下今古，成一家言。有《日知录》《音学五书》《天下郡国利病书》。卷帙最富者为《肇域志》，惜其书散佚不存。

《嘉庆大清一统志》卷八十一《苏州府·人物》，清道光二十二年内府进呈钞本

道光济南府志

顾炎武，字宁人，昆山花浦村人。少落落有大志，耿介绝俗。尤留心经世之学，遍览二十一史、十三朝实录、天下图经、前辈文编、说部，录其有关于民生利害者，曰《天下郡国利病书》。周流西北二十年，有《肇域志》。又有《音学五书》《金石文字记》《下学指南》。而《日知录》三十卷，尤为终身精诣之书。尝东行垦田于章邱之长白山下以自给，遍游北都，直抵山海关外，以观大东，卜居陕之华阴。卒年六十九，门人奉丧归葬。

《道光济南府志》卷六十二《侨寓》，清道光二十年刻本

道光太原县志

顾炎武，字宁人，号亭林，长洲人。博极群书，所著《日知录》，博综精当，实有经济，非徒以考据见长也。尝游太原，与阎若璩考究古义，与阳曲傅征君为方外之交，时人高之。

《道光太原县志》卷七，清道光六年刊本

同治苏州府志

顾炎武，初名继绅，更名绛，字忠清，后改今名，字宁人。少落落有大志，耿介绝俗。双瞳中白而边黑，见者异之。年十四为诸生，屡试不遇。与里中归庄相善，共游复社。于书无所不窥，尤留心经世之学。其时四国多虞，太息天下乏材，以至败坏，自崇祯己卯后，历览二十一史、十三朝实录、天下图经、前辈文编、说部，以至公移、邸抄之类，有关于民生利害者，随录之，旁推互证，务质之今日所可行，而不为泥古之空言，曰《天下郡国利病书》。然犹未敢自信，其后周流西北且二十年，遍行边塞亭障，无不了然，而始成书。其别一编曰《肇域志》，则考索利病之余，合图经而成者。甲申，北都变闻，福王立，南京荐授兵部司务，未赴。金陵失守，昆城起义。母王氏先以贞节被旌，时炎武奉母居常熟之语濂泾，尝曰："吾虽妇人，然已受国恩，脱有大故，吾则死之。"及闻城陷，遂不食死，遗命勿仕二姓。明年，唐王以职方郎召，母丧未葬，不行。次年，几豫吴胜兆之祸，更欲赴海上，道梗不果行。庚寅，有怨家欲陷之，乃变衣冠，作商贾，游京口及禾中。顺治乙未夏，有奴叛投里豪，欲上变告，炎武缚而沉之池。仆婿讼之府，狱日急，曲周舍人路泽溥求解于兵备使者，移讯松江，始得释。遂去，之山东。自是历燕、赵、秦、晋间。每出以二马二骡自随，所经必咨询其山川、风俗、古今沿革之迹。所至厄塞，呼老兵退卒，询其究竟，或与平昔所闻不合，即发书对勘之。若平原大野无足留意，则于鞍上默诵诸经注疏，有所遗忘，即于坊肆中发书熟覆之。康熙戊午，诏开博学鸿词科，廷臣累欲荐之，炎武驰书坚辞。明年，开《明史》馆。监修官为炎武甥徐元文，发凡起例，引据累朝事实，出炎武酌定者为多。当时馆阁名儒及海内士大夫，语及真实学问，无不敛衽称亭林先生也。尝五谒孝陵，三谒天寿山十三陵，四谒庄烈帝攒宫，惓惓故国之思，终身如一日。康熙壬戌正月九日，卒于曲沃，年七十。无子，门人以其丧归，葬昆山。生平著述甚富，所著《日知录》，积三十余年而成，于经义、史学、官方、吏治、财赋、典礼、舆地、艺文之属，一一疏通源流，考正误谬。于六书音义，尤有独得，考正古音，为《音学五书》，大学士李光地以为自汉晋以来，所未有也。吴江潘耒，弟子也，收其遗书，序而行之。《亭林集》《全祖望集》《乾隆志》《南疆绎史合纂》。

《同治苏州府志》卷九十四，清光绪九年刊本

同治续纂江宁府志

顾亭林先生祠，同治十三年就府学东偏楼屋改造。

《同治续纂江宁府志》卷七，江宁石永熙重次，清光绪十年重印本

光绪汾阳县志

顾炎武，字宁人，昆山人。以贡生荐授兵部司务，再荐职方司主事，未仕。其学上接汉、唐考核之儒，所著有《音学五书》《肇域志》《天下郡国利病书》《日知录》《亭林集》等书。尝寓汾阳县。其《金石文字记》所载大相里齐天保三年《相里寺碑》、郭社村唐乾封二年《郭君碑》、文侯村唐上元三年《上柱国任君碑》、小相里唐《上骑都尉相里瑞碑》、晋天福五年《建雄节度使相里金碑》，皆身至其地摹拓者。又有诗，见《艺文》。

《光绪汾阳县志》卷五，清光绪十年刻本

光绪顺天府志

乾隆十九年，敕修其门额曰大报国慈仁寺。初寺有二松，金时旧植，

东者可三四丈，有三层；西则仅高二丈。枝柯盘屈横斜，荫数亩。其最修而压地者，以数十红架承之，移榻其下，梳风幕翠，一庭寒色。今久无存。新种三株，一枝斜出，仍有画意，松前有门，通顾处士祠。道光癸卯，平定张穆建屋数楹，祀昆山顾炎武，后穆卒，同人亦附祀其室。岁时举行春秋二祭，荃孙与祭毕，即与诸友徘徊松下，清风谡谡，洒人襟袖。孙枝若此，愈令人慨想当年矣。又旧有毗卢阁三十六级，阁下通廊还行一周，俯视西山，若在襟袖，今亦圮。阁内祀有观音，盖窑变也。明神宗时，李太后崇礼，大士欲得一瓷相奉之，举念间，景德镇窑中诸器化一庄严法像，绿衣披体，晏坐。支颐两膝，低昂，左偃右植，手轮梵字，篆法宛然，献之阙下，命供于寺。今瓷观音奉于正殿之后，北向龛座，周镌高宗御制窑变观音像记。又有海棠院，海棠干数围，亦元时物，今已废为染衣之所。

《光绪顺天府志》卷十六，清光绪十五年重印本

光绪昆新两县续修合志

亭林先生顾炎武宅，在千墩镇。（卷十三）

亭林先生顾炎武墓在尚书浦西鸣圩王贞孝墓昭穴，潘耒表，王宏撰拜。《顾亭林墓》：三年客江东，两度抚君墓。野日滋宿草，秋华凄零露。缅维同心交，明誓金石固。稽古启愚昧，敏求祛冥悟。朝昏恒不遑，患难行若素。重访伯起方，更寻公超雾。惠然止吾庐，一似形影附。同泣鹿马石，手攀神烈树。倏更四十春，戚戚不忘故。畴昔梦云阙，白衣从玉辂。连蜷下大荒，偃蹇间天步。叹息桑榆景，徘徊崦嵫暮。幽明事已非，生死情一诉。洒泪归山去，长辞西州路。《又哭亭林墓》：与君长别九年矣，白马重来千里余。独拜荒邱凄宿草，更挥老泪问遗书。为忆神期恒若存，莫将封禅比文园。当年羊傅徒轻爵，何似龙门有外孙。（卷十五）

顾炎武，初名继绅，更名绛，字忠清，后改今名，字宁人。兵部侍郎章志曾孙，祖绍芳，父同应。绍芳弟绍芾生子同吉，未婚而夭。聘王氏，矢志养舅姑，逾一纪，炎武始生，因抚立之。炎武幼负异姿，书过目，终身

不忘。年十四为诸生，屡试不遇。见明季纪纲法度，凌夷废弛，遂屏去帖括，究心经世之业，于制度得失，生民利害，取前史旁推互证，而折中于六经，慨然以澄清为己任。甲申，北都变闻，福王立，南京荐授兵部司务，未赴。金陵失守，昆城起义。时炎武奉母居常熟之语濂泾，母先以贞节被旌，及闻城陷，不食死，遗命勿仕二姓。明年，唐王以兵部职方司主事召，母丧未葬，不往。顺治乙未夏，以叛奴事系狱，久之得释。遂去，之山东。自是历游燕、赵、秦、晋间。每出以二马二骡载书自随，轮蹄所经，必咨询其山川、风俗、古今沿革治乱之迹。所至阨塞，即老兵退卒，询其究竟，发书勘验同异，披寻搜讨。有一疑义，反复参考，归于至当；有一独见，援古证今，畅其说而后止。康熙戊午，诏举博学鸿辞，廷臣争欲荐之，炎武以嗣母遗命，驰书坚辞。明年，开《明史》馆。时炎武甥徐元文为监修官，发凡起例，引据累朝事实，出炎武酌定者为多。当时馆阁名儒暨海内士大夫，语及真实学问，无不敛衽称亭林先生。亭林，炎武自号也。尝五谒孝陵，三谒天寿山十三陵，四谒庄烈欑宫，惓惓故国之思，终身如一日。在华阴与友人王宏撰、李因笃辈，于云台观侧建朱子祠，亲为上梁文，以志向往。壬戌正月九日，卒于曲沃，年七十。炎武于学无所不通，撰述亦最富。所著《日知录》，积三十余年而成，于经义、史学、官方、吏治、财赋、典礼、舆地、艺文之属，一一疏通源流，考正误谬。于六书音义，尤有独得，考正古音韵，为《音学五书》，大学士李光地以为自汉、晋以来所未有。他如《肇域志》《天下郡国利病书》及《左传杜解补正》诸书，凡数十种，并有功于学术世道。生平耻为文人，尝谓文须有益天下，不贵多立言，不在一时。又谓近代文章全在摹仿，即使逼肖古人，已非极诣，况遗其神理得其皮毛者乎？故其所著述，大抵主于敛华就实，救弊扶衰，绝非词章家所及也。(卷二十六)

吴金澜等纂修《光绪昆新两县续修合志》，清光绪六年刊本

域外资料

读顾亭林遗书　[韩]李德懋

亭林天下士，明亡独洁身。今世尊周者，不识有斯人。烈皇殉社稷，捐生多布衣。天下无不有，毛甡忍能讥。(卷十一《雅亭遗稿·诗》)

《读礼通考》序例，有凶礼以外，又将续成《四礼通考》。云：今果开雕否?《别裁集》，天下才子，既尽博载。李渔笠翁，翩翩才子而独漏之，何也?当时沈归愚亦有微意而删之耶?顾亭林先生，海内高士，令人起慕，可与伦比者，亦几人耶?杜茶材先生，与亭林无差等耶?愿略示其事迹也。闻《穆堂集》自朝廷欲毁版中止云，有营救者而然欤?大抵侵攻朱子、伊州，亦太无礼，可谓异端。至今或有传其学者耶?(卷十九《雅亭遗稿·书》)

[韩]李德懋《青庄馆全书》，韩国文集丛刊本

顾炎武　[韩]李德懋

顾炎武，字宁人，吴之长洲人。自幼博涉强识，好为搜讨辨论之学，十三经诸史，旁及子集稗野，列代名人著述，微文碎义，无不考究。骑驴走天下，所至荒山颓址，有古碑版遗迹，必披蓁菅、拭斑藓读之，手录其要以归。十余岁，至七十而老，勤如一日。于六书、音义尤独得。余始官庶吉士，曾相遇，宁人曰：古者同文，声与形应，凡字旁从某，音从某，后世不悟音讹，反谓古书为叶，皆非也，今当以《诗》《易》、周秦之文为正，质验字旁，分者并之，合者离之，使古书无二音，然后得复其旧。又七年，宁人没矣，其书已成，有顾氏之书，然后三代之文可读，雅颂之音各得其所。语声形者，自汉晋以来，莫之有也，书既刻，厚自宝秘曰：五十年后，乃有知我者。尚有《日知录》数十卷，识大小，覆异同，辨是非，有补学者。其徒潘耒刻之，闽中卫先生尔锡言，其地理书，用心尤多，孤僻负气，讥诃古今人必刺切，径情伤物，以是吴人訾之。然近代博雅淹洽，未见其比。李光地《榕村集传》。

顾绛字宁人，后更名炎武，昆山人。终于山西。肆力于学，自天文地

理、古今治乱之迹，以及金石、铭碣、音韵、字画，无不穷极根柢，韵语其余事也，然词必己出，事必精当，风霜之气，松柏之质，两者兼有，就诗品论，亦不肯作第二流人。沈德潜《明诗别裁集》。

宁人早年入复社，与同邑归庄齐名，两人皆耿介不混俗，乡人有归奇顾怪之。自兵后，尽粥其产，寄居章邱，别治田舍，久而为土人攘夺，乃又迁于山西，营书院一区，尽取家中所藏十四经、二十一史，暨明累朝实录，插签于架，予尝分书，题其柱云："入则孝，出则弟，守先王之道以待后学；诵其诗，读其书，友天下之士尚论古人。"然侨居日少暇，辄周览山川，考古今治乱之迹，证以金石铭碣，著书盈簏，其卷帙最繁富者，《肇域志》也。宁人殁后，遗书悉为弟子潘耒刊行，独《肇域志》散佚，良可惋惜。诗无长语，事必精当，词必古雅，杼山长老所云，清景当中，天地秋色，庶几近之。朱彝尊《静志居诗话》。

亭林先生，貌极丑怪，性复严峻，鼎革后，独身北走，凡所至之地，辄买媵婢，置庄产，不一二年，即弃去，终已不顾，而善于治财，故一生羁旅，曾无困乏。东海两学士，宦未达时，尝从假贷累数千金，亦不取偿也，康熙丙辰，余在都下，而先生适至，两学士设宴，延之上座。三爵既毕，即起还寓。学士曰："甥尚有薄蔬未荐，舅氏幸少需畅饮，夜阑张灯送回何如？"先生怒色而作曰："世间惟淫奔、纳贿二者，皆于夜行之，岂有正人君子而夜行者乎？"学士屏息肃容，不敢更置一词。陆舒城常言，人眼俱白外黑中，惟我舅祖，两眼俱白中黑外，非习见。不知其形容之确。钮琇《觚剩》。

亭林先生，行奇学博，负海内重名，在南时，号蒋山佣，中年以后，迹绝故乡，遍游燕齐秦晋间以终。常言生平最憎者，舟舆而炊粱跨卫，乃此身安处也。其持论奇僻，往往类此。上同。

顾炎武笃志古学，邃于经史，足迹半天下，流览山川风俗，考核得失利病，上下古今，成一家言。有《亭林集》《日知录》行世。《大清一统志》。

《谒夷齐庙》：言登孤竹山，慷焉思古圣。荒祠寄山椒，过者生恭敬。百里亦足君，未肯滑吾性。逊国全天伦，远行避虐政。甘饿首阳岑，不忍臣二姓。可为百世师，风操一何劲。悲哉尼父穷，每历邦君聘。楚狂歌凤衰，荷蒉识击磬。自非为斯人，栖栖无乃佞。我亦各诸侯，犹须善辞命。终怀耿介心，不践脂韦径。庶几保平生，可以垂神听。顾炎武《亭林集》。

《高渐离击筑》：神州移水德，故鼎去山东。断霓夫人剑，残烟郭隗宫。身留烈士后，迹混市儿中。改服心犹苦，知音耳自通。沉沦余技艺，慷慨缺英雄。壮节悲迟暮，羁魂迫固穷。一吟辽海怨，再奏蓟邱风。不复荆卿和，哀哉六国空。上同。

《赠友人》：十年离别未言还，楚水枫林极望间。野雀暮归吴季庙，寒涛秋拥伍胥山。人琴已逝多哀泪，笠屩相看失壮颜。独有士龙年最少，一朝词笔动江关。上同。

《无题》：日入空山海气侵，秋光千里自登临。十年天地干戈老，四海苍生痛哭深。水涌神山来白马，云浮绝岛见黄金。此中何处无人世，只恐难酬烈士心。　南营龛赭北流沙，终古提封属汉家。万里风烟通日本，一军旗鼓向天涯。楼船已奉征蛮敕，博望空乘泛海槎。愁绝王师看不到，寒涛东起日西斜。　长看白日下芜城，又见孤槎海上横。感慨山河追失计，艰难戎马发深情。崩车断镞周千亩，蔓草枯缺汉二京。今日大梁悲旧国，夷门愁杀老侯嬴。上同。

《题顾亭林遗集和汪安公编修》：野哭东风学采薇，累臣白首尚单衣。江山有恨忧天醉，草木无情长地肥。避吏赵岐谁共语，离家王粲不思归。只余帷盖兰亭旧，万卷凄凉辨是非。吴暻《西斋集》。

［韩］李德懋《青庄馆全书》卷三十八《磊磊落落书》，韩国文集丛刊本

王烈母　［韩］李德懋

王烈母，顾炎武母也。有孝行，常［尝］断指疗姑病。崇祯间，巡按御史王一鹗奉旨旌表。乙酉夏，母年六十，避兵常熟之路濂泾，谓炎武曰：“我虽妇人，身受国恩，义不可辱。”及闻两京皆破，绝粒不食而卒，遗命炎武，读书隐居，不仕二姓。

［韩］李德懋《青庄馆全书》卷四十七，韩国文集丛刊本

顾伊论性　［韩］李德懋

顾亭林名炎武，字宁人，昆山人，明之遗民，著《日知录》。曰：人亦有生而不善者，如楚子良生子越椒，子文知其必灭若敖氏是也。然此千万中之一耳，故公都子所述之三说，孟子不斥其非，而但曰乃若其情，则可以为善矣，乃所谓善也。盖凡人之所大同，而不论其变也。若纣为炮烙之刑，盗跖日杀不辜，肝人之肉。纣、跖虽恶，其本性岂全亶纯恶而无一善，亦无一刻善心或萌之时耶？此言大有病。此则生而性与人殊，亦如五官百骸，人之所同，然亦有生有不具者，岂可以日而概万乎？伊藤氏名维桢，字原佐，日本人，著《童子问》曰：孟子之意，本非谓天下之性皆善而无恶也。就气质之中，而指其善而言之，非离气质而论其理也。而其所谓善者，就四端之心而言，非谓未发之时有斯理也。未发之时，果是空荡荡枯木死灰境界耶？全指气质而言，大是迂阔。故曰：人性之善也，犹水之就下也。夫水之就下，在流行之时而可见焉。夫水停蓄之时，自然具流行之理，故流行之时，无所碍滞，亦犹未发之前，已具发皆中节之理。又曰：人之有是四端也，犹其有四体也。言四端之心，人人具足，不假他求，犹四体之有于其身，而相离不得也。天下之众，间或有生而无目者，或有耳不闻者，或有四体不具者，其无有四端之心者，亦如此。如高阳氏不才子，子越椒羊古之类是已，犹有人之形而无耳目四体者，然人而无四体者，亿万人中之一二耳。人而无四端者，亦亿万人中之一二耳。天下岂有无四端之人，此是顾伊之相同处，皆由于曲护，越椒等生而不善，以形论性，自归于不知性。顾亭林，明末之博雅鸿儒。伊藤氏，日东之道学高士。余尝读其书，敬其人，其不知性，不谋而同如此，余惜而驳正。周隋之际，性学卤莽之时，然武帝之诏，姓宇文讳邕。论性甚正，有曰：民生而静，纯毅之性本均，感物而迁，嗜欲之情斯起。虽复云鸟殊世，文质异时，莫不限以堤防，示之禁令。朕君临万宇，覆养黎元，思振颓纲，纳之轨式。

［韩］李德懋《青庄馆全书》卷五十四《盎叶记》，韩国文集丛刊本

入燕记 ［韩］李德懋

（正祖二年六月）二十一日己酉。朝微雨，沙流河四十里午餐，丰润四十里宿。书状谓余曰："左右尝盛言顾亭林炎武之耿介，为明末之第一人物。"购其集于五柳居陶生，陶生以为当今之禁书三百余种，《亭林集》居其一。申申托其秘藏归来，余于轿中尽读之，果然明末遗民之第一流人也。不惟节义卓然，足以横绝古今。其诗文，典则雅正，不作无心语。余曰："亭林迹虽布衣，不忘本朝，不赴康熙己未博学宏词科，此真大臣也。其所著《日知录》，可以羽经翼史，可见其淹博也。"书状曰："以亭林之轮囷热血，其言之雅典如此，不作横走语，此老胸中有学问故也。"余曰："此一言足以知亭林也。今日又寓谷应泰曾孙之家，其人久不剃头，头发寸余，厚如熊毛，自言不剃，礼也。常时剃发，不足为礼，则丧中不剃发，亦安得为礼。"

［韩］李德懋《青庄馆全书》卷六十七，韩国文集丛刊本

次顾亭林咏心史韵 ［韩］成海应

亭林序曰：崇祯十一年冬，苏州府承天寺以久旱浚井得一函。其外曰大宋铁函经，锢之再重，中有书一卷名《心史》，称大宋孤臣郑思肖百拜封，思肖号所南，有闻志乘藏书之日，为德祐九年。宋已亡矣，犹望陈丞相。张少保统兵外来，以复土宇，至于痛哭流涕。而祷之天地，盟之大神，谓气化转移，必有一日，于是郡中人见者无不稽首惊詫，张国维刻之以传，又为所南立祠，藏其函祠中。太仓守钱肃乐赋诗二章，昆山归庄和之。未几遭国难，国维投水死，肃乐遁海外死，庄穷饿死，亭林亦浮沉以没，《心史》传至北方者少。青庄检书尝随节使赴燕得之，今移写在余家。

巡抚张公后思肖，浚井得书藏祠庙。郑公犹有书刻传，张公谁向东阳吊。少保船覆著国史，丞相抽身走大理。遗民日夜望官军，气化未转身先死。铁函书残德祐年，吁嗟胡强能胜天。于时发露如有待，郡人稽

首惊神彩。亭林大计在人间，心长力短如移山。浙闽虽见宗社覆，永历一脉企如鹄。我从槎客得读之，同调如何不同时。钱君归生今已死，诗篇零落谁能市。傍搜今古传忠义，抚剑击节招神鬼。草野思汉倘复多，黄河犹浊将奈何。

画兰当日臣思肖，生丁铁木残九庙。信国捐躯陈公逃，区区痛恨天不吊。字由血忱著《心史》，胡虏得天难喻理。万一遗旅复土宇，精卫衔木冤抵死。吁嗟崇祯戊寅年，书出废井睹青天。十袭铜镭后人待，地底潜龙护光彩。正似金碗落人间，复值胡马立吴山。剧知天道任翻覆，江南孑遗形如鹄。亭林居士心更苦，经历还如德祐时。剃发左衽彼何人，孰如死为忠义鬼。一读残篇感涕多，欲和无如才薄何。

密室图像圣容肖，前闯后金移宗庙。柳棺三寸葬无人，中朝大臣谁敢吊。亭林只字续《心史》，嘘残或冀中兴理。太行黄河剧间关，犹怀短策轻生死。业恢未得睹残年，手撷村蔬格在天。千载风云杳难待，昌平松柏晦光彩。白首逼侧兵马间，血忱只得诉桥山。尚期有力救颠覆，高飞未谐随鸿鹄。易堂诸子亦何之，魏氏叔季复同时。九原耿耿赍恨死，即今胡尘暗燕市。我今作诗悲若人，山蕨泽兰须毅鬼。嗟乎洪吴愧应多，泰山鸿毛较如何。

［韩］成海应《研经斋全集》卷三《诗》，韩国文集丛刊本

跋顾亭林生员论　［韩］丁若镛

中国之有生员，犹我邦之有两班。亭林忧尽天下而为生员，若余忧通一国而为两班。然两班之弊，尤有甚焉。生员实赴科举而得兹号，两班并非文武而冒虚名。生员犹有定额，两班都无限制。生员世有迁变，两班一获而百世不舍。况生员之弊，两班悉兼而有之哉。虽然若余所望则有之，使通一国而为两班，即通一国而无两班矣，有少斯显长，有贱斯显贵，苟其皆尊，即无所为尊也。管子曰：一国之人，不可以皆贵，皆贵则不成而国不利也。《乘马篇》。

［韩］丁若镛《与犹堂全书》卷十四，韩国文集丛刊本

顾亭林先生传　［韩］金迈淳

顾亭林先生，名炎武，字宁人，吴之长洲人，陈黄门侍郎野王之后。父同应，祖绍芳，左春坊左赞善。曾祖章志，南京兵部左侍郎，卒，赐葬昆山之尚书浦。章志次子绍芾，绍芾生同吉，聘王氏，未娶而同吉卒。王氏守寡养姑，以贞孝闻。崇祯九年，奉旨旌表。炎武以从父昆弟子，出而为嗣。炎武生于万历四十一年癸丑，博学好奇节，由贡生荐职方主事，未仕而遭甲申国变。应杨某辟，从军于苏。未旬日，北兵渡江，军溃，炎武得脱归，奉母王氏，避兵于常熟县之语濂泾，闻南京失守，王氏谓炎武曰："我虽妇人，受国厚恩，义不可辱。"绝粒而卒，遗命炎武读书隐居，不仕二姓。时金陵新破，南土大乱，炎武扶母榇，稿葬于娄县。越三年，归葬昆山，往来江淮间，侨居孝陵神烈山下。仆陆恩服事炎武家三世，见炎武贫悴，叛投里豪，欲构炎武重案。炎武擒之，数其罪而沉诸水。其婿复投豪讼之郡，行千金求杀炎武。会兵备使者移狱松江府，以杀奴论。事得已，然自是炎武不乐居南中，去客山东，转游燕蓟，东北至山海关，谒天寿山十三陵。既而出居庸关，历汾晋河潼，观秦汉故都，炎武时年五十余矣。戊申有莱州之狱。初，莱人姜元衡讦告其主黄培诗，狱株连至二三十人。至是又以吴郡陈济生《忠节录》二帙，首官指为炎武所辑，书中有名者三百余人，按：董含莼乡赘笔，济生，仁锡之子也。崇祯末，刊《启祯诗选》，吴甡作序，中有"二祖列宗"语，奸人沈天甫、吕中、夏麟奇以为奇货，索金不遂，令仆叶大出首以为诋诬本朝诗册，列名七百余人，遣官提讯，以济生久经物故，事无凭据，告者俱斩东市。炎武在燕京闻之曰："伟节不西，大祸不解。"亟策骡赴之，颂系半年，竟得开释。复适燕赵，周流河南，北至华阴，寻陈希夷遗迹，乐其风土，结屋以居。当是时，炎武名行闻天下，当事者欲荐用之，以书探其意。炎武答曰："先妣未嫁过门，为三吴第一奇节，国亡，以女子而蹈首阳之烈，临没有戒，载在志状。人人可出，炎武不可出。必若相逼，有刀绳耳。"当事者不敢复言，甥徐乾学魁科鼎贵，闵炎武年老旅游，劝还吴，欲虚其郡中园墅以处之，炎武谢不应，竟卒于关华间，年七十。

炎武记性绝人，《十三经》、二十一史，如诵己言。岁以三朔温理，旁及子集稗野、列代名人著述，微文琐事，无不考究。行天下四十年，所至荒山断垄，有古碑版，必披榛拂藓读之，手录其要以归。所著有《日知录》三十余卷，上篇经术，中篇治道，下篇博闻。语其友曰："有王者作，将以见诸行事，未敢为今人道也。"有《音学五书》，推本三代六书旨义，考《诗》《易》本音，以正沈约、陆法言以下诸人之失，门人潘耒刻行于世。又有诗文杂著十一卷，炎武同郡人归庄，震川先生有光曾孙，明亡，改名祚明，与炎武志行略同，天下称"归奇顾怪"云。炎武无子，以侄衍生为嗣。

论曰：亭林当启祯之际，目击邦猷溃讧，边筹疏舛，言之辄咄咄，而至论烈皇帝英明恭俭，身殉社稷事，未尝不咨嗟颂叹。称其仁圣大行哀诗及祭攒宫文四篇，呜咽累欷，使百世下读者涕汪汪不能收，可谓忠矣。有鲁连之心而宛见秦帝，有子房之志而未遇汉兴，何其悲也。或曰：亭林信忠矣，其学则博而不醇，近世中州金石考证之学，汗漫穿凿，甚至诋斥程朱者，推其原，未必不自亭林启之也，余曰不然，亭林一驴遍海内，穷极幽深，其意未可与人道，金石考证，盖有托而逃焉者也。其在华下，羁旅琐尾，饘粥不遑给，而捐橐资四十金，助建朱子祠，非笃慕不能如是，其学之醇可知也。乌可与西河东原诡文破义，毁冠裂冕之徒，同类而共讥之也，今天下虽左衽，苟民彝之不尽泯也。儒林之间，尊尚宜无异辞，而尝见李光地《榕村集》，有宁人小传，于其平生志节，略不概及，独举《音学》一撰，称为博雅，岂有所忌讳而不敢尽欤？又谓其孤僻负气，讥诃伤物，吴人訾之。夫亭林四海一人，安得不孤僻？举世无当意者，安得无讥诃？以是而訿亭林，是訿伯夷以不与乡人立也，其可乎哉？光地贵而文，吾恐是说之行，而天下民彝之卒胥而泯也，故摭其行事著见者，为顾亭林先生传。

[韩]金迈淳《台山集》卷九《杂著》，韩国文集丛刊本

阙余散笔　[韩]金迈淳

亭林虽力斥真字之不经，而自家亦不免承用。《日知录》卷之十九云：世固有朝赋《采薇》之篇，而夕有《捧檄》之喜者。苟以其言取之，则车载

鲁连,斗量王蠋矣。有知言者出,则其人之真伪,即以其言辨之而莫能逃也。《黍离》之大夫,摇摇噎醉,无可奈何,而付之苍天者真也。汨罗之宗臣,言重辞复,心烦意乱,而其词不能以次者真也。栗里之征士,淡然若忘于世,而感愤之怀,不能自止,而微见其情者真也。其汲汲于自表,暴而以为言者伪也。亭林所谓真伪之真,岂变形登天之真欤?所谓黍离大夫,宗臣征士之真,岂皆真人真君之真欤?特以其与伪相对而从俗言之耳。于是乎真字之禁可解,而周子之谤可息矣。

[韩]金迈淳《台山集》卷十七《阙余散笔》,韩国文集丛刊本

与李大汝钟愚壬寅孟夏　[韩]洪直弼

顾亭林先生,夷齐之伦也。每尊阁遗书,用当一部阳秋,而读《四谒攒宫文》,至黄图如故。乍惊失鹿之辰,白首无归,终冀攀龙之日,自不觉声泪俱发,如此者方可谓毕义尽忠也。彼李光地、徐乾学辈,腼面无耻,安得免此公之罪人乎?本集八册,肃此璧呈,幸视至焉。雅亭李德懋所辑《磊磊落落书》,即崇祯忠臣传也。载籍以还,亡国正终,未有如毅宗者。以故鼎湖天坠,到处攀髯,望帝魂归,自然啼血。穆满之一军,田横之五百,皆从而殉。其所以致命遂志者,与日月争光。而生者自靖,东海之蹈,西台之哭,虽历万世,光景常新。每劳寤寐,如见其人于九京,凛凛有生气,欲从之游而不可得也。闻贵所见藏是书,可蒙借示否?谨当传写后即完也。

[韩]洪直弼《梅山先生文集》卷十六《书》,韩国文集丛刊本

志地辨证说　[韩]李圭景

李榕村光地著《顾炎武传》。炎武字宁人,吴之长洲人,闽中卫先生尔锡云:“其地理书用心尤多。”朱彝尊锡鬯《静志居诗话》云:“昆山顾炎武,著书盈箧,最繁富者,《肇域志》也。”宁人没后,遗书悉为弟子潘耒刊行,独《肇域志》散轶,良可惋惜。近者使燕人从书肆得抄本《郡国利病书》卷帙几数百卷以来,沈相国斗室象奎借钞,予尝进拜,公叹曰:此书

即顾亭林炎武《肇域志》未刊者，后人易其名以《郡国利病书》，有一宰使燕得来，故吾今为之更写一帙以传云。此乃地理书中最详且巨者也。又有《新疆志》，清高宗乾隆辟新疆，命撰此书，亦舆地之可考者也。

［韩］李圭景《五洲衍文长笺散稿·经史篇·经史杂类》，韩国文集丛刊本

答柳景诲谆　［韩］俞莘焕

《易》之为书，广大悉备，象变辞占，无往而不可通，不惟程传，朱义之可以并行而不悖，虽下此如瞿塘安溪之说，就其中去瑕取玖，则亦自各为一说，不知景诲亦知此意否？大抵说象说数与说理不同。何也？理一而已矣，其道圆，象数者万殊者也。其道方，圆则不测，方则易知，势之所必然也。请以一事证之，观于《四书大全》：如陈定宇，笃信朱子者也，故其说谨；如胡云峰，自立己见者也，故其说肆。吾之读《大全》也，于定宇则十取其九，于云峰则十舍其九，及至读《易》则不然。其于云峰之说，取者多而舍者少。其所以为说者，虽有传义之所不言，而揆之以象与数，亦未尝不合故耳。吾尝甚爱顾亭林之说，其说曰："尽天下之书，可以注《易》，而尽天下注《易》之书，不能以尽《易》。"亭林其亦有见于广大悉备之义者乎？云峰《易》说之取多舍少，尝与金渭师语此，亦以吾言为然。岂吾所见，不甚差谬而然耶？

［韩］俞莘焕《凤栖集》卷二《书》，韩国文集丛刊本

录顾亭林先生日知录论画跋　［韩］朴珪寿

右四页，亭林先生《日知录》中语也。

夫画图亦艺术中一事也，实有大关于学者，而今人甚忽之。何也？良由写意之法兴，而指事象物之画废故耳。后人之精细功夫，不及古人，又不肯耐烦，只以一水一石之幅，折枝没骨之笔，草草渲染，自托于简古不经意而已。此在于高人逸士翰墨余事，则未尝不可喜而可宝也。若夫人人如此，以至于画院待诏之伦所务而所能者，止于是焉，则画学殆亦亡矣。有如文

字之道，亦有经学、史学、考证家、经济家、著述家、词翰家，门户亦未易论定。矧其得失同异，讵可轻易言之，茫然不知其为何说也。而牵强押得七言近体诗韵脚，潦率草得上梁文一首，便已诩之以文人，亦乃自命为文士。今之为画者，空写半幅山水图，远山一角，老树数株，草屋半面，便谓画图之法如此，亦足以陶写性情云尔者，与彼何异哉？学画固小技也，然其羽翼于为学为治之道甚大，大凡上下千载之间，纵横四海之外，见闻之所未逮，足迹之所未及，言语之所未通而未能详悉者，唯画图能传之能记之能形容之。其用岂下于文字之妙哉？观乎阎库直职贡之图，则知贞观之治威灵所及为何如也，梯山航海、蛮夷杂种为何等也，观乎《西京大酺图》，则知盛唐风俗之如何也，其衣冠器用之如何也。《清明上下图》者，仇实父之作也。虽是追画赵宋时事者，而汴梁都邑市井之盛，闾里民庶之情，有足想见，如此之类，亦举之不胜举矣。而要并非能作水墨山水者所可能之者也，商之高宗寤寐良弼，恍惚见之，命工绘之，其必以须发之疏密，颧颊之阔窄，申申命之，工乃俯伏潜心，改描易本屡十焉，然后得一肖似于高宗之梦，旁求天下，居然得之。此岂水墨山水者所可能之者乎？又当举其最小者矣。翎毛、草虫、花卉之类，有似无足致意，亦殊不然。每恨李东璧《本草纲目》，为本草家集成之书，而诸家形色同异之辨，纷然未已，李氏虽一一考据订正，而其绘画未精，到今有误采谬用者甚多。盖未遇良画师之故，流害民生，有如是矣，此岂可以细故忽之哉？推是论之，无论山水、人物、楼台、城市、草木、虫鱼，唯是真境实事，究竟归于实用，然后始可谓之画学矣。凡所谓学者，皆实事也。天下安有无实而谓之学也者乎？郑生石樵癖于画，其子名来凤，亦继其业，方仿写古名迹，盖作水墨点染，以为能事者也，余故广其意，为录此以赠，期其有所成就，卓然名家，毋徒为近日卤莽灭裂、草草藏拙者之下风可也。

苟得良画史为之，盖有所欲画者，乃《成周王城图》：皋、库、雉、应、路五门之制，庙社、市朝之位，内而路寝、燕寝，外而比闾族党、经涂九轨、纬途九轨，以至圆邱、方泽、明堂之次序位置。及夫沟洫、畎浍、二亩半、在野、同井之八家，于是乎一部《周礼》，森然在目。朝会、燕饮、冠昏之礼，车马田猎之容，兼施并列于《豳风》《七月》之图矣，自非胸中有三礼全帙者不能也，得此于画学家甚不易耳。汉阳景物，当以灯市为最繁华，东国放灯，不以上元，而在四月八日。市铺闾阎，皆树灯竿，森立如帆樯，风旗五色，悠扬蔽空，都人士女，杂沓通衢，东自兴仁门外关帝庙，西南至蓉山麻湖，悉开灯市，往往陈列杂戏，丝竹嘲轰，若值春物未早之岁，则绯桃练李，时方盛开。兼有花柳之盛，又是孟夏上旬，往往值太庙亲祼，法驾卤簿，平明启发，从官羽卫，班行肃然。时又春漕方集，南江舟楫之盛，最于一岁，盖此位置排铺，可堪作一大长卷。苟能精细为之，当有胜于《清明汴河图》者多矣。恨未得良画史谋之。今闻来凤学画，第俟其功夫精熟，与之商量可乎？乙卯南至月，瓛斋居士书。

［韩］朴珪寿《瓛斋先生集》卷四《杂著》，韩国文集丛刊本

亭林被驳辨证说　［韩］朴珪寿

偶阅阳湖洪亮吉《卷施阁集·复钱小詹书》，益见亭林顾氏之言为不足据，以宁人平生纠讹正误之学，见驳于洪氏者，非徒宁人之叫冤，更俾后人瞠目，故强辨证之。

其《复钱小詹书》，承示《开成石经左传》，与今本异同处甚为精审，然如旦辟左右之旦误为且，少齐有宠之齐误为姜。石经之外，北宋椠本及淳化本《尚书》皆不讹，益见亭林顾氏之言为不足据。比来诸书厘正左氏经传本文至数十处，如郫、邵二邑，缺其一方，“文公六年”淇水两言，全成脱简，“桓公十三年”增子于适，“宣公二年”脱侯为齐，“桓公六年”均系本文，非为小失。此之增损，或尚不至戾于古也。又有杜氏时经传本已误者，如輔车之为辅，袀服之为均，亦惟求杜氏已前诸儒之说，实可据依者，间为厘定。《左传诂》以外，复成《乾隆府厅州县志》五十卷云。凡人之所见各异，洪氏之见，果优于亭林，亦未可知也。

复按朱彝尊锡鬯《曝书亭集·与顾宁人书》，足下与武子书论苓字音义之讹，证以《简兮》《采苓》之诗，且广引《定之方中》《卢令》《车邻》诸篇，凡零、令等字，悉当读若邻，足下之用心，可谓勤矣，然仆窃有疑焉。《采苓》之诗曰：“采苓采苓，首阳之巅。”释者谓苓，蘦也，今甘草是也。

而枚乘曰："蔓草芳苓。"李善注《文选》，以为苓，古莲字。仆因是悟向者笺释之误。盖苓之为莲，犹夫茄之为荷尔。莲，水花也。而采于山巅，五沃之土产莲，而首阳至瘠之地，正以喻人言之不足信也。而郑氏以为首阳之上，信有苓矣，岂不谬哉？扬雄之颂赵充国曰："明灵维宣，戎有先零。"而《汉书》："金城有令居郡。"则零、令等字，古之人类读若怜，而非邻矣。览此则竹坨之见，果胜于宁人远矣。然以宁人偶有析失，驳以为不足据，则究竟斯言之玷矣。

［韩］朴珪寿《瓛斋先生集·人事篇·论学类》，韩国文集丛刊本

书推步续解后（节录）　［韩］南秉哲

粤自清初，至今二百余年。宏儒辈出，经学大备，实事求是，六艺昌明。以象数之学，为儒者所当务。若王晓庵、梅勿庵、阮芸台诸公，或专门用工，或治经傍通，莫不造乎精奥渊微。然余则谓以江慎修先生为最，何哉？以其确信西法而不毁也，信西法而不毁，奚取焉？以其公平也。何以言之？……尝见王晓庵，数理俱到，测验亦精，顾亭林先生所言学究天人，确乎不拔者也。其主持中法，力攻西术特甚，然其新法，躔次则不以赤道起算，割圜则不以三乘得数，所异者不过是逐限从消等，刱立新名，其实则用西法，而亦皆因西法而得之者也，梅勿庵积毕生之精力，从事一艺，是以所造能究极精微，神明变化，其于西法，发明甚多，然恒气注历及十二宫号，论辨不已，其可否已有定论，而大抵此二条，原不足为历理之大关系，非不知之，犹此费辞者，直为所谓镕西人之姿质，归中国之型范之语所致也。

［韩］南秉哲《圭斋遗稿》卷五《书后》，韩国文集丛刊本

答尹浍荣戊戌　［韩］田愚

昨所传韩妙云云，此是年前事，当已释然矣。但此个义理，凡学者皆所当知，故略道之。此是圣所以益圣，愚所以益愚底根子，千万记取记取。昔

宋崔菊坡与之清德绝世，勇退过人。从仕四十年，未尝沾一弹墨。尝作座右铭云："无以嗜欲杀身，无以货财杀子孙，无以政事杀百姓，无以学术杀天下后世。"语意周遍精切，为吾儒者，宜日三复也。顾亭林《日知录》论匹夫而有天下之责，而引此铭末句以为言矣，溪云金丈尝书《日知录》以见寄，而望其担荷斯文之任。顾虽不敢，当时常讽味而激昂焉。既而就顾语下添一句云："百年而存万世之虑者也。"后为宋约斋作一文字，约斋是余强辅，全篇皆说吾儒任大责重之意，卒章特用崔铭末句，以寓丁宁之戒。是其相与期待警惧之者，不亦甚重且大欤？闻其社中有不平者，此必一时未及思省而然也。夫圣莫圣于虞帝，凶莫凶于怠欲傲慢，而敬君宜莫如禹益皋陶，尊君亦莫如虞廷诸臣也。而禹尝以慢游傲虐戒舜矣，益又尝以罔游淫无怠荒戒舜矣。皋陶又尝以无教逸欲有邦戒舜矣，而未闻诸臣以此怒禹益皋陶，亦未闻后圣以是少重华盛德。此无佗，人心至危，自昔所畏，虽圣人，不敢忘操存之功。大臣事圣君，不敢废规儆之诚故也。岂特君臣然尔？师生友朋，亦皆宜然也。后世谄谀之风盛，忌讳之习锢，而朝廷无谏诤之士，而生民涂炭矣。儒林无切偲之友，而道术溃裂矣。可胜痛哉？向来约斋书来，不以不平者为是，是盖看得透耳。

［韩］田愚《艮斋先生文集前编》卷八《书》，韩国文集丛刊本

大田值雨用亭林集中韵　［韩］曹兢燮

我行不知劳，凌风到原隰。休车觅人烟，飞雨满路湿。野店惯相迎，空廊为少立。平芜十里长，迥然脱拘絷。宿酒晚犹醺，寒流夜更急。家乡忽天南，矫首渺何及。

［韩］曹兢燮《岩栖集》卷四《诗》，韩国文集丛刊本